KB133082

# COMPUTER VISION 컴퓨터 비전

기본 개념부터 최신 모바일 응용 예까지

오일석 지음

**지은이 오일석** isoh@chonbuk.ac.kr

1992년부터 전북대학교 컴퓨터공학부 교수로 재직 중이다. 1984년에 서울대학교 컴퓨터공학부를 졸업하고, 1992년에 KAIST 전산학과에서 박사학위를 받았다. 한국정보과학회 SA(소프트웨어와 응용) 논문지와 한국콘텐츠학회 논문지의 편집위원장을 지냈다. 주요 연구 분야는 컴퓨터 비전과 패턴인식이다. 저서로는 『패턴인식』(교보문고, 2008), 『C 프로그래밍과 스타일링』(교보문고, 2009), 『컴퓨터 스토리』(교보문고, 2011)가 있다. 이 책은 2012년도 전북대학교 연구교수 연구비를 지원받아 연구하였다. 공저로는 『앱 인벤터 2』(한빛아카데미, 2015)가 있다.

# IT CookBook, 컴퓨터 비전(COMPUTER VISION)

**초판발행** 2014년 07월 30일
**7쇄발행** 2023년 03월 10일

**지은이** 오일석 / **펴낸이** 전태호
**펴낸곳** 한빛아카데미(주) / **주소** 서울시 서대문구 연희로2길 62 한빛아카데미(주) 2층
**전화** 02-336-7112 / **팩스** 02-336-7199
**등록** 2013년 1월 14일 제2017-000063호 / **ISBN** 979-11-5664-121-6  93000

**책임편집** 유경희 / **기획** 김이화 / **편집** 김이화, 김미정 / **진행** 김미정
**디자인** 표지 더 그라프 내지 여동일
**영업** 김태진, 김성삼, 이정훈, 임현기, 이성훈, 김주성 / **마케팅** 길진철, 김호철, 심지연

이 책에 대한 의견이나 오탈자 및 잘못된 내용에 대한 수정 정보는 아래 홈페이지나 이메일로
알려주십시오. 잘못된 책은 구입하신 서점에서 교환해 드립니다. 책값은 뒤표지에 표시되어 있습니다.

**홈페이지** www.hanbit.co.kr / **이메일** question@hanbit.co.kr

지금 하지 않으면 할 수 없는 일이 있습니다.
책으로 펴내고 싶은 아이디어나 원고를 메일(writer@hanbit.co.kr)로 보내주세요.
한빛아카데미(주)는 여러분의 소중한 경험과 지식을 기다리고 있습니다.

# COMPUTER VISION 컴퓨터 비전

기본 개념부터 최신 모바일 응용 예까지

오일석 지음

한빛아카데미
Hanbit Academy, Inc.

# 머리말

컴퓨터 비전의 핵심 키워드를 꼽아보면 '젊음'과 '다양성'이라고 할 수 있다. 자율 주행 차량이 도로를 달리고 몸에 아무런 장치를 부착하지 않은 채 동작 인식 게임을 즐길 수 있게 된 것은 최근의 일이다. 현실에 맞게 조건을 가정하고 쓸만한 성능을 얻으려 노력하는 공학적 접근 방법에서부터 장기적인 안목으로 인간 시각의 근본을 이해하고 적용하려는 과학적 접근 방법까지 스펙트럼이 무척 넓다.

이런 역동적인 상황에 발맞춰가려면 기본이 탄탄해야 한다. 그래서 컴퓨터 비전을 조망하고 관련 개념을 잡아줄 교과서가 절실히 필요하지만, 대부분 내용이 빈약하거나 난이도가 알맞지 않다. 이런 공백을 메워보고자 이 책을 집필하였다. 이 책의 주요 특징은 다음과 같다.

① 고전적인 알고리즘부터 최신 알고리즘까지 망라한다.

알고리즘은 컴퓨터 비전에 새로 입문한 학생부터 실용적인 시스템을 구축하는 개발자, 새로운 알고리즘을 연구하는 연구자 모두에게 중요한 부분이다. 흙벽돌 집을 지으려면 흙의 성질을 잘 알아야 하듯, 뛰어난 컴퓨터 비전 시스템을 만들려면 알고리즘에 대한 넓고 깊은 지식을 갖춰야 한다. 동작 원리에 대한 이해 없이 OpenCV로 프로그래밍 공부만 한 사람은 현장에서 발생하는 새로운 상황에 제대로 대처하지 못해 종종 곤란한 지경에 이르곤 한다. 이 책은 강한 제약 조건을 가정하는 초기 알고리즘부터 현실적인 상황에서 작동하는 최신 알고리즘으로 이어지는 맥락을 살펴봄으로써 개별 알고리즘의 특성과 장단점을 자연스럽게 설명한다.

② 최근의 흥미로운 주제를 함께 익힌다.

문제를 해결하는 데 기계 학습을 많이 활용하는 최근 추세를 반영하기 위해 기계 학습 주제를 별도의 장으로 구성한다. 최근 인기를 끄는 앙상블 기법, 깊은 학습의 원리와 응용을 충실하게 설명한다. 또한 지역 특징의 실시간 검출과 매칭, 깊이 영상을 이용한 동작 인식, 사람의 시각을 모방한 영상 이해 등을 담고 있다. 증강 현실, 사진 관광, 식물 잎 인식과 같이 웹과 모바일에 적용된 흥미로운 응용 사례도 살펴본다.

③ 숲과 나무를 함께 살펴본다.

전반적인 기술 추세를 파악하거나 여러 방법이 근본적으로 어떻게 다른지 살피는 작업은 숲을 보는 일이다. 고유 얼굴이나 시각 단어 가방과 같은 특정 방법의 원리나 수식으로 깊숙이 들어가는 작업은 나무를 보는 일에 해당한다. 알고리즘을 소개할 때, 이미 익숙한 내용으로 원리를 먼저 파악한 후 수식과 알고리즘 속으로 파고든다. 이론 설명에만 그치지 않고 가상 코드로 어떻게 구현하는지 보여주며, 예제를 통해 어렵거나 중요한 개념을 짚고 넘어간다. 또한 부록 A에서는 여덟 개의 OpenCV 프로그래밍 실습도 해볼 수 있다.

구글이나 마이크로소프트와 같은 회사는 운영체제나 응용 소프트웨어에 컴퓨터 비전 기술을 적용하여 다른 회사와 차별성을 두는 전략을 구사하고 있다. 국내 기업들이 이런 추세를 인지하고 컴퓨터 비전에 더욱 적극적으로 투자하는 상황을 조성하는 데 이 책이 조금이나마 기여하길 바란다.

원고를 꼼꼼히 검토하여 논리적 비약, 오류, 어색한 표현 등을 바로잡아주신 군산대 이창우 교수와 우석대 이진선 교수께 감사드린다. 기획부터 원고 마무리까지 밀착하여 책 내용과 외관을 다듬어준 한빛아카데미의 김이화 씨에게 고마운 마음을 전달한다. 아내 진선과 두 딸 서정, 서영과 같이 하는 삶에 감사한다.

지은이 **오일석**

# 들어가기 전에

## 선수 연계 과목

고등학교 수준의 수학 실력을 갖추었다면 이 책을 보는 데 큰 어려움이 없을 것이다. 추가로 선형대수, 미적분학, 확률 통계와 자료구조, 알고리즘에 대한 기초 지식이 있으면 좀 더 빠르게 내용을 이해할 수 있다. 만약 모르는 내용이 나오더라도 필요한 주제를 선별적으로 공부하면 된다. 또한 부록 A에 있는 프로그래밍 실습을 따라 하려면 C, C++, Java 언어 중 하나로 프로그래밍이 가능해야 한다.

## 소스 코드와 강의 보조 자료

이 책의 부록A를 실습하는 데 필요한 자료 및 소스 코드는 다음 주소에서 내려받을 수 있다.

**http://www.hanbit.co.kr/exam/4121**

다음 사이트에 교수 회원으로 가입하신 교수/강사분에게 교수용 자료를 제공합니다.

**http://www.hanbit.co.kr**

## 연습문제 해답 안내

본 도서는 대학 강의용 교재로 개발되었으므로 연습문제 해답은 제공하지 않습니다.

## 이 책에서 다루는 내용

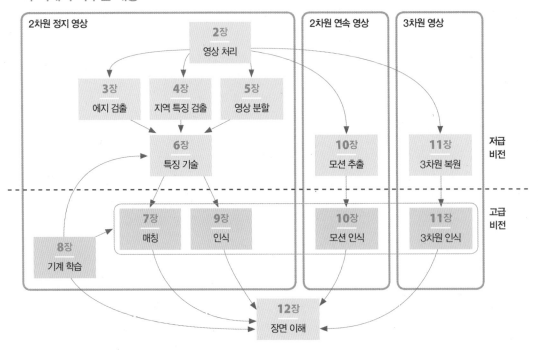

## 표기

벡터와 행렬은 각각 굵은 글씨체의 소문자와 대문자로 표기한다. 벡터는 행 벡터로$^{row\ vector}$ 표기하고, 열 벡터가$^{column\ vector}$ 필요할 때는 전치 행렬 $\mathbf{a}^T$로 표시한다.

- $\mathbf{a} = (a_1 \ a_2 \ \cdots \ a_d), \ \mathbf{a}^T = \begin{pmatrix} a_1 \\ a_2 \\ \vdots \\ a_d \end{pmatrix}$

- $\mathbf{A} = \begin{pmatrix} a_{11} & a_{12} & & a_{1n} \\ a_{21} & a_{22} & \vdots & a_{2n} \\ \cdots & \cdots & & \cdots \\ a_{m1} & a_{m2} & & a_{mn} \end{pmatrix}$

- $\mathbf{A}^T$ : 전치 행렬$^{transpose\ matrix}$

- $\mathbf{A}^{-1}$ : 역 행렬$^{inverse\ matrix}$

- $det(\mathbf{A})$ : 행렬식$^{determinant}$

- $|a|$ : $a$의 절대값

- $\|\mathbf{a}\|$ : 벡터 $\mathbf{a}$의 크기 $\left( \sqrt{\sum_{i=1}^{d} a_i^2} \right)$

- $\lfloor a \rfloor$ : a보다 작거나 같은 가장 큰 정수

- $\max_{i=1,n} a(i)$ : $a(1), a(2), \cdots, a(n)$중에 가장 큰 값

- $\text{argmax}_{i=1,n} a(i)$ : $a(1), a(2), \cdots, a(n)$중에 가장 큰 값을 갖는 요소의 인수

  (예를 들어, $a(1)=10, a(2)=15, a(3)=3, a(4)=12$라면, $\max_{i=1,4} a(i)=15$이고 $\text{argmax}_{i=1,4} a(i)=2$)

- $\ln$ : 밑이 e인 자연로그 (e=2.71828⋯)

- $[a,b]$ : $a$보다 크거나 같고 $b$보다 작거나 같은 구간

- $(a,b)$ : $a$보다 크고 $b$보다 작은 구간

- 알고리즘의 점근적 시간 복잡도$^{asymptotic\ time\ complexity}$

  - $O(f(n))$ : 상한$^{upper\ bound}$을 의미하며 $f(n)$보다 크지 않음. 즉, 기껏해야 $f(n)$

  - $\Omega(f(n))$ : 하한$^{lower\ bound}$을 의미하며 $f(n)$보다 작지 않음. 즉, 최소한 $f(n)$

  - $\Theta(f(n))$ : 하한이면서 상한을 의미하며 어떤 경우라도 $f(n)$.

# 목차

# Chapter 01
# 소개

# Preview

자세히 보아야 예쁘다
오래 보아야 사랑스럽다
너도 그렇다

**_나태주 '풀꽃'**

사람은 시각$^{vision}$, 청각, 촉각, 후각, 미각이라는 오감을 가진다. 이중에서 시각은 가장 강력한 인지$^{perception}$ 기능이다. 시각 장애를 가진 심 봉사나 헬렌 켈러가 불행의 대명사로 묘사되는 이유도 이 때문일 것이다. 컴퓨터 비전은 컴퓨터를 이용하여 시각 기능을 갖는 기계 장치를 만드는 기술 분야이다.

(a) 사진의 태동

(b) 초창기 컴퓨터 비전

(c) 현재 컴퓨터 비전

(d) 미래 컴퓨터 비전

**그림 1-1 인공 시각을 만들기 위한 인류의 노력**

TIP [그림 1-1(c)]는 수건 접는 로봇 동영상의 일부로 유튜브에서 'towel folding robot'으로 검색하면 볼 수 있다.

[그림 1-1(a)]는 1826년에 찍은 것으로, 현존하는 가장 오래된 사진이다. 당시 사진의 목적은 어떤 장면을 기록하고 널리 배포하는 것에 국한되어 있었다. 영상을 처리하여 자동으로 그 속에 담겨 있는 정보를 알아내려는 시도는 컴퓨터라는 기계가 출현한 이후이다. [그림 1-1(b)]는 1950년대에 자동으로 글자를 인식하려는 시도로, 그 때 컴퓨터에 저장된 디지털 영상의 해상도는 20×20 정도에 불과하였다. [그림 1-1(c)]는 수건을 집어 모서리를 찾아 접고 크기별로 정리하는 로봇이다. [그림 1-1(d)]는 영화 속 한 장면으로, 현실을 무시해도 된다는 특권을 이용한 영화인의 상상 속 이야기이다. 영화 〈AI〉에 등장하는 데이브라는 이름의 휴머노이드는 인간을 뛰어넘는 고도의 시각을 지니고 있다. 이런 일이 가능할까? 좀 더 현실적으로 질문을 한다면, 현재 컴퓨터 비전의 기술 수준은 어느 정도일까? 이러한 기술은 어떻게 가능할까? 이 책은 이같은 질문에서 출발한다.

▶ 각 절에서 다루는 내용 ------------------------------------------------------------

**1.1절**_흥미로운 응용 사례를 통해 컴퓨터 비전을 공부하는 이유를 설명한다.

**1.2절**_컴퓨터 비전이 왜 어려운지, 연구자들이 취하는 접근 방법, 그리고 문제 해결에 사용하는 주요 도구들을 살펴본다.

**1.3절**_컴퓨터 비전 시스템을 설계하고 구현할 때 거치는 과정을 자세히 설명한다.

**1.4절**_컴퓨터 비전과 인접한 학문인 영상 처리, 컴퓨터 그래픽스, 그리고 패턴 인식을 대비시켜 서로 어떻게 협력하고 어떻게 다른지 설명한다.

**1.5절**_컴퓨터 비전을 공부하는 데 도움이 될 책, 학술지와 학술대회, 그리고 웹 포털을 소개한다.

# 1

# 왜 컴퓨터 비전인가?

　최초의 사진이 등장한 이후 120여 년 동안 아무도 영상에서 정보를 자동으로 추출하려는 노력을 하지 않았다. 하지만 1940년대에 디지털 컴퓨터가 등장한 이후 상황은 급변한다. 2.0을 입력하면 $\sqrt{2.0}$ 을 순식간에 계산하여 1.414213562를 출력하는 신기한 기계를 갖게 되자, 영상을 입력하면 자동으로 해석하여 정보를 출력하는 기계를 상상하게 된 것이다. [그림 1-1(b)]는 그런 발상을 보여준다.

　불과 수십 년이 지난 현재 [그림 1-2]와 같은 일이 가능해졌다. 고글Goggles이라는 스마트폰 앱에서 와인 병을 찍으면 라벨을 인식하여 관련 웹 사이트로 안내한다. 와인 병뿐 아니라 책 표지나 유명한 랜드마크 건물도 인식할 수 있다. 해상도가 1,000×1,000 이상인 카메라, 1GHz가량의 CPU, 그리고 16GB 상당의 기억장치로 무장한 기계가 물체를 인식하는 프로그램을 갖추고 주머니 속에 들어있는 것이다. [그림 1-2(b)]는 사람의 동작을 인식하는 XBox 게임기이다. 관절 20군데를 실시간으로 추적하여 동작을 인식하므로 사용자는 아무런 장치를 부착하지 않은 채 게임을 즐길 수 있다. 이와 같이 컴퓨터 비전은 이미 사람의 주머니 속이나 가정의 거실에 들어왔다. 컴퓨터 비전의 응용은 급속히 팽창하고 있다.

TIP 고글은 아이폰에서는 구글 앱에 포함되어 있다.

(a) 고글 앱

(b) XBox 게임기

**그림 1-2** 와인 병을 인식하는 스마트폰 앱과 사용자의 동작을 인식하는 게임기

이러한 일이 가능하기까지 여러 번의 난관이 있었다. 역설적으로 컴퓨터의 성능이 미약했던 1950~1960년대에는 사람의 시각에 필적하는 컴퓨터 비전 시스템을 만들려는 야심에 찬 목표가 대세였다. 하지만 오래 지나지 않아 무모한 목표임을 깨닫고, 특수한 환경에서 특수한 임무를 수행하는 시스템을 구현하는 실용적인 목표로 전환하였다.[1]

[그림 1-2]의 두 시스템은 이러한 실용적인 목표를 달성한 대표적인 예이다. 고글은 와인 라벨이 화면 중앙에 오도록 신경을 써서 찍어야 하며, XBox는 적당한 거리에서 한정된 동작을 하는 경우에만 제대로 인식한다. 그렇지만 주어진 임무를 훌륭하게 수행하는 매우 유용한 시스템임을 부인할 수 없다.

---

1 인공지능도 아주 비슷한 길을 걸었다. 1950년대에 사람에 맞먹는 지능 기계를 만들려는 목표로 시작한 연구는 1970년대 중반에 'AI의 겨울AI winter'이라 불리는 침체기를 맞는다. 하지만 1980년대에 특수 용도의 전문가 시스템expert system의 성공으로 부활하게 되고, 특수 용도의 지능 시스템을 만드는 연구가 지금까지 활발하게 진행 중이다.

컴퓨터 비전의 응용은 꽃피고 있으며 그 범위는 빠르게 팽창하고 있다.[2] 주요 응용 분야를 정리해보면 다음과 같으며, [그림 1-3]은 대표적인 컴퓨터 비전 응용 사례이다.[3]

(a) 구글 자동차(자율 주행)

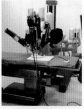

(b) 수술용 로봇 다빈치

(c) 화성 탐사선

(d) 딸기 따는 로봇

(e) 군사용 로봇 빅독

(f) 리프스냅

그림 1-3 **컴퓨터 비전의 응용 사례**

- 오락 : 사람의 동작을 인식하는 기능은 게임이나 가전을 편안하게 제어할 수 있도록 인터페이스로 사용된다. 최근 이런 종류의 인터페이스를 그래픽 사용자 인터페이스GUI(Graphical User Interface)와 구별하기 위해 자연스런 사용자 인터페이스 NUI(Natural User Interface) 또는 자연스런 인터페이스NI(Natural Interface)라고 부른다. 〈아바타〉와 〈타이타닉〉에서와 같이 실사 영상과 컴퓨터 그래픽스로 제작된 영상을 합성하여 실물감이 뛰어난 영화의 한 장면을 제작하기도 한다.

- 교통 : 자동차의 자율 주차 기능은 이미 상품화되어 있고, 자율 주행 자동차도 시험 운행을 성공적으로 마치고 도로를 달리고 있다. 운전자의 졸음 상태를 인식하고 경고를 울리는 서비스도 상품화 단계에 들어섰다. 번호판을 인식하여 과속 단속 또는 주차 관리를 하는 제품은 이미 널리 사용된다.

- 보안 : 공항 검색대에서 짐을 검사하는 비전 시스템은 오래 전부터 사용해 왔으며, 그 기능은 점차 발전하는 중이다. 감시용 카메라는 도로, 골목, 학교, 관공서 등 도처에 설치되어 있다. 현재는 단순히 녹화 기능만 사용하고, 필요한 경우에만 되돌려보는 용도로 이용하지만 점점 컴퓨터 비전을 적용하여 이상 징후를 인지하고 자동으로 알려주는 기능이 추가될 것이다. 얼굴, 지문, 홍채 인식을 이용한 보안 제품은 이미 시중에서 쉽게 찾아볼 수 있고, 경찰이 범인을 추적할 때 꼭 필요한 장비 중 하나이다.

---

2 때로는 문제와 응용이 혼란을 빚는 경우가 있다. 예를 들어, 어떤 책은 얼굴 인식을 컴퓨터 비전의 응용으로 내세우기도 하는데, 얼굴 인식은 응용이 아니라 컴퓨터 비전이 풀어야 하는 문제이다. 1.2.2절에서 살펴보겠지만, 이러한 혼란이 일어나는 이유는 문제 해결 과정이 계층적인 탓이 크다. 예를 들어, 얼굴 인식에 PCA라는 특징 추출 연산을 활용하므로 얼굴 인식은 PCA의 응용이라는 식으로 범위를 한정하여 사용하는 것은 적절하다.
3 캐나다 브리티시 컬럼비아 대학교University of British Columbia의 David Lowe 교수가 운영하는 사이트에 컴퓨터 비전의 응용 분야와 제품을 생산하는 회사가 나열되어 있다. http://www.cs.ubc.ca/~lowe/vision.html

- 산업 : 공장 자동화는 컴퓨터 비전을 가장 먼저 적용한 분야이다. 그만큼 생산 현장에서 자동화에 대한 욕구가 강하다는 반증이다. 칩, 기계 부품, LED와 같은 생산 제품의 검사, 조립, 페인트 칠, 납땜과 같은 작업에 주로 사용한다. 몸통이 고정된 매니퓰레이터라 불리는 로봇뿐 아니라 바퀴가 달린 이동용 로봇에도 컴퓨터 비전 기능이 적용된다.

- 계산 사진학computational photography : 다른 응용에 비해 비교적 새로운 응용 분야이다. 여러 장의 사진을 찍어 그것들을 이어 붙여 파노라마 영상을 제작하는 기능은 이미 디지털 카메라에 내장되어 있다. 또한 적정 노출에 실패한 사진의 복원, 사진에서 물체를 오려내어 다른 사진의 배경에 붙이는 작업, 흑백 영화를 컬러로 변환하는 작업 등 많은 곳에 응용된다.

- 의료 : 연구 개발비가 가장 많이 투입되고 고가의 장비를 사용하는 분야이다. 여러 장의 2차원 단층 영상으로부터 3차원 영상을 생성하는 기능이 대표적인 예이다. 이외에도 정교하게 수술할 수 있도록 수술 부위를 찾아 안내하는 수술용 로봇도 있다. 혈액 샘플을 보고 단위 면적당 적혈구의 수를 세거나, 특정 세포의 움직임을 추적하여 활동성을 추정하는 작업 등에 응용된다.

- 과학 : 화성에 착륙한 우주선은 울퉁불퉁한 화성 표면을 이리저리 다니며 사진을 찍고 토양 샘플을 채취하는 등의 임무를 수행한다. 이때 웅덩이에 빠지거나 돌부리에 걸려 넘어지지 않으려면 컴퓨터 비전의 도움을 받아야 한다. 나노 과학에서는 전자 현미경으로 찍은 영상을 분석하여 나노 제품의 품질을 분석한다.

- 농업 : 사과나 딸기 같은 농산품을 기계 장치에 넣어 분류할 때 컴퓨터 비전을 사용하면 좀더 정확하고 빠를 뿐 아니라, 비접촉으로 훼손 없이 분류 작업을 마칠 수 있다. 농산물이 자라는 환경을 감시하는 데에도 효과적으로 활용된다.

- 군사 : 의료 못지않게 많은 연구 개발비가 투입되는 분야로, 컴퓨터 비전의 초창기 연구비를 안정적으로 지원하였다. 다리가 네 개인 군사용 로봇 빅독Big dog은 150kg의 짐을 지고 시속 6.4km로 달릴 수 있는 스테레오 비전 기능을 갖추고 있다. 앞으로 비전 기능을 갖추고 전투 현장을 누비는 전투용 로봇이 등장한다면 전쟁의 승리는 군인의 의지와 전투력이 아닌 로봇 기술이 좌우할 것이다.

- 모바일 : 관광 안내용이나 교육용으로 제작된 증강현실augmented reality 스마트폰 앱이 증가하고 있다. 파노라마 영상을 만들어 주는 포토신스Photosynth, 나뭇잎을 찍으면 어떤 식물인지 알려주는 리프스냅LeafSnap, 책 표지, 와인 라벨, 유명 건물 등을 인식하는 고글Goggles 앱이 대표적이다.

# 2
# 컴퓨터 비전 문제는 어떻게 해결하나?

사람은 아무 어려움 없이 순식간에 영상을 해석하고 이해한다. 포수는 투수가 던진 공을 추적하여 정확히 받아내며, 등산객은 가파른 지형을 인식하여 거리낌 없이 산을 오르내린다. 사람의 시각은 빠르고 강건robust하다. 강건이라는 말은 어떠한 상황에 처하더라도 비슷한 성능을 발휘한다는 뜻이다. 컴퓨터로 사람 수준의 성능을 발휘하는 것은 현재 기술로는 불가능하다. 이러한 어려움은 왜 생길까? 그럼에도 불구하고 [그림 1-3]과 같은 실용적인 시스템은 어떻게 만드는 것일까?

## 1. 과학적 접근과 공학적 접근

컴퓨터 비전의 목표는 다음과 같이 두 가지로 구분해볼 수 있다.

- 목표1 : 사람의 시각에 맞먹는 인공 시각을 만든다.
- 목표2 : 한정된 범위에서 특정한 임무를 달성하는 인공 시각을 만든다.

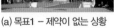
(a) 목표1 – 제약이 없는 상황

(b) 목표2 – 제약이 있는 상황

그림 1-4 **컴퓨터 비전의 목표**

[그림 1-4(a)]는 컴퓨터 비전의 목표1에 해당하는 예를 보여주는데, 어떤 영상이 입력되더라도 내용을 분석하고 해석하고 이해한 후 그 결과를 출력해야 한다. 맨 왼쪽 영상의 경우 '육상 경기에서 멀리뛰기를 하는 여자 선수' 정도의 정보를 알려줄 것이다. 더 자세한 정보가 필요한 경우, 손과 발의 동작이라든가 얼굴 표정까지 기술할 수 있다. 육상에 조예가 있는 사람이라면 자세를 보고 어느 정도의 성적을 거둘 것인지도 유추할 수 있을 것이다. 이것이 사람의 인지 능력이다. 컴퓨터 비전이 목표1을 달성하기 위해서는 필연적으로 인간의 시각이 어떻게 작동하는지 원리를 밝혀낸 다음, 컴퓨터로 모방해야 한다. 이는 '과학적인 접근' 방법으로, 현재 뇌 과학<sup>brain science</sup>의 주된 관심사 중 하나이다.[4] Marr로 대표되는 초창기 연구자들이 취했던 방식은 목표1에 가깝다. 이와 같은 과학적 접근 방법은 크게 두 가지 어려움을 안고 있다. 인간의 시각 과정을 완전히 밝혀낼 수 있나? 그것을 컴퓨터로 시뮬레이션을 할 수 있나? 현재 기술로는 불가능하다. 인간의 지능을 구성하는 지식 표현, 학습, 추론, 창작 등에 해당하는 인공지능 문제가 모두 풀려야 가능할 것으로 보인다.[5] 하지만 어느 것 하나 제대로 풀리지 않고 있다.

TIP 과학적 접근 방법에 관심 있는 독자는 12장을 먼저 읽어보기 바란다. 사람 시각과 연관된 연구는 [Frisby2010, Kruger2013]을 추천한다.

컴퓨터 비전이 어려운 본질적인 이유는 역 문제<sup>inverse problem</sup>라는 점에서 찾아볼 수 있다. 입력 영상은 3차원 세계를 투영하여 얻은 것인데, 컴퓨터 비전은 2차원 영상으로부터 역으로 3차원 세계를 알아내는 과정이다. 불행히도 투영 과정에서 물체까지의 거리와 같은 중요한 정보는 사라진다. 하지만 사람은 영상을 보면 필요한 3차원 정보를 매우 쉽게 추론해 낸다. 이런 점에 희망을 걸어볼 수 있지만, 현재는 그런 추론 기능을 갖는 알고리즘은 없다. 어려움을 야기하는 또 다른 이

---

4 사람의 시각은 10억 년 진화의 결과이다. 사람의 뇌 속에 약 $10^{11}$개의 뉴런이 약 $10^{14}$개의 시냅스로 서로 연결되어 있다는 기초적인 사실뿐 아니라 시각 처리 과정에 관한 많은 사실이 밝혀져 있다.

5 인공지능 완비<sup>AI complete</sup>라는 용어가 있다. 인공지능을 구성하는 여러 가지 문제 중 하나라도 풀리면 나머지 문제도 모두 풀린다는 의미이다.

유는 컴퓨터 비전이 풀어야 하는 문제 대부분이 불량 문제ill-posed problem라는 점이다.[6] 즉 문제의 답이 유일하지 않다. 예를 들어, 영역 분할 문제를 생각해보자. 사람 몸 전체를 하나의 영역으로 분할할 수 있지만 얼굴, 몸통, 다리, 팔을 각기 다른 영역으로 분할할 수도 있다. 또 다른 어려움은 여러 변형이 동시에 일어나기 때문에 발생한다. 크기, 회전, 투영이라는 기하학적 변환geometric transformation뿐만 아니라 조명, 그림자 등의 광도 변환photometric transformation이 동시에 일어난다. 또한 영상 획득 과정에서 발생하는 여러 종류의 광학적 잡음도 어려움의 원인이 된다.

지금 당장 풀기 어려우면 우회하는 수밖에 없다. [그림 1-4(b)]는 컴퓨터 비전의 목표2를 설명하는 사례이다. 이들 영상은 대략 일정한 위치와 방향에서 찍은 것으로, 자동차 번호판을 인식해 처리하는 특정 임무가 주어져 있다. '공학적인 접근' 방법에 해당하며, 목표1에 비해 달성하기 쉽다. 번호판을 검출하기detection 위해서는 직사각형 모양을 찾으면 되고, 글자의 배열을 알고 있으므로 글자 인식도 가능하다. 굳이 인간의 시각 처리 원리를 모방하지 않아도 얼마든지 주어진 문제를 푸는 알고리즘을 고안할 수 있다. 현재 컴퓨터 비전은 대부분 목표2를 추구한다. 이 책에서 제시하는 대부분의 알고리즘도 과학적 접근 방법인 목표1보다는 공학적 접근 방법인 목표2에 가깝다.

공학적인 접근을 취하더라도 우수한 성능을 원한다면 그리 만만한 문제는 아니다. 왜냐하면 과학적인 접근 방법에서 언급했던 어려움과 원인이 사라진 것이 아니라 단지 정도만 줄어들었기 때문이다. 여전히 역 문제, 불량 문제이고 여러 변형이 복합적으로 발생하며 잡음도 발생한다. 하지만 사람들은 컴퓨터 비전을 쉬운 문제로 여기는 경향이 짙다. 누군가 컴퓨터 비전 전문가에게 개와 고양이를 구분하는 비전 알고리즘이 있냐고 질문했다고 하자. 마땅한 알고리즘이 없다고 대답하면, 이미 가지고 있는 프로그램을 적당히 다시 학습시켜 만들 수 있지 않느냐는 핀잔을 들을 수도 있다. 이러한 오해는 인식 문제가 사람에게 너무 쉽기 때문에 발생한다. 사람은 어떤 것이든 보기만 하면 무엇인지, 어떤 상황인지 그냥 인식한다.[7]

고양이와 개를 구분하는 마땅한 알고리즘은 없지만 사람의 얼굴을 인식하는 훌륭한 알고리즘은 많다. 피카사Picasa라는 프로그램을 사용하면, 디지털 카메라로 찍은 많은 사진을 사람 얼굴에 따라 자동으로 분류하여 서로 다른 폴더에 저장해준다. 피카사의 얼굴 인식 성능은 꽤 좋은 편이다.

---

6  예를 들어 정렬sorting은 우량 문제well-posed problem이다. 답이 유일하기 때문이다.
7  빠른 계산은 사람이 컴퓨터를 당해낼 수 없다. 현재 PC는 초당 약 10억 개의 덧셈을 틀리지 않고 수행한다. 지능적인 행위는 정반대이다. 사람은 거의 100% 정확도로 순식간에 고양이와 개를 구별하지만 컴퓨터는 그렇지 못하다.

고양이와 개를 구분하는 문제와 사람 얼굴을 인식하는 문제 중 어느 것이 더 어려울까? 생김새의 다름 정도를 기준으로 한다면 개와 고양이의 구분 문제가 더 쉬울 수 있다. 그런데 얼굴 인식 알고리즘의 성능이 더 높은 이유는 뭘까? 바로 얼굴 인식의 실용성에 있다. 당장 필요한 곳이 많기 때문에 수십 년 전부터 많은 연구가 진행되어온 덕분이다. 컴퓨터 비전 연구는 특정 응용 상황을 염두에 두고, 상황에 맞는 높은 성능의 알고리즘을 확보하려고 노력하는 경향이 짙다.[8]

지금까지 컴퓨터에 비해 사람이 뛰어난 점을 이야기하였다. 하지만 특수한 상황에서는 컴퓨터 비전이 더 뛰어난 경우도 있다. 대표적인 예를 정밀 측정에서 찾아볼 수 있다. 기계로 깎은 엔진 실린더의 지름을 0.1mm 단위의 정확도로 측정할 때 사람 눈으로는 검사가 불가능하다. 수억 년 진화한 시각 기능이지만 이런 용도에서는 무용지물이다. 하지만 정밀 카메라와 적절한 알고리즘을 사용한다면 컴퓨터 비전으로는 충분히 측정 가능하다. 이런 종류의 검사 시스템은 이미 개발되어 현장에서 사용하고 있다.

문제를 이해하기 위해 깨달아야 하는 사실이 또 있다. 컴퓨터 비전 시스템에 입력되는 영상은 [그림 1-5]와 같이 숫자로 구성된 2차원 배열이다. [그림 1-5]는 입력 영상에서 떼어낸 16×26 크기의 조각 영상으로, 원래 영상은 보통 이것보다 훨씬 큰 수백×수백 또는 수천×수천 정도이다. [그림 1-5]의 영상이 무엇을 담고 있는지 해석해 보자. 숫자 배열을 보고 무엇이 있는지 인식하는 일은 그리 만만한 문제가 아니다. 무엇일까?

```
125  134  125  122  127  127  120  130  139  135  139  140  133  127  127  130  133  135  138  133  137  139  134  130  125  121
117  123  114  116  120  122  118  120  122  117  122  126  124  117  106  100   99  102  105  120  118  113  109  105  106  111
109  110  105  102  112  123  130  135  147  171  191  184  183  174  157  139  124  107   90   92   87   88   92   93   88   89
108  105  100  116  117  129  163  195  210  217  205  215  211  198  185  176  167  143  117   91   80   77   88   91   84   79
107  103  102  120  146  173  200  193  172  165  138  141  135  123  118  125  139  143  137  121   99   84   85   88   82   81
104  107  115  134  159  171  170  136  115  129  107   83   83   82   80   83   90  103  113  125  108   93   91   90   86   83
107  120  137  160  150  125  139  150  167  174  115   99   94   93   98   98   89   87   91  104  103   99   97   95   94   95
111  133  156  134  151  157  189  206  216  212  136  114   92   83   97  110  108  100   98   97  101  101   95   92  103  120
130  145  164  165  185  213  219  210  212  196  158  108  123  137  137  123  111  121  134  145  132  130  147  159  163  171
138  151  170  185  195  215  222  211  214  218  209  160  152  151  157  163  166  159  155  160  180  193  195  193
142  153  171  190  190  204  218  213  207  214  218  213  204  195  192  189  183  178  173  161  159  163  171  183  189  187
141  151  164  188  178  180  197  204  201  197  196  193  190  187  176  163  157  156  161  163  166  174  186  192
144  151  160  185  183  176  176  187  192  191  188  193  184  178  177  174  165  156  151  148  163  177  182  188  200  203
152  160  168  176  193  193  182  180  174  172  164  161  159  154  146  143  149  173  184  190  190  193  199  205
159  168  178  178  202  206  197  194  187  175  175  167  172  179  180  176  176  188  203  215  212  206  204  202  204  205
161  171  185  197  210  204  199  211  210  206  212  219  210  206  215  225  226  220  215  214  209  210  214  216  211  200
```

**그림 1-5 숫자 배열 형태의 영상**[9]

---

8 곤충과 동물을 인식하고 그것들의 행위를 분석하는 주제를 다루는 워크숍이 2012년에 최초로 개최되었다. 개와 고양이를 구분하는 알고리즘을 확보할 수 있는 길이 열렸다. Workshop on Visual Observation and Analysis of Animal and Insect Behavior, http://homepages.inf.ed.ac.uk/rbf/vaib12.html

9 다행히 사람에게는 2차원 숫자 배열이 아니라, ▰이 주어진다. 모나리자의 왼쪽 눈이다. 480×322 크기의 원래 영상에서 떼어낸 조각 영상이다.

## 2. 계층적 처리

컴퓨터 비전의 처리 과정은 [그림 1-6]과 같이 세 단계로 나눌 수 있다.

그림 1-6 **컴퓨터 비전의 계층적 처리**

맨 앞의 전처리preprocessing 단계는 주로 영상 처리image processing가 담당한다. 카메라로 획득한 원래 영상original image을 입력 받아 사용 목적에 맞게 적절하게 처리하여 보다 개선된 영상으로 만들어 준다. 잡음을 제거하거나 초점이 흐린 영상을 개선하는 등의 연산이 좋은 사례이다. 이러한 영상 처리 연산은 2장에서 공부한다.

특징 추출feature extraction은 영상에서 에지, 선분, 원, 코너, 텍스처 등의 특징을 추출하는 단계이다. 이 책의 3~5장에서 다루는 기법을 주로 사용한다. 6장에서는 이들 특징의 속성값을 계산하여 특징 벡터를 만드는 알고리즘을 공부한다. 특정 응용 문제를 풀어내는 데 성공하려면, 어떤 특징을 사용할지 정하는 일이 매우 중요하다. 예를 들어, 얼굴 인식의 경우 유사 하르Haar-like를, 사람을 탐지하는 데는 HOG(Histogram Of Gradient) 특징이 우수한 성능을 보인다고 알려져 있다. 예전에는 물체 인식이나 물체 추적 문제를 해결할 때 에지나 영역 특징을 주로 사용하였다면 지금은 SIFT나 SURF와 같은 지역 특징을 주로 사용한다. 전처리와 특징 추출 단계까지를 보통 저급 비전low-level vision이라 부른다.

이렇게 추출한 특징을 입력 받아 그것을 분석하고 해석하여 고급 묘사high-level description를 출력하는 단계를 고급 비전high-level vision이라 부른다. 해석하는 방식은 응용 목적에 따라 크게 다르다. 예를 들어, 얼굴 인식이 필요한 응용이라면 분류를 수행해야 하며, 의료 분야의 경우에는 의사가 세밀하게 들여다봐야 할 의심스러운 곳을 출력해야 한다. 자율 주행 자동차라면 차량의 주행 방향을 출력해야 한다. 고급 비전에서는 응용 현장에서 수집한 지식을 담은 지식베이스를 사용하기도 한다. 또한 많은 샘플 영상을 수집하여 데이터베이스를 구성한 다음 분류기를 학습시키거나, 문맥 정보를 이용하는 후처리 단계를 두어 성능을 극대화하는 노력을 기울이기도 한다. 이 책의 7~12장에서 이 고급 비전을 다룬다.

[그림 1-6]이 제시한 틀은 전형적인 처리 과정을 보여주는 것에 불과하다. 예를 들어, 여러 장의 영상을 이어 붙여 파노라마 영상을 만드는 시스템은 보다 큰 해상도를 갖는 영상을 출력한다. 이 경우, 해석 단계는 물체 인식 과정 없이 단지 매칭과 영상 이어 붙이기만 있다고 볼 수 있다.

## 3. 문제 해결 도구

컴퓨터 비전은 많은 도구를 동원해 문제를 해결한다. 컴퓨터 비전이 사용하는 주요 도구가 무엇인지 살펴보자.

### 자료구조와 알고리즘

먼저 알고리즘의 중간 처리 과정에서 발생하는 데이터를 표현할 적절한 자료구조가 필요하다. 영상을 영역으로 분할한 후, 영역 간의 연결 관계와 그들 사이의 유사성 정보를 어떻게 표현할 것인가? 원래 영상의 해상도를 점점 줄여서 다중 해상도 영상을 구축하였다면, 이것을 어떻게 표현할 것인가? 컴퓨터 비전은 주로 2차원(또는 3차원) 배열, 트리, 그래프 등의 자료구조를 사용한다. 처리 속도를 올리기 위해 힙heap, 해싱hashing, 탐색 트리search tree를 이용하기도 한다. 영상에서 추출한 특징이나 점, 선, 면, 초평면의 기하학적 요소는 벡터와 행렬을 사용해 표현한다.

컴퓨터 비전의 처리 단계 곳곳에서 효율적인 알고리즘을 적용하는 것은 매우 중요하다. 특히 실시간 시스템과 같이 빠른 처리가 필수인 경우에는 고속 수행을 위한 알고리즘이 더욱 중요하다. 경우에 따라 탐욕 방법greedy method, 동적 프로그래밍dynamic programming, 한정 분기branch and bound 등의 많은 알고리즘 방법론이 동원된다. 수천 내지 수만 개의 특징을 보다 빨리 매칭하기 위해 $k$d트리나 해싱과 같은 특수한 자료구조를 동원하여 고속 매칭 알고리즘을 구현한다.

### 수학

컴퓨터 비전은 문제를 공식화하고 그것을 푸는 알고리즘을 도출하는 데 수학을 많이 사용한다. 행렬 연산을 주로 다루는 선형 대수linear algebra, 변화량을 측정하거나 극점을 탐색하기 위한 미분학calculus, 의사 결정이나 분류를 위한 확률과 통계가 주로 사용된다. [그림 1-7]은 컴퓨터 비전이 취하는 문제 풀이 방식을 개념적으로 설명한 것이다.

그림 1-7 **컴퓨터 비전의 전형적인 문제 풀이 과정**

먼저 주어진 문제를 최적화 문제로 공식화한다. 이 단계에서는 비용 함수<sup>cost function</sup>를 정의하는 것이 중요하다. 비용 함수는 매개변수를 포함한다. 이제 비용 함수를 최소화 또는 최대화하는 매개변수 값을 찾아 그 값을 해로 취하면 된다. 이렇게 찾은 해는 경우에 따라 영역 분할 결과가 되거나(5장) 최적의 분류기가 되기도 하며(8장), 인식 결과(9장) 또는 영상 파싱 결과가 되기도 한다 (12장). 최적해를 찾는 과정은 미분에 많이 의존하므로 미분에 대한 이해가 필요하다.

한편, 고등학교 수학에서는 대부분 분석적<sup>analytical</sup> 방법으로 해결하는 문제를 다룬다. 예를 들어, 이차 방정식 $ax^2 + bx + c = 0$의 근을 구하는 문제를 생각해 보자. 이 방정식을 이리저리 바꿔가며 식을 유도하면 $(-b \pm \sqrt{b^2 - 4ac})/2a$라는 답을 찾을 수 있다. 이건 단순한 수학으로 매개변수가 $x$ 하나뿐이다. 컴퓨터 비전에서 다루는 문제는 매개변수가 수십 개인 경우도 있고, 수백 또는 수천 개에 이르기도 한다. 분석적인 풀이가 불가능한 경우가 많기 때문에, 초기 해를 설정하고 어떤 과정을 반복하여 이것을 최적해<sup>optimal solution</sup>에 조금씩 접근시키는 수치적<sup>numerical</sup> 방법을 많이 사용한다. 항상 최적해에 도달하는 것은 아니고 최적해에 가까운 부 최적해<sup>suboptimal solution</sup>에서 끝내고 그것에 만족해야 하는 경우도 많다.

## 기계 학습

최근 들어 데이터가 복잡해지고 많아진 탓에, 기계 학습<sup>machine learning</sup>을 도구로 활용하는 사례가 늘고 있다. 다루는 영상의 크기도 수천×수천으로 커졌고, 인터넷에서 다량의 영상을 수집할 수 있게 되었다. 이 현상은 고전적인 규칙 기반의 접근 방법에는 불리하지만 현대적인 기계 학습 방법에는 유리하다. 수많은 데이터를 모두 만족하는 규칙을 만드는 것은 거의 불가능한 반면, 기계 학습은 충분히 많은 양의 데이터를 사용할수록 성능이 높아지기 때문이다. 신경망, SVM, 에이더부스트<sup>AdaBoost</sup>, 임의 숲<sup>random forest</sup>과 같은 분류기를 비롯해 MRF(Markov Random Field)도 학습을 통해 만들어진다. 이전에는 기계 학습을 고급 비전에 국한해서 활용하였는데, 최근에는 저급 비전에 활용하는 사례가 늘고 있다.

# 3
# 시스템 설계

시스템을 설계하는 목적은 사람과 상황에 따라 다양할 것이다. 새로운 알고리즘을 창안하여 연구 논문을 발표하려는 대학원 학생과 교수, 최첨단 시제품을 개발하여 회사나 연구소의 명성과 이익을 높이려는 연구개발 팀, 당장 현장에 투입할 제품을 개발하는 회사의 개발 팀, 컴퓨터 비전 과목을 수강하며 교수가 내준 프로그래밍 과제를 수행하는 학부나 대학원 학생마다 각자의 목표와 상황에 따라 공부할 범위와 깊이가 달라진다. 이러한 차이에도 불구하고 이들은 모두 [그림 1-8]의 시스템 설계 과정을 거쳐야 한다.

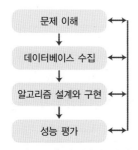

그림 1-8 **컴퓨터 비전 시스템 설계 과정**

시스템 개발은 [그림 1-8]과 같이 순차적으로 일어나지만, 순서에 따라 각 단계를 한 번씩 거치고 끝나는 것이 아니고 성능에 만족할 때까지 여러 번 피드백한다. 예를 들어, 데이터베이스를 수집한 후 그것을 면밀히 관찰하면 문제에 대한 이해가 더 깊어지고 결국 알고리즘 설계에 영향을 미친다. 성능 평가 결과가 만족스럽지 못하면 문제의 제약 조건을 더 강하게 설정하거나 데이터베이스를 확장할 수도 있고, 알고리즘을 새로 설계하기도 한다.

## 1. 문제 이해

무엇보다 자신이 맡은 문제에 대한 직관적이고 철저한 이해가 선행되어야 한다. 때때로 자신이 제약 조건을 설정하고 문제 범위를 결정할 수 있는 상황을 만날 수 있다. 이런 경우에는 면밀한 검토를 통해 적절하고 합리적인 제약 조건을 정한 후, 다음 단계로 진입하는 것이 바람직하다. 얼굴 인식기를 예로 들면, 정면 얼굴을 대상으로 할지 특별한 제약 조건이 없는 영상을 대상으로 할지 결정해야 한다. 전자는 개발은 쉽지만 사용할 수 있는 응용이 제한되고 후자는 그 반대이다. 또한 전자의 경우 출입문 보안 장치로는 사용할 수 있지만 일반적인 응용에 활용할 수는 없다. 이번에는 다른 예를 들어보자. 앞에서 살펴본 [그림 1-4(b)]의 번호판 영상은 고정된 카메라에서 얻은 영상으로, 번호판의 크기와 각도가 비교적 일정하다. 하지만 지붕에 카메라를 달고 다니며 주정차 위반을 단속하는 차량에서 찍은 번호판은 변화의 폭이 훨씬 클 것이다. 전자의 상황을 가정하고 개발한 알고리즘을 후자 상황에 그대로 적용한다면 십중팔구 무용지물이 될 것이다.

## 2. 데이터베이스 수집

컴퓨터 비전 시스템의 개발은 고품질의 데이터베이스를 확보한 후 진행해야 효과적이다. 이 작업의 중요성을 알지 못한 채 부실한 데이터베이스로 개발을 시작하면 나중에 문제가 생길 수 있다. 예를 들어, 자동차 번호판 인식기를 개발하기 위해 고급 승용차가 주로 다니는 도심의 길목에서 샘플 영상을 수집했다고 하자. 결과적으로 낡은 번호판을 단 차량의 영상이 적어 간단한 규칙 기반 알고리즘으로 높은 성능을 얻을 수 있다. 이렇게 개발한 시스템을 도로 곳곳에 설치하면 낡은 번호판을 달고 과속을 즐기는 난폭한 운전자를 기쁘게 해 줄 것이다. 데이터베이스는 양적으로도 커야 하며 질적으로도 충분히 다양한 스타일의 영상을 담고 있어야 한다. 우수한 데이터베이스는 구축하는 데 비용이 많이 들지만 연구자나 개발자에게 큰 재산이 된다.

수집한 샘플은 보통 두 개의 집합으로 나누어 놓는다. 이 중 시스템을 학습시키는 데 사용할 집합을 학습 집합learning set 또는 훈련 집합training set이라 부르고, 완성된 시스템의 성능을 평가하는 데 사용할 집합을 테스트 집합test set이라 부른다. 이들을 합쳐 보통 데이터베이스라고 한다. 데이터베이스를 이용하여 시스템을 학습시키려면 샘플 영상에 적절한 표지label를 붙여줘야 한다. 표지의 형태는 문제에 따라 다양한데 [그림 1-9]에서 몇 가지 사례를 볼 수 있다.

(a) 물체 인식                    (b) 차량 번호판 인식          (c) 영역 분할

그림 1-9 **여러 가지 용도의 데이터베이스**

[그림 1-9(a)]는 물체 인식 성능을 겨루는 PASCAL VOC에서 제공하는 데이터베이스로, 각각의 영상에 대해 물체의 부류와 위치를 표시해 두었다.[10] 이러한 표지 정보를 그라운드 트루스ground truth라 부르는데, 컴퓨터 비전 시스템이 알아내야 하는 정답이라고 생각하면 된다. [그림 1-9(b)]는 차량 번호판에서 떼어낸 글자 영상으로, 이때 표지는 글자의 부류이다. [그림 1-9(c)]는 UC 버클리University of California, Berkeley에서 제공하는 영역 분할용 데이터베이스이다.[11] 영상 각각에 대해 사람이 분할한 결과를 표시해 두었다. 이 경우 영역이 표지에 해당한다. 실용적인 컴퓨터 비전 시스템을 구축하는 일 뒤에는 이러한 각고의 노력이 숨겨져 있다.

다행히 굳이 직접 수집하지 않더라도 인터넷에서 구할 수 있다. 컴퓨터 비전 연구자 커뮤니티에서는 연구개발에 활용할 수 있도록 수집한 데이터베이스를 공개한 경우가 많다. [그림 1-9(a)]가 좋은 사례로, 주로 명성이 높은 연구 그룹에서 공개하며 시간이 지나면 표준 데이터베이스로 자리 잡곤 한다. 이제 컴퓨터 비전 커뮤니티는 연구 논문을 평가할 때 표준 데이터베이스 사용 여부를 중요한 평가 지표로 삼는 경향이 강하다. 따라서 표준 데이터베이스를 다운받아 자신의 컴퓨터에 담아놓는 순간 새로운 연구가 시작된다고 보아도 될 정도로 데이터베이스는 중요한 요소가 되었다.

TIP 부록 B에서는 데이터베이스를 포함하여 인터넷에서 구할 수 있는 각종 자료를 제시한다.

---

**10** http://pascallin.ecs.soton.ac.uk/challenges/VOC/
**11** http://www.eecs.berkeley.edu/Research/Projects/CS/vision/bsds/

## 3. 알고리즘 설계와 구현

### 알고리즘 설계

[그림 1-3]에서 본 바와 같이 컴퓨터 비전을 응용할 수 있는 분야는 무척 다양하며, 시스템이 동작하는 환경과 제약 조건에 따라 변화의 폭도 크다. 주어진 문제를 정확히 이해한 후 그 문제에 적합한 알고리즘을 새로 개발하거나 기존 알고리즘 중에서 그 문제에 가장 우수한 성능을 보이는 것을 선택하는 일은 아주 중요하다.

컴퓨터 비전의 처리 절차는 [그림 1-6]에서 본 바와 같이 여러 단계를 거친다. 각각의 단계는 여러 세부 문제로 구성되며, 이들 문제를 푸는 많은 종류의 알고리즘이 개발되어 있다. 사람의 손동작을 인식하는 문제를 생각해 보자. 손을 찾아내는 단계에서는 손 모델을 이용하여 매칭 연산을 한다. 에지나 영역을 사용해 연산하거나 SIFT와 같은 지역 특징을 사용할 수도 있다. 영역을 사용하기로 결정했다면, 여러 영역 분할 알고리즘 중에 어떤 것을 사용할지 결정해야 한다. 이러한 방법론적 다양성은 무엇을 뜻할까? 바로, 자신의 문제에 가장 적합한 알고리즘을 선별하는 작업이 어려울 뿐 아니라 아주 중요하다는 점이다.

좋은 알고리즘을 찾기 위한 가장 확실하고 널리 사용하는 방법은 데이터베이스를 이용하여 실제 성능 실험을 수행하고, 그 결과에 따라 알고리즘을 선택하는 것이다. 보통 적절한 알고리즘을 찾을 때까지 다양한 알고리즘을 적용해 보는 휴리스틱$^{heuristic}$한 방식을 사용한다. 이때 주어진 문제에 대한 통찰력과 공학적인 경험을 갖추고 있다면 시행착오를 줄일 수 있다. 이 책은 이러한 능력을 갖추는 데 좋은 길잡이 노릇을 해 줄 것이다. 이 책은 주제별로 대표적인 알고리즘을 제시하는데, 그것들의 기본 원리를 대비시켜 좀더 깊이 이해할 수 있도록 도울 것이며 실제 응용과 관련 지어 장단점을 비교해 실용 시스템을 구축하는 데 필요한 통찰력을 길러줄 것이다.

좋은 알고리즘을 선별하는 데 크게 도움이 되는 길잡이가 또 있다. 요즘 두드러진 연구 방향 중 하나로, 표준 데이터베이스와 표준 성능 지표를 이용하여 여러 알고리즘의 성능을 객관적으로 비교 분석하는 일이다. 컴퓨터 비전에 관련된 학술대회나 학술지에는 이러한 연구 결과를 담은 논문이 많다. 알고리즘을 선별할 때 이들이 제시한 성능 비교 결과를 참조하는 것은 매우 현명한 자세이다. 예를 들어, 지역 특징을 비교한 [Schmid2000, Mikolajczyk2005a, Mikolajczyk2005b], 영역 분할 알고리즘을 비교한 [Estrada2009] 등이 있다.

**프로그래밍**

컴퓨터 비전 시스템을 구현할 때에는 기본 자료구조를 설계하고 영상을 읽고 저장하는 일과 같은 기초적인 기능을 지원하는 프로그래밍 환경을 활용하는 것이 좋다. 인텔에서 개발한 OpenCV는 이러한 기본 기능은 물론 컴퓨터 비전 분야 전체를 망라하는 알고리즘을 구현하여 라이브러리 형태로 제공한다. 특히, C와 C++ 언어에 익숙한 사람에게 유용하다. 오픈 소스 소프트웨어로, 무료로 제공된다. OpenCV는 컴퓨터 비전 기술의 발전과 더불어 빠르게 진화하고 있으므로 최신 버전을 사용하기 바란다.[12]

TIP 부록 A에서는 OpenCV 프로그래밍 실습을 제시한다.

Matlab은 C나 C++와 같은 범용 프로그래밍 언어에 익숙하지 않은 사람이 쉽게 접근할 수 있는 대안이다. Matlab은 원래 수학 패키지로 개발되었지만 현재는 IPT(Image Processing Toolbox)라는 이름으로 컴퓨터 비전용 함수도 다수 제공하고 있다. Matlab은 적은 수의 명령어로 알고리즘을 구현할 수 있으므로, 어떤 알고리즘의 동작이나 성능을 단시간 내에 파악하는 목적으로 적합하다. 하지만 수행 속도가 느리기 때문에 현장에 설치할 시스템을 개발할 때는 C나 C++와 같은 범용 프로그래밍 언어로 구현하는 것이 좋다.

또한 이들 외에 다양한 소프트웨어가 인터넷에 공개되어 있다. 예를 들어 [Estrada2009]를 보면, 대표적인 네 가지 영역 분할 알고리즘을 구현한 오픈 소스 또는 실행 프로그램이 있는 웹 사이트를 알 수 있다.


## 4. 성능 평가

엄밀한 성능 평가는 컴퓨터 비전 시스템을 개선하는 동력이 된다. 성능을 측정하는 방법은 문제 및 요구 사항에 따라 아주 다양하다. 여기에서는 보편적으로 사용하는 몇 가지 지표만 설명한다. 더욱 폭넓은 성능 평가 방법을 공부하고 싶다면 [Christensen2002]를 참고하기 바란다.

---

12 국내 OpenCV 커뮤니티도 매우 활발한 활동을 전개하고 있다. http://cafe.naver.com/opencv

자동차를 찍은 영상이 들어왔을 때 그것을 세단, RV, 버스, 트럭, 트레일러의 다섯 부류class로 분류하는 시스템을 생각해 보자. 이 시스템의 인식 성능을 측정하려면 맞는 샘플(버스를 버스로 분류하는 경우), 틀리는 샘플(세단을 트럭으로 분류하는 경우), 기각하는 샘플의 개수를 세어 식 (1.1)의 정인식률correct recognition rate, 기각률rejection rate, 오류율error rate을 계산하면 된다. 이 식에서 $N$은 테스트 집합의 크기, 즉 테스트 집합이 가진 샘플 영상의 개수이다. 기각이란 시스템이 결과에 자신이 없어 분류를 포기한 경우를 말한다. 대부분 분류기는 매개변수를 설정하여 어느 정도 기각할지 조정할 수 있다.

$$\text{정인식률} = \frac{c}{N} , \text{기각률} = \frac{r}{N} , \text{오류율} = \frac{e}{N}$$
$$\text{이때 } c = \text{맞는 샘플수}, \ r = \text{기각한 샘플수}, \ e = \text{틀린 샘플수} \qquad (1.1)$$
$$(N = c + r + e)$$

오류의 경향을 더욱 세밀하게 분석할 때는 혼동 행렬confusion matrix을 사용한다. [표 1-1]은 부류가 두 개인 이진 분류의 혼동 행렬을 보여주는데, 앞의 자동차 인식 예처럼 다섯 부류인 경우 단순히 열과 행을 다섯 개로 확장하면 된다. $n_{ij}$는 부류 $\omega_i$에 속하는 샘플을 $\omega_j$로 분류한 것의 개수이다. 예를 들어 $n_{11}$은 $\omega_1$을 $\omega_1$으로 옳게 분류한 샘플의 개수이고, $n_{12}$는 $\omega_1$을 $\omega_2$로 틀리게 분류한 샘플의 개수이다. 혼동 행렬을 살펴보면 분류기가 어떤 부류를 다른 부류로 혼동하는지 경향을 일목요연하게 파악할 수 있다.

표 1-1 **부류가 두 개인 경우의 혼동 행렬**

| 참 부류 \ 분류 결과 | $\omega_1$ | $\omega_2$ |
|---|---|---|
| $\omega_1$ | $n_{11}$(TP) | $n_{12}$(FN) |
| $\omega_2$ | $n_{21}$(FP) | $n_{22}$(TN) |

폐 영상을 보고 폐암 환자를 찾거나, 반도체 칩 영상을 보고 불량품을 찾거나, 사진 영상에서 얼굴을 찾는 일과 같이 어떤 대상을 검출하는detection 문제는 검출하고자 하는 긍정 부류 $\omega_1$과 그렇지 않은 부정 부류 $\omega_2$로 구별하는 이진 분류 문제이다. 이때 식 (1.1)의 성능 지표를 사용할 수 있지만, 많은 경우 그것만으로 부족하다. 왜냐하면 긍정과 부정이 심한 불균형을 이룬 경우가 많기 때문이다. 예를 들어 칩 검사에서 불량률이 0.1%라면, 무턱대고 모두 우량품(부정 부류 $\omega_2$)이라고 말해도 정인식률이 99.9%가 된다.

[표 1-1]의 혼동 행렬에서 보듯 이진 분류의 결과는 네 가지로 나눌 수 있다. $\omega_1$을 $\omega_1$으로 옳게 분류한 샘플은 참 긍정$^{\text{TP(True Positive)}}$, $\omega_2$를 $\omega_2$로 옳게 분류한 샘플은 참 부정$^{\text{TN(True Negative)}}$, $\omega_1$을 $\omega_2$로 틀리게 분류한 샘플은 거짓 부정$^{\text{FN(False Negative)}}$, $\omega_2$를 $\omega_1$으로 틀리게 분류한 샘플은 거짓 긍정$^{\text{FP(False Positive)}}$이라 한다. FP는 거짓 검출$^{\text{FD(False Detection)}}$ 또는 거짓 경보$^{\text{FA(False Alarm)}}$라고도 한다. 불량 검출의 경우, 찾는 것이 불량이므로 불량이 긍정에 해당하고 우량은 부정이다. 이 경우에는 거짓 긍정 대신 거짓 경보라는 용어가 적절할 수 있다.

[표 1-1]의 혼동 행렬에서 $n_{11}$, $n_{12}$, $n_{21}$, $n_{22}$는 각각 TP, FN, FP, TN의 개수이다. 검출 시스템의 성능은 보통 식 (1.2)로 정의되는 거짓 긍정률$^{\text{FPR(False Positive Rate)}}$과 거짓 부정률$^{\text{FNR(False Negative Rate)}}$로 측정한다. 또는 식 (1.3)으로 정의되는 정확률$^{\text{precision}}$과 재현율$^{\text{recall}}$로 측정하기도 한다. 정확률은 찾은 것(TP와 FP) 중에 맞게 찾은 것(TP)의 비율이고 재현율은 찾아야 하는 것(TP와 FN) 중에 맞게 찾은 것(TP)의 비율이다.

$$
\begin{aligned}
\text{거짓 긍정률} &\left( \text{FPR} = \frac{\text{FP}}{\text{FP} + \text{TN}} \right) = \frac{n_{21}}{(n_{21} + n_{22})} \\
\text{거짓 부정률} &\left( \text{FNR} = \frac{\text{FN}}{\text{TP} + \text{FN}} \right) = \frac{n_{12}}{(n_{11} + n_{12})} \\
\text{참 긍정률} &\left( \text{TPR} = \frac{\text{TP}}{\text{TP} + \text{FN}} \right) = \frac{n_{11}}{(n_{11} + n_{12})} \\
\text{참 부정률} &\left( \text{TNR} = \frac{\text{TN}}{\text{FP} + \text{TN}} \right) = \frac{n_{22}}{(n_{21} + n_{22})}
\end{aligned}
\tag{1.2}
$$

$$
\begin{aligned}
\text{정확률} &= \frac{n_{11}}{(n_{11} + n_{21})} \\
\text{재현율} &= \frac{n_{11}}{(n_{11} + n_{12})}
\end{aligned}
\tag{1.3}
$$

때로 정확률과 재현율을 결합하여 하나의 값으로 표현하는 지표가 필요하다. 식 (1.4)의 $F$ 측정$^{F\text{-measure}}$은 이런 경우에 사용되는 지표이다. 이때 $\beta$는 정확률과 재현율 중 어느 것에 비중을 둘지 결정한다. 예를 들어 $\beta$=2로 하면 $F_2$ 측정이 되는데, 정확률보다 재현율에 더 큰 비중을 두는 셈이다. 보통 $\beta$=1로 둔, 정확률과 재현율을 같은 비중으로 보는 $F_1$ 측정이 많이 사용된다.

$$
\begin{aligned}
F_\beta &= (1 + \beta^2) \frac{\text{정확률} \times \text{재현율}}{\beta^2 \times \text{정확률} + \text{재현율}} \\
F_1 &= \frac{2 \times \text{정확률} \times \text{재현율}}{\text{정확률} + \text{재현율}}
\end{aligned}
\tag{1.4}
$$

[그림 1-10]과 같은 얼굴 검출의 경우는 특별히 신경 써야 할 점이 있다. 얼굴이 긍정에 해당하고 얼굴 아닌 곳이 부정인데, 긍정은 몇 개인지 명확하지만 부정은 불분명하다. 따라서 $n_{22}$를 셀 수 없으므로 거짓 긍정률을 계산할 수 없다. 하지만 정확률과 재현율은 $n_{22}$를 사용하지 않으므로 계산할 수 있다.

다음 예제에서 간단한 문제를 풀어봄으로써 성능 지표를 정확히 이해하자.

**예제 1-1　얼굴 검출의 성능 측정**

[그림 1-10]은 세 개의 영상을 가진 데이터베이스에서 얼굴을 검출한 결과를 보여준다. 앞에서 다룬 정확률, 재현율, $F_1$ 측정을 구해보자.

**그림 1-10 얼굴 검출 성능**

총 15개의 얼굴 중 12개를 옳게 검출했으므로 참 긍정 $n_{11}=12$, 세 개의 얼굴을 못 찾았으므로 거짓 부정 $n_{12}=3$, 그리고 얼굴 아닌 곳을 얼굴로 검출한 것이 두 개이므로 거짓 긍정 $n_{21}=2$이다. 따라서 정확률은 12/14이고 재현율은 12/15이다. $F_1$ 측정은 24/29이다.

---

이 절을 마치기 전에 성능과 관련하여 생각해야 할 것이 또 있다. 그것은 강건robust이라는 단어로 압축할 수 있는데, 시스템이 작동하는 외부 환경이 변할 때 성능을 얼마나 잘 유지하는지를 나타낸다. 조명의 변화 또는 대상물을 찍는 거리나 각도가 변함에도 불구하고 성능이 그대로 유지되거나 적은 양만 저하되는 경우를 강건하다고 말한다. 사람의 시각은 매우 강건하다. 컴퓨터 비전 시스템도 쓸모가 있으려면 강건해야 한다.

강건한 시스템을 구축한다는 목적을 염두에 두고, 지금까지 기술한 내용을 설계 철학으로 정리해보자. 먼저 주어진 문제를 정확하게 이해하고 시스템이 동작할 환경의 제약 조건을 세밀하게 설정한다. 이 제약 조건 아래에서 각종 변화에 강건한 시스템을 설계하고 구현한다. 이 과정에서 충분히 다양하고 많은 양의 데이터베이스를 확보해야 하며, 엄밀한 성능 평가 지표를 갖추어야 한다. 여러 단계의 처리 과정 각각에 대해 최적의 알고리즘을 선정해야 한다.

# 4
# 인접 학문

컴퓨터 비전과 인접한 학문이 여럿 있는데, 이들은 방법론과 응용 측면에서 적지 않게 겹친다. 대표적으로 영상 처리, 패턴 인식, 그리고 컴퓨터 그래픽스를 들 수 있다. [그림 1-11]은 이들의 관계를 개념적으로 설명한 것이다.

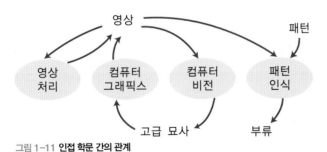

그림 1-11 **인접 학문 간의 관계**

영상 처리image processing는 영상을 입력으로 받아 처리하여 새로운 영상을 출력한다. 물론 새로운 영상은 주어진 목적을 달성하는 데 더 적합한 형태이다. 예를 들어 스무딩smoothing 연산을 적용하여 잡음이 줄어든 영상을 만든다거나, 렌즈를 거치면서 왜곡된 영상을 다시 펴서 정상적인 영상으로 만드는 작업이 영상 처리에 속한다. 따라서 영상 처리는 [그림 1-6]에서 설명한 컴퓨터 비전의 전처리 과정으로 주로 사용된다. 이 책은 2장에서 영상 처리를 다룬다. 보다 상세하게 공부하고 싶다면 [Gonzalez2010]을 참고하기 바란다.

컴퓨터 비전은 영상을 입력 받아, 분석 및 해석하여 고급 묘사를 출력한다. 예를 들어 [그림 1-4(a)]의 왼쪽 영상이 입력되면 '멀리뛰기 하는 여자 선수'라는 묘사를 출력해야 한다. 물론 응용 분야에 따라 요구되는 묘사의 종류는 다양하다. 영상 감시의 경우 이상 징후 여부, 로봇 비전의 경우 장애물의 3차원 위치가 고급 묘사에 해당한다.

컴퓨터 그래픽스는 컴퓨터 비전과 반대 과정으로 볼 수 있다. 즉, 입력된 고급 묘사를 바탕으로 영상을 생성하거나 합성한다. 물체의 이동 방향과 속도가 주어지면 물체의 이동에 따라 여러 장의 영상을 합성한 후, 연속으로 보여줌으로써 애니메이션을 만들기도 한다. 물론 '멀리뛰기 하는 여자 선수' 정도의 거친 묘사를 주었을 때 자동으로 영상을 생성할 수 있는 지능적인 컴퓨터는 없다. 아직은 장면에 나타나는 모든 물체에 대해 물체를 구성하는 평면 및 연결 관계를 지정해야 하며, 물체 표면의 반사 특성, 광원의 위치, 조도까지도 하나하나 설정해 주어야 한다.

패턴 인식과 컴퓨터 비전의 관계를 설정하는 일은 조금 까다롭다. 패턴 인식은 얼굴이나 문자처럼 영상으로 표현되는 패턴도 다루지만, 주식 시황, 음성 신호, 고객 소비 성향, 날씨 변동과 같은 온갖 종류의 데이터를 패턴으로 간주하고 분석과 분류 작업을 수행한다. 즉 특징 추출기가 입력 패턴에서 특징을 추출하여 특징 벡터로 표현하면, 신경망이나 SVM과 같은 분류기가 특징 벡터를 분류하여 부류를 출력한다. 따라서 패턴 인식 연구의 핵심은 특징 추출기와 분류기의 성능을 높이려는 노력이고, 패턴 인식 교과서는 두 주제를 깊이 있게 다룬다.

지금까지 관련 분야가 서로 어떻게 다른지 설명했는데, 주의할 점이 있다. 세상은 모호한 영역을 품고 있다. 학문도 마찬가지이다. 예를 들어, 영상 처리 분야의 교과서인 [Gonzalez2010]을 살펴보면, 앞서 설명한 영상 처리 범위를 넘어 특징 추출, 영상 분할, 물체 인식까지 다룬다. [그림 1-11]은 인접 학문을 대비시키기 위해 지나치게 단순화한 측면이 있다.

더불어 이들 학문이 서로 협력하는 추세가 점점 강해지고 있다. 예를 들어, 컴퓨터 그래픽스로 만든 영상과 실사로 찍은 영상을 하나로 합쳐 영화를 만드는 작업은 이젠 예삿일이다. 두 가지 영상을 자연스럽게 결합시키는 것이 핵심인데, 모든 일을 사람이 수작업으로 하기에는 시간이 너무 많이 걸린다. 때문에 컴퓨터 비전 기술을 사용하여 반자동으로 처리해 시간과 비용을 절감한다. 컴퓨터 그래픽스와 컴퓨터 비전이 밀접하게 협력하는 대표적인 사례이다. 세계적인 컴퓨터 그래픽스 학술대회인 SIGGRAPH에서 발표되는 데모와 논문을 살펴보면 이러한 추세를 확인할 수 있다.

용어에도 컴퓨터 비전과 대비시켜 사용하거나 때로는 같은 의미로 사용하는 여러 용어가 있다. 기계 시각<sup>machine vision</sup>이나 로봇 시각<sup>robot vision</sup>이 그것이다. 대체적으로 말하자면, 컴퓨터 비전은 사람 시각을 목표로 하는 과학적인 접근과 실용 시스템을 목표로 하는 공학적인 접근을 모두 포함하는 일반적인 용어로 볼 수 있다. 반면 기계 시각과 로봇 시각은 공학적인 접근을 강조한 측면이 있고, 그 중 로봇 시각은 로봇의 인지 기능을 높이는 분야에 국한하여 사용된다. 이러한 용어에서도 경계가 불분명한 경향이 있다. 사람에 따라 또는 상황에 따라 엄격히 구분하기도 하고 같은 의미로 사용하기도 한다는 점을 기억해 두자.

# 5
# 학습을 위한 자원

컴퓨터 비전을 공부하는 데 활용할 수 있는 자원은 많다. 종류별로 나눠서 살펴보자.

## 도서

무엇보다, 훌륭한 책을 만나는 것은 큰 행운이다. 컴퓨터 비전을 다룬 책이 많이 있는데 그 중 세 가지를 소개한다.

- [Szeliski2011] Richard Szeliski, *Computer Vision: Algorithms and Applications*, Springer : 컴퓨터 비전의 최신 주제를 거의 빠짐없이 다루고 있으며, 실용적인 응용을 군데군데 제시하여 이론과 응용을 균형 있게 설명한다. 고맙게도 책의 원고 전체가 저자의 홈페이지에 공개되어 있다.[13] 하지만 알고리즘의 기초 원리부터 체계적으로 공부해야 하는 초보자를 위한 입문서로는 부족한 면이 있다.

- [Sonka2008] Milan Sonka, Vaclav Hlavac, and Roger Boyle, *Image Processing, Analysis, and Machine Vision*, 3rd Edition, Thomson : 초보자용 입문서로 적당하다. Matlab 코드를 담은 쌍둥이 책인 [Svoboda2008]이 있기 때문에, 컴퓨터 비전과 Matlab 프로그래밍 공부를 동시에 하여 일석이조의 효과를 거두고자 할 때 안성맞춤이다.

- [Shapiro2001] Linda G. Shapiro and George C. Stockman, *Computer Vision*, Prentice Hall : 초보자용 입문서 또는 대학 강좌의 교재로서 훌륭하다. 하지만 출판 이후 10년이 넘어 최신 주제와 알고리즘이 빠진 것이 흠이다.

---

**13** http://szeliski.org/Book/

컴퓨터 비전의 인접 학문으로서 영상 처리를 자세히 공부하려는 사람은 [Gonzalez2010]과 Matlab 코드를 담은 [Gonzalez2011]으로 공부하기 바란다. 패턴 인식은 [Theodoridis2009]와 [Bishop2006]을 추천한다. [Theodoridis2010]은 [Theodoridis2009]의 Matlab 쌍둥이 책이다. 패턴 인식의 한글 교과서로는 [오일석2008]을 추천한다.

## 학술지 및 학술대회

앞에서 말했듯이 컴퓨터 비전은 이론과 응용이 모두 꽃을 피우고 있다. 이러한 융성은 새로운 아이디어를 제안하고 검증하는 과정을 통해서 이루어지고, 활발한 연구개발 활동은 논문 형태로 보급된다. 따라서 학술지와 학술대회의 최근 호를 주기적으로 훑어보는 자세가 필요하다. 다음은 컴퓨터 비전 연구를 주도하는 여덟 종의 학술지이다. 이들 중 맨 앞의 두 종이 최고의 권위를 자랑한다. 위로부터 다섯 번째 학술지는 새로운 아이디어를 제시하는 논문이 아니라, 기존 방법론을 조사하고 원리를 조리 있게 설명하는 튜토리얼 논문을 싣는다. 맨 뒤의 세 종은 패턴 인식, 영상 처리, 컴퓨터 그래픽스 전문 학술지이며 컴퓨터 비전과 겹치는 영역의 논문을 다수 발표한다.

- **IEEE Transactions on Pattern Analysis and Machine Intelligence(PAMI)**
- **International Journal of Computer Vision(IJCV)**
- Image and Vision Computing
- Computer Vision and Image Understanding
- Foundations and Trends in Computer Graphics and Vision
- Pattern Recognition
- IEEE Transactions on Image Processing
- ACM Transactions on Graphics

다음은 대표적인 학술대회 여덟 가지이다. 맨 앞의 두 가지가 최고의 권위를 지닌다. ICCV는 홀수 년에 개최되는 격년제인데, 최고 논문을 선정하여 Marr 상을 수여한다.[14] CVPR은 매년 개최된다. 맨 뒤에 있는 세 가지는 패턴 인식, 영상 처리, 그리고 컴퓨터 그래픽스 전문 학술대회이며 컴퓨터 비전과 겹치는 영역의 논문을 다수 발표한다.

---

**14** 컴퓨터 비전 분야의 최고 권위를 지닌 상으로, David Marr를 기린다.

- **IEEE International Conference on Computer Vision(ICCV)**

- **IEEE International Conference on Computer Vision and Pattern Recognition(CVPR)**

- European Conference on Computer Vision

- Asian Conference on Computer Vision

- British Machine Vision Conference

- International Conference on Pattern Recognition

- IEEE International Conference on Image Processing

- ACM SIGGRAPH

## 웹 사이트

컴퓨터 비전을 공부하는 데 온라인 웹 사이트가 큰 도움이 된다. 빠른 속도로 발전하는 이 분야의 속성 상 온라인 지원은 필수이다. 다행히 시의적절하게 내용을 갱신하고 진화하는 온라인 웹 사이트가 여럿 있다. 대표적인 세 곳을 소개한다.

- CVonline(http://homepages.inf.ed.ac.uk/rbf/CVonline/) : 컴퓨터 비전의 주제를 계층적으로 나누고, 그들 주제에 대한 설명을 위키피디아를 이용하여 제공한다. 또한 데이터베이스, 문헌, 소프트웨어, 교육을 위한 최신 자료도 풍부하다.
- VisionBib.Com(http://www.visionbib.com/bibliography/contents.html) : 컴퓨터 비전과 관련된 논문을 망라하여 제공한다. 주제어, 저자, 시기, 학술지, 학술대회에 따라 검색이 가능하다.
- Computer Vision Online(http://www.computervisiononline.com/) : 소프트웨어, 데이터베이스, 그리고 책에 대한 최신 정보를 제공한다. 또한 컴퓨터 비전 분야에서 주목할 만한 뉴스도 알려준다.

이 중 CVonline과 VisionBib.com에 관해서는 부록 B에서 자세하게 다룬다. 본문에서 제시한 내용보다 자세하고 방대한 자료들이 잘 정리되어 있으며, 업데이트도 꾸준히 이루어진다. 즐겨찾기로 등록해 두고 수시로 들어가보길 바란다.

## 연습문제

**1** 컴퓨터 비전의 응용을 소개하는 Lowe 교수가 운영하는 사이트에 접속한다. 사이트에 제시된 응용 분야 중 세 가지를 고르고, 각각에 대해 회사 두 곳을 선정하여 그들 제품을 조사하시오. (주소: http://www.cs.ubc.ca/~lowe/vision.html).

**2** 다음 세 가지 앱을 자신의 스마트폰에 설치하시오.

(a) Goggles

(b) Leafsnap

(c) Photosynth

(1) 직접 영상을 획득한 후 처리한 결과 화면을 캡처하여 제시하시오.

(2) 여러 번 시도한 후, 처리 결과를 분석하여 성능에 대한 자신의 견해를 제시하시오.

**3** [그림 1-9]는 물체 인식과 영상 분할에 쓰이는 데이터베이스를 예시하고 있다. 이들 데이터베이스 각각에서 10개의 영상을 뽑아 제시하시오.

**4** [예제 1-1]에 대해 답하시오.

(1) 거짓 긍정률과 거짓 부정률을 계산하시오.

(2) [그림 1-10]의 가운데 영상에서는 두 번째 줄에 있는 파란색 스카프를 두른 아이의 얼굴을 찾지 못했다. 이 아이의 얼굴을 찾았다고 가정했을 때 참 긍정, 거짓 긍정, 거짓 부정을 구하시오. 이때 재현율, 정확률, 그리고 $F_1$ 측정은 얼마인가?

**5** 1.5절에서 소개한 학술지와 학술대회 목록 각각에서 두 종을 고르고, 가장 최신 호에 실린 논문 세 개씩을 선정하여 제목, 저자, 그리고 초록을 제시하시오. 또한 논문 각각에 대해 이 책의 몇 장에 해당하는지 기술하시오.

**6** Marr 상을 조사하여, 최근 3년의 수상자와 그에게 상을 안겨준 논문의 제목과 초록을 제시하시오.

# Chapter 02
# 영상 처리

# Preview

내려갈 때 보았네
올라갈 때 보지 못한
그 꽃

_고은 '순간의 꽃'

[그림 2-1]은 원래 영상에 여러 종류의 영상 처리 연산을 적용하여 새로운 영상으로 변환한 결과이다.

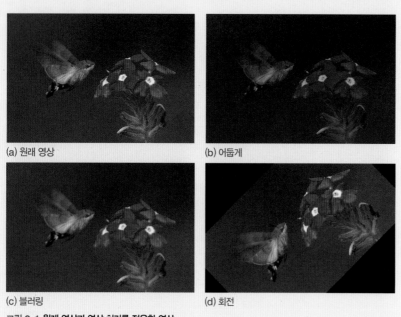

(a) 원래 영상　　　　　　　　　　　　　　(b) 어둡게

(c) 블러링　　　　　　　　　　　　　　(d) 회전

그림 2-1 원래 영상과 영상 처리를 적용한 영상

이와 같이 영상 처리는 주어진 목적을 달성하기 위해 원래 영상을 새로운 영상으로 변환시키는 것이다. 예를 들어 사진의 잡음을 줄이고 싶다면 블러링을 적용한다. 1장의 [그림 1-6]에서 설명했듯이, 영상 처리는 컴퓨터 비전의 전처리 과정에 주로 사용한다. 전처리 과정은 전체 시스템 성능에 큰 영향을 미치므로 목적에 맞는 적절한 영상 처리 연산을 선택하는 일은 중요하다.

▶ 각 절에서 다루는 내용 ------------------------------------------------------------

**2.1절**_디지털 영상이 무엇인지 알아보고, 표현 방법을 배운다.

**2.2절**_알고리즘 공부의 시작이므로 쉽고 흥미로운 주제인 히스토그램을 다룬다. 단순하지만 여러 곳에 유용하게 쓰이는 연산이다.

**2.3절**_기존 영상을 흑백의 이진 영상으로 변환하는 이진화와 이진 영상에서 연결요소를 구하는 알고리즘을 공부한다.

**2.4절**_영상 처리 연산은 크게 점 연산, 영역 연산, 기하 연산으로 구분할 수 있다. 이들 세 가지 연산을 자세하게 다룬다.

**2.5절**_영상의 크기를 크거나 작게 만드는 연산과 다중 해상도를 구축하는 방법을 알아본다.

**2.6절**_이진 모폴로지와 명암 모폴로지를 다룬다.

**2.7절**_컬러 영상에 적용할 수 있는 영상 처리 기법을 설명한다.

# 1
# 디지털 영상이란?

## 1. 디지털 영상의 태동

흥미롭게도 디지털 영상의 응용은 신문 산업에서 태동했다. 1920년에 Bartlane이라는 케이블 영상 전송 시스템이 등장하였다. 이전에는 영상을 배편으로 전달했는데, 유럽 대륙에서 출발해 대서양을 거쳐 미국에 도착하기까지 몇 주가 걸렸다. 그러다 보니 영상을 인쇄할 때쯤이면, 해당 뉴스는 사람들 관심 밖으로 밀려서 가치가 크게 떨어지곤 했다. 그런 참에 런던과 뉴욕을 해저 케이블로 연결한 영상 전송 시스템인 Bartlane이 등장한 것이다. 두 시간 정도면 영상을 전달할 수 있게 되자, 미디어 산업에 혁명이 일어났다. [그림 2-2]는 그 당시 전송된 사진이다. 왼쪽은 초기 영상으로 5단계의 명암을 가졌는데 나중에 오른쪽처럼 15단계로 늘어 화질이 크게 개선되었다. 보다 자세한 내용은 [McFarlane72]를 참고하기 바란다.

그림 2-2 **Bartlane 시스템이 전송한 디지털 영상(1920년대)**

　대략 한 세기가 지난 지금, 초등학생 주머니에도 모바일 폰이 들어있다. 고해상도 사진을 찍어 바로 전송할 수 있을 뿐만 아니라 고품질 동영상을 실시간으로 방송할 수도 있게 되었다. 이런 상황에 발맞추어 '컴퓨터 비전과 인터넷의 교차점'에 초점을 맞춘 인터넷 비전<sup>Internet vision</sup>이라는 새로운 연구 분야가 태동할 정도로 영상 처리와 컴퓨터 비전은 주목을 받고 있다[Avidan2010]. 인터넷에서는 무궁무진하게 많은 영상이 공유되고 있으며 그 양도 빠르게 증가하는 추세이다.[1]

## 2. 획득과 표현

　영상을 획득하는 장비인 카메라는 사람의 눈과 비슷한 구조를 가진다. [그림 2-3]은 사람의 눈과 카메라의 구조를 비교한 것이다. 수정체는 카메라의 렌즈 역할을 하며, 망막은 CCD 센서(필름)에 해당한다. 망막에는 밝기에 반응하는 간상체<sup>rod</sup>와 색에 반응하는 추상체<sup>cone</sup>가 분포되어 있다.

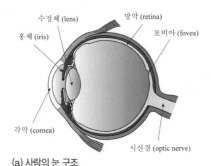
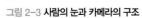

(a) 사람의 눈 구조

(b) 카메라의 구조

그림 2-3 **사람의 눈과 카메라의 구조**

---

1　영상 호스팅 서비스인 플리커<sup>flickr</sup>는 2011년 8월에 60억 장의 영상이 업로드 되어 있다고 발표하였다. 현재까지 얼마나 늘었을까? http://www.flickr.com/

[그림 2-4(a)]는 핀홀pinhole 카메라 모델로, 복잡한 카메라의 작동 원리를 단순하게 표현한 수학적 모델이다. 빛이 상자의 왼쪽에 있는 아주 작은 구멍을 통해 내부로 들어가면 오른쪽 영상 평면image plane(CCD 센서 또는 필름)에 맺힌다. 영상 평면에 붙어 있는 CCD 센서는 영상을 가로 방향으로 $N$, 세로 방향으로 $M$개의 점으로 샘플링하고, 화소pixel라고 부르는 각 점의 밝기를 $L$단계로 양자화quantization한다. (b)는 샘플링과 양자화를 수행하는 과정을 보여준다. (c)는 이런 과정으로 획득한 $M$과 $N$이 12이고, $L$이 10인(0~9) 디지털 영상을 보여준다.

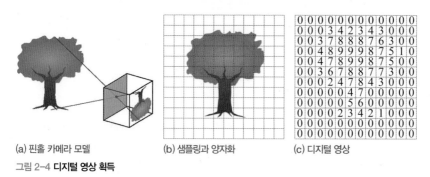

(a) 핀홀 카메라 모델    (b) 샘플링과 양자화    (c) 디지털 영상

그림 2-4 **디지털 영상 획득**

[그림 2-5]는 이 책에서 사용할 2차원 영상 좌표계이다. 중학교에서 배운 좌표계와 달리, 원점이 왼쪽 위에 위치한다.

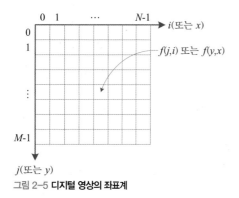

그림 2-5 **디지털 영상의 좌표계**

여기에서는 2차원 좌표를 벡터 $\mathbf{x}=(j,i)$ 또는 $\mathbf{x}=(y,x)$로 표기한다. $j$축은 수직 방향, $i$축은 수평 방향을 나타내며 둘 다 정수 좌표를 가진다. 영상은 두 개의 매개변수를 가진 일종의 함수이며 $f(\mathbf{x})$ 또는 $f(j,i)$로 표기할 것이다. 또한 $j$축 방향의 화소의 개수는 $M$, $i$축 방향은 $N$이라 표기한다. 따라서 $j$와 $i$의 범위는 각각 $[0,M-1]$과 $[0,N-1]$이다. $(j,i)$로 지정되는 한 점을 화소pixel라 하고, 영상의 크기를 나타내는 $M \times N$을 해상도resolution라 부른다.

더불어 영상 $f$가 가질 수 있는 명암값의 범위는 $[0,L-1]$이며 보통 화소 하나에 1바이트를 배정하여 $L$이 256이 된다. $L=2$인 경우에는 0(흑)과 1(백)의 두 가지 값만 가능하며, 이런 영상을 이진 영상binary image이라 부른다. 컬러 영상은 한 화소가 R, G, B 세 개의 값을 갖는다. 이들 세 개의 채널을 $f_r(\mathbf{x})$, $f_g(\mathbf{x})$, $f_b(\mathbf{x})$로 표기한다([그림 2-44]). 컬러 영상은 2.7절에서 다룬다.

[그림 2-5]의 좌표계에서 꼭 기억할 점이 있다. 수학의 기하 단원에서 사용하는 $(x,y)$ 대신 $(y,x)$를 사용한다는 사실이다. 즉, 수직 방향을 먼저 쓴다. 이미 익숙한 표기와 달라 조금 혼란스러울 수도 있으나, 그럼에도 수직 방향을 먼저 적는 이유는 행렬에서 찾을 수 있다. 행렬 $\mathbf{A}$에서 행의 좌표를 $r$, 열의 좌표를 $c$라 하면 원소는 $\mathbf{A}(r,c)$로 지칭한다. Matlab이나 OpenCV로 프로그래밍할 때도 $(y,x)$를 사용한다. 앞으로 이 책에서는 일관되게 $(y,x)$ 또는 $(j,i)$를 사용할 것이다.

앞서 설명한 바와 같이 컴퓨터 비전에서 다루는 영상은 모두 디지털 영상이다. 즉, 연속된 2차원 공간을 샘플링하여 정수 좌표를 갖는 $j$축과 $i$축을 구성한다. 명암은 $[0,L-1]$ 범위의 $L$단계로 양자화한다. 하지만 이들이 정수가 아니라 실수값을 갖는 연속 함수라고 가정할 경우가 있다. 주로 문제를 공식화하고, 알고리즘이 사용할 수식을 도출할 때 중간 표현으로 연속 함수를 사용한다. 특히, 함수를 미분하는 연산을 사용할 때 연속 함수가 자주 등장한다. 이런 경우는 수식을 제시하기 전에 연속 함수임을 밝힐 것이다.

디지털 영상은 보통 [그림 2-6(a)]처럼 제시된다. 하지만 프로그램이 사용하는 직접적인 자료구조는 (b)와 같은 숫자의 배열이다. (c)는 영상을 지형으로 간주하고 그린 것으로, 화소의 명암값을 지표면으로부터 높이로 해석하였다.

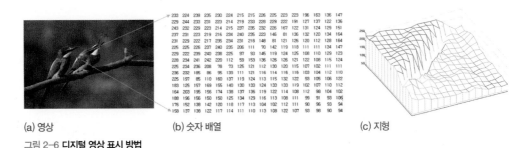

(a) 영상          (b) 숫자 배열          (c) 지형

그림 2-6 **디지털 영상 표시 방법**

# 2

# 히스토그램

## 1. 히스토그램 계산

영상 $f$의 히스토그램은 명암값이 나타난 빈도수로, $[0, L-1]$ 사이의 명암값 각각이 영상에 몇 번 나타나는지 표시한다. [알고리즘 2-1]은 명암 영상 $f$의 히스토그램 $h$를 계산하는 가상 코드pseudo code이다.

---
**알고리즘 2-1 명암 영상에서 히스토그램 계산**

**입력 :** 명암 영상 $f(j, i)$, $0 \leq j \leq M-1$, $0 \leq i \leq N-1$
**출력 :** 히스토그램 $h(l)$과 정규 히스토그램 $\hat{h}(l)$, $0 \leq l \leq L-1$

```
1    for(l=0 to L-1)    h(l)=0; // 초기화
2    for(j=0 to M-1)
3      for(i=0 to N-1) // f의 화소 (j,i) 각각에 대해
4        h(f(j,i))++; // 그곳 명암값에 해당하는 히스토그램 칸을 1만큼 증가
5    for(l=0 to L-1)
6      ĥ(l)=h(l)/(M×N); // 정규화한다.
```
---

1행은 모든 명암값의 히스토그램 $h(.)$를 0으로 초기화한다. 2~4행은 모든 화소에 접근하여, 명암값에 해당하는 히스토그램의 칸bin을 1만큼 증가시킨다. 5~6행은 모두 더하면 1.0이 되도록 $h(.)$를 정규화한다.

히스토그램 알고리즘을 수식으로 표현하면 식 (2.1)과 같다. |.|은 집합의 크기이다. 식 (2.2)는 히스토그램의 모든 칸을 더하면 1.0이 되도록 변환한 정규 히스토그램normalized histogram이다.

$$h(l) = |\{(j,i) \,|\, f(j,i) = l\}| \tag{2.1}$$

$$\hat{h}(l) = \frac{h(l)}{M \times N} \tag{2.2}$$

---

**예제 2-1    명암 영상에서 히스토그램 계산** ──────────────

[그림 2-7(a)]는 $M$과 $N$이 8이고 $L=8$인 아주 작은 영상이다. 이 영상에서 명암값이 2인 화소는 13개이므로 $h(2)=13$이다. 다른 명암값에 대해서도 화소의 개수를 세어보면 $h = (0, 0, 13, 18, 19, 10, 4, 0)$이고, $\hat{h}(l) = (0, 0, 0.203, 0.281, 0.297, 0.156, 0.063, 0)$이다. 이것을 그래프로 그리면 [그림 2-7(b)]와 같다.

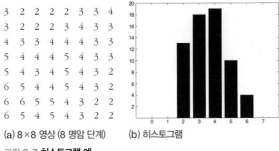

(a) 8×8 영상 (8 명암 단계)　　(b) 히스토그램

**그림 2-7 히스토그램 예**

---

## 2. 히스토그램 용도

### 영상의 특성 파악

히스토그램은 어디에서 사용할까? 여러 용도 중 하나는 영상의 특성을 파악하는 것이다.[2] [그림 2-8(a)]와 같이 히스토그램이 왼쪽으로 치우쳐 있으면 어두운 영상이다. [그림 2-8(b)]는 밝기 분포가 비교적 균일하다. [그림 2-8(c)]는 두 개의 봉우리가 선명하게 나타난 영상의 사례로, 이런 영상은 이진 영상으로 변환하기 쉽다. 변환 방법은 2.3절에서 다룬다.

---

2　대부분의 디지털 카메라에는 사진의 히스토그램을 확인할 수 있는 기능이 있다. 컬러 영상은 R, G, B채널 각각의 히스토그램을 보여준다.

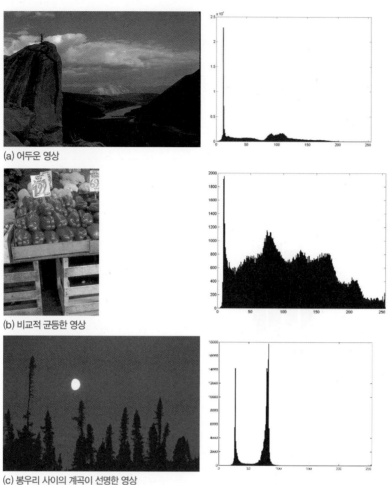

(a) 어두운 영상

(b) 비교적 균등한 영상

(c) 봉우리 사이의 계곡이 선명한 영상

그림 2-8 **히스토그램을 이용한 영상의 특성 이해**

## 평활화를 통한 영상 품질 개선

히스토그램의 또 다른 용도는 조작을 통한 영상 품질 개선이다. 가장 대표적인 연산은 히스토그램 평활화histogram equalization이다. 이 연산은 [그림 2-7]과 같은 영상의 히스토그램을 [그림 2-9]와 같이 평평하게 만든다. 이렇게 하면 영상이 사용하는 명암의 범위, 즉 동적 범위dynamic range가 늘어나 영상이 이전보다 선명해진다. 그렇다면 어떻게 평활화할 것인가?

식 (2.3)은 입력 영상 $f$를 평활화하여 출력 영상 $g$를 만드는 데 사용하는 변환 식이다. 여기에서 $c(.)$는 누적 히스토그램이고, $round(.)$는 반올림 연산이다. $T(.)$는 입력 영상 $f$의 명암값 $l_{in}$을 출력 영상 $g$의 명암값 $l_{out}$으로 변환하는 매핑 함수이다. 이 매핑 함수는 누적 히스토그램에 $(L-1)$을 곱하고 결과를 반올림하면 된다. 단순하다.

이 식이 어떻게 평활화를 달성해줄까? 출력 영상 $g$를 생각해 보자. 이 영상은 히스토그램이 평평하므로 어떤 명암 $l$을 기준으로 생각해 보면 그것보다 작은 명암을 갖는 화소의 비율은 $l/L$이어야 한다. 그런데 평활화를 수행하는 과정에서 사용한 누적 히스토그램이 정확히 그런 역할을 해준다. 다시 말해 누적 히스토그램은 비율이 $l/L$인 점을 $l$로 매핑해준다.

$$l_{out} = T(l_{in}) = round(c(l_{in}) \times (L - 1))$$

$$\text{이때 } c(l_{in}) = \sum_{l=0}^{l_{in}} \hat{h}(l)$$

(2.3)

---

**예제 2-2** ┃ **히스토그램 평활화** ────────────────────────

[예제 2-1]의 영상을 재활용하기로 하자. [그림 2-9(a)]에 제시된 표는 매핑 함수 $T(.)$를 구하는 과정을 보여준다. 결국 입력 영상의 명암값 0은 0, 1은 0, 2는 1, 3은 3, …, 7은 7로 매핑해 주는 함수를 얻었다. [그림 2-9(b)]는 매핑하여 얻은 평활화된 영상이다. [그림 2-9(c)]는 새로운 영상의 히스토그램이다. 이 히스토그램을 이전 영상의 히스토그램인 [그림 2-7(b)]와 비교해 보자. 이전 것은 동적 범위가 [2,6]이었는데 새로운 영상은 [1,7]로 보다 넓어졌음을 알 수 있다.

| $l_{in}$ | $\hat{h}(l_{in})$ | $c(l_{in})$ | $c(l_{in}) \times 7$ | $l_{out}$ |
|---|---|---|---|---|
| 0 | 0.0 | 0.0 | 0.0 | 0 |
| 1 | 0.0 | 0.0 | 0.0 | 0 |
| 2 | 0.203 | 0.203 | 1.421 | 1 |
| 3 | 0.281 | 0.484 | 3.388 | 3 |
| 4 | 0.297 | 0.781 | 5.467 | 5 |
| 5 | 0.156 | 0.937 | 6.559 | 7 |
| 6 | 0.063 | 1.0 | 7.0 | 7 |
| 7 | 0.0 | 1.0 | 7.0 | 7 |

(a) 매핑 표 $T(.)$

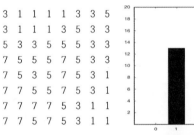

(b) 평활화된 영상

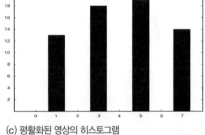

(c) 평활화된 영상의 히스토그램

그림 2-9 **히스토그램 평활화 예**

---

[그림 2-10]은 실제 영상에 히스토그램 평활화를 적용한 결과이다. 얼룩말의 줄무늬가 훨씬 선명하고 숲에 있는 나무도 훨씬 잘 보인다. 원래 영상의 명암은 [50,150] 범위에 주로 분포하고 있지만 새로운 영상은 그 범위가 크게 넓어졌다. 명암값 50이 대략 10 근처로 매핑되었다.

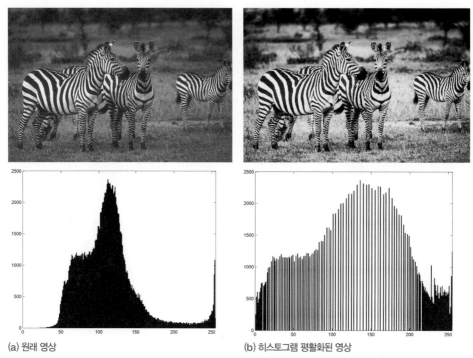

(a) 원래 영상

(b) 히스토그램 평활화된 영상

그림 2-10 **히스토그램 평활화를 적용해 품질이 향상된 예**

그에 반해 [그림 2-11]은 예상 밖으로 품질이 떨어진 사례이다. 새의 깃털 텍스처도 훼손되었으며, 특히 시각적인 느낌이 퇴화한 것을 알 수 있다. 하지만 새에게 잡아먹히기 직전의 곤충을 확인하는 목적으로 국한한다면 평활화된 영상이 더 적합하다. 이와 같이 적용하는 연산이 상황과 목적에 따라 품질 개선에 공헌할 수도 그 반대일 수도 있으니 분별력을 가지고 활용 여부를 따져야 한다.

(a) 원래 영상

(b) 히스토그램 평활화된 영상

그림 2-11 **히스토그램 평활화를 적용해 시각적 느낌이 나빠진 예**

## 3. 히스토그램 역투영과 얼굴 검출

히스토그램은 쓰임새가 많다. 이 절에서는 히스토그램 역투영histogram backprojection 연산과 이를 활용하여 물체를 검출하는 방법을 소개한다[Swain91]. 물체의 모양은 무시하고 단순히 컬러 분포만으로 검출하는 방법으로, 히스토그램은 컬러 분포를 표현하는 데 사용된다. 예를 들어, 히스토그램 역투영을 적용해 사람의 얼굴을 찾아보자. 얼굴을 검출하려면 [그림 2-12]와 같이 비교 기준으로 활용할 모델 얼굴과 그것의 히스토그램이 필요하다.

 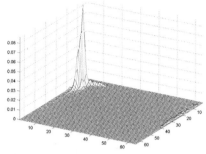

(a) 모델 얼굴                    (b) 2차원 히스토그램(HS 공간)

그림 2-12 얼굴 검출을 위한 모델 얼굴과 히스토그램

이때 히스토그램은 [알고리즘 2-1]과 같이 명암 채널만 이용하는 1차원이 아니라, 최소 2차원 이상을 사용해야 한다. 왜냐하면 명암은 조명에 따라 쉽게 변할 뿐만 아니라 얼굴과 비슷한 명암을 갖는 다른 영역이 여러 군데 존재할 가능성이 높아, 명암만 사용하면 피부에 해당하는 영역을 구별하기 어렵기 때문이다. 따라서 RGB 색상 공간을 HSI 공간으로 변환한 다음, I채널(명암intensity)은 무시하고 H채널(색상hue)과 S채널(채도saturation)을 사용하기로 하자.

[알고리즘 2-2]는 2차원 히스토그램을 구하는 과정을 기술한다. 여기서 히스토그램의 크기를 눈여겨보자. [알고리즘 2-1]과 마찬가지로 H와 S축을 각각 $L$단계로 나누면 2차원 히스토그램의 전체 칸 수는 $L^2$이 되어 넓은 공간이 된다. 축 하나를 표현하는 데 1바이트를 사용하면 $L=256$이므로 히스토그램의 칸 수는 65,536이다. 예를 들어, [그림 2-12(a)]의 얼굴 영상은 원래 영상에서 오려낸 것으로 크기는 100×80이다. 따라서 8,000개의 화소를 65,536개의 칸을 가진 2차원 히스토그램에 뿌리면 대부분의 칸이 0을 갖는 매우 희소한 공간이 될 것이다. 이런 상황에서는 $L$단계를 양자화quantization하여 $q$단계로 줄이는 것이 좋다. 4행의 $quantize(.)$ 함수는 양자화를 수행해 준다($quantize(a) = \lfloor \frac{a \times q}{L} \rfloor$이다. $\lfloor\ \rfloor$는 소수점 이하를 무시하는 버림 연산자이다). [그림 2-12(b)]에서

$q=64$이다. 즉, 원래 히스토그램의 $4 \times 4 = 16$칸을 한 칸으로 축소한 셈이다.

---

**알고리즘 2-2 2차원 히스토그램 계산(HS 공간)**

**입력**: $H$와 $S$채널 영상 $f_H(j,i), f_S(j,i), 0 \le j \le M-1, 0 \le i \le N-1$
**출력**: 히스토그램 $h(j,i)$와 정규 히스토그램 $\hat{h}(j,i), 0 \le j, i \le q-1$  // $L$단계를 $q$단계로 양자화

```
1    h(j,i), 0≤j,i≤q-1을 0으로 초기화한다.
2    for(j=0 to M-1)
3      for(i=0 to N-0)  // 화소 (j,i) 각각에 대해
4        h(quantize(f_H(j,i)), quantize(f_S(j,i)))++;  // 해당 칸을 1 증가시킴
5    for(j=0 to q-1)
6      for(i=0 to q-1)
7        ĥ(j,i)=h(j,i)/(M×N);  // 정규화
```

---

[그림 2-12(a)]의 모델 얼굴 영상을 입력 받고, [알고리즘 2-2]를 적용하여 [그림 2-12(b)]와 같은 모델 히스토그램을 만들었다고 하자.[3] 모델은 많은 사람의 얼굴 컬러 분포를 대표할 수 있을 정도의 대표성을 지녀야 한다. 여기서는 설명을 간편하게 하기 위해 한 장의 얼굴 영상만 사용하였다. 6장에서 공부할 고유 얼굴eigen face은 여러 영상을 평균하고 PCA 변환을 적용하는 세련된 방법을 사용한다.

이 모델 히스토그램을 $\hat{h}_m$이라 표기하자. 이제, 새로운 영상 $g$가 주어지면 $\hat{h}_m$을 이용하여 얼굴을 찾아내는 문제를 생각해 보자. 기본 원리는 간단하다. $g$의 어떤 화소 $(j,i)$의 H와 S채널 값을 $(a,b)$라 했을 때, 즉 $a=g_H(j,i)$와 $b=g_S(j,i)$일 때, $\hat{h}_m(a,b)$가 큰 값을 가지면 그 화소는 얼굴일 가능성이 높고, 반대면 가능성이 낮다고 볼 수 있다. 다시 말해, $\hat{h}_m$은 화소의 값을 얼굴에 해당할 신뢰도 값으로 변환해 준다고 볼 수 있다.

[알고리즘 2-3]의 히스토그램 역투영은 이러한 변환을 효과적으로 수행해 준다. 먼저 입력 영상 $g$에서 히스토그램 $\hat{h}_i$을 만든다. 히스토그램 역투영은 모델 히스토그램 $\hat{h}_m$과 영상 히스토그램 $\hat{h}_i$의 비율을 나타내는 식 (2.4)의 비율 히스토그램 $\hat{h}_r$을 사용한다. 이 새로운 히스토그램을 만들 때 $\frac{1}{\hat{h}_i}$이 일종의 가중치 역할을 하는데, 영상에 드물게 나타난 색상에 가중치를 더 주는 셈이 된다.

---

3 모델은 어떤 대상을 대표할 수 있는 묘사를 말한다. 여기서는 사람 얼굴을 대표할 수 있는 영상이나 히스토그램이 묘사에 해당한다. 많은 경우 어떤 수학식을 모델로 쓴다. 컴퓨터 비전에서는 모델이라는 용어를 자주 사용한다.

$$h_r(j,i) = \min\left(\frac{\hat{h}_m(j,i)}{\hat{h}_i(j,i)}, 1.0\right), \quad 0 \le j, \ i \le q-1 \tag{2.4}$$

1 　영상 $g_H, g_S$에 [알고리즘 2-2]를 적용하여 정규 히스토그램 $\hat{h}_i$를 만든다.

2 　식 (2.4)를 이용하여 $\hat{h}_r$을 구한다.

3 　for ($j=0$ to $M-1$)

4 　　for ($i=0$ to $N-1$)

5 　　　$o(j,i) = \hat{h}_r(quantize(g_H(j,i)), quantize(g_S(j,i)));$  // 역투영

[그림 2-13(b)]는 입력 영상 (a)에 [그림 2-12(b)]의 모델 히스토그램을 역투영하여 얻은 신뢰도 맵confidence map을 보여준다.

**(a) 입력 영상**　　　　**(b) 역투영 영상**

**그림 2-13 히스토그램 역투영을 이용한 얼굴 검출**

　예상한대로 얼굴에 해당하는 영역이 큰 값을 가진다. 하지만 손 영역도 큰 값을 가지는데, 손과 얼굴의 색이 비슷하기 때문이다. 만약 피부와 유사한 색 분포를 갖는 다른 물체나 배경 영역이 있다면 그것도 높은 값을 가지게 되어 검출 오류가 발생할 것이다. 또한 검출 대상이 여러 가지 색 분포를 가지는 경우에는 여러 개의 모델을 사용해야 하며, 결과적으로 검출 오류가 발생할 가능성도 높아진다. 사람 피부도 마찬가지로 황인, 흑인, 백인이 각기 다른 분포를 가진다. 따라서 컴퓨터 비전은 물체 검출 문제를 풀 때 모양 특징을 주로 사용하며, 상황에 따라 색 분포 정보를 보조로 사용한다.

이러한 한계에도 불구하고 히스토그램 역투영을 적용할 때의 장점도 있다. 히스토그램은 물체의 이동과 회전에 불변이다. 즉, 이동이나 회전이 발생하더라도 히스토그램은 변하지 않는다. 따라서 히스토그램 역투영은 같은 배경 아래에서 물체가 이동하거나 회전해도 성능이 유지된다. 또한 물체의 일부가 가려진 경우에도 잘 작동한다. 공장과 같이 배경을 균일하게 꾸밀 수 있는 상황이라면 히스토그램 역투영을 유용하게 활용할 수 있다.

# 3

# 이진 영상

우리는 때로 영상을 백(전경)과 흑(배경)의 두 가지 값만 가진 이진 영상으로 바꿀 필요가 있다. 예를 들어 [그림 2-13(b)]의 신뢰도 맵에서 얼굴의 위치를 찾는 방법 중 하나는 맵(명암 영상)을 이진 영상으로 변환한 후, 연결요소를 찾고 연결요소의 중점을 얼굴 위치로 취하는 것이다.

## 1. 이진화와 오츄 알고리즘

어떻게 화소의 명암값을 흑과 백 중의 하나로 결정할 수 있을까? [그림 2-13(b)]를 보고 생각해보자. 간단한 방법은 값이 크면 백으로, 작으면 흑으로 바꾸는 것이다. 하지만 크고 작고를 어떻게 구분할지에 대한 문제가 남는다. 결국 두 구간을 가르는 임계값$^{threshold}$ $T$가 필요한데, 가장 간단한 방법은 히스토그램을 분석하여 두 봉우리 사이의 계곡 지점을 $T$로 취하고 그것보다 큰 화소는 백(1 또는 $L-1$) 그렇지 않은 화소는 흑(0)으로 바꾸는 것이다. 식 (2.5)는 명암 영상 $f$를 이진 영상 $b$로 변환하는 이진화$^{binarization}$ 과정을 수식으로 보여준다.

$$b(j,i) = \begin{cases} 1, & f(j,i) \geq T \\ 0, & f(j,i) < T \end{cases} \tag{2.5}$$

[그림 2-14(a)]는 [그림 2-13(b)] 영상의 히스토그램이다. 원래 영상에서는 0을 갖는 배경 영역이 무척 넓다. 따라서 명암 0에 해당하는 칸의 값이 월등히 큰데, [그림 2-14(a)]는 다른 곳을 강조하기 위해 그 칸의 값을 0으로 바꾼 히스토그램이다. 대략 0과 125 근처에 봉우리가 있고 50 근방에 계곡이 있다. 이에 따라 임계값 $T$를 50으로 설정하고, 이진화를 수행하면 [그림 2-14(b)]와 같은 이진 영상을 얻는다.

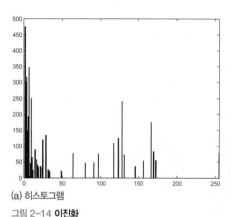

(a) 히스토그램

(b) 임계값을 이용하여 구한 이진 영상($T$=50)

그림 2-14 **이진화**

　　임계값 방법은 단순한 반면 문제점을 안고 있다. 앞에서 히스토그램을 관찰하여 눈대중으로 계곡 지점을 알아냈는데, 컴퓨터 비전에서는 그 일을 자동으로 처리해야 한다. [그림 2-14(a)]의 히스토그램을 보고 자동으로 50을 임계값으로 결정하는 일은 생각보다 쉽지 않다. 0과 30, 125와 175 사이 같이 곳곳에 산재해 있는 작은 계곡이 방해 요인이 된다. 게다가 [그림 2-8(b)]처럼 두 개의 봉우리가 뚜렷하지 않은 영상도 많기 때문에 임계값을 콕 집어내기 애매한 경우가 많다.

### 오츄 알고리즘

　　오츄는 아주 효과적인 이진화 알고리즘을 제시하였는데 현재도 널리 활용된다[Otsu79]. 임계값 $t$를 기준으로 화소를 두 집합으로 나누었을 때, 각 집합의 명암 분포가 균일할수록 좋다는 점에 착안하여 균일성이 클수록 $t$에게 높은 점수를 준다. 균일성은 그룹의 분산으로 측정하는데, 분산이 작을수록 균일성이 높다. 가능한 모든 $t$에 대해 점수를 계산한 후 가장 좋은 $t$를 최종 임계값으로 취한다. 일종의 최적화 알고리즘optimization algorithm이다.[4]

───────────────

4　가능한 모든 후보 해가 이루는 공간을 해 공간solution space이라 부른다. 최적화 문제는 해 공간에서 가장 좋은 점수를 가진 최적해optimal solution를 찾는 것을 말한다. 이진화 문제는 해 공간이 [0, $L$-1] 범위이므로, 해 공간이 매우 작다. 따라서 모든 후보 해를 비교하는 낱낱 탐

최적화 알고리즘에서 점수를 계산하는 데 사용하는 함수를 목적 함수$^{\text{objective function}}$ 또는 비용 함수$^{\text{cost function}}$라 부른다. 그렇다면, 목적 함수를 어떻게 정의할 것인가? 예를 들어, [그림 2-14(a)]에서 50과 150 중 어느 것의 점수가 더 좋아야 할까? 직관적으로 볼 때 50이 더 좋으므로 목적 함수 $O(.)$는 당연히 $O(50) < O(150)$이어야 한다. 여기서는 분산을 목적 함수로 사용하는데, 분산이 작을수록 균일성이 크므로 목적 함수값이 작을수록 점수가 높다고 거꾸로 생각해야 한다.

식 (2.6)은 오츄 알고리즘의 핵심이다. $v_{within}(t)$가 목적 함수 역할을 하는데, 식 (2.7)과 같이 두 분산의 가중치 합으로 정의한다. $w_0(t)$와 $w_1(t)$는 임계값 $t$에 따라 생성된 흑 화소와 백 화소 집합의 크기로서 가중치 역할을 한다. $v_0(t)$와 $v_1(t)$는 두 집합의 분산이다.

$$T = \operatorname*{argmin}_{t \in \{0,1,\cdots,L-1\}} v_{within}(t) \qquad (2.6)$$

$$v_{within}(t) = w_0(t)v_0(t) + w_1(t)v_1(t)$$

$$
\begin{aligned}
w_0(t) &= \sum_{i=0}^{t} \hat{h}(i), & w_1(t) &= \sum_{i=t+1}^{L-1} \hat{h}(i) \\
\mu_0(t) &= \frac{1}{w_0(t)} \sum_{i=0}^{t} i\,\hat{h}(i), & \mu_1(t) &= \frac{1}{w_1(t)} \sum_{i=t+1}^{L-1} i\,\hat{h}(i) \\
v_0(t) &= \frac{1}{w_0(t)} \sum_{i=0}^{t} \hat{h}(i)(i-\mu_0(t))^2, & v_1(t) &= \frac{1}{w_1(t)} \sum_{i=t+1}^{L-1} \hat{h}(i)(i-\mu_1(t))^2
\end{aligned}
\qquad (2.7)
$$

오츄 알고리즘은 이진화를 최적화 문제로 만들어 푸는데, 이는 비교적 단순한 최적화 문제에 해당한다. 왜냐하면 해 공간이 0, 1, 2, $\cdots$, $L-1$인 $L$개의 점을 가진 1차원 공간에 불과하기 때문이다. 따라서 $t$를 0에서 시작해 1씩 증가시키면서 $L-1$까지 조사한 후 가장 작은 $v_{within}(.)$을 갖는 $t$를 답으로 취하면 된다. 이때, 두 개의 가중치와 두 개의 분산을 $L$번 계산해야 한다. 알고리즘의 점근적 시간 복잡도$^{\text{asymptotic time complexity}}$는 $\Theta(L^2)$이다. 따라서 실시간 처리와 같이 빠른 계산이 필수인 상황에는 적용하기 부담스럽다. 더 빨리 할 수 없을까? 컴퓨터 비전에서 이런 종류의 문제의식은 매우 중요하다!

다행히 간단한 수학으로 속도를 크게 개선할 수 있다. 다음 식에서 $\mu$와 $v$는 명암 범위 전체에 대한 평균과 분산인데, 주어진 영상에 대해 한 번만 계산하면 되기 때문에 상수로 간주할 수 있다.

---

색$^{\text{exhaustive search}}$ 알고리즘을 사용한다. 하지만 컴퓨터 비전에서 발생하는 대부분의 최적화 문제는 해 공간이 방대하므로 언덕 오르기$^{\text{hill}}$ $^{\text{climbing}}$와 같은 효율적인 탐색 알고리즘을 사용한다.

$$\mu = \sum_{i=0}^{L-1} i\hat{h}(i), \quad v = \sum_{i=0}^{L-1} (i-\mu)^2 \hat{h}(i)$$

이 식은 다음과 같이 다시 쓸 수 있다. 마지막 식은 $\sum_{i=0}^{t} (i-\mu_0(t))(\mu_0(t)-\mu)\hat{h}(i) = 0$과 $\sum_{i=t+1}^{L-1} (i-\mu_1(t))(\mu_1(t)-\mu)\hat{h}(i) = 0$을 대입하여 유도하였다.

$$
\begin{aligned}
v &= \sum_{i=0}^{t} (i-\mu_0(t)+\mu_0(t)-\mu)^2 \hat{h}(i) + \sum_{i=t+1}^{L-1} (i-\mu_1(t)+\mu_1(t)-\mu)^2 \hat{h}(i) \\
&= \sum_{i=0}^{t} ((i-\mu_0(t))^2 + 2(i-\mu_0(t))(\mu_0(t)-\mu) + (\mu_0(t)-\mu)^2)\hat{h}(i) + \\
&\quad \sum_{i=t+1}^{L-1} ((i-\mu_1(t))^2 + 2(i-\mu_1(t))(\mu_1(t)-\mu) + (\mu_1(t)-\mu)^2)\hat{h}(i) \\
&= \sum_{i=0}^{t} ((i-\mu_0(t))^2 + (\mu_0(t)-\mu)^2)\hat{h}(i) + \sum_{i=t+1}^{L-1} ((i-\mu_1(t))^2 + (\mu_1(t)-\mu)^2)\hat{h}(i)
\end{aligned}
$$

$\Sigma$의 첨자 $i$와 무관한 항을 따로 모으고, 식 (2.7)에 있는 식을 대입하면 다음과 같다.

$$
\begin{aligned}
v &= \{w_0(t)(\mu_0(t)-\mu)^2 + w_1(t)(\mu_1(t)-\mu)^2\} + \sum_{i=0}^{t} (i-\mu_0(t))^2 \hat{h}(i) + \sum_{i=t+1}^{L-1} (i-\mu_1(t))^2 \hat{h}(i) \\
&= \{w_0(t)(\mu_0(t)-\mu)^2 + w_1(t)(\mu_1(t)-\mu)^2\} + \{w_0(t)v_0(t) + w_1(t)v_1(t)\}
\end{aligned}
$$

뒤에 있는 항은 식 (2.7)에 따라 $v_{within}(t)$로 대치하고, 앞의 항은 $w_1(t) = 1 - w_0(t)$와 $\mu = w_0(t)\mu_0(t) + w_1(t)\mu_1(t)$를 대입해 정리한다.

$$v = w_0(t)(1-w_0(t))(\mu_0(t)-\mu_1(t))^2 + v_{within}(t) = v_{between}(t) + v_{within}(t)$$

$v$는 상수이다. 따라서 $v_{within}(t)$를 최소화하는 일은 $v_{between}(t)$를 최대화하는 것과 똑같다. 이에 따라 식 (2.6)의 최소화 문제를 식 (2.8)의 최대화 문제로 바꾸어 쓸 수 있다.

$$
\begin{aligned}
T &= \operatorname*{argmax}_{t \in \{0,1,\cdots,L-1\}} v_{between}(t) \\
&\text{여기에서} \quad v_{between}(t) = w_0(t)(1-w_0(t))(\mu_0(t)-\mu_1(t))^2
\end{aligned}
\tag{2.8}
$$

이렇게 문제를 탈바꿈시키면 무엇을 얻을 수 있나? 새로운 식 (2.8)은 계산 효율 측면에서 큰 장점이 있다. $v_{within}(t)$와 달리 $v_{between}(t)$는 $t$라는 순간을 위해 계산해 놓은 값을 이용하여, 그 다음 순간 $t+1$의 값을 식 (2.9)의 순환식을 이용하여 빠르게 계산할 수 있기 때문이다.

$$초깃값(t=0) : w_0(0) = \hat{h}(0), \quad \mu_0(0) = 0$$

순환식$(t > 0)$ :

$$w_0(t) = w_0(t-1) + \hat{h}(t) \tag{2.9}$$

$$\mu_0(t) = \frac{w_0(t-1)\mu_0(t-1) + t\hat{h}(t)}{w_0(t)}$$

$$\mu_1(t) = \frac{\mu - w_0(t)\mu_0(t)}{1 - w_0(t)}$$

이제 오츄 알고리즘을 구현하기 위한 모든 재료가 준비된 셈이다. 식 (2.8)과 식 (2.9)가 바로 그들이다. 이 알고리즘을 가상 코드로 정리하면 [알고리즘 2-4]와 같다.

---

**알고리즘 2-4 오츄 알고리즘(효율적인 버전)**

**입력** : 영상 $f(j,i), 0 \le j \le M-1, 0 \le i \le N-1$

**출력** : 이진 영상 $b(j,i), 0 \le j \le M-1, 0 \le i \le N-1$

1  [알고리즘 2-1]을 이용하여 $f$의 정규 히스토그램 $\hat{h}$을 만든다.

2  식 (2.9)의 초기 조건을 이용하여 $w_0(0)$과 $\mu_0(0)$을 계산한다.

3  for$(t=1$ to $L-1)$ {

4   식 (2.9)의 순환식을 이용하여 $w_0(t), \mu_0(t), \mu_1(t)$를 계산한다.

5   식 (2.8)을 이용하여 $v_{between}(t)$를 계산한다.

6  }

7  앞의 for 루프에서 가장 큰 $v_{between}(t)$를 보인 $t$를 임계값 $T$로 취한다.

8  식 (2.5)로 $f$를 이진화하여 $b$를 만든다.

---

[그림 2-15]는 [그림 2-8]에서 제시된 영상들을 [알고리즘 2-4]를 적용해 이진화한 결과이다.

(a) $T=70$          (b) $T=111$          (c) $T=54$

그림 2-15 **오츄 알고리즘이 찾아준 임계값 $T$로 이진화한 영상**

이진 영상에서 물체를 인식할 수 있는 걸로 보아 이 알고리즘이 잘 작동한다고 볼 수 있다. 하지만 두 번째 영상에서는 가격표를 인식할 수 없고, 세 번째 영상에서는 달이 사라져버렸다. 하나의 임계값만 사용하는 경우 이러한 현상은 불가피하다. 이를 해결하려면, 임계값을 $k$개 사용하여 $k+1$개의 구간으로 구분하는 다중 임계값 방법을 사용해야 한다. 또 다른 문제는 영상의 다른 지역이 상당히 다른 밝기 분포를 가지는 경우에 발생한다. 이런 경우에는 하나의 임계값을 영상 전체에 적용하는 전역적인 방법을 버리고, 지역의 밝기 특성에 따라 서로 다른 임계값을 적용하는 적응적 이진화<sup>adaptive thresholding</sup> 방법을 사용해야 한다. 이런 종류의 진전된 방법은 영상 분할에 활용할 수 있는데, 영상 분할을 다루는 5장의 5.2절에 다시 등장한다.

## 2. 연결요소

화소는 어떤 모양일까? [그림 2-16(a)]는 몇 가지 가능성을 보여준다. 프린터나 모니터와 같이 화소를 물리적으로 다루어야 하는 경우에는 모양이 중요하다. 아주 작은 잉크 방울이 분사되는 모양에 따라 인쇄물의 품질이 달라질 수 있으므로 프린터 회사 입장에서는 물리적인 모양이 중요한 문제이다. 하지만 컴퓨터 비전에서 화소는 추상적인 것에 불과하기 때문에 가장 편리한 것을 선택해서 사용하면 된다. 육각형은 좌표를 지정하기가 까다롭고 원은 빈 공간이 생기는 문제가 있다. 따라서 대부분의 문헌에서 사각형을 사용하고 있고, 이 책도 마찬가지이다.

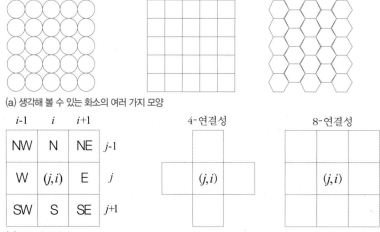

(a) 생각해 볼 수 있는 화소의 여러 가지 모양

(b) 화소의 연결성

그림 2-16 **화소의 모양과 연결성**

화소의 이웃에 대해 생각해 보자. [그림 2-16(b)]에서 맨 왼쪽 그림은 화소 $(j, i)$의 이웃 화소 여덟 개의 방위를 표시한 것이다. 가운데와 오른쪽에 있는 그림은 동서남북 네 개 화소를 이웃으로 간주하는 4-연결성과 여덟 개 화소를 모두 이웃으로 삼는 8-연결성을 보여준다.

이진 영상을 살펴보면 서로 연결된 화소의 집합이 여럿 나타난다. 이들 집합 각각을 연결요소 connected component라 부른다. 보통 연결요소는 별도로 다루기 때문에, 이들 각각에 고유한 번호를 붙인 후 다음 처리 단계로 넘겨줘야 한다. [그림 2-17]은 간단한 예제를 보여주는데, 4-연결성을 사용하는 경우 네 개의 연결요소가 생기고 8-연결성을 사용하면 두 개의 연결요소가 생긴다.

| 0 | 0 | 0 | 0 | 0 | 0 | 0 | 0 | 0 | 0 |
|---|---|---|---|---|---|---|---|---|---|
| 0 | 0 | 0 | 0 | 1 | 1 | 0 | 0 | 0 | 0 |
| 0 | 0 | 0 | 0 | 0 | 1 | 0 | 0 | 0 | 0 |
| 0 | 0 | 0 | 0 | 0 | 1 | 0 | 0 | 0 | 0 |
| 0 | 1 | 1 | 0 | 0 | 1 | 0 | 1 | 1 | 0 |
| 0 | 1 | 0 | 1 | 0 | 1 | 1 | 0 | 1 | 0 |
| 0 | 1 | 0 | 1 | 0 | 1 | 0 | 0 | 1 | 0 |
| 0 | 1 | 0 | 1 | 0 | 1 | 0 | 0 | 1 | 0 |
| 0 | 1 | 1 | 0 | 0 | 1 | 0 | 0 | 1 | 0 |
| 0 | 0 | 0 | 0 | 0 | 0 | 0 | 0 | 0 | 0 |

(a) 입력 이진 영상

| 0 | 0 | 0 | 0 | 0 | 0 | 0 | 0 | 0 | 0 |
|---|---|---|---|---|---|---|---|---|---|
| 0 | 0 | 0 | 0 | 1 | 1 | 0 | 0 | 0 | 0 |
| 0 | 0 | 0 | 0 | 0 | 1 | 0 | 0 | 0 | 0 |
| 0 | 0 | 0 | 0 | 0 | 1 | 0 | 0 | 0 | 0 |
| 0 | 2 | 2 | 0 | 0 | 1 | 0 | 3 | 3 | 0 |
| 0 | 2 | 0 | 4 | 0 | 1 | 1 | 0 | 3 | 0 |
| 0 | 2 | 0 | 4 | 0 | 1 | 0 | 0 | 3 | 0 |
| 0 | 2 | 0 | 4 | 0 | 1 | 0 | 0 | 3 | 0 |
| 0 | 2 | 2 | 0 | 0 | 1 | 0 | 0 | 3 | 0 |
| 0 | 0 | 0 | 0 | 0 | 0 | 0 | 0 | 0 | 0 |

(b) 번호 붙이기(4-연결성)

| 0 | 0 | 0 | 0 | 0 | 0 | 0 | 0 | 0 | 0 |
|---|---|---|---|---|---|---|---|---|---|
| 0 | 0 | 0 | 0 | 1 | 1 | 0 | 0 | 0 | 0 |
| 0 | 0 | 0 | 0 | 0 | 1 | 0 | 0 | 0 | 0 |
| 0 | 0 | 0 | 0 | 0 | 1 | 0 | 0 | 0 | 0 |
| 0 | 2 | 2 | 0 | 0 | 1 | 0 | 1 | 1 | 0 |
| 0 | 2 | 0 | 2 | 0 | 1 | 1 | 0 | 1 | 0 |
| 0 | 2 | 0 | 2 | 0 | 1 | 0 | 0 | 1 | 0 |
| 0 | 2 | 0 | 2 | 0 | 1 | 0 | 0 | 1 | 0 |
| 0 | 2 | 2 | 0 | 0 | 1 | 0 | 0 | 1 | 0 |
| 0 | 0 | 0 | 0 | 0 | 0 | 0 | 0 | 0 | 0 |

(c) 번호 붙이기(8-연결성)

그림 2-17 **연결요소 번호 붙이기**

연결요소를 찾아 번호를 붙이려면 [알고리즘 2-5]에 제시된 범람 채움 flood fill 알고리즘을 사용한다. 6행의 조건식을 만족하는 화소가 씨앗 화소로, 새로운 연결요소가 시작되는 곳이다. 씨앗 화소에 연결된 화소를 재귀 함수로 찾아 같은 번호를 부여한다. 더 이상 씨앗 화소가 없을 때까지 같은 과정을 반복한다. 제시된 가상 코드는 4-연결성에 따라 작동한다. 8-연결성 버전으로 바꾸려면, 16~19행에서 동서남북 방향으로 함수를 네 번 재귀 호출한 것에 대각선 네 방향을 추가하여 여덟 번 호출하면 된다. 2행은 처리 도중에 영상 밖으로 나가는 상황을 방지하는 코드이다.

---

**알고리즘 2-5 범람 채움(4-연결성 버전)**

**입력**: 이진 영상 $b(j,i)$, $0 \leq j \leq M-1$, $0 \leq i \leq N-1$
**출력**: 번호를 매긴 영상 $l(j,i)$, $0 \leq j \leq M-1$, $0 \leq i \leq N-1$

```
1    b를 l로 복사한다. 이때 0은 0, 1은 -1로 복사한다. // -1은 아직 번호를 안 붙였음을 표시
2    l의 경계, 즉 j=0, j=M-1, i=0, i=N-1인 화소를 0으로 설정한다. // 영상 바깥으로 나가는 것을 방지
3    label=1;
4    for(j=1 to M-2)
5      for(i=1 to N-2) {
6        if(l(j,i)=-1) {
7          flood_fill4(l,j,i,label);
8          label++;
9        }
10     }
11
12   // 4-연결성 범람 채움 함수
13   function flood_fill4(l,j,i,label) {
14     if(l(j,i)=-1) { // 아직 번호를 안 붙인 화소이면
15       l(j,i)=label;
16       flood_fill4(l,j,i+1,label); // east
17       flood_fill4(l,j-1,i,label); // north
18       flood_fill4(l,j,i-1,label); // west
19       flood_fill4(l,j+1,i,label); // south
20     }
21   }
```

---

이 알고리즘은 아주 큰 연결요소를 만나면, 재귀 호출이 깊어져 스택 오버플로우라는 메모리 문제가 발생할 가능성이 있다. [알고리즘 2-6]은 이 문제를 개선한 버전으로, 메모리와 계산 시간 측면에서 더 효율적이다. 20~21행은 화소 $(y,x)$를 중심으로 좌우로 확장하며 -1을 갖는(즉, 아직 처리되지 않은) 연속된 화소 열을 찾는다. *left*와 *right*로 지정된 이 화소 열을 *label* 값으로 대치한다. 24~25행은 위아래를 확인하여 추가로 처리할 화소를 찾아 큐에 삽입한다.

**입력**: 이진 영상 $b(j, i)$, $0 \le j \le M-1$, $0 \le i \le N-1$

**출력**: 번호를 매긴 영상 $l(j, i)$, $0 \le j \le M-1$, $0 \le i \le N-1$

```
1    b를 l로 복사한다. 이때 0은 0, 1은 -1로 복사한다.  // -1은 아직 번호를 안 붙였음을 표시
2    l의 경계, 즉 j=0, j=M-1, i=0, i=N-1인 화소를 0으로 설정한다.  // 영상 바깥으로 나가는 것 방지
3    label=1;
4    for(j=1 to M-2)
5      for(i=1 to N-2) {
6        if(l(j, i)=-1) {
7          efficient_floodfill4(l, j, i, label);
8          label++;
9        }
10     }
11
12   // 메모리를 적게 사용하는 효율적인 4-연결성 범람 채움 함수
13   function efficient_floodfill4(l, j, i, label) {
14     Q=∅;  // 빈 큐 Q를 생성한다.
15     push(Q, (j, i));
16     while(Q≠∅) {
17       (y, x)=pop(Q);  // Q에서 원소를 하나 꺼낸다.
18       if(l(y, x)=-1) {
19         left=right=x;
20         while(l(y, left-1)=-1) left--;  // 아직 미처리 상태인 열을 찾는다.
21         while(l(y, right+1)=-1) right++;
22         for(c=left to right) {
23           l(y, c)=label;
24           if(l(y-1, c)=-1 and (c=left or l(y-1, c-1)≠-1)) push(Q, (y-1, c));
25           if(l(y+1, c)=-1 and (c=left or l(y+1, c-1)≠-1)) push(Q, (y+1, c));
26         }
27       }
28     }
29   }
```

# 4
# 영상 처리의 세 가지 기본 연산

영상 처리란 화소 입장에서 보면 새로운 값을 부여받는 것을 뜻한다. 이때 새로운 값을 '어디에서' 취하느냐에 따라 연산을 세 가지로 구분할 수 있으며, 이러한 구분은 연산의 원리를 이해하는 데 도움이 된다. 어떤 화소가 자신의 값만 보고 새로운 값을 결정하는 경우에는 점 연산point operation이라 부른다. 반면, 이웃에 있는 몇 개의 화소들을 보고 새로운 값을 정한다면 영역 연산area operation이라 한다. 마지막으로, 일정한 기하학적 규칙에 따라 다른 곳에 있는 값을 취할 수 있는 기하 연산geometric operation이 있다. 이 절에서는 세 가지 범주 각각에 속하는 대표적인 연산 몇 가지를 설명한다. 이 절 이외에서 소개하는 연산도 모두 이들 범주 중 하나에 속한다.

## 1. 점 연산

점 연산은 식 (2.10)과 같이 쓸 수 있다. 출력 영상 $f_{out}$에서 화소 $(j,i)$ 값은 $k$개의 입력 영상에서 같은 위치에 존재하는 화소의 값에 따라 정해진다.

$$f_{out}(j,i) = t(f_1(j,i),\ f_2(j,i),\ \cdots\ f_k(j,i)) \tag{2.10}$$

대부분 $k$=1인 한 장의 영상을 입력한다. 식 (2.11)에서 위의 두 식은 양수 $a$를 더해서 밝게 만들거나, 반대로 빼서 어둡게 만드는 연산이다. 세 번째 식은 어두운 곳은 밝게 밝은 곳은 어둡게 반전시킨다. 이들은 모두 선형 연산$^{linear\ operation}$에 속한다.[5] [그림 2-18]은 이들 연산에 해당하는 변환 함수 $t(.)$와 연산을 적용한 결과를 보여준다. $a$는 양수이다.

$$f_{out}(j,i) = t(f(j,i)) = \begin{cases} \min(f(j,i) + a, L-1), & (밝게) \\ \max(f(j,i) - a, 0), & (어둡게) \\ (L-1) - f(j,i), & (반전) \end{cases} \tag{2.11}$$

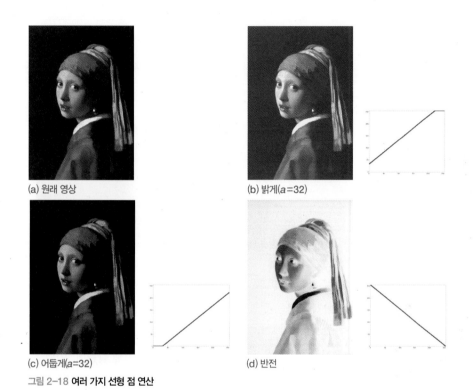

(a) 원래 영상        (b) 밝게($a$=32)

(c) 어둡게($a$=32)        (d) 반전

그림 2-18 **여러 가지 선형 점 연산**

식 (2.12)는 감마 수정$^{gamma\ correction}$이라 부르는 비선형 연산$^{nonlinear\ operation}$으로, $\hat{f}$은 [0,1] 사이 값을 갖는 정규 영상이다.

$$f_{out}(j,i) = (L-1) \times (\hat{f}(j,i))^{\gamma}$$
$$이때 \quad \hat{f}(j,i) = \frac{f(j,i)}{(L-1)} \tag{2.12}$$

---

5 선형 연산이란 변수들에 상수를 곱하고 그 결과를 더하는 계산을 말한다. 1차 방정식으로 표현되며, 연산 과정을 기하학적으로 그려보면 선, 평면, 초평면에 머문다.

[그림 2-19]는 감마값에 따른 변환 함수의 모양과 연산을 적용한 결과를 보여준다. $\gamma$가 1보다 작으면 밝아지고 1보다 크면 어두워지는 효과가 나타난다. [그림 2-19(d)]는 $\gamma$=1인 경우로 원래 영상에 해당한다. 이 비선형 연산은 주로 모니터나 프린터의 색상을 조절할 때 사용한다. 이런 장치의 외부에 있는 다이얼을 돌리면 내부의 $\gamma$가 따라서 변하는 것이다.

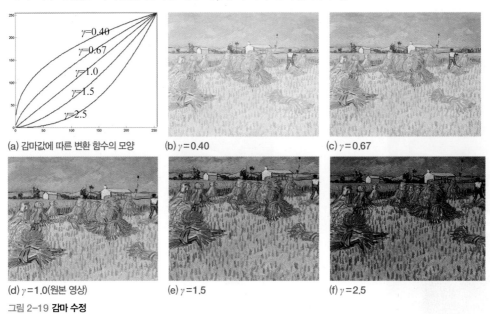

(a) 감마값에 따른 변환 함수의 모양    (b) $\gamma$=0.40    (c) $\gamma$=0.67

(d) $\gamma$=1.0(원본 영상)    (e) $\gamma$=1.5    (f) $\gamma$=2.5

그림 2-19 **감마 수정**

앞 절에서 학습한 연산 중에 점 연산에 속하는 것들이 있다. 2.3.1절에서 공부한 이진화를 되짚어 보자. 그때 사용한 알고리즘은 입력 영상을 분석하여 임계값 $T$를 정하고 그것보다 작은 화소는 흑, 그렇지 않은 화소는 백으로 바꾸었다. 변환 함수로 표현하면 [그림 2-20]과 같은데, 이런 모양의 함수를 계단 함수step function라 부른다. 점 연산에 속하는 또다른 것으로 히스토그램 평활화 histogram equalization를 들 수 있다. 이때는 누적 히스토그램이 변환 함수 역할을 한다.

그림 2-20 **이진화를 위한 계단 함수($T$=100)**

응용에 따라 식 (2.10)에 들어가는 영상의 개수 $k$가 2 이상인 경우가 있다. 예를 들어, 컬러 영상을 명암 영상으로 변환하는 경우 R, G, B 세 채널이 입력이므로 $k=3$인 셈이다. 또 다른 경우로 장면 디졸브scene dissolve라는 재미있는 효과가 있다. 장면 디졸브는 식 (2.13)과 같이 표현할 수 있으며, 앞의 영상 $f_1$이 서서히 뒤에 있는 영상 $f_2$로 전환된다. 이 효과는 파워포인트나 키노트와 같은 프로그램에서 슬라이드를 넘기는 데 활용된다. [그림 2-21]은 $\alpha$를 1.0에서 시작하여 0.2씩 줄여나가면서 여섯 장의 디졸브 영상을 생성한 예이다.

$$f_{out}(j, i) = \alpha f_1(j, i) + (1 - \alpha) f_2(j, i) \tag{2.13}$$

그림 2-21 **디졸브 효과**

## 2. 영역 연산

[그림 2-22]는 1차원에 불과한 아주 간단한 예제이지만, 매칭에 대한 물리적인 직관을 얻는 데 아주 유용하다. 또한 이 그림을 이용하여 앞으로 아주 중요한 역할을 할 두 가지 연산인 상관correlation과 컨볼루션convolution을 이해할 수 있다. [그림 2-22]에서 윈도우 $u$는 검출하려는 물체 영상이고, $f$는 입력 영상이라 하자. 풀어야 할 문제는 $f$의 어디에 $u$가 있는지 찾는 것이다.

**그림 2-22 상관과 컨볼루션의 원리**

## 상관과 컨볼루션

문제를 해결하기 위해 $u$를 $f$의 위치 0, 1, 2, 3, …, 9 각각에 씌워 곱의 합을 계산하고, 그 결과를 새로운 영상 $g$에 기록해 보자. 여기에서 씌운다는 말은 윈도우의 중앙을 그 번호에 해당하는 위치에 맞춘다는 뜻이고, 곱의 합은 서로 대응되는 화소끼리 곱하여 그 결과를 더한다는 것이다. [그림 2-22]는 위치3에 씌운 경우로, 곱의 합을 계산하면 $1×2+0×4+2×3=8$이다. 윈도우를 왼쪽에서 오른쪽으로 이동시키며 각각의 위치에서 곱의 합을 구하면 출력 영상 $g$가 만들어진다.

이 결과는 어떤 의미를 가질까? 결과 영상 $g$는 위치 6에서 최댓값을 가지는데, 거기에 찾고자 하는 $u$가 있기 때문이다. 반면, $u$와 많이 다른 곳일수록 낮은 값임을 알 수 있다. 이와 같이, 물체를 표현하는 윈도우 $u$와 입력 영상 $f$가 얼마나 비슷한지 측정해 주는 연산을 상관correlation이라 부른다. 대표적인 영역 연산으로 물체의 크기나 회전 변환이 없다고 가정한다.[6] 컨볼루션convolution은 상관과 비슷한데, 단지 윈도우를 적용하기 전에 뒤집는 것만 다르다. 예를 들어, 위치3의 컨볼루션 적용 결과는 $1×3+0×4+2×2=7$이다.

한편, 윈도우를 사용하는 연산은 가장자리 처리에 주의를 기울여야 한다. [그림 2-22]에서 가장자리인 위치0과 9에서 윈도우는 밖으로 벗어난다. 따라서 그 위치에서 값을 구하지 않았다. 또는 바깥쪽으로 필요한 개수만큼 화소를 덧대고 0 또는 가장자리 화소의 값으로 채우기도 한다. 또 하나 주의할 점은 결과를 입력 영상 $f$ 자체에 바로 기록하는 제자리in-place 방식으로 프로그래밍할 수 없다는 것이다. 다음 화소를 계산할 때 이전 화소의 값이 바뀌어 있으면 안되기 때문에, $f$와 다른 별도의 영상 $g$에 기록해야 한다. 보통 윈도우의 크기는 편의상 홀수로 한다.

---

6  상관은 매칭에 사용할 수 있는 기본 연산이지만 제한 조건을 만족하는 특별한 상황을 제외하고는 잘 작동하지 않는다. 왜냐하면 현실에서는 물체가 크기, 회전, 밝기에서 큰 변화를 나타내기 때문이다. 현실적인 매칭 알고리즘은 7장에서 제시한다.

이제 1차원 윈도우를 2차원으로 확장해보자. [그림 2-23]은 한 점 (3,2)만 1을 갖고 나머지는 모두 0인 단순한 입력 영상과 3×3 크기의 윈도우를 보여준다. 이러한 영상은 크기가 1인 자극이 한 곳에만 나타나므로 단위 임펄스unit impulse라 부른다. 상관과 컨볼루션이 어떻게 다른지 살펴보기 좋은 영상이다. 상관의 경우 윈도우 $u$의 뒤집어진 모양이 결과 영상에 나타나는 반면, 컨볼루션에서는 $u$가 그대로 나타난다. 따라서 컨볼루션에서는 임펄스 함수에 그대로 반응한다는 뜻에서 윈도우를 임펄스 반응 함수impulse response function라 부르기도 한다.

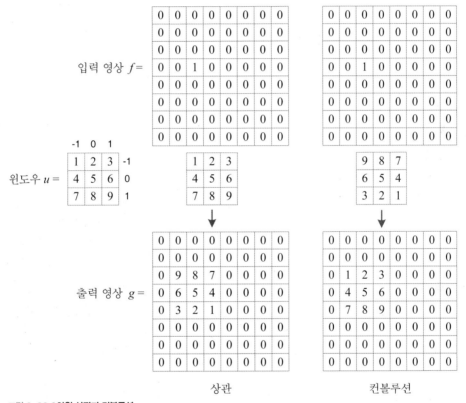

그림 2-23 **2차원 상관과 컨볼루션**

이제 상관과 컨볼루션을 식으로 전개해 보자. 식 (2.14)는 1차원과 2차원 상관 그리고 컨볼루션이다. $w$와 $h$는 각각 윈도우의 폭과 높이를 나타낸다. [그림 2-23]의 윈도우는 $w=3$, $h=3$이며, 보통 윈도우의 좌표는 가운데를 (0,0)으로 삼는다. 컨볼루션은 윈도우를 뒤집는 효과를 위해 $y$와 $x$를 빼준다.

$$상관\ g(i) = u \otimes f = \sum_{x=-(w-1)/2}^{(w-1)/2} u(x)f(i+x)$$

$$컨볼루션\ g(i) = u \circledast f = \sum_{j=-(w-1)/2}^{(w-1)/2} u(x)f(i-x)$$

1차원

(2.14)

$$상관\ g(j,i) = u \otimes f = \sum_{y=-(h-1)/2}^{(h-1)/2} \sum_{x=-(w-1)/2}^{(w-1)/2} u(y,x)f(j+y,i+x)$$

$$컨볼루션\ g(j,i) = u \circledast f = \sum_{y=-(h-1)/2}^{(h-1)/2} \sum_{x=-(w-1)/2}^{(w-1)/2} u(y,x)f(j-y,i-x)$$

2차원

이미 설명했듯이 상관과 컨볼루션은 윈도우를 뒤집는다는 것 이외에는 같다. 윈도우가 대칭인 경우라면 두 연산의 결과는 동일하다. 이렇게 비슷함에도 불구하고 둘을 구분하는 이유는 무엇일까? 그것은 각각의 쓰임새가 분명하기 때문이다. 매칭하여 물체를 검출한다는 목적에서 보면 뒤집어서 맞추어보는 컨볼루션 연산은 합리적이지 않다. 따라서 상관이 필요하다. 반면, 신호처리 분야는 연산의 특성과 동작을 분석하는 데 임펄스 반응이라는 성질을 사용한다. 임펄스 반응은 상관에서 나타나지 않는다. 따라서 컨볼루션이 필요하다.

이 책에서는 임펄스 반응을 별로 사용하지 않으므로, 앞으로 두 연산을 굳이 구별하지 않고 상관을 사용하여 식을 전개할 것이다. 그리고 상관 대신 컨볼루션이라는 용어를 주로 사용한다. 왜냐하면 많은 문헌과 연구자들이 컨볼루션이라는 용어를 선호하기 때문이다. 윈도우는 마스크mask, 커널kernel, 템플릿template, 필터filter라고도 부른다. 이러한 이유로 윈도우 대신 마스크라는 용어도 사용할 것이며, 적절하다고 판단되는 곳에서는 필터라는 용어도 사용한다.

컨볼루션은 일반적인generic 연산이다. 왜냐하면 컨볼루션 그 자체가 특정 목적을 갖는 게 아니라 마스크의 모양과 크기가 정해지면 그때 비로소 특정 효과가 결정되기 때문이다. [그림 2-24]는 널리 사용되는 마스크와 컨볼루션을 수행한 결과 영상을 보여준다. 먼저, 박스box 마스크는 단순히 아홉 개 화소의 평균을 구해준다. 그림에서도 확인할 수 있듯, 마스크의 화소값을 모두 합하면 1이 되도록 정규화 한다. 이를 정규 마스크normalized mask라 부르는데, 결과 영상의 화소값이 원래 영상과 비슷한 범위를 가진다. 가우시안 마스크는 표준편차가 0.5일 때이다. 박스와 달리 화소로부터 거리에 따라 가중치를 부여한다. 박스나 가우시안과 같은 연산을 스무딩smoothing 연산이라 부르며 주로 영상 향상image enhancement 작업에 많이 사용한다. 왜냐하면 영상에 나타난 잡음은 주로 어떤 화소가 이웃에 비해 아주 크거나 작은 경우인데, 이 화소와 이웃 화소의 차이를 줄여

주어 보다 평탄한 영상으로 만들어주기 때문이다. 샤프닝은 스무딩과 반대로 작용한다. 스무딩은 에지를 뭉개는 효과가 있는데, 샤프닝은 강조하는 효과를 준다.

에지 마스크는 일종의 미분 연산자이다. 즉, 아주 좁은 지역에서 값의 변화를 측정한다. 수평 에지 마스크는 $y$-방향의 미분값, 수직 에지 마스크는 $x$-방향의 미분값을 측정한다. 에지에 대해서는 3장에서 살펴볼 것이다. 마지막 마스크는 모션 효과를 생성한다. 실제로는 51×51의 아주 큰 마스크를 사용하였는데, 여기에서는 지면상 5×5의 작은 마스크로 보여준다.[7]

(a) 원래 영상과 여러 가지 마스크들

> 박스　　　　　　　> 가우시안　　　　　　> 샤프닝

> 수평 에지　　　　> 수직 에지　　　　　> 모션

(b) 다양한 마스크로 컨볼루션한 영상들

그림 2-24 **다양한 마스크와 컨볼루션 효과**

---

7 Matlab의 fspecial('motion', 51, −45)로 마스크를 생성하였다. 마스크의 크기가 51×51이고 모션 방향은 −45°이다.

## 비선형 연산

컨볼루션은 선형이다. 왜냐하면 상수를 변수에 곱하고 그것들을 단순히 합하기 때문이다. 여기서 상수는 마스크 내에 있는 계수들이고 변수는 입력 영상에 있는 화소값이다. 이와 달리 변수에 제곱을 취하여 더하거나 어떤 비선형 규칙을 적용해 결과값을 정한다면 비선형 연산이 된다. 이러한 연산은 컨볼루션이 아니며, 이들을 지칭하는 용어는 따로 없고 비선형 연산nonlinear operation이라 부른다. 대표적인 비선형 연산은 메디안median 필터이다. 메디안은 여러 개의 값을 정렬했을 때 가운데 위치한 값을 말하는데, 예를 들어 [9 6 3 1 7]을 정렬하면 [1 3 6 7 9]가 되므로 6이 메디안이다. 메디안 필터는 화소 $(j, i)$에 $h \times w$ 크기의 마스크(필터)를 씌우고, 그 속에 있는 화소들의 메디안을 결과로 취한다. 메디안 필터는 [그림 2-24]의 가우시안과 마찬가지로 스무딩 효과를 준다. 이웃과 차이가 큰 잡음이 있을 경우, 이웃 화소의 메디안을 취하여 차이를 줄여주기 때문이다. 메디안 필터는 특히 솔트페퍼 잡음salt-and-pepper noise 제거에 매우 효과적이다.[8] [그림 2-25]는 솔트페퍼 잡음이 나타난 영상에 5×5 크기의 가우시안 필터와 메디안 필터로 스무딩한 결과를 비교해 보여준다. 무엇이 다를까?

(a) 원래 영상

(b) 솔트페퍼 잡음

(c) 가우시안 필터

(d) 메디안 필터

그림 2-25 **가우시안과 메디안 필터의 비교**

---

8  영상에 임의로 흩뿌려진 형태의 잡음이 하얀 종이 위에 후추를 뿌리고 검은 종이 위에 소금을 뿌린 것과 비슷하다고 하여 솔트페퍼 잡음이라 부른다.

둘을 세밀하게 관찰해 보면 물체의 경계 부근에 차이가 있음을 알 수 있다. 가우시안의 경우 경계 부근의 대비가 훼손되어 나타나지만 메디안은 상대적으로 대비를 잘 유지한 것을 볼 수 있다. 또한 가우시안은 잡음이 덜 제거되었는데, 더 제거하고 싶으면 필터의 크기를 키우면 된다. 하지만 에지가 뭉개지는 현상이 더욱 심해진다. 이러한 특성 때문에 메디안을 에지 보존edge preserving 스무딩 필터라 부르기도 한다. 잡음을 제거하기 위해 스무딩이 필요하지만 에지가 뭉개지는 부작용을 감당하기 어려운 응용에서는 메디안 필터를 적용하면 효과적이다. 왜 이런 차이가 날까? 그 이유는 연습문제로 남겨 둔다. 보다 뛰어난 에지 보존 필터에는 양방향 필터bilateral filter나 쿠와하라 필터Kuwahara filter가 있는데, 이들 또한 스스로 찾아보기 바란다.

컴퓨터 비전을 공부하다 보면 자연히 알게 되겠지만, 이러한 특수한 상황을 제외하고는 메디안보다는 가우시안을 훨씬 많이 사용한다. 3장의 에지 검출, 4장의 스케일 공간 이론과 지역 특징 검출 등에서 가우시안은 핵심적인 역할을 한다. 가우시안은 3.2.1절에서 좀 더 자세하게 살펴본다.

## 3. 기하 연산

앞에서 공부한 점 연산과 영역 연산에서는 자기 자신 또는 자기 이웃에 있는 화소를 보고 새로운 화소값을 정하였다. 하지만 영상을 회전시키거나 특정 영역을 크게 하는 등의 작업이 필요한 경우에는 멀리 떨어져 있는 화소의 값도 봐야 한다. 이 경우 기하 연산을 적용하여 해결한다.

### 동차 좌표와 동차 행렬

기하 변환은 동차 좌표homogeneous coordinate와 동차 행렬homogeneous matrix로 표현한다. 이 표현에서 2차원 상의 점 $\mathbf{x}=(y,x)$는 식 (2.15)와 같이 세 개의 값을 가진 3차원 벡터로 표현된다. 단순히 차원을 하나 늘리고 그것을 1로 설정하면 된다. 이 벡터를 원래 벡터와 구분하기 위해 $\dot{\mathbf{x}}$로 표기하자. 동차 좌표에서는 세 요소에 같은 값을 곱하면 같은 좌표가 된다. 예를 들어 $(3,5,1)$, $(6,10,2)$, $(0.3,0.5,0.1)$이 모두 점 $(3,5)$를 나타낸다.

$$\text{동차 좌표 } \dot{\mathbf{x}} = (y \ x \ 1) \tag{2.15}$$

동차 행렬은 변환 목적에 따라 [표 2-1]에 제시한 종류 중 하나가 된다. 크기는 $3 \times 3$이다.

**표 2-1 기하 변환을 위한 동차 행렬**

| 변환 | 동차 행렬 $\dot{\mathbf{H}}$ | 설명 |
|---|---|---|
| 이동 | $T(t_y, t_x) = \begin{pmatrix} 1 & 0 & 0 \\ 0 & 1 & 0 \\ t_y & t_x & 1 \end{pmatrix}$ | $y$방향으로 $t_y$, $x$방향으로 $t_x$만큼 이동 |
| 회전 | $R(\theta) = \begin{pmatrix} \cos\theta & -\sin\theta & 0 \\ \sin\theta & \cos\theta & 0 \\ 0 & 0 & 1 \end{pmatrix}$ | 원점을 중심으로 시계방향으로 $\theta$만큼 회전 |
| 크기 | $S(s_y, s_x) = \begin{pmatrix} s_y & 0 & 0 \\ 0 & s_x & 0 \\ 0 & 0 & 1 \end{pmatrix}$ | $y$방향으로 $s_y$, $x$방향으로 $s_x$만큼 확대 |
| 기울임 | $Sh_y(h_y) = \begin{pmatrix} 1 & 0 & 0 \\ h_y & 1 & 0 \\ 0 & 0 & 1 \end{pmatrix}, Sh_x(h_x) = \begin{pmatrix} 1 & h_x & 0 \\ 0 & 1 & 0 \\ 0 & 0 & 1 \end{pmatrix}$ | $Sh_y$: $y$방향으로 $h_y$만큼 기울임<br>$Sh_x$: $x$방향으로 $h_x$만큼 기울임 |

예를 들어, 어떤 점을 $y$방향으로 3, $x$방향으로 2만큼 이동시키는 동차 행렬 $\dot{\mathbf{H}}$는 다음과 같다. 식 (2.16)은 동차 좌표 $\dot{\mathbf{x}}$와 동차 행렬 $\dot{\mathbf{H}}$를 이용한 기하 변환이다.

$$\dot{\mathbf{H}} = T(3, 2) = \begin{pmatrix} 1 & 0 & 0 \\ 0 & 1 & 0 \\ 3 & 2 & 1 \end{pmatrix}$$

$$\dot{\mathbf{x}}' = (y' \, x' \, 1) = \dot{\mathbf{x}}\dot{\mathbf{H}} = (y \, x \, 1) \begin{pmatrix} a_{11} & a_{12} & 0 \\ a_{21} & a_{22} & 0 \\ a_{31} & a_{32} & 1 \end{pmatrix} \tag{2.16}$$

풀어쓰면, $y' = a_{11}y + a_{21}x + a_{31}$, $x' = a_{12}y + a_{22}x + a_{32}$

[예제 2-3]은 이 식을 이용하여 기하 변환을 수행하는 예를 보여준다.

**예제 2-3 ▌ 동차 행렬을 이용한 기하 변환** ─────────────

[그림 2-26]의 삼각형을 $y$방향으로 3, $x$방향으로 2만큼 이동시킨 후 30° 회전 시켜보자.

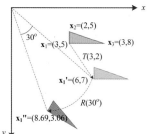

그림 2-26 **기하 변환의 예**

먼저, 이동 변환을 구하려면 $T(3,2)$가 필요하다. 꼭지점 $\mathbf{x}_1 = (3,5)$를 동차 좌표로 확장하여 $\dot{\mathbf{x}}_1 = (3,5,1)$을 만들고 식 (2.16)의 연산을 적용한다.

$$T(3,2) = \begin{pmatrix} 1 & 0 & 0 \\ 0 & 1 & 0 \\ 3 & 2 & 1 \end{pmatrix}, \quad \dot{\mathbf{x}}_1' = (3 \ 5 \ 1)\begin{pmatrix} 1 & 0 & 0 \\ 0 & 1 & 0 \\ 3 & 2 & 1 \end{pmatrix} = (6 \ 7 \ 1)$$

연산의 결과로 $\dot{\mathbf{x}}_1' = (6\ 7\ 1)$을 얻었는데, 마지막 요소를 제거하여 2차원 좌표로 바꾸면 $\mathbf{x}_1' = (6,7)$이 된다. 나머지 두 점 $\mathbf{x}_2$와 $\mathbf{x}_3$도 같은 과정으로 변환한 후 이동한 삼각형을 그려보면 가운데 삼각형과 같다. 이제 이동한 삼각형을 $30°$ 회전 시켜보자. 회전을 계산하는 데 필요한 행렬 $R(30°)$를 꼭지점 $\mathbf{x}_1'$에 적용하면, 다음과 같이 $\mathbf{x}_1'' = (8.6962, 3.0622)$를 얻는다. 나머지 두 점을 계산하고 결과를 그려보면 맨 아래 삼각형과 같다.

$$(6 \ 7 \ 1)\begin{pmatrix} \cos30° & -\sin30° & 0 \\ \sin30° & \cos30° & 0 \\ 0 & 0 & 1 \end{pmatrix} = (6 \ 7 \ 1)\begin{pmatrix} 0.866 & -0.500 & 0 \\ 0.500 & 0.866 & 0 \\ 0 & 0 & 1 \end{pmatrix} = (8.6962 \ 3.0622 \ 1)$$

예제를 통해 기하 변환의 기초를 이해했을 것이다. 그런데 왜 2차원 변환을 하는 데 3차원 동차 좌표와 동차 행렬을 사용할까? 그 이유는 [예제 2-4]로 설명할 수 있다. 예제에서 이동과 회전의 두 단계 변환을 수행했는데, 먼저 $T(3,2)$ 행렬을 곱한 후 그 결과에 다시 $R(30°)$ 행렬을 곱했다. 즉, $(\dot{\mathbf{x}}T(3,2))R(30°)$를 계산했다. 만일 변환할 점이 수만 개라면 $3\times3$ 행렬 곱셈을 각 점에 대해 두 번씩 수행해야 하므로, 계산 시간이 부담스럽다. 다행히 행렬은 곱셈에 대해 결합 법칙이 성립한다. $(\dot{\mathbf{x}}T(3,2))R(30°) = \dot{\mathbf{x}}(T(3,2)R(30°))$와 같다. 따라서 $T(3,2)R(30°)$를 따로 계산해 놓고 그것을 각 점에 곱하면, 점마다 한 번의 행렬 곱셈으로 모든 변환을 처리할 수 있다. 이것을 복합 변환composite transformation이라 부른다. $k$단계의 변환이 이뤄지는 상황에서 복합 변환을 활용하면 $k$배 만큼 빨라진다. 이것이 동차 좌표를 사용하는 이유이다.

<u>예제 2-4</u> **복합 기하 변환**

[예제 2-3]의 두 단계 변환을 효율적으로 해 보자. 변환에 필요한 행렬 $T(3,2)$와 $R(30°)$를 곱하면 다음과 같다.

$$T(3,2)R(30°) = \begin{pmatrix} 1 & 0 & 0 \\ 0 & 1 & 0 \\ 3 & 2 & 1 \end{pmatrix}\begin{pmatrix} 0.866 & -0.500 & 0 \\ 0.500 & 0.866 & 0 \\ 0 & 0 & 1 \end{pmatrix} = \begin{pmatrix} 0.866 & -0.500 & 0 \\ 0.500 & 0.866 & 0 \\ 3.5981 & 0.2321 & 1 \end{pmatrix}$$

이제 이 행렬을 원래 삼각형의 세 개의 꼭지점 각각에 대해 적용하면, 최종 변환된 삼각형을 얻을 수 있다. 예를 들어, 꼭지점 $\mathbf{x}_1 = (3,5)$에 적용한 결과는 다음과 같다. [예제 2-3]에서 행렬 곱을 두 번 한 것과 결과가 동일하다.

$$(3 \ 5 \ 1)\begin{pmatrix} 0.866 & -0.500 & 0 \\ 0.500 & 0.866 & 0 \\ 3.5981 & 0.2321 & 1 \end{pmatrix} = (8.6962 \ 3.0622 \ 1)$$

[그림 2-26]에서 보았듯이 회전 변환은 물체를 원점을 중심으로 회전시킨다. 이때 임의의 점을 중심으로 삼고 싶다면 어떻게 해야 할까? 복합 변환을 사용하면 간단히 해결할 수 있다. 회전 중심을 $(y_c, x_c)$라 하면, 먼저 $T(-y_c, -x_c)$를 적용하여 물체를 원점으로 이동시킨다. 그리고 $R(\theta)$로 회전시킨 후, 그 결과에 $T(y_c, x_c)$를 적용해 원래 위치로 가져다 놓으면 된다. 즉 $T(-y_c, -x_c)R(\theta)T(y_c, x_c)$를 미리 계산하여 복합 변환을 위한 행렬을 구한 후, 이 행렬을 물체의 각 점에 곱한다. 크기 변환도 마찬가지이다. 크기 변환은 도형의 크기를 바꿀 뿐 아니라 위치도 이동시킨다. 예를 들어, [그림 2-26]의 삼각형을 두 배로 키우면 동북쪽으로 이동한다. 이때 어떤 점의 위치를 고정시키고 싶으면 그 점을 기준점 $(y_c, x_c)$로 삼고, $T(-y_c, -x_c)S(s_y, s_x)T(y_c, x_c)$를 미리 계산하여 적용하면 간단히 해결된다.

지금까지 공부한 변환을 통칭하여 어파인 변환affine transformation이라 부른다. 이 변환은 직선을 구부러뜨리지 않으며, 평행인 선을 평행으로 유지한다. 변환 행렬을 잘 살펴보면 마지막 열이 항상 $[0\ 0\ 1]^T$를 가지는데 이 조건이 깨지면 어파인 변환이 아니다. 예를 들어, 투영 변환은 마지막 열이 $[0\ 0\ 1]^T$가 아닌데 이 경우 평행선이 평행이 아닌 선으로 변한다.

## 영상에 기하 변환 적용

지금까지 기하 변환과 변환에 필요한 행렬 연산을 살펴보았다. 이제 원래 주제로 돌아와 영상을 기하 변환하는 문제에 대해 생각해 보자. 영상 변환도 앞서 살펴본 행렬 연산을 사용하면 된다. 하지만 디지털 영상의 좌표는 항상 정수이므로 문제가 발생한다. 앞서 [예제 2-3]에서 계산해서 얻은 좌표가 $(8.6962, 3.0622)$인데, 이것을 어떻게 취급할 것인가? 반올림하여 $(9, 3)$으로 하면 될까? 이런 문제의식을 가지고 [알고리즘 2-7]을 살펴보자.

이 알고리즘은 입력 영상 $f_{source}$에 있는 각 화소를 대상으로 목표 영상 $f_{target}$의 변환 위치를 계산하고 그곳에 값을 복사한다. 그러면 [그림 2-27(a)]에서 보는 바와 같이, 여러 곳에서 값을 받는 화소가 있는 반면 어떤 화소는 하나도 못 받아 구멍이 생기는 심각한 현상이 발생한다. 영상 처리 과정에서 인공적으로 발생하는 시각적으로 불만족스러운 현상을 통틀어 에일리어싱aliasing이라 부르며, 이러한 현상을 해소하는 노력을 안티 에일리어싱anti-aliasing이라 한다. [알고리즘 2-8]이 안티 에일리어싱을 수행하는데, 이 알고리즘의 핵심은 [그림 2-27(b)]와 같이 목표 영상 $f_{target}$의 화소가 자신의 값을 찾아나서는 것이다. 이때는 변환 행렬 $\dot{\mathbf{H}}$의 역변환 행렬 즉, $\dot{\mathbf{H}}$의 역행렬 $\dot{\mathbf{H}}^{-1}$을 사용해야 한다.

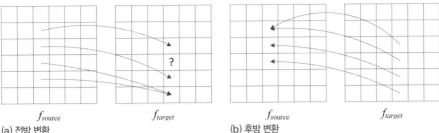

(a) 전방 변환

(b) 후방 변환

그림 2-27 **후방 기하 변환의 안티 에일리어싱 효과**

```
1    for(j=0 to M-1)
2      for(i=0 to N-1) {
3        (j, i)에 Ḣ를 적용하여 변환된 점 (j', i')를 구한다. 실수는 반올림하여 정수로 만든다.
4        f_target(j', i') = f_source(j, i);   // 영상 공간을 벗어난 점은 무시한다.
5      }
```

```
1    for(j=0 to M-1)
2      for(i=0 to N-1) {
3        (j, i)에 Ḣ⁻¹을 적용하여 변환된 점 (j', i')를 구한다. 실수는 반올림하여 정수로 만든다.
4        f_target(j, i) = f_source(j', i');   // 영상 공간을 벗어난 점은 무시한다.
5      }
```

## 양선형 보간

기하 변환에 대해 생각할 점이 또 하나 있다. 앞의 두 알고리즘은 실수 좌표를 단순히 반올림하여 정수로 바꾸었는데, 목표 영상의 여러 점이 원래 영상의 같은 점을 참조할 수 있으므로 에일리어싱은 여전히 남는다. 이 문제를 해결하는 더 효과적인 안티 에일리어싱 기법은 보간interpolation이다. [그림 2-28]은 목표 영상의 한 점을 기하 변환했을 때 입력 영상의 어디에 떨어지는지를 보여준다. 이때 입력 영상의 어떤 점으로부터 값을 취할지가 꽤 중요하다. [그림 2-28]은 보간 식을 유도할 때 사용할 표기를 설명한다.

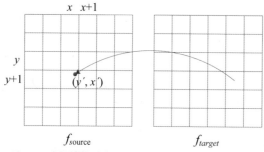

그림 2-28 **기하 변환한 점의 좌표**

우선 1차원으로 축소하여 생각해 보자. [그림 2-29]의 왼쪽 그림은 [그림 2-28]을 1차원으로 줄인 다음, 빨간색으로 표시된 점 $x'$를 중심으로 확대한 것이다. 이웃한 두 점 $x$와 $x+1$의 명암을 $f(x)$와 $f(x+1)$이라 표기하고 명암값을 높이로 간주하면 오른쪽 그림을 얻는다. 이때 관심은 $x'$의 높이 $f(x')$인데, 식 (2.17)은 이 높이를 계산하는 선형 보간식이다.

$$f(x') = (1 - \alpha)f(x) + \alpha f(x + 1) \tag{2.17}$$

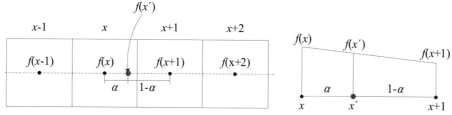

그림 2-29 **1차원에서 보간식 유도**

이제 2차원으로 확장해 보자. [그림 2-30]의 왼쪽 그림은 [그림 2-28]을 빨간색 점을 중심으로 확대한 것이고, 오른쪽은 명암값 $f(.)$를 높이로 간주하여 다시 그린 것이다. 식 (2.18)이 보여주듯 이 2차원 수식 유도는 1차원을 여러 번 반복하면 된다. 행 $y$에서 $x$방향으로 보간식 (2.17)을 적용하면 $f(y,x')$를 구할 수 있다. 같은 과정을 행 $y+1$에 적용하면 $f(y+1,x')$를 얻는다. 이렇게 구한 두 값, 즉 $f(y,x')$와 $f(y+1,x')$를 이용하여 이제 $y$방향으로 식 (2.17)을 적용하면 $f(y',x')$를 얻는다. 이런 과정을 [그림 2-30]의 오른쪽 그림이 설명한다.

$$
\begin{aligned}
f(y,x') &= (1-\alpha)f(y,x) + \alpha f(y,x+1) \\
f(y+1,x') &= (1-\alpha)f(y+1,x) + \alpha f(y+1,x+1) \\
f(y',x') &= (1-\beta)f(y,x') + \beta f(y+1,x')
\end{aligned}
\tag{2.18}
$$

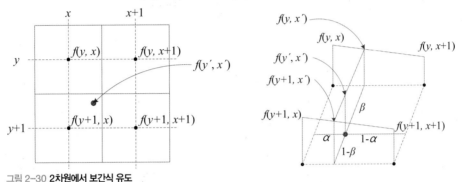

그림 2-30 **2차원에서 보간식 유도**

이제 2차원 보간식을 얻었으므로 보간 알고리즘을 구상해 보자. [그림 2-30]에서 $(y',x')$는 어떤 변환을 하여 얻은 점이다. 가장 단순한 기법은 이 점과 가장 가까운 점을 구하고 그 점의 명암값을 취하는 것이다. 이 그림에서는 $(y+1,x)$가 가장 가까우므로 $f(y+1,x)$를 취한다. 이는 좌표를 반올림으로 처리하는 [알고리즘 2-8]과 같으며, 최근접 이웃$^{\text{nearest neighbor}}$ 방법이라 부른다. 앞에서 설명한 바와 같이 심한 에일리어싱 현상이 발생한다.

좀 더 깔끔하게 영상을 처리하는 보간 알고리즘을 생각해 보자. $(y',x')$에 가장 가까운 네 개의 점을 구한다. [그림 2-30]이 보여주는 네 점이다. 보간식 (2.18)에 대입하여 $f(y',x')$를 구하면 된다. 최근접 이웃 방법보다 계산 시간은 더 걸리지만 영상의 품질은 훨씬 뛰어나다. 이 기법은 선형 보간$^{\text{linear interpolation}}$을 이용하는데, 두 방향에 걸쳐 보간을 수행하므로 양방향 선형 보간$^{\text{bilinear interpolation}}$ 방법이라 부른다. 이 책에서는 줄여서 양선형 보간이라 부를 것이다. 비선형 보간 방법으로서 양 3차 보간$^{\text{bicubic interpolation}}$ 기법도 있다. 이 기법은 16개의 이웃 화소와 3차 함수를 이용하여 보간한다.

[그림 2-31(a)]는 515×800 크기의 원래 영상과 그 중 일부를 떼어낸 100×160의 조각 영상이다. [그림 2-31(b)]는 조각 영상을 10° 회전한 영상이다. 왼쪽부터 최근접 이웃, 양선형, 양 3차 보간으로 얻은 영상을 보여준다. 예상했던 대로 최근접 이웃 방법은 심한 에일리어싱이 발생하고, 양선형 보간은 훨씬 좋은 품질의 영상을 만들어 주었다. 이 영상에서 양선형과 양 3차 보간의 차이는 눈으로 감지하기 어려운데 영상에 따라 차이가 많이 날 수도 있다.

(a) 원래 영상과 조각 영상

> 최근접 이웃　　　　　　　> 양선형 보간　　　　　　　> 양 3차 보간

(b) 10° 회전한 영상

그림 2-31 **영상 보간**

# 5
# 다해상도

지금까지 공부한 영상 처리 연산은 영상의 해상도, 즉 크기 $M \times N$을 그대로 유지하였다. 하지만 해상도를 정수 배 또는 실수 배로 늘리거나 줄여야 할 상황이 있다. 특히 멀티미디어 장치가 발달한 현대에는 스마트폰 또는 디지털 카메라로 찍은 영상을 컴퓨터 모니터, TV, 프린터 등 다양한 기기로 출력한다. 그런데 이들 장치의 해상도가 각기 다르기 때문에 영상의 해상도를 변환하는 연산을 적용한다. 해상도를 늘리는 영상 처리 연산을 업샘플링upsampling, 반대로 줄이는 연산을 다운샘플링downsampling이라 부른다.

컴퓨터 비전은 물체가 크기, 회전, 조명과 같은 다양한 변화를 겪는 영상을 다룬다. 사람을 찾는 작업을 예로 들면, 어떤 영상에서는 사람이 영상 전체를 덮을 정도로 크게 나타나고 다른 영상에서는 아주 작게 나타날 수 있다. 이처럼 다양하게 변화된 상황에 상관없이 물체를 안정적으로 찾아내고 인식하는 것이 컴퓨터 비전의 궁극적인 목표 중의 하나이다. 이러한 요구에 따라 고안된 기법이 영상 피라미드image pyramid이다. [그림 2-32]가 보여주듯이 피라미드는 해상도가 다른 여러 장의 영상(그림에서는 $f_0 \sim f_3$)으로 구성된다. 이를 다중 해상도multi-resolution 영상이라 부른다. 이 구조는 여러 강점을 제공하는데, 거침과 세밀함coarse-to-fine 처리 방식이 한 예가 될 수 있다. 저해상도의 거친 영상에서 물체의 대략적인 위치와 모양을 찾아낸 후, 고해상도의 세밀한 영상에서 정확한 위치와 모양을 결정하는 접근 방법이다.

피라미드는 샘플링 비율$^{sampling\ rate}$ $r$을 1/2로 설정하여 영상을 절반으로 다운샘플링하는 작업을 반복하여 만든다. [그림 2-32]는 인간이 사막에 쌓아 놓은 피라미드와 컴퓨터 비전이 사용하는 영상 피라미드를 보여준다. 피라미드라는 이름이 붙은 이유를 알 수 있을 것이다.

 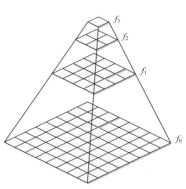

그림 2-32 **피라미드**

앞서 언급한대로, 영상 피라미드는 원래 영상 $f_0$에서 시작하여 식 (2.19)를 반복적으로 적용하면 얻을 수 있다. [그림 2-32]는 이 식에 따라 $8 \times 8$ 영상 $f_0$를 $4 \times 4(f_1)$, $2 \times 2(f_2)$, $1 \times 1(f_3)$로 다운샘플링하여 얻은 피라미드이다. 원래 영상을 $q$단계까지 줄일 수 있는데, 원래 영상의 크기가 $2^n \times 2^n$이라면 $q=n$이다. 하지만 중간에 적당한 크기에서 멈추어 위가 평편한 피라미드를 사용한다. 예를 들어 $1024 \times 1024$ 영상인 경우, $q=6$으로 결정한다면 $512 \times 512(f_1)$, $256 \times 256(f_2)$, $\cdots$, $16 \times 16$ $(f_6)$과 같이 총 일곱 장의 영상으로 피라미드를 구성할 수 있다.

$$f_k(j, i) = f_{k-1}\left(\frac{j}{r}, \frac{i}{r}\right), \ r = \frac{1}{2}, \ 1 \le k \le q \tag{2.19}$$

[그림 2-33(a)]는 식 (2.19)의 원리를 부연 설명한다. 이 식은 단순하다는 측면에서 좋지만, 에일리어싱이 발생하는 심각한 문제를 안고 있다. 이러한 문제는 다운샘플링 과정에서 짝수 좌표의 화소는 100% 참여하는 반면 홀수 좌표의 화소는 0% 참여하기 때문에 발생한다. 참여하지 못하는 화소에도 무시할 수 없는 정보가 들어 있는 것이다.

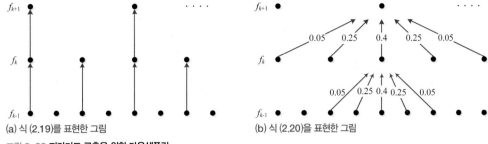

(a) 식 (2.19)를 표현한 그림            (b) 식 (2.20)을 표현한 그림

그림 2-33 **피라미드 구축을 위한 다운샘플링**

버트와 아델슨은 이러한 문제를 인식하고 해결책을 제시하였다[Burt83a]. 이들이 사용한 방법은 다운샘플링을 하기 전에 스무딩을 적용하는 것이다. 이러한 스무딩-다운샘플링의 두 단계 처리는 식 (2.20)으로 정리할 수 있다. 이 식은 다섯 화소의 가중치 곱의 합을 계산하는데, 가중치 역할을 하는 스무딩 커널 $w$ 설계가 핵심이다.

$$f_k(j,i) = \sum_{y=-2}^{2} \sum_{x=-2}^{2} w(y,x) f_{k-1}\left(\frac{j}{r}+y, \frac{i}{r}+x\right), \ \ r = \frac{1}{2}, \ 1 \le k \le q \tag{2.20}$$

설명을 단순하게 하기 위해, [그림 2-34]에 있는 $1 \times 5$ 크기의 필터 $h = (1/20, 1/4, 2/5, 1/4, 1/20) = (0.05, 0.25, 0.4, 0.25, 0.05)$를 생각해 보자. [그림 2-33(b)]는 하나의 행에 대해 $h$로 컨볼루션하여 다운샘플링하는 과정을 보여준다. 이 필터는 재미있는 성질을 지니고 있는데, 다섯 개의 값을 더하면 1이 된다는 것뿐 아니라 모든 화소가 동일하게 0.5(50%)만큼 공헌한다는 성질도 만족한다. 그림에서 0.4만큼 공헌하는 점은 좌측과 우측 방향으로도 각각 0.05만큼 공헌하므로 총합은 0.5가 된다. 또한 우측 방향으로 0.25만큼 공헌하는 점은 좌측으로도 0.25만큼 공헌하므로 총합이 0.5가 된다. 이러한 성질을 [그림 2-33(a)]와 비교해 보자. 이 경우에는 어떤 점이 1만큼 공헌하거나 아니면 0만큼 공헌하게 되어 에일리어싱이 심각하다. 반면 모든 점이 같은 정도의 공헌을 하는 식 (2.20)은 안티 에일리어싱 효과가 있다.

지금까지 2차원을 1차원으로 단순화하여 생각해 보았다. 이제 2차원 필터로 확장해야 하는데 아주 간단하다. [그림 2-34]에 있는 $5 \times 1$의 $v$와 $1 \times 5$의 $h$를 곱하여 얻은 $5 \times 5$ 크기의 필터 $w$를 사용하면 된다. 즉, 이 필터를 식 (2.20)에 대입한다. [그림 2-35]는 식 (2.20)을 적용한 피라미드 영상의 예이다.

$$v = \begin{array}{|c|}\hline 0.05 \\\hline 0.25 \\\hline 0.4 \\\hline 0.25 \\\hline 0.05 \\\hline\end{array} \qquad h = \begin{array}{|c|c|c|c|c|}\hline 0.05 & 0.25 & 0.4 & 0.25 & 0.05 \\\hline\end{array}$$

| .0025 | .0125 | .0200 | .0125 | .0025 |
|---|---|---|---|---|
| .0125 | .0625 | .1000 | .0625 | .0125 |
| .0200 | .1000 | .1600 | .1000 | .0200 |
| .0125 | .0625 | .1000 | .0625 | .0125 |
| .0025 | .0125 | .0200 | .0125 | .0025 |

$w =$ (오른쪽 행렬)

그림 2-34 [Burt83a]가 사용한 필터

그림 2-35 **피라미드 영상의 예(원래 영상의 해상도는 764×1024)**

피라미드는 샘플링 비율 $r$을 1/2로 하여 영상을 반으로 줄여나간다. 하지만 $r$이 임의의 정수 또는 실수인 상황도 있다. 이런 경우는 보다 복잡한 업샘플링 또는 다운샘플링 알고리즘을 사용해야 한다. 이때 에일리어싱 현상을 방지하는 배려가 필요하다. 앞에서 공부한 영상 보간으로 해결할 수 있는데, 영상의 크기를 조절하는 변환으로 얻은 점을 [그림 2-30]에 표시한 빨간색 점으로 간주하고 최근접 이웃, 양선형, 양 3차 보간 중에서 자신이 처한 상황에 적절한 방법을 선택하면 된다.

# 6

# 모폴로지

컴퓨터 비전은 영상에 나타난 물체의 모양을 분석하거나 원하는 형태로 바꾸는 작업을 자주 한다. 모폴로지는 이럴 때 유용하게 사용할 수 있는 연산이다. 모폴로지는 원래 생물학자들이 동물이나 식물이 보여주는 모양을 지칭하기 위해 사용하는 용어이다. 컴퓨터 비전에서는 생물과 구분하기 위해 '수학적'이란 단어를 추가하여 수학적 모폴로지<sup>mathematical morphology</sup>라는 용어로 사용한다. 하지만 간결하게 모폴로지라 부르기도 한다. 모폴로지는 이진 영상에서 작동하는 이진 모폴로지와 명암 영상에서 작동하는 명암 모폴로지로 나뉜다.

## 1. 이진 모폴로지

모폴로지는 구조요소<sup>structuring element</sup>를 사용하여 이진 영상에 있는 연결요소의 모양을 조작한다. [그림 2-36]은 다양한 크기와 모양의 구조요소를 예시한다. 회색으로 표시된 화소가 중앙이다. 모폴로지에서 구조요소는 집합으로 표현하는데, 값이 1인 요소만 집합에 속한다. 예를 들어, 맨 왼쪽의 십자가 모양의 구조요소는 $S=\{(0,0), (0,1), (-1,0), (0,-1), (1,0)\}$으로 표기하고 이중에서 $(0,0)$이 중앙이다. 또한 [그림 2-36]의 맨 오른쪽처럼 구조요소는 비대칭일 수도 있다.

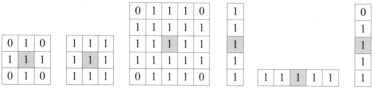

그림 2-36 **몇 가지 대표적인 구조요소**

집합 $S$를 $\mathbf{t}=(t_y, t_x)$만큼 이동시켜 얻은 새로운 집합을 $S_\mathbf{t}$라고 표기하고 식 (2.21)과 같이 정의한다. 예를 들어, $\mathbf{t}=(2,3)$이면 십자가 모양의 구조요소 $S$가 $\mathbf{t}$만큼 이동한 새로운 집합은 $S_\mathbf{t}=\{(2,3), (2,4), (1,3), (2,2), (3,3)\}$이 된다.

$$S_\mathbf{t} = \{\mathbf{s} + \mathbf{t} \mid \mathbf{s} \in S\} \tag{2.21}$$

이제 가장 기본적인 두 가지 모폴로지 연산인 팽창$^{\text{dilation}}$과 침식$^{\text{erosion}}$을 정의해 보자. 팽창은 $f$의 1인 화소에 구조요소 $S$를 씌우고 $S$의 1인 점과 겹치는 곳을 모두 1로 바꾼다(합집합). 결과적으로 영상에 있는 연결요소는 구조요소만큼 외부로 팽창한다. 반대로 침식은 $f$의 어떤 화소에 구조요소를 씌웠을 때, 구조요소의 1인 곳과 겹치는 곳이 모두 1인 경우만 그 화소를 1로 결정한다(교집합). 따라서 구조요소만큼 침식이 일어난다. 구조요소 $S$에 의한 이진 영상 $f$의 팽창 $\oplus$과 침식 $\ominus$은 각각 식 (2.22)와 식 (2.23)과 같다.

$$\text{팽창}: f \oplus S = \bigcup_{\mathbf{x} \in f} S_\mathbf{x} \tag{2.22}$$

$$\text{침식}: f \ominus S = \{\mathbf{x} \mid \mathbf{x} + \mathbf{s} \in f, \forall \mathbf{s} \in S\} \tag{2.23}$$

이들 식에서 $f$는 1을 갖는 화소의 집합으로 간주한다. 즉, 식 (2.22)의 팽창에서 $\mathbf{x} \in f$는 영상 $f$에서 1을 갖는 화소 $\mathbf{x}$를 의미한다. 팽창과 침식 연산을 이용하여 열기$^{\text{opening}}$와 닫기$^{\text{closing}}$ 연산을 식 (2.24)와 식 (2.25)와 같이 정의한다. [예제 2-5]를 통해 이들 모폴로지 연산을 좀 더 이해해 보자.

$$\text{열기}: f \circ S = (f \ominus S) \oplus S \tag{2.24}$$

$$\text{닫기}: f \cdot S = (f \oplus S) \ominus S \tag{2.25}$$

[그림 2-37]은 간단한 예제 영상과 1×3 크기의 가로 방향의 구조요소를 보여준다.

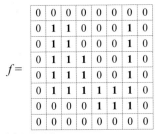

(a) 원래 영상                (b) 구조요소

그림 2-37 **예제 영상과 구조요소**

먼저, 팽창을 연산해 보자. 구조요소의 $S=\{(0,-1),\ (0,0),\ (0,1)\}$이다. $f$의 두 번째 행의 두 번째 열에서 처음으로 1인 화소, 즉 $\mathbf{x}=(1,1)\in f$를 만나게 되는데, 이때 $S_x=\{(1,0),\ (1,1),\ (1,2)\}$가 된다. 이 $S_x$가 합집합에 참여하므로, 결국 $S_x$에 속하는 세 화소는 1로 설정된다. 이 연산을 달리 해석하면, 화소 $\mathbf{x}=(1,1)$에 구조요소를 씌우고 구조요소의 모양에 따라 왼쪽과 오른쪽 화소를 1로 바꾼다. 이러한 연산을 1을 갖는 $f$의 모든 화소에 적용하면 [그림 2-38(a)]와 같은 팽창된 영상을 얻는다.

이제 침식 연산에서 화소 $\mathbf{x}=(1,1)$을 생각해 보자. $S$에 속하는 모든 $\mathbf{s}$에 대해 $\mathbf{x}+\mathbf{s}$를 계산하면 $\{(1,0),\ (1,1),\ (1,2)\}$가 된다. 이들 세 점이 모두 $\mathbf{x}+\mathbf{s}\in f$를 만족해야 한다. 즉, 모두 1이어야 한다. 그런데 $(1,0)$이 0이므로 조건을 만족시키지 못한다. 결국 $(1,1)$은 0으로 바뀐다. 이제 $(3,2)$ 위치의 화소를 생각해 보자. $\mathbf{x}+\mathbf{s}$는 $\{(3,1),\ (3,2),\ (3,3)\}$이다. 이들 세 화소 모두 1이므로 조건을 만족한다. 따라서 $\mathbf{x}=(3,2)$는 1이 된다. 이러한 연산을 1을 갖는 $f$의 모든 화소에 적용하면 [그림 2-38(b)]를 얻는다.

침식된 영상에 팽창을 적용하면 [그림 2-38(c)]와 같은 열기가 적용된 영상이 된다. 반대로 팽창된 영상에 침식을 적용하면 닫기가 적용된 [그림 2-38(d)]가 된다.

| | | | | | | | |
|---|---|---|---|---|---|---|---|
| 0 | 0 | 0 | 0 | 0 | 0 | 0 | 0 |
| 1 | 1 | 1 | 1 | 0 | 1 | 1 | 1 |
| 1 | 1 | 1 | 1 | 0 | 1 | 1 | 1 |
| 1 | 1 | 1 | 1 | 0 | 1 | 1 | 1 |
| 1 | 1 | 1 | 1 | 0 | 1 | 1 | 1 |
| 1 | 1 | 1 | 1 | 1 | 1 | 1 | 1 |
| 0 | 0 | 0 | 1 | 1 | 1 | 1 | 1 |
| 0 | 0 | 0 | 0 | 0 | 0 | 0 | 0 |

(a) 팽창($f \oplus S$)

| | | | | | | | |
|---|---|---|---|---|---|---|---|
| 0 | 0 | 0 | 0 | 0 | 0 | 0 | 0 |
| 0 | 0 | 0 | 0 | 0 | 0 | 0 | 0 |
| 0 | 0 | 0 | 0 | 0 | 0 | 0 | 0 |
| 0 | 1 | 1 | 0 | 0 | 0 | 0 | 0 |
| 0 | 1 | 1 | 0 | 0 | 0 | 0 | 0 |
| 0 | 1 | 1 | 1 | 1 | 1 | 0 | 0 |
| 0 | 0 | 0 | 0 | 1 | 1 | 0 | 0 |
| 0 | 0 | 0 | 0 | 0 | 0 | 0 | 0 |

(b) 침식($f \ominus S$)

| | | | | | | | |
|---|---|---|---|---|---|---|---|
| 0 | 0 | 0 | 0 | 0 | 0 | 0 | 0 |
| 0 | 0 | 0 | 0 | 0 | 0 | 0 | 0 |
| 0 | 0 | 0 | 0 | 0 | 0 | 0 | 0 |
| 0 | 1 | 1 | 1 | 0 | 0 | 0 | 0 |
| 0 | 1 | 1 | 1 | 0 | 0 | 0 | 0 |
| 0 | 1 | 1 | 1 | 1 | 1 | 1 | 0 |
| 0 | 0 | 0 | 1 | 1 | 1 | 1 | 0 |
| 0 | 0 | 0 | 0 | 0 | 0 | 0 | 0 |

(c) 열기($f \circ S$)

| | | | | | | | |
|---|---|---|---|---|---|---|---|
| 0 | 0 | 0 | 0 | 0 | 0 | 0 | 0 |
| 0 | 1 | 1 | 0 | 0 | 0 | 1 | 0 |
| 0 | 1 | 1 | 0 | 0 | 0 | 1 | 0 |
| 0 | 1 | 1 | 1 | 1 | 1 | 1 | 0 |
| 0 | 1 | 1 | 1 | 1 | 1 | 1 | 0 |
| 0 | 1 | 1 | 1 | 1 | 1 | 1 | 0 |
| 0 | 0 | 0 | 0 | 1 | 1 | 1 | 0 |
| 0 | 0 | 0 | 0 | 0 | 0 | 0 | 0 |

(d) 닫기($f \cdot S$)

그림 2-38 **모폴로지 연산 적용 결과**

위의 예제를 가지고 모폴로지 연산의 효과를 생각해 보자. 구조요소가 수평 방향이므로 수평 방향으로만 변화가 발생할 것이라 예측할 수 있다. 원래 영상인 [그림 2-37(a)]는 중앙 위 부분이 패여 있다. 팽창 연산은 이러한 홈을 메우는 효과를 지니는데, 구조요소의 모양과 크기에 따라 메우는 형태가 좌우된다. 이 경우 크기가 2인 홈은 메워졌는데, 그 위에 있는 크기가 3인 홈은 완전히 메워지지 않고 크기가 1인 홈이 남는다. 만일 구조요소의 크기를 조금 키우면 완전히 메워질 것이다. 홈은 메우되 원래 크기를 유지하고 싶으면 침식을 추가로 적용하면 된다. 즉, 원래 영상에 닫기 연산을 적용한 셈이다. 닫기가 적용된 [그림 2-38(d)]를 살펴보면 물체의 크기가 원래 영상과 비슷하게 유지된 것을 볼 수 있다. 메워지지 못한 홈도 원래 크기로 유지된다.

침식은 구조요소보다 작은 크기의 돌출 부분을 깎는다. 원래 영상의 왼쪽에 있는 기둥 모양의 돌출은 위 부분의 폭은 2이고 그 아래는 3이다. 구조요소의 크기가 3이므로 3보다 작은 돌출은 깎이고 그렇지 않으면 남게 된다. 이런 효과를 [그림 2-38(b)]에서 확인할 수 있다. 침식된 영상에 팽창을 적용하면 깎여 없어진 부분을 제외하고 원래 크기로 복원된다. [그림 2-38(c)]는 이런 열기 연산의 효과를 보여준다.

물체의 경계에 있는 홈 또는 돌출을 비롯해 물체의 내부에 뚫린 구멍에 대해서도 비슷한 효과를 발휘한다. 팽창은 구멍을 메운다. [예제 2-5]에서 지름이 3보다 작은 구멍이 있었다면, 꽉 메워졌을 것이다. 하지만 지름이 3 이상이면 팽창으로 작아졌다가 침식을 적용하면 원래 크기로 돌아온다. 침식과 열기는 구멍에 대해서도 반대 작용을 한다.

## 2. 명암 모폴로지

지금까지 공부한 모폴로지 연산은 이진 영상에 국한되었다. [예제 2-5]와 같이 평면 모양의 패인 곳을 메우거나 튀어나온 곳을 깎는 역할을 했다. 하지만 명암 영상이 주어지면 어떻게 할 것인가? 명암 영상은 [그림 2-40(b)]와 같이 명암을 지표면부터의 높이로 간주하면 지형으로 해석할 수 있다. 따라서 명암 모폴로지는 이 지형에서 골짜기를 메우거나 봉우리를 깎는 효과를 제공해야 한다. 식 (2.26)과 식 (2.27)은 구조요소 $S$로 명암 영상 $f$를 팽창 또는 침식시키는 연산이다.

명암 팽창(평편하지 않은 구조요소) : $(f \oplus S)(j,i) = \max_{(y,x) \in S} (f(j-y, i-x) + S(y,x))$      (2.26)

명암 침식(평편하지 않은 구조요소) : $(f \ominus S)(j,i) = \min_{(y,x) \in S} (f(j+y, i+x) - S(y,x))$      (2.27)

팽창은 지형을 솟구치게 해야 하므로, 영상에 구조요소 값을 더해준 후 최댓값을 취한다. 이때 구조요소의 좌표 $(y,x)$를 빼주었는데, 구조요소를 $180°$ 회전하여 적용하는 셈이다. 예를 들어 구조요소가 [1|1|1|1] 이라면 오른쪽으로 두 화소만큼, 왼쪽으로 한 화소만큼 팽창시키려는 의도인데 더해주면 반대 방향으로 팽창하기 때문에 이렇게 처리한다. 침식은 구조요소 값을 뺀 후 최솟값을

취함으로써 지형을 깎는 효과를 낸다. 영상의 경계에 구조요소를 씌우면 구조요소의 일부가 영상 밖에 걸치게 되는데, 이런 경우를 처리하기 위해 영상 바깥은 모두 팽창에서는 $-\infty$, 침식에서는 $\infty$ 로 간주한다.

[그림 2-39]는 몇 가지 구조요소를 보여준다. 그 중 일부 칸은 0을 갖는데, 앞 절의 이진 모폴로지에서는 이런 칸은 의미가 없었다. 하지만 명암 모폴로지에서는 이들도 최댓값이나 최솟값을 찾는 데 참여하기 때문에 의미가 있다. 즉, [그림 2-39(a)]의 3×3 크기의 박스형 구조요소와 십자가 모양의 구조요소는 다르다. 십자가 형에서는 $(y,x) \in S$인 요소가 $\{(0,0), (0,1), (-1,0), (0,-1), (1,0)\}$의 다섯 개이고 박스형에서는 아홉 개이다. [그림 2-39(b)]는 평편한 구조요소이다.[9] 이 경우는 모든 칸이 0을 가지므로 식 (2.26)과 식 (2.27)에서 $S(y,x)$를 더하거나 빼는 부분을 제거한 식으로 바꾸어 쓰면 된다. 정리하면 식 (2.28)과 식 (2.29)와 같다. 실제로 응용에 적용할 경우, 상황에 가장 적합한 구조요소를 설계하는 일은 쉽지 않은데 평편하지 않은 구조요소는 더욱 어렵다. 그런 이유로 보통 식 (2.28)과 식 (2.29)를 사용한다.

$$\text{명암 팽창(평편한 구조요소)}: (f \oplus S)(j,i) = \max_{(y,x) \in S} f(j-y, i-x) \tag{2.28}$$

$$\text{명암 침식(평편한 구조요소)}: (f \ominus S)(j,i) = \min_{(y,x) \in S} f(j+y, i+x) \tag{2.29}$$

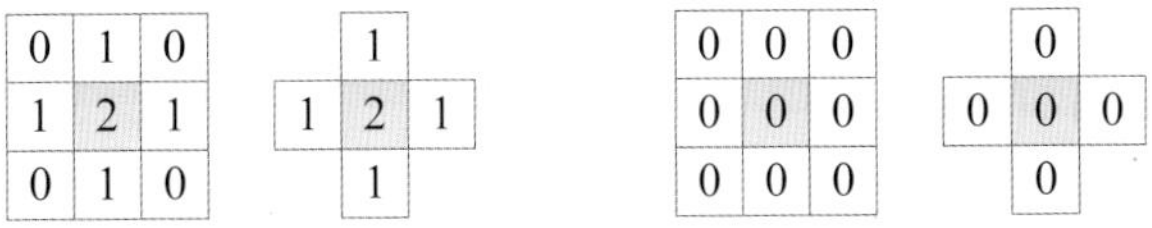

| 0 | 1 | 0 |
|---|---|---|
| 1 | 2 | 1 |
| 0 | 1 | 0 |

| 1 |
|---|

| 1 | 2 | 1 |
|---|---|---|

| 0 | 0 | 0 |
|---|---|---|
| 0 | 0 | 0 |
| 0 | 0 | 0 |

| 0 |
|---|

| 0 | 0 | 0 |
|---|---|---|

(a) 평편하지 않은 구조요소    (b) 평편한 구조요소

그림 2-39 **명암 모폴로지를 위한 구조요소**

이제 이진 모폴로지와 비슷한 방식으로 팽창과 침식을 이용하여 열기와 닫기를 정의할 수 있다. 식 (2.30)과 식 (2.31)이 각각 열기와 닫기 연산인데, 이진 모폴로지 때와 똑같다. [예제 2-6]을 통해 명암 모폴로지 연산을 좀더 이해해 보자.

$$\text{열기}: f \circ S = (f \ominus S) \oplus S \tag{2.30}$$

$$\text{닫기}: f \cdot S = (f \oplus S) \ominus S \tag{2.31}$$

---

9 Matlab에서는 평편한 구조요소의 값을 0이 아니라 1로 표시한다. 그 목적은 마스크에서 실제 계산에 참여하는 칸을 표시하기 위해서이다. 내부적인 계산에서는 0으로 취급한다.

**예제 2-6** **명암 모폴로지 연산(팽창, 침식)**

[그림 2-40]은 예제에서 다룰 명암 영상과 그것을 지형으로 해석한 것이다. 계산을 간단히 하기 위해 1×3의 작은 크기의 평편한 구조요소를 가정한다.

$f=$

| | | | | | | | |
|---|---|---|---|---|---|---|---|
| 0 | 0 | 0 | 0 | 0 | 0 | 0 | 0 |
| 0 | **1** | **1** | 0 | 0 | 0 | **1** | 0 |
| 0 | **1** | **2** | 0 | 0 | 0 | **1** | 0 |
| 0 | **1** | **3** | **1** | 0 | 0 | **2** | 0 |
| 0 | **1** | **3** | **1** | 0 | 0 | **2** | 0 |
| 0 | **1** | **2** | **3** | **4** | **4** | **3** | 0 |
| 0 | 0 | 0 | 0 | **1** | **3** | **1** | 0 |
| 0 | 0 | 0 | 0 | 0 | 0 | 0 | 0 |

$S=$

| | | |
|---|---|---|
| 0 | 0 | 0 |

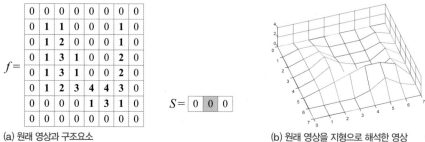

(a) 원래 영상과 구조요소

(b) 원래 영상을 지형으로 해석한 영상

그림 2-40 **원래 영상과 지형으로 해석한 영상**

먼저 팽창에 대해 생각해 보자. 첫 번째 행은 아무 변화가 없다. 두 번째 행의 첫 번째 열, 즉 위치 (1,0)의 화소는 $\max(f(1,-1), f(1,0), f(1,1))=\max(-\infty,0,1)=1$이므로 지형의 높이가 0에서 1로 팽창한다. 또 다른 위치 (2,1)은 $\max(f(2,0), f(2,1), f(2,2))=\max(0,1,2)=2$이므로 높이가 1에서 2로 팽창한다. 이런 식으로 모든 화소에 대해 계산을 마치면 [그림 2-41(a)]와 같은 영상을 얻는다. 침식도 비슷하게 작동하며 결과는 [그림 2-41(b)]와 같다. 열기와 닫기는 연습문제로 남겨 둔다.

| | | | | | | | |
|---|---|---|---|---|---|---|---|
| 0 | 0 | 0 | 0 | 0 | 0 | 0 | 0 |
| **1** | **1** | **1** | **1** | 0 | **1** | **1** | **1** |
| **1** | **2** | **2** | **2** | 0 | **1** | **1** | **1** |
| **1** | **3** | **3** | **3** | **1** | **2** | **2** | **2** |
| **1** | **3** | **3** | **3** | **1** | **2** | **2** | **2** |
| **1** | **2** | **3** | **4** | **4** | **4** | **4** | **3** |
| 0 | 0 | 0 | **1** | **3** | **3** | **3** | **1** |
| 0 | 0 | 0 | 0 | 0 | 0 | 0 | 0 |

(a) 팽창

| | | | | | | | |
|---|---|---|---|---|---|---|---|
| 0 | 0 | 0 | 0 | 0 | 0 | 0 | 0 |
| 0 | 0 | 0 | 0 | 0 | 0 | 0 | 0 |
| 0 | 0 | 0 | 0 | 0 | 0 | 0 | 0 |
| 0 | 0 | **1** | 0 | 0 | 0 | 0 | 0 |
| 0 | 0 | **1** | 0 | 0 | 0 | 0 | 0 |
| 0 | 0 | **1** | **2** | **3** | **3** | 0 | 0 |
| 0 | 0 | 0 | 0 | 0 | **1** | 0 | 0 |
| 0 | 0 | 0 | 0 | 0 | 0 | 0 | 0 |

(b) 침식

그림 2-41 **명암 팽창과 침식의 예(평편한 구조요소)**

[그림 2-42(a)]는 한지 표면을 전자 현미경으로 촬영한 영상이다. 오른쪽 아래 눈금을 보고 판단하면 섬유질에 뚫려있는 구멍 하나는 대략 지름이 5μm보다 작다. 이 영상에 5×5 크기의 평편한 구조요소를 가지고 모폴로지 연산을 수행한 결과는 [그림 2-42(b)]와 같다. 예상했던 대로 팽창은 영상을 더 밝게 만들며, 밝은 영역은 넓혀주고 어두운 영역은 좁혀준다. 침식은 그 반대 효과를 나타낸다. 침식된 영상을 살펴보면 어두운 섬유질 구멍이 커졌다. 또한 아래 부분에 밝은 색으로 표시된 글자가 모두 사라졌다. 열기와 닫기에서는 구멍이 원래 크기로 복원되었음을 확인할 수 있다.

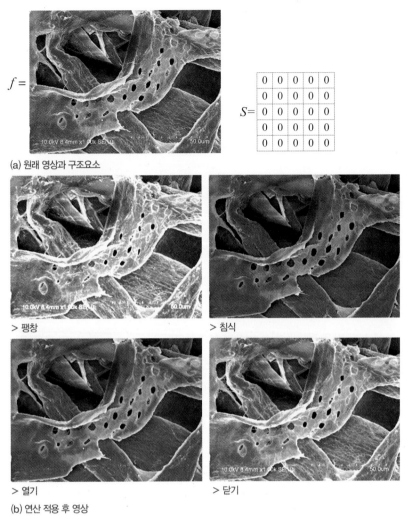

(a) 원래 영상과 구조요소

> 팽창

> 침식

> 열기

> 닫기

(b) 연산 적용 후 영상

그림 2-42 전자 현미경으로 찍은 한지 영상에 적용한 명암 모폴로지(명암 256, 해상도 960×1280)

지금까지 모폴로지 연산의 원리와 알고리즘을 살펴보았다. 이들 연산을 사용하면 물체의 모양을 원하는 형태로 바꿀 수 있음을 이해했을 것이다. 모폴로지 연산을 활용하여 공장에서 생산되는 기계 부품, 반도체 칩, LED 소자의 결함 탐지와 같은 응용 문제를 해결할 수 있다. 하지만 구조요소를 어떤 모양으로 설계해야 하는지, 어떤 연산을 어떤 순서로 적용해야 하는지 등의 문제를 효과적으로 해결하려면 보다 많은 공학적인 경험이 필요하다. 이 책에서는 가장 기본적인 연산만 소개한다. 보다 깊은 이론과 다양한 연산, 응용 분야, 빠른 구현 방법 등을 공부하려면 [Gonzalez2010(9장), Soille2003, Najman2010]을 참고하기 바란다.

# 7
# 컬러

학창 시절 미술 시간에 했던 빛을 섞는 실험을 떠올려 보자. [그림 2-43(a)]는 빨강(R), 초록(G), 파랑(B) 랜턴을 검은색 벽에 서로 겹치도록 비추는 실험을 보여준다. 겹친 부분의 색은 변하는데, 예를 들어 빨강과 파랑이 섞인 곳은 붉은 자주magenta가 된다. 세 가지 색이 모두 섞인 중앙은 무채색인 하양이 된다. 이러한 현상을 어떻게 표현할 수 있을까? 세상에 존재하는 모든 색을 어떻게 표현할까? 색 과학자들은 오래 전에 색을 수로 표현하였다.

[그림 2-43(b)]는 가장 널리 사용되는 RGB 모델로, 크기가 1인 정육면체 공간 안에 모든 색을 넣었다. R, G, B라 표시된 세 개의 축과 만나는 꼭지점의 좌표 (1,0,0)은 빨강, (0,1,0)은 초록, (0,0,1)은 파랑에 해당한다. 빨강과 초록이 같은 비율로 섞인 꼭지점 (1,1,0)은 노랑yellow, 빨강과 파랑을 섞은 (1,0,1)은 붉은 자주magenta, 초록과 파랑이 섞인 (0,1,1)은 청록cyan이다. RGB를 같은 비율로 섞은 점 $(c,c,c)$, $0 \leq c \leq 1$는 색깔이 없는 무채색인 회색을 표현한다. 양 끝점 (0,0,0)과 (1,1,1)은 각각 검정과 하양에 해당한다.

컴퓨터에서는 이들을 정수 좌표로 표현하기 위해 [0,1] 구간을 양자화quantization 한다. 길이가 1인 구간을 $L$개의 작은 구간으로 나누고 이들 구간에 0, 1, 2, …, $L-1$의 정수 좌표값을 부여한다. [그림 2-43(c)]는 $L=4$인 경우로, 총 $4^3$=64개의 작은 정사각형 블록이 생긴다. 따라서 64개의 서로 다른 색이 표현된다. 실제 상황에서는 보통 $L$로 $2^8$=256을 사용한다. 이 경우 빨강을 나타내는 (1,0,0)은 (255,0,0), 노랑의 (1,1,0)은 (255,255,0)이 된다. 표현 가능한 총 색상 수는 $256^3=$ 16,777,216개가 되어 사람이 눈으로 구별할 수 있는 색을 모두 표현할 수 있다. 이때 한 화소를 표현하는 데 RGB 각각 1바이트씩, 총 3바이트가 필요하다.

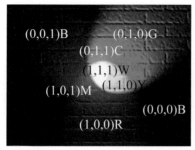

(1,0,0)=Red
(0,1,0)=Green
(0,0,1)=Blue
(0,1,1)=Cyan
(1,0,1)=Magenta
(1,1,0)=Yellow
(0,0,0)=Black
(1,1,1)=White

(a) 빛의 혼합

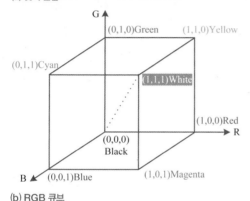

(b) RGB 큐브

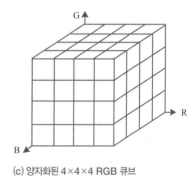

(c) 양자화된 4×4×4 RGB 큐브

그림 2-43 RGB 컬러 모델

대부분의 카메라는 획득한 영상을 RGB 모델로 표현한다.[10] 컴퓨터 비전은 이 모델을 [그림 2-44]와 같이 세 장의 영상으로 나타낸다. 세 장의 영상 각각을 채널이라 부르며, 이 책에서는 이 들을 $f_r$, $f_g$, $f_b$로 표기한다. 이 그림을 잘 살펴보자. RGB 영상과 세 채널을 보여주는데, 예를 들어 빨간색 양말은 R 영상에서 밝은 명암을 갖지만 G와 B에서는 어둡게 나타난다. 녹색 잔디는 G채널 에서 가장 밝다.

---

**10** 실제로는 파일의 크기를 줄이기 위해 압축을 하여 저장한다. 가장 널리 쓰이는 압축 방식은 JPEG로, 확장자는 .jpg이다. OpenCV나 Matlab 의 영상 처리 함수는 압축된 영상을 읽으면 곧바로 압축을 해제하여 배열에 저장한다. 따라서 압축과 해제에 대해 특별히 신경쓸 필요 없이 곧바 로 원하는 연산을 적용하면 된다. 이 책에서는 압축은 다루지 않는다. 관심 있는 독자에게는 [Gonzalez2010]의 8장을 권한다.

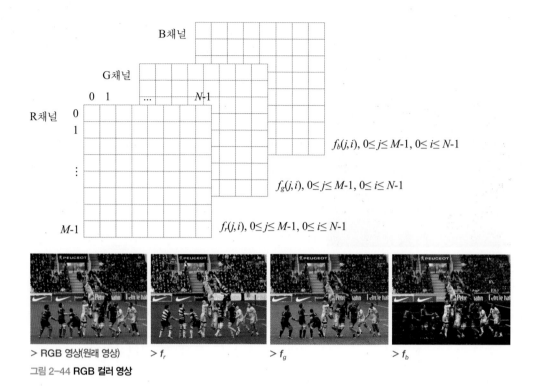

> RGB 영상(원래 영상)    > $f_r$    > $f_g$    > $f_b$

그림 2-44 **RGB 컬러 영상**

HSI는 RGB와 다른 원리를 사용하는 컬러 모델이다. RGB에서는 조명이 밝아지면 세 요소의 값이 모두 커진다. 즉 색상과 밝기가 R, G, B 세 개의 채널에 섞여있다. 반면 HSI 모델에서는 색상을 나타내는 채널은 H와 S이고, 밝기는 별도의 채널 I로 나타낸다. 색을 나타내는 HS에서 $H^{hue}$는 서로 다른 색을 나타내는 색상, $S^{saturation}$는 색깔의 순수성인 채도를 나타낸다. [그림 2-45]는 HSI 컬러 모델을 설명한다. 두 개의 콘을 맞붙여 놓은 모양인데, 가운데 축에서 바깥쪽으로 나올 수록 채도 S가 커진다. 색상 H는 원을 따라 시계 반대 방향으로 배치되어 있다. 명암은 가운데 축에서 올라갈수록 커진다.

밝기 $I^{intensity}$가 따로 분리되어 있으므로 조명의 변화가 심한 경우에는 I를 제외하고 HS 두 요소만을 대상으로 연산을 적용하면 어느 정도 조명 변화에 대처할 수 있는 장점이 있다. 예를 들어 2.2.3절에서 컬러 히스토그램을 활용하여 얼굴 영역을 찾는 경우, RGB 3차원 히스토그램을 사용하는 대신 HS의 2차원 히스토그램을 사용하였다([그림 2-12] 참고). 이렇게 하면 시스템이 조명 영향을 덜 받으므로 보다 강건하게 작동한다.

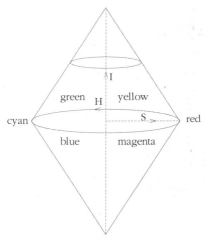

그림 2-45 **HSI 컬러 모델**

    RGB와 HSI 모델은 인간의 시각 반응에 선형적이지 않다. 예를 들어 컬러 공간에 세 점 a, b, c 가 있는데, a와 b 사이의 거리와 a와 c 사이의 거리가 같다면 b와 a를 다르게 느끼는 정도와 c와 a 를 다르게 느끼는 정도가 같아야 되는데 그렇지 않다는 것이다. 이러한 비선형성이 문제가 되는 경 우 사용할 수 있는 컬러 모델로 CIELab이 있다. 보다 다양한 컬러 모델과 그들간의 변환에 대해 알고 싶다면 [Gonzalez2010, 6장]을 참고하라.

    지금까지 컬러 모델에 대해 공부하였다. 이제부터는 컬러 영상에 앞에서 배운 영상 처리 연산을 적용하는 방법에 대해 생각해 보자. 어떻게 하면 될까? 가장 간단한 방법은 R, G, B채널을 독립 적으로 간주하여, 각각에 연산을 수행하고 그 결과를 새로운 RGB 영상으로 취하는 것이다. [그림 2-46]은 이런 방식으로 [그림 2-44]의 원래 영상에 가우시안 스무딩을 적용한 결과이다. 샤프닝 도 같은 방식으로 적용하면 된다. 점 연산도 마찬가지이다. [그림 2-47]은 RGB 영상을 밝게 또는 어둡게 만드는 연산([그림 2-18])과 감마 수정 연산([그림 2-19])을 적용한 결과이다.

&gt; RGB 영상    &gt; $f_r$    &gt; $f_g$    &gt; $f_b$

그림 2-46 **RGB 영상에 가우시안 스무딩($\sigma$=2.0)을 적용한 결과**

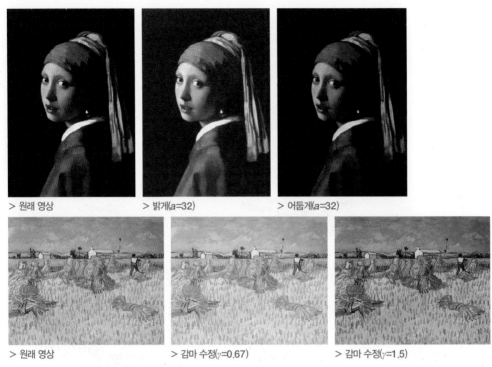

| > 원래 영상 | > 밝게($a$=32) | > 어둡게($a$=32) |

| > 원래 영상 | > 감마 수정($\gamma$=0.67) | > 감마 수정($\gamma$=1.5) |

그림 2-47 RGB 영상에 점 연산을 적용한 결과

모든 연산을 위와 같이 세 채널에 대해 독립적으로 수행하면 될까? 그렇지는 않다. 예를 들어 히스토그램 평활화를 세 채널로 나누어 처리하면 이상한 결과를 얻게 된다. 왜 이상한 결과를 얻게 되는지에 대한 이유와 적절한 방법은 연습문제로 남겨 둔다.

컬러는 분명 명암 영상에 비해 더 많은 정보를 지니고 있다. 따라서 잘 분석하면 보다 풍부한 정보를 추출하여 좀더 신뢰도 높은 의사 결정을 할 수 있다. 하지만 자칫 알고리즘이 복잡해지고 처리 시간은 더 많이 소요되지만 얻는 것은 거의 없는 상황이 발생할 수도 있다. 따라서 분별력을 가지고 컬러 활용 여부를 결정해야 한다. 컴퓨터 비전에서는 대부분의 경우, 먼저 명암 영상을 대상으로 알고리즘을 개발한 후 필요에 따라 컬러 버전으로 변형한다. 이 책에서도 비슷한 방식을 취한다. 예를 들어 3장에서 명암 영상을 대상으로 에지를 검출하는 원리와 알고리즘을 고안한 다음, 컬러 버전은 그것을 개조하여 만든다.

## 연습문제

**1** 다음에 제시된 명암 단계가 [0,9]이고 크기가 5×5인 영상에 대해 답하시오.

```
1 1 2 2 2
0 1 3 4 3
2 3 6 7 3
4 5 8 7 7
3 4 4 4 3
```

(1) 히스토그램을 구하시오.

(2) 히스토그램 평활화를 위한 매핑 표를 구하시오.

(3) 평활화된 영상을 제시하시오.

**2** 2.3.2절의 연결요소 번호 붙이기 알고리즘에 대해 답하시오.

(1) [알고리즘 2-5]를 8-연결성 버전으로 바꾸기 위한 flood_fill8( ) 함수를 제시하시오.

(2) [알고리즘 2-6]을 8-연결성 버전으로 바꾸기 위한 efficient_floodfill8( ) 함수를 제시하시오.

**3** 식 (2.11)을 이용하여 문제 1의 영상을 변환하시오.

(1) $a$=2로 두고 영상을 밝게 변환하시오.

(2) $a$=2로 두고 영상을 어둡게 변환하시오.

(3) 영상을 반전하시오.

**4** 에지 보존 효과를 지닌 스무딩 필터에 대해 답하시오.

(1) 메디안 필터는 가우시안 필터에 비해 에지 보존 효과가 뛰어나다. 그 이유를 설명하시오.

(2) 에지 보존 필터로 양방향 필터와 쿠와하라 필터가 있다. 이들 각각에 대해 동작 원리를 조사하시오.

**5** [예제 2-3]에 있는 원래 삼각형을 꼭지점 $x_1$을 중심으로 시계 방향으로 30° 회전시키려 한다.

(1) 복합 변환 행렬을 구하시오.

(2) 회전 후의 세 꼭지점의 좌표를 구하시오.

**6** 다음 네 개의 꼭지점을 갖는 도형에 답하시오.

$\mathbf{x}_1 = (2,1), \mathbf{x}_2 = (2,4), \mathbf{x}_3 = (3,1), \mathbf{x}_4 = (3,4)$

(1) $x$방향으로 3만큼 기울이기 위한 변환 행렬을 제시하시오.

(2) (1)의 변환을 적용한 후 꼭지점의 좌표를 계산하시오.

(3) 변환 전과 후의 도형을 그리시오.

**7** [예제 2-6]에서 열기와 닫기를 적용한 영상을 구하시오.

**8** 모폴로지에 대해 답하시오.

(1) 아래 구조요소를 이용하여 [그림 2-37(a)]에 있는 이진 영상에 팽창, 침식, 열기, 닫기를 적용한 결과를 제시하시오.

| | 1 | |
|---|---|---|
| 1 | 1 | 1 |
| | 1 | |

(2) 아래 구조요소를 이용하여 [그림 2-40(a)]에 있는 명암 영상에 팽창, 침식, 열기, 닫기를 적용한 결과를 제시하시오

| | 0 | |
|---|---|---|
| 0 | 0 | 0 |
| | 0 | |

**9** RGB 모델에서 다음에 예시한 것과 같은 방식으로 값을 변화시켜가며 색을 관찰하시오.

Hint 윈도우의 기본 프로그램 중 하나인 〈그림판〉을 이용하시오

(25,0,25), (50,0,50), (100,0,100), (150,0,150), (200,0,200), (255,0,255)
(0,0,0), (50,50,50), (100,100,100), (200,200,200), (255,255,255)
(25,0,0), (50,0,0), (100,0,0), (150,0,0), (200,0,0), (255,0,0)

(1) 각 줄별로 사각형 또는 원에 색을 칠해 일렬로 나열하시오.

(2) 각 줄별로 값에 따라 색이 어떻게 변하는지 서술하시오.

**10** 컬러 영상에 히스토그램 평활화를 적용하려고 한다. 세 채널에 독립적으로 적용한 것을 결합하면 이상한 결과를 얻는다.

(1) 그 이유를 설명하시오.

(2) 적절한 방법을 조사하여 제시하시오.

# Chapter 03
# 에지 검출

# Preview

붉은 댕기가 바람도 없는데 팔락 나부끼는 것 같다.
수줍은 귀밑의 목 언저리에는 부드러운 몇 오라기의 머리털이
비단 실낱처럼 그대로 보인다. 그 실낱 같은 머리털은 햇빛 오라기인가.
둥글고 이쁜 어깨가 손에 잡힐 듯 하다.

_**최명희** '혼불' 중에서

서로 다른 물체 사이의 경계를 검출하면 여러 모로 유용하다. [그림 3-1]은 원래 영상과 그것에서 검출한 에지를 보여준다. 그림을 자세히 보면 주로 사람과 배경을 가르는 경계에 에지가 분포하고, 오른쪽 에지 영상만 있어도 원래 영상을 거의 그대로 해석할 수 있다는 사실을 알 수 있다. 즉, 에지는 영상 속에 어떤 물체가 있는지 어떤 행위가 일어나는지 등에 관한 정보를 거의 그대로 유지한다. 에지 영상은 이진 영상이므로 원래 영상에 비해 필요한 메모리가 훨씬 적다. 게다가 에지 영상은 이후 단계의 처리에 훨씬 적합하다. 에지를 연결하여 선분이나 곡선을 만들 수 있고, 이런 수학적 표현을 사용하면 이후 단계인 매칭이나 인식 등에 훨씬 용이하기 때문이다.

**그림 3-1 원래 영상과 에지 영상**

이러한 주장에 너무 귀를 기울이다 보면 에지 정보만 있으면 모든 처리와 해석이 가능할 것으로 보인다. 하지만 문제가 그리 간단하진 않다. [그림 3-1]은 비교적 명암 대비가 선명하고 배경이 깨끗한 영상임에도 불구하고 실종된 에지뿐 아니라 거짓 에지도 존재한다. 또한 에지 검출 알고리즘은 에지의 품질을 좌우하는 몇 가지 매개변수를 가지고 있는데 최적의 값을 설정하는 문제도 만만찮다. 어떻게 가장 신뢰할 수 있는 에지를 얻을 것인가? 이후 처리에 적합한 형태는 과연 무엇이고, 어떻게 검출할 것인가? 이러한 문제의식을 가지고 3장 공부를 시작해 보자.

▶ 각 절에서 다루는 내용 - - - - - - - - - - - - - - - - - - - - - - - - - - - - - - - - - - - - - - - - - - - - - - - - - - - - - - -

**3.1절_**에지 검출을 위한 기초 원리와 1980년대에 널리 사용한 알고리즘을 소개한다.

**3.2절_**다중 스케일 능력을 갖는 영교차 알고리즘의 원리를 공부한다.

**3.3절_**1990년대에 개발되어 현재 가장 널리 활용하는 알고리즘인 캐니 에지를 소개한다.

**3.4절_**컬러 영상에서 에지를 검출하는 문제를 다룬다.

**3.5절_**검출된 에지를 연결하여 에지 토막을 만들고 그것을 직선으로 근사화시키는 방법을 공부한다.

# 1

# 에지 검출의 기초

앞에서 서로 다른 물체 사이의 경계점의 유용성을 강조하였다. 그렇다면 경계에 해당하는 곳은 물체의 내부나 배경과 무엇이 다른가? [그림 3-1]을 다시 살펴보자. 물체의 경계에서는 명암값에 급격한 변화가 일어난다는 것을 알 수 있다. 그에 비해 물체 내부나 배경 영역은 변화가 없거나 있어도 작은 변화만 발생한다. 이처럼 간단한 사실이 이 장에서 공부할 에지 검출edge detection의 핵심 토대이다. 에지란 영상의 명암, 컬러, 또는 텍스처와 같은 특성이 급격히 변하는 지점이다. 모든 에지 검출 알고리즘은 변화를 측정하고 변화량이 큰 곳을 에지로 취하는 원리를 따른다.

## 1. 디지털 영상의 미분

영상에 나타나는 명암 변화를 측정하는 연산을 설계해 보자. 우선 2차원을 벗어나 $x$축만 있는 1차원을 살펴본다. 1차원은 원리를 직관적으로 이해하는 데 유리할 뿐 아니라 1차원에서 고안한 수식을 2차원으로 쉽게 확장할 수 있다. 수학에서 변화를 측정하는 기초 이론은 미분이다. [그림 3-2(a)]는 연속 함수 $s(.)$를 미분하여 도함수derivative를 구하는 원리를 보여준다. 식 (3.1)은 이 원리를 수식으로 표현한 것이다. 도함수는 $s'(x)$ 또는 $\frac{ds}{dx}$와 같이 표기하는데, $x$가 미세하게 증가하였을 때(즉, 증가량 $\Delta x$가 0에 가까울 때) 함수 $s(.)$의 값이 어떻게 변화하는지를 측정해 준다.

$$s'(x) = \frac{ds}{dx} = \lim_{\Delta x \to 0} \frac{s(x + \Delta x) - s(x)}{\Delta x} \tag{3.1}$$

하지만 컴퓨터 비전이 다루는 디지털 영상은 연속 공간이 아니라 [그림 3-2(b)]와 같이 이산 공간에서 정의된다. 따라서 이산 공간에서 도함수를 근사화하는 방법을 고안해야 한다. 이때 $\Delta x$를 얼마로 할 것인지가 핵심인데, 이산 공간에서 가장 작은 단위는 1이므로 우선 $\Delta x=1$로 해보자. 이산 공간에서 정의되는 함수, 즉 디지털 영상 $f(x)$의 도함수는 식 (3.2)로 근사화할 수 있다. 이 식은 마스크 $\boxed{-1}\boxed{1}$로 영상 $f$를 컨볼루션하는 것과 같다.

$$f'(x) = \frac{df}{dx} = \frac{f(x + \Delta x) - f(x)}{\Delta x} = f(x+1) - f(x) \tag{3.2}$$

이에 해당하는 마스크 = $\boxed{-1}\boxed{1}$

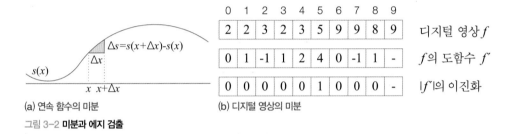

(a) 연속 함수의 미분      (b) 디지털 영상의 미분

그림 3-2 **미분과 에지 검출**

[그림 3-2(b)]는 디지털 영상 $f(.)$를 미분하는 과정을 보여준다. 두 번째 줄의 미분 결과를 살펴보면 흥미롭다. 예상한 대로 급속한 변화가 있는 지점의 값은 크고, 변화가 작은 곳은 값도 작다. 여기서 4를 임계값으로 설정해 이진화하면 세 번째 줄과 같은 영상을 얻는다. 이 영상에서 1을 갖는 점을 에지 화소edge pixel라 부른다. 식 (3.2)의 마스크는 에지를 찾는 데 활용할 수 있으므로 에지 마스크 또는 에지 연산자edge operator라 부른다. [그림 3-2]는 단순하지만 에지 검출 이론의 대부분을 담고 있다. 이제 보다 실제적인 연산자 설계를 다루어 보자.

## 2. 에지 모델과 연산자

디지털 영상을 미분하면 어떻게 되는지 좀더 정교하게 관찰해 보자. [그림 3-3]은 계단 에지step edge와 램프 에지ramp edge라 불리는 두 종류의 에지를 가진 영상이다. 여기서는 [그림 3-3(a)]와 같이 잡음이 없는 이상적인 에지 모델이라고 가정한다. [그림 3-3(b)]는 이산 공간의 영상을 보여준다. 위치 3과 4 사이에 계단 에지가 있고, 램프 에지는 7에서 시작하여 10에서 끝난다.

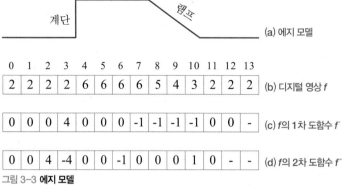

| 0 | 1 | 2 | 3 | 4 | 5 | 6 | 7 | 8 | 9 | 10 | 11 | 12 | 13 |

| 2 | 2 | 2 | 2 | 6 | 6 | 6 | 6 | 5 | 4 | 3 | 2 | 2 | 2 | (b) 디지털 영상 *f*

| 0 | 0 | 0 | 4 | 0 | 0 | 0 | -1 | -1 | -1 | -1 | 0 | 0 | - | (c) *f*의 1차 도함수 *f'*

| 0 | 0 | 4 | -4 | 0 | 0 | -1 | 0 | 0 | 0 | 1 | 0 | - | - | (d) *f*의 2차 도함수 *f''*

그림 3-3 에지 모델

우선 2차 미분으로 확장해 보자. 2차 미분은 식 (3.2)의 1차 도함수를 한 번 더 미분하여 수행할 수 있다. 이렇게 구한 2차 도함수는 식 (3.3)과 같다.

$$f''(x) = \frac{d^2 f}{dx^2} = f'(x) - f'(x-1)$$
$$= (f(x+1) - f(x)) - (f(x) - f(x-1))$$
$$= f(x+1) + f(x-1) - 2f(x)$$

(3.3)

이에 해당하는 마스크 = | 1 | -2 | 1 |

[그림 3-3(c)]는 영상 *f*를 한 번 미분한 1차 도함수이고, [그림 3-3(d)]는 1차 도함수를 한 번 더 미분한 2차 도함수이다. 먼저 1차 미분을 살펴보면 계단 에지에서 봉우리$^{peak}$가 나타난다. 봉우리의 두께가 1이므로 에지 위치를 찾는 일은 매우 쉽다. 실제 영상에서 이와 같은 이상적인 계단 에지만 나타난다면, 에지 검출 문제는 풀렸다고 보고 여기서 마무리해도 된다.

하지만 실제 세계는 그리 단순하지 않다. 카메라로 영상을 획득할 때 완벽하게 초점을 맞추기 불가능하기 때문에 실제 영상에서는 주로 램프 에지가 나타난다. 게다가 곡면을 가진 물체는 경계 부분에서 명암이 서서히 변하므로 물체 자체가 그런 성질을 안고 있다. [그림 3-3]을 다시 살펴보자. 램프 에지에서는 봉우리(값이 줄어드는 램프이므로 음수 봉우리)가 7부터 10에 걸쳐있어 두께가 4이다. 에지의 정확한 위치를 찾는 일을 위치 찾기$^{localization}$라 하는데, 위치 찾기 문제가 어려워졌다.

이제 [그림 3-3(d)]의 2차 미분 결과에 대해 생각해 보자. 계단 에지의 두께가 2가 되는데, 4는 −4로 바뀌어 그 사이에 영교차$^{zero\ crossing}$가 나타난다. 램프 에지에서는 에지가 시작하는 위치 7

에서 −1이 나타나고 끝나는 위치 10에서 1이 나타나 그 사이에 영교차가 발생한다. 이러한 관찰을 토대로 기본 원리를 정리하면, 1차 미분에서는 봉우리를 찾고 2차 미분에서는 영교차를 찾으면 된다. 그리고 에지가 넓은 지역에 걸쳐 발생하므로 정확한 위치를 지정하는 위치 찾기 방법이 추가로 필요하다. [그림 3-4]는 램프 에지에 대해 이러한 원리를 알기 쉽게 설명한다.

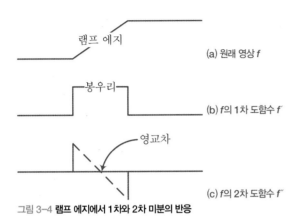

**그림 3-4 램프 에지에서 1차와 2차 미분의 반응**

에지 검출에서 고려해야 할 또 다른 문제가 있다. 바로 불완전한 광학 때문에 발생하는 잡음이다. 예를 들어, 실제 세계에 명암이 70 차이가 나는 두 물체가 이웃해 있을 때 이상적으로는 [… 100 100 100 100 170 170 170 170 …]이 나타나겠지만, 실제 세계에서는 [… 98 97 101 102 168 170 169 173 …]과 같이 나타난다. 에지 연산자를 적용하기 전에 이러한 잡음을 누그러뜨리는 과정은 매우 중요하다. 2.4.2절에서 공부한 스무딩 연산을 적용하면 어렵지 않게 해결할 수 있다. 그런데 스무딩은 크기가 3×3 이상의 연산자를 사용하므로 식 (3.2)의 1×2 크기의 에지 연산자는 너무 작다.

조금 더 큰 연산자를 생각해 보자. 식 (3.4)는 $\Delta x=2$인 미분 연산자이다. 미분 이론에 따르면 $\Delta x$는 0에 가까워야 하므로 식 (3.2)가 더 적당한데, 실질적으로는 그렇지 않다. 디지털 영상은 잡음을 포함할 뿐 아니라 앞에서 살펴본 바와 같이 계단 에지가 아닌 램프 에지가 나타나기 때문이다. 또한 식 (3.4)의 1×3 크기의 마스크는 중앙 화소를 중심으로 대칭이라는 장점을 가진다. 식에 따르면 마스크는 $-\frac{1}{2}$과 $\frac{1}{2}$을 가져야 하지만 상대적인 크기가 중요하므로 편의상 −1과 1로 한다.

$$f'(x) = \frac{df}{dx} = \frac{f(x+1) - f(x-1)}{2} \tag{3.4}$$

이에 해당하는 마스크 = | -1 | 0 | 1 |

이제 2차원 영상으로 확장할 때가 되었다. 지금부터 변수가 하나인 1차원 함수 $f(x)$가 아니라 두 개의 변수를 가진 2차원 함수 $f(y,x)$에서 미분을 생각해야 한다. 2차원 영상 $f(y,x)$에서는 $y$방향의 편도함수 $\frac{\partial f}{\partial y}$와 $x$방향의 편도함수 $\frac{\partial f}{\partial x}$를 구한다. 이 둘은 그레이디언트 벡터<sup>gradient vector</sup> $\nabla f = \left(\frac{\partial f}{\partial y}, \frac{\partial f}{\partial x}\right)$를 형성하며 줄여서 그레이디언트라고 부른다. 식 (3.5)는 식 (3.4)를 2차원으로 확장한 것으로 그레이디언트를 계산하기 위한 식과 그에 해당하는 마스크를 보여준다. 이제 $y$방향의 $3 \times 1$ 크기의 에지 마스크 $m_y$와 $x$방향의 $1 \times 3$ 크기의 에지 마스크 $m_x$를 확보하였다.

$$\nabla f(y,x) = \left(\frac{\partial f}{\partial y}, \frac{\partial f}{\partial x}\right) = (d_y, d_x) = (f(y+1,x) - f(y-1,x), f(y,x+1) - f(y,x-1)) \quad (3.5)$$

이에 해당하는 마스크 : $m_y = \boxed{\begin{matrix} -1 \\ 0 \\ 1 \end{matrix}}$, $m_x = \boxed{\begin{matrix} -1 & 0 & 1 \end{matrix}}$

앞서 말했듯이 식 (3.5)는 이론상 합리적으로 보이지만 실제로는 잡음에 대처하지 못하는 약점을 안고 있다. 따라서 마스크를 $d \times d$ 크기의 정방형으로 확장해 연산자 자체가 스무딩 효과를 지니도록 설계한다. [그림 3-5]는 잘 알려진 세 종류의 연산자를 보여준다.

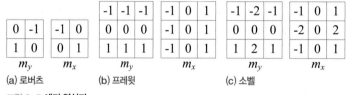

(a) 로버츠    (b) 프레윗    (c) 소벨

그림 3-5 **에지 연산자**

로버츠 연산자는 $2 \times 2$이고 프레윗과 소벨은 $3 \times 3$이다. 로버츠 연산자<sup>Roberts operator</sup>는 대칭이 아닐 뿐만 아니라 너무 작아 잘 사용하지 않는다. 단지 역사적인 의미로 자주 등장한다 [Roberts65]. 프레윗 연산자<sup>Prewitt operator</sup>를 살펴보면 $x$방향의 미분값을 계산하는데 해당 행만 보는 것이 아니라 그 아래와 윗 행까지 같이 고려한다. 즉, 스무딩 효과가 내포되어 있다 [Prewitt70]. 소벨 연산자<sup>Sobel operator</sup>는 가까운 화소에 더 큰 가중치를 준다. 이들 중 소벨이 가장 널리 사용된다[Sobel70].[1]

---

1 로버츠, 프레윗, 소벨 세 사람은 컴퓨터 비전 교과서에 가장 많이 등장하는 편이다. 하지만 그들은 에지 연산자에 관한 논문 외에는 별다른 연구 성과가 없다. 어느 분야든지 태동할 때 뛰어들면 이름을 남기기 쉽다는 사실을 일깨우는 좋은 사례이다.

## 3. 에지 강도와 에지 방향

그레이디언트는 벡터이므로 에지 강도edge magnitude(edge strength)와 에지 방향edge direction을 구할 수 있다. 식 (3.6)은 그레이디언트 $\nabla f$에서 에지 강도 $S(y,x)$와 그레이디언트 방향 $D(y,x)$를 계산하는 방법을 설명한다. 에지 강도는 화소 $(y,x)$가 에지일 가능성 또는 신뢰도confidence를 나타내는 값이다.

$$\text{그레이디언트}: \nabla f = \left(\frac{\partial f}{\partial y}, \frac{\partial f}{\partial x}\right) = (d_y, d_x)$$
$$\text{에지 강도}: S(y,x) = \text{magnitude}(\nabla f) = \sqrt{d_y^2 + d_x^2} \qquad (3.6)$$
$$\text{그레이디언트 방향}: D(y,x) = \arctan\left(\frac{d_y}{d_x}\right)$$

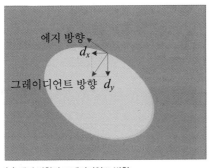

(a) 에지 방향과 그레이디언트 방향          (b) 에지 방향의 양자화

**그림 3-6 에지 방향과 8-방향 양자화**

에지 방향은 그레이디언트 방향에 수직이다. [그림 3-6(a)]는 이러한 관계를 설명한다. 이 그림은 어두운 배경에 밝은 물체가 놓여 있다고 가정한다. 그림에 표시된 경계선 상의 한 점을 살펴보자. 이 점에 [그림 3-5]의 마스크 $m_x$를 적용하면 음수가 되어 $d_x$는 왼쪽을 가리키고, $d_y$는 양수가 되어 아래쪽을 가리킨다. $d_x$와 $d_y$에 따라 그레이디언트 방향이 정해지고, 그에 수직을 이루도록 에지 방향이 결정된다. 여기서 에지 방향은 그 방향을 바라보고 섰을 때 왼쪽은 밝고 오른쪽은 어두운 것으로 정하기로 하자. 프로그래밍할 때 일관성만 유지한다면 반대로 정해도 된다. 이렇게 구한 에지 방향은 $[0, 360°]$ 범위를 갖는데, 이 범위는 보통 8-방향으로 양자화된다. [그림 3-6(b)]는 양자화 과정을 설명한다. 그럼, 소벨 연산자로 에지를 검출하는 [예제 3-1]을 통해 앞에서 다룬 기법을 확실히 이해하기로 하자.

[그림 3-7]의 작은 예제 영상에 소벨 에지 연산자를 적용한다. (5,3)위치에 있는 화소에 대해서 앞에서 다룬 그레이디언트, 에지 강도, 에지 방향을 계산해 보자.

|   | 0 | 1 | 2 | 3 | 4 | 5 | 6 | 7 |
|---|---|---|---|---|---|---|---|---|
| 0 | 0 | 0 | 0 | 0 | 0 | 0 | 0 | 0 |
| 1 | 0 | 1 | 1 | 0 | 0 | 0 | 1 | 0 |
| 2 | 0 | 1 | 2 | 0 | 0 | 0 | 1 | 0 |
| 3 | 0 | 1 | 3 | 1 | 0 | 0 | 2 | 0 |
| 4 | 0 | 1 | 3 | 1 | 0 | 0 | 2 | 0 |
| 5 | 0 | 1 | 2 | 3 | 4 | 4 | 3 | 0 |
| 6 | 0 | 0 | 0 | 0 | 1 | 3 | 1 | 0 |
| 7 | 0 | 0 | 0 | 0 | 0 | 0 | 0 | 0 |

$d_y = (0 \times 1 + 0 \times 2 + 1 \times 1) + (3 \times (-1) + 1 \times (-2) + 0 \times (-1)) = -4$

$d_x = (0 \times 1 + 4 \times 2 + 1 \times 1) + (3 \times (-1) + 2 \times (-2) + 0 \times (-1)) = 2$

$S(5,3) = ((-4)^2 + 2^2)^{\frac{1}{2}} = 4.47$

$D(5,3) = \arctan(-\frac{4}{2}) = -63.4°$

→ $d_y$와 $d_x$
→ 그레이디언트 방향
→ 에지 방향

그림 3-7 소벨 에지 검출 예

그레이디언트는 $\nabla f = (d_y, d_x) = (-4, 2)$이다. 식 (3.6)을 적용하면 에지 강도는 4.47이고, 그레이디언트 방향은 −63.4°이다. 에지 방향은 그레이디언트 방향에 수직이므로 26.6°이다. 에지 방향을 [그림 3-6(b)]에 따라 양자화하면 1이 된다.

[그림 3-8]은 명암 영상에서 구한 에지와 관련된 여러 가지 맵을 보여준다. 에지 강도 맵을 보면 사람과 배경의 경계는 심한 명암 변화 때문에 강한 에지가 나타나고, 사람 내부는 약한 에지가 분포하는 것을 알 수 있다. 또한 $d_y$는 수직 방향의 명암 변화에 반응하고, $d_x$는 수평 방향으로 반응함을 확인할 수 있다.

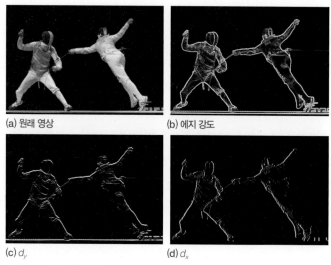

(a) 원래 영상

(b) 에지 강도

(c) $d_y$

(d) $d_x$

그림 3-8 에지 검출과 관련된 맵

# 2

# 영교차 이론

앞 절에서 소개한 [그림 3-5]의 에지 연산자는 1960년대와 1970년대 초반에 개발되었다. 당시에는 이들 중 소벨 마스크가 주로 사용되었다. 그런 상황에서 1980년에 Marr[2]와 Hildreth가 발표한 논문은 에지 검출에 새로운 물줄기를 만들었다[Marr80]. 그들이 어떤 방법을 제안했는지 살펴보자.

## 1. 가우시안과 다중 스케일 효과

이들은 1차 미분 대신 2차 미분을 사용하였는데, 미분을 적용하기 전에 가우시안으로 스무딩을 하는 전처리 과정을 중요하게 생각하였다. 가우시안 스무딩은 두 가지 효과를 제공한다. 첫 번째는 잡음에 대처하는 것인데, 앞 절에서도 언급했듯이 미분은 잡음을 증폭하므로 스무딩은 매우 중요하다. 특히 2차 미분은 미분을 두 번 수행하므로 잡음 증폭이 더욱 심하다. [그림 3-9]는 명암 5를 갖는 균일한 영역에 9라는 소금, 1이라는 후추가 섞인 솔트페퍼 잡음을 보여준다. 두 번째와 세 번째 줄은 1차 미분과 2차 미분을 거치면서 잡음이 증폭되는 현상을 보여준다. 2차 미분을 살펴보면 잡음의 값뿐 아니라 폭도 넓어졌음을 알 수 있다.

---

2   컴퓨터 비전 분야의 가장 권위 있는 Marr 상은 이 사람의 공적을 기려서 만든 것이다.

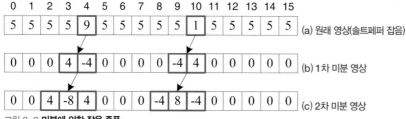

|   | 0 | 1 | 2 | 3 | 4 | 5 | 6 | 7 | 8 | 9 | 10 | 11 | 12 | 13 | 14 | 15 |
|---|---|---|---|---|---|---|---|---|---|---|----|----|----|----|----|----|
| (a) 원래 영상(솔트페퍼 잡음) | 5 | 5 | 5 | 5 | 9 | 5 | 5 | 5 | 5 | 5 | 1 | 5 | 5 | 5 | 5 | 5 |
| (b) 1차 미분 영상 | 0 | 0 | 0 | 4 | -4 | 0 | 0 | 0 | 0 | -4 | 4 | 0 | 0 | 0 | 0 | 0 |
| (c) 2차 미분 영상 | 0 | 0 | 4 | -8 | 4 | 0 | 0 | 0 | -4 | 8 | -4 | 0 | 0 | 0 | 0 | 0 |

**그림 3-9 미분에 의한 잡음 증폭**

가우시안을 사용하는 두 번째 이유는 가우시안의 매개변수 $\sigma$를 조절해 다중 스케일multi-scale 효과를 얻는 데 있다. [그림 3-10]은 어두운 배경에 폭이 2, 4, 8인 물체가 놓인 아주 간단한 1차원 영상이다.

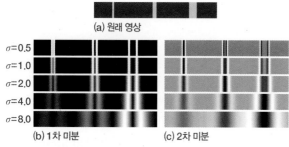

**그림 3-10 다중 스케일 에지 효과**

$\sigma$=0.5일 때 1차 미분과 2차 미분 결과를 살펴보면, 물체의 크기에 상관없이 1차 미분에서 봉우리와 2차 미분에서 영교차가 선명하게 나타난다. 하지만 $\sigma$가 커짐에 따라 폭이 작은 물체의 에지는 약해짐을 알 수 있다. 이러한 관찰을 통해 알 수 있는 사실은 가우시안의 $\sigma$를 조절해 스무딩 정도를 조절할 수 있고, 스무딩 정도는 에지 스케일을 정해준다는 것이다. 즉, $\sigma$를 크게 하면 영상 디테일이 사라져 큰 물체의 에지만 추출되고 반대로 작게 하면 물체의 디테일에 해당하는 에지까지 추출할 수 있다. 이것이 Marr의 핵심 발상이다.

방금 가우시안을 사용하였고, 2장의 [그림 2-24]도 가우시안을 사용하여 스무딩을 처리했다. 가우시안은 4장에서 스케일에 불변한 지역 특징을 검출하는 데도 매우 중요한 역할을 한다. 이와 같이 가우시안은 컴퓨터 비전과 영상 처리에서 가장 많이 사용하는 필터이다. 이제 가우시안에 대해 구체적으로 공부할 때가 되었다. 이론 전개를 단순하게 하기 위해 식 (3.7)의 1차원 가우시안 함수를 생각해 보자. [그림 3-11(a)]는 표준편차standard deviation를 뜻하는 $\sigma$를 0.5, 1.0, 2.0, 5.0으로 변화시키며 그래프를 그린 것이다. $\sigma$가 클수록 좌우로 넓게 퍼지며 봉우리는 낮아진다는 사실을 확인할 수 있다. 즉, $\sigma$가 클수록 가우시안의 영향력 범위는 넓다. [그림 3-11(b)]는 $\sigma=2.0$인 가우시안의 1차 미분과 2차 미분을 보여주는데, 이들 도함수도 $\sigma$가 클수록 영향력 범위가 넓다. Marr의 다중 스케일 에지 검출 알고리즘은 바로 이러한 성질을 이용한다.

$$G(x) = \frac{1}{\sqrt{2\pi}\,\sigma} e^{-\frac{x^2}{2\sigma^2}} \tag{3.7}$$

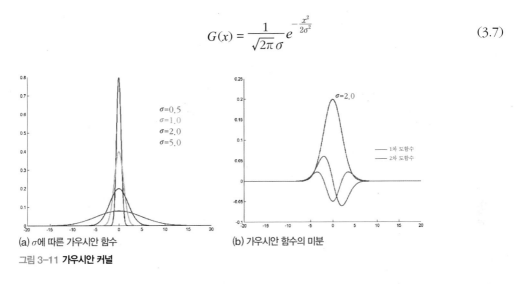

(a) $\sigma$에 따른 가우시안 함수 　　　　　(b) 가우시안 함수의 미분

그림 3-11 **가우시안 커널**

지금까지는 연속 함수로서 가우시안을 공부하였는데, 이산 공간에서는 어떻게 구현할지 생각해 보자. 식 (3.7)은 $x$가 0인 점(중앙)에서 멀어지면 $G(.)$는 점점 작아지고, $x$의 크기가 크면 0에 아주 가까워진다. 따라서 샘플링할 때 적절한 크기의 마스크를 사용하면 된다. 예를 들어 $\sigma=2.0$인 경우, 눈대중으로 짐작할 때 $x=\pm6$ 바깥쪽은 0에 가까우므로 크기가 13 정도인 마스크를 만들어 적용한다. 이것보다 작은 마스크는 오차가 커서 영상 처리의 품질이 떨어지고, 크면 시간 효율만 나빠지고 크게 얻는 것이 없다. 대략적인 규칙은 $6\sigma$와 같거나 큰 정수 중에 가장 작은 홀수를 마스크 크기로 취하는 것이다.

이제 2차원으로 확장해 보자. 식 (3.8)은 2차원 가우시안 함수이고, [그림 3-12]는 $\sigma=2.0$인 경우를 보여준다. 이 함수를 샘플링하여 가우시안 마스크를 만들 때, 1차원과 마찬가지 규칙을 적용한다. 예를 들어, $\sigma=1.0$인 경우는 $6\sigma=6$이므로 6보다 큰 정수 중에 가장 작은 홀수인 7을 적용해 $7\times7$ 마스크를 사용한다.[3]

---

3　가우시안 마스크를 구현하는 더 효과적인 방법이 있다. 관심 있는 독자는 [Lindeberg90]을 참고하기 바란다.

$$G(y,x) = \frac{1}{2\pi\sigma^2} e^{-\frac{y^2+x^2}{2\sigma^2}} \qquad (3.8)$$

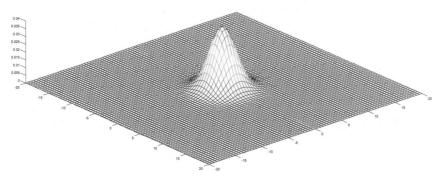

그림 3-12 **2차원 가우시안 함수($\sigma$=2.0)**

## 2. LOG 필터

지금까지 공부한 내용을 사용해 Marr의 에지 검출 과정을 정리하면 [알고리즘 3-1]과 같다.

---

**알고리즘 3-1 Marr–Hildreth 에지 검출**

**입력** : 영상 $f(j,i)$, $0 \le j \le M-1$, $0 \le i \le N-1$, 가우시안의 표준편차 $\sigma$
**출력** : 에지 영상 $b(j,i)$, $0 \le j \le M-1$, $0 \le i \le N-1$    // 에지는 1, 비에지는 0인 이진 영상

1 　 $\sigma$ 크기의 가우시안으로 입력 영상 $f$를 스무딩한다.
2 　 결과 영상에 라플라시안 연산자를 적용하여 2차 미분을 구한다.
3 　 결과 영상에서 영교차를 찾아 에지로 설정하고, 나머지는 비에지로 설정한다.

---

이 알고리즘에서 아직 설명이 안된 부분은 2행의 라플라시안$^{Laplacian}$이다. 어떤 함수 $f(y,x)$의 라플라시안 $\nabla^2 f$는 $y$와 $x$의 2차 편도함수 $\frac{\partial^2 f}{\partial y^2}$와 $\frac{\partial^2 f}{\partial x^2}$를 더한 것으로 식 (3.9)와 같이 정의할 수 있다.

$$\nabla^2 f(y,x) = \frac{\partial^2 f}{\partial y^2} + \frac{\partial^2 f}{\partial x^2} \qquad (3.9)$$

이산 공간에서 식 (3.9)의 라플라시안을 어떻게 계산할 것인가? 앞 절에서 공부한 것을 활용하면 쉽게 식을 유도할 수 있다. 1차원 공간에서 2차 미분 $\frac{\partial^2 f}{\partial x^2}$는 식 (3.3)이 보여준다. 이것을 2차원으로 확장하면 식 (3.10)이 된다.

$$\nabla^2 f(y,x) = \frac{\partial^2 f}{\partial y^2} + \frac{\partial^2 f}{\partial x^2}$$
$$= (f(y+1,x) + f(y-1,x) - 2f(y,x)) + (f(y,x+1) + f(y,x-1) - 2f(y,x))$$
$$= f(y+1,x) + f(y-1,x) + f(y,x+1) + f(y,x-1) - 4f(y,x) \qquad (3.10)$$

이에 해당하는 필터 : $L =$

| 0 | 1 | 0 |
|---|---|---|
| 1 | -4 | 1 |
| 0 | 1 | 0 |

## LOG 필터의 설계

이제 [알고리즘 3–1]이 완성되었다(3행의 영교차를 구하는 과정은 뒤에서 설명한다). 하지만 한 가지 짚고 넘어갈 것이 있다. [알고리즘 3–1]은 1행에서 가우시안을 이산 필터로 근사화하여 적용한 후, 2행에서 라플라시안을 이산 필터로 근사화하여 적용한다. 즉, 두 번에 걸쳐 오차를 감수하는 근사화를 수행하는 셈이다. 게다가 컨볼루션도 두 번 실행하기 때문에 계산 효율도 낮다. 그렇다면 이 두 과정을 한 번에 수행하는 방법이 있을까? 만일 가우시안과 라플라시안의 연속 함수를 하나로 합칠 수 있다면 많은 것을 얻을 것이다.

[알고리즘 3–1]의 1~2행을 식 (3.11)과 같이 쓸 수 있다. 입력 영상 $f$를 가우시안으로 컨볼루션한 후, 라플라시안을 취한다. 이 식을 잘 살펴보면, 컨볼루션과 라플라시안 연산 간 결합법칙이 성립하므로 $G$에 라플라시안을 취한 후 그 결과를 $f$와 컨볼루션하는 것과 같다. 이 식에서 가우시안에 라플라시안을 적용한 $\nabla^2 G$를 LOG$^{\text{Laplacian of Gaussian}}$ 연산자 또는 LOG 필터라 부른다.

$$\text{LOG}(y,x) = \nabla^2(G(y,x) \circledast f(y,x)) = (\nabla^2 G(y,x)) \circledast f(y,x) \qquad (3.11)$$

이제 [알고리즘 3–1]의 1행과 2행을 LOG 필터를 이용하여 하나의 행으로 쓸 수 있다. [알고리즘 3–2]는 LOG를 사용하는 새로운 버전이다. 이 버전은 좀더 간편하게 구현할 수 있을 뿐 아니라 계산의 효율 면에서도 크게 도움이 된다.

---

**알고리즘 3–2 Marr–Hildreth 에지 검출(LOG 필터 사용)**

**입력 :** 영상 $f(j,i)$, $0 \le j \le M-1$, $0 \le i \le N-1$, 가우시안의 표준편차 $\sigma$
**출력 :** 에지 영상 $b(j,i)$, $0 \le j \le M-1$, $0 \le i \le N-1$  // 에지는 1, 비에지는 0인 이진 영상

| 1 | $\sigma$ 크기의 LOG 필터를 입력 영상 $f$에 적용한다. |
|---|---|
| 2 | 결과 영상에서 영교차를 찾아 에지로 설정하고, 나머지는 비에지로 설정한다. |

1행이 사용할 LOG 필터를 설계하기 위해 식 (3.11)을 전개해 보자. 다음은 LOG 함수의 유도 과정이다. 결국 식 (3.12)를 얻었는데, 가우시안 $G(y,x)$에 계수 $\frac{y^2+x^2-2\sigma^2}{\sigma^4}$을 곱한 꼴이 되었다.

$$\nabla^2 G(y,x) = \frac{\partial^2 G(y,x)}{\partial y^2} + \frac{\partial^2 G(y,x)}{\partial x^2} = \frac{\partial}{\partial y}\left(\frac{\partial G(y,x)}{\partial y}\right) + \frac{\partial}{\partial x}\left(\frac{\partial G(y,x)}{\partial x}\right)$$

$$= \frac{\partial}{\partial y}\left(-\left(\frac{y}{\sigma^2}\right)\frac{1}{2\pi\sigma^2}e^{-\frac{y^2+x^2}{2\sigma^2}}\right) + \frac{\partial}{\partial x}\left(-\left(\frac{x}{\sigma^2}\right)\frac{1}{2\pi\sigma^2}e^{-\frac{y^2+x^2}{2\sigma^2}}\right)$$

$$= \left(\frac{y^2}{\sigma^4}-\frac{1}{\sigma^2}\right)\frac{1}{2\pi\sigma^2}e^{-\frac{y^2+x^2}{2\sigma^2}} + \left(\frac{x^2}{\sigma^4}-\frac{1}{\sigma^2}\right)\frac{1}{2\pi\sigma^2}e^{-\frac{y^2+x^2}{2\sigma^2}}$$

$$= \left(\frac{y^2+x^2-2\sigma^2}{\sigma^4}\right)G(y,x)$$

$$\nabla^2 G(y,x) = \left(\frac{y^2+x^2-2\sigma^2}{\sigma^4}\right)G(y,x) \tag{3.12}$$

식 (3.12)의 LOG 함수는 [그림 3-13]에서 보는 바와 같이 아름다운 모양을 지녔다. 수학적으로도 특성이 매우 좋다. 중앙에 깊은 웅덩이가 있고, 그 주위를 완만한 봉우리가 둘러싸는 모양이다. 이러한 모양 때문에 함수 자체에도 영교차가 나타난다. 맞은 편에 있는 두 영교차 점 사이의 거리는 $\sqrt{2}\,\sigma$이다. LOG 함수는 방향과 무관한 등방성isotropic 성질을 가진다. 즉, 등고선을 그려보면 중앙점을 중심으로 동심원이 형성된다. 사람의 시각도 비슷한 성질을 가진다는 것이 증명되었다. 이런 이유로 LOG 에지 필터는 앞 절의 에지 연산자에 비해 사람 시각에 더 가깝다고 알려져 있다. 멕시코 모자Mexican hat라는 별명으로 불리기도 하는데, 우리는 밀짚모자라 불러도 좋을 듯 싶다.

이제 이 함수를 이산 공간에서 근사화해 보자. LOG 함수는 중앙에서 멀어지면 0에 가까워지므로, 가우시안처럼 $6\sigma$와 같거나 그것보다 큰 정수 중에 가장 작은 홀수를 필터의 크기로 취하면 된다. [그림 3-13]은 $\sigma$에 따른 LOG 필터를 보여준다. $\sigma=0.5$는 $3\times3$, $\sigma=1.0$은 $7\times7$, $\sigma=2.0$은 $13\times13$ 크기의 필터를 가진다. $\sigma=5.0$은 $31\times31$의 아주 큰 필터를 가지는데, 숫자 대신 그래프로 표현하였다.

|  |  |  |  |  |  |  |
|---|---|---|---|---|---|---|
| 0.0005 | 0.0028 | 0.0088 | 0.0125 | 0.0088 | 0.0028 | 0.0005 |
| 0.0028 | 0.0177 | 0.0394 | 0.0433 | 0.0394 | 0.0177 | 0.0028 |
| 0.0088 | 0.0394 | 0.0002 | -0.0964 | 0.0002 | 0.0394 | 0.0088 |
| 0.0125 | 0.0433 | -0.0964 | -0.3183 | -0.0964 | 0.0433 | 0.0125 |
| 0.0088 | 0.0394 | 0.0002 | -0.0964 | 0.0002 | 0.0394 | 0.0088 |
| 0.0028 | 0.0177 | 0.0394 | 0.0433 | 0.0394 | 0.0177 | 0.0028 |
| 0.0005 | 0.0028 | 0.0088 | 0.0125 | 0.0088 | 0.0028 | 0.0005 |

| | | |
|---|---|---|
| 0.4038 | 0.8021 | 0.4038 |
| 0.8021 | -4.8233 | 0.8021 |
| 0.4038 | 0.8021 | 0.4038 |

(a) $\sigma=0.5$      (b) $\sigma=1.0$

| | | | | | | | | | | | | |
|---|---|---|---|---|---|---|---|---|---|---|---|---|
| 0.0001 | 0.0001 | 0.0002 | 0.0004 | 0.0006 | 0.0007 | 0.0008 | 0.0007 | 0.0006 | 0.0004 | 0.0002 | 0.0001 | 0.0001 |
| 0.0001 | 0.0002 | 0.0005 | 0.0010 | 0.0014 | 0.0018 | 0.0019 | 0.0018 | 0.0014 | 0.0010 | 0.0005 | 0.0002 | 0.0001 |
| 0.0002 | 0.0005 | 0.0011 | 0.0019 | 0.0025 | 0.0027 | 0.0027 | 0.0027 | 0.0025 | 0.0019 | 0.0011 | 0.0005 | 0.0002 |
| 0.0004 | 0.0010 | 0.0019 | 0.0027 | 0.0025 | 0.0015 | 0.0008 | 0.0015 | 0.0025 | 0.0027 | 0.0019 | 0.0010 | 0.0004 |
| 0.0006 | 0.0014 | 0.0025 | 0.0025 | 0.0000 | -0.0040 | -0.0060 | -0.0040 | 0.0000 | 0.0025 | 0.0025 | 0.0014 | 0.0006 |
| 0.0007 | 0.0018 | 0.0027 | 0.0015 | -0.0040 | -0.0116 | -0.0154 | -0.0116 | -0.0040 | 0.0015 | 0.0027 | 0.0018 | 0.0007 |
| 0.0008 | 0.0019 | 0.0027 | 0.0008 | -0.0060 | -0.0154 | -0.0199 | -0.0154 | -0.0060 | 0.0008 | 0.0027 | 0.0019 | 0.0008 |
| 0.0007 | 0.0018 | 0.0027 | 0.0015 | -0.0040 | -0.0116 | -0.0154 | -0.0116 | -0.0040 | 0.0015 | 0.0027 | 0.0018 | 0.0007 |
| 0.0006 | 0.0014 | 0.0025 | 0.0025 | 0.0000 | -0.0040 | -0.0060 | -0.0040 | 0.0000 | 0.0025 | 0.0025 | 0.0014 | 0.0006 |
| 0.0004 | 0.0010 | 0.0019 | 0.0027 | 0.0025 | 0.0015 | 0.0008 | 0.0015 | 0.0025 | 0.0027 | 0.0019 | 0.0010 | 0.0004 |
| 0.0002 | 0.0005 | 0.0011 | 0.0019 | 0.0025 | 0.0027 | 0.0027 | 0.0027 | 0.0025 | 0.0019 | 0.0011 | 0.0005 | 0.0002 |
| 0.0001 | 0.0002 | 0.0005 | 0.0010 | 0.0014 | 0.0018 | 0.0019 | 0.0018 | 0.0014 | 0.0010 | 0.0005 | 0.0002 | 0.0001 |
| 0.0001 | 0.0001 | 0.0002 | 0.0004 | 0.0006 | 0.0007 | 0.0008 | 0.0007 | 0.0006 | 0.0004 | 0.0002 | 0.0001 | 0.0001 |

(c) $\sigma=2.0$

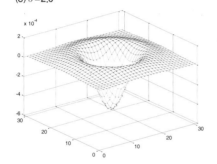

(d) $\sigma=5.0$

그림 3-13 LOG 필터

## 영교차 검출

지금까지 미루어둔 [알고리즘 3-2]의 2행에 있는 영교차 점을 검출하는 일을 살펴보자. 1행의 결과 영상을 $g$라 부르면, 이론적으로는 $g(j,i)=0$인 화소 중에서 마주보는 이웃이 서로 다른 부호를 가진 것을 영교차 점으로 보고 $b(j,i)=1$로 설정하면 그만이다. 하지만 연속 공간을 이산 공간으로 근사화했을 뿐 아니라 잡음의 영향으로 이런 이상적인 규칙을 적용하면 좋은 품질을 기대할 수 없다. 따라서 영교차 여부를 판단할 현재 화소 $(j,i)$에 다음과 같은 현실적인 규칙을 사용해야 한다.

1. 여덟 개의 이웃 중에 마주보는 동-서, 남-북, 북동-남서, 북서-남동의 화소 쌍 네 개를 조사한다. 그들 중 두 개 이상이 서로 다른 부호를 가진다.
2. 부호가 다른 쌍의 값 차이가 임계값을 넘는다.

[예제 3-2]에서 [알고리즘 3-2]의 동작을 자세히 파악해 보자.

**Marr-Hildreth 에지 검출 알고리즘**

[그림 3-14(a)]는 간단한 8×8 영상과 여기에 $\sigma=0.5$의 3×3 크기의 LOG 연산자([그림 3-13])를 적용하여 얻은 영상 $g$이다. 동그라미로 표시된 (6,3)에 있는 화소의 영교차 여부를 따져보자. 마주보는 네 개의 이웃 쌍 중에 남-북과 북서-남동의 두 개 쌍의 부호가 다르다. 이들을 구성하는 화소의 값 차이는 각각 7.6442와 5.2379이다. 만일 임계값 $T=1.0$으로 설정했다면 둘 다 $T$를 넘으므로 이 화소는 영교차 점이 된다. [그림 3-14(b)]는 $T=1.0$으로 구한 에지 영상 $b$이다.

| 0 | 0 | 0 | 0 | 0 | 0 | 0 | 0 |
|---|---|---|---|---|---|---|---|
| 0 | 1 | 1 | 0 | 0 | 0 | 1 | 0 |
| 0 | 1 | 2 | 0 | 0 | 0 | 1 | 0 |
| 0 | 1 | 3 | 1 | 0 | 0 | 2 | 0 |
| 0 | 1 | 3 | 1 | 0 | 0 | 2 | 0 |
| 0 | 1 | 2 | 3 | 4 | 4 | 3 | 0 |
| 0 | 0 | 0 | 0 | 1 | 3 | 1 | 0 |
| 0 | 0 | 0 | 0 | 0 | 0 | 0 | 0 |

| 0.4038 | 1.2058 | 1.2058 | 0.4038 | 0 | 0.4038 | 0.8021 | 0.4038 |
|---|---|---|---|---|---|---|---|
| 1.2058 | -2.4116 | -2.0133 | 1.6096 | 0 | 1.2058 | -4.0212 | 1.2058 |
| 1.6096 | -0.0000 | -4.4250 | 4.0212 | 0.4038 | 2.0133 | -2.4171 | 2.0133 |
| 1.6096 | 1.2058 | -7.6441 | 0.4038 | 1.2058 | 2.8154 | -7.2404 | 2.8154 |
| 1.6096 | 1.2058 | -6.4328 | 4.4250 | 7.2404 | 8.4462 | -4.0212 | 3.6229 |
| 1.2058 | -1.2058 | -3.2246 | -7.2404 | -11.2616 | -9.6574 | -7.6441 | 3.6175 |
| 0.4038 | 1.6096 | 3.2191 | 5.6308 | 3.6175 | -6.8311 | 1.6041 | 2.0133 |
| 0 | 0 | 0 | 0.4038 | 2.0133 | 3.2137 | 2.0133 | 0.4038 |

(a) 원래 영상과 LOG 필터를 적용한 영상 $g$

| 0 | 0 | 0 | 0 | 0 | 0 | 0 | 0 |
|---|---|---|---|---|---|---|---|
| 0 | 1 | 1 | 0 | 0 | 0 | 0 | 0 |
| 0 | 1 | 1 | 1 | 0 | 1 | 0 | 0 |
| 0 | 1 | 0 | 1 | 0 | 1 | 0 | 0 |
| 0 | 1 | 1 | 1 | 1 | 1 | 0 | 0 |
| 0 | 1 | 0 | 0 | 0 | 1 | 1 | 0 |
| 0 | 0 | 0 | 1 | 1 | 1 | 1 | 0 |
| 0 | 0 | 0 | 0 | 0 | 0 | 0 | 0 |

(b) 영교차 검출($T=1.0$)

그림 3-14 **LOG 영상과 영교차 영상**

[그림 3-15]는 $\sigma=2.0$, 4.0, 8.0의 LOG 필터를 같은 영상에 적용한 결과이다. 왼쪽 열에 있는 영상은 LOG를 적용하여 얻은 영상 $g$의 최댓값에 0.05를 곱한 값을 임계값으로 사용하였고, 오른쪽 열은 0을 임계값으로 사용하였다. 예상했던 대로 $\sigma$가 작을 때에는 아주 세밀한 에지까지 검출된 반면, $\sigma$가 커지면 세밀한 부분은 점점 사라지고 큰 규모의 에지 구조만 남는다.

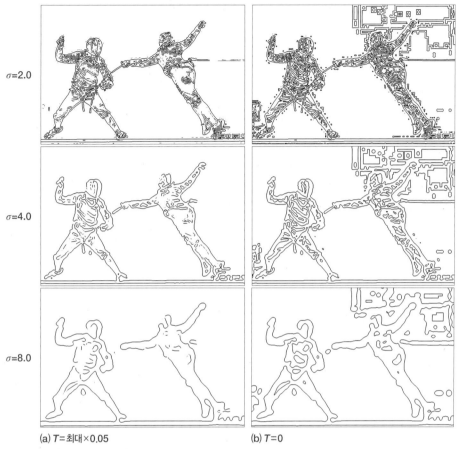

(a) *T*=최대×0.05　　　　　　　　　　(b) *T*=0

**그림 3-15 다중 스케일 에지 검출**

문제의식이 강한 독자는 [그림 3-14(a)]의 LOG 영상을 보고 어떤 유혹에 빠져들 수 있다. 동그라미를 친 화소에 집중하고 잠시 생각해 보자.

[그림 3-16]은 동그라미 표시를 한 화소를 확대한 것이다. [예제 3-2]에서 이 화소는 영교차로 판단되어 에지 화소가 되었다. 이때 에지의 위치는 정수 좌표로 (6,3)이다. 그런데 부호가 반대인 마주보는 화소 쌍(남-북과 북서-남동 쌍)과 해당 화소값을 살펴보면, 에지 위치는 화소의 중앙(O 표시)이 아니라 약간 북서쪽(×표시)으로 치우쳐야 합리적이다.

|     | 2    | 3     | 4     |
| --- | ---- | ----- | ----- |
| 5   | -3.2 | -7.2  | -11.2 |
| 6   | 3.2  | 5.6   | 3.6   |
| 7   | 0    | 0.4   | 2.0   |

그림 3-16 **부분 화소 정밀도**

이 아이디어를 구현하려면 화소를 가장 작은 단위로 보던 지금까지의 생각을 버리고 화소를 더 작은 단위로 쪼개는 발상이 필요하다. 이러한 아이디어를 부분 화소 정밀도subpixel accuracy라 부른다. 이 접근 방법은 에지 위치의 작은 차이가 큰 효과를 발휘하는 상황에 매우 유용하며, 주로 스테레오 비전이나 카메라 캘리브레이션 등에 활용된다. 관심 있는 독자는 [Huertas86]을 살펴보기 바란다.

# 3

# 캐니 에지

3.1절과 3.2절에서 공부한 알고리즘은 모두 '그럴듯해 보이는' 에지 연산자를 설계하여 사용하였다. 이런 상황에서 1986년에 캐니는 혁신적인 방법을 발표하였다[Canny86].[4] 이 방법을 사용하는 에지 검출 연산자를 보통 캐니 연산자라 부르는데, 현재 가장 널리 사용된다. 캐니의 발상이 혁신적인 이유는 기존의 휴리스틱한 접근 방식을 뛰어넘어, 에지 검출을 최적화 문제로 취급한 점이다. 그는 좋은 에지 알고리즘이 갖추어야 할 세 가지 기준을 제시하였다.

1. 최소 오류율 : 거짓 긍정과 거짓 부정이 최소여야 한다. 즉, 없는 에지가 생성되거나 있는 에지를 못 찾는 경우를 최소로 유지해야 한다.
2. 위치 정확도 : 검출된 에지는 실제 에지의 위치와 가급적 가까워야 한다.
3. 에지 두께 : 실제 에지에 해당하는 곳에는 한 두께의 에지만 생성해야 한다.

캐니는 기준에 부합하는 목적 함수를 만든 후, 이 함수를 최적화하는 연산자 설계를 시도하였다. 하지만 위 조건을 모두 만족하는 일반적인 연산자를 찾아내는 것은 불가능한 일이다. 따라서 1차원 계단 에지에 화이트 잡음이 첨가된 상황을 가정하고 최적화 작업을 하였다. 그 결과 가우시안에 1차 미분을 적용한 연산자가 최적임을 수학적으로 증명하였다. 하지만 1차원에서 도출한 결과를 2

---

4 Google Scholar에서 검색하면 이 논문의 피인용 횟수는 19,291회(2014년 6월 10일 기준)이다. 이것으로 이 논문이 컴퓨터 비전 분야에 끼친 영향을 가늠해볼 수 있다.

차원으로 확장하기 위해서는 그레이디언트 방향을 알아내어 그 방향으로 미분을 수행해야 하는데 그것을 모른다. 그는 이 과정을 [그림 3-5]와 같은 마스크를 이용하여 그레이디언트 방향을 구하는 것으로 근사화할 수 있고, 이때 발생하는 오류는 허용할 수 있는 범위에 있다는 사실을 증명하였다. 이렇게 구한 에지 영상은 에지가 두껍기 때문에 얇게 바꾸는 비최대 억제라는 단계를 추가한다. 마지막으로 거짓 긍정 에지를 제거하는 이력 임계값 단계를 적용한다. 이들을 가상 코드로 쓰면 [알고리즘 3-3]과 같다.

---

**알고리즘 3-3 캐니 에지 검출(스케치 버전)**

**입력** : 영상 $f(j,i)$, $0 \leq j \leq M-1$, $0 \leq i \leq N-1$, 가우시안의 표준편차 $\sigma$
**출력** : 에지 영상 $e(j,i)$, $0 \leq j \leq M-1$, $0 \leq i \leq N-1$  // 에지는 1, 비에지는 0인 이진 영상

| | |
|---|---|
| 1 | 입력 영상 $f$에 $\sigma$ 크기의 가우시안 스무딩을 적용한다. |
| 2 | 결과 영상에 소벨 연산자를 적용하여 에지 강도와 에지 방향 맵을 구한다. |
| 3 | 비최대 억제를 적용하여 얇은 두께 에지 맵을 만든다. |
| 4 | 이력 임계값을 적용하여 거짓 긍정을 제거한다. |

---

## 비최대 억제와 이력 임계값

3행의 비최대 억제non-maximum suppression는 새로 등장한 연산이라 설명이 필요하다. 이 연산은 자신의 이웃보다 크지 않은 화소를 억제한다. 여기에서 억제란 에지가 아닌 것으로 결정함을 뜻한다. [그림 3-17]은 에지 방향을 기준으로 두 이웃 화소를 보여준다. 예를 들어, 에지 방향이 1인 경우는 북동과 남서에 있는 두 화소가 이웃이다. 비최대 억제는 화소 $p$에 대해 두 이웃 화소를 조사하는데, $p$의 에지 강도가 두 이웃보다 크면 에지가 되고 그렇지 않으면 억제된다. 지역 최대점만 에지로 검출하므로 얇은 두께의 에지 영상을 생성한다.

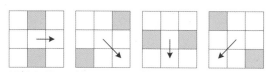

(a) 에지 방향=0  (b) 에지 방향=1  (c) 에지 방향=2  (d) 에지 방향=3
그림 3-17 **비최대 억제를 위한 두 이웃 화소(방향 4는 0, 5는 1, 6은 2, 7은 3과 같음)**

3행에서 생성된 에지 맵에는 거짓 긍정도 많이 포함된다. 거짓 긍정이란 실제로는 에지가 아닌데 어떤 이유에 의해 에지로 판정된 경우를 말한다. 4행은 이러한 문제를 다룬다. 가장 간단한 방법은 임계값 $T$를 설정해 놓고 에지 화소 $p$의 에지 강도 $S(p) \langle T$이면 그것을 거짓 긍정으로 보고 제

거하는 것이다. 이때 하나를 얻으면 다른 하나를 잃는 길항$^{tradeoff}$ 작용이 발생한다. $T$를 높게 설정하면 거짓 긍정은 제거를 잘하는 반면, 에지 강도가 낮은 진짜 에지를 제거하는 거짓 부정 문제가 야기된다. 반대로 $T$가 낮으면 거짓 긍정이 그대로 남는 문제가 발생한다. 이 방법은 각 화소를 독립적으로 취급한다. 이전 상태, 즉 이력을 보지 않는다.

캐니 알고리즘은 두 개의 임계값 $T_{low}$와 $T_{high}$를 쓰는 이력 임계값$^{hysteresis\ thresholding}$ 방법을 적용한다. 에지 추적은 $T_{high}$를 넘는 화소에서 시작한다. 즉 신뢰도가 높은 화소만 에지 추적을 시작할 권리를 얻는다. 시작 화소가 정해지면 $T_{low}$를 넘는 화소를 대상으로 에지를 추적한다. 즉, 이웃 화소가 추적 이력이 있으면 자신은 신뢰도가 낮더라도 에지로 간주되는 것이다. 캐니는 $T_{high}$를 $T_{low}$의 2~3배로 할 것을 권고한다.

지금까지 설명한 내용을 반영하여 [알고리즘 3-3]을 구체화시키면 [알고리즘 3-4]와 같다. 5~9행은 비최대 억제를 수행한다. 19~24행은 에지를 추적하는 재귀 함수이다. 추적은 16행에서 시작한다.

---

**알고리즘 3-4 캐니 에지 검출**

**입력** : 영상 $f(j,i)$, $0 \le j \le M-1$, $0 \le i \le N-1$, 가우시안의 표준편차 $\sigma$, 이력 임계값 $T_{high}$와 $T_{low}$
**출력** : 에지 영상 $e(j,i)$, $0 \le j \le M-1$, $0 \le i \le N-1$   // 에지는 1, 비에지는 0인 이진 영상

```
1    f에 크기 σ인 가우시안을 적용하여 g를 얻는다.
2    g에 소벨 연산자를 적용하여, 에지 강도 맵 S와 에지 방향 맵 D를 얻는다.  // D는 8-방향 양자화
3
4    // 5~9행 : 비최대 억제
5    for(y=1 to M-2)
6      for(x=1 to N-2) {
7        (y₁, x₁)과 (y₂, x₂)를 (y, x)의 두 이웃 화소라 하자.  // [그림 3-17] 참고
8        if(S(y,x)≤S(y₁,x₁) or S(y,x)≤S(y₂,x₂)) S(y,x)=0;  // 비최대 억제
9      }
10
11   // 12~16행 : 이력 임계값를 이용한 에지 추적
12   e(y,x)=0, 0≤y≤M-1, 0≤x≤N-1;
13   visited(y,x)=0, 0≤y≤M-1, 0≤x≤N-1;  // 모든 화소가 아직 방문 안됨을 표시
14   for(y=1 to M-2)
15     for(x=1 to N-2)
```

```
16       if(S(y,x)>T_high and visited(y,x)=0) follow_edge(y,x);

17

18   // 에지를 추적하는 재귀 함수(배열은 모두 전역변수라 가정)

19   function follow_edge(y,x) {

20       visited(y,x)=1;  // 방문했음을 표시

21       e(y,x)=1;  // 에지로 판정

22       for((y,x)의 8 이웃 (ny,nx) 각각에 대해)

23           if(S(ny,nx)>T_low and visited(y,x)=0) follow_edge(ny,nx);

24   }
```

(a) 원래 영상(342×800)

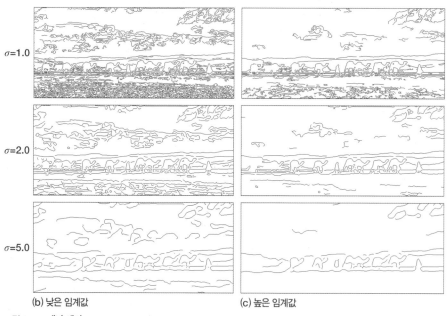

$\sigma$=1.0

$\sigma$=2.0

$\sigma$=5.0

(b) 낮은 임계값                    (c) 높은 임계값

그림 3-18 캐니 에지

TIP 에지 영상을 반전시켜 에지를 검은 화소로 표시하였다.

[그림 3-18]은 $\sigma$=1.0, 2.0, 5.0에 대한 캐니 에지 검출 결과이다. 3.2절의 영교차 에지와 마찬가지로 $\sigma$가 커질수록 디테일이 사라지는 현상을 확인할 수 있다. 왼쪽과 오른쪽은 각각 이력 임계값의 높고 낮음에 따른 결과를 비교한 것이다. 오른쪽이 왼쪽의 두 배이며, $T_{high}$는 $T_{low}$의 2.5배로 설정하였다. 예를 들어 $\sigma$=2.0일 때 왼쪽은 $(T_{high}, T_{low})$=(0.125,0.05)이고, 오른쪽은 (0.25,0.1)이다. 예상했던 대로 임계값이 높을 때 에지가 적게 검출된다.

# 4
# 컬러 에지

지금까지는 명암 영상에서 에지를 검출하는 방법을 다루었다. 그런데 많은 경우 컬러 영상이 주어지므로 컬러에서 에지를 검출하는 알고리즘도 필요하다. 가장 쉬운 방법은 컬러를 명암으로 변환한 후 앞 절의 알고리즘을 적용하는 것이다. 많은 경우 이 접근 방법을 사용하지만 응용에 따라 컬러의 풍부한 정보를 활용하여 더 나은 품질의 에지를 검출해야 하는 경우도 있다.

앞 장의 [그림 2-44]는 RGB 영상의 구조를 보여준다. RGB채널 각각이 그에 해당하는 명암이므로, 각 채널에 [그림 3-5]의 에지 연산자를 적용하여 그레이디언트를 구할 수 있다. [그림 3-19]는 회색 표시된 화소를 중심으로 $3 \times 3$만큼 떼어낸 부분 영상이다. 그림에서 볼 수 있듯이 R채널은 그레이디언트 $\nabla f_r = \left( \dfrac{\partial f_r}{\partial y}, \dfrac{\partial f_r}{\partial x} \right) = (d_{yr}, d_{xr})$을 가진다. G와 B채널도 마찬가지이다.

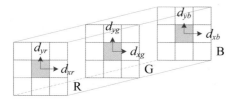

그림 3-19 **RGB 컬러 공간에서 그레이디언트**

RGB 영상에서 에지를 검출하는 쉬운 방법 중 하나는 각각의 채널에서 독립적으로 에지를 검출한 후, 그 결과를 하나로 결합하는 것이다. [그림 3-20]은 OR 연산자를 이용하여 하나로 결합한 결과이다. 왼쪽 그림은 [그림 3-1]의 원래 영상(534×800)에서 오른쪽에 있는 선수의 머리 부분 (100×100)을 오려낸 것이다. 오른쪽 그림은 이 영상에서 추출한 에지이며 색으로 표시된다. 예를 들어, 빨간 에지는 R만 에지이고 G와 B는 에지가 아닌 경우이다. 마찬가지로 노랑은 R과 G가 에지이고 B는 에지가 아닌 경우이며, 하양은 셋 다 에지인 경우이다.

그림 3-20 RGB 영상에서 OR 연산으로 구한 에지

[그림 3-20]이 보여주듯이 세 채널을 독립적으로 처리한 후 결과를 결합하는 방법은 비교적 좋은 에지 영상을 생성한다. 하지만 에지의 위치가 채널에 따라 한 두 화소 정도 차이가 난다. 예를 들어, 화살표가 가리키는 부분에서 R채널의 에지와 GB채널의 에지가 수평 방향으로 한 화소 정도 어긋나 있다. 또 다른 문제도 있다. 세 채널의 에지 강도를 모두 $a$라고 하면 평균은 $a$가 된다. 그렇지만 세 채널이 같은 에지 방향을 가진 상황과 서로 다른 에지 방향을 가진 두 상황을 놓고 볼 때, 둘 다 에지 강도를 $a$로 하는 것은 공평하지 않다. 에지 방향이 같은 경우에 더 큰 에지 강도를 부여하는 것이 합리적이다. 컬러 에지를 추출하는 과정에서 이러한 문제들을 고려해야 하는데, 여기서는 비교적 단순하고 많이 사용하는 기법을 소개한다.

디 젠조는 식 (3.13)으로 $y$방향의 도함수 $g_{yy}$, $x$방향의 $g_{xx}$, $yx$방향의 $g_{yx}$를 측정하고, 그것을 이용하여 식 (3.14)의 그레이디언트 방향과 식 (3.15)의 에지 강도를 정의하였다[Di Zenzo86].

$$
\begin{aligned}
g_{yy} &= (d_{yr})^2 + (d_{yg})^2 + (d_{yb})^2 \\
g_{xx} &= (d_{xr})^2 + (d_{xg})^2 + (d_{xb})^2 \\
g_{yx} &= d_{yr}d_{xr} + d_{yg}d_{xg} + d_{yb}d_{xb}
\end{aligned} \tag{3.13}
$$

$$
\text{그레이디언트 방향} : D(y,x) = \frac{1}{2}\arctan\left(\frac{2g_{yx}}{g_{xx}-g_{yy}}\right) \tag{3.14}
$$

$$
\text{에지 강도} : S(y,x) = \sqrt{0.5 \times ((g_{yy}+g_{xx}) + (g_{xx}-g_{yy})\cos(2D(y,x)) + 2g_{yx}\sin(2D(y,x)))} \tag{3.15}
$$

[그림 3-21]은 식 (3.15)를 이용하여 구한 에지 강도 맵과 RGB채널 각각에서 독립적으로 에지 강도를 구하여 그들의 평균을 취한 에지 강도 맵을 비교한다. 얼핏 육안으로 비교하면 둘 사이의 차이를 확인하는 것이 쉽지 않다. 하지만 자세히 살펴보면 디 젠조 방법으로 구한 에지 맵이 좀더 선명하다는 사실을 알 수 있다. [그림 3-21]의 (b)와 (c)는 두 방법의 차이가 좀더 드러나도록 임계 값 $T$를 설정해 이진화한 영상이다.

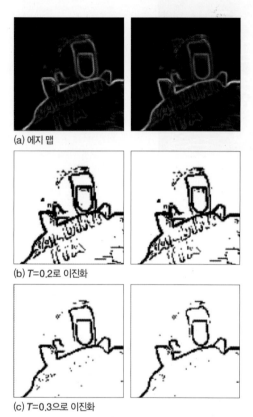

(a) 에지 맵

(b) $T$=0.2로 이진화

(c) $T$=0.3으로 이진화

그림 3-21 **디 젠조 에지 맵(왼쪽)과 RGB채널을 평균한 에지 맵(오른쪽)**

컬러 에지에 대해 추가로 공부하고 싶은 독자는 [Gevers2012, 13장]을 참고하기 바란다.

# 5
# 선분 검출

앞 절에서 에지를 검출하는 여러 가지 알고리즘을 공부하였다. 이들 알고리즘의 출력은 에지 맵으로 에지 화소를 1, 비에지 화소를 0으로 표시한다. 어떤 응용은 에지 맵을 사용하면 그만인 경우도 있지만, 이웃한 에지 화소를 연결하여 에지 토막edge segment으로 만들어 응용하는 경우가 대부분이다. 게다가 에지 토막을 직선으로 근사화하여 선분(직선 토막)line segment으로 변환해야 하는 응용도 많다. 이 절에서 이러한 작업을 효과적으로 처리하는 몇 가지 방법을 학습한다.

## 1. 에지 연결과 선분 근사

에지를 연결하는 알고리즘을 공부하기 전에 연결된 에지를 어떻게 표현할지 생각해 보자. 쉽게 생각나는 방법은 화소의 좌표를 순서대로 배열에 저장하는 것이다. 이 방법을 에지 열이라 부르자. [그림 3-22]는 간단한 에지 영상으로 끝점은 @, 분기점은 +로 표기하였다. 총 다섯 개의 에지 토막을 검출할 수 있고 그 중 두 개는 폐곡선을 이룬다. 메모리를 덜 쓰는 효율적인 체인 코드chain code라는 방법도 있는데, 이 방법은 시작점만 좌표로 표현하고 그 이후는 0~7 사이의 방향 코드로 표시한다.

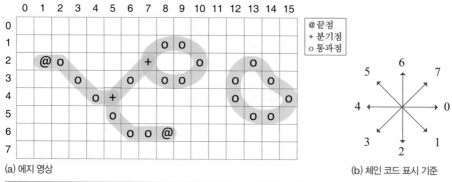

(a) 에지 영상

(b) 체인 코드 표시 기준

| 에지 토막 | 에지 열 | 체인 코드 |
|---|---|---|
| 1 | (2,1)(2,2)(3,3)(4,4)(4,5) | (2,1)0110 |
| 2 | (4,5)(5,5)(6,6)(6,7)(6,8) | (4,5)2100 |
| 3 | (4,5)(3,6)(2,7) | (4,5)77 |
| 4 | (2,7)(1,8)(1,9)(2,10)(3,9)(3,8) | (2,7)701345 |
| 5 | (2,13)(3,14)(4,15)(5,14)(5,13)(4,12)(3,12) | (2,13)113567 |

그림 3-22 에지 토막의 에지 열과 체인 코드 표현

3.1~3.4절의 알고리즘은 대부분 얇은 두께의 에지를 생성하지만 두께가 2~3인 에지를 만들어 내기도 한다. [그림 3-24(a)]는 캐니 알고리즘으로 구한 에지인데, 군데군데 두께가 1 이상인 에지를 볼 수 있다. 영교차 알고리즘도 비슷한 현상을 보인다. 이런 상황에서 에지를 추적하여 에지 토막을 만드는 알고리즘을 적용하면 두께가 2~3인 곳에서 혼란이 발생하기 마련이다. 이때 이전 단계에서 생성한 정보를 적절히 활용하면 이 문제를 쉽게 해결할 수 있다. 예를 들어 캐니의 경우, 여러 후보 중에서 에지 강도와 에지 방향 정보를 이용하여 다음 화소를 결정할 수 있다.

**세선화**

여기서는 이런 정보를 사용하지 않고 일반적인 이진 에지 영상에 적용할 수 있는 알고리즘을 제시한다. 이 알고리즘은 먼저 세선화 과정을 적용하여 에지의 두께가 1인 영상으로 바꾼다. 많은 세선화 알고리즘이 개발되어 있는데[Lam92], 여기에서는 비교적 간단하고 성능이 좋은 SPTA(Safe Point Thinning Algorithm)를 소개한다[Naccache84]. SPTA 알고리즘은 [그림 3-23]에 있는 3×3 마스크를 현재 조사하고 있는 에지 화소 $p$에 씌운다.

| x | 0 | x |   | x | x | x |   | x | 0 | 0 |   | x | x | x |   | $n_5$ | $n_6$ | $n_7$ |
|---|---|---|---|---|---|---|---|---|---|---|---|---|---|---|---|---|---|---|
| 0 | $p$ | x |   | 0 | $p$ | x |   | 0 | $p$ | 1 |   | 0 | $p$ | 0 |   | $n_4$ | $p$ | $n_0$ |
| x | x | x |   | 1 | 0 | x |   | x | 0 | 0 |   | x | x | x |   | $n_3$ | $n_2$ | $n_1$ |

$s_4 = n_0 \cdot (n_1+n_2+n_6+n_7) \cdot (n_2+n_3') \cdot (n_6+n_5')$

(a) $n_4$=0인 그룹의 마스크와 논리식                                    (b) 이웃 표기

그림 3-23 **SPTA의 규칙**

마스크의 0은 비에지, 1은 에지를 뜻하고 x는 0과 1 어느 것이라도 좋다는 기호이다. 이 네 개의 마스크는 하나의 그룹을 형성하는데, [그림 3-23]은 화소 $p$의 이웃 $n_4$가 0인 그룹이다. 이 그룹은 $n_4$가 0이고 네 개의 마스크 중 어느 것과도 매치가 안되면 그 화소를 제거 대상으로 표시한다. 그런데 계산을 효율적으로 하기 위해 네 개의 마스크를 일일이 검사하는 대신, 그 밑에 있는 논리식 $s_4$를 검사해도 같은 결과를 얻는다. 이 식에서 $n_i$가 1(에지)이면 참, 0(비에지)이면 거짓을 뜻하며 $n_i'$는 부정, +는 or, ·은 and이다. 논리식 $s_4$가 참이면 네 개 마스크 어느 것과도 매치가 안된 셈이다. 다시 말해 $n_4$가 0이고 $s_4$가 참이면, $p$는 제거 대상으로 표시한다. 이러한 판단을 $n_4$가 0인 그룹뿐 아니라 $n_0$가 0인 그룹, $n_2$가 0인 그룹, 그리고 $n_6$가 0인 그룹 각각에 적용하여 어느 그룹에서라도 제거 대상이라고 표시되면 $p$를 비에지로 바꾼다.    TIP 다른 그룹에 대한 논리식은 [알고리즘 3-5]에 제시한다.

이 과정을 한번 적용하면 바깥쪽에서 한 화소 두께를 벗기는 셈이 되는데, 원래 SPTA는 더 이상 변화가 없을 때까지 이 과정을 여러 번 반복한다. 하지만 에지 영상은 기껏해야 두께가 2~3이므로 두 번만 적용해도 충분하다. [알고리즘 3-5]는 SPTA 알고리즘에서 껍질을 한 번 벗기는 연산에 해당하는 부분이다.

TIP 원래 SPTA는 글자와 같은 두꺼운 패턴을 두께가 1인 얇은 패턴으로 바꾸는 세선화 목적으로 개발되었다. 원래 알고리즘은 연습문제로 남긴다.

---

**알고리즘 3-5 SPTA(껍질을 한 번 벗기는 연산)**

**입력**: 에지 영상 $e(j,i)$, $0 \leq j \leq M-1$, $0 \leq i \leq N-1$    // 에지는 1, 비에지는 0인 이진 영상
**출력**: 한 두께 얇아진 에지 영상 $e_{out}(j,i)$, $0 \leq j \leq M-1$, $0 \leq i \leq N-1$

```
1    e를 e_out에 복사한다.
2    for(j=1 to M-2)
3      for(i=1 to N-2) {
4        if(e(j,i)=1 and
5        (( n_0' and (n_4 and(n_5 or n_6 or n_2 or n_3)and(n_6 or n_7') and(n_2 or n_1')))   // n_0=비에지, s_0=참
6        or (n_4' and(n_0 and(n_1 or n_2 or n_6 or n_7)and(n_2 or n_3') and(n_6 or n_5')))   // n_4=비에지, s_4=참
7        or (n_2' and(n_6 and(n_7 or n_0 or n_4 or n_5)and(n_0 or n_1') and(n_4 or n_3')))   // n_2=비에지, s_2=참
```

| 8 | or $(n_6'$ $and(n_2$ $and(n_3$ $or$ $n_4$ $or$ $n_0$ $or$ $n_1)and(n_4$ $or$ $n_5')$ $and(n_0$ $or$ $n_7'))))$    // $n_6$=비에지, $s_6$=참 |
| 9 | $e_{out}(j,i)=0;$ |
| 10 | } |

[그림 3-24]는 [그림 3-1]에서 오른쪽에 있는 선수의 머리 부분을 오려낸 부분 영상이다. 맨 왼쪽은 캐니 알고리즘으로 검출한 에지인데, 간혹 두께가 2인 에지를 볼 수 있다. 가운데 그림은 SPTA를 적용한 영상으로 두께가 모두 1이다. 특히 최소 8-연결성<sup>minimal 8-connectivity</sup>으로 변하였음을 알 수 있다. [5]

(a) 캐니로 검출한 에지 영상    (b) SPTA로 세선화된 영상    (c) 추적 시작점(분기점과 끝점)

그림 3-24 에지 연결 과정

### 에지 추적

이제 에지를 연결하는 방법을 고안해 보자. SPTA로 세선화하였으므로 화소 두께가 1로 보장되며 최소 8-연결성을 만족한다. 하지만 실제 영상을 자세히 살펴보면 상당히 다양한 양상을 나타냄을 알 수 있다. 생각보다 복잡하다! 이러한 상황을 아우르는 체계적이면서 단순한 규칙이 필요하다. 여기서는 그런 성질을 만족하는 규칙을 제시한다. [알고리즘 3-6]은 규칙을 가상 코드로 정리한 것이다. 먼저 끝점과 분기점을 수집하여 추적 시작점으로 사용하는데, [그림 3-24(c)]에서 빨간색으로 표시한 점이다.

TIP 끝점과 분기점에 대해서는 [그림 3-22]를 참고한다.

---

5 최소 8-연결성이란 어떤 에지 화소라도 제거하면 8-연결성이 깨진다는 말이다. 세선화 이전에는 제거해도 8-연결성을 그대로 유지하는 화소가 있었다.

**알고리즘 3-6 에지 토막 검출**

**입력** : 에지 영상 $e(j, i)$, $0 \le j \le M-1$, $0 \le i \le N-1$　// 에지는 1, 비에지는 0인 이진 영상
**출력** : $segment(k)$, $1 \le k \le n$($n$개의 에지 토막)

| | |
|---|---|
| 1 | $Q = \emptyset$;　// 큐를 생성하고 공집합으로 초기화 |
| 2 | for($j = 1$ to $M-2$)　// 끝점(전환 횟수 1)과 분기점(전환 횟수 3 이상) 수집하여 큐에 저장 |
| 3 | 　for($i = 1$ to $N-2$) { |
| 4 | 　　$(j, i)$의 전환 횟수를 세어 $c$라 한다. |
| 5 | 　　if($c = 1$ or $c >= 3$)　// 끝점 또는 분기점 |
| 6 | 　　　for($dir = 0$ to 7)　// 8-방향을 조사하여 추적 방향을 정하고 큐에 저장 |
| 7 | 　　　　if($dir$ 방향의 이웃 화소 $(y, x)$가 $e(y, x) = 1$) addQueue($Q, (j, i, dir)$); |
| 8 | 　　} |
| 9 | |
| 10 | // 큐에 들어있는 요소에서 에지 추적을 시작(에지 토막 추적 시작) |
| 11 | $n = 0$;　// 에지 토막의 개수 |
| 12 | $visited(j, i) = 0$, $0 \le j \le M-1$, $0 \le i \le N-1$;　// 이중 추적을 방지하기 위해 사용(방문하면 1로 바꿈) |
| 13 | while($Q \ne \emptyset$) { |
| 14 | 　$(y, x, dir) =$ popQueue($Q$); |
| 15 | 　$(y, x)$의 $dir$ 방향의 이웃을 $(cy, cx)$라 하자. |
| 16 | 　if $visited(cy, cx)$ continue;　// 반대쪽에서 이미 추적했음 |
| 17 | 　$n$++; |
| 18 | 　$segments(n)$을 생성하고 $(y, x)$와 $(cy, cx)$를 삽입한다. |
| 19 | 　$visited(y, x) = visited(cy, cx) = 1$;　// 방문했음을 표시 |
| 20 | 　if($(cy, cx)$가 끝점 또는 분기점) continue;　// 두 점으로 구성되는 짧은 에지 토막임 |
| 21 | 　while(true) { |
| 22 | 　　$(cy, cx)$의 $dir$ 방향의 전방 화소를 조사한다.　// [그림 3-26]에서 f 표시된 화소들 |
| 23 | 　　if(끝점 또는 분기점 $(y, x)$가 있으면) { |
| 24 | 　　　$segments(n)$에 $(y, x)$를 추가한다. |
| 25 | 　　　$visited(y, x) = 1$; |
| 26 | 　　　break;　// $segments(n)$의 추적이 끝났음 |
| 27 | 　　} |
| 28 | 　　else {　// 전환 횟수가 2인 통과점 |
| 29 | 　　　전방 화소 중 $e(y, x) = 1$인 화소를 찾는다. |
| 30 | 　　　$segments(n)$에 $(y, x)$를 추가한다. |

```
31        visited(y,x)=1;
32        dir을 (cy,cx)에서 (y,x)로 진행하는 방향으로 갱신하다.
33        (cy,cx)=(y,x); // 앞으로 이동
34      }
35    }
36 }
```

이제 추적 시작점으로 사용되는 끝점과 분기점을 찾는 방법을 생각해 보자. 먼저 분기점을 살펴보자. [그림 3-25]는 [그림 3-22]의 (4,5) 화소의 주변 상황을 보여준다. 이때 세 개의 점 a, b, c가 분기점 후보로 여겨진다. 누가 진짜 분기점인가?

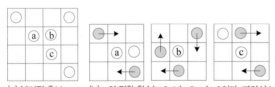

(a) 분기점 후보        (b) a의 전환 횟수는 2, b는 3, c는 2이다. 따라서 b가 분기점이다.

그림 3-25 **분기점을 골라내는 규칙**

이들을 모두 분기점으로 보아도 무방하지만 추적 알고리즘이 복잡해진다. 따라서 하나만 골라내는 규칙을 제정하는 것이 좋다. [그림 3-25(b)]는 세 점 각각의 여덟 이웃을 보여주는데, 시계 방향으로 조사한다고 할 때 에지에서 비에지로 전환하는 곳을 화살표로 표시하였다. 그러면 a와 c는 두 번의 전환이 있고 b는 세 번의 전환이 발생한다. [알고리즘 3-6]은 세 번 이상 전환이 생기는 점을 분기점으로 간주한다. 따라서 b가 분기점이 된다. 한편, 끝점은 전환 횟수가 1인 점으로 하면 된다. [그림 3-24(c)]에는 이런 규칙으로 골라낸 끝점과 분기점을 빨간색으로 표시하였다.

다음으로, 에지 토막을 추적하는 부분인 11~36행을 살펴보자. 에지 추적은 큐에서 꺼낸 요소에서 시작한다. 추가로 설명할 필요가 있는 부분은 22행의 전방 화소를 조사하는 규칙이다. [그림 3-26]이 규칙을 보여주는데, 예를 들어 방향 *dir*이 0이라면 앞에 있는 세 화소가 전방 화소가 된다. 방향 2, 4, 6도 비슷하게 세 개의 전방 화소를 갖는다. 오른쪽 그림이 보여주는 대각선 방향 *dir*=1은 다섯 개의 전방 화소를 갖는다. 나머지 대각선 방향 3, 5, 7도 비슷하다.

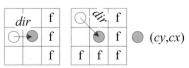

그림 3-26 **추적 방향 *dir*에 따른 다음 점 후보**

## 선분근사

[알고리즘 3-6]으로 검출한 에지 토막<sup>edge segment</sup>은 직선으로 근사화하여 선분(직선 토막)<sup>line segment</sup>으로 변환할 수 있다. [그림 3-27]은 간단한 재귀 알고리즘을 설명한다. 양 끝점을 연결한 직선으로부터 에지 토막의 가장 먼 점까지의 거리 $h$를 계산한다. 이것이 임계값보다 크면 가장 먼 점을 중심으로 두 토막으로 분할하고, 두 토막 각각에 같은 과정을 재귀적으로 적용한다. 임계값 이내가 된 토막은 분할을 멈춘다.

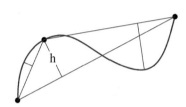

그림 3-27 **선분 근사화 알고리즘**

## 2. 허프 변환

바로 앞 절은 에지를 비교적 잘 연결할 수 있는 상황을 전제로 하기 때문에 에지를 서로 연결하여 직선을 찾아내는 접근 방법을 사용해도 무리가 없었다. 하지만 현실에서는 연결 관계가 명확하지 않거나 잡음으로 인해 작은 조각으로 끊어져 있는 경우도 종종 마주한다. 허프는 이러한 상황에서 연결 과정 없이 바로 직선을 찾아내는 허프 변환<sup>Hough transform</sup>을 고안하였다[Hough62]. 앞의 [알고리즘 3-6]은 어떤 화소의 이웃을 조사하는 지역 연산<sup>local operation</sup>임에 비해, 허프 변환은 전체 공간을 조사하는 전역 연산<sup>global operation</sup>이다. 또한 사람이 일직선 상에 있다고 지각하는 점들을 한 곳으로 모으는 원리를 사용하므로 일종의 지각 군집화<sup>perceptual grouping</sup>라고 볼 수 있다.

[그림 3-28]은 간단한 상황을 가지고 허프 변환의 원리를 설명한다. 왼쪽에 있는 좌표계는 줄곧 보아온 영상 공간으로 $y$-$x$로 표기된다. 여기에 세 점이 있다고 하자. 이때 알아내야 하는 정보는 이들이 직선을 이루는지 여부와 그 경우 직선의 방정식이다.

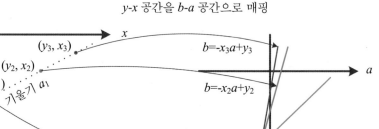

$y$-$x$ 공간을 $b$-$a$ 공간으로 매핑

(a) $y$-$x$ 공간      (b) $b$-$a$ 공간

그림 3-28 **허프 변환의 원리**

어떤 점 $(y_i, x_i)$를 지나는 직선은 $y_i = ax_i + b$로 표현할 수 있다. 예를 들어 $(y_i, x_i) = (2,4)$라면 직선의 방정식은 $2 = 4a + b$이고, $b$에 관해 정리하면 $b = -4a + 2$로 오른쪽 그림의 $b$-$a$ 공간에서 기울기가 $-4$이고 절편이 $2$인 직선이다. [그림 3-28]의 상황에서는 $y$-$x$ 공간에 세 개의 점이 같은 직선 위에 놓여있으므로, $b$-$a$ 공간에서는 이들에 해당하는 세 개의 직선이 한 점에서 만나야 한다. 왜냐하면 $y$-$x$ 공간에서 세 점이 이루는 직선은 같은 기울기$(a_1)$와 같은 절편$(b_1)$을 가지기 때문이다.

이 원리에 따라 직선을 검출하는 알고리즘을 설계하면 대략 이렇다. 영상 공간($y$-$x$ 공간)에 있는 각각의 에지 점 $(y_i, x_i)$에 대해 $b = -x_i a + y_i$ 방정식의 자취를 $b$-$a$ 공간에 그린다. $b$-$a$ 공간에서 자취가 짙은 점 $(b_j, a_j)$를 추출한다. 이 점은 $y$-$x$ 공간에서 $y = a_j x + b_j$라는 직선이다.

지금까지 허프 변환의 기본 원리에 대해 공부했는데, 허프 변환을 구현할 때에는 몇 가지 사항을 신중히 다루어야 한다. 첫째, 수직선의 기울기 처리이다. 앞에서 직선의 방정식으로 $y = ax + b$를 사용했는데 $y$-$x$ 공간에서 수직선은 기울기가 무한대가 되므로 문제가 발생한다. 이 문제는 식 (3.16)을 직선의 방정식으로 삼으면 간단히 해결된다. 이 식의 그래프는 [그림 3-29]와 같다.

$$y \cos \theta + x \sin \theta = \rho \tag{3.16}$$

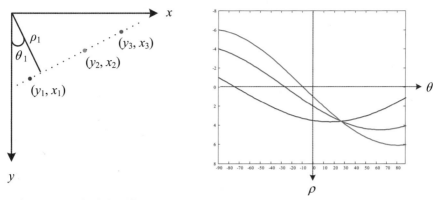

$y$-$x$ 공간을 $\rho$-$\theta$ 공간으로 매핑

그림 3-29 $\rho$-$\theta$ 공간에서 허프 변환

두 번째 고려할 사항은, [그림 3-29]에서는 세 점이 완벽하게 동일한 직선 위에 놓여 있다고 가정하였는데 실제 세계에서는 그렇지 못하다는 점이다. 특히 이산 공간에 에지 점이 정의되므로 어느 정도의 오류는 필연적으로 발생한다. 허프 변환은 오류를 견디기 위해 $\rho$-$\theta$ 공간을 적절한 구간으로 양자화한다. 그러면 오류를 흡수하기도 하거니와 그래프의 자취가 밀집하는 곳을 용이하게 찾을 수 있는 효과도 있다. $\theta$와 $\rho$가 가질 수 있는 범위는 각각 $-90° \leq \theta \leq 90°$와 $-D \leq \rho \leq D$이다. $D$는 $y$-$x$ 공간의 원점에서 맞은편 꼭지점까지 거리이다. 이 범위를 적당한 구간으로 양자화하여 얻은 2차원 배열 $A$를 누적 배열accumulation array이라 부른다.

이제 허프 변환 알고리즘을 보다 자세히 설명할 수 있다. 먼저 누적 배열 $A$를 0으로 초기화한다. 에지 영상에 있는 에지 점 $(y_i, x_i)$ 각각에 대해, 식 (3.16)의 그래프가 지나가는 $A$의 칸을 1 증가시킨다. 모든 에지 점을 처리한 후, $A$를 조사하여 임계값을 넘는 지역 최대점을 검출하여 답으로 취한다. [알고리즘 3-7]에 이러한 과정이 정리되어 있다. 흐름을 살펴본 후 [예제 3-3]에서 알고리즘을 보다 구체적으로 이해해 보자.

---

**알고리즘 3-7 직선 검출을 위한 허프 변환**

**입력** : 에지 영상 $e(j, i)$, $0 \leq j \leq M-1$, $0 \leq i \leq N-1$, 임계값 $T$   // 에지는 1, 비에지는 0인 이진 영상
**출력** : $(\rho_k, \theta_k)$, $1 \leq k \leq n$($n$개의 직선)

| | |
|---|---|
| 1 | 2차원 누적 배열 $A$를 0으로 초기화한다. |
| 2 | for(에지 영상 $e$에 있는 에지 화소 $(y_i, x_i)$ 각각에 대해) |
| 3 | $y_i \cos\theta + x_i \sin\theta = \rho$가 지나는 $A$의 모든 칸을 1만큼 증가시킨다. |
| 4 | $A$에서 $T$를 넘는 지역 최대점 $(\rho_k, \theta_k)$를 모두 찾아 직선으로 취한다. |

[그림 3-30]은 [그림 3-29]를 이산 공간에 다시 그린 것이다. 왼쪽 그림에서 세 점은 $(y_1, x_1) = (4, 1)$, $(y_2, x_2) = (2, 4)$, $(y_3, x_3) = (1, 6)$이다. $(y_1, x_1) = (3.5, 1)$이면 세 점이 정확히 일직선 상에 있지만, 디지털 영상의 특성상 약간의 위치 오차가 발생했다고 간주하자.

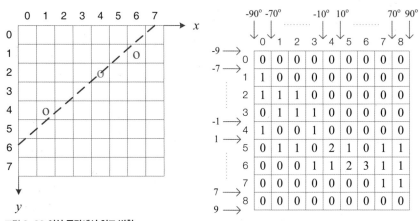

그림 3-30 이산 공간에서 허프 변환

$\theta$축은 $20°$ 간격으로 양자화하여 총 아홉 개의 구간을 가지도록 하였다. $\rho$축은 범위 $[-9, 9]$를 2 크기의 구간으로 나누어 총 아홉 개의 구간을 가지도록 양자화하였다. 따라서 누적 배열 $A$는 $9 \times 9$이다. [알고리즘 3-7]에 따라 $A$를 0으로 초기화한 후, 2~3행을 수행하여 세 점의 자취를 누적시키면 오른쪽 그림과 같은 배열이 된다. 이 배열에서 지역 최대점은 3을 갖는 $(6, 6)$으로, $(\rho, \theta) = (4, 40°)$에 해당한다. $y \cos 40° + x \sin 40° = 4$라는 직선을 검출한 셈이다. 왼쪽 그림에 있는 점선이 검출한 직선이다.

---

[알고리즘 3-7]을 구현할 때 주의를 기울일 점이 있다. 그것은 누적 배열을 얼마나 촘촘하게 이산화할지를 정하는 문제이다. 예를 들어, 입력 영상의 크기가 $1024 \times 1024$라면 $-1448.2 \le \rho \le 1448.2$이다. 그런데 $\rho$를 10단계로 양자화한다면, 한 단계의 크기가 290이나 되어 직선의 정확도가 크게 떨어진다. 너무 거칠게 양자화한 셈이다. 반면 2,896단계로 양자화하면 너무 촘촘하여 방정식이 지나는 자취가 어떤 칸으로 집중되지 못하고 주위로 퍼진다. 결국 4행에서 지역 최대점을 찾는 데 어려움이 생길 수 있다. [예제 3-3]은 $9 \times 9$로 양자화하였다. 적당하다고 생각하는가?

허프 변환은 직선의 방정식을 출력한다. 선분이 필요한 경우에는 양 끝점을 찾는 후처리 과정이 필요하다. 직선에 해당하는 칸으로 매핑된 에지들을 조사하여 끝점을 찾아내는 추가적인 수고를 감수해야 한다.

지금까지 직선을 찾는 알고리즘을 공부하였는데, 허프 변환은 방정식으로 표현할 수 있는 어떠한 도형이라도 검출할 수 있다.[6] 예를 들어, 식 (3.17)은 중심이 $(b,a)$이고 반지름이 $r$인 원을 표현한다. 원을 검출하는 알고리즘은 직선을 검출하는 [알고리즘 3-7]을 약간 개조하면 된다. 이제 매개변수가 $a$, $b$, $r$ 세 개이므로 누적 배열 $A$가 2차원이 아니라 3차원이다.

$$(y - b)^2 + (x - a)^2 = r^2 \qquad\qquad (3.17)$$

허프 변환은 일종의 군집화clustering 알고리즘이다. 따라서 허프 변환은 직선이나 원과 같은 어떤 도형을 찾아내는 일뿐 아니라, 다음 절에서 다루는 인라이어와 아웃라이어가 심하게 섞여있는 상황에서 인라이어의 군집을 찾아내는 데에도 활용할 수 있는 일반성을 가진 방법론이다.

## 3. RANSAC

1981년에 Fischler와 Bolles는 RANSAC(RANdom SAmple Consensus)이라는 흥미로운 기법을 제안한다[Fischler81]. 인라이어inlier와 아웃라이어outlier가 혼합되어 있는 샘플 집합이 주어진 상황에서, 인라이어를 찾아 어떤 모델을 적용시키는 일반적인 기법이다. 이 기법은 무작위로 수를 생성하여 인라이어 군집을 찾아내는 과정을 반복하므로 임의성을 지닌다.

RANSAC은 에지의 집합에서 직선을 찾아내는 일에 도입해 쓸 수 있다. 이때 에지 화소의 집합이 샘플 집합이 되고, 모델은 직선의 방정식 $y=ax+b$이다. 즉, RANSAC은 이 모델의 매개변수 $a$와 $b$를 추정해 준다.

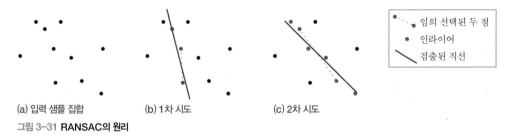

(a) 입력 샘플 집합      (b) 1차 시도      (c) 2차 시도

임의 선택된 두 점
인라이어
검출된 직선

그림 3-31 **RANSAC의 원리**

[그림 3-31]은 RANSAC의 원리를 설명한다. 난수를 생성하여 임의로 두 개의 샘플을 선택한다. 그림에서 점선으로 연결된 빨간색 두 점이 선택된 점이다. 이들을 가지고 직선의 방정식, 즉 기

---

6 허프 변환은 방정식으로 표현할 수 없는 임의의 모양을 가진 물체도 검출할 수 있다. 이에 대해서는 [Ballard82, 4장]을 참고하기 바란다. 이 책은 pdf 파일로 공개되어 있다. http://homepages.inf.ed.ac.uk/rbf/BOOKS/BANDB/

울기 $a$와 절편 $b$를 계산한다. 초기 모델을 추정하는 단계이다. 이제 나머지 샘플들에 대해 이 모델에 적합한, 즉 이 직선 상에 있는 점들을 구한다. 이때 약간의 오차를 허용하며, 오차의 범위는 [알고리즘 3-8]에서 $t$라는 매개변수로 조절한다. 이 점들을 인라이어inlier라 부른다. 나머지는 아웃라이어outlier이다.

인라이어 개수가 충분치 않은 경우 이 모델을 버린다. 충분한 정도는 [알고리즘 3-8]에서 $d$라는 매개변수로 조절한다. [그림 3-31]의 1차 시도에서는 인라이어가 세 개이고 2차 시도는 여섯 개이므로 1차는 버려질 가능성이 2차보다 높다. 모든 인라이어를 가지고 모델을 다시 추정한다. 2차 시도의 경우 여섯 개의 인라이어를 가지고 직선의 방정식을 다시 추정한다. 이러한 시도를 충분히 반복한 후 그 동안 얻은 적합 모델 중에서 가장 좋은 것을 최종 답으로 취한다. 반복 횟수는 [알고리즘 3-8]에서 $n$이라는 매개변수로 조절한다.

[알고리즘 3-8]은 지금까지 생각한 RANSAC의 원리를 가상 코드로 정리한 것이다. 이 알고리즘은 여러 매개변수를 갖는데, 이들의 역할은 앞에서 이미 언급했고 주석문에서 추가로 설명한다.

---

**알고리즘 3-8 직선 검출을 위한 RANSAC**

**입력 :** 에지 영상 $e(j,i)$, $0 \leq j \leq M-1$, $0 \leq i \leq N-1$   // 에지는 1, 비에지는 0인 이진 영상
반복 횟수 $n$, 인라이어 판단 $t$, 인라이어 집합의 크기 $d$, 직선 적합 오차 $e$
**출력 :** 하나의 직선(기울기 $a$와 절편 $b$)

```
1    line = Ø;
2    for(loop =1 to n) {
3        에지 화소 두 개를 임의로 선택한다.
4        이 두 점으로 직선의 방정식 l을 계산한다.
5        이 두 점으로 집합 inlier를 초기화한다.
6        for(이 두 점을 제외한 모든 에지 화소 p에 대해)
7            if(p가 직선 l에 허용 오차 t 이내로 적합) p를 inlier에 넣는다.
8        if(|inlier|≥d){   // 집합 inlier가 d개 이상의 샘플을 가지면
9            inlier에 있는 모든 샘플을 가지고 직선의 방정식 l을 새로 계산한다.
10           if(l의 적합 오차 < e) l을 집합 line에 넣는다.
11       }
12   }
13   line에 있는 직선 중 가장 좋은 것을 취한다.
```

---

[알고리즘 3-8]은 구체성이 결여된 곳과 직선 검출이라는 문제의 특수성을 추가로 이용할 여지가 있는 곳이 있다. 우선 3행에 대해 생각해 보자. 에지 화소를 임의로 선택하고 있는데, 에지 강도와 에지 방향을 추가로 사용한다면 성능을 높일 수 있다. 예를 들어, 에지 강도가 높은 화소와 에지 방향이 비슷한 화소 쌍이 선택될 가능성을 높이는 방안을 사용할 수 있다. 9행은 *inlier*의 샘플을 가지고 직선 *l*을 구한다. 예를 들어 [그림 3-31]의 2차 시도에서는 *inlier*는 여섯 개의 샘플을 가지며 이들로부터 구한 직선을 보여준다. 이때 샘플들이 정확히 *l* 상에 존재하지 않으므로 적합 오차가 발생한다. 10행은 이 적합 오차가 임계값보다 큰 경우 *l*을 버린다. 13행은 가장 좋은 직선을 최종 선택하는 과정인데, 좋은 정도를 판단하는 기준을 세워야 한다. 집합 *inlier*의 크기가 클수록 그리고 직선 *l*의 적합 오차가 작을수록 신뢰도가 높으므로 이 두 기준을 가지고 좋은 정도를 측정하는 함수를 작성하면 된다.

[알고리즘 3-8]의 가장 두드러진 특성은 비결정성$^{non-determinism}$이다. 이전에 살펴본 알고리즘은 같은 입력 데이터를 가지고 여러 번 수행하면 매번 같은 결과를 얻는다. 하지만 RANSAC은 임의로 두 샘플을 선택하는 과정이 포함되므로 수행할 때마다 다른 결과를 얻는다. 또한 $n$을 크게 하여 더 많이 반복하면 더 좋은 결과를 얻을 가능성이 있다. 하지만 속도와 품질 사이에 길항 관계를 가진다. 즉, 반복 횟수 $n$을 크게 하여 더 많은 시간을 허용하면 더 좋은 답을 구할 가능성은 높지만 대신 알고리즘은 느려진다. 따라서 상황에 따라 $n$을 적절히 설정해야 한다. [알고리즘 3-8]은 하나의 직선을 찾고 끝난다. 여러 개의 직선을 찾고 싶다면 알고리즘을 적절히 수정해야 한다. 한 가지 방법은 한 번 수행한 후, *inlier*에 속하는 샘플들을 제외하고 같은 과정을 반복하는 것이다.

# 연습문제

**1** 다음 1차원 디지털 영상에 대해 답하시오.

| 0 | 1 | 2 | 3 | 4 | 5 | 6 | 7 | 8 | 9 | 10 | 11 | 12 | 13 | 14 | 15 |
|---|---|---|---|---|---|---|---|---|---|----|----|----|----|----|----|
| 157 | 189 | 206 | 216 | 212 | 136 | 114 | 92 | 83 | 97 | 110 | 108 | 100 | 98 | 97 | 101 |

(1) [그림 3-2(b)]의 과정을 수행하시오. 이진화 과정은 임계값을 50으로 했을 때와 20으로 했을 때를 구별하여 제시하시오.

(2) 이 과정이 에지를 잘 검출하는지에 대한 자신의 견해를 쓰시오.

**2** [그림 3-7]의 영상에서 (5,4)에 있는 화소에 대해 $d_y$와 $d_x$, 에지 강도와 그레이디언트 방향, 에지 방향을 계산하시오.

**3** 다음 영상에는 밝은 배경에 어두운 물체가 놓여있다. a~e로 표시된 다섯 개 변에서의 에지 반응에 대해 답하시오. b가 $x$축과 이루는 내각은 8°, c가 $x$축과 이루는 내각은 45°이다. 표의 각 열의 괄호 속에 있는 기호 중 하나로 답하시오.

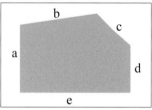

|   | $d_y$<br>(−, 0, +) | $d_x$<br>(−, 0, +) | $\lvert d_y \rvert$ __ $\lvert d_x \rvert$<br>(〉, =, 〈) | 그레이디언트 방향<br>(0,1,2,···,7) | 에지 방향<br>(0,1,2,···,7) |
|---|---|---|---|---|---|
| a |   |   |   |   |   |
| b |   |   |   |   |   |
| c |   |   |   |   |   |
| d |   |   |   |   |   |
| e |   |   |   |   |   |

**4** [예제 3-1]을 C 언어로 구현한다고 했을 때 $d_y$와 $d_x$, 식 (3.6)의 에지 강도와 그레이디언트 방향, 8-방향으로 양자화된 그레이디언트 방향과 에지 방향의 여섯 가지 맵 각각에 대해 아래 데이터 형 중에서 어떤 것이 가장 적절할지 답하시오.

> unsigned char, signed char, unsigned int, signed int, double

**5** 원래 SPTA 알고리즘[Naccache84]는 다음과 같은 굵은 패턴을 두께가 1인 패턴으로 세선화해 준다. 원래 SPTA 알고리즘을 제시하시오

Hint [알고리즘 3-5]를 이용하시오.

**6** 원을 검출하기 위한 허프 변환 알고리즘을 [알고리즘 3-7]과 같은 형식으로 제시하시오.

# Chapter 04
# 지역 특징 검출

# Preview

안도현 시인은 시를 쓰는 데 필요한 열쇠 말 두 개를 제시했다.
'자세히 보아라'와 '다른 사람과 다른 생각을 하라'였다.

**_김승환** '김승환의 듣기 여행' 중에서

[그림 4-1]의 위쪽 두 영상은 뉴욕 맨해튼 전경을 서로 다른 시점에서 찍은 것이고, 아래쪽은 이렇게 찍은 영상 열 한 장을 이어 붙여서 만든 파노라마 영상이다. 파노라마 영상을 만들려면 이웃한 두 영상에서 서로 대응하는 점을 찾아야 하는데, 이것을 대응점 찾기 문제correspondence problem라 부른다.

그림 4-1 대응점 찾기(확대 영상은 배의 꽁무니 부근)

대응점 찾기 문제는 다음과 같이 특징점 검출detection, 기술description, 매칭matching이라는 세 단계를 거쳐 해결한다.

| 4장 | 6장 | 7장 |
|---|---|---|
| 검출 → | 기술 → | 매칭 |

검출은 특징점의 위치를 알아내는 단계이고, 기술은 특징점의 주변을 보고 속성을 알아내는 단계이다. 마지막 단계는 매칭으로 대응점을 찾는다. 매칭으로 알아낸 대응점을 이용하면 [그림 4-1]과 같은 파노라마 영상 제작을 비롯해 물체 인식(9장), 물체 추적(10장), 스테레오 비전(11장), 영상 정합image registration과 같은 중요한 문제를 해결할 수 있다. 세 단계 중 맨 앞의 검출은 이번 장에서 공부한다. 그리고 기술은 6장, 매칭은 7장에서 공부한다.

**4.1절**_지역 특징이 다른 대안을 누르고 가장 적합한 방법으로 대두된 역사와 지역 특징이 갖춰야 할 성질을 살펴본다.

**4.2절**_이동과 회전에 불변인 지역 특징을 구하는 방법에 대해 기술한다.

**4.3절**_특징일 가능성이 높은 점들 중에서 어떤 것을 특징점으로 취할지에 관해 알아본다.

**4.4절**_스케일 공간 이론을 설명하고, 이 이론에 따라 개발된 스케일 불변한 지역 특징을 구하는 방법을 기술한다.

# 1
# 지역 특징 검출의 기초

## 1. 특징 검출의 역사 : 지역 특징의 대두

대응점 찾기 문제를 해결하려면 무엇을 특징점으로 쓸 것인지 결정하는 문제가 생긴다. 한 가지 방법은 3장에서 공부한 에지를 사용하는 것이다. 에지는 물체의 경계에 위치하므로 특징점으로 적합하다고 생각할 수 있다. 하지만 에지는 그 자체로 매칭을 위해 어떤 구실을 하지는 못한다. 에지가 가진 정보는 에지 강도와 에지 방향에 불과해 매칭에 참여하기에는 턱없이 빈약하기 때문이다. 따라서 독립적으로 매칭에 참여할 정도로 풍부한 정보를 지닌 특징점을 검출하는 새로운 접근 방법이 필요하다. 이 특징점은 영상의 다른 곳과 두드러지게 달라서 풍부한 정보를 추출할 수 있는 곳이어야 한다.

이러한 아이디어에 주목한 사람들이 1970년대부터 나타나기 시작한다. 이 시기의 사람들은 에지 화소를 연결하여 얻은 에지 토막에 의지하였다. 특징점을 검출하는 기본 원리는 에지 토막에서 곡률curvature이 큰 지점을 찾고 그곳을 코너corner 특징으로 취하는 것이다. 이때 에지 토막은 디지털 공간에 정의된 곡선이므로 곡률을 계산하는 데 어려움이 발생한다. 또한 작은 물체와 큰 물체 사이의 스케일 변화를 적절히 다루어야 하는 문제도 발생한다.[1] 에지 토막을 이용하는 연구 결과는

---

1  이런 문제를 해결하는 다양한 알고리즘은 [Tuytelaars2007]의 2.2절을 참고하기 바란다.

1980년대에 왕성하게 발표되다가 1990년대에 소강 국면에 접어들고, 2000년대에는 드물게 나타난다. 더 좋은 대안이 떠올랐기 때문이다!

이 대안이 바로 이 장에서 공부할 지역 특징이다. 지역 특징$^{local\ feature}$은 에지에 의존하는 대신 명암 영상에서 직접 검출한다. 따라서 다른 곳과 두드러지게 다르고 풍부한 정보를 가진 위치를 찾는 정교한 연산자를 설계하는 일이 핵심이다. 이러한 방법론적인 변화뿐 아니라 보다 심층적인 의식 전환도 있었다. 에지에 의존하던 첫 번째 접근 방법은 검출된 코너가 실제 물체의 코너에 해당해야 한다는 완고한 입장이었다. 즉, 코너의 물리적인 의미를 중요하게 보았다. 반면 새로운 대안을 지지한 사람들은 검출된 특징의 물리적 의미에 신경을 쓰지 않고, 대신 한 영상에서 검출된 특징이 다른 영상에서도 또 검출되기만 하면 된다는 입장을 취하였다. 즉, 특징의 물리적 의미보다 반복성$^{repeatability}$을 더 중요하게 보았다. 이 의식 전환의 바탕에는 영상 매칭에 성공하려면 반복성이 훨씬 중요하다는 믿음이 자리잡고 있다. 의식 전환에서 시작된 방법론의 변화는 '지역 특징'이라는 새로운 물줄기를 만들었고 컴퓨터 비전에 큰 공헌을 하게 된다.

## 2. 지역 특징의 성질

지역 특징은 종류에 따라 조금씩 다르지만 대략 〈위치, 스케일, 방향, 특징 벡터〉 정보로 구성된다. 검출 단계는 위치와 스케일, 기술 단계는 방향과 특징 벡터를 알아낸다. 이때 검출은 여러 변환에 공변$^{covariant}$이어야 한다. 물체가 이동 또는 회전하거나 스케일이 달라지면 그에 따라 〈위치, 스케일, 방향〉 정보도 변해야 하기 때문이다. 하지만 물체 입장에서 보면 같은 곳이므로 불변이다. 어떤 점에서 특징이 검출되었다면, 변환이 일어나도 같은 점에서 같은 특징이 검출되어야 하기 때문이다. 이런 이유로 많은 문헌에서 공변과 불변 중 어떤 용어를 사용할지 혼란을 겪는다. 대체로 공변보다 불변이라고 말하는데, 이 책에서도 특별한 경우를 제외하고 불변이라 할 것이다.

한편, 특징 벡터를 추출하는 기술 단계는 불변$^{invariant}$이어야 한다. 매칭 알고리즘은 특징 벡터를 비교하여 비슷한 경우 대응점으로 판단하기 때문이다. [그림 4-1]의 두 점에 다시 주목해 보자. 배의 꽁무니 주변 영역의 명암을 확대하여 보여주는데, 각기 다른 시점에서 찍은 영상이기 때문에 배라는 물체의 명암이 다를 수밖에 없다. 하지만 본질적인 명암 구조는 같으므로 스케일, 회전, 조명 변화에 무관하게 같은 값을 갖는 특징 벡터를 추출하는 알고리즘을 구상할 수 있다. 이런 불변성을 만족하는 특징 기술 알고리즘은 6장에서 공부한다.

지역 특징을 다양한 응용에 유용하게 활용하려면 다음의 몇 가지 특성을 만족해야 한다.

- 반복성repeatability : 같은 물체를 다른 시점에서 찍은 두 영상이 주어졌을 때, 한 영상 속 물체에서 검출된 특징은 다른 영상의 물체에서도 동일한(실제로는 유사한) 위치에 동일한 속성값으로 검출되어야 한다. 이 기준이 만족되어야만 두 영상에서 대응점을 찾을 수 있고, 물체 인식이나 물체 추적과 같은 과업도 달성할 수 있다. 불변성과 강건성은 반복성의 기초가 된다.

- 분별력distinctiveness : 물체의 다른 곳과 충분히 구분될 수 있을 정도로 두드러진 속성값을 가져야 한다. 그래야 실제 대응되는 두 점이 유일하게 1:1로 매칭될 수 있다. 특징 벡터의 분별력에 대해서는 6장에서 자세하게 공부한다.

- 지역성locality : 어떤 점을 중심으로 작은 크기의 주변 영역만 보고 특징 검출과 특징 기술이 수행되어야 한다. 이는 다양한 형태로 가림occlusion과 혼재clutter가 발생하는 상황에서 강건하게 작동하기 위해서 필수적이다.

- 정확성accuracy : 검출된 특징은 정확한 위치에 놓여야 한다. 스케일 공간에서 찾은 특징은 2차원 공간뿐 아니라 스케일 축에서도 정확해야 한다. 상황에 따라 부분 화소 정확도subpixel accuracy까지 계산할 필요가 있다.

- 적당한 양 : 어떤 물체의 자세pose(위치와 방향)를 계산하기 위해서는 이론적으로 세 개의 대응점만 있으면 된다. 하지만 대응점에 오류가 포함될 가능성이 있으므로 대응점이 많아지면 보다 정확하게 자세를 추정할 수 있다. 더불어 한 영상에서 검출된 특징이 다른 영상에서 나타나지 않을 수도 있다. 특징은 원천적으로 충분한 양을 얻을 수 있어야 한다. 그렇다고 너무 많으면 계산하는 데 시간이 오래 걸릴뿐더러 틀린 매칭이 자주 발생할 수 있다. 대부분의 특징 검출 알고리즘은 양을 조절하는 데 사용하는 매개변수를 가지고 있다.

- 계산 효율 : 특징 정보를 추출하는 전체 과정을 충분히 빠른 시간 안에 마칠 수 있어야 한다. 축구 중계에서 선수를 자동으로 추적하거나 항해하는 로봇이 물체를 인식하는 것과 같이 실시간 처리가 필요한 응용에서는 양보할 수 없는 기준이 된다. 검출, 기술, 매칭의 세 단계 중에서 주로 매칭에 가장 많은 시간을 소요하는데, 7장에서 효율적인 매칭 알고리즘을 소개한다.

앞서 살펴본 기준들은 서로 길항tradeoff 관계이다. 예를 들어, 어느 응용에서든지 반복성이 가장 중요한 기준이지만, 실시간 처리가 필수적인 응용에서 높은 반복성이 계산 효율을 크게 떨어뜨린다면 어느 정도 반복성을 양보하는 전략을 채택하는 것이 현명하다. 지역성과 분별력도 마찬가지이다. 보다 큰 영역에서 속성값을 계산하면 분별력은 높아지겠지만 지역성은 떨어질 수밖에 없다. 결국 모든 선택은 상황에 따라야 한다. 예를 들어, 카메라 캘리브레이션camera calibration[2]에서는 정확한 카메라 자세를 알아내는 것이 목적이므로 정확도가 무엇보다 중요하다. 이런 경우에는 종종 부분 화소 정확도가 필요하다. 캘리브레이션은 오프라인 상에서 작업하므로 계산 효율은 상대적으로 덜 중요한 기준이다.

---

2 카메라 캘리브레이션이란 3차원 공간에 카메라가 어떤 자세로 놓여 있는지, 즉 어떤 위치에서 어느 방향을 바라보고 있는지를 나타내는 행렬 정보를 알아내는 작업이다.

## 3. 지역 특징 검출 원리

수백만 개의 점으로 구성된 영상에서, 앞서 살펴본 여러 가지 성능 기준을 만족하는 훌륭한 곳을 어떻게 찾을 수 있을까? [그림 4-2]는 [그림 4-1]과 동일한 영상으로, 여기서는 다른 용도로 활용한다. 이들 영상에서 간단한 인지 실험을 해보자. 왼쪽 영상에 a, b, c로 표시된 세 곳이 있는데, 오른쪽 영상에서 이들에 해당하는 위치를 정확히 짚어내는 실험이다. 어느 곳이 가장 쉬울까?

c가 가장 어렵고, a가 가장 쉬울 것이다. 왜 그럴까? 어떻게 하면 그 이유를 수학으로 표현하고, 알고리즘으로 발전시킬 수 있을까? 이 현상에 대한 이유는 a는 주변과 비교했을 때 여러 방향으로 밝기 변화가 발생하지만, c는 모든 방향으로 밝기가 비슷하여 찾기 어렵기 때문이다. b는 에지 방향으로 변화가 적고 에지에 수직인 그레이디언트 방향으로 큰 변화가 일어난다. 그렇다면 이들 중 어느 것을 지역 특징으로 삼는 것이 유리할까? 답은 자명하다. 바로 여러 방향으로 밝기 변화가 심한 a이다. 이 문제에 관한 한 사람이 찾기 쉬운 곳이 컴퓨터에게도 쉽다.

그림 4-2 a, b, c 중에 어느 곳이 지역 특징으로 유리할까?

# 2
# 이동과 회전에 불변한 특징점 검출

지금까지는 특징이 '무엇'이고 어떤 성능 기준을 만족해야 하는지, 어떤 곳이 특징으로 삼기 좋은 지와 같이 특징점 검출에 관한 선언적인 이야기에 머물렀다. 이제부터는 그러한 특징을 '어떻게' 찾을 것인지에 대한 구체적인 방법을 생각해 보자.

## 1. 모라벡 알고리즘

1970년대 후반부터 이런 원리에 주목하는 사람들이 나타난다. 선구자 중의 하나인 모라벡은 [그림 4-2]의 c에는 낮은 값, a에는 높은 값을 부여하는 함수를 제시하였다[Moravec80]. 식 (4.1)의 함수 $S(v,u)$가 그 역할을 하는데 이것을 제곱차의 합SSD(sum of squared difference)이라 부른다.

$$S(v, u) = \sum_y \sum_x w(y,x) \left( f(y + v, x + u) - f(y,x) \right)^2 \tag{4.1}$$

앞에서 그랬듯이 $f(\ldots)$는 입력 영상이고 $w(.,.)$는 마스크이다. 이 식은 이전의 표기와 다른 점이 있는데 그로 인해 조금 어리둥절할 수 있다. 현재 처리 중인 화소가 수식에 명시적으로 나타나지 않는다. 마스크 $w(y,x)$는 (암시적으로 정해져 있는) 현재 화소를 중심으로 실제 계산에 참여할 곳을 지정한다. $w(y,x)$는 현재 화소에 씌운 박스형 마스크인데, 박스 내의 화소는 1, 그 외의 모든 화소는 0을 갖는다. 박스 내의 화소에 대해서만 계산을 하는 셈이다. 컨볼루션은 현재 화소에서 한 개의 값만 생성하는 반면, 식 (4.1)은 $(v,u)$를 변화시켜가며 마스크 화소 각각에 대해 값을 생성한다. 따라서 [그림 4-3(b)]와 같이 $S(v,u)$라는 맵이 만들어진다. 아주 간단한 상황을 예로 들어 식 (4.1)을 명확히 파악해 보자. 이 식은 앞으로 자주 등장하므로 [예제 4-1]을 통해 반드시 이해하고 다음으로 넘어가야 한다.

---

**예제 4-1** ▊ **제곱차 합 계산**

[그림 4-3]은 삼각형을 가진 12×12 영상이다. 현재 조사하고 있는 점은 $(5,3)$에 위치한 b이고, 마스크는 모든 값이 1인 3×3 크기의 박스형이라 하자. 이때 오른쪽으로 한 화소만큼 이동시킨 $S(0,1)$을 계산해 보면 다음과 같이 4라는 값을 얻는다.

$$S(0,1) = \sum_y\sum_x w(y,x)(f(y,x+1) - f(y,x))^2, \ \text{이때 } w(y,x) = \begin{cases} 1, & 4 \le y \le 6, \ 2 \le x \le 4 \\ 0, & \text{그 외} \end{cases}$$

$$= \sum_{4 \le y \le 6}\sum_{2 \le x \le 4} (f(y,x+1) - f(y,x))^2 = 4$$

같은 방식으로 나머지 $v$와 $u$ 값에 대해 $S(v,u)$를 계산해 보면, 왼쪽과 같은 $S(v,u)$ 맵을 완성할 수 있다. 점 b를 기준으로 생성한 맵으로, 연필을 들고 다른 점에 대해서도 계산해 보기 바란다. 손으로 직접 해 보는 것의 힘은 생각보다 강하다!

|  | | $u$ | |
|---|---|---|---|
|  | -1 | 0 | 1 |
| -1 | 3 | 1 | 6 |
| $v$ 0 | 3 | 0 | 4 |
| 1 | 3 | 0 | 3 |

---

[그림 4-3]은 세 점의 $S(v,u)$ 맵을 보여준다. 이 그림을 자세히 살펴보며, 식 (4.1)의 의도를 짚고 넘어가자.

|  | 0 | 1 | 2 | 3 | 4 | 5 | 6 | 7 | 8 | 9 | 10 | 11 |
|---|---|---|---|---|---|---|---|---|---|---|---|---|
| 0 | 0 | 0 | 0 | 0 | 0 | 0 | 0 | 0 | 0 | 0 | 0 | 0 |
| 1 | 0 | 0 | 0 | 0 | 0 | 0 | 0 | 0 | 0 | 0 | 0 | 0 |
| 2 | 0 | 0 | 0 | 0 | 0 | 0 | 0 | c0 | 0 | 0 | 0 | 0 |
| 3 | 0 | 0 | 0 | 1 | 0 | 0 | 0 | 0 | 0 | 0 | 0 | 0 |
| 4 | 0 | 0 | 1 | 1 | 0 | 0 | 0 | 0 | 0 | 0 | 0 | 0 |
| 5 | 0 | 0 | 0 | b1 | 1 | 1 | 0 | 0 | 0 | 0 | 0 | 0 |
| 6 | 0 | 0 | 0 | 1 | 1 | 1 | 1 | 0 | 0 | 0 | 0 | 0 |
| 7 | 0 | 0 | 0 | 1 | 1 | 1 | 1 | a1 | 0 | 0 | 0 | 0 |
| 8 | 0 | 0 | 0 | 0 | 0 | 0 | 0 | 0 | 0 | 0 | 0 | 0 |
| 9 | 0 | 0 | 0 | 0 | 0 | 0 | 0 | 0 | 0 | 0 | 0 | 0 |
| 10 | 0 | 0 | 0 | 0 | 0 | 0 | 0 | 0 | 0 | 0 | 0 | 0 |
| 11 | 0 | 0 | 0 | 0 | 0 | 0 | 0 | 0 | 0 | 0 | 0 | 0 |

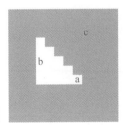

(a) 합성 영상

|  | $u$ | | |
|---|---|---|---|
|  | -1 | 0 | 1 |
| -1 | 3 | 4 | 4 |
| $v$ 0 | 2 | 0 | 2 |
| 1 | 4 | 3 | 2 |

a

|  | $u$ | | |
|---|---|---|---|
|  | -1 | 0 | 1 |
| -1 | 3 | 1 | 6 |
| $v$ 0 | 3 | 0 | 4 |
| 1 | 3 | 0 | 3 |

b

|  | $u$ | | |
|---|---|---|---|
|  | -1 | 0 | 1 |
| -1 | 0 | 0 | 0 |
| $v$ 0 | 0 | 0 | 0 |
| 1 | 0 | 0 | 0 |

c

(b) 세 지점에서 $S(v, u)$ 맵

그림 4-3 $S(v, u)$ 맵

만일 현재 조사 중인 화소가 c와 같이 변화가 없는 곳인 경우, $(v, u)$를 변화시키며 주위를 조사하면 $S(v, u)$는 어느 방향으로든 낮은 값을 갖는다. 화소 c는 변화가 전혀 없으므로 아홉 개의 요소 모두 0을 갖는다. 이제 경계에 위치한 b를 살펴보자. 이곳의 에지는 세로 방향인데 그 방향으로는 낮은 값을 갖는 반면, 에지와 수직인 가로 방향으로는 큰 값을 갖는다. 물체의 코너에 해당하는 a는 모든 방향에서 큰 값을 갖는다. 즉, 제곱차의 합이라는 함수 $S$는 어떤 점이 다른 곳과 얼마나 두드러지게 다른지 측정해 주는 역할을 한다. 물체의 코너는 두드러지게 다른 곳이므로 $S$를 코너일 가능성 정보로 해석할 수 있다.

[그림 4-4]는 실제 영상에 9×9 마스크를 적용하여 얻은 $S$ 맵이다. 실제 영상에서도 [그림 4-3]과 비슷한 현상이 나타남을 알 수 있다. 점 a는 사슴의 눈으로, 모든 방향으로 명암 변화가 심하다. 따라서 $S$ 맵의 모든 화소가 큰 값을 갖는다. b는 대각선 방향의 에지에 위치하는데, 에지 방향으로는 낮은 값을 갖지만 에지에 수직한 방향으로는 큰 값을 가진다. 변화가 거의 없는 c는 아주 낮은 값을 갖는다.

> 원래 영상

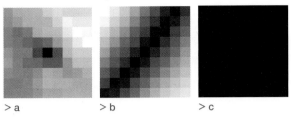

> a          > b          > c

그림 4-4 **실제 영상에서 $S$ 맵(밝을수록 큰 값)**

모라벡은 [예제 4-1]과 같이 $3 \times 3$ 크기의 박스형 마스크를 사용하였으며, 동서남북 네 방향으로 한 화소만큼 이동시켜 얻은 네 개의 값 즉, $(S(0,1), S(0,-1), S(1,0), S(-1,0))$만 사용하였다. 그는 어떤 점이 코너라면 네 방향 모두 변화가 커야 한다고 보고, 네 값의 최솟값을 지역 특징일 가능성 값으로 간주하였다. 식 (4.2)는 모라벡이 정의한 '특징 가능성' 값이다.

$$C = \min(S(0,1), S(0,-1), S(1,0), S(-1,0)) \tag{4.2}$$

모라벡 알고리즘에 대해 생각해 보자. '특징점은 여러 방향으로 변화가 커야한다'라는 기본 원칙은 분명 지켰다. 하지만 컴퓨터 비전이 처리해야 하는 영상은 [그림 4-3(a)]와 같은 단순한 합성 영상이 아니라, [그림 4-4]와 같은 실제 세계에서 획득한 복잡한 영상이다. 마스크를 한 화소만큼 이동시킨 것은 충분한가? 동서남북 네 방향만 본 것은 적절한가? 실제 영상에서 발생하는 잡음은 어떻게 대처할 것인가? [그림 4-4]와 같이 마스크 크기를 키우면 도움이 될까? 이러한 문제의식을 가지고 다음 절로 들어가 보자.

## 2. 해리스 코너

해리스는 1988년에 5쪽에 불과하지만 나중에 아주 유명해지는 논문을 발표한다[Harris88]. 그는 잡음에 대처하기 위해 식 (4.1)의 박스형 마스크를 중심에서 멀어질수록 서서히 값이 작아지는 가우시안 마스크 $G(y,x)$로 대치하였다. 이렇게 하여 식 (4.1)의 제곱차의 합은 식 (4.3)의 가중치 제곱차의 합WSSD(Weighted Sum of Squared Difference)으로 확장된다.

$$S(v,u) = \sum_y \sum_x G(y,x)(f(y+v, x+u) - f(y,x))^2 \tag{4.3}$$

식 (4.3)은 특징이 될 가능성을 좀더 정밀하게 측정해 주는데, 실제 구현할 때 몇 가지 문제를 신중하게 다루어야 한다. 가장 중요한 문제는 $(v,u)$를 어떻게 변화시켜 주위를 조사할 것인지에 관한 것이다. 모라벡은 한 화소만 이동시켜 동서남북((0,1), (0,−1), (1,0), (−1,0))을 조사하였다. 하지만 이렇게 하면 360° 모든 방향을 동등하게 취급한다는 등방성isotropic property을 만족하지 못한다. 결국 물체가 0°, 90°, 180°, 270°만큼 회전하면 적절히 대처할 수 있지만 32°나 48°와 같이 임의의 값만큼 회전하는 경우는 대처하지 못한다. 다시 말해 등방성을 만족하지 못해 매우 제한적인 회전 불변성만 지닌다는 뜻이다.

미분을 도입하면 이 문제를 해결할 수 있다. 테일러 확장Taylor expansion에 따르면 식 (4.4)가 성립한다.[3] 여기에서 $d_y(y,x)$와 $d_x(y,x)$는 $(y,x)$에서 도함수 $\frac{\partial f}{\partial y}$와 $\frac{\partial f}{\partial x}$의 값을 말한다. 해리스의 논문에서는 이들을 구하기 위해 $y$방향 마스크 $[-1\ 0\ +1]^T$와 $x$방향 마스크 $[-1\ 0\ +1]$을 사용한다.[4]

$$f(y+v, x+u) \cong f(y,x) + vd_y(y,x) + ud_x(y,x) \tag{4.4}$$

식 (4.4)를 식 (4.3)에 대입한 후 정리하면 식 (4.5)를 얻는다.

$$S(v,u) \cong \sum_y \sum_x G(y,x)(vd_y(y,x) + ud_x(y,x))^2 \tag{4.5}$$

모라벡의 식 (4.1)이 해리스의 식 (4.5)로 진화한 셈이다. 해리스는 여기에서 멈추지 않고 식 (4.5)에서 특징일 가능성을 직접 계산하는 대신, 수학을 이용하여 한 걸음 더 나아갔다. 그의 의도는 $(v,u)$를 바꾸어 가며 인근을 조사하는 것이 아닌, 현재 위치의 영상 '구조'를 나타내는 무엇인가를 도출하는 것이다. 식 (4.5)를 다음과 같이 유도할 수 있다. 식을 간단히 표기하기 위해, 도함수 $d_y(y,x)$와 $d_x(y,x)$를 $d_y$와 $d_x$로 줄여 쓴다.

$$
\begin{aligned}
S(v,u) &\cong \sum_y \sum_x G(y,x)(vd_y + ud_x)^2 \\
&= \sum_y \sum_x G(y,x)(v^2 d_y^2 + 2vud_y d_x + u^2 d_x^2) \\
&= \sum_y \sum_x G(y,x)(v\ u)\begin{pmatrix} d_y^2 & d_y d_x \\ d_y d_x & d_x^2 \end{pmatrix}\begin{pmatrix} v \\ u \end{pmatrix} \\
&= (v\ u)\sum_y \sum_x G(y,x)\begin{pmatrix} d_y^2 & d_y d_x \\ d_y d_x & d_x^2 \end{pmatrix}\begin{pmatrix} v \\ u \end{pmatrix}
\end{aligned}
$$

---

3 $(y,x)$로부터 작은 양 $(v,u)$만큼 이동한 점 $(y+v, x+u)$의 함수값 $f(y+v, x+u)$는 $(y,x)$에서 함수값 $f(y,x)$에 두 방향으로의 증가량인 $vd_y(y,x)$와 $ud_x(y,x)$를 더해 준 값으로 근사화할 수 있다는 뜻이다.

4 도함수 값을 보다 정확하게 구하는 방법이 있다. 예를 들어, Peter Kovesi가 제공하는 Matlab 컴퓨터 비전 패키지는 [Farid2004]를 사용한다. 자세한 내용은 http://www.csse.uwa.edu.au/~pk/Research/MatlabFns/index.html을 참고한다.

마지막 줄에서 $\sum_y \sum_x G(y,x)$를 행렬 속으로 옮겨도 되므로 다음과 같이 다시 쓸 수 있다.

$$S(v,u) \cong (v\ u)\begin{pmatrix} \sum_y \sum_x G(y,x)\,d_y^2 & \sum_y \sum_x G(y,x)\,d_y d_x \\ \sum_y \sum_x G(y,x)\,d_y d_x & \sum_y \sum_x G(y,x)\,d_x^2 \end{pmatrix}\begin{pmatrix} v \\ u \end{pmatrix}$$

가운데 $2\times2$ 행렬의 네 요소는 모두 컨볼루션 연산이다. 따라서 기호 $\circledast$를 사용하여 다시 쓰면 식 (4.6)이 된다.

$$S(v,u) \cong (v\ u)\begin{pmatrix} G \circledast d_y^2 & G \circledast d_y d_x \\ G \circledast d_y d_x & G \circledast d_x^2 \end{pmatrix}\begin{pmatrix} v \\ u \end{pmatrix} = \mathbf{uAu}^\top \qquad (4.6)$$

## 2차 모멘트 행렬

식 (4.6)에 들어 있는 행렬 $\mathbf{A}$는 해리스가 제안한 코너 검출 알고리즘에서 핵심적인 역할을 하므로 식 (4.7)로 따로 써 보자.

$$\mathbf{A} = \begin{pmatrix} G \circledast d_y^2 & G \circledast d_y d_x \\ G \circledast d_y d_x & G \circledast d_x^2 \end{pmatrix} \qquad (4.7)$$

행렬 $\mathbf{A}$는 자가 공관계auto-correlation 행렬 또는 2차 모멘트 행렬second moment matrix이라 불린다. 식 (4.6)과 (4.7)을 유심히 살펴볼 가치가 있다. 첫째, $(v,u)$는 정수뿐 아니라 어떠한 실수라도 가능하다. 예를 들어, 식 (4.6)을 가지고 $S(0.2,3.4)$를 추정할 수 있다. 반면 식 (4.1)에서는 $f(x+0.2,y+3.4)$가 정의되지 않으므로 $S(0.2,3.4)$의 계산이 불가능하다. 둘째, 원래 식이 인수 분해되어 $(v,u)$와 $\mathbf{A}$가 분리되어 있다. 즉 $\mathbf{A}$는 $(v,u)$와 무관하게 계산할 수 있다. 게다가 이 $\mathbf{A}$가 현재 위치의 '영상 구조'를 말해 준다.[5] 굳이 $(v,u)$를 변경해 가며 [그림 4-3]과 같이 $S(v,u)$ 맵을 생성하지 않아도, $\mathbf{A}$만 잘 들여다보면 현재 위치의 영상 구조를 파악하여 특징 여부를 결정할 수 있다.

지금까지 공부한 것을 정리해 보자. 모라벡 알고리즘은 $(v,u)$를 동서남북으로 변화시키며 식 (4.1)의 $S(v,u)$ 맵을 구하고 이들 값으로 코너 여부를 판단한 반면, 해리스 알고리즘은 행렬 $\mathbf{A}$를 구하여 판단한다. 몇 단계 진화한 셈이다. 해리스의 논문이 지금까지 유명할 수 있는 이유가 바로 행렬 $\mathbf{A}$를 도출해낸 점에 있다. 이 논문이 발표된 이후에는 거의 모든 연구가 이런 방식을 따른다. 예제를 통해 행렬 $\mathbf{A}$의 계산 과정을 살펴보자.

---

5 영상 구조라 함은 명암 변화의 모양을 뜻한다. 즉, 변화의 형태와 정도 따위를 말한다. 명암을 지형으로 해석하면 이해하기 쉽다.

[예제 4-1]에서 사용한 [그림 4-3(a)]의 영상에서 행렬 **A**를 계산하는 과정을 살펴보자. [그림 4-5(a)]는 편의상 같은 영상을 다시 보여주는 것이고, [그림 4-5(b)]는 $d_y, d_x, d_y^2, d_x^2, d_yd_x$를 구한 영상이다. $d_y$와 $d_x$를 구하기 위해 각각 $[-1\ 0\ 1]^T$와 $[-1\ 0\ 1]$ 연산자를 사용하였다. [그림 4-5(c)~(e)]의 영상을 얻기 위해 다음과 같이 $\sigma=1.0$인 가우시안 마스크 $G$를 사용하였다.

$$G = \begin{array}{|c|c|c|}\hline .0751 & .1238 & .0751 \\\hline .1238 & .2042 & .1238 \\\hline .0751 & .1238 & .0751 \\\hline\end{array}$$

이제 어떤 점의 행렬 **A**를 구할 수 있다. 예를 들어, 점 a의 행렬은 $\mathbf{A} = \begin{pmatrix} 0.522 & -0.199 \\ -0.199 & 0.527 \end{pmatrix}$이다.

| | 0 | 1 | 2 | 3 | 4 | 5 | 6 | 7 | 8 | 9 | 10 | 11 |
|---|---|---|---|---|---|---|---|---|---|---|---|---|
| 0 | 0 | 0 | 0 | 0 | 0 | 0 | 0 | 0 | 0 | 0 | 0 | 0 |
| 1 | 0 | 0 | 0 | 0 | 0 | 0 | 0 | 0 | 0 | 0 | 0 | 0 |
| 2 | 0 | 0 | 0 | 0 | 0 | 0 | 0 | 0ᶜ | 0 | 0 | 0 | 0 |
| 3 | 0 | 0 | 0 | 1 | 0 | 0 | 0 | 0 | 0 | 0 | 0 | 0 |
| 4 | 0 | 0 | 0 | 1 | 1 | 0 | 0 | 0 | 0 | 0 | 0 | 0 |
| 5 | 0 | 0 | 0 | ᵇ1 | 1 | 1 | 0 | 0 | 0 | 0 | 0 | 0 |
| 6 | 0 | 0 | 0 | 1 | 1 | 1 | 1 | 0 | 0 | 0 | 0 | 0 |
| 7 | 0 | 0 | 0 | 1 | 1 | 1 | 1 | ᵃ1 | 0 | 0 | 0 | 0 |
| 8 | 0 | 0 | 0 | 0 | 0 | 0 | 0 | 0 | 0 | 0 | 0 | 0 |
| 9 | 0 | 0 | 0 | 0 | 0 | 0 | 0 | 0 | 0 | 0 | 0 | 0 |
| 10 | 0 | 0 | 0 | 0 | 0 | 0 | 0 | 0 | 0 | 0 | 0 | 0 |
| 11 | 0 | 0 | 0 | 0 | 0 | 0 | 0 | 0 | 0 | 0 | 0 | 0 |

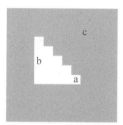

(a) 원래 영상 $f$

$> d_y$        $> d_x$        $> d_y^2$        $> d_x^2$        $> d_yd_x$

(b) 도함수 영상(흰색은 1, 회색은 0, 검은색은 −1)

| | | | | | | | | | | | |
|---|---|---|---|---|---|---|---|---|---|---|---|
| 0 | 0 | 0 | 0 | 0 | 0 | 0 | 0 | 0 | 0 | 0 | 0 |
| 0 | 0 | .075 | .124 | .075 | 0 | 0 | 0 | 0 | 0 | 0 | 0 |
| 0 | 0 | .199 | .403 | .323 | .075 | 0 | 0 | 0 | 0 | 0 | 0 |
| 0 | 0 | .199 | .527 | .602 | .323 | .075 | 0 | 0 | 0 | 0 | 0 |
| 0 | 0 | .075 | .323 | .602 | .602 | .323 | .075 | 0 | 0 | 0 | 0 |
| 0 | 0 | 0 | .075 | .323 | .602 | .602 | .323 | .075 | 0 | 0 | 0 |
| 0 | 0 | .075 | .199 | .349 | .597 | .726 | .478 | .124 | 0 | 0 | 0 |
| 0 | 0 | .199 | .527 | .726 | .801 | .801 | .522 | .150 | 0 | 0 | 0 |
| 0 | 0 | .199 | .527 | .726 | .726 | .651 | .403 | .124 | 0 | 0 | 0 |
| 0 | 0 | .075 | .199 | .274 | .274 | .274 | .199 | .075 | 0 | 0 | 0 |
| 0 | 0 | 0 | 0 | 0 | 0 | 0 | 0 | 0 | 0 | 0 | 0 |
| 0 | 0 | 0 | 0 | 0 | 0 | 0 | 0 | 0 | 0 | 0 | 0 |

(c) $G \circledast d_y^2$

| | | | | | | | | | | | |
|---|---|---|---|---|---|---|---|---|---|---|---|
| 0 | 0 | 0 | 0 | 0 | 0 | 0 | 0 | 0 | 0 | 0 | 0 |
| 0 | 0 | 0 | 0 | 0 | 0 | 0 | 0 | 0 | 0 | 0 | 0 |
| 0 | .075 | .124 | .150 | .124 | .075 | 0 | 0 | 0 | 0 | 0 | 0 |
| 0 | .199 | .403 | .521 | .478 | .323 | .075 | 0 | 0 | 0 | 0 | 0 |
| 0 | .274 | .651 | .801 | .726 | .602 | .323 | .075 | 0 | 0 | 0 | 0 |
| 0 | .274 | .726 | .801 | .597 | .602 | .602 | .323 | .075 | 0 | 0 | 0 |
| 0 | .274 | .726 | .726 | .349 | .323 | .602 | .602 | .323 | .075 | 0 | 0 |
| 0 | .199 | .527 | .527 | .199 | .075 | .323 | .527 | .403 | .124 | 0 | 0 |
| 0 | .075 | .199 | .199 | .075 | 0 | .075 | .199 | .199 | .075 | 0 | 0 |
| 0 | 0 | 0 | 0 | 0 | 0 | 0 | 0 | 0 | 0 | 0 | 0 |
| 0 | 0 | 0 | 0 | 0 | 0 | 0 | 0 | 0 | 0 | 0 | 0 |
| 0 | 0 | 0 | 0 | 0 | 0 | 0 | 0 | 0 | 0 | 0 | 0 |

(d) $G \circledast d_x^2$

| | | | | | | | | | | | |
|---|---|---|---|---|---|---|---|---|---|---|---|
| 0 | 0 | 0 | 0 | 0 | 0 | 0 | 0 | 0 | 0 | 0 | 0 |
| 0 | 0 | 0 | 0 | 0 | 0 | 0 | 0 | 0 | 0 | 0 | 0 |
| 0 | 0 | 0 | -.075 | -.124 | -.075 | 0 | 0 | 0 | 0 | 0 | 0 |
| 0 | 0 | 0 | -.199 | -.403 | -.323 | -.075 | 0 | 0 | 0 | 0 | 0 |
| 0 | 0 | 0 | -.199 | -.527 | -.602 | -.323 | -.075 | 0 | 0 | 0 | 0 |
| 0 | 0 | 0 | -.075 | -.323 | -.602 | -.602 | -.323 | -.075 | 0 | 0 | 0 |
| 0 | 0 | -.075 | -.124 | -.150 | -.323 | -.527 | -.403 | -.124 | 0 | 0 | 0 |
| 0 | 0 | -.075 | -.204 | -.124 | -.075 | -.199 | -.199 | -.075 | 0 | 0 | 0 |
| 0 | 0 | -.075 | -.124 | -.075 | 0 | 0 | 0 | 0 | 0 | 0 | 0 |
| 0 | 0 | 0 | 0 | 0 | 0 | 0 | 0 | 0 | 0 | 0 | 0 |
| 0 | 0 | 0 | 0 | 0 | 0 | 0 | 0 | 0 | 0 | 0 | 0 |
| 0 | 0 | 0 | 0 | 0 | 0 | 0 | 0 | 0 | 0 | 0 | 0 |

(e) $G \circledast d_y d_x$

그림 4-5 **2차 모멘트 행렬 A를 구하는 과정**

## 특징 가능성 측정

지금까지 2차 모멘트 행렬 $\mathbf{A}$를 구하는 과정에 대해 자세히 살펴보았는데, 이제 이 행렬을 가지고 어떻게 특징점을 찾아낼지에 대해 생각해 보자. [예제 4-2]를 더 따라가 보자.

**표 4-1 세 점에서의 특징 가능성 값**

|  | a | b | c |
| --- | --- | --- | --- |
| 2차 모멘트 행렬 | $\mathbf{A} = \begin{pmatrix} 0.522 & -0.199 \\ -0.199 & 0.527 \end{pmatrix}$ | $\mathbf{A} = \begin{pmatrix} 0.075 & -0.075 \\ -0.075 & 0.801 \end{pmatrix}$ | $\mathbf{A} = \begin{pmatrix} 0 & 0 \\ 0 & 0 \end{pmatrix}$ |
| 고유값 | $\lambda_1 = 0.7235, \lambda_2 = 0.3255$ | $\lambda_1 = 0.8087, \lambda_2 = 0.0673$ | $\lambda_1 = 0.0, \lambda_2 = 0.0$ |
| 특징 가능성 값 | $C = 0.1925$ | $C = 0.0237$ | $C = 0.0$ |

[표 4-1]은 [예제 4-2]에서 사용한 삼각형 영상의 세 점 a, b, c에 대한 행렬 $\mathbf{A}$와 그들의 고유값eigenvalue을 보여준다. 이 사례에서 알 수 있듯이 고유값을 보고 세 가지 경우로 나눌 수 있다.

- c와 같이 두 개의 고유값 모두 0이거나 0에 가까우면 그곳은 변화가 거의 없는 곳이다.
- b와 같이 고유값 하나는 크고 다른 하나는 작으면 그곳은 한 방향으로만 변화가 있는 에지이다.
- a와 같이 고유값 두 개가 모두 크면 그곳은 여러 방향으로 변화가 있는 지점이다. 그곳이 바로 특징점으로 적합하다.

이러한 사실은 여기에서 예로 들은 세 점에 국한된 것이 아니다. 해리스는 일반적으로 적용할 수 있는 규칙임을 입증하고, 이를 바탕으로 고유값 두 개로 정의되는 식 (4.8)을 제안하였다. 식 (4.8)은 두 고유값이 모두 클 때만 크므로, 특징점일 가능성을 측정하는 데 훌륭한 역할을 수행한다. 여기에서 $k$는 상황에 맞게 설정할 수 있는데, 보통 0.04 정도가 적절한 것으로 알려져 있다.

$$C = \lambda_1 \lambda_2 - k(\lambda_1 + \lambda_2)^2 \tag{4.8}$$

식 (4.8)은 계산의 효율면에서 개선할 여지가 있다. 이 식을 계산하려면 고유값이 필요한데 고유값 계산은 약간의 시간이 소요된다. 그런데 조금만 신경쓰면 훨씬 빠르게 계산할 수 있다. 식 (4.7)의 행렬을 $\mathbf{A} = \begin{pmatrix} p & r \\ r & q \end{pmatrix}$이라 하면, 두 고유값의 합 $\lambda_1 + \lambda_2 = p + q = trace(\mathbf{A})$이고, $\lambda_1 \lambda_2 = pq - r^2 = det(\mathbf{A})$이다. 따라서 식 (4.8)은 (4.9)로 바꾸어 쓸 수 있다. 식 (4.9)는 이 절의 최종 수식으로서, 특징 가능성을 나타내는 측정치이다.

TIP 영상의 모든 화소에 대해 식 (4.8)을 계산해야 하므로 이 속도 개선은 큰 효과를 발휘한다.

$$C = det(\mathbf{A}) - k \times trace(\mathbf{A})^2 = (pq - r^2) - k(p + q)^2 \tag{4.9}$$

[표 4-1]의 마지막 행은 식 (4.9)로 계산한 특징 가능성 값을 보여준다. 변화가 전혀 없는 c는 0이고, 코너에 해당하는 a는 0.1925로서 셋 중 가장 큰 값을 가진다. 에지에 해당하는 b는 c보다 크지만 a보다 작다. [그림 4-6]은 실제 영상에 대해 식 (4.9)를 적용하고 C가 0.02보다 큰 점을 특징점으로 취하고 작은 동그라미를 그려 넣은 영상이다. 이렇게 검출된 특징점은 변화가 심한 곳임을 알 수 있다. 더불어 변화가 특히 심한 곳은 한 점으로 집중되지 않고 퍼져 있음을 관찰할 수 있다. 이런 곳은 한 점을 지정하는 '위치 찾기localization' 문제가 대두되는데 이 문제는 4.3절의 비최대 억제를 통해 해결한다.

그림 4-6 **해리스 코너**

해리스는 지금까지 살펴본 특징점 검출 알고리즘을 코너 검출기corner detector라 불렀다. [그림 4-6]을 잘 살펴보면서 이 용어가 적절한지 생각해 보자. 사슴의 뿔 끄트머리는 코너라 말할 수 있지만 눈을 코너라고 말하는 것은 적절하지 않다. 또한 실제 값을 관찰해 보면 뿔 끄트머리보다 눈이 더 큰 값을 갖는다. 이러한 이유로 시간이 지나면서 사람들은 코너라는 용어보다 특징점feature point 또는 관심점interest point을 주로 사용하게 된다.

## 3. 2차 미분을 사용한 방법

앞 절은 1차 도함수 $d_y$와 $d_x$로 정의되는 2차 모멘트 행렬을 사용하였다. 특징점을 구하는 또 다른 방법을 살펴보자. 2차 도함수를 사용하는 방법으로, 먼저 식 (4.10)의 헤시안 행렬Hessian matrix $\mathbf{H}$를 정의한다. $d_{yy}$와 $d_{xx}$는 각각 $y$방향과 $x$방향으로 두 번 미분한 2차 도함수 $\frac{\partial^2 f}{\partial y^2}$와 $\frac{\partial^2 f}{\partial x^2}$를 말하고, $d_{yx}$는 $y$방향으로 미분한 후 그 결과를 다시 $x$방향으로 미분한 2차 도함수 $\frac{\partial^2 f}{\partial y \partial x}$이다.

$$\mathbf{H} = \begin{pmatrix} d_{yy} & d_{yx} \\ d_{yx} & d_{xx} \end{pmatrix} \tag{4.10}$$

미분은 잡음을 증폭시키는데, 두 번 미분하면 문제가 더욱 심각해지므로 식 (4.10)의 2차 도함수를 날 것 그대로 사용하지 않는다. 대신 식 (4.11)과 같이 먼저 가우시안으로 스무딩을 한 다음 그 결과에 2차 미분을 수행한다. 예를 들어, $d_{yx}(\sigma)$는 입력 영상 $f$를 $\sigma$ 크기의 가우시안 필터 $G$로 컨볼루션한 후, 그 결과 영상을 $y$방향으로 미분하고 다시 $x$방향으로 미분하여 얻은 도함수이다.

$$\mathbf{H} = \begin{pmatrix} d_{yy}(\sigma) & d_{yx}(\sigma) \\ d_{yx}(\sigma) & d_{xx}(\sigma) \end{pmatrix} \tag{4.11}$$

이때 $d_{st}(\sigma) = \frac{\partial}{\partial t}\left( \frac{\partial}{\partial s}(G(y,x,\sigma) \circledast f(y,x)) \right)$, $s$와 $t$는 $y$ 또는 $x$

식 (4.11)의 헤시안에서 보통 식 (4.12)와 (4.13)의 두 종류의 값을 계산한다. 이들은 특징 가능성 값에 해당한다. 두 번째에 제시된 LOG(Laplacian of Gaussian)는 에지 검출에 사용하였던 3.2.2절의 연산자와 같은 것이다. 이 연산자는 에지에 민감하게 반응하므로(에지 근방에서 특징점이 많이 발생하므로), 에지를 걸러 주는 후처리가 필요하다.

TIP 에지를 걸러 주는 후처리 방법은 4.4.3절에서 다룬다.

- 헤시안의 행렬식determinant

$$C = det(\mathbf{H}) = d_{yy}(\sigma) d_{xx}(\sigma) - d_{yx}(\sigma)^2 \tag{4.12}$$

- 가우시안 라플라시안(LOG)

$$C = \nabla^2 = trace(\mathbf{H}) = d_{yy}(\sigma) + d_{xx}(\sigma) \tag{4.13}$$

## 4. 슈산

앞 절에서는 모두 미분 연산자를 적용하여 얻은 1차 도함수(4.2.2절) 또는 2차 도함수(4.2.3절)를 이용하여 특징일 가능성을 측정하였다. 이 절에서는 전혀 다른 방식을 소개한다. 이 방법은 현재 처리 중인 중심점과 인근 지역의 밝기 값이 얼마나 유사한가를 따져 보고 그 결과에 따라 특징일 가능성을 측정한다. 이 특징 검출 방법을 슈산<sup>SUSAN(Smallest Univalue Segment Assimilating Nucleus)</sup>이라 부른다.

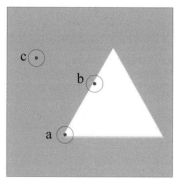

그림 4-7 **슈산의 원리**

[그림 4-7]은 슈산의 원리를 설명한다. 먼저 c라고 표시된 곳을 살펴보자. 원의 중심이 현재 처리 중인 지점이다. 이 중심점에 원형 마스크를 씌우는데, 중심점과 명암값이 같은(실제로는 유사한) 점으로 구성된 영역을 우산<sup>USAN(Univalue Segment Assimilating Nucleus)</sup>이라 부른다. c의 경우 우산의 크기는 마스크 크기의 100%이다. 이제 관심을 b로 옮겨보자. 이곳의 우산은 50% 가량이다. 마지막으로 코너에 해당하는 a의 우산은 50% 이하이다. 슈산은 마스크와 우산의 크기 비율을 측정한 후, 50% 정도인 곳을 에지, 그리고 50%보다 작은 곳을 코너로 검출한다.

슈산 검출 알고리즘의 핵심은 우산의 크기를 측정해 주는 연산이다. 식 (4.14)의 $usan\_area(r_0)$는 중심점 $r_0$에서 우산의 크기이며 $r$은 원형 마스크 내의 화소들이다. 이 식에 따르면 $usan\_area(r_0)$는 명암값 차이가 $t_1$보다 작은 화소의 개수이므로, 그것이 바로 우산의 크기가 된다.[6]

$$usan\_area(r_0) = \sum_r s(r, r_0)$$

$$\text{이때 } s(r, r_0) = \begin{cases} 1, & |f(r) - f(r_0)| \leq t_1 \\ 0, & \text{그렇지 않으면} \end{cases} \tag{4.14}$$

---

6 이진 함수인 $s()$의 단점을 개선한 매끄러운 함수도 제시되어 있다. 이 함수는 $s(r, r_0) = e^{-\left(\frac{f(r)-f(r_0)}{t_1}\right)^6}$ 이다.

우산의 크기 $usan\_area(r_0)$를 특징일 가능성을 표현해 주는 값으로 변환하기 위해 식 (4.15)를 사용한다. 여기에서 $t_2$는 또 다른 임계값으로서, 보통 마스크 넓이의 50%로 설정한다. $q$는 0.75× 마스크의 넓이로 설정한다.

TIP $q$값은 실험 결과에 따라 설정된 값이다.

$$C = \begin{cases} q - usan\_area(r_0), & usan\_area(r_0) \leq t_2 \\ 0, & \text{그렇지 않으면} \end{cases} \qquad (4.15)$$

슈산 구현을 위해서는 적당한 원형 마스크를 정해야 한다. 스미스는 논문에서 [그림 4-8]의 7×7 크기의 원형 마스크를 사용하였다[Smith95]. 이 논문은 슈산을 이용하여 에지를 검출하는 방법도 제시하고 있다. 에지 검출을 할 때는 식 (4.15)에서 임계값 $t_2$를 마스크 넓이의 75%로 설정한다.

| | | 1 | 1 | 1 | | |
|---|---|---|---|---|---|---|
| | 1 | 1 | 1 | 1 | 1 | |
| 1 | 1 | 1 | 1 | 1 | 1 | 1 |
| 1 | 1 | 1 | 1 | 1 | 1 | 1 |
| 1 | 1 | 1 | 1 | 1 | 1 | 1 |
| | 1 | 1 | 1 | 1 | 1 | |
| | | 1 | 1 | 1 | | |

그림 4-8 **슈산이 사용하는 7×7 크기의 원형 마스크(넓이는 37)**

# 3
# 위치 찾기 알고리즘

지금까지 어떤 점(화소)에 대해 특징일 가능성을 측정해 주는 여러 가지 수식 즉, 모라벡의 식 (4.2), 해리스의 식 (4.9), 헤시안의 행렬값인 식 (4.12), LOG의 식 (4.13), 슈산의 식 (4.15)를 공부하였다. 이들은 모두 어떤 점에 대해 그것이 특징일 가능성을 측정해 준다. 이 수식을 영상의 모든 점에 적용하면 특징 가능성을 나타내는 새로운 영상인 특징 가능성 맵을 얻을 수 있다. [그림 4-9(a)]는 [예제 4-2]의 영상에 식 (4.9)를 적용하여 얻은 특징 가능성 맵이다.

| 0 | 0 | 0 | 0 | 0 | 0 | 0 | 0 | 0 | 0 | 0 | 0 |
|---|---|---|---|---|---|---|---|---|---|---|---|
| 0 | 0 | 0 | -.001 | 0 | 0 | 0 | 0 | 0 | 0 | 0 | 0 |
| 0 | 0 | .021 | .043 | .017 | -.001 | 0 | 0 | 0 | 0 | 0 | 0 |
| 0 | -.002 | .066 | **.191** | .079 | -.017 | -.001 | 0 | 0 | 0 | 0 | 0 |
| 0 | -.003 | .028 | .169 | .089 | -.058 | -.017 | -.001 | 0 | 0 | 0 | 0 |
| 0 | -.003 | -.021 | .024 | .055 | -.058 | -.058 | -.017 | -.001 | 0 | 0 | 0 |
| 0 | -.003 | .023 | .095 | .080 | .055 | .089 | .079 | .017 | 0 | 0 | 0 |
| 0 | -.002 | .068 | **.192** | .095 | .024 | .169 | **.191** | .043 | -.001 | 0 | 0 |
| 0 | 0 | .028 | .068 | .023 | -.021 | .028 | .066 | .021 | 0 | 0 | 0 |
| 0 | 0 | 0 | -.002 | -.003 | -.003 | -.003 | -.002 | 0 | 0 | 0 | 0 |
| 0 | 0 | 0 | 0 | 0 | 0 | 0 | 0 | 0 | 0 | 0 | 0 |
| 0 | 0 | 0 | 0 | 0 | 0 | 0 | 0 | 0 | 0 | 0 | 0 |

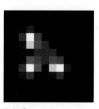

(a) 식 (4.9)로 계산한 특징 가능성 맵(굵게 표시된 부분은 지역 최대점)

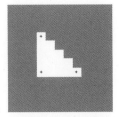

(b) 비최대 억제로 찾은 특징점

그림 4-9 **특징 가능성 맵과 특징점 검출**

## 비최대 억제

[그림 4-9(a)]에서 구한 특징 가능성 맵을 잘 살펴보면 코너에서 한 점만 큰 값을 갖는 것이 아니라 큰 값이 일정한 범위에 퍼져 있다. 때문에 해당 영역에서 한 점을 선택하는 방법이 필요하며 이러한 일을 위치 찾기localization라 부른다. 가장 합리적인 방법은 지역 최대점을 취하는 것이다. 즉 자신이 모든 이웃 화소보다 크면 특징점이 되고, 그렇지 않으면(비최대이면) 억제된다. 이러한 방법을 비최대 억제non-maximum suppression라 부른다.[7]

오른쪽의 [알고리즘 4-1]은 지금까지 다룬 내용을 알고리즘 형태로 정리한 것이다. 3행은 특징 가능성 값을 계산할 때, 모라벡의 식 (4.2), 해리스의 식 (4.9), 헤시안의 행렬값인 식 (4.12), LOG의 식 (4.13), 그리고 슈산의 식 (4.15) 중의 하나를 지정해야 한다. 8행은 지역 최댓값인지 판단할 때 동서남북의 네 이웃 화소만 보는 4-연결 방식을 사용하였다. 8-연결 방식 또는 더 넓은 영역을 이웃으로 보는 경우에는 조건을 적절히 수정하면 된다. 8행의 조건에는 지역 최대이더라도, 값이 임계값보다 작으면 잡음으로 간주하고 특징점으로 취하지 않게 하는 조건도 포함된다.

[그림 4-9(b)]는 비최대 억제로 검출한 특징점이다. [알고리즘 4-1]을 개선한 버전도 나와 있는데, 브라운은 특징점이 영상의 특정 부분에 밀집되고 다른 부분은 희소하게 분포하는 문제를 인지하고 그것을 누그러트릴 수 있는 적응적 비최대 억제 방법adaptive non-maximum suppression을 제안하였다[Brown2005]. 이 방법은 어떤 점이 특징점이 되려면 지역 최대일뿐만 아니라 주위 화소보다 일정 비율 이상 커야 한다는 조건을 추가로 만족해야 한다.

---

[7] 컴퓨터 비전은 비최대 억제를 여러 목적으로 활용한다. 3.3절의 캐니 에지에서도 이 연산을 사용한 적이 있고, 4.4.3절의 SIFT 특징 검출도 이 연산을 이용할 것이다.

**입력** : 영상 $f(j, i)$, $0 \leq j \leq M-1$, $0 \leq i \leq N-1$, 임계값 $T$
**출력** : 특징점 리스트 $F$

```
1    for(j=0 to N-1)  // 1~3행 : 특징 가능성 맵 생성
2      for(i=0 to M-1)
3        (j,i)의 특징 가능성 값 C를 계산하여 m(j,i)에 대입한다.
4    F=Ø;  // 공집합으로 시작
5    for(j=1 to N-2)
6      for(i=1 to M-2) {
7        c=m(j,i);
8        if((c>T) and (c>m(j,i+1) and c>m(j,i-1) and c>m(j+1,i) and c>m(j-1,i)))// 4-이웃 버전
9          F=F∪(j,i);  // 점 (j,i)를 특징점으로 판정하고 F에 추가함
10     }
```

이렇게 찾은 특징점들의 특성을 살펴보자. 검출된 특징점은 실제 물체의 코너에 해당하는가? 다시 말해 물리적인 의미를 가지는가? [그림 4-9(b)]의 합성 영상을 보고 판단하면 그렇다고 말할 수 있다. 하지만 일반적으로 그렇지는 않다. 앞서 공부한 연산자들 모두 명암 변화가 심한 곳에서 높은 값을 가지므로 코너가 아니지만 명암이 주위와 두드러지게 다른 지점도 특징점으로 검출될 가능성이 높다. 예를 들어, [그림 4-6] 영상에서 사슴의 눈도 특징점으로 검출된다. 이런 성질은 반복성만 높다면 굳이 물리적인 코너에 해당하지 않아도 된다는 원리에 잘 들어맞는다.

이와 관련하여 용어의 혼란이 있다. 4.2.2절의 마지막 문단에서도 언급했듯이, 최근에는 코너보다 관심점interest point이나 특징점feature point이라는 용어를 더 많이 사용한다. 특징점이 보다 포괄적이다. 즉, 관심점뿐 아니라 에지나 특정 모양의 블롭blob 등도 모두 특징점이다. 이들 용어를 같은 것으로 보고 섞어 사용하기도 하고 때로 구분하기도 하는데 문맥에 따라 판단하면 큰 무리가 없다.

### 이동과 회전, 스케일 변화에 따른 특징점 변화

지금까지 살펴본 관심점 검출 알고리즘은 이동과 회전에 불변인가? [그림 4-9(b)]에서 삼각형이 이동하면 분명 관심점도 따라 이동할 것이므로, 이동에 불변인 것은 쉽게 이해할 수 있다. 회전은 좀 더 깊이 생각해 보아야 한다. 간단한 실험을 해보자. [그림 4-10(a)]는 [그림 4-5(a)]에 있는 삼각형을 10° 회전시킨 것이다. (b)는 식 (4.9)로 구한 특징 가능성 맵이고, (c)는 [알고리즘 4-1]

로 검출한 관심점이다. 회전한 영상의 같은 위치에서 관심점이 검출되었으므로 회전 불변이라 말할 수 있다. 이 실험은 간단한 합성 영상에서 불변을 확인했는데, 일반적인 영상에서도 회전에 불변임이 밝혀져 있다. TIP 회전은 2.4.3절에서 소개한 선형 보간 기법을 사용하였다.

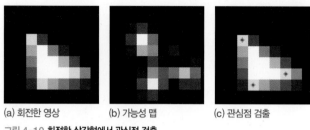

(a) 회전한 영상    (b) 가능성 맵    (c) 관심점 검출

그림 4-10 **회전한 삼각형에서 관심점 검출**

마지막으로 스케일 변화에 대해 생각해 보고 이 절을 마치기로 하자. 지금까지 배운 연산자는 스케일 불변인가? [그림 4-11]을 보면 큰 삼각형과 작은 삼각형이 있고 원 모양의 특징 검출 연산자가 있다.

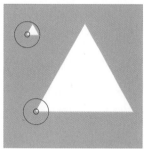

그림 4-11 **스케일에 따른 적절한 연산자 크기**

작은 삼각형에 큰 연산자를 적용하면 연산자가 삼각형에 비해 아주 커 변화량을 제대로 측정하지 못할 것이다. 이 경우 작은 연산자가 적절하다. 하지만 큰 삼각형은 작은 연산자를 사용하면 작은 잡음에 민감하게 반응하여 불안정한 결과를 만들 수 있다. 이때는 큰 연산자가 적절하다. 이 절에서 배운 알고리즘은 모두 같은 크기의 연산자를 사용하므로 이런 스케일 변화에 대처할 능력이 전혀 없다. 다시 말해, 스케일 불변이 아니다. 다음 절은 스케일 불변한 특징 검출에 대해 다룬다.

# 4
# 스케일에 불변한 특징점 검출

사람 눈에 비친 물체는 거리에 따라 크기가 달라진다. 로봇의 눈인 카메라에 맺힌 영상도 마찬가지이다. 멀리서 보면 윤곽만 어렴풋하던 물체가 다가가면 점점 커지면서 세세한 부분까지 보인다. [그림 4-12(a)]는 원래 영상과 그것을 1/10로 축소한 영상으로 이러한 현상을 모방해서 보여준다. 사람은 이러한 '스케일' 변화에도 불구하고 두드러진 지점을 특징점으로 검출할 뿐 아니라 그것을 이용하여 같은 물체라고 인식한다. 예를 들어 산꼭대기는 사람 눈의 주목을 받는 곳으로, 스케일이 열 배 차이가 나더라도 두 영상에서 모두 특징점으로 검출된다.

컴퓨터 비전도 이런 능력을 발휘할 수 있을까? [그림 4-12(b)]는 두 영상에서 산꼭대기 부분을 확대하여 보여준다. 4.2절에서 공부한 여러 가지 특징점 검출 알고리즘은 두 영상 모두에서 산꼭대기를 특징점으로 검출할 수 있을까? 이들 알고리즘은 연산자의 크기가 고정되어 있으므로 그런 기대를 하기가 어렵다. 예를 들어 해리스 알고리즘이 사용하는 크기 3인 미분 연산자는 원래 영상의 꼭대기에서 코너가 아니라 수평 에지를 검출할 것이다. 이 상황에서 코너를 검출하려면 보다 큰 연산자를 적용하여야 한다.

TIP 비슷한 분석을 앞 절의 [그림 4-11]에서 이미 한 적이 있다.

> 600×730

> 60×73

(a) 원래 영상과 1/10로 축소한 영상

> 원래 영상

> 축소 영상

(b) 산꼭대기를 확대한 부분 영상

그림 4-12 카메라와 물체 간의 거리에 따른 스케일 변화

이 절은 이러한 스케일 변화에도 불구하고 물체의 같은 위치에서 특징을 검출할 수 있는 방법을 다룬다. 게다가 스케일 정보까지 알아내어 제공해 준다. 이러한 능력을 특징 검출 알고리즘에 부여하기 위해서는 먼저 스케일 공간<sup>scale space</sup> 이론을 공부해야 한다[Lindeberg2008].

## 1. 스케일 공간

[그림 4-12]와 같이 같은 물체가 서로 다른 두 영상에 다른 크기로 나타날 때 어떻게 하면 같은 특징을 얻어낼 수 있을까? [그림 4-12(b)]에 빨간색으로 표시한 연산자가 실마리를 제공한다. 큰 스케일의 영상에는 큰 연산자, 작은 스케일에는 작은 연산자를 적용하여 특징을 검출하면 아주 비슷한 특징을 얻게 될 것이다. 실마리를 찾은 셈이다. 하지만 이러한 생각이 해법 자체를 알려주지는 않는다. 왜냐하면 영상의 스케일을 모르기 때문이다.

두 가지 방법을 생각해 볼 수 있다. 첫 번째는 연산자를 작은 크기에서 시작하여 점점 키워가며 영상에 반복 적용하여 여러 스케일의 특징 집합을 얻는 것이다. 두 번째는 주어진 영상의 해상도를 점점 줄여 다중 스케일 영상을 구축하고 동일한 크기의 연산자를 여러 스케일에 적용하여 특징을 얻는 것이다. 두 방법 모두 서로 다른 영상에서 검출한 특징이 적절한 스케일에서 서로 매칭이 일어나는 것을 기대할 수 있을 것이다. 하지만 이러한 생각은 실제 상황에서 그리 잘 작동하지 않는다. 왜냐하면 비슷한 특징이 여러 스케일에 걸쳐 나타날 수 있으므로 부정확한 특징 쌍이 찾아질 가능성이 높기 때문이다. 예를 들어 [그림 4-12(b)]의 원래 영상의 산꼭대기 부분에서 크기가 10인 연산자에서 특징이 검출되었다면 11, 12, 13, ⋯ 등에서도 검출될 가능성이 있다. 게다가 특징의 개수가 많아져 계산 효율이 크게 떨어질 것이다.

좋은 해법은 스케일에 불변한scale-invariant 특징을 찾는 데에 있다. [알고리즘 4-2]는 이러한 생각에 따라 스케일 불변한 특징을 찾는 큰 틀을 설명한다.

**알고리즘 4-2 다중 스케일 접근 방법**

**입력** : 영상 $f(j, i)$, $0 \le j \le M-1$, $0 \le i \le N-1$, 임계값 $T$
**출력** : 특징점 리스트 $F$

1    $f$에서 다중 스케일 영상, $M = \{f^{s0}, f^{s1}, f^{s2}, \cdots\}$를 구성한다.   // $f^{si}$는 스케일이 $s_i$인 영상
2    $M$에서 3차원 극점을 찾아 특징점 집합 $F$로 취한다.   // 극점 $(y, x, s)$는 스케일 불변이어야 함.

[알고리즘 4-2]로 생각의 틀을 잡았으니, 이것을 실현하기 위한 보다 상세한 방법을 고안해 보자. 어떻게 한 장의 영상 $f$에서 다중 스케일 영상 $M$을 구축할 것인가? 또한 $M$으로부터 스케일 불변성을 만족하는 특징을 어떻게 검출할 것인가?

### 다중 스케일 영상 구축

먼저 다중 스케일 영상을 생성하는 방법부터 살펴보자. [그림 4-13]은 다중 스케일을 구현하는 두 가지 방식을 보여준다. 첫 번째 방식은 거리가 멀어지면 물체의 세밀한 내용은 사라지고 윤곽은 점점 흐릿해지는 원리를 이용한다. [그림 4-13(a)]는 $\sigma$를 점점 키워가며 가우시안 마스크로 스무딩 연산을 하여 이런 효과를 모방하고 있다. 두 번째 방식은 [그림 4-13(b)]에서 보는 바와 같이 영상의 해상도를 반씩 줄여나감으로써 피라미드 영상을 구축하는 것이다. 이 방식은 거리가 멀어지면 물체의 크기가 작아지는 효과를 모방한다. 실제 세계에서는 임의의 비율로 스케일이 변하는데, 피라미드 방식은 스케일이 두 배씩 작아지는 한계가 있다. 이에 반해, 첫 번째 방식은 가우시안

의 $\sigma$로 스케일을 조절하는데 $\sigma$가 연속 공간에 정의되므로 임의의 스케일에 대처할 수 있는 장점이 있다. 이러한 이유로 스무딩 방식을 주로 사용한다.

TIP 4.4.3절에서 설명할 DOG 피라미드는 스무딩과 피라미드 방식을 결합하여 더욱 좋은 효과를 거둔다.

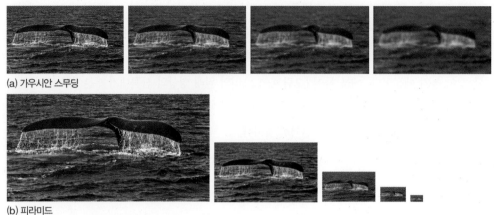

(a) 가우시안 스무딩

(b) 피라미드

그림 4-13 다중 스케일을 구현하는 두 가지 방식

스무딩 방식을 구현하려면 스무딩 연산자를 설계해야 한다. 이때, 스무딩 연산자가 만족시켜야 하는 매우 중요한 성질이 있다. 원래 영상에 존재하는 구조 이외의 새로운 구조를 생성하지 말아야 한다는 것이다. 다시 말해, 단지 기존 구조를 부드럽게smooth 만드는 효과만 있어야 한다. 원래 영상에 없던 블롭이나 에지가 새로 만든 다중 스케일 영상에 나타난다면 적절한 스무딩 연산자가 아니다. 가우시안 마스크는 이 조건을 훌륭하게 만족할 뿐더러 연속 공간에 정의되고, 유용한 수학적인 성질을 만족하여 가장 널리 쓰인다. 가우시안의 강점 중 하나는 식 (3.8)과 [그림 3-12]에서 보는 바와 같이 연속 공간에 정의된다는 것이다. 따라서 그때그때 필요에 따라 연속 공간에서 수식을 유도한 후, 적절한 시점에 디지털 공간으로 변환하여 구현(프로그래밍)하면 된다.

TIP 가우시안의 수식과 마스크를 만드는 방법은 3.2.1절을 참고하기 바란다.

[그림 4-14]는 표준편차standard deviation $\sigma$의 값을 점점 크게 하여 얻은 일련의 영상을 보여주는데, 이런 영상 집합을 다중 스케일 영상multi-scale image이라고 부른다. $\sigma$라는 단 하나의 매개변수로 스무딩 정도를 조절하고 있음에 주목하자. 그림에서는 $\sigma$를 1.0씩 증가시켜 얻은 다중 스케일을 보여주는데, 스케일 불변 특징을 검출할 때는 보다 촘촘히 다중 스케일을 구성한다. 한편 이들이 구성하는 3차원 공간, 즉 $(y,x,t)$ 공간을 스케일 공간scale space이라 부른다. 스케일 공간에서는 분산variance을 나타내는 변수 $t$를 스케일 매개변수scale parameter라 부르며, $\sigma$와의 관계는 $t=\sigma^2$이다.

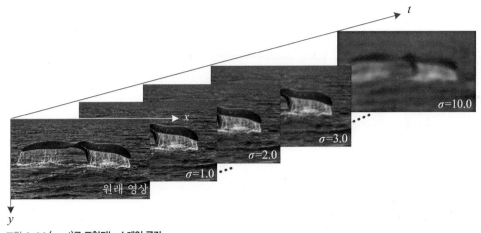

그림 4-14 $(y, x, t)$로 표현되는 스케일 공간

스케일 공간에 있는 영상을 미분하여 얻은 도함수는 매우 유용한 정보를 제공하는데, $n$차까지의 도함수를 $n$-젯$^{n-jet}$이라 부른다. 예를 들어, 2-젯은 $(d_y, d_x, d_{yy}, d_{xx}, d_{yx}, d_{xy})$를 말한다. 이들 값은 영상의 구조를 파악하는 데 매우 유용한 정보를 제공한다. 예를 들어, $d_x$는 $x$방향으로 에지가 있는지 여부를 알려준다. 이들 도함수는 모두 회전에 공변$^{covariant}$이다. 영상 내에서 물체가 회전하면 이들 값도 그에 따라 달라진다. 이들로부터 회전에 불변한 값들을 정의할 수 있다. 식 (4.16)의 세 가지 측정값은 모두 회전에 불변이다. 영상 내에서 물체가 회전하더라도 이들 값은 변하지 않는다.

$$|\nabla f| = \sqrt{d_y^2 + d_x^2} \text{(그레이디언트 크기)}$$
$$\nabla^2 f = d_{yy} + d_{xx} \text{(라플라시안)} \qquad (4.16)$$
$$det(\mathbf{H}) = d_{yy}d_{xx} - d_{yx}^2 \text{(헤시안의 행렬값)}$$

### 3차원 지역 극점 탐색

지금까지 가우시안을 사용하여 다중 스케일 영상 $M$을 구축하는 방법을 공부하였다([알고리즘 4-2]의 1행 구현 방법). 이제 2행의 지역 극점을 찾는 방법에 대해 살펴보자. 먼저 간단한 실험을 통해 해결의 실마리를 찾아보자. [그림 4-15(a)]는 크기가 다른 두 개의 블롭$^{blob}$을 가지고 있다. 왼쪽은 지름이 7이고 오른쪽은 11인 원형의 블롭이다. 이들의 중점($(y, x)$ 공간 상에서 극점)은 적절한 방법을 사용하여 이미 찾았다고 가정하고, 스케일 축 $t$만 생각해 보자.

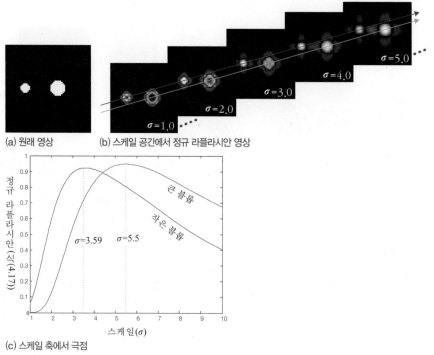

(a) 원래 영상　　(b) 스케일 공간에서 정규 라플라시안 영상

(c) 스케일 축에서 극점

그림 4-15 **스케일 공간 $(y, x, t)$에서 극점 검출**

[그림 4-15(b)]는 다중 스케일 영상에 식 (4.17)의 정규 라플라시안normalized Laplacian을 적용한 결과이다. 정규 라플라시안은 식 (4.16)의 라플라시안에 $\sigma^2$을 곱한 식이다. 정규화를 하는 이유는 라플라시안을 구성하는 $d_{yy}$와 $d_{xx}$가 $\sigma$가 클수록 작아지기 때문이다. 이런 현상을 보완하기 위해 $\sigma^2$을 곱한다. 여기에서 $d_{yy}$와 $d_{xx}$를 $d_{yy}(\sigma)$와 $d_{xx}(\sigma)$로 표기한 것은 크기가 $\sigma$인 가우시안을 적용했음을 명시적으로 나타내기 위해서이다. 즉 $d_{yy}(\sigma)$는 영상 $f$에 크기가 $\sigma$인 가우시안으로 스무딩을 한 후, 그 결과를 $y$방향으로 두 번 미분한 영상이다.

$$\nabla_{norm}^{2}f = \sigma^2 \left| d_{yy}(\sigma) + d_{xx}(\sigma) \right| \tag{4.17}$$

[그림 4-15(c)]는 두 개 블롭의 중심에서 스케일 축($\sigma$ 값)에 따라 라플라시안 값의 변화를 보여준다. 그래프를 면밀히 살펴보면, 작은 블롭은 $\sigma$=3.59, 큰 블롭은 $\sigma$=5.50에서 극점이 발생함을 확인할 수 있다. 린드버그는 '물체의 스케일이 $s$배가 되면 특징의 스케일을 나타내는 매개변수 $t$(분산)는 $s^2$배에서 극점이 발생한다'는 사실을 이론과 실험을 통해 입증하였다[Lindeberg98]. 분산 $t$는 표준편차 $\sigma$와 $t=\sigma^2$의 관계를 가지므로, 물체 스케일의 $s$배는 $\sigma$의 $s$배에 해당한다는 말과 같다.

[그림 4-15]의 실험에서 두 블롭은 11/7=1.57배이고, $\sigma$의 두 극점의 비율은 5.5/3.59=1.532이므로 대략 린드버그의 주장이 맞는 셈이다.

지금까지 살펴본 내용과 실험은 무엇을 의미하고 어떤 효용이 있을까? 스케일 공간이 등장하기 이전과 이후를 비교하면 개념이 확실해질 것이다. 스케일 공간을 도입하기 이전의 4.2절의 특징 검출에서는 적절한 수식을 이용하여 특징 가능성 맵을 만든 후 그 맵 공간, 즉 $(y,x)$ 공간에서 지역 극점을 찾아 그것을 특징점으로 삼았다. 해리스 코너는 식 (4.9)로 맵을 만든 후, 비최대 억제로 지역 극점을 찾아 특징점으로 취하였다. 물체가 다른 곳으로 이동하거나 회전하여도 같은 특징이 얻어진다는 사실을 [그림 4-10]이 보여준다. 하지만 [그림 4-12]와 같이 스케일 변화가 생기는 경우는 어떠할까? 당연히 단일 스케일이므로 이 상황에 대처하지 못한다. 큰 연산자를 쓰면 큰 산꼭대기는 검출하지만 대신 작은 것은 놓치고, 반대로 작은 연산자를 사용하면 작은 것은 검출하지만 큰 것을 놓친다. 두 개의 블롭을 가진 [그림 4-15]의 간단한 상황에서도 마찬가지이다.

이 절에서 공부한 스케일 공간 이론은 이러한 한계를 극복할 단초를 제공한다. 여러 크기의 $\sigma$를 적용하여 3차원 스케일 공간 $(y,x,t)$를 구성하고, 그 공간에서 극점을 찾으면 작은 물체와 큰 물체에서 모두 특징점을 찾을 가능성을 확보한 셈이다. 게다가 그렇게 찾은 극점은 영상 공간에서의 위치뿐 아니라 스케일 정보도 갖는다. 6장에서 공부할 특징 기술 단계는 스케일에 따라 마스크 크기를 조절하여 속성(특징 벡터)을 계산함으로써 매칭 성공률을 높일 수 있다.

하지만 모든 문제가 해결된 것은 아니다. [그림 4-15]의 실험은 $(y,x)$ 공간에서 이미 극점(두 블롭의 중점)을 찾았다고 가정하고 $t$축에서 극점을 찾았다. 이제 $(y,x,t)$의 3차원 공간에서 극점을 탐색하는 알고리즘을 구상해야 한다. 이를 달성하는 여러 알고리즘이 개발되어 있는데, 스케일 공간을 구축하는 방법, 어떤 측정값을 사용할지, 그리고 지역 극점을 어떻게 찾을지 등에 따라 조금씩 다르다. 4.4.2절~4.4.4절에서는 실제 응용에 널리 사용하는 세 가지 방법을 소개한다.

## 2. 해리스 라플라스 특징 검출

해리스 라플라스 알고리즘은 극점 탐색 과정에서 2차원 영상 공간 $(y,x)$와 스케일 축 $t$를 구분하여 취급한다는 점에서 색다르다. 영상 공간에서는 해리스가 제안한 식 (4.9)를 사용하는 반면, 스케일 축에서는 식 (4.17)의 정규 라플라시안을 사용한다. 이렇게 구분하는 데는 이유가 있다. 영상 공간에서 라플라시안은 에지에서도 반응하는데(극점 발생), 이런 현상을 피하기 위해 식 (4.9)를 사용한다. 그런데 식 (4.9)는 스케일 축에서 지역 극점을 잘 만들지 못한다. 따라서 이들 각각이 잘 작동하는 공간에 적용하고 있으며, 이런 이유로 인해 해리스 라플라스라고 부른다.

식 (4.7)은 단일 스케일에서 정의되었으므로 여기에 그대로 적용할 수 없다. 이것을 스케일 공간으로 확장하기 위해 식 (4.18)과 같이 다시 정의한다. $2 \times 2$ 행렬의 첫 번째 요소 $d_y(\sigma_D)$는 원래 영상을 $\sigma_D$ 크기의 가우시안으로 스무딩한 후, $y$방향으로 한 번 미분함을 뜻한다. 이 식은 그것을 제곱한 영상에 $\sigma_I$ 크기의 가우시안으로 다시 스무딩한다. 그리고 그 결과에 $\sigma_D{}^2$을 곱하는데, 그에 대한 이유는 식 (4.17)과 마찬가지로 정규화하기 위함이다. $\sigma_D$와 $\sigma_I$는 $\sigma_D = s\sigma_I$의 관계를 가지며, 논문에서는 $s$의 기본값으로 0.7을 제시하였다[Mikolajczyk2004].

$$\mathbf{A}_{\text{scale\_space}} = \sigma_D{}^2 G(\sigma_I) \circledast \begin{pmatrix} d_y^2(\sigma_D) & d_y(\sigma_D)d_x(\sigma_D) \\ d_y(\sigma_D)d_x(\sigma_D) & d_x^2(\sigma_D) \end{pmatrix} = \begin{pmatrix} p & r \\ r & q \end{pmatrix} \tag{4.18}$$

이제 4.2.2절에서와 마찬가지로, $\mathbf{A}_{\text{scale\_space}}$ 행렬을 바탕으로 특징 가능성을 나타내는 식을 도출하면 식 (4.19)와 같다. 스케일을 나타내는 매개변수 $\sigma_D$를 포함하므로, 매개변수를 변화시키며 원하는 스케일에서 특징 가능성 값을 구할 수 있다.

$$C = det(\mathbf{A}_{\text{scale\_space}}) - k \times trace(\mathbf{A}_{\text{scale\_space}})^2 = (pq - r^2) - k(p + q)^2 \tag{4.19}$$

[알고리즘 4-3]은 구체적인 처리 과정을 기술한다. 2~7행의 for 블록에서는 가우시안의 크기를 점점 키워 스케일 공간을 구축하면서 지역 극점을 수집한다. 6행에서 임계값 이하인 극점은 잡음으로 간주하고 배제하는 코드를 추가할 수도 있다. 11~18행의 for 블록은 앞서 구한 극점 각각을 미세 조정하는 단계이다. 우선 13행에서 스케일 축에 국한하여 정규 라플라시안 맵에서 새로운 극점을 찾는다. 이때 앞서 $\xi$=1.4씩 증가시켰던 $\sigma$를 보다 촘촘하게 증가시키며 조사한다. 논문에서는 1.1씩 증가시켰다. 만일 이때 스케일 축에서 새로운 극점을 찾지 못하면 현재 극점 $e$를 버린다. 그렇지 않으면 15행에서 $\sigma^{\text{new}}$에 해당하는 맵 영상에서 이전 극점 $(y,x)$에 가장 가까운 새로운 극점 $(y^{\text{new}}, x^{\text{new}})$를 찾는다. 이렇게 얻은 새로운 극점이 이전 극점과 같으면(실제로는 충분히 가까우면) 수렴했다고 보고 그것을 최종 특징으로 취한다. 그렇지 않으면 새로운 극점을 가지고 반복한다.

**알고리즘 4-3 해리스 라플라스 특징 검출**

**입력**: 영상 $f(j, i)$, $0 \leq j \leq M-1$, $0 \leq i \leq N-1$, $\xi$, $s$, $\sigma_0$, $N$ // 기본값은 $\xi = 1.4$, $s = 0.7$

**출력**: 특징점 리스트 $F$ // 특징점은 $(y_k, x_k, t_k)$로 표현됨

```
1   F_temp = Ø;
2   for(n = 0 to N) {  // 단계1 : 스케일 공간에서 지역 극점 수집하기
3       σ_n = ξ^n σ_0;
4       σ_I = σ_n; σ_D = s σ_n;  // σ_D와 σ_I는 σ_D = s σ_I의 관계
5       식 (4.19)를 이용하여 특징 가능성 맵을 계산한다.
6       맵에서 지역 극점 (y, x)를 구하고, (y, x, σ_I)를 F_temp에 추가한다.
7   }
8
9   // 단계2 : 스케일 선택(극점 미세 조정)
10  F = Ø;
11  for(F_temp의 특징점 e = (y, x, σ) 각각에 대해)
12      while(true) {
13          스케일 축의 [0.7σ, 1.4σ] 구간에서 정규 라플라시안의 지역 극점 σ^new를 찾는다.
14          if(13행에서 지역 극점을 못 찾음) {e를 버린다; break;}
15          else σ^new에 대해, (y, x) 주위에서 새로운 극점(y^new, x^new)를 찾는다.
16          if((y, x, σ) = (y^new, x^new, σ^new)) {F = F ∪ (y, x, σ); break;}  // 수렴으로 간주하고 특징점을 취한다.
17          else (y, x, σ) = (y^new, x^new, σ^new);  // 새로 찾은 것을 가지고 반복
18      }
```

계산 효율을 대략적으로 분석해 보자. [알고리즘 4-3]의 2~7행은 $\sigma_0$에서 시작하여 1.4씩 곱하여 가우시안 공간을 만든다. 즉 $\sigma_0 = 1.0$으로 설정했다면, $\sigma$가 1.0, 1.4, 1.96, 2.744, 3.8416, … 인 가우시안으로 컨볼루션을 수행해야 한다. 이때 $\sigma$가 커질수록 마스크의 크기가 커서[8] 더 많은 시간이 소요된다. 그런데 스케일을 선택하는 11~18행에서는 더욱 촘촘하게 $\sigma$를 증가시켜야 한다. 이 과정을 모든 특징점에 대해 수행해야 하므로 계산 시간이 큰 부담이 된다.

---

**8** $\sigma$를 갖는 가우시안을 위한 마스크의 크기는 $6\sigma$보다 크거나 같은 가장 작은 홀수를 쓰라는 지침을 3장에서 공부하였다. 따라서 $\sigma = 3.8416$이라면 25×25 마스크를 사용해야 한다.

## 3. SIFT 검출

1999년 로우 교수는 지역 특징의 대표격이 되는 SIFT[Scale-Invariant Feature Transform]에 관한 논문을 ICCV 학술대회에서 발표하고, 2004년에는 확장된 논문을 IJCV 학술지에 발표한다 [Lowe99, Lowe2004].[9] 그의 아이디어는 이전 연구자들의 여러 가지 연구 결과의 토대 위에서 창안되었다. SIFT는 성능이 뛰어나 현재 가장 널리 사용된다. 첫째, 여러 사람의 성능 비교 결과에 따르면 반복성이 여러 지역 특징들 중에서 최고 수준에 들어 있다. 앞에서도 언급했듯이 반복성은 지역 특징이 쓸모 있기 위해 만족해야 할 가장 중요한 기준이다. 둘째, 계산 시간이 이전에 나온 지역 특징에 비해 빠르다. 따라서 실시간 처리가 필수인 상황에 적용이 가능해졌다.

[그림 4-16]은 SIFT가 사용하는 스케일 공간으로, 피라미드 구조이다. 그림에서는 원래 영상과 반으로 줄인 영상의 두 층만 보여주지만, 실제로는 $4 \times 4$ 정도가 될 때까지 계속 줄여나가기 때문에 여러 층으로 이뤄진다. SIFT의 스케일 공간은 한 층이 하나의 영상이 아니라 여섯 영상의 묶음으로 구성된다는 점이 색다르다. 이들 영상 묶음을 옥타브[octave]라 부른다. 원래 영상에 해당하는 묶음을 옥타브 0으로 하고 이후 단계를 옥타브 1, 옥타브 2, …로 표기한다.

옥타브 0을 살펴보자. 여섯 장의 영상은 토대 영상을 가우시안으로 스무딩하여 얻는데, 위로 올라갈수록 스케일(가우시안의 $\sigma$)을 키워 스무딩 강도를 높인다. 맨 아래에 있는 첫 번째 영상은 스케일 공간 구성의 시작점이 되는 토대 영상 역할을 한다. 토대 영상은 원래 영상을 $\sigma_1 = 1.6$으로 스무딩하여 구하면 적절하다는 실험 결과에 따른다.[10] 그 다음 영상을 위한 $\sigma$는 $k$배로 커진다. 즉 $i$번째 영상을 $\sigma_i$로 구하였다면, 그 다음 영상은 $\sigma_{i+1} = k\sigma_i$로 구한다. 로우는 면밀한 실험을 통해 $k = 2^{1/3}$으로 설정하였다. 따라서 여섯 개 영상은 [그림 4-16]에 보인 것처럼 1.6, 2.0159, 2.5398, …의 스케일로 스무딩된다. 그러면 네 번째 영상의 스케일은 3.2로서 첫 번째 1.6의 두 배가 된다.

여섯 장의 영상을 어떻게 하면 효율적으로 계산할지 생각해 보자. 위로 올라갈수록 스케일이 커지므로, 마스크의 크기 또한 커지고 계산 시간은 길어진다. $i$번째 영상이 이미 $\sigma_i$로 스무딩되어 있으므로, $i+1$번째 영상은 토대 영상을 (큰 마스크가 필요한) $\sigma_{i+1}$로 스무딩하는 대신 $i$번째 영상을

---

9  Google scholar를 검색하면 [Lowe2004] 논문의 피인용 횟수는 25,026회이다(2014년 7월 10일 기준). 이 숫자는 SIFT 특징이 컴퓨터 비전 분야에 끼친 영향력을 단적으로 말해준다.

10  실제 구현에서는 입력 영상 $f$ 자체가 이미 0.5로 스무딩되었다고 가정한다. 따라서 토대 영상은 1.6이 아니라 두 스케일(1.6과 0.5)의 차이만큼 스무딩하는데, 실제로는 $\sigma = \sqrt{1.6^2 - 0.5^2}$으로 스무딩한다.

(작은 마스크면 되는) $\sigma_{i+1}$과 $\sigma_i$의 차이로 스무딩하면 시간을 크게 줄일 수 있다. 이때 두 스케일의 차이는 $\sqrt{\sigma_{i+1}^2 - \sigma_i^2}$이다.

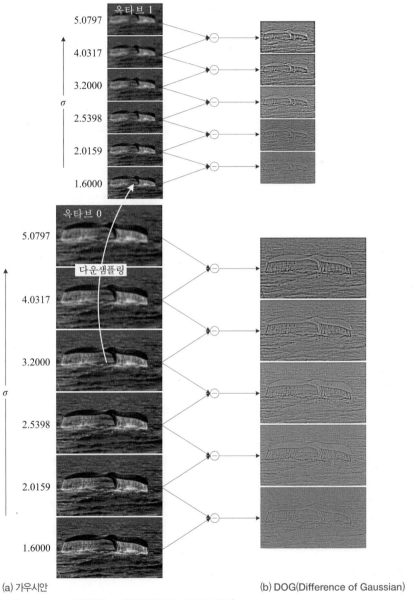

(a) 가우시안

(b) DOG(Difference of Gaussian)

그림 4-16 **SIFT가 사용하는 스케일 공간(DOG 피라미드 구조)**

지금까지 옥타브 0을 구축하는 방법을 공부하였다. 이제 옥타브 1을 구축해 보자. SIFT는 이전 옥타브의 네 번째 영상 즉, 첫 번째 영상이 사용한 $\sigma_1=1.6$의 두 배가 되는 영상을 반으로 축소하여 다음 옥타브의 첫 번째 영상으로 취한다. [그림 4-16]에서 곡선 화살표가 이 과정을 보여준다. 다운샘플링은 단순히 두 화소 건너 하나씩 뽑는 방식으로 수행한다. 이렇게 첫 번째 영상을 만들면 여섯 장의 영상을 만드는 과정은 옥타브 0과 똑같다. 이런 과정을 반복하여 옥타브 1로 옥타브 2, 옥타브 2로 옥타브 3, …을 만들면 된다.[11]

TIP 다운샘플링하여 얻은 첫 번째 영상은 이미 1.6만큼 스무딩되었다고 간주한다. 따라서 첫 번째 영상에 추가적인 스무딩을 하지 않는다.

이제 특징점을 검출하는 방법으로 관심을 돌려보자. SIFT는 특징점을 식 (4.17)의 정규 라플라시안 맵에서 찾는다.[12] 로우는 계산 시간을 획기적으로 줄이기 위해 정규 라플라시안 자체를 사용하는 대신, 정규 라플라시안과 매우 유사하다고 증명된 식 (4.20)의 DOG(Difference of Gaussian)를 사용한다.[13] 이 식을 살펴보면 계산 효율 측면에서 DOG의 장점을 알 수 있다. DOG는 두 장의 스무딩된 영상의 차만 구하면 된다. 라플라시안 자체를 구하는 경우 컨볼루션을 해야 하지만, DOG는 단지 화소값의 차만 구하면 되므로 계산 시간이 수십에서 수백 배 빨라진다. 스무딩된 영상은 이후의 특징 기술 단계에서 꼭 필요하므로 어차피 계산해 두어야 한다. DOG를 위해 일부러 계산하는 것도 아니다.

$$
\begin{aligned}
DOG(\sigma_i) &= G(\sigma_{i+1}) \circledast f - G(\sigma_i) \circledast f \\
&= G(k\sigma_i) \circledast f - G(\sigma_i) \circledast f = (G(k\sigma_i) - G(\sigma_i)) \circledast f
\end{aligned}
\tag{4.20}
$$

[그림 4-16]의 DOG 피라미드가 완성되면, 3차원 공간에서 극점을 찾는 일을 시작한다. 하나의 옥타브는 다섯 장의 DOG 영상을 갖는다. 이들 중 맨 아래와 맨 위의 DOG를 제외한 세 영상에 대해

---

11 옥타브에 대해 추가로 언급할 점이 있다. [Lowe2004]는 옥타브 0 앞에 옥타브 −1을 추가하면 특징의 반복성이 크게 향상된다는 실험 결과를 제시하고 있다. 옥타브 −1은 입력 영상 $f$를 두 배로 업샘플링한 후(해상도를 두 배로 만듦), 그것을 $\sigma=1.6^2-4\times0.5^2$으로 스무딩하여 얻은 영상을 토대 영상으로 사용한다. 이 토대 영상으로 옥타브 −1을 만든 후, 그것으로부터 옥타브 0, 옥타브 1, …을 만든다.

12 [Mikolajczyk2002a, Mikolajczyk2002b]는 정규 라플라시안이 식 (4.16)의 여러 측정값이나 해리스의 식 (4.9)보다 안정적이라는 사실을 입증하였다. 단 정규 라플라시안은 에지에서도 극점이 나타나므로 에지에서 발생한 극점을 제거하는 후처리 단계를 적용한다.

13 식 (4.20)의 $G(k\sigma_i) - G(\sigma_i)$와 라플라시안 $\nabla^2$사이에는 $G(k\sigma_i) - G(\sigma_i) \cong (k-1)\sigma_i^2 \nabla^2$의 관계가 있음이 증명되어 있다. 아래 그림에서 파란색 그래프는 DOG이고, 빨간색 그래프는 라플라시안이다.

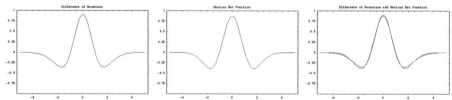

[그림 4-17]이 설명하는 바에 따라 극점을 찾는다. 어떤 점(그림에서 x 표시된 화소)은 자신의 위와 아래에 있는 DOG 영상을 같이 살펴보는데, 자신이 26개의 이웃 점(자신이 속한 DOG 영상의 8개 이웃과 위와 아래에 있는 영상의 18개 이웃)에 비해 최소 또는 최대가 되면 극점, 즉 특징점으로 취한다. 이때 임계값보다 작은 극점은 잡음으로 간주하여 버린다. 로우는 이러한 극점을 키포인트keypoint라 불렀다.

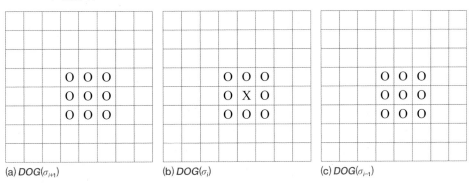

(a) $DOG(\sigma_{i+1})$　　(b) $DOG(\sigma_i)$　　(c) $DOG(\sigma_{i-1})$

그림 4-17 DOG 맵에서 키포인트(지역 극점) 검출

이렇게 검출된 특징점은 $\langle y, x, o, i \rangle$ 정보를 가진다. $o$는 옥타브 번호이고, $i$는 DOG 번호이다. $(y, x)$는 옥타브 $o$에서 좌표이다. 이들 값은 특징점을 중심으로 테일러 확장을 구하고 그것을 기반으로 네 개의 값을 미세 조정하는 단계를 거친다. 이때 $(y, x)$는 실수로 표현되는 부분 화소 정확도까지 미세 조정한다. 이 단계에 대한 구체적인 방법은 [Lowe2004]를 참고하기 바란다.

미세 조정을 거쳐 특징점 정보가 $\langle y', x', o, i' \rangle$가 되었다면, $(y', x')$를 옥타브 0에 있는 영상의 위치 $(y, x)$로 바꾸어야 하며, $(o, i')$를 스케일 값 $s$로 변환해야 한다. 식 (4.21)은 이 일을 위한 식이다.

$$(y, x) = (y' \times 2^o, \, x' \times 2^o)$$
$$s = 1.6 \times 2^{\frac{o+i'}{3}}$$

(4.21)

앞에서 공부한 바와 같이 SIFT 키포인트는 복잡한 과정을 거쳐 검출된다. 많은 사람들이 직접 구현하는 대신 이미 검증된 오픈 소스를 사용한다. 두 종류의 오픈 소스를 주로 사용하는데, 첫 번째는 Rob Hess가 C 언어로 구현한 것으로 2006년에 오픈 소스로 공개하였다.[14] 구체적

---

**14** 오픈 소스 형태로 공개된 최초의 SIFT 프로그램이다. http://robwhess.github.io/opensift/에서 다운받을 수 있다. 원래 개발자 로우 교수는 수행 파일만 공개한다. 로우의 수행 파일은 http://www.cs.ubc.ca/~lowe/keypoints/에서 다운받을 수 있다.

인 사항은 구현을 기술한 논문을 참고하라[Hess2010]. 또 다른 구현은 Andrea Vedaldi에 의한 것인데, SIFT뿐 아니라 여러 가지 비전 알고리즘의 구현이 포함된 vlfeat라는 라이브러리이다 [Vedaldi2010].[15] C 언어로 구현되어 있으며 Matlab 인터페이스도 제공한다. 또 다른 오픈 소스는 OpenCV인데, Vedaldi가 작성한 C++ 인터페이스를 제공한다.

## 4. SURF 검출

SIFT 이후에 속도를 개선할 목적으로 여러 변종이 나타난다. 그중 대표격은 SURF(Speeded-Up Robust Features)이다[Bay2006, Bay2008]. 이 논문의 속도에 관한 보고에 따르면 $800 \times 640$ 영상에 대해 SURF 검출은 70밀리초가 걸린 반면, SIFT 검출은 400밀리초, 해리스 라플라스 검출은 2,100밀리초가 걸렸다. 대략 SURF가 SIFT보다 5.7배 빠르게 특징점을 검출한 셈이다. 반복률은 영상에 따라 조금씩 다른데, 세 검출 방법이 대체적으로 비슷하다는 결론을 내렸다.

TIP 반복률에 대한 보다 객관적인 비교는 [Mikolajczyk2004, Mikolajczyk2005b]를 참고하기 바란다.

SURF는 식 (4.11)과 (4.12)의 헤시안 행렬식을 사용한다. 쉽게 생각할 수 있는 방법은 식 (4.11)에서 $\sigma$를 조금씩 증가시켜 3차원 스케일 공간을 만들고 이 공간에서 지역 극점을 찾아 특징점으로 취하는 것이다. 하지만 이 방법으로는 속도가 나아질 리 없다. SURF의 핵심 아이디어는 이 원리에 바탕을 두되, 반복률의 희생이 없는 범위에서 빠른 속도로 행렬식을 근사 계산하는 데에 있다. 헤시안 행렬은 $d_{yy}(\sigma)$, $d_{yx}(\sigma)$, $d_{xx}(\sigma)$로 정의된다. 예를 들어 $d_{yy}(\sigma)$는 입력 영상 $f$를 $\sigma$ 크기의 가우시안으로 컨볼루션 하고 그 결과를 $y$방향으로 두 번 미분하는 연산자이다. 그런데 식 (4.22)가 보여주는 바와 같이, 가우시안을 두 번 미분한 연산자를 $f$에 적용해도 같은 결과를 얻는다.

$$d_{yy}(\sigma) = \frac{\partial^2}{\partial y^2}(G(\sigma) \circledast f) = \left( \frac{\partial^2}{\partial y^2} G(\sigma) \right) \circledast f \qquad (4.22)$$

[그림 4-18]은 가우시안을 두 번 미분한 연산자를 보여준다. 즉, 왼쪽 두 개의 연산자((a), (b))는 각각 $\frac{\partial^2}{\partial y^2} G(\sigma)$와 $\frac{\partial^2}{\partial y \partial x} G(\sigma)$에 해당한다. SURF는 계산 시간을 줄이기 위해, 이들 연산자를 오른쪽 연산자((c), (d))로 근사화한다. $D_{xx}$는 $D_{yy}$를 $90°$ 회전하여 얻을 수 있다.

---

**15** OpenCV보다는 규모가 작지만 꽤 유용한 함수들을 제공한다. http://vlfeat.org에서 소프트웨어와 사용법 튜토리얼을 다운받을 수 있다.

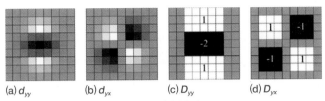

(a) $d_{yy}$      (b) $d_{yx}$      (c) $D_{yy}$      (d) $D_{yx}$

그림 4-18 **가우시안을 두 번 미분한 연산자(회색은 0)**

SURF는 $d_{yy}$를 근사화한 연산자 $D_{yy}$를 빨리 계산하기 위해 적분 영상ⁱⁿᵗᵉᵍʳᵃˡ ⁱᵐᵃᵍᵉ을 이용한다. $D_{yy}$는 값이 1인 $3 \times 5$ 블록 두 개, −2인 $3 \times 5$ 블록 한 개, 그리고 0인 $9 \times 2$ 블록 두 개로 구성된다. 값이 1인 두 블록 합을 각각 $a_1$과 $a_2$라 하고 −2인 블록 합을 $b$라 하면 $D_{yy}$는 $a_1+a_2-2b$이다. $a_1$은 $3 \times 5$ 블록을 구성하는 15개 화소의 합으로, 14번의 덧셈으로 구할 수 있다. 반면 적분 영상을 이용하면 세 번의 덧셈만으로도 구할 수 있다. 게다가 블록의 크기에 무관하게 항상 세 번의 덧셈만으로 블록 합을 계산하는 것도 가능하다. $a_2$와 $b$도 마찬가지이다.

TIP 적분 영상은 비올라와 존스가 창안한 방법이다[Viola2004]. 8.5절의 [그림 8-24]를 참고하기 바란다.

SIFT는 여러 개의 옥타브로 구성되는 피라미드([그림 4-16])를 구축하기 위해 가우시안 스무딩을 많이 한다. 반면 SURF는 원본 영상을 그대로 둔 채 근사 연산자의 크기를 조절하여 스케일 공간을 구축한다. 즉, 가우시안 스무딩을 하지 않는다. [그림 4-18]의 연산자는 최소 크기의 $\sigma$=1.2에 해당한다. [그림 4-19]는 $9 \times 9$ 크기의 연산자를 한 단계 키워 $15 \times 15$ 연산자를 만드는 과정을 설명한다.

TIP SIFT는 단일 스케일 연산자를 다중 스케일 영상에 적용하는 반면 SURF는 단일 스케일 영상에 다중 스케일 연산자를 적용한다고 볼 수 있다.

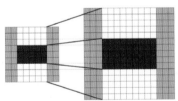 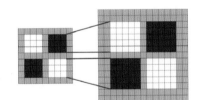

그림 4-19 **다음 스케일의 연산자로 확장**

[그림 4-19]의 방식을 반복적으로 적용하여 $9 \times 9 \rightarrow 15 \times 15 \rightarrow 21 \times 21 \rightarrow 27 \times 27$ 크기의 연산자를 제작하고, 이들을 원래 영상에 적용하여 네 개의 스케일에 해당하는 영상 집합을 만든다. 각 스케일에서 식 (4.12)를 적용하여 행렬식 영상을 만들 수 있다. 이들 행렬식 영상이 한 옥타브를 형성하는데, 중간에 있는 $15 \times 15$와 $21 \times 21$ 크기의 연산자로 만든 두 영상에 대해 [그림 4-17]과 같은 과정을 적용하여 지역 극점을 검출한다. 이렇게 검출된 극점이 SURF 특징점이다.

TIP 근사화 과정에서 발생하는 오류를 보정하기 위해 식 (4.12) 대신 $D_{yy}(\sigma)D_{xx}(\sigma) - 0.9D_{yx}(\sigma)^2$을 이용한다.

SURF는 여러 옥타브에서 특징점을 검출한다. 앞서 설명한 9-15-21-27은 가장 낮은 첫 번째 옥타브이다. 두 번째 옥타브는 첫 번째 옥타브의 두 번째 크기인 15에서 시작한다. 첫 번째 옥타브는 연산자 크기가 6씩 증가한 반면, 두 번째 옥타브는 두 배인 12씩 증가한다. 두 번째 옥타브의 연산자 크기는 15-27-39-51이다. 같은 규칙에 따라 세 번째는 27-51-75-99이다.

## 5. 지역 특징 검출 알고리즘의 특성 비교

앞에서 해리스-라플라스, SIFT, SURF라는 지역 특징 검출 알고리즘에 대해 자세히 알아보았다. 이들 외에도 많은 지역 특징이 개발되어 있는데, 보다 폭넓게 공부하고자 하는 독자에게 [Tuytelaars2007]을 추천한다. 이 튜토리얼 논문은 지역 특징 검출의 원리, 다양한 알고리즘의 구분, 특성과 성능 비교 등에 대한 광범위한 정보를 담고 있다.

실험을 통해 반복률과 속도를 비교 분석한 연구도 여럿 있다. Schmid는 2000년 이전에 나온 알고리즘을 비교하였는데, 대략 이 책의 4.2절에 있는 알고리즘에 해당한다[Schmid2000]. 스케일 불변을 만족하는 4.4절의 알고리즘은 [Mikolajczyk2005b]가 비교 분석했지만, SIFT와 SURF가 빠진 것이 흠이다. 최근 논문으로 [Miksik2012]를 들 수 있으며, SIFT와 SURF뿐 아니라 최근 개발된 이진 지역 특징인 FAST, ORB, BRISK까지 비교 분석을 수행하였다. Aanes는 카메라의 자세를 정확히 제어할 수 있는 실내 환경에서 인공 물체를 대상으로 찍은 영상을 이용하여 실험을 수행하였다[Aanes2012].

성능 비교 실험은 새로운 알고리즘을 제안한 논문에서도 찾아볼 수 있다. 4.4절에서 제시한 해리스-라플라스[Mikolajczyk2004], SIFT[Lowe2004], SURF[Bay2008] 논문에서 실험을 기술한 절을 참고하기 바란다.

많은 알고리즘 중에 어떤 것을 선택해야 하나? 앞서 소개한 성능 비교 논문들이 일관된 주장을 하면 일이 쉬워지겠지만 그렇지 않다. 실험에 사용하는 영상, 기하 변환과 광도 변환의 정도, 알고리즘 구현에서 차이가 있기 때문에 서로 상반된 주장을 하는 경우가 적지 않다. 가장 좋은 방법은 주어진 문제가 처한 환경에서 여러 알고리즘을 비교하는 실험을 직접 수행하고, 결과에 따라 최적의 알고리즘을 선택하는 것이다. [Tuytelaars2007]의 7.1절은 알고리즘을 선택할 때 참고할 수 있는 몇 가지 지침을 제시한다.

**1** [예제 4–1]의 영상에 대해 답하시오.

(1) (7,3)과 (5,5)에서 $S(v,u)$ 맵을 구하시오.

(2) 두 지점을 특징점일 가능성 측면에서 평가하시오.

**2** 다음 영상에 대해 답하시오.

|   | 0 | 1 | 2 | 3 | 4 | 5 | 6 | 7 |
|---|---|---|---|---|---|---|---|---|
| 0 | 0 | 0 | 0 | 0 | 0 | 0 | 0 | 0 |
| 1 | 0 | 1 | 1 | 0 | 0 | 0 | 1 | 0 |
| 2 | 0 | 1 | 2 | 0 | 0 | 0 | 1 | 0 |
| 3 | 0 | 1 | 3 | 1 | 0 | 0 | 2 | 0 |
| 4 | 0 | 1 | 3 | 1 | 0 | 0 | 2 | 0 |
| 5 | 0 | 1 | 2 | 3 | 4 | 4 | 3 | 0 |
| 6 | 0 | 0 | 0 | 0 | 1 | 3 | 1 | 0 |
| 7 | 0 | 0 | 0 | 0 | 0 | 0 | 0 | 0 |

(1) (5,1)과 (4,2)에서 $S(v,u)$ 맵을 구하시오.

(2) 두 지점을 특징점일 가능성 측면에서 평가하시오.

**3** [예제 4–2]의 영상에 대해 답하시오.

(1) (7,3)과 (7,4)에서 2차 모멘트 행렬을 구하시오.

(2) 두 지점의 $C$는?

(3) 두 지점을 특징점일 가능성 측면에서 평가하시오.

**4** 가우시안은 다음과 같은 특성을 갖는다.

> $G(\sigma_1)$과 $G(\sigma_2)$로 연달아 컨볼루션한 결과는 $G(\sqrt{\sigma_1^2 + \sigma_2^2})$로 한 번 컨볼루션한 결과와 같다. 즉, $G(\sigma_2) \circledast G(\sigma_1) \circledast f = G(\sqrt{\sigma_1^2 + \sigma_2^2}) \circledast f$이다.

(1) 4.4.3절에서 옥타브를 구성하는 여섯 장의 영상을 만들 때, '$i$번째 영상이 이미 $\sigma_i$로 스무딩되어 있으므로, $i+1$번째 영상은 토대 영상을 (큰 마스크가 필요한) $\sigma_{i+1}$로 스무딩하는 대신 $i$번째

영상을 (작은 마스크면 되는) $\sigma_{i+1}$과 $\sigma_i$의 차이로 스무딩하면 시간을 크게 줄일 수 있다. 이때 두 스케일의 차이는 $\sqrt{\sigma_{i+1}^2 - \sigma_i^2}$이다'라는 사실을 이용하여 계산 효율을 꾀할 수 있었다. 앞서 제시한 특성을 이용하여 이 사실을 증명하시오.

(2) 옥타브의 네 번째 영상을 제작할 때 몇 배 빨라질지 추정하시오.

(3) 옥타브 전체를 구성하는 데 몇 배 빨라질지 추정하시오.

**5** SIFT는 키포인트를 검출한 후에 에지에 놓여있을 가능성이 높은 것을 제거하는 후처리 단계를 적용한다. 주석 12는 이 과정에 관한 것이다. [Lowe2004]는 이 과정을 어떻게 해결하는지 조사하시오.

**6** SURF는 $9 \times 9$, $15 \times 15$, $21 \times 21$, $27 \times 27$ 크기의 연산자로 네 장의 영상을 만들어 첫 번째 옥타브를 구성한다. 4.4.4절에서 이것을 9-15-21-27로 표기했다. 두 번째 옥타브는 15-27-39-51, 세 번째는 27-51-75-99 크기의 연산자를 사용한다. 네 번째 옥타브는 어떤 크기를 사용하나?

# Chapter 05
# 영상 분할

# Preview

간략하되 뼈가 드러나지 않아야 하고, 상세하되 살찌지 않아야 한다.

**_조선 실학자 이덕무**

[그림 5-1(a)]를 보고 장면을 서술해 보자. 대략 '상자 위에 쌓여있는 형형색색의 파프리카와 가격표'라고 말할 수 있을 것이다.

(a) 원래 영상                      (b) 분할된 영상

**그림 5-1 맨 왼쪽 영상을 보고 장면을 서술해 보자.**

이때 상자, 파프리카, 그리고 가격표는 사람에게 '의미 있는' 물체이다. 사람은 인지 과정에서 영상을 영역region 단위로 분할하고, 학습을 통해 이미 알고 있는 물체 모델과 매칭한다. 이와 같이 영상 분할image segmentation은 주어진 영상을 의미 있는 영역region으로 나누는 작업이다. [그림 5-1(b)]는 사람이 분할한 결과로 UC 버클리University of California, Berkeley에서 제공하는 영상 분할용 데이터베이스에 있는 영상이다.

사람의 뇌는 장면을 이해하기 위해 무의식적으로 영상 분할을 수행한다. 컴퓨터 비전의 많은 문제를 해결할 때도 고품질의 영상 분할 작업이 필요하다. 분할이 잘 된다면 영상 검색, 물체 추적, 얼굴 인식, 증강 현실, 동작 인식 등은 반 이상 해결된 셈이다. 반대로 영상 분할의 품질이 낮다면 다음 단계의 성능이 아무리 뛰어나도 전체 시스템은 낮은 성능을 보일 수밖에 없다.

[그림 5-1]과 같은 일반적인 자연 영상의 분할은 매우 어려운 문제이다. 컴퓨터 비전에서 가장 어려운 문제라고 해도 과언이 아니다. 영상 분할은 컴퓨터 비전이 태동할 때부터 중요한 주제였고 지금도 여전히 핵심 연구 주제이다.

# 1

# 영상 분할의 원리

입력 영상 $f$의 분할은 식 (5.1)로 정의할 수 있다. $r_i$와 $r_j$는 각각 분할로 얻은 $i$번째와 $j$번째 영역이고, $n$은 영역의 개수이다. 첫 번째 조건은 영역이 서로 겹칠 수 없다는 것이고, 두 번째는 모든 영역은 전체 영상을 덮어야 한다는 것이다. 세 번째 조건인 $Q(r_i)$는 영역 $r_i$에 속한 모든 화소가 비슷한 명암값처럼 비슷한 성질을 가져야 한다는 조건 함수이다. 즉 세 번째와 네 번째 식은 같은 영역에 속한 화소는 같은 성질을, 이웃한 영역은 서로 다른 성질을 가져야 한다는 요구이다.

$$r_i \cap r_j = \varnothing, \ 1 \leq i, \ j \leq n, i \neq j$$
$$\bigcup_{i=1,n} r_i = f$$
$$Q(r_i) = 참, \ 1 \leq i \leq n \tag{5.1}$$
$$Q(r_i \cup r_j) = 거짓, \ 1 \leq i, \ j \leq n, \ r_i와 \ r_j는 \ 이웃한 \ 영역$$

하지만 반드시 만족해야 하는 절대 조건은 아니고, 단지 영상 분할을 개념적으로 설명하기 위한 목적이 강하다. 예를 들어, 사람이 분할한 [그림 5-1(b)]를 다시 살펴보자. 가격표가 하나의 영역으로 분할되었는데 이 영역에 속하는 화소가 동질이 아님을 쉽게 알 수 있다. 식 (5.1)의 세 번째 조건을 만족하려면 더 세밀하게 분할하여 검은색 글자와 빨간색 글자를 별개의 영역으로 나누어야 한다. 식 (5.1)을 엄정하게 적용한다면 저분할under-segmentation 된 것이다. 반대로 너무 세밀하게 분할된 경우는 과분할over-segmentation이라고 한다.

여기에서 딜레마에 빠진다. 어느 정도까지 세밀하게 분할해야 정답일까? 사람도 이런 딜레마에 빠질까? 사람은 일상생활 속 인지 과정에서 갈등을 겪지 않는 걸로 보아 분명 그렇지 않다. 사람은 선택적 주의 집중selective attention이라는 뛰어난 능력을 소유하고 있다. [그림 5-1(a)]에서 가격표를 인지했을 때, 파프리카를 살 마음이 있으면 더 세밀하게 분할하여 가격을 확인하지만 관심이 없으면 추가로 분할하지 않는다. 가격을 확인할 마음이 생겼는데 멀어서 잘 안보인다면 가까이 다가가 해상도를 높인 다음 분할을 수행한다. 이렇게 능동적으로 센싱을 수행하는 기능을 능동 비전 active vision이라 부른다.

TIP 선택적 주의 집중에 관해서는 12.2.1절을 참고하기 바란다.

사람은 영상을 분할할 때 고급 지식을 사용한다. [그림 5-1(b)]의 경우, 상자와 파프리카를 인식하면서 동시에 분할을 수행한다. 자신이 이전에 취득한 물체 모델, 지식, 의도를 분할 과정에 깊이 개입시켜 활용한다. 하지만 컴퓨터 비전은 이러한 지식을 활용할 여지가 없다. 분할 단계에 그런 지식이 존재하지 않기 때문이다. 컴퓨터 관점에서 분할은 인식을 위한 전 단계이다.[1] 사람과 기계는 이렇게 다르다! 이러한 커다란 차이를 메우는 작업은 아주 중요한 미래 연구 주제이다.

그림 5-2 **영상 분할의 근원적인 어려움**

영상 분할이 얼마나 어려운지 그리고 왜 어려운지에 대한 통찰력을 얻기로 하자. [그림 5-2]는 왼쪽 아래에 있는 영상에서 시작하여 시계 반대 방향으로 진행하며 점점 확대한 것이다. 가장 크게 확대한 왼쪽 위 영상을 살펴보자. 물체의 경계를 어디로 그어야 할까? 이와 같이 지역 정보만 본다면 경계가 꽤 불분명하지만, 시계 방향으로 시선을 옮겨가며 살펴보면 경계가 명확하다. 사람은 물

---

1 닭이 먼저냐 달걀이 먼저냐는 문제egg and chicken problem와 비슷하다.

체에 대한 모델(이전에 보았던 오리 모양에 대한 지식)을 동원하여 인식과 동시에 분할을 수행한다. 하지만 컴퓨터 비전은 아직 그 단계까지 발전하지 못하였다.[2]

3장에서 공부하였던 에지와 여기에서 공부할 영역은 동전의 양면과 같다. 에지는 명암값에 급격한 변화가 발생하는 지점에 해당하므로 개념적으로 영역의 경계와 일치해야 한다. 캐니 에지로 검출한 [그림 3-18]을 살펴보면, 낙타와 사람이라는 물체의 경계를 에지가 명확하게 표시하고 있는 것을 볼 수 있다. 하지만 문제가 있다. 영역이 형성되기 위해서는 완벽한 폐곡선을 이루어야 하는데 그렇지 못한 경우가 대다수이다. 뚫린 곳을 메우는 후처리 작업을 투입할 수 있는데, 그러다 보면 메우지 말아야 할 곳을 메우는 새로운 문제가 생긴다. 따라서 3장의 에지 검출 알고리즘의 출력 자체를 영역으로 취할 수는 없다. 영역 분할은 에지 검출과 다른 접근 방법을 사용한다.

영역과 4장에서 공부한 지역 특징(특징점)이 어떻게 다른지 생각해 보자. 영역은 물체를 나타내는 연결된 화소의 집합이므로 그 자체에서 모양 또는 컬러, 텍스처 정보를 가지고 특징 벡터(기술자)를 추출할 수 있다. 이와 달리 특징점은 한 점을 지칭하며, 그 점을 중심으로 일정한 크기의 마스크를 씌워 그 속에 들어오는 화소들을 보고 기술자를 추출한다. 영역은 그 자체가 물체 또는 물체의 일부일 가능성이 있으므로 다른 영상과 매칭하여 인식과 같은 어떤 목적을 달성할 수 있다. 하지만 특징점은 물체에서 두드러진 한 점에 불과하기 때문에 혼자로는 부족하다. 여러 개의 매칭 쌍을 이용하여 추가적인 해석 과정을 거쳐야만 주어진 목적을 달성할 수 있다.

영상 분할 알고리즘은 꾸준히 발전하여 이전에 비해 큰 진전이 있는 것이 사실이다. 하지만 제약이 없는 상황에서는 실용성에 한계를 보이므로 현재 구축된 많은 응용 시스템은 영역보다 지역 특징을 많이 사용한다. 예를 들어, [그림 4-1]의 파노라마 영상 제작은 이웃한 영상의 이음선을 찾기 위해 영역을 사용하는 대신 SIFT와 같은 지역 특징을 사용한다. 하지만 사람은 무언가를 인식할 때 지역 특징이 아니라 영역 정보를 사용한다. 인간에 맞먹는 성능을 달성하기 위해서는 높은 품질의 영상 분할이 꼭 필요하다.

---

2 분할과 인식을 동시에 수행하는 접근 방법을 연구하는 사람들이 있다. [Tu2005, Leibe2008]을 참고하기 바란다. 아직 제한된 환경에서만 작동하는 초보 수준이다.

# 2
# 전통적 방법

이 절에서 소개하는 방법은 특수한 조건을 만족하거나 단순한 영상에서 잘 작동하지만 일반적인 자연 영상에서는 아주 낮은 성능을 보인다. 공장 자동화, 문서 인식 등과 같은 응용 상황이라면 영상 획득 조건을 조절할 수 있기 때문에 이 절에서 다루는 알고리즘을 효과적으로 적용할 수 있다. 문제가 쉽다면 굳이 복잡한 알고리즘을 쓸 이유가 없다.

## 1. 임계화를 이용한 영역 분할

2.3.1절에서 공부한 내용을 기억해 보자. 어두운 배경에 밝은 물체 또는 그 반대인 경우에 이진화를 사용하여 물체 영역과 배경 영역을 분할할 수 있다. 문서를 찍은 영상이나 깨끗한 배경에 균일한 밝기를 가진 물체가 놓여 있는 영상의 경우라면 오츄 알고리즘이 효과적인 분할 알고리즘인 셈이다.

하지만 장면에 나타난 여러 개의 물체가 서로 다른 밝기를 가진 경우에는 좋은 품질을 기대할 수 없다. [그림 5-3]과 같이 밝은 달과 어두운 나무, 중간 명암을 갖는 하늘이 나타난다면 최소 세 개의 명암 구간으로 나누어야 한다.

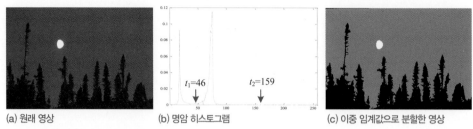

(a) 원래 영상　　　　　　　　(b) 명암 히스토그램　　　　　　(c) 이중 임계값으로 분할한 영상

그림 5-3 이중 임계값 오츄 알고리즘에 의한 영상 분할

여기서 세 부류는 $t_1$보다 작은 값을 가진 화소, $t_1$과 $t_2$ 사이의 화소, 그리고 $t_2$보다 큰 화소이다. 식 (5.2)는 두 개의 임계값 $t_1$과 $t_2$로 정의되는 부류간 분산이다. $\mu_g$는 전체 평균으로, $\mu_g = \sum\limits_{i=0,L-1} i\hat{h}_i$이다. $\hat{h}$은 정규 히스토그램이다. 여기서는 $i$번째 칸을 $\hat{h}(i)$대신 $\hat{h}_i$으로 표기한다.

TIP 히스토그램은 2.2.1절을 참고한다.

$$v_{between}(t_1, t_2) = w_0(\mu_0 - \mu_g)^2 + w_1(\mu_1 - \mu_g)^2 + w_2(\mu_2 - \mu_g)^2$$
$$\text{이때,}\quad \mu_0 = \frac{1}{w_0}\sum_{i=0}^{t_1} i\hat{h}_i, \quad \mu_1 = \frac{1}{w_1}\sum_{i=t_1+1}^{t_2} i\hat{h}_i, \quad \mu_2 = \frac{1}{w_2}\sum_{i=t_2+1}^{L-1} i\hat{h}_i \tag{5.2}$$
$$w_0 = \sum_{i=0}^{t_1} \hat{h}_i, \quad w_1 = \sum_{i=t_1+1}^{t_2} \hat{h}_i, \quad w_2 = \sum_{i=t_2+1}^{L-1} \hat{h}_i$$

세 영역이 다를수록 더 좋은 분할이므로 식 (5.2)의 분산 $v_{between}$은 크면 클수록 좋다. 따라서 $v_{between}(t_1, t_2)$를 최대화하는 $\hat{t}_1$과 $\hat{t}_2$를 찾으면 된다. 이것을 식으로 쓰면 식 (5.3)과 같다. 최댓값을 찾기 위해서는 가능한 모든 $(t_1, t_2)$ 쌍을 조사한다. 먼저 $t_1 = 1$로 설정하고 $t_2 = 2, 3, \cdots, L-2$에 대해 검사한다. 그런 다음 $t_1 = 2$로 설정하고 $t_2 = 3, 4, \cdots, L-2$에 대해 검사한다. 이 과정을 $t_1 = L-3$까지 반복한 후, 가장 큰 값을 생성한 쌍을 답으로 취한다. 이를 이중 임계값 오츄 알고리즘이라고 부르며, 단계별 과정을 정리하면 [알고리즘 5-1]과 같다.

$$(\hat{t}_1, \hat{t}_2) = \underset{0 < t_1 < t_2 < L-1}{\mathrm{argmax}}\, v_{between}(t_1, t_2) \tag{5.3}$$

**입력** : 영상 $f(j,i)$, $0 \le j \le M-1$, $0 \le i \le N-1$
**출력** : 삼진영상 $g(j,i)$, $0 \le j \le M-1$, $0 \le i \le N-1$  // 0, 1, 2 세 가지 값을 가진 영상

| | |
|---|---|
| 1 | [알고리즘 2-1]을 이용하여 $f$의 정규 히스토그램 $\hat{h}$을 만든다. |
| 2 | for($t_1$=1 to $L$-3) |
| 3 |   for($t_2$=$t_1$+1 to $L$-2) |
| 4 |     식 (5.2)를 이용하여 $v_{between}(t_1, t_2)$를 계산한다. |
| 5 | 2~4행에서 가장 큰 $v_{between}$을 생성한 $(t_1, t_2)$를 임계값 $(\hat{t_1}, \hat{t_2})$로 취한다. |
| 6 | $(\hat{t_1}, \hat{t_2})$로 $f$를 삼진화하여 $g$를 만든다. |

[그림 5-3(c)]는 이중 임계값으로 분할한 결과이다. [알고리즘 5-1]은 두 임계값으로 $t_1$=46과 $t_2$=159를 찾아내었다. 이 영상은 자연 영상이지만 배경, 나무, 달의 명암값이 잘 구분되어 있어 비교적 좋은 결과를 얻었다. 네 단계 이상으로 분할할 필요가 있을 때는 식 (5.2)와 식 (5.3)을 조금만 수정하면 된다.

지금까지 공부한 임계화는 모두 전역 방법이다. 영상 전체를 보고 임계값을 하나 또는 두 개를 결정한 후, 그것을 전체 영상에 적용하기 때문이다. [그림 5-4(a)]는 현미경으로 촬영한 효모 사진이다. 전역 방법을 이 영상에 적용하면 어떤 일이 벌어질까?

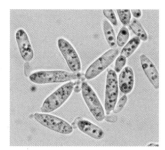 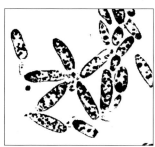 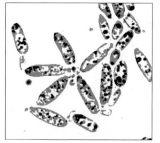

(a) 원래 영상　　　　(b) [알고리즘 2-4]를 적용한 결과　　　　(c) [알고리즘 5-1]을 적용한 결과

그림 5-4 **효모 영상과 임계화한 영상**

[그림 5-4(b)]와 [그림 5-4(c)]는 각각 [알고리즘 2-4(단일 임계값)]와 [알고리즘 5-1(이중 임계값)]을 적용한 결과이다. 효모라는 물체의 내부가 지역적으로 명암이 다르기 때문에 동일한 임계값을 전체 영상에 적용한 결과는 만족스럽지 않을 것이라 예측할 수 있다. 이런 경우에는 지역의 상황에 따라 임계값을 적응적으로 결정하는 적응적 임계화<sup>adaptive thresholding</sup> 방법을 사용한다. 이 방법은 식 (5.4)와 같다. 이전과 달라진 점은 임계값 $t$가 $t(j,i)$로 바뀐 것이다. 임계값이 위치에

따라 달라지므로 $t$를 위치의 함수로 표기한다. 이 임계값은 $(j,i)$의 이웃을 보고 결정하는데, 이웃은 $n \times n$의 정방형 또는 반지름이 $r$인 원형이다.

$$b(j,i) = \begin{cases} 1, & f(j,i) \geq t(j,i) \\ 0, & \text{그렇지 않으면} \end{cases} \tag{5.4}$$

식 (5.4)는 개념적으로 이해하기 쉽지만 구현은 쉽지 않다. 적응적 임계값 $t(j,i)$를 정하는 강력한 한 가지 방법이 있는 것이 아니라 영상의 특성에 따라 방법을 정해야 하기 때문이다.[3]

임계화는 아무리 정교한 방법으로 임계값을 결정하더라도 성능 한계를 보일 수밖에 없다. 한계를 보완하기 위해 [그림 5-4]와 같이 물체가 일정한 형태(여기서는 타원형)를 띠는 경우, 물체 모양에 대한 고급 정보를 활용하는 보다 진화한 알고리즘도 있다.[4]

## 2. 군집화를 이용한 영역 분할

컬러 영상의 경우 화소를 3차원 컬러 공간에 매핑할 수 있다. [그림 5-5(b)]는 매핑한 결과로, 원래 영상은 $512 \times 800$인데 점이 너무 많아 10%로 축소한 다음 매핑하였다. 3차원 공간에 떠 있는 점들은 색깔이 비슷할수록 가까이 위치할 것이다. 이러한 성질을 이용하여 분할을 수행할 수 있다. 가까이 있는 화소들은 같은 군집으로 모으면 되는데 군집화$^{\text{clustering}}$가 이런 일을 한다.

(a) 원래 영상          (b) 3차원 공간에 매핑한 결과

그림 5-5 **컬러 영상 화소를 RGB 공간에 매핑**

---

3　[Gonzalez2010, 10.3.7절]은 이웃 영역의 평균과 표준편차를 이용하여 $t$를 정하는 규칙과 실험 결과를 보여준다. 1980년대까지의 다양한 기법을 소개하는 논문으로 [Sahoo88]을 소개한다. 11개의 적응적 임계화 방법을 소개하고 성능을 비교한 논문으로 [Trier95]를 추천한다.

4　[Park2013]은 나노 입자가 볼록하다는 정보를 이용하여 나노 입자의 전자 현미경 영상을 분할하는 알고리즘을 제시하였다. 이 알고리즘은 에지 정보와 물체 모양 정보를 활용한다.

[알고리즘 5-2]는 단순하면서 많이 사용하는 $k$-means 군집화 알고리즘을 활용한 영상 분할 알고리즘이다. 먼저 1행은 화소 각각을 3차원 벡터로 변환하여 샘플 집합 $X$를 구성한다. 4~9행은 $k$-means에 해당하는데, 이 과정은 군집의 개수 $k$를 알아야 한다. 따라서 알고리즘의 입력으로 지정해야 한다. $k$-means는 먼저 $k$개 군집의 중심을 초기화한다. 보통 $X$에서 임의로 $k$개를 뽑아 사용한다. 이 초기화는 최종 결과에 영향을 미친다. 이제 샘플 각각에 대해 $k$개의 군집 중심 중에 가장 가까운 것을 찾아 그것에 배정한다. 각 군집의 중심을 그것에 새로 배정된 샘플의 평균으로 대치한다. 이 과정을 반복하다가 군집 배정의 결과가 이전과 같다면 수렴한 상태가 된다. $k$-means는 어떤 초기 군집 중심을 가지고 출발하더라도 반드시 종료 조건에 도달한다는 사실이 증명되어 있다. 종료 조건에 도달하면, 반복을 멈추고 $j$번째($1 \le j \le k$) 군집에 속하는 모든 화소를 $j$로 번호를 매기면 모든 과정이 끝난다.[5]

---

**알고리즘 5-2 $k$-means를 이용한 컬러 영상 분할**

**입력 :** 컬러 영상 $f_r(j,i)$, $f_g(j,i)$, $f_b(j,i)$, $0 \le j \le M-1$, $0 \le i \le N-1$, $k$(군집의 개수)
**출력 :** [1, 2, 3, ⋯, $k$]로 번호가 매겨진 영상

| | |
|---|---|
| 1 | 화소를 $\mathbf{x}_i = (r_i, g_i, b_i)$ 형태로 변환하여 샘플 집합 $X = \{\mathbf{x}_1, \mathbf{x}_2, \cdots, \mathbf{x}_n\}$을 구성한다. // $n = MN$ |
| 2 | |
| 3 | // 4~9행은 $k$-means 군집화 |
| 4 | $k$개의 군집 중심 $Z = \{\mathbf{z}_1, \mathbf{z}_2, \cdots, \mathbf{z}_k\}$를 초기화 한다. |
| 5 | while(TRUE) { |
| 6 |   for($i$=1 to $n$) $\mathbf{x}_i$를 가장 가까운 군집 중심에 배정한다. |
| 7 |   if(이 배정이 첫 배정이 아니고 이전 루프의 배정과 같은) break; |
| 8 |   for($j$=1 to $k$) $\mathbf{z}_j$에 배정된 샘플의 평균으로 $\mathbf{z}_j$를 대치한다. |
| 9 | } |
| 10 | |
| 11 | // 군집화 결과를 이용한 분할 |
| 12 | for($j$=1 to $k$) $\mathbf{z}_j$에 배정된 샘플(화소)을 $j$로 번호를 매긴다. |

---

[그림 5-6]은 [그림 5-5(a)]를 $k$=6으로 설정하고 [알고리즘 5-2]로 분할한 결과인데, 품질이 좋지 않다. 초기 군집 설정을 개선하고 $k$값을 조절하여 좀더 좋은 결과를 얻을 수 있지만 매우 지루한 작업이 될 것이며, 여전히 낮은 수준을 맴돌 것이다. 왜 이런 일이 생길까? 잠시 생각해 보자.

---

5  좀 더 자세한 군집화 알고리즘에 대해서는 [오일석2008, 10장]을 참고하기 바란다.

그림 5-6 *k*-means 군집화로 분할한 결과

그 이유는 군집화 과정이 화소 사이의 지리적 근접성을 무시한 데서 찾아볼 수 있다. 이 알고리즘은 화소의 컬러값의 유사성만 고려할 뿐 두 화소의 거리는 전혀 고려하지 않는다. 영역 분할은 화소의 컬러 또는 명암이 조금 다르더라도 이웃에 있으면 같은 영역으로 배정할 가능성을 갖추어야 한다. [그림 5-2]는 그런 필요성을 명확히 보여준다. 5.3절의 그래프 방법은 그런 가능성을 갖춘, 한 발 진보한 알고리즘이다. 5.4절의 민시프트는 군집화 과정을 보다 세련되게 발전시켜 분할 품질을 크게 향상시킨다.

## 3. 분할합병

어떤 연결요소가 영역을 이루는지 판가름하는 정교한 규칙 $Q(r_i)$가 있다면 [알고리즘 5-3]을 이용하여 분할을 수행할 수 있다. $Q(r_i)$가 거짓이면 $r_i$를 분할하는데, 이 과정에서 발생하는 중간 결과를 표현하기 쉽도록 네 개의 영역으로 분할한다. [그림 5-7]에서 보는 바와 같이 4진 트리 quadtree로 표현할 수 있다. 하지만 과분할된 곳이 많이 생기므로 비슷한 영역을 다시 합치는 과정을 거친다. 2~6행이 합병을 수행한다.

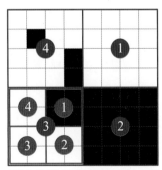

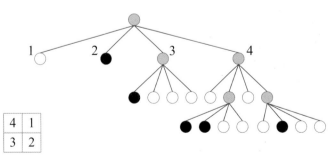

그림 5-7 4진 트리를 통한 영역 분할 결과

[그림 5-7]은 이진 영상을 예로 들어 분할합병 과정을 설명한다. 8×8 크기의 원래 영상을 네 개의 4×4 블록으로 나눈다. 1번과 2번 블록은 16개 화소 모두 같은 값을 가지므로, 즉 $Q(r_i)$가 참이므로 단말 노드가 된다. 이 단말 노드에 각각 그들의 색인 백과 흑을 기록한다. 3번과 4번 블록은 균일하지 않으므로, 즉 $Q(r_i)$가 거짓이므로 추가 분할을 수행한다. 3번 블록을 네 개의 2×2 블록으로 나누면, 1번 블록은 흑이고 나머지 세 개의 블록은 백이다. 따라서 네 개의 자식 노드는 모두 단말 노드가 되고 각각 자신의 색을 기록한다. 가상 코드로 정리하면 [알고리즘 5-3]과 같다.

**알고리즘 5-3 분할합병을 적용한 영역 분할**

**입력** : 영상 $f(j,i)$, $0 \le j \le M-1$, $0 \le i \le N-1$, 임계값 $s$
**출력** : 분할 결과를 표현하는 4진 트리

```
1    split(f);  // 분할
2    while(TRUE) {  // 합병
3       for(모든 이웃한 영역 쌍 r_i와 r_j에 대해)
4          if(Q(r_i∪r_j)) r_i와 r_j를 합병하라.
5       3~4행에서 변화가 없으면 break;
6    }
7
8    function split(r){
9       if((not Q(r)) and (r의 넓이 > s)) {
10         r을 네 개의 4분 영상 r_i, 1≤i≤4로 나눈다.
11         for(i=1 to 4)
12            split(r_i);
13      }
14   }
```

이 알고리즘은 개념적으로 이해하기 쉽고 얼핏 합리적인 방법으로 보이는데, 사실 [그림 5-2]나 [그림 5-5]와 같은 자연 영상에 대해 만족할만한 결과를 얻지 못한다. 왜 그럴까? 이유는 $Q(.)$에 있다. [그림 5-7]의 예처럼 이진 영상인 경우는 $Q(.)$의 참·거짓 여부가 명확한데, 명암 또는 컬러 영상인 경우 만족할 만한 결과를 보장하는 하나의 규칙 $Q(.)$를 만드는 일은 가능하지 않다.

# 3
# 그래프 방법

컴퓨터를 전공한 학생은 자료구조와 알고리즘 과목에서 그래프graph를 배웠을 것이다. 이 절에서는 영상 $f$를 그래프로 표현한 후, 분할에 필요한 정보를 찾아내는 방법을 알아본다. 그래프 $G$는 $G=(V,E)$로 정의된다. $V$는 노드의 집합으로 $V=\{v_1, v_2, \cdots, v_n\}$이고, $E$는 에지의 집합이다. 보통 한 화소가 하나의 노드가 되는데, 노드의 개수 $n$은 화소의 개수와 같다. 또는 과분할하는 알고리즘을 적용하여 얻은 자잘한 영역을 노드로 삼을 수도 있다. 이들 영역 각각을 슈퍼 화소superpixel라 부른다. 두 노드 $v_p$와 $v_q$를 연결하는 에지는 가중치weight $w_{pq}$를 갖는다. 여기서 사용하는 그래프는 에지가 방향을 가지지 않으므로 $w_{pq}$와 $w_{qp}$는 같다.

영역 분할을 위한 그래프에서 $w_{pq}$는 $v_p$와 $v_q$가 얼마나 비슷한지를 나타내는 유사도similarity 또는 얼마나 다른지 나타내는 거리이다. 이들을 측정하는 계량 방법은 여러 가지가 있는데, 우선 식 (5.5)의 단순한 방법을 소개한다. 이 식은 명암 영상에서 정의되며, $f(v_p)$는 노드 $v_p$에 해당하는 화소의 명암값이다. 또, 거리가 $r$ 이내인 화소 쌍만 에지를 갖도록 제한한다.[6] $\mathbf{x}(v)$는 노드 $v$에 해당하는 화소의 위치를 나타낸다. 영상을 그래프로 어떻게 표현하는지 보다 직관적으로 이해하기 위해 간단한 예를 살펴보자.

---

6  이 절에서는 거리라는 용어가 화소값이 얼마나 다른지 나타내기도 하고, 두 화소가 얼마나 떨어져 있는지도 나타낸다.

$$\text{거리 } d_{pq} = \begin{cases} |f(v_p) - f(v_q)|, & v_q \in Neigh(v_p) \\ \infty, & \text{그렇지 않으면} \end{cases}$$

$$\text{유사도 } s_{pq} = \begin{cases} e^{-d_{pq}}, & v_q \in Neigh(v_p) \\ 0, & \text{그렇지 않으면} \end{cases} \tag{5.5}$$

$$\text{이때, } \|\mathbf{x}(v_q) - \mathbf{x}(v_p)\| \le r \text{ 이면 } v_q \in Neigh(v_p)$$

---

예제 5-1 **영상의 그래프 표현**

[그림 5-8(a)]는 10단계의 명암을 갖는 5×5 크기의 아주 간단한 영상을 보여준다. 그래프로 표현하기 위해 먼저 25개의 화소를 행 우선 순서에 따라 $v_0 \sim v_{24}$로 표기한다. 예를 들어 (1,2) 위치에 있는 화소는 노드 $v_7$이 된다.

식 (5.5)에서 이웃을 규정하는 거리를 $r=1$로 설정하여 4-연결된 화소만 이웃이라고 가정하고, 에지의 가중치는 식 (5.5)의 맨 위에 있는 거리를 채택한다. 그래프를 인접 행렬로 표현하면 25×25 행렬이 되는데, 에지의 가중치 값을 계산하여 채우면 [그림 5-8(b)]와 같다.

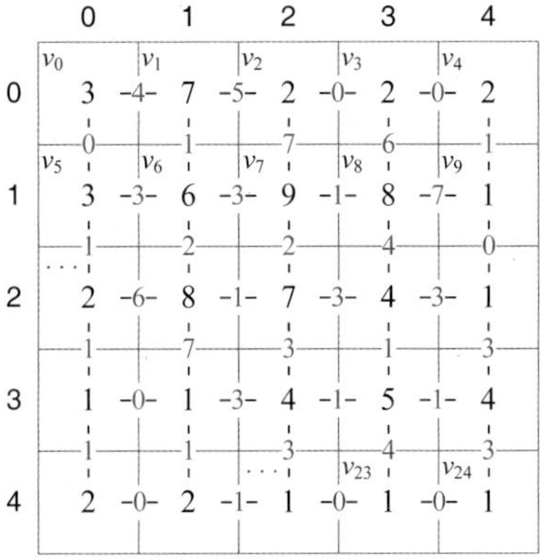

```
        0       1       2       3       4
     v0      v1      v2      v3      v4
0    3 -4- 7 -5- 2 -0- 2 -0- 2
        0       7       7       4       0
     v5      v6      v7      v8      v9
1    3 -3- 6 -3- 9 -1- 8 -7- 1
        1       2       2       4       0
     ...
2    2 -6- 8 -1- 2 -4- 4 -3- 1
        7
3    1 -0- 1 -3- 4 -1- 5 -1- 4
        1       1       3       4       3
                          v23     v24
4    2 -0- 2 -1- 1 -0- 1 -0- 1
```

| | $v_0$ | $v_1$ | $v_2$ | $v_3$ | $v_4$ | $v_5$ | $v_6$ | $v_7$ | $v_8$ | $v_9$ | $v_{10}$ | $v_{11}$ | $v_{12}$ | ... | $v_{23}$ | $v_{24}$ |
|---|---|---|---|---|---|---|---|---|---|---|---|---|---|---|---|---|
| $v_0$ | 0 | 4 | - | - | - | 0 | - | - | - | - | - | - | - | | - | - |
| $v_1$ | 4 | 0 | 5 | - | - | - | 1 | - | - | - | - | - | - | | - | - |
| $v_2$ | - | 5 | 0 | 0 | - | - | - | 7 | - | - | - | - | - | | - | - |
| $v_3$ | - | - | 0 | 0 | 0 | - | - | - | 6 | - | - | - | - | | - | - |
| $v_4$ | - | - | - | 0 | 0 | - | - | - | - | 1 | - | - | - | | - | - |
| $v_5$ | 0 | - | - | - | - | 0 | 3 | - | - | - | 1 | - | - | | - | - |
| $v_6$ | - | 1 | - | - | - | 3 | 0 | 3 | - | - | - | 2 | - | | - | - |
| $v_7$ | - | - | 7 | - | - | - | 3 | 0 | 1 | - | - | - | 2 | | - | - |
| ⋮ | | | | | ... | | | | ... | | | | | | ... | |
| $v_{24}$ | | | | | | | | | | | | | | | 0 | 0 |

(a) 입력 영상(화소를 잇는 값(파란색)은 에지 가중치)  (b) 인접 행렬 표현

그림 5-8 **명암 영상의 그래프 표현**

이 그래프는 대각선 방향으로 세 줄의 띠를 형성하는데, 유효한 값이 드문 희소행렬sparse matrix이다. 이웃의 범위를 규정하는 $r$을 크게 하면 띠의 폭이 늘어난다. 예를 들어, 8-이웃을 채택하면 1이었던 띠의 폭이 3이 된다.

---

모든 그래프 알고리즘의 기본 원리는 간단하다. 유사도가 높아 비슷한 노드 쌍은 같은 연결요소(영역)에 속하고, 유사도가 낮은 노드 쌍은 다른 연결요소에 속해야 한다는 것이다. 그래프를 사용하는 모든 알고리즘은 유사도가 낮은 에지를 중심으로 분할선을 결정한다.

예를 들어, [그림 5-8]에서 에지 $w_{6,7}=3$이고 $w_{7,8}=1$이므로 에지 $(v_6, v_7)$이 에지 $(v_7, v_8)$보다 분할선이 될 가능성이 더 높다. 분할선이 '된다'가 아니라 '가능성이 더 높다'라고 표현한 사실에 주목해야 한다. 그래프 알고리즘은 지역 최적해가 아니라 전역 최적해를 추구한다. 지역적으로 유사도가 낮더라도 전역적으로 판단할 때 자르지 말아야 한다면 분할선으로 취하지 않는다.

그래프 분할 문제를 전역 최적화 문제로 전개했을 때, 다음 두 가지 사항을 설계해야 한다. 항목 1은 분할의 품질을 결정하고, 항목 2는 알고리즘의 수행 속도를 좌우한다. 그래프 알고리즘은 이들을 어떻게 해결하느냐에 따라 여러 종류로 나뉜다. 이 장에서는 대표적인 두 가지 알고리즘을 제시한다.

1. 어떤 분할의 좋은 정도를 측정하는 목적 함수
2. 목적 함수를 최대화 또는 최소화하는 최적해를 찾는 효율적인 탐색 알고리즘

## 1. 최소 신장트리

이 알고리즘은 신장트리spanning tree를 이용하여 최적의 분할을 찾아낸다. [그림 5-9]에 색칠된 연결요소 $C=\{v_1, v_6, v_7, v_{11}, v_{12}\}$를 살펴보자. $C$는 다섯 개의 노드와 다섯 개의 에지로 구성되는 부분 그래프이다. 최소 신장트리minimum spanning tree를 구하면 그림에서 빨간색으로 표시한 네 개의 에지로 구성된다.[7] 즉, $MST(C)=\{(v_1, v_6), (v_6, v_{11}), (v_{11}, v_{12}), (v_{12}, v_7)\}$이다.

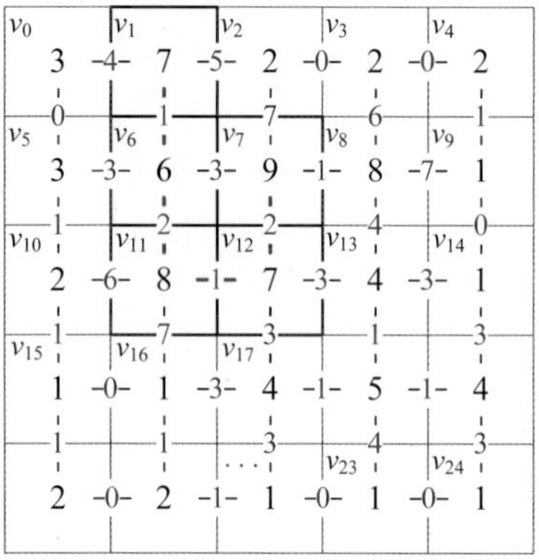

그림 5-9 **최소 신장트리**

이제 연결요소 $C$가 얼마나 균일한지(하나의 영역을 형성할 수 있는지) 측정하는 식 (5.6) $intra(C)$를 정의할 수 있다. 이 식은 최소 신장트리의 에지 중 가장 큰 가중치를 취하는데, [그림 5-9]의 연결요소 $C$의 경우 그 값이 2이다. 따라서 $intra(C)=2$가 된다.

---

7 신장트리는 모든 노드를 포함하고 모든 노드 쌍이 연결되도록 하는 사이클이 없는 트리를 말한다. 어떤 그래프에 대해 많은 수의 신장트리가 존재하는데, 그들 중 에지 가중치의 합이 가장 작은 신장트리를 최소 신장트리라 부른다. 보다 자세한 내용은 [문병로2007]을 참고하기 바란다.

$$intra(C) = \max_{e \in MST(C)} w_e \qquad (5.6)$$

$intra(C)$의 의미를 생각해 보자. [그림 5-9]의 예에서 명암이 6인 $v_6$과 명암이 9인 $v_7$은 둘만 보면 명암값의 차이가 3이나 되어 같은 영역에 속하기 어려울 것으로 여겨진다. 하지만 최소 신장트리에 의하면 3보다 작은 에지들로 연결된 경로가 존재한다. 따라서 같은 영역일 가능성이 둘만 볼 때보다 높다고 말할 수 있다.

노드를 추가하여 영역을 키워나가는 경우를 따져 보자. 어느 노드를 추가하는 것이 가장 유리할까? $v_{13}$을 추가한다면 $intra(C)$가 3이 되어 영역의 균일성이 떨어진다. 대신 $v_8$을 추가하면 $intra(C)$가 2이므로 균일성이 그대로 유지된다. 이 상황에서는 $v_8$을 추가하는 것이 유리하다.

이제 연결요소가 두 개 있을 때를 생각해 보자. 이들을 $C_i$와 $C_j$라 하자. 식 (5.7)의 $mult\_intra(.)$는 이 둘을 같이 고려할 때 이들이 얼마나 균일한지 측정해 준다. 둘 중 하나라도 균일하지 않으면 $mult\_intra(.)$는 큰 값을 가짐으로써 균일하지 않음을 알려준다. 매개변수 $k$는 $diff(.)$와 $mult\_intra(.)$를 비교할 때 일종의 임계값 역할을 하는데, 이는 뒤에서 설명하기로 하자. 식 (5.8)의 $diff(.)$는 두 연결요소가 얼마나 다른지 말해 주는 척도이다.

$$mult\_intra(C_i, C_j) = \min(intra(C_i) + \tau(C_i), intra(C_j) + \tau(C_j))$$
$$\text{이때 } \tau(C) = \frac{k}{|C|} \qquad (5.7)$$

$$diff(C_i, C_j) = \min_{v_p \in C_i, v_q \in C_j} w_{pq} \qquad (5.8)$$

식 (5.9)는 앞의 두 식을 이용하여 두 연결요소가 적절히 분할되어 있는지 검사하는 조건식이다. 만일 $D(C_i, C_j)$가 참이면 두 연결요소는 거칠지도 세밀하지도 않은 딱 적당한 상태이다. 즉, 둘을 합칠 수도 추가로 분할할 수도 없다고 볼 수 있다. 여기에서 $\tau(.)$에 주목할 필요가 있다. 이 값은 연결요소 간의 차이 $diff(.)$와 연결요소의 균일성 $intra(.)$ 사이의 차이를 위한 임계값 역할을 한다. $\tau(C) = \frac{k}{|C|}$이므로 $|C|$가 작을수록(영역이 작을수록) 인접 영역과의 차이 $diff(.)$가 더 커야 한다. 매개변수 $k$는 분할의 세밀함을 조정한다. $k$가 작으면 더 세밀하게 영역을 분할하면서 많은 수의 작은 영역을 생성한다.

$$D(C_i, C_j) = \begin{cases} \text{참,} & diff(C_i, C_j) > mult\_intra(C_i, C_j) \\ \text{거짓,} & \text{그렇지 않으면} \end{cases} \qquad (5.9)$$

이제 분할 알고리즘이 입력 영상 $f$를 $r$개의 영역(연결요소) $S=\{C_1, C_2, \cdots, C_r\}$로 분할했다고 가정해 보자. 모든 연결요소 쌍에 대해 $D(C_i, C_j)$가 참이면 분할 $S$는 거칠지도 세밀하지도 않다고 말한다. 과분할도 아니고 저분할도 아닌 적절한 분할이다. 결국 조건식 $D(.)$ 측면에 비추어볼 때 만족할 만한 분할 결과로 받아들일 수 있다는 의미이다.

지금까지 분할이 만족해야 하는 성질에 대해 설명했는데, 이제부터 이런 좋은 분할을 '어떻게' 찾을지 생각해야 한다. Felzenszwalb는 이러한 분할을 효율적으로 찾아내는 [알고리즘 5-4]를 제안하였다[Felzenszwalb98, Felzenszwalb2004]. 이 알고리즘은 그래프에서 여러 개의 최소 신장트리를 찾아가는 방식이다.

---

**알고리즘 5-4 최소 신장트리를 이용한 영상 분할**

**입력** : 영상 $f(j,i)$, $0 \leq j \leq M-1$, $0 \leq i \leq N-1$, $k$(분할의 세밀함을 조절하는 매개변수)
**출력** : 분할 결과 $S=\{C_1, C_2, \cdots, C_r\}$ // $C_i$는 연결요소

1  $f$로부터 식 (5.5)를 이용하여 거리 가중치를 갖는 그래프를 만든다. // [그림 5-8] 참고
2  에지를 오름차순으로 정렬한다.
3  초기 분할을 $S_0=\{C_i | C_i=\{v_i\}, 1 \leq i \leq n\}$로 한다.  // 노드 각각이 연결요소임, $n=MN$
4  for($i=1$ to $|E|$) {  // $|E|$는 에지의 개수
5      정렬된 리스트의 $i$번째 에지를 $e=(v_p, v_q)$라 하자.
6      $S_{i-1}$에서 $v_p$와 $v_q$가 속한 연결요소를 각각 $C_p$와 $C_q$라 하자.
7      if(($C_p \neq C_q$) and $w_{pq} \leq mult\_intra(C_p, C_q)$)
8          $C_p$와 $C_q$를 합쳐 하나의 연결요소를 만들어 대치하고, 그 결과를 $S_i$라 한다.
9      else $S_i=S_{i-1}$;
10  }
11  $S=S_{|E|}$; // 루프의 마지막 결과를 취한다.

---

[알고리즘 5-4]는 탐욕 알고리즘greedy algorithm이다. 에지를 정렬한 다음 그 순서대로 처리하며, 한번 처리하면 번복할 수 없기 때문이다. 7행 if문의 조건식은 식 (5.9)에 해당하는데, $diff(.)$ 대신 $w_{pq}$를 사용한다. Felzenszwalb는 그럼에도 불구하고, 이 알고리즘으로 전역 최적해를 탐색해 거칠지도 세밀하지도 않은 분할 $S$를 보장함을 증명하였다.

한편, [예제 5-1]에서는 간결하게 설명하기 위해 4-이웃을 사용하였는데, 논문에서는 8-이웃을 사용하였다. 영상의 종류와 응용에 따라 $r$을 보다 크게 설정하여 이웃을 더 크게 확장할 수도 있다. [알고리즘 5-4]는 매개변수 $k$를 가진다. 앞서 설명했듯이 $k$가 작으면 더 세밀하게 분할한다.

논문의 실험에서는 128×128 크기의 영상은 $k$=150을, 320×240 영상은 $k$=300을 사용하였다. 그래프를 구성하기 전에 전처리 단계로서 $\sigma$=0.8 크기의 가우시안으로 스무딩 연산을 수행한다.

컬러 영상의 경우 세 개의 채널을 독립적으로 분할한 후, 그들을 하나로 합친다. 인접한 두 화소는 세 채널 모두에서 같은 연결요소에 속할 때만 같은 연결요소로 취한다. 또 다른 방법은 세 채널을 벡터로 보고 식 (5.10)과 같이 벡터 간의 거리를 사용하는 것이다.

$$d_{pq} = \|\mathbf{f}(v_p) - \mathbf{f}(v_q)\|$$

이때  $\mathbf{f}(v) = (f_r(v), f_g(v), f_b(v))$

(5.10)

[그림 5-10]은 [알고리즘 5-4]로 분할한 영상을 보여준다.[8] 분할 전에 $\sigma$ 크기의 가우시안으로 스무딩을 수행하였고, 분할 결과에서 $min\_area$보다 작은 영역은 제거하였다. 해변 영상의 경우 야자수 줄기와 이파리, 산, 구름, 하늘, 바다가 잘 분할되었다. 이파리의 경우, 명암에 많은 변화가 있음에도 불구하고 지역적인 판단이 아니라 전역적인 최적화가 이루어졌음을 확인할 수 있다. 비슷한 분석을 콩 영상에도 적용할 수 있다.

(a) 해변 영상($\sigma$=0.5, $k$=500, $min\_area$=50)

(b) 콩 영상($\sigma$=0.5, $k$=1,000, $min\_area$=100)

그림 5-10 **자연 영상의 분할 결과**

8 소스 코드를 논문 저자의 홈페이지인 http://cs.brown.edu/~pff/segment/에서 구할 수 있다.

알고리즘의 계산 시간을 좌우하는 두 연산은 2행의 정렬과 6행과 8행에서 연결요소의 소속을 찾고 둘을 합하는 집합 연산이다. 정렬은 에지가 가질 수 있는 값이 한정된 범위 내에 있다는 사실을 이용하여 기수 정렬radix sort 또는 그것과 유사한 버킷 정렬bucket sort을 사용하여 $O(n)$에 마칠 수 있다. $n$은 에지의 개수이다. 집합 연산은 Union과 Find라는 두 연산을 지원하는 자료구조를 사용하면 $O(n\alpha(n))$이 된다[문병로2007]. $\alpha(n)$은 $n$에 따라 매우 느리게 증가하는 Ackerman 함수이다. [알고리즘 5-4]는 $O(n)$에 가까운 시간에 마칠 수 있는 빠른 알고리즘이다.

## 2. 정규화 절단

### Wu의 방법

[그림 5-11]을 자세히 살펴보자. [그림 5-8]과 같은 영상인데, 그래프를 구성할 때 거리 대신 유사도를 에지 가중치로 사용한 점이 다르다. 거리 $d$가 [0,9] 사이 값을 가지므로 유사도는 $9-d$로 계산하였다. 예를 들어, 에지 $(v_7, v_{12})$는 거리가 2이므로 유사도는 7이 된다. [그림 5-11]의 유사도 그래프에서 연결요소 $C=\{v_7, v_{11}, v_{12}, v_{13}, v_{17}, v_{18}\}$이 있다고 가정하자. $C$를 두 개의 연결요소 $C_1$과 $C_2$로 분할할 때, 어떻게 하는 것이 좋을까?

TIP 실제 응용에서는 식 (5.5) 또는 뒤에 등장하는 식 (5.15)의 보다 정교한 유사도 척도를 사용한다.

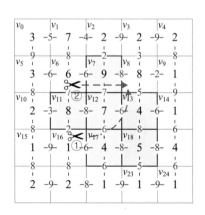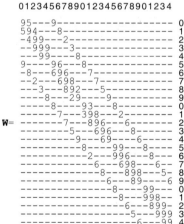

그림 5-11 유사도 그래프와 인접 행렬

이때 가능한 분할선이 여러 개 있는데, 그림에서는 두 가지를 예시한다. Wu는 분할 결과로 생성되는 두 연결요소가 서로 다를수록 좋다는 원칙에 따라, 식 (5.11)의 $cut(.)$이라는 함수를 제시하였다[Wu93]. 예를 들어 분할선 ①을 선택하였다면, $cut(.)$은 6+6=12가 된다. 알아보기 쉽도록 ①에 의해 잘리는 에지를 빨간색으로 표시하였다.

$$cut(C_1, C_2) = \sum_{p \in C_1, q \in C_2} w_{pq} \tag{5.11}$$

Wu의 의도에 대해 생각해 보자. 이 함수는 두 연결요소를 잇는 에지들의 가중치 합을 사용하고 있으므로 값이 작을수록 유리한 분할이다. 다른 분할선으로 $v_{12}-v_{17}$, $v_{13}-v_{18}$을 잇는 에지를 선택한다면 6+8이 되어 ①보다 안 좋다. $cut(.)$은 분할이 얼마나 좋은지 측정해 주는 목적 함수 구실을 한다. Wu는 이러한 생각에 기초하여 영상 분할 알고리즘을 개발하였고, 일부 영상에서 좋은 성능을 얻었다. 하지만 조금 더 깊이 생각해 보면 목적 함수로서 $cut(.)$의 한계가 드러난다. 이 함수는 $C_1$과 $C_2$의 크기가 클수록 둘 사이에 에지가 많아지므로 함수의 값도 덩달아 커진다. 작은 크기의 연결요소로 세밀하게 분할하는 경향을 띨 수밖에 없다. [그림 5-11]에서 분할선 ②의 $cut(.)$은 7이다. 분할선 ① 대신 ②를 선택하게 되는데, 사실은 ①이 더 좋은 분할임을 직관적으로 알 수 있다.

### Shi의 방법

Shi는 이러한 문제점을 인식하고 대안을 제시하였다[Shi97, Shi2000]. 그의 발상은 간단하다. 단지 함수 $cut(.)$을 정규화한다. 식 (5.12)는 이 대안에서 사용하는 정규화 절단 $ncut(.)$이다. 이 식에서 $assoc(C_i, C)$는 연결요소 $C_i$와 분할 이전의 연결요소 $C$ 사이의 가중치 합이다. 새로운 함수 $ncut(.)$은 작은 크기의 연결요소를 선호하지도 배척하지도 않고 중립적이다.

$$ncut(C_1, C_2) = \frac{cut(C_1, C_2)}{assoc(C_1, C)} + \frac{cut(C_1, C_2)}{assoc(C_2, C)}$$
$$\text{이때 } assoc(C_i, C) = \sum_{p \in C_i, q \in C} w_{pq}, \ C = C_1 \cup C_2 \tag{5.12}$$

새로운 목적 함수 $ncut(.)$을 정의함으로써 한발 진전한 것이 사실이지만, 여전히 난제가 남아있다. $ncut(.)$이 최소가 되는 두 연결요소를 어떻게 찾을 것인가? Shi는 $ncut(.)$을 사용하여 최적해를 찾는 문제가 NP-complete임을 증명하였다. 예를 들어, [그림 5-11]에 제시된 여섯 개의 노드를 가지는 연결요소는 서로 다른 분할선이 31개나 된다. 실제 상황에서는 크기가 수천~수만인 연결요소가 생긴다. 하지만 다행히 Shi는 근사해를 구할 수 있음을 보이고, 알고리즘을 제시하였다.

식 (5.13)은 해결의 실마리를 제공한다. 이 식에서 $\mathbf{W}$는 가중치 행렬(인접 행렬)로, [그림 5-11]에서는 $25 \times 25$ 행렬이 $\mathbf{W}$이다. $\mathbf{D}$는 $\mathbf{W}$에서 구할 수 있는데, 대각선 요소만 0이 아닌 대각선 행렬로서 $d_{ii} = \sum_j w_{ij}$이다. $\lambda$와 $\mathbf{y}$는 식 (5.13)의 고유값eigen value과 고유 벡터eigen vector이다.[9] 식 (5.13)은 식 (5.14)의 표준 고유값 식으로 바꾸어 쓸 수 있다.

$$(\mathbf{D} - \mathbf{W})\mathbf{y}^\top = \lambda \mathbf{D}\mathbf{y}^\top \tag{5.13}$$

$$\mathbf{A}\mathbf{y}^\top = \lambda \mathbf{y}^\top$$
$$\text{이때 } \mathbf{A} = \mathbf{D}^{-\frac{1}{2}}(\mathbf{D} - \mathbf{W})\mathbf{D}^{-\frac{1}{2}} \tag{5.14}$$

[그림 5-11]을 예로 들면, 식 (5.14)에서 행렬 $\mathbf{A}$는 $25 \times 25$이다. 따라서 이 식을 풀면 25개의 고유값과 각각에 해당하는 고유 벡터를 얻는다. Shi는 두 번째로 작은 고유값에 해당하는 고유 벡터를 취하였다. 이 고유 벡터는 최적 분할 정보를 담고 있다. 지금까지 공부한 내용을 정리한 [알고리즘 5-5]를 살펴보자.

---

**알고리즘 5-5 정규화 절단을 이용한 영상 분할**

**입력** : 영상 $f(j, i)$, $0 \le j \le M-1$, $0 \le i \le N-1$
**출력** : 분할 결과 $S = \{C_1, C_2, \cdots, C_t\}$ // $C_i$는 연결요소

| | |
|---|---|
| 1 | 전체 노드 집합 $V$를 하나의 연결요소 $C$라고 한다. |
| 2 | $C$의 유사도 행렬 $\mathbf{W}$를 계산한다. |
| 3 | 식 (5.14)를 풀어, 고유값과 고유 벡터를 구한다. |
| 4 | 두 번째 작은 고유값에 해당하는 고유 벡터를 이용하여 $C$를 $C_1$과 $C_2$로 분할한다. |
| 5 | $C_1$과 $C_2$ 각각에 대해 추가 분할이 필요한지 판단하고, 그렇다면 그것을 $C$로 놓고 2~5행을 재귀적으로 반복한다. |

---

[알고리즘 5-5]의 각 행을 자세히 살펴보자. 2행의 유사도 인접 행렬은 [그림 5-11]에서 예시하였는데, 그때는 설명의 간편성을 위해 간단한 방법을 제시하였다. 식 (5.15)는 실제 명암 영상에 사용할 수 있는 유사도로, 크게 두 가지 요소를 고려한다. 첫 번째는 화소의 특징값으로서 명암, 컬러 또는 텍스처를 나타낸다. 노드 $v$의 특징값을 $\mathbf{f}(v)$로 표기하기로 하자.[10] 두 번째는 영상 공간에서 화소의 위치로서, $\mathbf{x}(v)$로 표기한다. 식 (5.15)는 이 두 가지 요소를 이용하여 유사도를 정의한

---

9  유사도 행렬의 고유값과 고유 벡터를 찾은 후, 그것을 보고 비슷한 요소를 군집화하는 방법을 스펙트럴 군집화spectral clustering라 부른다. 이 방법의 원리를 공부하려는 독자는 [Luxburg2007]을 참고하기 바란다.

10  식 (5.15)는 명암 영상을 가정하고 명암 특징을 사용하는 식을 제시하였는데, [Shi2000]은 컬러 또는 텍스처를 특징으로 사용할 수 있는 식도 제시한다.

다. 이 유사도는 $v_p$와 $v_q$사이의 거리가 $r$보다 작은 경우 $(0,1)$ 범위의 값을 가지며, 그렇지 않은 경우에는 0이 된다.[11] $s_{pq}$는 $v_p$와 $v_q$의 특징값이 비슷할수록 크고 거리가 짧을수록 크다.

$$s_{pq} = \begin{cases} e^{-\left(\frac{\|\mathbf{f}(v_p)-\mathbf{f}(v_q)\|^2}{\sigma_I} + \frac{\|\mathbf{x}(v_p)-\mathbf{x}(v_q)\|^2}{\sigma_X}\right)}, & \|\mathbf{x}(v_p) - \mathbf{x}(v_q)\| < r \text{ 이면} \\ 0, & \text{그렇지 않으면} \end{cases} \quad (5.15)$$

$$\text{이때 } \mathbf{f}(v) = f(v) \text{ (명암 영상인 경우)}$$

3행에서 구한 고유 벡터는 $1 \times MN$인 행 벡터이다. 입력 영상 $f$의 $MN$개의 화소가 고유 벡터의 요소에 해당하는데, 4행은 이들 요소의 값을 보고 화소를 두 개의 연결요소로 나눈다. 이론적으로는 고유 벡터가 두 가지 값만 가져야 하지만 현실적으로는 그렇지 못하다. 요소 값을 조사하여 적절한 임계값을 정하고, 그것보다 큰 요소와 작은 요소로 나누는 작업을 추가로 수행해야 한다. 이렇게 분할된 두 연결요소 각각은 5행에서 추가로 분할해야 하는지 여부를 검사하고, 필요한 경우 같은 과정을 재귀적으로 반복한다. 보다 구체적인 내용은 [Shi2000]을 참고하기 바란다.[12]

이 알고리즘에서 주목할 점 중 하나는 유사도를 측정해주는 식 (5.15)이다. 이 식은 영상의 특징과 거리를 동시에 사용한다. 이렇게 하여 비록 특징값이 크게 다르더라도 이웃에 있으면 같은 영역이 된다거나 특징값이 비슷하더라도 멀리 떨어져있으면 다른 영역에 배정될 가능성을 열어둔다. 논문에서는 특징으로 명암뿐 아니라 컬러 또는 텍스처를 사용하는 방법도 제시한다. [그림 5-12]는 [알고리즘 5-5]로 분할한 영상을 보여준다.

그림 5-12 정규화 절단을 적용한 영역 분할

---

[11] 에지 $(v_7, v_{12})$의 가중치 $s_{7,12}$는 아래와 같이 계산된다. $\sigma_I$와 $\sigma_X$는 둘 다 1.0으로 설정했다고 가정한다.

$$s_{7,12} = e^{-\left(\frac{\|9-7\|^2}{\sigma_I} + \frac{\|(1,2)-(2,2)\|^2}{\sigma_X}\right)} = e^{-(4+1)} = 2.7182^{-5} = 0.0067$$

[12] 논문 저자가 제공하는 Matlab 소스 코드를 http://www.cis.upenn.edu/~jshi/software/에서 받을 수 있다.

# 4

# 민시프트

[그림 5-13]의 연속 함수 $p(x)$에서 $y$라고 표시된 점이 어떤 봉우리(모드)에 속하는지 판단하는 일은 쉽다. $x_2$라고 답하면 될 것이다. 하지만 함수 자체가 아니라, 그림에 표시된 빨간색 점과 같이 그 함수로부터 생성된 샘플 점이 주어진 경우에는 쉽지 않다. 이때 함수를 확률밀도함수 PDF(Probability Density Function)로 가정한다. 봉우리 근방처럼 값이 큰 곳은 많은 점을 발생시키고, 반대로 계곡 근방은 점이 희소하다. 이제 $y$가 어떤 점에 속한다고 말해야 적절할까? $y_2$보다 $y_1$이 적절하다고 말할 수 있다. $y_1$에 보다 많은 점이 밀집되어 있어 봉우리일 가능성이 더 크기 때문이다. 이와 같이 어떤 점의 모드를 찾는 문제를 모드 탐색mode seeking이라 부른다. 실제로 다루는 문제는 [그림 5-13]과 같은 1차원이 아니라 $d$차원 공간이므로 그림에서 보는 것보다 훨씬 복잡하다. 모드 탐색 문제를 어떻게 해결할 수 있을까? 모드 탐색을 활용하여 어떻게 영상을 분할할 수 있을까? 이 절은 이 두 가지를 소개한다.

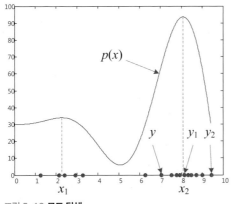

그림 5-13 **모드 탐색**

## 1. 군집화

주어진 샘플 집합을 $X=\{\mathbf{x}_i \mid i=1,2,\cdots,n\}$, $\mathbf{x}_i \in R^d$라고 표기하자. 이 집합은 $n$개의 $d$차원 점으로 구성된다. [그림 5-13]은 $d$가 1인 경우이다. $X$를 생성한 원래 확률밀도함수 $p(.)$를 추정할 수 있다면 문제 해결을 위한 실마리를 잡게 된다. 샘플 집합을 근사하는 함수를 구하는 방법 중에 가장 대표적인 것은 파젠 창$^{Parzen\ window}$이다. 어떤 점 $\mathbf{x}$에 커널 $k(.)$를 씌우고, 커널 속에 들어오는 샘플의 가중치 합을 계산하여 $\mathbf{x}$에서의 함수값 $p(\mathbf{x})$를 추정하는 방법이다. 식 (5.16)은 이 과정을 수식으로 쓴 것이다.

$$p(\mathbf{x}) = \frac{1}{nh^d} \sum_{i=1}^{n} k\left(\frac{\mathbf{x} - \mathbf{x}_i}{h}\right) \tag{5.16}$$

커널은 식 (5.17)의 평편한 함수 또는 가우시안 함수를 주로 사용한다. 이들 함수는 중앙으로부터 거리가 1인 범위까지만 0이 아닌 값을 가진다.

$$
\begin{aligned}
\text{평편한 커널}: k(\mathbf{x}) &= \begin{cases} 1, & \|\mathbf{x}\| \leq 1 \\ 0, & \|\mathbf{x}\| > 1 \end{cases} \\
\text{가우시안 커널}: k(\mathbf{x}) &= \begin{cases} e^{-\|\mathbf{x}\|^2}, & \|\mathbf{x}\| \leq 1 \\ 0, & \|\mathbf{x}\| > 1 \end{cases}
\end{aligned}
\tag{5.17}
$$

식 (5.16)을 다시 살펴보자. $h$는 커널의 폭을 조절하는 매개변수로, 대역폭$^{bandwidth}$이라 부르기도 한다. $h$가 크면 창의 크기가 커져서 창 안에 보다 많은 점이 들어오며, 작으면 그 반대이다. 결과적으로 $h$가 크면 추정한 함수가 매끄러워지고, 작으면 거칠어진다. 상황에 맞게 $h$를 잘 조절하도록 주의를 기울여야 한다.

이제 추정한 함수 $p(.)$에서 작동하는 적절한 알고리즘을 활용하면 모드 탐색 문제가 해결되리라는 생각이 들 수 있다. 하지만 문제가 그리 단순하지 않다. 차원 $d$가 조금만 커져도 계산량이 급속도로 폭발하는 차원의 저주$^{\text{curse of dimensionality}}$가 발생하기 때문이다. 예를 들어, 뒤에서 다룰 민시프트를 이용한 영상 분할 알고리즘의 경우 $d=5$인데, 각 차원을 32단계로 나눈다면 $32^5$(32메가)개의 칸을 갖는 메모리가 필요하다. C 언어로 구현한다면 double p[32][32][32][32][32]라는 5차원 배열을 사용해야 한다. $d$차원의 넓은 공간에 비해 주어진 샘플의 개수 $n$이 작기 때문에 매우 희소한 분포가 되는 문제를 안고 있다. 결론적으로 식 (5.16)을 사용하여 '명시적으로' 함수 $p(.)$를 추정하려는 발상은 수학적으로 훌륭하지만 현실적이지 않다.

지금부터 공부할 민시프트$^{\text{mean shift}}$는 함수를 명시적으로 추정한 후 각 점의 소속을 결정하는 순진한 접근 방식을 버리고, 우회적으로 소속을 결정하는 지혜로운 방법이다[Comaniciu2002]. 민시프트는 점 $\mathbf{y}$의 소속을 반복적으로 찾아간다. 즉 초기점 $\mathbf{y}$를 $\mathbf{y}_0$로 놓고, $\mathbf{y}_0$에서 $\mathbf{y}_1$, $\mathbf{y}_1$에서 $\mathbf{y}_2$, $\cdots$, $\mathbf{y}_t$에서 $\mathbf{y}_{t+1}$을 찾아가는 방식을 사용한다.

식 (5.18)은 $\mathbf{y}_t$를 바탕으로 $\mathbf{y}_{t+1}$을 계산하는 식이다. 물리적으로 무엇을 의미하는지 생각해 보자. 식 (5.18)은 커널 속에 들어온 샘플의 정규화된 가중치 합이다. 점 $\mathbf{x}_i$에 가중치 $k(.)$를 곱하고 그것들을 모두 더한 다음, 분모 항으로 나누어 정규화한 것이다. 가중치 $k(.)$는 $\mathbf{x}_i$로부터 중앙 $\mathbf{y}_t$까지 거리에 따라 결정되는데, 식 (5.17)의 커널 함수 중에 하나를 사용하면 된다. 두 커널 모두 $\mathbf{y}_t$로부터 거리가 $h$ 이내에 있는 ($\left\|\frac{\mathbf{x}_i - \mathbf{y}_t}{h}\right\| \leq 1$을 만족하는) $\mathbf{x}_i$만 0이 아닌 값을 가지므로 그렇지 않은 샘플은 가중치 합 계산에서 배제된다.

$$\mathbf{y}_{t+1} = \frac{\sum_{i=1}^{n} \mathbf{x}_i k\left(\frac{\mathbf{x}_i - \mathbf{y}_t}{h}\right)}{\sum_{i=1}^{n} k\left(\frac{\mathbf{x}_i - \mathbf{y}_t}{h}\right)} \tag{5.18}$$

식 (5.18)을 식 (5.19)로 바꾸어 써보자. 여기에서 $\mathbf{m}(\mathbf{y}_t)$를 민시프트$^{\text{mean shift}}$라 부른다. [그림 5-14]는 민시프트 $\mathbf{m}(\mathbf{y}_t)$가 현재 점 $\mathbf{y}_t$를 새로운 점 $\mathbf{y}_{t+1}$로 이동시키는 과정을 보여준다. 이 과정의 물리적인 의미를 다시 생각해 보자. $\mathbf{y}_t$를 중심으로 하는 커널 안에 들어 있는 샘플을 살펴보면, $\mathbf{y}_t$가 이동해야 할 방향은 샘플이 밀집된 쪽이라는 사실을 직관적으로 알 수 있다. 이때 샘플들을 일종의 자석으로 간주하고 자장이 강한 쪽으로 이동한다고 생각하면 된다. 수식으로 표현하면 식 (5.19)와 같다.[13]

$$\mathbf{y}_{t+1} = \mathbf{y}_t + \mathbf{m}(\mathbf{y}_t)$$

$$\text{이때} \quad \mathbf{m}(\mathbf{y}_t) = \mathbf{y}_{t+1} - \mathbf{y}_t$$

$$= \frac{\sum_{i=1}^{n} \mathbf{x}_i \, k\left(\frac{\mathbf{x}_i - \mathbf{y}_t}{h}\right)}{\sum_{i=1}^{n} k\left(\frac{\mathbf{x}_i - \mathbf{y}_t}{h}\right)} - \mathbf{y}_t \tag{5.19}$$

$$= \frac{\sum_{i=1}^{n} (\mathbf{x}_i - \mathbf{y}_t) \, k\left(\frac{\mathbf{x}_i - \mathbf{y}_t}{h}\right)}{\sum_{i=1}^{n} k\left(\frac{\mathbf{x}_i - \mathbf{y}_t}{h}\right)}$$

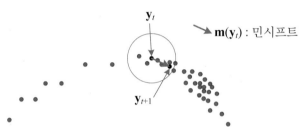

그림 5-14 현재 점 $\mathbf{y}_t$를 민시프트 $\mathbf{m}(\mathbf{y}_t)$가 $\mathbf{y}_{t+1}$로 이동시킴

이제 민시프트를 이용하여 모드 탐색 문제를 푸는 알고리즘을 구상할 수 있다. [알고리즘 5-6]은 첫 단계에서 샘플 점 각각에 대해 모드를 찾는다. 2행은 샘플을 시작점으로 삼아 모드 탐색을 시작한다. 4~8행 과정을 수렴 조건이 만족될 때까지 반복한다. 반복 도중 현재 점과 그 다음 점이 아주 가까워서 $\|\mathbf{y}_{t+1} - \mathbf{y}_t\| \leq \varepsilon$를 만족하면(민시프트 $\mathbf{m}(\mathbf{y}_t)$가 0에 가까우면) 수렴했다고 판단한다. 이렇게 찾은 수렴 점들은 [그림 5-13]의 봉우리인 모드로 밀집된다. 하지만 약간의 오차를 허용하면서 수렴을 판단하였으므로 정확히 한 점으로는 모일 수 없다. 따라서 13~14행은 그들을 군집화하여 대표점으로 통합하고, 각각의 샘플을 이들 대표점에 소속시킨다. 식 (5.19)에서 사용한 커널의 폭 $h$를 이용하여, 서로 간의 거리가 $h$ 이내인 수렴점들을 하나의 군집으로 만든다.

---

13 [그림 5-13]의 연속 함수에서는 함수를 미분한 후, 함수값이 증가하는 방향으로 이동하면 되는데 이러한 방법을 언덕 오르기hill climbing 또는 그레이디언트 상승법gradient ascent이라 부른다. 민시프트도 일종의 언덕 오르기 방법으로 볼 수 있는데, 민시프트가 함수값이 증가하는 방향에 해당한다.

**입력** : 샘플 집합 $X = \{\mathbf{x}_i | i = 1, 2, \cdots, n\}$, $\varepsilon$(수렴 임계값)
**출력** : $k$개의 모드 $\mathbf{z}_j$, $1 \le i \le k$, $\mathbf{x}_i$의 소속을 나타내는 $\alpha(\mathbf{x}_i)$, $1 \le i \le n$

```
1    for(i =1 to n) {
2        y₀=xᵢ;  // 초기점 설정
3        t =0;
4        while(TRUE) {
5            식 (5.19)를 이용하여 y_{t+1}을 계산한다.
6            if(‖y_{t+1} - y_t‖ ≤ ε) break;  // 수렴
7            t++;
8        }
9        vᵢ=y_{t+1};  // xᵢ의 수렴점을 저장
10   }
11
12   // 군집화 단계
13   vᵢ, i =1, 2, ⋯, n에서 h 이내에 있는 점들을 모아 군집화하고, 군집 중심을 zⱼ, j=1, 2, ⋯, k라 한다.
14   xᵢ, i =1, 2, ⋯, n이 속한 군집 z_c를 찾아 α(xᵢ)=c라 한다.
```

[알고리즘 5-6]은 일종의 군집화 알고리즘이다. 이 알고리즘은 가장 진보한 군집화 알고리즘 중의 하나인데, 그 이유로 세 가지를 꼽을 수 있다. 첫째, $k$-means나 가우시안 혼합$^{\text{Gaussian mixture}}$ 군집화 방법과 달리 군집의 개수를 사전에 알려줄 필요가 없다. [알고리즘 5-6]은 자동으로 군집 개수 $k$를 정해준다. 둘째, $k$-means나 가우시안 혼합은 일정한 모양의 분포를 가정하고 매개변수를 추정하는 모수적$^{\text{parametric}}$ 방법이다. 반면 민시프트는 임의의 모양의 군집을 찾아낸다. 민시프트는 특정한 모양의 분포를 가정하지 않는 비모수적$^{\text{nonparametric}}$ 방법이다. 셋째, 설정해야 할 매개변수가 커널의 폭을 뜻하는 $h$ 하나뿐이다. 이런 장점 때문에 영상 분할뿐 아니라 얼굴 추적, 텍스처 분석, 영상 검색 등의 다양한 응용 문제에 민시프트를 활용한다.

## 2. 영상 분할과 스무딩

이제 이 장의 주제인 영상 분할로 관심을 옮겨보자. [알고리즘 5-6]을 활용하여 어떻게 영상을 분할할 것인가? 가장 먼저 할 일은 입력 영상 $f$에서 샘플 집합 $X$를 확보하는 것이다. 영상 분할 문제에서는 하나의 화소가 샘플 하나이다. 따라서 해상도가 $M \times N$인 영상은 $n = MN$개의 샘플을 가

진 집합 $X=\{\mathbf{x}_i|\ i=1,2,\cdots,n\}$, $\mathbf{x}_i{\in}R^d$가 된다. 그런데 하나의 화소를 몇 차원 공간에 표현할 것인가? 명암 영상의 경우 화소는 하나의 명암값으로 표현되므로 1차원, 컬러 영상의 경우는 r, g, b의 세 개의 값으로 표현되므로 3차원이 된다. 하지만 좀 더 생각해볼 필요가 있다.

단지 컬러 또는 명암만 표현하면 근본적인 한계에 직면한다. 멀리 떨어진 화소가 같은 컬러값을 갖는 경우, 이들은 같은 모드로 수렴하여 동일한 군집에 속하게 되기 때문이다. 앞서 5.2.2절에서 $k$-means 알고리즘을 이용하여 분할한 경우에도 같은 문제가 발생하였다. 민시프트는 이 문제를 해결하기 위해 컬러 정보뿐 아니라 화소 간의 근접성을 같이 이용한다. 화소의 컬러에 해당하는 3차원 $(r,g,b)$와 화소의 위치를 나타내는 2차원 $(y,x)$를 결합하여 5차원 공간으로 매핑한다. 예를 들어, $(y,x)=(20,12)$에 위치한 화소가 $(r,g,b)=(102,50,25)$를 갖는다면 그 화소는 $(y,x,r,g,b)=(20,12,102,50,25)$의 5차원 벡터로 표현된다. 일반적으로 표기하기 위해 공간 좌표는 $\mathbf{x}^s=(y,x)$, 컬러 좌표는 $\mathbf{x}^r=(r,g,b)$라 하자. RGB 대신 Luv 컬러 모델을 사용하는 경우는 $\mathbf{x}^r=(L,u,v)$이다. 명암 영상인 경우에는 5차원이 아니라 3차원 벡터가 된다.

또 한 가지 문제가 남아 있다. 조금만 생각해 보면 $\mathbf{x}^s$와 $\mathbf{x}^r$ 공간이 다른 스케일을 갖는다는 사실을 알 수 있다. 이러한 차이를 보정하기 위해 폭이 다른 두 개의 커널 함수의 곱을 사용한다. 식 (5.20)이 영상 분할 알고리즘이 사용하는 커널이다. 이때 $h_s$와 $h_r$은 각각 2차원 영상 공간과 3차원 컬러 공간에 적용되는 커널의 크기를 나타낸다. [알고리즘 5-7]은 지금까지 생각한 아이디어를 정리한 영상 분할 알고리즘이다.

$$k(\mathbf{x}) = k\left(\frac{\mathbf{x}^s}{h_s}\right)k\left(\frac{\mathbf{x}^r}{h_r}\right) \tag{5.20}$$

**알고리즘 5-7 민시프트를 이용한 영상 분할**

**입력** : 컬러 영상 $f_r(j,i)$, $f_g(j,i)$, $f_b(j,i)$, $0{\le}j{\le}M{-}1$, $0{\le}i{\le}N{-}1$, $min\_area$ (이것보다 작은 영역 제거)
**출력** : 분할 결과 $S=\{C_1, C_2,\cdots, C_k\}$ // $C_i$는 연결요소

```
1    // 전처리
2    컬러 공간을 RGB에서 Luv로 변환한다.
3    모든 화소를 5차원 공간 x_i = (y_i, x_i, L_i, u_i, v_i), i = 1, 2, ⋯, MN으로 매핑한다.
4
5    // 모드 탐색
6    for(i = 1 to MN) {
7        y_0 = x_i;   // 초기점 설정
```

```
8      t=0;
9      while(TRUE) {
10         식 (5.19)를 이용하여 $\mathbf{y}_{t+1}$을 계산한다.
11         if($\|\mathbf{y}_{t+1} - \mathbf{y}_t\| \leq \varepsilon$) break;   // 수렴
12         t++;
13      }
14      $\mathbf{v}_i = \mathbf{y}_{t+1}$;   // $x_i$의 수렴점 저장
15   }
16
17   // 후처리(수렴점을 모아 군집(영역) 구성. 작은 영역 제거)
18   $\mathbf{v}_i, i=1, 2, \cdots, MN$에서 공간 좌표는 $h_s$, 컬러 좌표는 $h_r$ 거리 이내에 있는 점들을 모아 군집화하고, 군집 중심을 $\mathbf{z}_j$,
       $j=1, 2, \cdots, k$라 한다.
19   $\mathbf{x}_i, i=1, 2, \cdots, MN$가 속한 군집 $\mathbf{z}_c$를 찾아, $\mathbf{x}_i$를 연결요소 $C_c$에 배정한다.
20   크기가 min_area보다 작은 연결요소를 제거한다.
```

[알고리즘 5-7]의 구현에 대해 좀더 알아보자. 커널은 식 (5.17)의 두 가지 중 하나를 골라 쓰면 되는데, 가우시안을 쓰면 품질은 좋지만 속도가 느리다. 커널의 폭을 나타내는 $h_s$와 $h_r$도 적절히 설정해야 한다. [Comaniciu2002]에서는 $256 \times 256$ 영상에 대해 $h_s$=8, $h_r$=7(각각 $17 \times 17$과 $15 \times 15$ 크기의 창)을 사용하였다. 민시프트는 계산 시간이 오래 걸린다. 특히 [그림 5-14(식 (5.19))]에서 창 안에 들어오는 샘플을 찾아야 하는데, 이 탐색 연산을 빨리 하는 것이 무엇보다 중요하다. 이 연산을 모든 점에 대해 수행해야 하는데, 각 점이 수렴할 때까지 반복 실행해야 하기 때문이다. 계산량을 줄이는 아이디어는 [Comaniciu2002]와 [Paris2007]을 참고하기 바란다.

개념적으로 에지는 물체의 경계에 해당한다. 따라서 영상 분할 알고리즘이 에지 정보를 적절히 활용하면 분할 품질을 높일 수 있는 가능성이 있다. 이러한 접근 방법을 쓴 논문들이 여럿 있는데, [Christoudias2002]는 에지 정보를 사용하여 민시프트 분할 알고리즘을 개선하였다. [그림 5-15]는 두 가지 자연 영상을 개선된 민시프트로 분할한 결과를 보여준다.[14]

---

14 이 시스템을 EDISON이라 부르는데, 소스 코드와 수행 파일을 아래 사이트에서 구할 수 있다.
http://coewww.rutgers.edu/riul/research/code/EDISON/

(a) 원래 영상      (b) 영역의 경계를 표시      (c) 영역의 평균 컬러로 표시된 분할 영상

그림 5-15 **민시프트(EDISON)로 분할한 영상**

민시프트는 일종의 군집화 알고리즘이므로 영상 분할뿐 아니라 많은 응용 문제에 적용할 수 있다. 또 다른 응용으로 스무딩이 있다. 2.4.2절의 뒷 부분에서 영역 내부는 강하게 스무딩하고 에지 근방은 약하게 스무딩하는 에지 보존edge preserving 스무딩 연산에 대해 살펴본 적이 있다. 이러한 스무딩은 여러 응용의 전처리 과정으로 매우 중요하다. 여기서는 민시프트를 활용한 또 다른 에지 보존 스무딩 기법으로 [알고리즘 5-8]을 소개한다.

이 알고리즘의 전처리와 모드 탐색 단계는 [알고리즘 5-7]과 같다. 이 두 단계를 마친 후, 2행이 스무딩을 수행한다. 이 단계는 각 화소의 컬러값을 그 화소가 속한 모드의 컬러값으로 대치한다. 이 단순한 대치 연산이 어떻게 에지 보존 스무딩 효과를 생성하는지 생각해 보기 바란다. 답을 찾는 일은 연습문제로 남겨 둔다.

---

**알고리즘 5-8 민시프트를 이용한 에지 보존 스무딩**

**입력** : 컬러 영상 $f_r(j, i)$, $f_g(j, i)$, $f_b(j, i)$, $0 \le j \le M-1$, $0 \le i \le N-1$
**출력** : 스무딩된 컬러 영상

1    [알고리즘 5-7]의 전처리(2~3행)와 모드 탐색(6~15행)을 수행한다.
2    for($i=1$ to $MN$) $\mathbf{x}_i$에 해당하는 화소의 값을 $\mathbf{v}_i^r$로 대치한다.

---

# 5

# 워터셰드

[그림 5-16]의 왼쪽 그림은 루마니아를 흐르는 Lotru 강과 인근 지형이다. 비가 내리면 빨간색으로 표시된 지점은 빗물이 운에 따라 안쪽이나 바깥쪽으로 흐를 수 있다. 이러한 지점을 워터셰드(분수계)watershed라 부른다. 그 밖의 점은 빗물이 항상 한 방향으로 흘러 한 곳으로 모이는데, 이때 같은 호수를 이루는 점들을 유역basin of attraction이라고 한다.[15] 물이 전혀 없는 상태에서 시작한다면, 유역에서 가장 낮은 지점부터 물이 차오를 것이다. 이 지점을 최저점minima 또는 최저 영역이라 한다. 워터셰드의 성질은 지질학자들이 수백 년 전부터 연구해온 주제이다. 워터셰드와 영상 분할이 어떤 관련이 있을까?

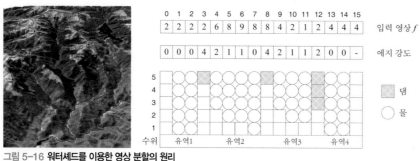

그림 5-16 **워터셰드를 이용한 영상 분할의 원리**

---

**15** 영국은 워터셰드가 분수계를 뜻하는데, 미국은 유역을 뜻한다. 이 책은 영국식을 따른다.

1970년대 후반부터 워터셰드를 컴퓨터 비전에 도입하려는 시도가 이루어진다[Beucher79]. [그림 5-16]의 오른쪽 그림은 디지털 공간에서 작동하는 워터셰드의 원리를 설명한다. 쉽게 설명하기 위해 1차원으로 국한하자. 입력 영상이 들어오면 먼저 에지 연산자를 적용하여 에지 강도 맵 (3.1.3절 참고)으로 변환한다. 이 맵은 지형으로 간주되는데, 단순히 에지 강도 값을 그 지점의 높이로 해석하면 된다. 이제 Lotru 강의 실제 지형에 대비시켜보자. 위치 3, 8, 12는 워터셰드이고, 1~2, 4~7, 9~11, 13~14는 유역에 해당한다.

영상 분할이란 에지 강도 맵에서 워터셰드를 찾는 과정으로 볼 수 있다. [그림 5-16]은 댐을 쌓아 워터셰드를 찾는 알고리즘을 설명한다. 바닥에 구멍을 뚫어 물을 주입하면 최저점에 수위1의 물이 차면서 유역 1, 2, 4에 호수가 생긴다. 물을 더 채워 수위를 2로 높이면 유역3도 호수가 된다. 수위가 3이 되면 유역3과 유역4가 범람하여 하나로 합쳐지는 현상이 발생한다. 이때 둘 사이에 댐을 쌓는다. 이후 수위가 5가 될 때, 유역1과 유역2 그리고 유역2와 유역3이 범람하므로 이들 사이에도 댐을 쌓는다. 최고 수위에 도달했으므로 알고리즘을 멈춘다. 이때 댐이 바로 워터셰드, 즉 영상을 분할해주는 경계선이 된다. 영상의 가장자리는 가장 높은 수위(가장 큰 화소값)로 설정하여 물이 밖으로 흐르는 일을 방지한다.

이 방법은 직관적으로 이해하기 쉽지만, 실제 구현하기에는 그리 단순하지 않다. 1차원과 달리 2차원 영상 공간에서는 범람하는 호수를 찾고 그들간에 댐을 쌓는 일을 효과적으로 하는 방법을 고안해야 한다. 댐을 쌓는 일은 2.6절에서 공부한 팽창 연산을 사용한다. 구체적인 방법은 [Gonzalez2010, 10.5절]을 참고하기 바란다.

댐을 쌓는 방법 이외에도 워터셰드를 구현하는 다양한 알고리즘이 개발되어 있는데, 여기서는 Meyer가 제안한 방법을 추가로 살펴보자[Meyer93]. [알고리즘 5-9]는 그가 제안한 알고리즘이다.

앞에서와 마찬가지로 가장 먼저 에지 강도 맵을 구하여 워터셰드를 찾아 나간다. 2행은 유역의 최저 영역을 찾아 그들에 서로 다른 번호를 부여한다. 예를 들어, [그림 5-16]에서는 화소 1~2, 7, 10~11, 13~14가 최저 영역에 해당한다. 이들을 각각 1, 2, 3, 4로 번호를 매긴다. 3행은 번호를 붙인 영역의 이웃 화소를 우선순위 큐에 삽입한다. 번호1에 해당하는 영역의 이웃은 화소 0과 3이므로 이 둘이 우선순위 큐 $q$에 삽입된다. 번호2에 해당하는 영역의 이웃은 화소 6과 8이므로 이들도 $q$에 삽입된다. 이때 우선순위는 화소값에 따르는데 낮을수록 우선순위가 높다. 이 큐는 낮은 화소부터 조사가 이루어지도록 하는 중요한 역할을 담당한다.

TIP 우선순위 큐는 삽입과 삭제 연산을 빨리 수행하기 위해 힙heap을 사용한다.

4~9행의 while 루프는 큐에서 화소를 꺼내 그것을 처리한다. 꺼낸 화소 $p$의 이웃을 조사하는데, 번호가 매겨진 이웃과 그렇지 않은 것을 구별하여 처리한다. 번호가 매겨진 이웃이 모두 같은 값을 가진다면 그 화소는 그 번호를 받는다(이에 대한 이유는 연습문제로 남겨 둔다). 그렇지 않다면 $p$는 그대로 둔다. 번호가 없는 나머지 이웃은 모두 큐에 삽입하여 조사받을 기회를 부여한다.

---

**알고리즘 5-9 워터셰드 영상 분할**

**입력** : 명암 영상 $f(j, i)$, $0 \le j \le M-1$, $0 \le i \le N-1$
**출력** : 분할된 영상

| | |
|---|---|
| 1 | $f$에 그레이디언트 연산을 적용하여 에지 강도 맵을 구한다. |
| 2 | 최저 영역을 찾아 각각에 서로 다른 번호를 매긴다. // 1, 2, 3, …을 사용 |
| 3 | 번호가 매겨진 영역에 대해 이웃 화소를 에지 강도에 따라 우선순위 큐 $q$에 삽입한다. |
| 4 | while($q \ne \emptyset$) { |
| 5 | $\quad p = \text{pop}(q);$ |
| 6 | $\quad p$의 이웃 중 번호가 매겨진 것을 조사한다. |
| 7 | $\quad$if(그들의 번호가 모두 같으면) $p$에 그들과 같은 번호를 부여한다. |
| 8 | $\quad$번호가 매겨지지 않은 $p$의 이웃을 모두 $q$에 삽입한다. // 이미 큐에 들어있는 것은 배제 |
| 9 | } |
| 10 | 번호가 매겨지지 않은 화소를 워터셰드로 취한다. |
| 11 | 워터셰드로 영상을 분할한다. |

---

워터셰드 알고리즘으로 영상을 분할하면 반드시 폐곡선만 생긴다는 좋은 특성이 있다. 하지만 잡음 때문에 지역 최저점이 너무 많아 심하게 과분할되는 근본적인 문제점도 존재한다. 이런 문제점을 해결하고 속도를 보다 빠르게 개선한 알고리즘이 많이 개발되어 있다[Cousty2009, Cousty2010]. 워터셰드로 일부러 과분할한 후, 각 영역을 슈퍼 화소로 간주하고 다른 영상 분할 알고리즘의 초기 입력으로 사용하기도 한다[Hanbury2008].

TIP 5.3절의 첫 문단에 슈퍼 화소를 활용하여 영상을 분할하는 아이디어가 기술되어 있다.

# 6

# 대화식 물체 분할

　지금까지 살펴본 영상 분할 알고리즘은 식 (5.1)의 첫째와 둘째 조건에 따라 전체 영상 공간을 배타적인 영역의 집합으로 나눈다. 하지만 응용에 따라 관심 있는 물체 하나만 잘라내는 분할 방식이 필요하기도 하다. 의료 영상의 경우 특정 장기만 분할하거나 얼굴을 추적하기 위해 얼굴 영역만 잘라내기도 하고, 사진에서 특정 인물을 제거하는 등의 많은 응용이 있을 수 있다. 이런 종류의 분할을 물체/배경 분할object/background segmentation 또는 물체 분할이라 부른다. 이 절에서 공부할 분할 알고리즘은 이런 상황에 주로 사용하는 기법이다.

　물체 분할은 사용자가 초기 곡선을 지정해야 하는데, 이런 이유로 인해 주로 대화식interactive으로 작동하는 시스템에 활용한다. [그림 5-17]과 같이 사진에서 관심 있는 물체를 오려낸(이 작업을 매팅matting이라 부름) 후, 그것을 새로운 배경에 합성하는compositing 사진 편집photo editing 응용을 생각해 보자. 이때 사용자는 기꺼이 대화식으로 작업할 의향이 있을 것이다.

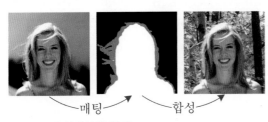

매팅　　　합성

그림 5-17 **물체/배경 분할의 응용**

이런 상황에서 사용자가 물체를 정교하게 오려내는 작업은 매우 지루할뿐더러 경험이 많지 않으면 오려낸 결과가 불만족스러울 수 있다. 이 절에서 공부할 기법을 사용하면 훨씬 쉽게 정교한 분할 결과를 얻을 수 있다. 이들 기법은 컴퓨터 비전뿐만 아니라 컴퓨터 그래픽스 분야에 많이 활용되기 때문에 세계적인 컴퓨터 그래픽스 학술대회인 SIGGRAPH에 좋은 논문이 많이 발표된다.

## 1. 능동 외곽선

### 스네이크 알고리즘

1987년에 Kass가 스네이크라는 이름의 기법을 고안한 이래 다양한 변형이 개발되었는데, 이들을 통틀어 능동 외곽선$^{active\ contour}$이라 부른다[Kass87].[16] 이들 기법은 모두 초기 곡선에서 출발하여 최적 상태를 '능동적으로' 찾아가며, 이렇게 찾은 결과는 어떤 물체의 외곽선에 해당하기 때문이다. 이렇게 도달한 상태는 물리적으로 가장 안정적인 에너지 상태에 해당한다.

스네이크는 초기 곡선에서 시작하여 조금씩 모양을 변형시켜가며 최적 지점에 도달한다. 이때 곡선의 움직이는 모양이 뱀 모양을 닮아 스네이크라는 이름이 붙었다. 스네이크를 구현하기 위해서는 우선 곡선을 어떻게 표현할지에 대해 생각해야 한다. 스네이크 곡선은 $\mathbf{g}(s)$로 표기하는데, $s$는 [0,1] 사이의 매개변수로서 $\mathbf{g}(0)$은 곡선의 시작점이고 $\mathbf{g}(1)$이 끝점이다. 이 곡선은 $\mathbf{g}(0)=\mathbf{g}(1)$을 만족하여 폐곡선을 이룬다. 2차원 영상에서 $\mathbf{g}(s)$는 2차원 점으로서 $\mathbf{g}(s)=(y(s),x(s))$이다.

Kass는 스네이크 곡선의 에너지를 식 (5.21)과 같이 정의하였다. 전체 에너지 $E^*$는 모든 점의 에너지를 더한 것인데, 각 점의 에너지는 $E_{image}$, $E_{internal}$, $E_{constraint}$의 세 가지로 구성된다. 이 중 첫 번째 $E_{image}$는 스네이크가 영상의 명암값에 반응하는 에너지 항이다. 궁극적으로 찾고자 하는 곳은 물체의 외곽선이므로 곡선이 에지 위에 놓일수록 좋다. 따라서 이 항을 계산할 때 곡선이 놓인 곳의 에지 강도를 사용한다. 그런데 이 항만 사용하면 될까? 스네이크가 움직이는 도중 곡선의 일부가 잡음에 의해 아주 큰 에지 강도를 갖는 곳에 도달하면 그곳은 잡음 위치에 고정되어 버릴 가능성이 높다. 따라서 두 번째 요소 $E_{internal}$을 도입하여 그런 위험을 막아준다. 이 항은 곡선의 내부 에너지를 나타내는 측정치로, 곡선의 모양을 조절한다. 스네이크는 특정 물체의 모양(고급 정보)을 사용하지 않는다. 대부분의 물체가 공통적으로 지니는 특성, 즉 물체의 경계는 대체적으로 매끄럽다는

---

**16** 1987년에 개최된 ICCV에서 제1회 Marr 상을 수상하였다.

전제를 사용한다. 즉 심하게 꼬불꼬불한 곡선보다 매끄러운 곡선을 선호한다. 세 번째 항 $E_{constraint}$ 는 외부에서 사용자가 원하는 모양을 지정했을 때 그것을 반영하는 에너지이다.

$$E^*(\mathbf{g}(s)) = \int_0^1 E(\mathbf{g}(s))\,ds = \int_0^1 E_{internal}(\mathbf{g}(s)) + E_{image}(\mathbf{g}(s)) + E_{constraint}(\mathbf{g}(s))\,ds \quad (5.21)$$

지금부터 식 (5.21)을 어떻게 구현할지 공부해 보자. 먼저 스네이크 곡선 $\mathbf{g}(s)$를 어떻게 표현할 것인가? 수학적으로는 식 (5.21)과 같이 $s=[0,1]$의 연속 공간을 사용하면 되는데, 디지털 영상에서는 $s=0,1,2,\cdots,n$인 이산 공간의 곡선을 다루어야 한다. [그림 5-18]은 이산 곡선의 예를 보여준다. 이 경우 $n=6$이며, $\mathbf{g}(6)=\mathbf{g}(0)$을 만족하여 폐곡선을 이룬다.

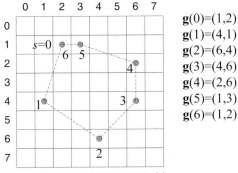

$\mathbf{g}(0)=(1,2)$
$\mathbf{g}(1)=(4,1)$
$\mathbf{g}(2)=(6,4)$
$\mathbf{g}(3)=(4,6)$
$\mathbf{g}(4)=(2,6)$
$\mathbf{g}(5)=(1,3)$
$\mathbf{g}(6)=(1,2)$

그림 5-18 스네이크를 표현하는 폐곡선 $\mathbf{g}(s)$

이제 세 항을 어떻게 계산할지 생각해 보자. 식 (5.22)는 $E_{image}$이다. $\nabla f(\mathbf{g}(s))$는 $\mathbf{g}(s)$에서의 에지 강도를 의미하며, 3장의 식 (3.5) 또는 [그림 3-5]를 쓰면 된다. $E_{internal}$은 식 (5.23)으로 계산한다. 이 식에 $\mathbf{g}_s(s)$와 $\mathbf{g}_{ss}(s)$라는 항이 등장하는데, 각각 $s$라는 위치에서 구간의 거리와 곡률을 측정해 준다. $\alpha(s)$와 $\beta(s)$는 어느 항에 가중치를 더 둘지를 결정한다. $E_{constraint}$는 실제 구현에서 종종 무시된다. 스네이크는 이들 값을 에너지로 해석한다. 정답에 가까울수록 에너지가 낮아 뱀이 움직일 필요가 적어지고 그렇지 않으면 에너지가 높아 뱀이 더욱 격렬하게 움직인다.

$$E_{image}(\mathbf{g}(s)) = -\|\nabla f(\mathbf{g}(s))\|^2 \qquad (5.22)$$

$$E_{internal}(\mathbf{g}(s)) = \frac{\alpha(s)\|\mathbf{g}_s(s)\|^2 + \beta(s)\|\mathbf{g}_{ss}(s)\|^2}{2}$$

이때 $\|\mathbf{g}_s(s)\|^2 \cong \|\mathbf{g}(s) - \mathbf{g}(s-1)\|^2 = (y(s) - y(s-1))^2 + (x(s) - x(s-1))^2 \qquad (5.23)$

$\|\mathbf{g}_{ss}(s)\|^2 \cong \|\mathbf{g}(s-1) - 2\mathbf{g}(s) + \mathbf{g}(s+1)\|^2$
$= (y(s-1) - 2y(s) + y(s+1))^2 + (x(s-1) - 2x(s) + x(s+1))^2$

이제 스네이크 $\mathbf{g}(s)$의 전체 에너지 $E^*$를 식 (5.24)로 계산할 수 있다.

$$E^*(\mathbf{g}(s)) = \sum_{s=0}^{n} (E_{image}(\mathbf{g}(s)) + E_{internal}(\mathbf{g}(s))) \tag{5.24}$$

식 (5.24)는 어떤 스네이크 곡선 $\mathbf{g}(s)$가 있을 때 그것의 에너지를 측정해 준다. 궁극적으로 풀어야 하는 문제는 최소의 에너지를 갖는 곡선 $\check{\mathbf{g}}(s)$를 찾는 것이다. 이것을 식으로 쓰면 식 (5.25)가 된다.

$$\check{\mathbf{g}}(s) = \underset{\mathbf{g}(s)}{\mathrm{argmin}}\, E^*(\mathbf{g}(s)) \tag{5.25}$$

식 (5.25)를 구현하기 위해 초기 스네이크를 $\mathbf{g}_0(s)$라 표기하고, $t$만큼 반복한 후의 스네이크를 $\mathbf{g}_t(s)$라 하자. 이제 관심사는 현재 곡선 $\mathbf{g}_t(s)$를 더 낮은 에너지를 갖는(최저점에 더 가까운) 새로운 곡선 $\mathbf{g}_{t+1}(s)$로 이동시키는 방법이다. 이제부터 수학이 뱀을 움직여야 한다. 최소점을 탐색하기 위해 Kass는 변분법variational calculus을 사용하였다[Kass88]. 이 방법은 불안정한데, 이를 해결하기 위해 Amini는 동적 프로그래밍 방법을 제시하였다[Amini88]. 그런데 Amini 알고리즘은 계산 복잡도가 $O(nm^3)$이므로 처리 속도가 느리다. 여기에서 $m$은 이웃의 개수로서 8-이웃을 사용한다면 자신을 포함하여 $m=9$가 된다. Williams는 이들보다 품질과 계산 속도가 우수한 알고리즘을 제시하였다[Williams92]. [알고리즘 5-10]은 Williams의 알고리즘이다.

이 알고리즘은 적절한 방법으로 초기화된 곡선을 가지고 시작한다. 8~15행이 $\mathbf{g}_t(s)$를 $\mathbf{g}_{t+1}(s)$로 이동시킨다. 9~10행에서 $\mathbf{g}(s)$는 자기 자신과 이웃점 각각에 대해 식 (5.26)을 계산한다. 식 (5.24) 를 개선한 새로운 식이다. 그런 후 11~14행에서, 가장 낮은 에너지를 갖게 되는 점으로 이동한 다. 물론 자기 자신이 가장 낮은 에너지를 가지면 그대로 머무른다. 이런 과정을 곡선의 모든 점, 즉 $s=0,1,2,\cdots,n$에 대해 수행하여 새로운 곡선을 얻는다. 이때 곡선이 이동한 양을 $moved$라는 변 수가 측정하는데 그것이 임계값보다 작으면 수렴했다고 보고 알고리즘을 끝낸다. 19~21행은 코 너를 배려한다. $s$라는 점의 곡률이 좌우 이웃보다 크고(비최대 억제), 임계값 $T_1$보다 크고, 에지 강 도가 임계값 $T_2$보다 크면 코너라고 판단하고 그 점의 가중치 $\beta(s)$를 0으로 둔다.[17] 이렇게 하면 식 (5.26)에서 곡률을 감안하지 않는 셈이 되어 그 점은 다음 반복에서 코너에 붙들릴 가능성이 높 아진다. 이 알고리즘에서 첨자 계산은 모듈로 연산이다. 예를 들어 $s=0$일 때 $s-1$은 $-1$이 아니라 $n-1$이 된다.

---

**17** 19행은 식 (5.26)과 다른 방식으로 곡률 $c_s$를 계산하는데, 그 이유에 대해서는 [Williams92]를 참고하기 바란다.

**입력 :** 명암 영상 $f(j, i)$, $0 \le j \le M-1$, $0 \le i \le N-1$, 세 개의 임계값 $T_1$, $T_2$, $T_3$
**출력 :** 스네이크 곡선 $g(s)$, $s = 0, 1, 2, \cdots, n$

```
1    // 전처리
2    초기 곡선 g(s)를 설정한다.  // 사용자 입력 또는 전처리에 의함
3    for(s=0 to n) α(s)=β(s)=γ(s)=1.0;  // 가중치 설정
4
5    while(TRUE) {
6    // 스네이크의 이동
7      moved=0;  // 스네이크가 이동한 양
8      for(s=0 to n) {  // 스네이크 곡선 상의 점 각각에 대해
9        for(g(s)의 이웃점 각각에 대해)  // 자기 자신과 8-이웃을 포함한 9개 점
10          식(5.26)으로 에너지 E*를 구한다.
11        if(8~9 행에서 구한 최소 에너지 점이 g(s)와 다르면) {
12          g(s)를 그 점으로 이동시킨다.
13          moved++;
14        }
15      }
16      if(moved<T₃) break;  // 뱀의 움직임이 아주 작으면 수렴으로 보고 끝낸다.
17
18      // 코너를 찾고, 다음 반복에서 코너의 곡률을 무시
19      for(s=0 to n-1) cₛ=‖ uₛ/‖uₛ‖ - u_{s+1}/‖u_{s+1}‖ ‖² ;  // 곡률 계산(uₛ=(g(s)-g(s-1)))
20      for(s=0 to n-1)
21        if((cₛ>c_{s-1} and cₛ>c_{s+1}) and (cₛ>T₁) and (edge_mag(g(s))>T₂)) β(s)=0;  // 코너로 간주
22    }
```

연속 공간에서는 곡률과 도함수를 수학적으로 정확하게 계산할 수 있는데, 디지털 공간은 여러 가지 어려움이 발생한다. [알고리즘 5-10]은 여러 가지 실험을 통해 $E_{internal}$과 $E_{image}$를 보다 정확하게 계산하기 위한 개선된 식 (5.26)을 제시하였다. 이 식에서 앞의 두 항이 식 (5.23)의 $g_s$와 $g_{ss}$에 해당한다. $E_{continuity}$에서 $\bar{d}$는 $n$개 구간 거리의 평균이다. 즉 현재 구간의 거리가 평균에 가까울수록 $E_{continuity}$는 작은 값을 갖는다. 실제 계산에서는 $m$개의 이웃 모두에 대해 $\bar{d} - \|g(s) - g(s-1)\|$을 계산한 후, 그 중 가장 큰 것으로 나누어줌으로써 $[0, 1]$ 사이로 정규화하였다. $E_{image}$ 계산은 좀

더 복잡하다. $m$개 이웃의 에지 강도를 조사하여, 최고와 최소를 각각 $max$와 $min$으로 둔다. $mag$는 현재 조사하는 점의 에지 강도이다. 이때 에지 강도의 차이가 작은 경우를 보정하기 위해, $max-min<5$이면 $min=max-5$로 설정한다.

$$E^*(\mathbf{g}(s)) = \sum_{s=0}^{n} (\alpha(s)E_{continuity}(\mathbf{g}(s)) + \beta(s)E_{curvature}(\mathbf{g}(s)) + \gamma(s)E_{image}(\mathbf{g}(s)))$$

$$\text{이때} \quad E_{continuity}(\mathbf{g}(s)) = \bar{d} - \|\mathbf{g}(s) - \mathbf{g}(s-1)\| \, (\bar{d}\text{는 평균 거리})$$

$$E_{curvature}(\mathbf{g}(s)) = \|\mathbf{g}(s-1) - 2\mathbf{g}(s) + \mathbf{g}(s+1)\|^2 \tag{5.26}$$

$$E_{image}(\mathbf{g}(s)) = \frac{min - mag}{max - min}$$

[알고리즘 5-10]은 탐욕 알고리즘greedy algorithm이다. 8~15행이 현재 곡선 $\mathbf{g}_t(s)$에서 개선된 새로운 곡선 $\mathbf{g}_{t+1}(s)$를 찾아주는 역할을 하는데, $s=0,1,2,\cdots,n$ 순으로 처리하기 때문이다. 즉 이후 점이 어떻게 되든지 상관하지 않고, $s$라는 현재 순간의 상황만 보고 이동할 곳을 판단한다. 식 (5.25)를 그대로 구현하지 않은 셈이다. 하지만 [Williams92]의 실험 결과에 따르면 이전 방법에 비해 수렴한 스네이크의 품질도 좋을 뿐 아니라 계산 시간도 크게 빨라졌다.

## 지능가위와 레벨 셋

스네이크는 물체 분할이라는 주제에 새로운 길을 열어 주었지만 현재는 그 자체로 많이 사용되지는 않는다. 보다 진보한 기법들이 등장하였기 때문이다. 새로운 기법으로는 이어서 기술할 지능가위와 레벨 셋이 있다. 그래프 절단과 이를 응용한 GrabCut이라는 시스템도 널리 쓰이는데, 관련된 내용은 이어지는 5.6.2절 그래프 절단에서 다룬다.

지능 가위intelligent scissor의 동작 과정은 [그림 5-19]가 설명한다. 이 시스템에서 사용자는 오려내고자 하는 물체 주위를 마우스로 표시한다. 그림에서 흰색 선이 마우스가 지나간 자국이다. 시스템은 마우스가 이동함에 따라 물체의 경계를 실시간으로 절단해 보여준다. 노란색 선이 절단될 경계선이다. 오려낼 곳을 실시간으로 확인할 수 있으므로, 사용자는 자신의 의도에 맞지 않을 때 입력을 쉽게 변경할 수 있다. 자세한 기법은 [Mortensen95, Mortensen98]을 참고하라. GIMP라는 영상 편집용 오픈 소스 프로그램이 있는데, 지능 가위 기능을 제공한다.[18]

---

18 http://www.gimp.org/

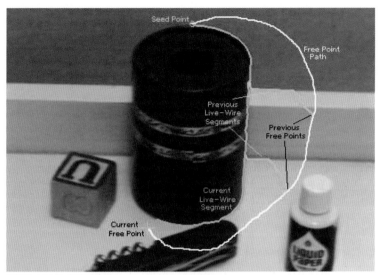

그림 5-19 **지능 가위의 동작**

레벨 셋level set 기법은 1980년대 후반에 수학자 Osher와 Sethian이 개발하였다[Osher88]. 레벨 셋은 스네이크와 달리, 곡선을 명시적으로 표현하지 않고 대신 함수 $\varphi$가 0이 되는 등고선으로 암시적으로 표현한다. 안에 여러 개의 구멍이 있거나 섬이 존재하는 등의 다양한 토폴로지 영역을 표현할 수 있다. 레벨 셋을 컴퓨터 비전 분야에 적용한 사례를 공부하고 싶다면 [Osher2003], 영상 분할에 적용한 사례를 공부하고 싶다면 [Cremers2007]을 참고하기 바란다.

## 2. 그래프 절단

[그림 5-20]에 있는 그래프는 교통 흐름이나 전기 흐름과 같은 여러 가지 상황을 표현할 수 있다. 여기서는 단순히 왼쪽에 있는 $S$라는 출발 노드에서 오른쪽에 있는 $T$라는 도착 노드로 물을 흘려 보낸다고 생각해 보자. 에지에 있는 가중치는 파이프의 용량이라고 생각하면 된다. 이 상황에서 $S$에서 $T$로 흘려 보낼 수 있는 물의 순간 최대 용량은 오른쪽 그래프가 보여주는 바와 같이 6에 불과하다. 예를 들어, $S$에 연결되어 있는 용량 7의 굵은 파이프는 그 다음 파이프의 용량인 3과 1을 더한 값 이상의 물을 보낼 수 없으므로 최대 4에 불과하다. 얇은 파이프가 병목 현상을 만드는 것이다.

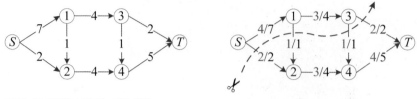

그림 5-20 **네트워크 흐름과 그래프 절단**

이 그림은 네트워크 흐름network flow이라는 문제의 한 사례인데, 알고리즘 분야에서 오래 전부터 연구되어온 주제이다[Ahuja93]. [그림 5-20]의 예는 비록 여섯 개의 노드만 가진 그래프이지만, 실제로는 수백에서 수만 개의 노드를 가진 아주 큰 그래프를 다룬다. 이런 그래프에서 최대 용량을 찾아내는 문제는 꽤 어려운 주제이다.

이 문제가 영상 분할과 어떤 관련이 있을까? $S$와 $T$ 사이에 있는 네 개의 노드를 화소라고 생각하고 에지 가중치를 화소 사이의 유사도라고 가정해 보자. 위의 두 개 화소 $\{v_1, v_3\}$와 아래 두 개 화소 $\{v_2, v_4\}$가 그룹을 형성하므로 그림에 표시된 것과 같이 절단하면 만족할만한 영상 분할이 될 것이다(그룹 내 화소는 유사도가 높다). 이 분할선을 그래프 절단graph cut이라 부른다. 이 특수한 상황을 일반화시켜 보자. 어떤 절단을 찾아내면 좋은 영상 분할이 이루어질까?

이 그래프는 노드 간의 유사도를 표현하고 있으므로, 절단할 때 가급적 값이 작은 에지를 골라내는 것이 좋을 것이다. 절단에 포함되어 있는 에지의 가중치 합을 비용으로 간주한다면, [그림 5-20]의 절단 비용은 2+1+1+2=6이다. 이 절단은 다른 절단이 모두 6보다 큰 비용을 가지므로 '최소' 그래프 절단이다. 다시 말해, 가장 좋은 영상 분할이다.

지금까지 네트워크 흐름이라는 틀을 영상 분할에 적용할 수 있음을 설명하였다. 그런데 실제로는 [그림 5-20]의 2×2가 아니라 수백×수백 이상의 아주 큰 영상을 다룬다. 이렇게 큰 그래프에서 어떻게 최소 절단을 찾아낼 수 있을까? 다행히 알고리즘 연구자들은 큰 그래프에서 최소 절단을 찾아내는 알고리즘을 이미 개발해 놓았다.[19]

영향력이 큰 연구 결과 중 하나는 Ford의 정리이다[Ford62]. 이것은 최소 절단min-cut은 최대 흐름max-flow 상태에서 포화된 에지와 같다는 사실을 말한다. [그림 5-20]의 오른쪽 그래프는 최대 흐름을 빨간색으로 표시한다. 포화 상태의 에지란 자신의 용량을 최대로 발휘하고 있는 에지이

---

[19] 도시 하나만 하더라도 수도 파이프로 연결해야 하는 지점은 수천 곳일테니. 영상 분할이 아니더라도 대부분 응용에서 큰 그래프를 다루어야 한다.

다. 예를 들어, 에지 $(S, v_2)$는 용량이 2인데 2가 흐르므로 포화 상태이고 $(v_1, v_3)$는 용량은 4인데 흐름은 3이므로 불포화 상태이다. [그림 5-20]에서 최소 절단에 해당하는 네 개의 에지는 모두 포화 상태임을 알 수 있다. Ford는 포화 상태가 안된 최소 경로를 찾아 그것을 채워나가는 일을 반복적으로 수행함으로써 최대 흐름을 탐색하는 효율적인 알고리즘을 제시하였다.

알고리즘 분야에 머물러 있던 연구 결과를 컴퓨터 비전 분야로 끌어 들인 최초의 사람은 Greig이다[Greig89]. 그는 그래프 절단을 이진 영상의 복원에 응용하였다. 스캔한 문서 영상에 있는 솔트페퍼 잡음을 제거하는 문제가 이 응용에 해당한다. 그런데 이진 영상 복원이라는 응용이 별로 주목을 받지 못한 탓에 그의 연구는 10년 가까이 묻혀있었다. 다행히 1990년대 후반부터 그래프 절단을 스테레오, 텍스처 합성, 영상 분할, 물체 인식 등의 다양한 응용 문제에 적용하기 시작하면서 다시 빛을 보게 된다. 이들 응용을 살피고자 하는 독자에게 [Boykov2006a]를 추천한다.

이제부터 본격적으로 그래프 절단을 이용하여 영상을 분할하는 방법에 대해 공부해 보자. [알고리즘 5-11]은 그래프 구성과 최소 절단 탐색, 물체($C_{object}$)와 배경($C_{background}$)에 해당하는 연결요소 찾기의 세 단계를 거쳐 영상을 분할한다. 분할된 물체와 배경은 여러 개의 연결요소로 구성될 수 있다.

---

**알고리즘 5-11 그래프 절단을 이용한 영상 분할**

**입력** : 명암 영상 $f(j, i)$, $0 \le j \le M-1$, $0 \le i \le N-1$

**출력** : 물체 $\{C_{object1}, C_{object2}, \cdots\}$와 배경 $\{C_{background1}, C_{background2}, \cdots\}$ // $C$는 연결요소

1    $f$로부터 그래프 $G$를 구축한다.

2    $G$로부터 최소 절단을 찾는다.

3    최소 절단을 영상 분할 결과인 $C_{object}$와 $C_{background}$로 변환한다.

---

[그림 5-21]은 간단한 $3 \times 3$ 영상과 1행이 구축한 그래프를 보여준다. 그래프는 $G = (V + \{S, T\}, E)$로 표현된다. 모든 화소가 노드가 되므로 이 경우 아홉 개의 화소 노드가 생긴다. 두 개의 단말 노드, 즉 $S$라는 출발 노드와 $T$라는 도착 노드도 추가되어 전체 노드의 개수는 열 한 개이다. 에지는 이웃 화소 간에 연결되는데, 그림의 예는 4-이웃을 채택한다. 8-이웃이나 더 큰 반경의 이웃을 사용할 수도 있다. 화소 노드를 $S$와 $T$에 연결해 주는 에지도 필요하다. 지저분하지 않도록 일부 에지만 그린 것으로 모든 화소 노드가 단말 노드와 연결된다. 영상에는 O(물체)와 B(배경)로 지정된 화소가 있는데, 실제 시스템에서는 [그림 5-21]의 맨 오른쪽처럼 사용자가 마우스로 물체와 배경을 지정한다. 이때 빨간색으로 지정된 모든 화소가 O, 파란색으로 지정된 화소가 B이다.

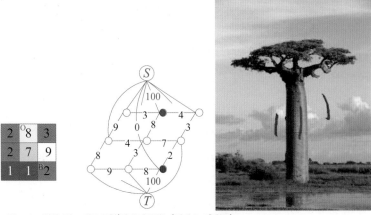

그림 5-21 **영상 *f*와 그래프 표현(에지 가중치는 [예제 5-2] 참고)**

이제 에지의 가중치를 계산하는 방법에 대해 알아보자. 앞서 말했듯이, 에지는 화소 간의 유사도를 표현해야 하므로 그에 합당한 공식이 필요하다. [그림 5-21]의 예제에서는 에지 $(v_p, v_q)$의 가중치 $w_{pq}$를 단순히 $9 - |f(v_p) - f(v_q)|$로 계산하였다. 가운데 열의 8과 7을 갖는 화소 간의 에지는 $9 - |8 - 7| = 8$이라는 가중치를 갖게 된다. 실제 시스템은 식 (5.27)을 사용한다. 여기에서 $d(.)$는 두 노드에 해당하는 화소 간의 거리이다.

$$w_{pq} = e^{-\frac{(f(v_p) - f(v_q))^2}{2\sigma^2}} d(v_p, v_q) \tag{5.27}$$

이제 단말 노드 *S*, *T*와 연결된 에지의 가중치를 계산해야 한다. 계산 과정에서 고려해야 하는 중요한 전제 조건이 있는데, 그래프가 최종적으로 절단되었을 때 *S*는 물체에 해당하는 화소와 연결되어 있고 *T*는 배경과 연결되어 있어야 한다는 점이다. 이 전제 조건을 기억하면서, 먼저 O와 B로 지정된 화소를 살펴보자. 이들은 사용자가 명확히 지정하였기 때문에 어길 수 없는 엄격한 조건 hard constraint이다. 이 조건을 지키기 위해 O로 표시된 노드와 *S*를 연결하는 에지에게 아주 큰 값을 부여한다. 그러면 이 에지는 포화 상태가 될 수 없기 때문에 최종적으로 절단에 포함되지 않는다. 반대로 *T*와 연결된 에지는 0을 주어 애초에 포화 상태로 만들어 미리 절단에 포함시킨다. B로 표시된 노드는 반대로 *T*와는 아주 큰 값, *S*와는 0이라는 값을 부여한다.

O도 B도 아닌 노드는 어떤 값을 부여해야 합리적일까? 어떤 화소가 O와 유사하면, *S*로 가는 에지는 큰 값을 주고, *T*로 가는 에지는 낮은 값을 주면 된다. B와 유사한 에지는 반대로 한다. 식 (5.28)과 (5.29)는 각각 *S*와 *T*에 연결된 에지 가중치를 구하는 식이다. 이때 $prob(f(v_p)|\text{'object'})$

는 사용자가 지정한 물체 영역에서 $f(v_p)$라는 명암이 발생할 확률이다. 실제로 구현할 때는 물체 영역의 히스토그램을 구하는 방법 등을 사용하여 적절히 계산해야 한다. $prob(f(v_p)|'background')$는 배경으로 지정된 영역에서 $f(v_p)$라는 명암이 발생할 확률이다. $\lambda$는 식 (5.27)에 있는 가중치와 식 (5.28)과 식 (5.29)의 가중치 사이에서 중요도를 조절해 주는 매개변수이다.

$$\text{에지 } (p,S)\text{의 가중치} \quad w_{pS} = \lambda \cdot (-\ln prob(f(v_p) \mid 'background')) \qquad (5.28)$$

$$\text{에지 } (p,T)\text{의 가중치} \quad w_{pT} = \lambda \cdot (-\ln prob(f(v_p) \mid 'object')) \qquad (5.29)$$

---

예제 5-2 | **에지 가중치 계산** ─────────────────

[그림 5-21] 예에서는 화소를 연결하는 에지는 $9-|f(v_i)-f(v_j)|$라는 가중치를 부여하였다. 예를 들어, 8과 7을 갖는 두 화소의 유사도는 $9-|8-7|=8$이다. 식 (5.27)을 사용하여 계산한 결과는 다음과 같이 0.6065이다. 이때 두 화소 간의 거리는 4-이웃이므로 1이고, $\sigma=1.0$을 사용하였다. 2와 8을 갖는 화소의 에지는 0.0이 되어 앞의 에지에 비해 유사도가 훨씬 낮음을 알 수 있다.

$$e^{-\frac{(8-7)^2}{2\sigma^2}} d(v_p, v_q) = e^{-\frac{1}{2}} = 0.6065$$

$S$와 O(물체)로 지정된 빨간색 노드 간의 에지는 충분히 큰 100이라는 값을 부여하였다. 실제로는 계산 효율을 위해 포화 상태가 되지 않는 수준을 약간 넘는 값으로 설정한다. $S$와 B로 지정된 파란색 노드를 연결하는 에지의 값은 0이다.

명암7을 갖는 중앙에 있는 화소를 $v_p$라고 하고, 에지 $(v_p, T)$의 가중치 $w_{pT}$를 계산해 보자. 이를 위해서는 식 (5.29)의 $prob(f(v_p)|'object')$를 알아야 한다. [그림 5-21]에서 사용자가 빨간색으로 표시한 화소들의 히스토그램을 분석하는 방법 등을 이용하여 $prob(7|'object')=0.3$이 되었다고 가정하자. 이때 $\lambda=1.0$으로 설정하면, $w_{pT}=1.204$가 된다. 이제 $v_p$를 $S$에 연결해 주는 에지 $(v_p, S)$의 가중치 $w_{pS}$를 계산해 보자. 적절한 방법으로 $prob(7|'background')=0.01$이 되었다면, $w_{pT}=4.6052$가 된다. 명암7은 배경보다 물체가 될 확률이 훨씬 크다. 그런 면에서 확률 0.01은 0.3보다 훨씬 작으므로 비교적 합리적이다. 명암7을 갖는 중앙에 위치한 화소는 $S$와 4.6052, $T$와 1.204라는 가중치로 연결된다.[20] 결국 최소 절단 알고리즘은 $T$와 연결된 에지를 끊을 가능성이 높다.

---

이제 그래프 구성을 마쳤으니, 최소 절단을 탐색하는 2행으로 관심을 옮기자. 이 작업은 이미 개발되어 있는 알고리즘, 예를 들어 [Ford62]의 알고리즘을 사용하면 된다. 하지만 이런 일반적인 알고리즘은 계산 시간이 오래 걸리므로, 영상의 특성을 충분히 이용하여 시간을 크게 단축한 알고리즘인 [Boykov2004]를 이용하는 것이 좋다. 이렇게 찾은 최소 절단을 [그림 5-22]가 보여준다. 최소 절단에 해당하는 에지는 얇은 선, 그렇지 않은 에지는 굵은 선으로 표시하였다. [예제 5-2]에서 살펴보았던 가운데에 위치한 화소는 결국 $T$와의 연결이 끊어졌음에 주목하자.

---

**20** 이 값을 직관적으로 해석해 보면 벌점이다.

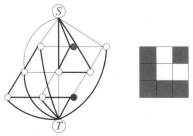

그림 5-22 **최소 절단(굵은 선은 절단 되지 않은 에지)과 영상 분할 결과**

마지막 3행은 최소 절단 정보로부터 영상 분할 결과를 얻는다. 이 과정은 [그림 5-22]가 예시하는 최소 절단을 관찰해 보면 아주 쉽게 해결할 수 있다. 모든 화소는 $S$ 또는 $T$ 중의 하나에만 굵은 선으로 연결된다. $S$에 굵은 선으로 연결된 화소는 물체, $T$에 연결된 화소는 배경으로 구분한다. 이러한 성질은 여기서 예제로 사용한 그래프에만 국한된 것이 아니라, 어떤 그래프에도 적용되는 정리이다.[21] 결과적으로 [그림 5-22]의 오른쪽과 같은 분할을 얻는다.

## 그래프 절단 알고리즘의 특성

지금까지 [알고리즘 5-11]을 자세히 살펴보았다. 이제 이 알고리즘의 특성을 간략히 분석해 보자. [그림 5-21]의 에지는 $S$와 $T$에 연결된 에지 그룹과 화소끼리 연결된 에지 그룹으로 구분할 수 있다. 전자에 해당하는 에지는 어떤 화소가 물체 또는 배경일 확률을 표현한다. 확률은 사용자가 지정한 영역 정보에 따라 계산한다. 따라서 외부에서 제공한 지식에 따라 영역을 분할하려는 경향이 있다. 식 (5.28)과 (5.29)의 $\lambda$를 크게 하여 이들 에지의 영향력을 높이면(또는 극단적으로 화소끼리 연결하는 에지의 값을 모두 0으로 설정하면), 그래프 절단 알고리즘은 사용자가 지정한 정보에 충실해진다. 반대로 후자에 해당하는 (화소끼리 연결하는) 에지는 영상의 내재적인 특성을 표현한다. 따라서 이들 두 그룹의 에지는 상호 보완적으로 작용을 하면서 균형을 갖춘 영상 분할 결과를 만들어 준다.

[그림 5-22]의 최종 분할 결과를 보면, 배경은 두 개의 연결요소로 구성된다. 이와 같이 그래프 절단 알고리즘은 일반적인 토폴로지를 갖는 분할 결과를 만들어 준다. 예를 들어, 내부에 여러 개의 구멍이 뚫린 영역도 가능하다. 이 성질은 앞 절의 레벨 셋과 같은 성질로 스네이크나 지능 가위

---

**21** 이 정리의 증명은 [Boykov2006b]를 참고하라.

가 가지지 못한 장점이다. 이 성질은 레벨 셋과 마찬가지로 외곽선을 암시적으로 표현하는 방식을 쓰기 때문에 가능하다.

2004년에 개최된 SIGGRAPH에서 사람들의 주목을 끄는 논문이 발표되었다. GrabCut이라는 시스템을 소개하는 논문인데[Rother2004], 이것은 사용자의 입력 방식을 최대한 편리하게 설계한 시스템이다. 이 시스템은 그래프 절단 알고리즘을 개선하였으며, 경계를 정밀하게 오려내는 기법을 추가하였다. OpenCV가 함수로 제공하고 있어 손쉽게 활용할 수 있다. [그림 5-23]은 OpenCV 함수를 사용하여 물체를 오려낸 예이다.

그림 5-23 GrabCut으로 오려낸 물체

# 7
# 알고리즘 선택

수많은 접근 방법과 알고리즘 중에 어느 것이 가장 좋을까? 주어진 응용 문제를 풀기 위해 어떤 것을 선택해야 할까? 컴퓨터 비전의 거의 모든 주제가 그렇듯이 이에 대한 뚜렷한 가이드라인은 없다. 하지만 선택을 도우려는 노력은 활발히 일어나고 있다. 표준 데이터베이스 제작이 그 일환인데, UC 버클리에서 제작한 데이터베이스 [Martin2001]과 바이츠만$^{Weizmann}$ 연구소 데이터베이스 [Alpert2007]을 주로 사용한다. UC 버클리 데이터베이스는 인터넷에서 수집한 자연 영상을 대상으로 분할 정보를 제공한다. 바이츠만 데이터베이스는 버클리에 비해 개수도 적고 영상도 단순하며 물체 하나 또는 두 개로 분할해 두었다. 두 가지 모두 여러 사람이 분할한 결과를 제공한다. [그림 5-24]는 예제 영상과 그것을 서로 다른 사람이 분할한 결과이다.

이러한 데이터베이스 구축 노력에 덧붙여 분할 결과의 품질을 객관적으로 측정할 수 있는 척도도 개발되었다[Unnikrishnan2007]. Estrada는 UC 버클리 데이터베이스와 품질 척도를 사용하여 대표적인 알고리즘 네 개(5.3.1절의 신장트리, 5.3.2절의 정규화 절단, 5.4절의 민시프트, 그리고 자신이 제안한 스펙트럴 임베딩 알고리즘인 [Estrada2005])를 뽑아 분할 성능을 벤치마킹하였다[Estrada2009]. 최근의 벤치마킹 결과를 보고자 하는 독자에게는 [Arbelaez2011]을 추천한다. 이 논문은 외곽선 검출 결과와 영역 분할 결과를 결합하는 새로운 접근 방법을 제시한다.

(a) UC 버클리[22]

(b) 바이츠만 연구소[23]

**그림 5-24 영상 분할용 표준 데이터베이스**

이러한 노력은 영상 분할 알고리즘의 성능을 객관적으로 견주기 위해 꼭 필요한 작업임에 틀림 없다. 하지만 이면에 어두운 면도 있다. 많은 연구자들이 이 데이터베이스에 집착하게 되어 과적합 overfitting 문제를 야기할 수 있다. 예를 들어, 이 데이터베이스에서 좋은 성능을 내는 매개변수를 설정하면 해당 데이터베이스에 대해서는 좋은 성능을 보이지만, 새로운 영상에 적용하면 품질이 크게 떨어질 수 있다. 즉, 일반화 능력이 낮은 알고리즘을 낳는 부정적인 효과가 발생할 수 있다. 이를 누그러뜨리기 위해 데이터베이스의 크기를 꾸준히 키워나가고 있다.

---

**22** http://www.eecs.berkeley.edu/Research/Projects/CS/vision/grouping/segbench/
**23** http://www.wisdom.weizmann.ac.il/~vision/Seg_Evaluation_DB/index.html

**1** 다음 그림은 UC 버클리의 영상 분할용 데이터베이스에 있는 두 장의 영상으로 각각 다섯 사람이 분할한 결과이다.

> 원래 영상

> 다섯 사람이 분할한 결과

(a) 피라미드

 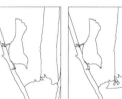

> 원래 영상　　> 다섯 사람이 분할한 결과

(b) 새와 둥지

(1) 스스로 분할해 보고 결과를 제시하시오. 자신이 분할한 영상과 다섯 장의 분할 영상을 저분할과 과분할 측면에서 비교하고, 자신의 의견을 제시하시오.

(2) 사람이 분할한 결과를 그라운드 트루스로 활용하여 영상 분할 알고리즘의 성능을 측정하는 방법의 장점과 한계에 대해 의견을 제시하시오.

**2** 식 (5.2)와 식 (5.3)은 영역을 세 부분으로 분할하는 삼진화 때 사용하는 식이다. 네 개의 영역으로 나누는 사진화를 수행할 수 있게 두 식을 확장하시오.

**3** 식 (5.4)의 적응적 임계값 기법에서는 $t(j,i)$를 정하는 일이 핵심이다. 적응적 임계값 기법을 조사하고, 그 중 두 가지를 제시하시오.

**4** 512×480 크기 영상의 경우, [그림 5-8]의 인접 행렬 크기는 얼마인가? 방대한 크기의 이 희소 행렬을 표현할 효율적인 방법을 제시하시오.

**5** [알고리즘 5-8]이 왜 에지 보존 스무딩 효과를 제공해 주는지 설명하시오.

**6** [알고리즘 5-9]의 7행에서 번호가 모두 같으면, 왜 $p$에 같은 번호를 붙이는지 설명하시오.

**7** [알고리즘 5-9]는 우선순위 큐를 사용한다. 우선순위 큐를 구현하는 데 힙을 사용하면 효율적이다.

(1) 힙이 무엇인지 기술하시오.

(2) 힙의 삽입과 삭제 연산의 계산 효율은 $O(.)$ 표기로 제시하시오.

(3) 일반 배열을 사용한 경우와 비교함으로써 힙을 사용하는 이유를 설명하시오.

**8** 스네이크가 사용하는 식 (5.24)에서 $E_{image}$ 항을 제거하면, 어떤 모양의 곡선으로 수렴하는지 설명하시오.

**9** 에지는 화소의 속성값이 급히 변하는 지점으로서 물체의 경계를 나타낸다. 따라서 3장의 에지 검출 알고리즘과 이 절에서 공부한 영역 분할 알고리즘이 협동하면 훨씬 좋은 품질의 영상 분할 결과를 얻을 수 있다. 이런 전략을 쓰는 대표적인 논문으로 [Arbelaez2011]을 들 수 있다. 이 논문에서 사용한 원리를 개략적으로 설명하시오.

**10** 식물 잎을 인식하는 leafsnap 앱은 잎을 흰 종이 위에 놓고 찍은 영상이 들어온다는 사실을 알고 있다. 이런 사전 지식을 사용하면 훨씬 수월하게 높은 품질의 분할 결과를 얻을 수 있다. [Kumar2012]를 참고하여, leafsnap에서 사용하는 분할 알고리즘을 개략적으로 설명하시오.

# Chapter 06
# 특징 기술

# Preview

'붉다'는 한 단어만을 가지고
눈 앞의 온갖 꽃을 말해서는 안 된다.
꽃술에는 많고 적은 차이가 있으니
꼼꼼히 하나하나 살펴보아라.

**_박제가** '고개 위의 꽃(爲人賦嶺花)' (정민 '정민 선생님이 들려주는 한시 이야기' 중에서)

앞 장에서 공부한 내용을 잠깐 떠올려 보자. 4장은 이웃에 비해 두드러지게 다른 점을 관심점(지역 특징)interest point으로 검출하였다. 5장은 입력 영상을 영역의 집합으로 분할하였다. [그림 6-1(a)]는 관심점 두 개를 예로 보여주며, [그림 6-1(b)]는 두 개의 영역을 표시한다. 이들 관심점과 영역은 특징feature이다. 마찬가지로 3장의 에지도 특징이다.

(a) 관심점          (b) 영역          (c) 영상

그림 6-1 **어떻게 기술할까?**

하지만 매칭 단계에서 보면 이들 특징은 불완전한 상태이다. 이들이 가진 정보는 위치가 전부이며, 특징에 따라 약간의 추가 정보가 덧붙여 있을 뿐이기 때문이다. 예를 들어, 4.4.3절에서 소개한 SIFT라는 관심점이 가진 정보는 영상 공간에서의 위치 $(y, x)$와 스케일 $\sigma$가 전부이다. 5장에서 얻은 영역은 연결요소, 즉 연결된 화소의 집합이라는 정보만 가진다. 3장에서 다룬 에지는 위치와 에지 강도, 에지 방향 정보를 가진다. 이러한 정보는 매칭이나 인식을 수행하는 고급 비전이 사용하기에 턱없이 빈약하다.

이 장은 앞서 살펴본 특징들의 주변 또는 내부를 들여다 보고 풍부한 정보를 추출한다. 이렇게 추출한 정보 또는 이 정보를 추출해 주는 알고리즘을 기술자descriptor라고 부른다. 이런 이름이 붙은 이유는 특징의 성질 또는 특성을 기술하기 describe 때문이다. 기술자는 일정한 크기의 벡터로 표현하기 때문에 특징 벡터feature vector라고 부르기도 한다. 여기서 '특징'은 관심점이나 영역을 지칭하는 데 사용하지만, 기술자(특징 벡터)를 구성하는 요소 하나하나를 지칭하기도 한다.

패턴 인식은 특징 벡터라는 용어를 주로 사용하는 반면, 컴퓨터 비전은 기술자라는 용어를 선호한다. 패턴 인식은 영상에서 추출한 특징 벡터뿐만 아니라 주식 시장, 음성, 고객 성향과 같은 온갖 분야에서 수집한 특징 벡터를 다룬다

지금부터 풍부한 정보를 추출하는 방법을 고안해야 한다. 다시 말해 훌륭한 기술자를 설계해야 한다. [그림 6-1]이 보여주는 바와 같이, 관심점이라는 특징과 영역이라는 특징을 구별하여 기술자를 설계하는 것이 현명할 것이다. [그림 6-1(c)]는 또 다른 상황을 보여주는데, 아무 처리가 안된 원래 영상이다. '잠자리를 포함하는 영상을 찾아라'와 같은 검색어를 처리하는 멀티미디어 영상 검색 시스템이 이 경우에 해당한다. 이 상황에서는 영상 전체를 대상으로 특징 벡터를 추출해야 한다.

▶ 각 절에서 다루는 내용 ----------------------------------------------------

**6.1절**_특징 기술에 관한 기본 원리를 살펴본다.

**6.2절**_4장에서 구한 관심점에서 기술자를 추출하는 방법을 설명한다.

**6.3절**_5장에서 구한 영역에서 기술자를 추출하는 방법을 설명한다.

**6.4절**_텍스처 특징을 추출하는 기법을 설명한다.

**6.5절**_주성분 분석 기법의 원리와 알고리즘을 설명한다.

**6.6절**_주성분 분석을 이용한 얼굴 인식을 설명한다.

# 1

# 특징 기술자의 조건

특징이 매칭이나 인식과 같은 단계에 유용하게 쓰이려면, 몇 가지 요구 조건을 만족해야 한다. 첫째, 기술자의 분별력discriminating power이 높아야 한다. 예를 들어, [그림 6-1(a)]의 a에서 구한 기술자는 b에서 구한 것과 크게 달라야 한다. 그래야만 다른 영상과 매칭할 때 오로지 자신에 해당하는 점과 대응될 것이기 때문이다.

둘째, 다양한 변환에 불변invariant이어야 한다. 간단한 예를 가지고 불변성을 명확히 이해하기로 하자. [그림 6-2]는 [그림 6-1(b)]의 영역 a를 다양하게 변환시킨 모습이다. 기술자로 면적을 사용한다고 생각해 보자. 영역을 회전시켜도 면적은 원래와 같다. 면적은 회전에 불변이다. 하지만 크기를 축소하는 변환이 일어나면 면적이 변한다. 면적은 크기 변환에 불변이 아니다. 면적은 크기 변환에 따라 변하므로 공변covariant이라고 말한다. 이제 주축principal axis을 생각해 보자. 영역 a는 수직 방향으로 길기 때문에 주축은 대략 수직 방향이 될 것이다. 주축은 축소가 일어나도 변하지 않는다. 반면 회전이 일어나면 그에 따라 변한다. 주축은 크기 변환에 불변이지만 회전 변환에는 공변이다. 기술자는 불변이어야 한다. 여러 가지 변환이 일어난 상황에서도 매칭에 성공하려면 해당하는 점이 같은 기술자를 가져야 하기 때문이다.

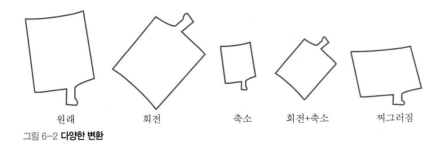

| 원래 | 회전 | 축소 | 회전+축소 | 찌그러짐 |

그림 6-2 **다양한 변환**

이제 불변성이 왜 중요한지 이해했을 것이다. 불변성이 실제 응용 상황에서 어떻게 작용할지 생각해 보자. 예를 들어 카메라와 물체가 고정된 부품 인식 시스템의 경우, 어떠한 변환도 발생하지 않으므로 불변성이 없는 특징을 사용해도 된다. 즉, 면적과 주축을 모두 사용해도 된다. 하지만 카메라는 고정되어 있지만 물체가 벨트 컨베이어 위에 임의의 방향으로 놓인 채 이동하는 상황이라면 주축은 의미가 없어진다. 이와 같이 응용 상황을 면밀히 살핀 후에 그에 맞는 기술자를 선택하는 일이 중요하다. 앞서 언급한 고정된 부품 인식 시스템에서 면적과 주축을 버리고 불변성을 만족하는 복잡한 기술자를 채택한다면 현명한 처사가 아니다.

주어진 임무가 무엇이냐에 따라서도 불변과 공변을 선택해야 한다. 앞에서는 서로 다른 종류의 물체를 구분하는 인식이라는 임무이므로 불변이 중요하였다. 하지만 한 종류의 물체만 발생하는 상황에서, 로봇이 물체를 집어 올리기 위한 자세 정보가 필요한 경우에는 회전에 불변한 특징은 필요한 정보를 제공하지 못한다. 이때는 회전에 공변인 특징을 써야 한다.

지금까지 물체의 기하학적 변환에 대한 '기하 불변성'을 언급하였다. 하지만 질적으로 전혀 다른 측면의 불변성이 있다. 그것은 영상을 획득하는 과정에서 주위 조명에 따라 밝기가 변하는 광도 photometric 변환이다. 조명을 일관되게 제어할 수 없는 상황이라면 '광도 불변성'을 만족하는 기술자를 설계해야 한다.

마지막 요구 조건은 특징 벡터의 크기(차원)이다. 매칭은 특징 벡터(기술자) 간의 거리를 계산하여 판단하므로 차원이 높으면 계산 시간이 비례하여 늘어난다. 보통 한 영상에서 발생하는 특징의 개수가 수천에 이르기 때문에, 거리 계산에 걸리는 시간을 단축하는 일은 매우 중요하다. 계산 효율 측면에서 보면 차원이 낮은 기술자일수록 좋다.

# 2

# 관심점을 위한 기술자

관심점은 영상 공간에서 한 점에 해당한다. [그림 6-1(a)]에서는 알아보기 쉽도록 정사각형으로 표시했는데, 그 중앙이 관심점의 위치이다. 관심점은 종류에 따라 스케일 정보가 있을 수도 없을 수도 있다. 4.2절에서 공부한 관심점은 스케일 정보가 없는 특징으로 $(y,x)$로 표현되고, 4.4절에서 공부한 해리스 라플라스나 SIFT는 스케일 $\sigma$를 가지고 있어 $(y,x,\sigma)$로 표현한다.

관심점에서 기술자를 추출하려면 $(y,x)$를 중심으로 윈도우를 씌우고 윈도우 내부를 살펴봐야 하는데, 이때 몇 가지 고려할 점이 발생한다. 윈도우의 모양과 크기는? 그리고 무엇을 살펴봐야 할까? [그림 6-3]은 관심점 주위를 세밀하게 보여준다. [그림 6-3(a)]는 원래 영상이고 (b)는 카메라를 오른쪽으로 이동시켜 찍은 영상이다. (c)는 (b) 영상에 15° 회전과 0.8배 축소의 기하 변환을 적용한 결과이다.

a와 b라고 표시한 두 곳에서 관심점이 검출되었다고 가정하자. 오른쪽 영상들은 왼쪽 영상에서 검출된 관심점에 21×21 크기의 윈도우를 씌워서, 그 영역을 확대하여 보여준다. 단순히 카메라의 이동만 발생한 경우, 윈도우 영역이 비슷하여 어떤 기술자를 사용하든 큰 어려움 없이 매칭에 성공할 것으로 기대할 수 있다. 하지만 회전과 크기 변환이 일어난 [그림 6-3(c)]의 경우 크기와 회전 변환에 불변한 기술자를 고안해야 성공적인 매칭이 가능할 것이다. 영상의 스케일에 따라 윈도우 크기를 줄이고 적절하게 회전된 윈도우를 사용해야 한다. 게다가 그림에는 예시하지 않았지만, 갑

자기 구름이 드리운다거나 반대로 햇빛이 강해져 조명이 바뀔 수도 있다. 이러한 기하 변환과 광도 변환에도 불구하고 비슷한 기술자를 생성해 주는 알고리즘을 고안해 보자.

이때 스케일 정보를 가진 관심점과 그렇지 않은 관심점을 구별할 필요가 있다. 스케일 정보가 없는 관심점은 윈도우 크기를 조절하는 데 쓸 수 있는 정보가 없는 셈이다. 따라서 지금부터 설명하는 기술자는 모두 스케일 정보를 가진 관심점으로 국한한다.

(a) 원래 영상

(b) 카메라를 이동한 영상

(c) 카메라를 이동한 후 회전, 축소한 영상

그림 6-3 **관심점 주위에 대한 세밀한 관찰**

# 1. SIFT 기술자

4.4.3절에서 검출한 SIFT 특징을 키포인트라고 불렀다. 이 키포인트는 위치와 스케일 정보를 담은 $(y,x,\sigma)$로 표현한다. 여기서 스케일을 뜻하는 $\sigma$ 정보를 이용하여 크기 변환에 대처할 수 있다. 이때 두 가지 사항을 고려해야 한다. 첫째는 윈도우 크기를 $\sigma$에 따라 조절하는 것이고, 둘째는 $\sigma$에 따라 영상을 스무딩하는 것이다. 하지만 $\sigma$에 따라 스무딩을 새로 수행하는 일은 많은 시간이 소요된다. 키포인트가 보통 수백에서 수천 개인데, 그 수만큼 스무딩을 해야 하기 때문이다.

다행히 SIFT 특징은 [그림 4-16]에서 본 바와 같이 여러 개의 옥타브로 구성된 피라미드 구조에서 검출된다. 키포인트에는 키포인트가 검출된 옥타브 $o$, 옥타브 내에서 스케일 $\sigma_o$, 그 옥타브 영상에서 위치 $(r,c)$ 정보가 같이 담겨져 있다. 예를 들어, 키포인트가 [그림 4-16] 옥타브 1의 밑에서 세 번째 영상($\sigma=2.5398$)에서 검출되었다면 $o=1$, $\sigma_o=2.5398$을 저장하고 있다. 앞으로 설명하는 기법은 $o$번째 옥타브의 $\sigma_o$인 영상에서 기술자를 추출한다. 이렇게 하여 스케일(크기 변환) 불변을 달성하기 위한 토대를 구축한다.

회전 변환에 따른 또 다른 난관이 있다. [그림 6-3(c)]와 같이 회전이 발생하면 그에 따라 윈도우의 방향이 조절되어야 한다. SIFT는 이 목적을 달성하기 위해, 기술자를 추출하기 이전에 지배적인 방향dominant orientation을 먼저 찾는다. 지배적인 방향은 키포인트를 중심으로 일정 크기의 윈도우를 씌운 후, 윈도우 내의 화소 집합에 대해 그레이디언트 방향 히스토그램을 구하여 알아낸다. 이때 그레이디언트 방향을 10° 간격으로 양자화하여 36개의 칸을 가진 히스토그램을 사용한다. 계산 과정에서 그레이디언트 크기를 가중치로 곱할 뿐 아니라 가우시안을 씌워 중심에서 멀어질수록 작은 가중치를 곱한다. 이렇게 구한 히스토그램에서 가장 큰 값을 갖는 방향을 지배적인 방향으로 삼는다.[1] 또한 최고값의 0.8배 이상인 칸이 있으면 그것도 지배적인 방향으로 삼아 새로운 키포인트를 생성한다. 따라서 하나의 키포인트가 위치는 같지만 방향이 다른 여러 개로 나뉠 수도 있다.

하나의 키포인트는 위치와 스케일, 방향 정보를 가진 $(y,x,\sigma,\theta)$로 표현한다. 이제 기술자를 추출하기 위해, 키포인트에 적절한 크기의 윈도우를 씌운다. [그림 6-4]와 같이 지배적인 방향 $\theta$가 기준이 되도록 좌표계를 설정하는데, 이렇게 하여 방향 불변성이 달성된다. 이 윈도우를 4×4로 분할

---

1 Hess가 구현한 방법에서는 $1.5 \times 3 \times \sigma_o$를 반올림하여 $w$를 구한 후 $(2w+1) \times (2w+1)$의 윈도우를 사용하였다. 또한 히스토그램을 구한 후 스무딩을 적용할 뿐 아니라, 이웃 칸의 값을 이용하여 보간을 수행한다. 그러면 지배적인 방향은 10° 간격이 아니라 [0,360] 사이의 임의의 실수가 된다. 보다 구체적인 구현에 대해서는 SIFT에 관한 논문 [Lowe2004]와 그것을 구현한 논문 [Hess2010]을 참고하라.

하여 16개의 블록으로 나눈다. 이제 한 블록은 자신에 속한 화소의 그레이디언트를 계산한 후, 8단계로 양자화된 그레이디언트 방향 히스토그램을 구한다. 지배적인 방향을 계산할 때와 마찬가지로 그레이디언트 크기를 가중치로 사용하며, 가우시안을 씌워 중심에서 멀어질수록 작은 가중치를 곱한다. 결국 $4 \times 4 \times 8 = 128$차원의 특징 벡터 $\mathbf{x}$가 추출된다.[2]

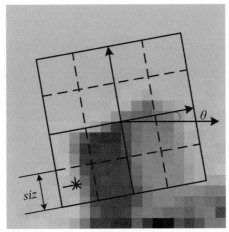

그림 6-4 SIFT 기술자 추출을 위한 좌표계와 $4 \times 4$ 블록

마지막으로 광도 불변성을 달성하기 위해 $\mathbf{x}$를 벡터의 크기 $\|\mathbf{x}\|$로 나누어 단위 벡터로 변환한다. 단위 벡터에 0.2보다 큰 요소가 있으면, 그것을 0.2로 바꾸고 다시 단위 벡터로 변환한다. 이렇게 하면 스케일, 회전, 광도 변환에 불변한 128차원의 특징 벡터(기술자) $\mathbf{x}$가 완성된다. [알고리즘 6-1]은 지금까지 설명한 과정을 정리한 것이다. 입력은 4.4.3절에서 설명한 알고리즘으로 검출한 키포인트 집합이고, 출력은 지배적인 방향 $\theta$와 특징 벡터 $\mathbf{x}$가 추가된 키포인트 집합이다. 지배적인 방향을 계산하는 과정에서 하나의 키포인트가 여러 개로 나뉠 수 있으므로 출력 집합의 키포인트 개수는 늘어날 수 있다.

---

2 Hess가 구현한 방법에서는, [그림 6-4]의 $siz$를 $3 \times \sigma_o$로 설정하였다. $\theta$에 따라 회전된 좌표는 실수로 표현한다. 따라서 한 화소에서 발생한 그레이디언트는 히스토그램에서 이웃한 여러 칸에 걸쳐 영향을 미친다. 이때 걸치는 비율에 따라 보간을 수행한다. 보간에 대해서는 2.4.3절을 참고하라.

**입력**: 입력 영상 $f$에서 검출된 키포인트 집합 $p_i = (y_i, x_i, \sigma_i)$, $1 \leq i \leq n$   // 4.4.3절의 알고리즘으로 추출

**출력**: 기술자가 추가된 키포인트 집합 $p_i = (y_i, x_i, \sigma_i, \theta_i, \mathbf{x}_i)$, $1 \leq i \leq m$

```
1   for(i=1 to n) {
2       p_i의 지배적인 방향 θ_i를 계산한다.   // 이때 하나의 키포인트가 여러 개로 나뉠 수 있음
3       p_i의 특징 벡터 x_i를 계산한다.
4       x_i를 정규화한다.
5   }
```

이제 입력 영상 $f$는 기술자가 포함된 SIFT 특징 $(y_i, x_i, \sigma_i, \theta_i, \mathbf{x}_i)$, $i = 1, 2, \cdots, m$으로 표현된다. 이 키포인트 집합을 다음 단계인 매칭 과정에 입력하여, 서로 다른 두 영상에서 매칭 쌍을 찾는 데 사용한다. 매칭에 필요한 거리 측정 방법, $m$=수백~수천인 두 특징 집합을 실시간에 매칭하기 위한 효율적인 탐색 알고리즘은 7장에서 공부한다.

SIFT는 4.4.1절의 스케일 공간 이론이라는 토대 위에서 개발되어 탁월한 성능을 가지는 이유를 이론적으로 설명할 수 있다. 하지만 세밀한 구현 부분은 다분히 실험적이다. 즉 여러 종류의 영상에 대해 성능 실험을 수행하고, 그 결과에 따라 매개변수 설정에 대한 가이드라인을 제시한다. 게다가 구현 측면에서 보았을 때, 원래 논문 [Lowe2004]는 불분명한 곳이 여러 군데 있다. 구현 방법을 공부하려는 독자에게는 [Hess2010]과 소스 코드를 같이 살펴볼 것을 권한다.[3]

사용자가 같은 장면을 다른 각도 또는 다른 위치에서 촬영하는 경우 어파인 변환을 넘어 투영 변환이 발생한다(2.4.3절 참고). 엄밀히 말하면 기술자는 투영 변환에 대한 불변성도 만족해야 한다. 하지만 SIFT는 투영에 대한 이론적인 대처 방안이 전혀 없다. 다행히 카메라에서 물체까지의 거리는 물체의 크기에 비해 훨씬 크다. 이런 이유로 투영 효과는 그리 크지 않고, 실험 결과에 의하면 어느 정도 범위 안에서 벌어지는 투영에 대해서는 여전히 높은 반복성을 유지함이 입증되어 있다.

---

3   http://robwhess.github.io/opensift/

## 2. SIFT의 변형

앞 절에서도 언급했듯이 SIFT는 기술돌파$^{breakthrough}$로 간주될 정도로 성능이 좋다. 하지만 구현이 까다롭고 성능 자체도 개선할 여지가 많다. 이 절은 SIFT를 개선한 새로운 기술자를 소개한다.

### PCA-SIFT

PCA-SIFT는 지배적인 방향을 구하는 단계는 SIFT와 똑같지만 특징 벡터 **x**를 추출하는 단계가 SIFT와 다르다. PCA-SIFT는 키포인트를 중심으로 $39 \times 39$ 윈도우를 씌운다[Ke2004]. 물론 윈도우는 SIFT와 마찬가지로 피라미드에서 옥타브 $o$의 $\sigma_o$ 영상에 지배적인 방향에 따라 씌운다. 그리고 윈도우 안에 있는 화소의 $y$방향과 $x$방향의 도함수 $d_y$와 $d_x$를 계산한다(3.1.2절 참고). 그 결과 $39 \times 39 \times 2 = 3{,}042$차원의 벡터를 얻는다. 이 고차원의 벡터를 PCA(Principal Component Analysis)를 사용하여 $d$차원으로 축소하고 그것을 **x**로 취한다. 보통 $d=20$ 정도로 설정하기 때문에, SIFT의 128차원보다 훨씬 낮은 차원의 벡터를 얻는다. Ke의 실험에 따르면 SIFT에 근접한 반복성을 가지며, 매칭 속도는 획기적으로 빨라진다[Ke2004]. SIFT는 그레이디언트 방향의 히스토그램 분포를 사용해 위치와 스케일 오차에 대한 강건성을 확보한 반면, PCA-SIFT는 PCA 변환으로 강건성을 달성하고 있는 셈이다.

TIP PCA 기법에 대한 자세한 내용은 6.5절에서 공부한다.

### GLOH

SIFT와 PCA-SIFT는 [그림 6-4]와 같이 정사각형 모양의 윈도우를 사용한다. GLOH (Gradient Location-Orientation Histogram)라는 기술자는 정사각형 윈도우를 [그림 6-5(a)]의 원형 윈도우로 대체한다[Mikolajczyk2005a]. 물론 SIFT와 마찬가지로 피라미드에 있는 옥타브 $o$의 $\sigma_o$ 영상과 지배적인 방향에 따라 설정된 좌표계를 사용한다. 윈도우를 구성하는 세 원의 반지름은 안쪽부터 6, 11, 15이고 바깥쪽 두 개의 원은 여덟 개 영역으로 등분된다. 이렇게 분할된 17개 영역 각각에서 16단계의 그레이디언트 방향 히스토그램을 계산한다. 따라서 $17 \times 16 = 272$차원의 특징 벡터가 생성된다. 이 벡터는 PCA를 이용하여 128차원으로 축소된다. 이렇게 얻은 128차원 벡터를 **x**로 취한다.

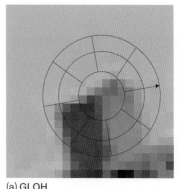
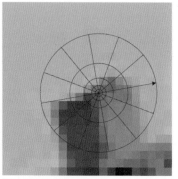

(a) GLOH                (b) 모양 콘텍스트

그림 6-5 GLOH와 모양 콘텍스트가 사용하는 원형 윈도우

앞서 살펴본 PCA-SIFT와 GLOH는 큰 차원의 특징 벡터를 구축한 다음 PCA를 사용하여 적절한 크기로 축소한다. 이때 공분산 행렬$^{covariance\ matrix}$을 구하는 데 쓸 샘플 집합이 필요하다. 예를 들어, PCA-SIFT의 경우 PCA를 적용하기 이전의 3,042차원의 벡터를 수천에서 수만 개 수집하여 그것의 공분산 행렬을 계산해야 한다. PCA는 이 공분산 행렬을 가지고 고유 벡터$^{eigen\ vector}$를 구하고 그것을 이용하여 차원 축소를 수행한다. 보다 자세한 방법은 6.5절에서 공부한다.

## 모양 콘텍스트

마지막으로 공부할 기술자는 모양 콘텍스트$^{shape\ context}$이다. 이 기술자는 GLOH와 마찬가지로 [그림 6-5(b)]의 원형 윈도우를 사용한다. 이때 360°를 30° 간격으로 잘라 12개로 양자화한다. 반지름 $r$은 $\log(r)$이 선형이 되도록 설정하는데, 밑이 2라면 반지름이 2, 4, 8, 16, 32인 다섯 개의 원을 사용한다. [그림 6-5(b)]는 단지 윈도우의 모양을 보여주는 그림으로, 실제로는 가장 안쪽의 작은 원의 반지름이 2인 크기의 윈도우를 사용한다. 입력 영상에서 캐니 에지를 검출한 후, 윈도우의 각 칸의 값은 칸 안에 있는 에지 개수로 설정한다. 이렇게 구성한 5×12=60차원의 벡터를 특징 벡터 **x**로 취한다. 지금까지 설명한 모양 콘텍스트는 Belongie가 제안한 원래 방법이다 [Belongie2002]. 성능 비교 실험을 수행한 [Mikolajczyk2005a]는 약간 수정해서 사용하였다. 윈도우는 GLOH가 사용한 [그림 6-5(a)]를 약간 개조한 형태로, 45°가 아니라 90° 간격으로 양자화하여 아홉 개의 칸을 만들었으며, 각 칸에서는 에지의 개수를 세는 대신 그레이디언트 방향을 4단계(수직, 수평, 두 개의 대각선)로 양자화하여 방향의 분포를 구하였다. 결국 4×9=36차원의 벡터를 **x**로 취한다.

Mikolajczyk는 지금까지 다룬 네 가지 기술자(SIFT, PCA-SIFT, GLOH, 모양 콘텍스트)를 포함한 총 열 가지 종류의 기술자를 대상으로 객관적인 토대 위에서 성능을 실험하였다[Mikolajczyk2005a]. 실험 결과 이 절에서 공부한 네 종류의 기술자가 1~4위를 차지하였다.

## 3. 이진 기술자

비디오 영상에서 물체를 추적하는 응용에서는 초당 30장의 영상을 처리해야 하므로 계산 효율이 매우 중요하다. 모바일 플랫폼에서 작동하는 응용 프로그램의 경우에는 CPU와 메모리 성능이 낮기 때문에 앞서 소개한 기술자가 부적절할 수 있다. 예를 들어, 한 장의 영상에서 보통 수천 개의 SIFT 키포인트가 검출되는데 각각의 키포인트는 128차원의 특징 벡터를 가진다. 128개의 특징 각각을 실수로 표현하는 경우, 하나의 키포인트는 128×4=512바이트를 사용한다. 결국 한 장의 영상은 수천×512바이트를 사용하므로 메가 바이트에 달하는 메모리를 필요로 한다. 게다가 실수로 표현되는 벡터를 매칭할 때 유클리디안 거리를 계산해야 하므로 연산 시간도 많이 걸린다.

이진 기술자는 이러한 문제의식에서 출발한다[Heinly2012]. 모든 이진 기술자는 특징점 주변에 있는 두 개의 화소를 비교 쌍으로 삼아, 그들의 명암값을 비교하여 0 또는 1의 이진값을 생성한다. [그림 6-6]에서는 네 쌍을 보여주는데, 실제로는 수백 개의 쌍을 조사하여 수백 비트의 이진열을 만든다.

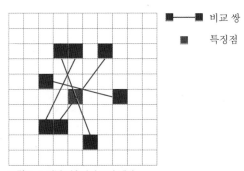

비교 쌍

특징점

그림 6-6 이진 기술자의 조사 패턴

이때 비교 쌍을 어떻게 구성할지가 중요하다. [그림 6-7]은 대표적인 세 가지 이진 기술자가 사용하는 조사 패턴이다. BRIEF는 가우시안 분포로부터 두 점을 발생시켜 비교 쌍을 만든다[Calonder2010]. 이런 쌍을 256개 만들기 때문에 BRIEF 특징 벡터는 256비트이다. BRIEF는 같은 크기의 가우시안에서 비교 쌍을 생성하기 때문에 스케일 변환과 회전 변환에 대처하지 못한다. ORB는 특징점의 방향에 따라 조사 패턴을 발생시키기 때문에 회전 변환에 불변이다 [Rublee2011]. 하지만 스케일 불변은 아니다. BRISK는 특징점 주변에 60개의 점을 설정하고 이들 점의 조합을 비교 쌍으로 사용한다[Leutenegger2011]. 이때 특징점의 스케일에 따라 정의되는 거리 조건을 만족하는 쌍만 골라 사용함으로써 스케일 불변을 달성한다. 또한 특징점의 방향에 따라 회전한 60개의 점을 사용함으로써 회전에도 불변이다. BRIEF 특징 벡터는 256비트인 반면, ORB와 BRISK 특징 벡터는 512비트이다.

표 6-1 **이진 기술자의 특성 비교**

|  | 스케일 불변 | 회전 불변 | 특징 벡터 비트 수 |
|---|---|---|---|
| BRIEF | X | X | 256비트 |
| ORB | X | O | 512비트 |
| BRISK | O | O | 512비트 |

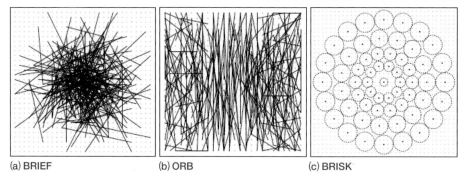

(a) BRIEF        (b) ORB        (c) BRISK

그림 6-7 **세 가지 이진 기술자가 사용하는 조사 패턴**

이들 이진 기술자는 메모리를 적게 사용한다. 예를 들어, SIFT는 특징점 하나가 512바이트를 사용하는 반면 BRISK는 1/8에 불과한 512비트를 사용한다. 또한 해밍 거리를 이용하여 매칭을 매우 빠르게 수행할 수 있다. 두 이진열 사이의 해밍 거리는 값이 다른 비트의 개수로 정의된다. 예를 들어, 11000100과 10000101은 두 비트가 다르므로 해밍 거리는 2이다.

검출과 기술 단계를 모두 가지고 있는 SIFT와 달리, 이들 세 가지 이진 기술자는 별도의 특징점 검출 알고리즘을 가지고 있지 않다. 따라서 FAST[Rosten2010]나 AGAST[Mair2010]와 같은 이진 검출자를 약간 개조하거나 그대로 사용한다. [Heinly2012]는 SIFT 기술자를 포함하여 이들 세 가지 이진 기술자의 성능을 평가한 논문이다. 반복률은 SIFT가 가장 뛰어나지만, 계산 시간은 이진 기술자가 수십 배 빠르다는 결론을 제시한다.

# 3

# 영역 기술자

5장의 영상 분할을 적용하면 영역이 생성된다. [그림 6-1(b)]는 자연 영상을 분할한 영역을 예시한다.

[그림 6-8]은 알고리즘 설명에 쓸 목적으로 단순화한 영역의 예를 보여준다. 영역은 물체의 명암을 그대로 간직한 명암 영역([그림 6-8(a)])과 점유한 곳만 표시한 이진 영역([그림 6-8(b)])으로 구분할 수 있다. 이진 영역은 [그림 6-8(c)]의 체인 코드로도 표현 가능하다[Freeman61]. 체인 코드는 영역의 경계에 있는 화소 중에 하나를 시작점으로 잡고 나머지 경계 화소를 8-방향 체인으로 연결하는 방법으로 표현한다.

(a) 명암 영역    (b) 이진 영역    (c) 체인 코드 표현

그림 6-8 **영역의 표현**

이제부터 이들 영역으로부터 풍부한 정보를 추출하는 기술자에 대해 공부해 보자. 6.3.1절에서 다루는 모멘트는 화소 또는 화소의 명암값의 통계적 분포를 측정하고 그로부터 유용한 정보를 추출한다. 6.3.2절에서 다루는 기술자는 다양한 관점에서 영역의 모양을 기술한다. 6.3.3절의 푸리에 기술자는 영역을 대상으로 푸리에 변환을 수행한 후, 변환된 주파수 공간에서 기술자(특징 벡터)를 추출한다.

## 1. 모멘트

이진 영역의 모멘트$^{moments}$는 식 (6.1)과 같이 정의된다. 이 식에서 $q$와 $p$ 값을 바꾸어 가며 여러 가지 모멘트를 구할 수 있는데, $m_{qp}$를 $(q+p)$차 모멘트라 부른다. $R$은 영역을 구성하는 화소의 집합을 뜻한다.     TIP [그림 6-8(a)]의 명암 영역의 모멘트는 뒤에서 다룬다.

$$m_{qp} = \sum_{(y,x) \in R} y^q x^p \tag{6.1}$$

모멘트를 이용하여 영역 $R$의 면적$^{area}$과 중점$^{centroid}$을 각각 식 (6.2)와 식 (6.3)으로 계산할 수 있다. 중점은 무게 중심$^{center\ of\ gravity}$이라고도 부른다. 이제 이들 $a$, $\bar{y}$, $\bar{x}$를 특징으로 사용할 수 있다. 이진 영역에서 세 개의 특징을 추출한 셈이다.

$$\text{면적} \quad a = m_{00} \tag{6.2}$$

$$\text{중점} \quad (\bar{y}, \bar{x}) = \left( \frac{m_{10}}{a}, \frac{m_{01}}{a} \right) \tag{6.3}$$

앞에서 [그림 6-2]를 가지고 이미 공부하였지만, 여기에서 불변성$^{invariant}$에 대해 다시 생각해 보자. 특징 $a$는 영역 $R$이 다른 위치로 이동해도 값이 변하지 않는다. 다시 말해, $a$는 이동 불변이다. 하지만 중점을 나타내는 $\bar{y}$와 $\bar{x}$는 이동 불변이 아니다. 영역의 크기가 중점을 기준으로 변한다면 중점은 그대로 유지된다. 이 경우에는 $\bar{y}$와 $\bar{x}$는 크기 불변이지만 $a$는 크기 불변이 아니다. $a$는 회전 불변이다. 반면 $\bar{y}$와 $\bar{x}$는 자신을 중심으로 회전하면 회전 불변이지만 다른 점을 중심으로 회전하면 회전 불변이 아니다.

식 (6.4)는 중심 모멘트$^{central\ moments}$를 정의한다. 중심 모멘트는 식 (6.3)으로 구한 중점을 원점으로 간주하고 계산한 모멘트이다.

$$\mu_{qp} = \sum_{(y,x) \in R} (y - \bar{y})^q (x - \bar{x})^p \tag{6.4}$$

중심 모멘트를 이용하여 몇 가지 흥미로운 특징을 추출할 수 있다. 식 (6.5)의 열 분산은 화소들이 열(수직) 방향으로 얼마나 넓게 퍼져 있는지를 나타내는 분산이다. 마찬가지로 식 (6.6)은 행 방향, 식 (6.7)은 열과 행 방향 모두에 대한 분산을 측정해 준다. 예를 들어, 수평 방향으로 길쭉한 영역이라면 행 분산은 크고 열 분산은 작다.

$$\text{열 분산 } v_{cc} = \frac{\mu_{20}}{a} \tag{6.5}$$

$$\text{행 분산 } v_{rr} = \frac{\mu_{02}}{a} \tag{6.6}$$

$$\text{혼합 분산 } v_{rc} = \frac{\mu_{11}}{a} \tag{6.7}$$

앞에서 정의한 중심 모멘트는 이동 불변이지만, 크기나 회전 변환에는 불변이 아니다. 식 (6.8)은 중심 모멘트를 적절한 값으로 나누는데, 이렇게 구한 $\eta_{qp}$는 크기 변환에 불변인 모멘트이다.

$$\eta_{qp} = \frac{\mu_{qp}}{\mu_{00}^{\left(\frac{q+p}{2}+1\right)}} \tag{6.8}$$

나아가 $\eta_{qp}$를 이용하여 회전 불변한 모멘트를 정의할 수 있다. 식 (6.9)의 일곱 가지 모멘트 $\phi_1 \sim \phi_7$은 회전에 불변한 모멘트로, Hu가 제안하였다[Hu62].

$$
\begin{aligned}
\phi_1 &= \eta_{20} + \eta_{02} \\
\phi_2 &= (\eta_{20} - \eta_{02})^2 + 4\eta_{11}^2 \\
\phi_3 &= (\eta_{30} - 3\eta_{12})^2 + (3\eta_{21} - \eta_{03})^2 \\
\phi_4 &= (\eta_{30} + \eta_{12})^2 + (\eta_{21} + \eta_{03})^2 \\
\phi_5 &= (\eta_{30} - 3\eta_{12})(\eta_{30} + \eta_{12})[(\eta_{30} + \eta_{12})^2 - 3(\eta_{21} + \eta_{03})^2] + \\
&\quad (3\eta_{21} - \eta_{03})(\eta_{21} + \eta_{03})[3(\eta_{30} + \eta_{12})^2 - (\eta_{21} + \eta_{03})^2] \\
\phi_6 &= (\eta_{20} - \eta_{02})[(\eta_{30} + \eta_{12})^2 - (\eta_{21} + \eta_{03})^2] + 4\eta_{11}(\eta_{30} + \eta_{12})(\eta_{21} + \eta_{03}) \\
\phi_7 &= (3\eta_{21} - \eta_{03})(\eta_{30} + \eta_{12})[(\eta_{30} + \eta_{12})^2 - 3(\eta_{21} + \eta_{03})^2] + \\
&\quad (3\eta_{12} - \eta_{30})(\eta_{21} + \eta_{03})[3(\eta_{30} + \eta_{12})^2 - (\eta_{21} + \eta_{03})^2]
\end{aligned}
\tag{6.9}
$$

지금까지 이진 영역, 즉 모든 화소가 1을 갖는다고 간주하고 모멘트를 정의하였다. 이제 [그림 6-8(a)]와 같은 명암 영역의 모멘트를 정의해 보자. 식 (6.10)은 명암 영역의 모멘트이며, 여기에서 $f(y,x)$는 화소 $(y,x)$의 명암이다. 식 (6.11)과 식 (6.12)는 각각 중점과 중심 모멘트이다. 이들로부터 유도되는 스케일 불변 모멘트 $\eta_{qp}$와 일곱 가지 회전 불변 모멘트 $\phi_1 \sim \phi_7$은 앞의 식 (6.8), 식 (6.9)와 동일하다.

$$m_{qp} = \sum_{(y,x) \in R} y^q x^p f(y,x) \tag{6.10}$$

$$\text{중점 } (\bar{y}, \bar{x}) = \left( \frac{m_{10}}{m_{00}}, \frac{m_{01}}{m_{00}} \right) \tag{6.11}$$

$$\mu_{qp} = \sum_{(y,x) \in R} (y - \bar{y})^q (x - \bar{x})^p f(y,x) \tag{6.12}$$

Hu가 제안한 일곱 가지 모멘트는 크기와 회전에 불변한 기술자로서 여러 응용에 활용되었고, 여러 측면에서 개선이 이루어졌다. Flusser는 이들의 불완전성을 지적하는 논문을 발표하였다 [Flusser2000]. 이들 중 $\phi_3$는 다른 것으로 만들 수 있으므로 종속적임을 입증하였다. 또한 Hupkens는 잡음과 명암(조명) 변화에 불변한 모멘트를 제안하였다[Hupkens95].

## 2. 모양

영역의 모양을 나타내는 가장 기본적인 특징은 면적과 둘레perimeter의 길이이다. 면적은 식 (6.2)와 같이 모멘트를 이용하여 계산할 수 있는데, 식 (6.13)과 같이 단순히 영역 $R$에 포함된 화소를 세어 측정할 수도 있다. 둘레의 길이를 측정하기 위해서는 [그림 6-8(c)]의 체인 코드를 활용하면 편리하다. [그림 6-9]와 같이 한 화소를 폭과 높이가 각각 1인 네모로 간주하면, 체인 코드의 여덟 개 방향 중에서 상하좌우를 나타내는 0, 2, 4, 6은 이웃 화소까지의 거리가 1이고 대각선 방향을 나타내는 1, 3, 5, 7은 $\sqrt{2}$이다. 따라서 영역의 둘레는 식 (6.14)와 같이 정의할 수 있다.

$$\text{면적 } a = \sum_{(y,x) \in R} 1 \tag{6.13}$$

$$\begin{aligned} \text{둘레 } p &= n_{even} + n_{odd}\sqrt{2} \\ \text{이때 } n_{even} &= \text{짝수 체인의 개수} \\ n_{odd} &= \text{홀수 체인의 개수} \end{aligned} \tag{6.14}$$

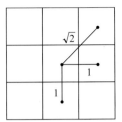

그림 6-9 **이웃 화소까지의 거리**

영역의 둘레와 면적을 이용하여 둥근 정도$^{roundness}$를 식 (6.15)와 같이 정의할 수 있다. 영역이 원일 때 $r$=1로서 가장 큰 값을 갖는다. 영역이 길수록 $r$은 0에 가깝다. 정사각형은 $r=\frac{\pi}{4}$이다.

$$둥근 \ 정도 \quad r = \frac{4\pi a}{p^2} \tag{6.15}$$

둥근 정도와 반대 성향을 갖는 길쭉한 정도$^{elongatedness}$는 식 (6.16)으로 측정할 수 있다. 이 식에서 $w$는 영역의 두께이다. 두께를 구하는 방법은 여러 가지가 있는데, 그 중 하나는 2.6.1절의 침식 연산을 이용하는 것이다. 영역이 소멸될 때까지 침식 연산을 반복 적용하는데, 반복 횟수의 두 배를 $w$로 취한다.

$$길쭉한 \ 정도 \quad e = \frac{a}{w^2} \tag{6.16}$$

영역의 주축$^{principal \ axis}$은 식 (6.17)로 구할 수 있다. 주축이란 그것을 중심축으로 삼아 영역을 돌렸을 때 가장 적은 힘을 받는 축을 뜻한다. 예를 들어, [그림 6-10]에서 3번 영역은 수직으로 길기 때문에 주축은 $y$축이다.

$$주축의 \ 방향 \quad \theta = \frac{1}{2} \arctan\left( \frac{2\mu_{11}}{\mu_{20} - \mu_{02}} \right) \tag{6.17}$$

지금까지 살펴본 개념들을 다음 예제를 통해 명확하게 이해하고 넘어가자.

[그림 6-10]에는 세 개의 영역이 존재하며, 내부 숫자는 영역 번호를 의미한다. 우선 영역1의 특징 기술자를 구해 보자.

| | 0 | 1 | 2 | 3 | 4 | 5 | 6 | 7 | 8 | 9 | 0 | 1 |
|---|---|---|---|---|---|---|---|---|---|---|---|---|
| 0 | | | | | | 1 | | | | | | |
| 1 | | | | 1 | 1 | | | | | | | |
| 2 | 1 | | | 1 | 1 | | | | | 3 | 3 | |
| 3 | 1 | 1 | 1 | 1 | 1 | 1 | | | | 3 | 3 | |
| 4 | 1 | 1 | 1 | 1 | 1 | | | | | 3 | 3 | |
| 5 | | 1 | 1 | 1 | | | | | | 3 | 3 | |
| 6 | | | | | | | | | | 3 | 3 | |
| 7 | | | | 2 | 2 | | | | | 3 | 3 | |
| 8 | | | 2 | 2 | 2 | 2 | | | | 3 | 3 | |
| 9 | | | 2 | 2 | 2 | 2 | | | | 3 | 3 | |
| 0 | | | | 2 | 2 | | | | | 3 | 3 | |
| 1 | | | | | | | | | | | | |

그림 6-10 세 개의 영역

**영역1의 특징 기술자**

- 면적 $a = 20$

- 중점 $(\bar{y}, \bar{x}) = \left( \dfrac{1}{20} \sum_{(y,x) \in R} y, \dfrac{1}{20} \sum_{(y,x) \in R} x \right) = (3.05, 2.7)$

- 행 분산 $v_{rr} = \dfrac{1}{20} \sum_{(y,x) \in R} (x - 2.7)^2 = 3.01$

- 열 분산 $v_{cc} = \dfrac{1}{20} \sum_{(y,x) \in R} (y - 3.05)^2 = 1.848$

- 혼합 분산 $v_{rc} = \dfrac{1}{20} \sum_{(y,x) \in R} (y - 3.05)(x - 2.7) = -1.135$

- 둘레 $p = 10 + 6\sqrt{2} = 18.485$

- 둥근 정도 $r = \dfrac{4\pi \times 20}{18.485^2} = 0.736$

다음 표는 세 개 영역에 대한 특징값을 정리한 것이다. 영역2는 원 모양인데, 둥근 정도를 의미하는 $r$을 살펴보면 원일 때의 값 1을 넘는다. 원이 디지털 공간에서 근사화되어 있기 때문에 발생하는 현상이다. 원이 커지면 오류가 적어지고, 둥근 정도도 1에 가까워진다.

| | 면적 $a$ | 중점 $(\bar{y}, \bar{x})$ | 행 분산 $v_{rr}$ | 열 분산 $v_{cc}$ | 혼합 분산 $v_{rc}$ | 둘레 $p$ | 둥근 정도 $r$ |
|---|---|---|---|---|---|---|---|
| 영역1 | 20 | (3.05, 2.7) | 3.01 | 1.848 | −1.135 | 18.485 | 0.736 |
| 영역2 | 12 | (8.5, 4.5) | 0.917 | 0.917 | 0.0 | 9.657 | 1.617 |
| 영역3 | 18 | (6, 9.5) | 0.25 | 6.667 | 0.0 | 18 | 0.698 |

영역을 가로 방향과 세로 방향으로 투영하여 유용한 기술자를 얻을 수 있다. 식 (6.18)은 투영 projection이 무엇인지 정의한다. 각각의 행과 열의 투영을 특징으로 삼으면 총 $N+M$개의 특징을 얻게 된다. $M$과 $N$은 각각 행의 개수와 열의 개수이다. 경우에 따라서 몇 개 건너 투영을 선택한다든지 아니면 이웃한 투영 몇 개의 평균을 구하는 방법으로 특징의 개수를 줄일 수 있다. 더불어 가우시안 스무딩을 사용하면 잡음에 둔감해지는 효과도 얻는다.

$$\text{행 투영 } h_j = \text{행 } j\text{에 있는 1의 개수, } 0 \le j \le M\text{-}1$$
$$\text{열 투영 } v_i = \text{열 } i\text{에 있는 1의 개수, } 0 \le i \le N\text{-}1 \tag{6.18}$$

[그림 6-11]은 투영의 예를 보여준다. 모든 행과 열의 투영을 특징으로 삼으면 다음과 같은 12차원의 특징 벡터를 얻는다. 이웃한 두 개의 투영을 평균한다면 6차원 특징 벡터 $\mathbf{x}=(1.5,4.5,4,4,3,3)$이 된다.

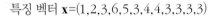
특징 벡터 $\mathbf{x}=(1,2,3,6,5,3,4,4,3,3,3,3)$

그림 6-11 **투영 특징**

이제 프로파일profile이라는 특징을 생각해 보자. 프로파일의 정의는 식 (6.19)와 같다. 바깥에서 영역을 바라보며 값을 측정하며, 바라보는 방향은 상하좌우 네 가지가 될 수 있다. 네 방향을 모두 특징으로 삼으면 총 $2M+2N$개의 특징을 얻는다. 투영의 두 배이다. 만일 특징의 개수를 줄이려면 투영과 같은 방법을 쓰면 된다.

$$\text{상 프로파일 } t_i = \text{위에서 열 } i\text{를 바라보았을 때 처음 1까지의 거리, } 0 \le i \le N\text{-}1$$
$$\text{하 프로파일 } b_i = \text{아래에서 열 } i\text{를 바라보았을 때 처음 1까지의 거리, } 0 \le i \le N\text{-}1$$
$$\text{좌 프로파일 } l_j = \text{왼쪽에서 행 } j\text{를 바라보았을 때 처음 1까지의 거리, } 0 \le j \le M\text{-}1$$
$$\text{우 프로파일 } r_j = \text{오른쪽에서 행 } j\text{를 바라보았을 때 처음 1까지의 거리, } 0 \le j \le M\text{-}1 \tag{6.19}$$

[그림 6-12]는 프로파일 특징의 예이다. 네 방향의 프로파일을 모두 특징으로 삼으면 다음과 같은 24차원의 특징 벡터를 얻는다. 이웃한 세 개의 값을 평균한다면 8차원 특징 벡터 $\mathbf{x}=(2.66,1.33,0,1,1,0.33,0.33,3)$이 된다.

특징 벡터 $\mathbf{x}=(2,3,3,3,1,0,0,0,0,0,1,2,2,1,0,0,0,1,1,0,0,0,4,5)$

그림 6-12 **프로파일 특징**

## 3. 푸리에 기술자

[그림 6-13]에서 입력 신호 (a)와 (b)의 파형을 살펴보자. 두 신호는 크게 다르다. 앞의 신호 $s_1(x)$는 뒤의 것 $s_2(x)$에 비해 변화가 빠르다. 이러한 성질을 적절히 수량화하면 두 신호를 분류하는 데 쓸모 있는 특징을 얻을 수 있다. 이러한 성질을 어떻게 수량화할 수 있을까?

신호 $s_1$과 $s_2$는 다음과 같이 기저 함수basis function의 선형 결합linear combination으로 표현할 수 있다. 신호 $s_1$의 선형 결합에 나타난 두 개의 계수 (0.5,2.0)은 $s_2$의 (2.0,0.5)와 사뭇 다르다. $s_1$은 기저 함수 $g_2(.)$가 주도하는 반면 $s_2$는 $g_1(.)$이 주도한다. 이러한 이유로 인해 두 신호는 큰 차이를 보이는 것이다. 기저 함수의 계수는 두 신호의 차이를 뚜렷이 나타내므로 특징으로 삼을 수 있다.

$$s_1(x) = 0.5g_1(x) + 2.0g_2(x)$$
$$s_2(x) = 2.0g_1(x) + 0.5g_2(x)$$

[그림 6-13]은 아주 중요한 개념을 제시한다. 다만 이 그림에서는 설명의 편의를 위해 두 신호를 합성하였으므로 계수를 알 수 있지만, 실제로는 외부에서 관찰한 신호가 입력으로 들어오므로

기저 함수의 계수를 미리 알 수 없다. 다행히 1700년대의 유명한 프랑스 수학자 푸리에가 푸리에 변환Fourier transform이라 불리는 훌륭한 방법을 고안해 놓았다.[4]

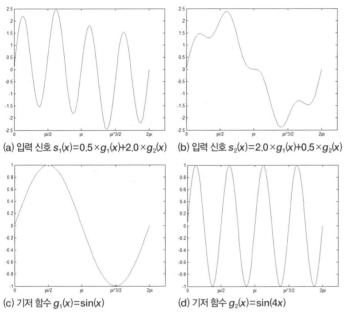

(a) 입력 신호 $s_1(x)=0.5 \times g_1(x)+2.0 \times g_2(x)$  (b) 입력 신호 $s_2(x)=2.0 \times g_1(x)+0.5 \times g_2(x)$

(c) 기저 함수 $g_1(x)=\sin(x)$  (d) 기저 함수 $g_2(x)=\sin(4x)$

그림 6-13 **입력 신호를 기저 함수의 선형 결합으로 표현**

푸리에 변환은 [그림 6-13]과 같은 연속 신호에서 정의되는데, 컴퓨터 비전은 디지털 영상을 다루므로 이산 신호를 위한 푸리에 변환이 필요하다. 식 (6.20)은 이산 푸리에 변환으로 입력된 이산 신호 $s(.)$로부터 계수 $t(.)$를 구해 주는 식이다.[5] $t(u)$는 선형 결합에 나타난 계수에 해당하고, $u$는 기저 함수의 진폭에 해당한다. 푸리에 변환에서는 입력 신호 $s(i)$가 정의된 $i$축을 공간 도메인spatial domain이라 부르고, 계수 $t(u)$가 정의된 $u$축을 주파수 도메인frequency domain이라 부른다.

$$t(u)=\frac{1}{\sqrt{n}}\sum_{i=0}^{n-1}s(i)\exp\left(-j\frac{2\pi ui}{n}\right),\ 0\le u\le n-1$$

이때 $s(0), s(1), \cdots, s(n-1)$은 입력 이산 신호

(6.20)

---

4 영상 처리에서 푸리에 변환은 저주파통과lowpass 필터를 사용하여 블러링을 수행하거나 고주파통과highpass 필터를 적용하여 샤프닝을 수행하는 데 쓰인다. 또한 영상 압축에서도 유용하게 활용된다. 자세한 내용은 [Gonzalez2010]을 참고하라.

5 식 (6.20)의 푸리에 변환을 수행하려면, 하나의 $u$에 대해 $n$번의 곱셈이 필요하다. 따라서 푸리에 변환은 $\Theta(n^2)$이라는 시간이 걸린다. 다행히 $\Theta(n\log n)$에 계산이 가능한 FFT(Fast Fourier Transform) 알고리즘이 개발되어 있다[Gozalez2010].

이제 원래 문제로 돌아가, [그림 6-8] 또는 [그림 6-10]에 있는 영역으로부터 특징을 추출하는 문제를 살펴보자. 어떻게 하면 식 (6.20)의 푸리에 변환을 영역에 적용할 수 있을까? 우선 영역의 경계에 있는 점을 서로 연결해 보자. [그림 6-8]의 영역은 다음과 같이 표현할 수 있다.

- [그림 6-8]에 있는 영역의 경계 표현 :

  $(4,0)-(3,0)-(2,0)-(3,1)-(3,2)-(3,3)-(2,4)-(1,4)-(0,5)-(1,5)-(2,5)-(3,5)-(4,4)-(5,3)-(5,2)-(5,1)$

점의 개수를 $n$이라 하고, $i$번째 점을 식 (6.21)과 같이 복소수로 표현하자. 앞의 경계 표현의 경우 $n=16$이고, $s(0)=4+j0$, $s(1)=3+j0$, $\cdots$, $s(n-1)=5+j1$이다. 이와 같이 복소수 표현을 사용하면 2차원 점이 1차원이 되어, 식 (6.20)의 1차원 푸리에 변환을 사용할 수 있다.

$$s(i) = y_i + j\, x_i, \ 0 \le i \le n-1 \tag{6.21}$$

식 (6.21)을 식 (6.20)의 입력으로 넣어 얻은 계수 $t(u)$, $u=0,\ 1,\ \cdots,\ n-1$을 푸리에 기술자 Fourier descriptor라 한다. 푸리에 기술자는 $n$개의 복소수로 표현되는데, $t(u)$에서 실수부와 허수부를 취하면 총 $2n$개의 요소를 갖는 벡터가 된다. 실제로는 $u$가 커짐에 따라 급속도로 $t(u)$가 작아지므로 적절한 $d(d<n)$를 설정하고, 앞에 있는 $t(0)$, $\cdots$, $t(d-1)$만 특징으로 취한다. [알고리즘 6-2]는 지금까지 설명한 내용을 가상 코드로 정리한 것이다. 3행에서 $real(.)$과 $imag(.)$는 각각 복소수의 실수부와 허수부를 나타낸다.

---

**알고리즘 6-2 푸리에 기술자 추출**

**입력** : 영역 $R$, 필요한 특징 개수 $2d$
**출력** : $2d$차원의 기술자(특징 벡터) **x**

| | |
|---|---|
| 1 | 영역 $R$을 식 (6.21)과 같은 형태로 변환한다. |
| 2 | 식 (6.20)을 이용하여 푸리에 변환을 구한다. // 빠른 계산을 위해 FFT를 사용한다. |
| 3 | $\mathbf{x}=(real(t(0)), imag(t(0)), \cdots, real(t(d-1)), imag(t(d-1)));$ |

---

[알고리즘 6-2]로 추출한 푸리에 기술자는 기하 변환에 불변일까? 그렇지 않다. 하지만 다른 기술자와 구별되는 좋은 특성을 지니고 있다. 예를 들어, 영역이 $\theta$만큼 회전하면 푸리에 기술자는 $t(u)e^{j\theta}$를 얻는다. 즉, 특징 벡터를 구성하는 모든 특징이 일사불란하게 $e^{j\theta}$를 곱한 만큼 달라진다. 따라서 매칭 단계에서 이 성질을 이용하면 성공적인 매칭 쌍을 찾을 수 있고 회전한 정도도 추정할 수 있다.

식 (6.22)로 정의되는 푸리에 역변환inverse Fourier transform을 이용하면, 푸리에 기술자로부터 원래 영역을 복원할 수 있다. 이때 $d$개의 점만 사용하는 것에 주목해야 하는데, 재미있는 사실은 아주 적은 수의 점만 사용해도 원래 모양을 상당히 유지한다는 것이다. $d=n$으로 설정하여 $n$개의 점을 모두 사용하면 원래와 정확히 같은 영역을 복원해 준다.

$$s(i) = \frac{1}{\sqrt{n}} \sum_{u=0}^{d-1} t(u) \exp\left(j\frac{2\pi iu}{n}\right), \ 0 \le i \le n-1 \tag{6.22}$$

# 4

# 텍스처

사람들은 일상생활에서 텍스처texture란 표현을 자주 사용한다. 하지만 텍스처가 무엇인지 말로 설명하라고 하면 대부분 난감해 한다. 컴퓨터 비전도 영상 분할이나 특징 추출 목적으로 텍스처를 많이 사용하지만 텍스처를 명확하게 정의하기는 어렵다. [그림 6-14]는 두 장의 자연 영상을 보여 준다. 왼쪽 그림의 경우 새의 하얀색 털은 텍스처를 형성한다. 깃털의 텍스처는 매우 세밀하고 부드럽다. 하지만 새 주위의 잔디는 거친 텍스처이다. [그림 6-14]의 오른쪽 영상은 뒤쪽에서 나무 숲이 텍스처를 형성하며, 앞 쪽에는 꽃 무리가 텍스처를 형성한다. 텍스처는 일정한 패턴의 반복이라 볼 수 있다.

그림 6-14 **텍스처**

텍스처를 분석하는 가장 직관적이고 이해하기 쉬운 접근 방법은 구조적 방법structural method이다. 구조적 방법은 텍셀texel[6]이라 부르는 기본 요소를 추출한 후, 텍셀의 공간적인 배열을 찾는다. 예를 들어, [그림 6-14]의 오른쪽 영상에서는 꽃이 텍셀이 되며 그것들의 공간적 관계를 표현한다. 간단한 영상에서는 이러한 방법을 적용할 수 있지만, 자연 영상은 텍셀 추출이 어려울 뿐 아니라 공간적 관계를 표현하는 일도 쉽지 않다. 그래서 대부분의 텍스처 분석 방법은 통계적 접근 방법을 사용한다. 이 절은 통계적 접근 방법에 국한하여 설명할 것이다.

텍스처를 추출하는 대상은 [그림 6-1(b)]와 같이 영역일 수도 있고, [그림 6-1(c)]와 같이 영상 전체일 수도 있다. 텍스처 특징은 영역을 인식하는 데 이용할 수 있다. 8장에서 공부할 신경망이나 SVM과 같은 분류기에 입력하여 물체 인식과 같은 응용 문제를 푸는 데 사용한다. 또한 5장에서 공부한 영상 분할에도 활용할 수 있다. [그림 6-14] 왼쪽의 새 영상에서 풀밭을 형성하는 영역은 명암(컬러) 변화가 매우 심하다. 명암이나 컬러를 특징으로 사용하여 영상 분할을 수행하면 아주 작은 영역으로 과분할될 것이다. 이때 텍스처 특징을 사용한다면 풀밭 전체를 하나의 영역으로 분할할 수 있는 가능성이 열린다. 텍스처를 이용한 영상 분할은 [Jain90, Arbelaez2011]을 참고하기 바란다.

## 1. 전역 기술자

에지는 텍스처를 나타내는 좋은 정보 중의 하나이다. [그림 6-14]의 새 영상에서 깃털과 풀밭 부분의 에지는 밀집도와 방향에서 서로 다른 양상을 보일 것이므로 두 부분을 구분하는 좋은 특징이 될 수 있다. 식 (6.23)은 에지 정보에서 추출한 텍스처 기술자이다. $busy$라는 특징은 영역에 있는 에지 화소의 비율이다. $mag(i)$는 에지 화소의 에지 강도를 $q$단계로 양자화하여 구한 히스토그램이고, $dir(i)$는 8-방향으로 양자화된 에지 방향 히스토그램이다.

$$T_{edge} = (busy, mag(i), dir(j)), \ 0 \leq i \leq q-1, \ 0 \leq j \leq 7$$

$$\text{이때 } busy = \frac{\text{영역의 에지 화소 수}}{\text{영역의 화소 수}} \tag{6.23}$$

텍스처를 나타내는 또 다른 방법은 영역을 구성하는 화소의 명암 히스토그램을 이용하는 것이다. 정규 명암 히스토그램을 $\hat{h}(l), l = 0, 1, \cdots, L-1$이라 하자. 식 (6.24)는 히스토그램의 $r$차 모멘트이다. <small>TIP 정규 명암 히스토그램은 식 (2.2)를 참고한다.</small>

---

[6] 영상을 구성하는 가장 작은 단위를 픽셀(화소)이라 부르듯이, 텍스처를 구성하는 가장 작은 단위를 텍셀이라 부른다.

$$\mu_r = \sum_{l=0}^{L-1}(l-m)^r \hat{h}(l)$$

$$\text{이때 } m = \sum_{l=0}^{L-1} l\hat{h}(l) \tag{6.24}$$

식 (6.25)는 텍스처 기술자를 정의한다. 앞의 두 가지 $smooth$와 $skew$는 식 (6.24)의 모멘트를 사용해 값을 구하는데, 각각 영역의 부드러운 정도와 히스토그램이 밝은 쪽과 어두운 쪽 중 어느 쪽에 치우쳤는지를 말해 준다. $uniform$은 영역이 얼마나 균일한지 측정해 주고, $entropy$는 반대로 영역의 변화가 얼마나 심한지 알려준다.

$$T_{histogram} = (smooth, skew, uniform, entropy)$$

$$\text{이때 } smooth = 1 - \frac{1}{1 + \frac{\mu_2}{(L-1)^2}}$$

$$skew = \mu_3$$

$$uniform = \sum_{l=0}^{L-1} \hat{h}(l)^2 \tag{6.25}$$

$$entropy = -\sum_{l=0}^{L-1} \hat{h}(l)\log_2 \hat{h}(l)$$

앞서 소개한 두 기술자는 원시적인 형태이기도 하거니와 전역 정보만 표현하고 있어 지역적인 변화는 전혀 반영하지 못하는 한계를 안고 있다. 예를 들어, 합성된 텍스처를 보여주는 [그림 6-15]를 살펴보자. 명암 히스토그램을 사용하여 기술자를 추출하는 식 (6.25)는 서로 다른 세 텍스처를 구분하는 분별력이 전혀 없다. 세 영상의 히스토그램이 똑같은 값을 갖기 때문이다. 에지 정보를 쓰는 식 (6.23)의 기술자는 절댓값은 다르지만 상대적인 비율은 서로 같기 때문에 실제로는 분별력이 거의 없다.

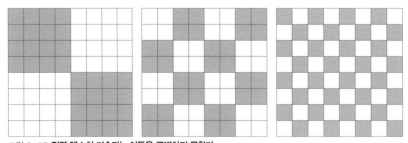

그림 6-15 **전역 텍스처 기술자는 이들을 구별하지 못한다.**

## 2. 지역 관계 기술자

앞에서 공부한 전역 기술자의 한계를 극복하려면 이웃 화소 사이의 관계를 규정하고, 그들이 형성하는 패턴을 표현하는 연산이 필요하다. 이 절에서는 이런 방법에 속하는 텍스처 기술자인 동시 발생 행렬과 지역 이진 패턴을 소개한다.

### 동시 발생 행렬

[그림 6-16]은 [그림 6-8]을 예제로 계산한 동시 발생 행렬$^{co\text{-}occurrence\ matrix}$을 보여준다. 행렬의 첨자는 명암의 범위 [0, $L$−1]을 뜻하며, 그림의 예에서는 $L$=6이라 가정한다. 동시 발생 행렬은 화소 쌍을 대상으로 조사하기 때문에 행렬 원소의 값을 계산하려면 먼저 두 화소의 이웃 관계를 규정해야 한다. 이 예에서는 바로 오른쪽 화소를 이웃으로 삼는다. 행과 열은 각각 현재 화소값과 그 오른쪽 화소값을 의미하며, 두 값이 쌍으로 나타나는 횟수가 행렬 원소의 값이다. 예를 들어, 동시 발생 행렬의 (2,3)의 값은 2이다. 현재 화소의 명암은 2이고, 그 오른쪽은 3인 화소 쌍이 두 군데 있기 때문에 2가 되었다. 명암 영상은 대부분 $L$=256이기 때문에 256×256의 큰 행렬이 만들어지는데, 보통 $L$단계를 $q$단계로 양자화하여 사용한다. 예를 들어 $q$=8이면 0~31은 0, 32~63은 1, ⋯ 식으로 매핑된다.

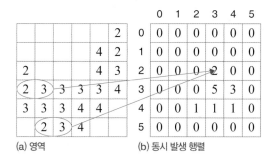

(a) 영역  (b) 동시 발생 행렬

그림 6-16 **동시 발생 행렬(이웃 관계는 '바로 오른쪽 이웃')**

동시 발생 행렬을 $O$라 하고 $(j,i)$에 있는 요소를 $o_{ji}$로 표기하자. 식 (6.26)은 $O$를 정규화한다. $n$은 전체 화소 쌍의 수로서 [그림 6-16]의 경우 $n$=13이다.

$$\hat{o}_{ji} = \frac{o_{ji}}{n} \tag{6.26}$$

행렬 $O$는 텍스처를 측정하기 위한 유용한 정보를 담고 있는 것은 확실하지만, 그 자체를 텍스처 기술자로 취할 수는 없다. 보통 $O$로부터 식 (6.27)~(6.31)이 보여주는 다섯 가지 특징을 추출한다. 이들의 물리적 의미를 해석해 보자. 균일성은 $[0,1]$ 범위의 값을 가지는데, 모든 화소가 같은 값을 갖는 완벽한 균일 영상일 때 1이 된다. 엔트로피는 균일성과 반대 성향을 가지는 임의성을 나타내는 지표로서 모든 $\hat{o}_{ji}$이 같은 값을 가질 때 최댓값이 된다.

$$\text{균일성(에너지) } energy = \sum_{j=0}^{q-1}\sum_{i=0}^{q-1}\hat{o}_{ji}^{2} \tag{6.27}$$

$$\text{엔트로피 } entropy = -\sum_{j=0}^{q-1}\sum_{i=0}^{q-1}\hat{o}_{ji}\log_2\hat{o}_{ji} \tag{6.28}$$

$$\text{대비 } contrast = \sum_{j=0}^{q-1}\sum_{i=0}^{q-1}(j-i)^2\hat{o}_{ji} \tag{6.29}$$

$$\text{동질성 } homogeneity = \sum_{j=0}^{q-1}\sum_{i=0}^{q-1}\frac{\hat{o}_{ji}}{1+|j-i|} \tag{6.30}$$

$$\text{공관계 } correlation = \sum_{j=0}^{q-1}\sum_{i=0}^{q-1}\frac{(j-\mu_r)(i-\mu_c)\hat{o}_{ji}}{\sigma_j\sigma_i}$$

$$\text{이때 } \mu_r = \sum_{j=0,q-1} j \sum_{i=0,q-1}\hat{o}_{ji}, \ \mu_c = \sum_{i=0,q-1} i \sum_{j=0,q-1}\hat{o}_{ji} \tag{6.31}$$

$$\sigma_r^2 = \sum_{j=0,q-1}(j-\mu_c)^2\sum_{i=0,q-1}\hat{o}_{ji}, \ \sigma_c^2 = \sum_{i=0,q-1}(i-\mu_r)^2\sum_{j=0,q-1}\hat{o}_{ji}$$

이들 다섯 종류의 텍스처 특징은 동시 발생 행렬을 바탕으로 계산하기 때문에 행렬을 계산할 때 이웃 관계를 적절하게 규정하는 일이 매우 중요하다. [그림 6-16]의 예에서는 단순히 '바로 오른쪽 이웃'이라는 관계를 사용하였는데, 이웃 관계가 어떤 종류의 텍스처를 측정할지 규정해 준다. Zucker는 통계량 $\chi^2$을 써서 최적의 이웃 관계를 찾아내는 방법을 제시하였다[Zucker80].

## 지역 이진 패턴

이제 두 번째 텍스처 기술자에 대해 알아보자. [그림 6-14]의 새 영상을 다시 살펴본다. [그림 6-17]은 잔디 영역의 일부를 떼어 명암으로 변환한 부분 영상이다. 여기에서 회색으로 표시된 화소를 현재 조사 중이라 하자. 이 화소에 3×3 윈도우를 씌우고 현재 화소값인 150과 여덟 개 이웃의 값을 비교하여 크면 1, 작으면 0으로 채운다. 그런 후 그림과 같이 8비트 이진수로 변환하고, 그것을 10진수로 변환하면 50이라는 코드가 얻어진다. 이런 변환을 영상(또는 영역)을 구성하는 모든 화소에 적용하면, 각 화소는 $[0,255]$ 사이의 정수를 만들어 낸다. 이들 정수의 히스토그램을 구하면 지역 이진 패턴LBP(Local Binary Pattern)이라는 텍스처 기술자가 완성된다[Ojala96]. 따라서 LBP는 256차원의 특징 벡터이다. 일반적으로 $l$개의 이웃을 본다면 $2^l$차원의 특징 벡터가 완성된다.

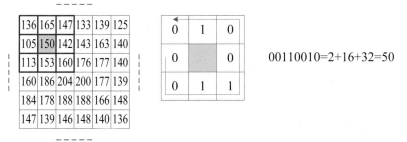

그림 6-17 **LBP 계산**

LBP는 명암이 비교적 균일한 부근에서 불안정한 단점이 있다. 예를 들어 [그림 6-17]의 윈도우 부근의 명암값이 150으로 균일하다고 했을 때, 실제로는 작은 오차가 섞인 148, 149, 150, 151, 152와 같은 명암이 주위에 임의로 분포될 것이다. 따라서 150보다 크고 작음이 임의로 발생하여 LBP 코드가 임의성을 띨 것이다. 이러한 현상의 원인은 단순히 기준보다 크고 작음만을 판단하였기 때문이다.

LTP(Local Ternary Pattern)는 이런 단점을 개선한 방법이다[Tan2010]. [그림 6-18]은 매개변수 $t$가 5로 설정되어 있는 상황을 예로 들어 LTP의 원리를 설명한다. 현재 화소값이 150이고 $t=5$이므로 $150-t=145$보다 작은 이웃은 -1, $150+t=155$보다 큰 이웃은 1, 그리고 $[150-t,150+t]=[145,155]$ 사이의 이웃은 0이라는 코드를 갖는다. 따라서 $(-1)(-1)01(-1)01(-1)$이라는 코드 열로 변환된다. 이 삼진 코드 열은 [그림 6-18]과 같이 두 개의 이진 코드 열로 분할이 가능한데, 두 이진 코드 열은 LBP와 같으므로 10진수로 변환하여 표현할 수 있다. 결국 LTP는 두 개의 LBP를 결합한 꼴이다. 따라서 256개의 칸을 가진 두 개의 히스토그램이 생성되므로 LTP는 512차원의 특징 벡터가 된다.

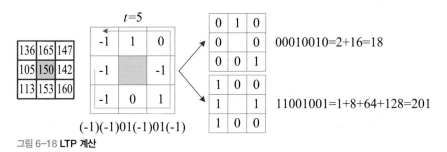

그림 6-18 **LTP 계산**

LBP와 LTP는 이웃 화소 간의 상대적인 명암 크기를 사용하므로 조명 변환에 불변인 좋은 특성을 지닌다. 하지만 8-이웃만 살펴본다면 크기 변환에 적절히 대응하지 못할 것이다. [그림 6-19]는 여러 가지 이웃을 예시한다. 맨 왼쪽은 거리가 1만큼 떨어진 8-이웃이고, 가운데는 거리가 2인 8-이웃이다. 맨 오른쪽은 거리가 2인 16-이웃을 살펴본다. 이때 실수 좌표를 갖는 이웃은 선형 보간을 사용하여 화소값을 추정할 수 있다. Ojala는 이와 같이 다양한 이웃을 사용하는 아이디어 뿐 아니라 회전 변환에 불변하게 개조하는 아이디어를 제시하였다[Ojala2002].

TIP 선형 보간에 대해서는 2.4.3절을 참고한다.

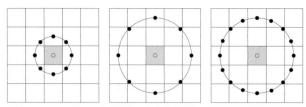

**그림 6-19 LBP와 LTP가 사용하는 여러 가지 이웃**

LBP는 이러한 특성 때문에 무엇인가 인식하는 응용에 널리 활용된다. Ahonen은 LBP를 이용하여 얼굴을 인식하는 방법을 제시하였다[Ahonen2006]. Tan은 LTP를 제안하였으며 LTP를 이용하여 조명 변환에 둔감한 얼굴 인식 방법을 제시하였다[Tan2010]. Wang은 LBP를 사람 검출에 널리 활용하고 있는 HOG(Histogram of Gradients) 기술자와 결합하여 가림이 있는 상황에서도 잘 작동하는 사람 검출 방법을 제안하였다[Wang2009].

여기에 소개한 두 종류의 기술자 이외에도 다양한 텍스처 기술자가 개발되어 있다. 그들의 성능을 비교 평가한 논문도 여럿 있다[Ojala96, Howarth2004]. 두 번째 논문은 내용 기반 영상 검색이라는 응용 문제에서 텍스처 기술자를 평가한다.

# 5
# 주성분 분석

그림 6-20 **얼굴 영상(600×450)을 어떻게 기술할 것인가?**

앞에서 영상 또는 영역을 기술하는 여러 가지 방법을 공부하였다. 이들 중에 [그림 6-20]에 있는 얼굴 영상을 위한 적절한 기술자는 무엇일까? 얼굴 인식이 목적이라면 사실 앞의 어느 기술자도 마땅치 않다. 화소값 자체를 특징으로 삼으면 어떨까? [그림 6-20]의 경우, 화소가 600×450개이므로 270,000차원의 거대한 특징 벡터가 생성된다. 차원을 줄이기 위해 600개 건너 한 화소씩 샘플링한다면 450차원으로 줄겠지만, 첫째 열의 화소값만 취하는 셈이므로 분별력이 전혀 없는 쓸모 없는 특징 벡터가 된다.

이런 상황에서 효과적으로 사용할 수 있는 기법이 주성분 분석PCA(Principal Component Analysis)
이다.[7] 이 기법은 $D$차원의 특징 벡터를 정보 손실을 최소로 유지하며 $d$차원으로($D \rangle d$) 줄여 준다.
사실 주성분 분석은 6.2.2절에서 이미 사용한 바 있다. PCA-SIFT는 3,042차원의 초기 벡터를
주성분 분석을 이용하여 20차원의 특징 벡터로 줄였으며, GLOH는 272차원을 128차원으로 줄였다.

주성분 분석은 앞에서 공부한 특징 기술자 추출 방법들과 같은 역할을 한다고 볼 수도 있다. 예
를 들어, LBP 알고리즘은 [그림 6-20]의 얼굴 영상을 입력으로 받으면 256차원의 특징 벡터를 생
성한다. 주성분 분석도 $d$=256으로 설정한다면 256차원의 특징 벡터를 생성해 준다. 하지만 앞의
알고리즘들은 모두 '영상'을 입력으로 받아 특징 벡터를 생성하는 반면, PCA는 어떤 형태의 입력
이라도 가능하다. 예를 들어 PCA-SIFT의 경우, 주성분 분석 알고리즘은 영상에서 추출한 3,042
차원의 초기 특징 벡터를 입력으로 받는다. 입력되는 데이터의 종류에 구애 받지 않기 때문에 주성
분 분석은 패턴 인식, 신호 처리, 정보 검색, 데이터 마이닝, 빅 데이터 등의 다양한 분야에서 널리
활용된다. 또 다른 색다른 점이 있는데, 차원 축소에 활용하기 이전에 미리 학습 집합을 이용하여
변환 행렬을 만들어야 한다는 것이다.

## 1. 원리

[그림 6-21]은 주성분 분석의 처리 과정을 보여준다. 먼저 학습 집합을 이용하여 특징 추출에
사용할 변환 행렬 $\mathbf{U}$를 추정해야 한다. 학습 집합은 $X=\{\mathbf{x}_1, \mathbf{x}_2, \cdots, \mathbf{x}_n\}$이라 표기하자. $\mathbf{U}$를 추정한 후
벌어지는 특징 추출 단계는 식 (6.32)와 같이 쓸 수 있다. 입력 벡터 $\mathbf{x}$와 출력 벡터 $\mathbf{y}$가 각각 $D$와
$d$차원이라면 $\mathbf{U}$는 $d \times D$차원 행렬이다.

$$\mathbf{y}^{\mathrm{T}} = \mathbf{U}\mathbf{x}^{\mathrm{T}} \tag{6.32}$$

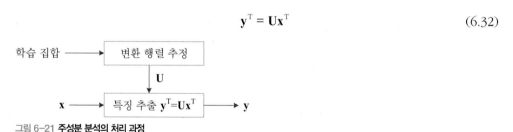

그림 6-21 **주성분 분석의 처리 과정**

---

7  PCA는 Karhunen-Loeve(KL) 변환 또는 Hotelling 변환이라고도 부른다. PCA를 학습하기 좋은 튜토리얼 논문으로 [Smith2002,
   Shlens2005]를 추천한다.

PCA는 입력 $\mathbf{x}=(x_1, x_2, \cdots, x_D)$를 보다 낮은 차원의 특징 벡터 $\mathbf{y}=(y_1, y_2, \cdots, y_d)$로 변환하는 것이 목적이므로 $d \langle D$이다. 차원이 줄면 당연히 정보 손실이 일어난다. 따라서 PCA의 목적을 '정보 손실을 최소화'하며 $D$차원을 $d$차원으로 줄이는 것으로 규정할 수 있다. 이렇게 하면 일차적인 동기 설정은 한 셈이다. 하지만 이것으로 충분하지 않다. 두 가지에 대해 수학적인 공식화가 필요하다. 첫 번째는 차원 축소를 표현하는 방법이고, 두 번째는 정보 손실을 수량화 하는 방법이다.

PCA는 차원 축소를 입력 공간에 정의된 어떤 축으로의 투영으로 표현한다. 축은 $D$차원 단위 벡터 $\mathbf{u}$로 표현하며, $\mathbf{u}$축으로의 투영 변환은 식 (6.33)으로 정의할 수 있다. 투영된 점은 $\hat{x}$으로 표기하자.[8] 이 점은 $\mathbf{u}$축이라는 1차원 공간 상에 정의된다. 뒤에서는 하나의 축이 아니라 $d$개의 축으로 투영하는 상황으로 확장해볼 것이다.

$$\hat{x} = \mathbf{u}\mathbf{x}^{\top} \tag{6.33}$$

[그림 6-22]로 앞에 설명한 내용을 구체화해 보자. 훈련 집합은 $X=\{(1,2), (4,2), (1,4), (3,4)\}$인 네 개의 샘플로 이루어진다. 원래 2차원인 벡터 $\mathbf{x}$를 1차원 벡터 $\mathbf{y}$로 변환하는 상황이다. 다시 말해, $D=2$이고 $d=1$인 셈이다. 이 그림은 서로 다른 세 개의 단위 벡터(축)에 투영 변환을 적용하는 상황을 예시한다. 원래 특징 벡터는 속이 빈 원으로 표시하고, 변환된 후의 특징 벡터는 속이 찬 원으로 그렸다.

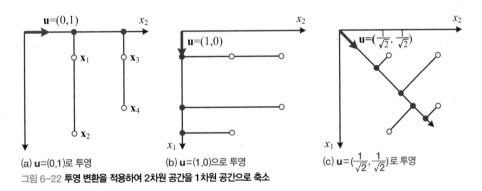

(a) $\mathbf{u}=(0,1)$로 투영  (b) $\mathbf{u}=(1,0)$으로 투영  (c) $\mathbf{u}=(\frac{1}{\sqrt{2}}, \frac{1}{\sqrt{2}})$로 투영

그림 6-22 **투영 변환을 적용하여 2차원 공간을 1차원 공간으로 축소**

---

8 투영된 점을 $x$로 표기하면 특징 벡터 $\mathbf{x}$를 구성하는 요소 $x_1, x_2, \cdots$와 혼동할 가능성이 있어 $\hat{x}$으로 표기한다.

이제부터 정보 손실을 어떻게 수량화할 것인지에 대해 생각해 보자. 훈련 집합 $X$가 가진 정보는 무엇이고 손실이란 무엇일까? 정보에는 샘플들 간의 거리, 상대적인 위치 관계 등이 포함될 것이다. 이들 정보는 차원이 축소되므로 어느 정도 손실을 감수해야 한다. 예를 들어, [그림 6-22(a)]에서 $\mathbf{x}_1$과 $\mathbf{x}_2$는 같은 점으로 투영된다. 따라서 둘 간의 거리나 위치 정보는 모두 사라진다. [그림 6-22]의 세 가지 투영에서 어느 것의 정보 손실이 가장 적을까? 직관적으로 판단하면 첫 번째가 손실이 가장 크고 세 번째가 가장 적을 것으로 보인다. 이제 정보 손실을 공식화하는 데 필요한 개념을 터득한 셈이다.

PCA는 샘플들이 원래 공간에 퍼져 있는 정도가 변환된 공간에서도 얼마나 잘 유지하는지를 성능 평가 척도로 삼는다. 그리고 이 척도는 샘플들의 분산으로 측정한다. PCA가 풀어야 하는 문제를 식 (6.34)의 최적화 문제로 정리할 수 있다.

$$\text{변환된 샘플들의 분산을 최대화하는 단위 벡터 } \mathbf{u}\text{를 찾아라.} \tag{6.34}$$

**예제 6-2**　**변환 공간에서의 분산 계산**

[그림 6-22]를 예제로 사용해 보자. 먼저 샘플 네 개를 [그림 6-22(a)]의 $\mathbf{u} = (0,1)$로 투영한다. 식 (6.33)을 적용하여 $\mathbf{x}_i$를 $\hat{x}_i$로 변환한 결과는 다음과 같다.

- 원래 샘플

$$\mathbf{x}_1 = (1,2), \mathbf{x}_2 = (4,2), \mathbf{x}_3 = (1,4), \mathbf{x}_4 = (3,4)$$

- $\mathbf{u} = (0,1)$로 투영 변환된 샘플

$$\hat{x}_1 = (0 \quad 1)\begin{pmatrix}1\\2\end{pmatrix} = 2, \ \hat{x}_2 = (0 \quad 1)\begin{pmatrix}4\\2\end{pmatrix} = 2, \ \hat{x}_3 = (0 \quad 1)\begin{pmatrix}1\\4\end{pmatrix} = 4, \ \hat{x}_4 = (0 \quad 1)\begin{pmatrix}3\\4\end{pmatrix} = 4$$

투영 변환으로 얻은 네 개의 점 2, 2, 4, 4의 평균은 3이고 분산은 1이다. 이제 [그림 6-22(c)]의 $\mathbf{u} = \left(\frac{1}{\sqrt{2}}, \frac{1}{\sqrt{2}}\right)$로 투영해 보자.

- $\mathbf{u} = \left(\frac{1}{\sqrt{2}}, \frac{1}{\sqrt{2}}\right)$로 투영 변환된 샘플

$$\hat{x}_1 = \left(\frac{1}{\sqrt{2}}, \frac{1}{\sqrt{2}}\right)\begin{pmatrix}1\\2\end{pmatrix} = \frac{3}{\sqrt{2}}, \ \hat{x}_2 = \left(\frac{1}{\sqrt{2}}, \frac{1}{\sqrt{2}}\right)\begin{pmatrix}4\\2\end{pmatrix} = \frac{6}{\sqrt{2}},$$

$$\hat{x}_3 = \left(\frac{1}{\sqrt{2}}, \frac{1}{\sqrt{2}}\right)\begin{pmatrix}1\\4\end{pmatrix} = \frac{5}{\sqrt{2}}, \ \hat{x}_4 = \left(\frac{1}{\sqrt{2}}, \frac{1}{\sqrt{2}}\right)\begin{pmatrix}3\\4\end{pmatrix} = \frac{7}{\sqrt{2}}$$

이들의 평균은 3.7123이고 분산은 1.0938이다. $\mathbf{u} = \left(\frac{1}{\sqrt{2}}, \frac{1}{\sqrt{2}}\right)$이 $\mathbf{u} = (0,1)$보다 큰 분산을 만들어 준다. PCA가 볼 때 $\mathbf{u} = \left(\frac{1}{\sqrt{2}}, \frac{1}{\sqrt{2}}\right)$이 더 좋은 것이다. 그렇다면 [그림 6-22]의 상황에서 $\mathbf{u} = \left(\frac{1}{\sqrt{2}}, \frac{1}{\sqrt{2}}\right)$보다 더 좋은 축이 있을까? 이것에 대한 답이 바로 식 (6.34) 문제의 해이다.

## 2. 알고리즘

[예제 6-2]를 풀어 보면서 식 (6.34)의 문제에 대한 직관력이 생겼을 것이다. 이제 문제를 좀더 구체화시켜 보자. 투영된 점의 평균은 식 (6.35)와 같다. 이 식을 가만 들여다 보면 투영된 점의 평균은 원래 점의 평균 벡터 $\bar{\mathbf{x}}$를 구한 다음, 그것을 $\mathbf{u}$로 투영한 것과 같다는 사실을 알 수 있다. 분산은 식 (6.36)으로 구할 수 있다.

$$\hat{x}_i,\ 1 \le i \le n\text{의 평균 } \bar{\hat{x}} = \frac{1}{n}\sum_{i=1}^{n}\hat{x}_i = \frac{1}{n}\sum_{i=1}^{n}\mathbf{u}\mathbf{x}_i^{\mathsf{T}} = \mathbf{u}\left(\frac{1}{n}\sum_{i=1}^{n}\mathbf{x}_i^{\mathsf{T}}\right) = \mathbf{u}\bar{\mathbf{x}}^{\mathsf{T}} \tag{6.35}$$

$$\hat{x}_i,\ 1 \le i \le n\text{의 분산 } \hat{\sigma} = \frac{1}{n}\sum_{i=1}^{n}(\hat{x}_i - \bar{\hat{x}})^2 = \frac{1}{n}\sum_{i=1}^{n}(\mathbf{u}\mathbf{x}_i^{\mathsf{T}} - \mathbf{u}\bar{\mathbf{x}}^{\mathsf{T}})^2 \tag{6.36}$$

이제 식 (6.34)의 문제를 식 (6.37)로 바꾸어 쓸 수 있다. 수학적으로 볼 때 훨씬 구체화된 셈이다.

$$\text{식 (6.36)의 분산 } \hat{\sigma}\text{을 최대화하는 } \mathbf{u}\text{를 찾아라.} \tag{6.37}$$

식 (6.36)을 잘 살펴보면 $\mathbf{u}$가 크면 클수록 분산도 커짐을 알 수 있다. 식 (6.37)은 최대화 문제이기 때문에 특정한 조건 없이 이 문제를 풀면 무한대 크기의 $\mathbf{u}$가 답이 된다. 그런데 $\mathbf{u}$가 단위 벡터라는 사실을 이용하면 $\mathbf{u}\mathbf{u}^{\mathsf{T}}=1$이라는 조건을 만들 수 있다. 이 조건을 추가하면 조건부 최적화 문제가 된다. 조건부 최적화 문제는 라그랑주 승수를 이용하여 식 (6.38)과 같이 다시 쓸 수 있다.[9]

$$L(\mathbf{u}) = \frac{1}{n}\sum_{i=1}^{n}(\mathbf{u}\mathbf{x}_i^{\mathsf{T}} - \mathbf{u}\bar{\mathbf{x}}^{\mathsf{T}})^2 + \lambda(1 - \mathbf{u}\mathbf{u}^{\mathsf{T}})\text{를 최대화하는 } \mathbf{u}\text{를 찾아라.} \tag{6.38}$$

식 (6.38)의 라그랑주 함수 $L(\mathbf{u})$를 $\mathbf{u}$로 미분하고 다음과 같이 식을 정리해 보자. 이 유도에서 세 번째 줄에 나타난 괄호 속은 공분산 행렬<sup>covariance matrix</sup>이다. 네 번째 줄에서는 공분산 행렬을 기호 $\boldsymbol{\Sigma}$로 대치한다. $\boldsymbol{\Sigma}$는 대칭이므로 네 번째 줄은 마지막 줄로 바꾸어 쓸 수 있다.

$$\begin{aligned}
\frac{\partial L(\mathbf{u})}{\partial \mathbf{u}} &= \partial\left(\frac{1}{n}\sum_{i=1}^{n}(\mathbf{u}\mathbf{x}_i^{\mathsf{T}} - \mathbf{u}\bar{\mathbf{x}}^{\mathsf{T}})^2 + \lambda(1 - \mathbf{u}\mathbf{u}^{\mathsf{T}})\right)\Big/\partial\mathbf{u} \\
&= \frac{2}{n}\sum_{i=1}^{n}(\mathbf{u}\mathbf{x}_i^{\mathsf{T}} - \mathbf{u}\bar{\mathbf{x}}^{\mathsf{T}})(\mathbf{x}_i - \bar{\mathbf{x}}) - 2\lambda\mathbf{u} \\
&= 2\mathbf{u}\left(\frac{1}{n}\sum_{i=1}^{n}(\mathbf{x}_i - \bar{\mathbf{x}})^{\mathsf{T}}(\mathbf{x}_i - \bar{\mathbf{x}})\right) - 2\lambda\mathbf{u} \\
&= 2\mathbf{u}\boldsymbol{\Sigma} - 2\lambda\mathbf{u} \\
&= 2\boldsymbol{\Sigma}\mathbf{u}^{\mathsf{T}} - 2\lambda\mathbf{u}
\end{aligned}$$

---

**9** 라그랑주 승수<sup>Lagrange multiplier</sup>에 대해서는 [오일석2008]의 11.2.3절을 참고하라.

$L(\mathbf{u})$를 최대화 하는 $\mathbf{u}$는 $\frac{\partial L(\mathbf{u})}{\partial \mathbf{u}} = 0$을 만족해야 한다. 따라서 식 (6.39)가 도출된다. 이 식을 가만히 살펴보면 $\mathbf{u}$는 공분산 행렬 $\Sigma$의 고유 벡터$^{\text{eigen vector}}$이고, $\lambda$는 고유값$^{\text{eigen value}}$임을 알 수 있다.

$$\Sigma \mathbf{u}^\top = \lambda \mathbf{u}^\top \tag{6.39}$$

이제까지 얻은 것을 정리해 보면 아주 단순하다. 우선 학습 집합의 공분산 행렬 $\Sigma$를 구한다. 그런 다음 $\Sigma$의 고유 벡터를 계산하면 그것이 바로 최대 분산을 갖는 $\mathbf{u}$가 된다는 것이다.

**예제 6-3** ▌ **최대 분산을 갖는 축 계산** ───────────────────

[그림 6-22]에 다시 주목해 보자. $X = \{(1,2), (4,2), (1,4), (3,4)\}$의 공분산 행렬 및 행렬의 고유값과 고유 벡터는 다음과 같다.

• 공분산 행렬 : $\Sigma = \begin{pmatrix} 1.688 & -0.250 \\ -0.250 & 1.000 \end{pmatrix}$

• 고유값과 고유 벡터 :

  $\lambda_1 = 1.7688, \ \mathbf{u}_1 = (0.9510, -0.3092)$
  $\lambda_2 = 0.9187, \ \mathbf{u}_2 = (-0.3092, -0.9510)$

두 개의 고유 벡터 중에 고유값이 큰 $\mathbf{u}_1$을 선택한다. 이 $\mathbf{u}_1$에 네 점을 투영한 결과는 다음과 같다.

• $\mathbf{u}_1 = (0.9510, -0.3092)$로 투영된 특징 벡터 :

  $\hat{x}_1 = \begin{pmatrix} 0.9510 & -0.3092 \end{pmatrix} \begin{pmatrix} 1 \\ 2 \end{pmatrix} = 0.3326, \quad \hat{x}_2 = \begin{pmatrix} 0.9510 & -0.3092 \end{pmatrix} \begin{pmatrix} 4 \\ 2 \end{pmatrix} = 3.1856$

  $\hat{x}_3 = \begin{pmatrix} 0.9510 & -0.3092 \end{pmatrix} \begin{pmatrix} 1 \\ 4 \end{pmatrix} = -0.2858, \quad \hat{x}_4 = \begin{pmatrix} 0.9510 & -0.3092 \end{pmatrix} \begin{pmatrix} 3 \\ 4 \end{pmatrix} = 1.6162$

투영 변환된 점들의 평균은 1.21220이고 분산은 1.76880이다. [예제 6-2]에서 구한 값과 비교해 보자. [예제 6-2]에서는 대각선 축으로 투영한 경우 분산이 1.09380이었다. PCA로 찾은 $\mathbf{u}_1$축이 더 큰 분산을 가지며, 이 축은 최적으로 더 좋은 축은 없다. [그림 6-23]은 PCA로 찾은 축으로 투영한 결과를 보여준다. [그림 6-22(c)]와 눈대중으로 비교해 보기 바란다.

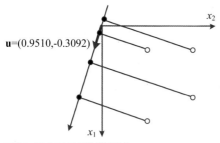

그림 6-23 **PCA로 구한 최적의 축**

지금까지는 하나의 축으로 투영하는 상황을 설명하였다. 하지만 실제에서는 $D$차원을 $d$차원으로 줄이는 것이 목적이므로 $d$개의 축을 찾아야 한다. 얼핏 큰 문제가 여전히 남아 있는 것으로 보일 수 있는데 그렇지 않다. 공분산 행렬은 $D \times D$이므로 이 행렬의 고유 벡터는 $D$개가 존재한다. 고유 벡터의 성질에 따라 이들은 모두 단위 벡터이며 서로 수직$^{orthonormal}$이다. 즉 $\mathbf{u}_i\mathbf{u}_i^T=1$이고 $\mathbf{u}_i\mathbf{u}_j^T=0$, $i \neq j$이다. 또한 고유 벡터는 고유값을 갖는데 고유값이 클수록 중요도가 크다. 따라서 고유값을 기준으로 정렬한 후, 상위 $d$개의 고유 벡터를 선정하면 된다. 이들을 $\mathbf{u}_1$, $\mathbf{u}_2$, $\cdots$, $\mathbf{u}_d$로 표기하자. 이들 각각을 주성분$^{principal\ component}$이라 부른다. 이들 $d$개의 주성분을 이용하여 변환 행렬을 식 (6.40)과 같이 구성할 수 있다. $\mathbf{U}$의 한 행을 차지하는 $\mathbf{u}_i$는 크기가 $D$인 행 벡터이다. 따라서 $\mathbf{U}$는 $d \times D$ 행렬이다.

$$\mathbf{U} = \begin{pmatrix} \mathbf{u}_1 \\ \mathbf{u}_2 \\ \vdots \\ \mathbf{u}_d \end{pmatrix} \tag{6.40}$$

이제 변환 공식만 제시하면 모든 작업이 마무리된다. 식 (6.41)은 PCA로 구한 변환 행렬 $\mathbf{U}$를 이용하여 입력 벡터 $\mathbf{x}$를 출력 벡터 $\mathbf{y}$로 변환하는 식으로, 식 (6.32)와 동일하다. 만일 $d=D$로 설정하여 고유 벡터를 하나도 버리지 않고 모두 사용한다면, 역 변환 $\mathbf{x}^T=\mathbf{U}^{-1}\mathbf{y}^T$를 이용하여 정보 손실이 전혀 없이 원래 벡터 $\mathbf{x}$를 복원할 수 있다.

$$\mathbf{y}^T = \mathbf{U}\mathbf{x}^T \tag{6.41}$$

지금까지 설명한 과정을 보다 명확하게 하기 위해 PCA를 가상 코드로 작성해 보자. [알고리즘 6-3]에서 1행과 2행은 샘플 집합이 원점을 중심으로 분포하도록 변환해 주는 전처리 과정이다. 즉 변환된 샘플의 평균은 원점이 된다. 3~6행은 앞에서 설명한 내용과 같다. 이 알고리즘은 변환 행렬 $\mathbf{U}$와 평균 벡터 $\bar{\mathbf{x}}$를 넘겨 준다.

## 알고리즘 6-3 PCA에 의한 변환 행렬 추정

**입력 :** 학습 집합 $X = \{\mathbf{x}_1, \mathbf{x}_2, \cdots, \mathbf{x}_n\}$, 원하는 차원 $d$
**출력 :** 변환 행렬 $\mathbf{U}$, 평균 벡터 $\bar{\mathbf{x}}$

1    $\bar{\mathbf{x}} = \frac{1}{n} \sum_{i=1}^{n} \mathbf{x}_i$ // $X$의 평균 벡터 $\bar{\mathbf{x}}$를 구한다.

2    for($i = 1$ to $n$) $\mathbf{x}_i' = \mathbf{x}_i - \bar{\mathbf{x}}$ ;    // 모든 샘플을 원점 중심으로 옮긴다.

3    $\mathbf{x}_i', 1 \le i \le n$의 공분산 행렬 $\Sigma$를 구한다.

4    $\Sigma$의 고유 벡터와 고유값을 구한다.

5    고유값 기준으로 상위 $d$개의 고유 벡터를 선택하고, 이들을 $\mathbf{u}_1, \mathbf{u}_2, \cdots, \mathbf{u}_d$라 하자.

6    식 (6.40)에 따라 변환 행렬 $\mathbf{U}$를 만든다.

[알고리즘 6-4]는 새로운 벡터 $\mathbf{x}$를 입력하면 $\mathbf{U}$를 가지고 $\mathbf{y}$로 변환하는 과정이다.

## 알고리즘 6-4 PCA에 의한 특징 추출

**입력 :** 변환 행렬 $\mathbf{U}$, 평균 벡터 $\bar{\mathbf{x}}$, 벡터 $\mathbf{x}$
**출력 :** 변환된 벡터 $\mathbf{y}$

1    $\mathbf{x} = \mathbf{x} - \bar{\mathbf{x}}$ ; // 샘플을 원점 중심으로 옮긴다.

2    식 (6.41)로 $\mathbf{y}$를 구한다.

# 6

# 얼굴 인식 : 고유 얼굴

앞 절에서 공부한 PCA는 단지 고차원의 벡터를 정보 손실을 최소화 한 저차원의 벡터로 줄여주는 역할을 할 뿐인데, 일반적인 이 연산을 컴퓨터 비전의 곳곳에 유용하게 활용할 수 있다. 예를 들어 6.2.2절에서 공부한 PCA-SIFT와 GLOH는 많은 수의 특징을 추출한 후, 즉 고차원의 특징 벡터를 구축한 후 PCA를 이용하여 저차원의 특징 벡터로 변환한다. 이 외에도 응용 사례가 무척 많은데, 컴퓨터 비전에서 PCA를 가장 혁신적으로 활용한 사례는 얼굴 인식이다.

[그림 6-24]는 여섯 개의 얼굴 영상을 가진 간단한 얼굴 데이터베이스의 예[10]로, 각 영상의 크기는 192×168이다. 이제부터 이들 얼굴 영상을 가지고 재미있는 일을 해보자.

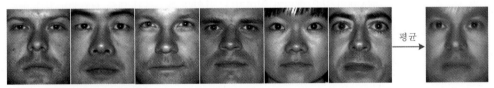

평균

그림 6-24 **얼굴 데이터베이스와 평균**

가장 먼저 할 일은 이들의 평균을 취해 평균 얼굴average face을 만드는 것이다. 식 (6.42)를 사용하며, 여기서 $f_i$는 $i$번째 얼굴 영상으로 $M \times N$ 크기이다. $n$은 영상의 개수를 뜻한다.

---

**10** Yale 얼굴 데이터베이스에서 여섯 장만 발췌한 것이다. http://vision.ucsd.edu/content/yale-face-database

$$f_{av} = \frac{1}{n} \sum_{i=1}^{n} f_i$$
$$f_i(y,x), \ 0 \leq y \leq M\text{-}1, \ 0 \leq x \leq N\text{-}1 \tag{6.42}$$

[그림 6-24]의 맨 오른쪽이 여섯 개 영상의 평균 영상 $f_{av}$이다. 이때 평균 영상이 의미를 가지려면 몇 가지 조건을 만족해야 한다. 눈과 입의 위치가 대략 일치하고, 조명은 비슷해야 한다. 응용 상황이 이들 조건을 쉽게 만족한다면 좋고, 그렇지 않다면 얼굴을 검출한 후 적절히 변환해 주는 전처리 프로그램을 적용한다. [그림 6-24]에 있는 영상은 이런 조건을 잘 만족한다.

[그림 6-24]에 있는 평균 얼굴을 자세히 관찰해 보면, 사람 얼굴 형태가 잘 유지된다는 사실을 알 수 있다. 왜 이런 현상이 생길까? 데이터베이스에 있는 $n$개의 얼굴 영상은 $MN$차원 공간의 점으로 간주할 수 있다. 얼굴 영상은 서로 다르지만 일정한 범위 안에서 변화를 겪기 때문에 이들 점은 공간에 모여있게 되고, 평균 얼굴은 이들의 중간 지점에 위치하므로 얼굴 형태를 띠게 된다.

이제 얼굴 영상 $f_i$를 PCA의 입력으로 취할 수 있도록 '벡터' 형태로 변환하여 표기하자. 식 (6.43)은 벡터 표기를 보여준다. 단순히 첫 번째 행, 두 번째 행, …을 한 줄로 이어 붙여 얻은 벡터이다. 이렇게 얻은 벡터 $\mathbf{x}_i$는 $MN$차원을 가지며, 식 (6.32)와 [그림 6-21]의 벡터 $\mathbf{x}$에 해당한다.

$$\mathbf{x}_i = (f_i(0,0), f_i(0,1), f_i(0,2), \cdots, f_i(0,N\text{-}1), f_i(1,0), f_i(1,1), \cdots, f_i(M\text{-}1, N\text{-}1)) \tag{6.43}$$

벡터 $\mathbf{x}_i$는 $D=MN$차원 공간 위의 한 점으로 간주할 수 있으므로 앞 절에서 공부한 PCA를 그대로 적용할 수 있다. [알고리즘 6-3]을 적용하는 과정을 기억해 보자. 학습 집합 $X=\{\mathbf{x}_1, \mathbf{x}_2, \cdots, \mathbf{x}_n\}$으로부터 평균 벡터 $\bar{\mathbf{x}}$를 구하고(1행), 각 벡터에서 평균 벡터를 빼서 원점을 중심으로 분포하도록 변환한다(2행). 공분산 행렬 $\boldsymbol{\Sigma}$를 구한 후(3행), 이 행렬의 고유 벡터와 고유값을 계산한다.[11] 이때 $\boldsymbol{\Sigma}$가 $MN \times MN$이므로 $MN$개의 고유 벡터가 얻어진다. 차원을 축소하기 위해 $MN$개의 고유 벡터 중 고유값이 가장 큰 $d$개만 선택한다. 선택된 고유 벡터를 고유값이 큰 순서에 따라 $\mathbf{u}_1, \mathbf{u}_2, \cdots, \mathbf{u}_d$라 표기하고, 식 (6.40)에 따라 순서대로 $\mathbf{U}$의 행에 배치한다.

---

11 공분산 행렬은 $\boldsymbol{\Sigma} = \mathbf{T}\mathbf{T}^{\mathsf{T}}$로 구할 수 있다. $\mathbf{T}$는 식 (6.43)의 행 벡터를 열 벡터로 바꾸어 $\mathbf{x}_1$은 첫 번째 열, $\mathbf{x}_2$는 두 번째 열, … 식으로 배치하여 얻은 $MN \times n$ 행렬이다. 이제 $\boldsymbol{\Sigma}\mathbf{u}^{\mathsf{T}} = \mathbf{T}\mathbf{T}^{\mathsf{T}}\mathbf{u}^{\mathsf{T}} = \lambda\mathbf{u}^{\mathsf{T}}$를 풀어 고유값 $\lambda$와 고유 벡터 $\mathbf{u}$를 계산하면 된다. 이때 $\boldsymbol{\Sigma}$가 $MN \times MN$이므로 현실적인 계산 문제가 발생한다. 예를 들어 [그림 6-24]에 있는 영상의 $\boldsymbol{\Sigma}$는 32,256×32,256의 아주 큰 행렬이 되어 고유 벡터를 계산하는 일이 쉽지 않다. 다행히 우회해서 푸는 효율적인 방법이 있다. 이 방법은 영상의 크기에 해당하는 $MN \times MN$ 행렬 대신 영상의 개수에 해당하는 $n \times n$ 행렬을 이용하여 고유 벡터를 구한다. [그림 6-24] 예제의 경우 $n=6$이다. 이때 사용하는 식은 $\mathbf{T}^{\mathsf{T}}\mathbf{T}\mathbf{v}^{\mathsf{T}} = \lambda\mathbf{v}^{\mathsf{T}}$인데, $\mathbf{T}^{\mathsf{T}}\mathbf{T}$는 $n \times n$이므로 훨씬 풀기 쉽다. [그림 6-24]의 경우 6×6에 불과하다. $\mathbf{T}^{\mathsf{T}}\mathbf{T}\mathbf{v}^{\mathsf{T}} = \lambda\mathbf{v}^{\mathsf{T}}$의 양변에 $\mathbf{T}$를 곱하면 $\mathbf{T}\mathbf{T}^{\mathsf{T}}\mathbf{T}\mathbf{v}^{\mathsf{T}} = \lambda\mathbf{T}\mathbf{v}^{\mathsf{T}}$를 얻는다. 이 식을 $\mathbf{T}\mathbf{T}^{\mathsf{T}}(\mathbf{T}\mathbf{v}^{\mathsf{T}}) = \lambda(\mathbf{T}\mathbf{v}^{\mathsf{T}})$로 볼 수 있으므로 구하고자 하는 고유 벡터는 $\mathbf{u}^{\mathsf{T}} = \mathbf{T}\mathbf{v}^{\mathsf{T}}$가 된다.

고유 벡터 $\mathbf{u}_i$는 $MN$차원으로서 영상의 크기와 같다. 따라서 식 (6.43)을 역으로 적용하여 $\mathbf{u}_i$를 영상 형태로 바꿀 수 있다. [그림 6-25]는 고유값이 큰 순서대로 $\mathbf{u}_1 \sim \mathbf{u}_6$을 영상 형태로 변환한 것이다.

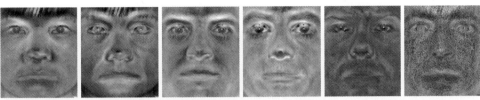

그림 6-25 **여섯 개의 고유 얼굴(오른쪽으로 갈수록 고유값이 작아짐)**

[그림 6-25]에서 보는 바와 같이 고유 벡터는 얼굴 형태를 띤다. 고유값이 큰 벡터일수록 얼굴 형태가 뚜렷하다. 때문에 고유 벡터를 고유 얼굴$^{\text{eigen face}}$이라 부른다.

TIP 왜 그럴까? 그 이유를 생각하는 일은 연습문제로 남겨 둔다.

### 고유 얼굴의 활용

고유 얼굴은 어떤 쓸모가 있을까? 사람 얼굴 영상에 PCA를 적용하여 고유 얼굴을 만드는 아이디어를 최초로 제안한 사람은 Sirovich과 Kirby인데, 그들은 얼굴 영상을 압축하는 일에 고유 얼굴을 적용하였다[Sirovich87]. 그들의 방법을 [알고리즘 6-5]가 설명한다.

알고리즘 6-5 **고유 얼굴을 이용한 얼굴 영상 표현**
**입력 :** 영상 $f(j,i)$, $0 \le j \le M-1$, $0 \le i \le N-1$, 변환 행렬 $\mathbf{U}$ // $\mathbf{U}$는 $d \times MN$ 행렬
**출력 :** 얼굴 영상 표현 $\mathbf{y}$ // $\mathbf{y}$는 $d$차원

1 | $f$를 식 (6.43)을 이용하여 벡터 $\mathbf{x}$로 변환한다.
2 | 식 (6.41)을 이용하여 $\mathbf{y}$를 구한다.

[알고리즘 6-5]가 출력하는 얼굴 영상 표현이 어떤 의미를 가질지 생각해 보자. $\mathbf{y}=(y_1, y_2, \cdots, y_d)$라 표기하면, $y_i$는 원래 벡터 $\mathbf{x}$를 $\mathbf{u}_i$축으로 투영한 값이다([그림 6-22] 참고). 따라서 $\mathbf{y}$를 역 투영하면 원래 벡터 $\mathbf{x}$를 구할 수 있다. 역 투영 변환은 $\mathbf{U}$의 역행렬로 수행할 수 있는데, 식 (6.44)가 이 변환 과정을 보여준다. 이때 $\mathbf{U}$는 $d \times MN$이므로 $\mathbf{U}^{-1}$은 $MN \times d$ 크기의 의사 역행렬$^{\text{pseudo-inverse}}$ $^{\text{matrix}}$이다.

$$\mathbf{x}'^{\mathrm{T}} = \mathbf{U}^{-1}\mathbf{y}^{\mathrm{T}} \tag{6.44}$$

[그림 6-26]은 192×168 크기(32,256차원)의 얼굴 영상을 [알고리즘 6-5]를 이용하여 $d$=6차원으로 압축하였다가 복원한 영상이다. 정보 손실이 뚜렷이 보이지만, 사람 눈으로 인식할 수 있을 정도의 품질은 유지된다. 만일 수십에서 수백 장의 영상으로 실험한다면 $d$를 더 크게 할 수 있어 정보 손실을 보다 줄여 압축할 수 있다.[12]

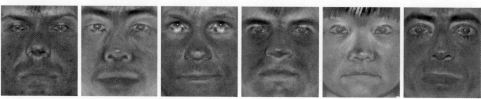

**그림 6-26 $d$=6으로 압축한 후 복원한 얼굴 영상**

지금까지 고유 얼굴을 이용해 얼굴 영상을 압축하는 방법을 공부하였다. 고유 얼굴은 어떤 쓸모가 더 있을까? Turk와 Pentland는 고유 얼굴을 인식 문제에 적용하였다[Turk91a, Turk91b]. 이들의 방법은 아주 단순하다. 앞서 다룬 압축 과정과 많이 겹치는데, 단지 마지막 단계에서 벡터 간의 거리를 계산하여 가장 가까운 벡터로 분류하는 과정만 추가된다. 명확하게 하기 위해 부연 설명을 하면, $n$명의 서로 다른 사람의 얼굴을 담은 얼굴 데이터베이스 $X=\{\mathbf{x}_1, \mathbf{x}_2, \cdots, \mathbf{x}_n\}$이 주어지면, $\mathbf{x}_i$ 각각을 [알고리즘 6-5]를 이용하여 고유 얼굴 표현 $\mathbf{y}_i$로 변환하여 $Y=\{\mathbf{y}_1, \mathbf{y}_2, \cdots, \mathbf{y}_n\}$을 만들어 저장한다. 새로운 얼굴 영상 $f$가 들어오면, [알고리즘 6-5]를 이용하여 $\mathbf{y}$로 변환한다. 이제 $\mathbf{y}$와 $\mathbf{y}_i$의 거리 $d(\mathbf{y}, \mathbf{y}_i)$를 계산하는데, $q$번째 벡터 $\mathbf{y}_q$가 가장 가깝다면 $q$번째 사람으로 인식하면 된다. 단, $d(\mathbf{y}, \mathbf{y}_q)$가 임계값 이상이면 데이터베이스에 없는 사람이라고 출력한다. [예제 6-4]는 [그림 6-24]의 여섯 개 영상에 대한 실험 결과이다.

---

**예제 6-4**　**고유 얼굴을 이용한 얼굴 인식** ───────────────────────

[그림 6-24]의 여섯 개 영상에 [알고리즘 6-5]를 적용하면 다음과 같은 벡터 $\mathbf{y}_1 \sim \mathbf{y}_6$을 얻는다.

　　$\mathbf{y}_1$= (−268.30, 76.52, −30.31, 51.29, 119.69, 0.00)

　　$\mathbf{y}_2$= (274.98, −258.59, 58.96, −109.32, 37.86, 0.00)

　　$\mathbf{y}_3$= (−240.15, 100.12, −201.25, −238.24, −64.99, 0.00)

　　$\mathbf{y}_4$= (−246.11, −4.44, 306.29, 99.12, −41.39, 0.00)

---

12 공분산 행렬은 $MN×MN$이지만 이 행렬은 학습 집합에 있는 영상으로 만들어지므로, 행렬의 계수rank는 학습 집합의 크기 $n$보다 작거나 같다. 따라서 **0**이 아닌 고유 벡터는 $n$개 이하이다.

$\mathbf{y}_5 = (471.28, 243.09, 27.82, 40.17, -5.06, 0.00)$

$\mathbf{y}_6 = (8.29, -156.70, -161.52, 156.97, -46.09, 0.00)$

[그림 6-27]은 테스트 얼굴 영상으로, [그림 6-24]에 나타난 여섯 사람 중 두 사람에 해당하는 새로운 얼굴 영상이다. 이들을 각각 $f_{test1}$과 $f_{test2}$라 하고, [알고리즘 6-5]에 입력하면 다음과 같은 벡터를 얻는다.

$\mathbf{y}_{test1} = (-285.04, 113.83, -79.42, 32.89, 92.32, 0.00)$

$\mathbf{y}_{test2} = (474.74, 211.56, 108.89, 134.94, 24.90, 0.00)$

이들 두 벡터와 앞의 여섯 개 벡터 $\mathbf{y}_1 \sim \mathbf{y}_6$과의 거리를 계산하면 $\mathbf{y}_{test1}$은 $\mathbf{y}_1$과 가장 가깝고 $\mathbf{y}_{test2}$는 $\mathbf{y}_5$와 가장 가깝다. 두 개의 테스트 영상을 옳게 인식하였나?

 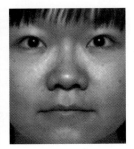

그림 6-27 테스트 얼굴 영상

　　고유 얼굴 방법을 적용할 때 신중할 점이 있다. 얼굴을 찍은 각도와 얼굴 크기, 영상 안에서 얼굴 위치, 조명이 어느 정도 일정해야 한다는 것이다. 이들 변화가 클수록 성능은 떨어진다. Turk와 Pentland는 조명에 변화를 준 상황에서는 96%, 각도 변화를 주면 85%, 그리고 크기 변화에서는 64%의 정인식률을 얻었다고 보고하고 있다[Turk91b]. 고유 얼굴의 성능에 대한 추가적인 내용은 [Zhang97]을 참고하기 바란다.

**1** [그림 6-7]을 보면, BRISK의 원은 바깥으로 나갈수록 반지름이 크다. [Leutenegger2011]을 참고하여, 이렇게 설정하는 이유와 반지름을 정하는 규칙에 대해 조사하시오.

**2** [그림 6-10]의 영역2와 영역3에 대해 다음 질문에 답하시오.

(1) 체인 코드 표현을 쓰시오.

(2) 투영을 구하시오.

(3) 프로파일을 구하시오.

**3** $s_3$와 $s_4$는 [그림 6-13]의 기저 함수 $g_1$과 $g_2$로 정의된다. $s_3$와 $s_4$의 모양을 [그림 6-13(b)]의 $s_2$와 비교할 수 있도록, 하나의 좌표계에 $s_2$, $s_3$, $s_4$를 색을 달리하여 그리시오.

$$s_3(x) = 4.0 \times g_1(x) + 1.0 \times g_2(x)$$
$$s_4(x) = 2.0 \times g_1(x) + 1.0 \times g_2(x)$$

**4** [그림 6-17]에서 176을 갖는 화소의 LBP와 LTP를 구하시오. LTP에서는 $t=10$을 사용하시오.

**5** LBP는 조명 변환에 불변이다. 모든 화소의 명암값이 같은 양만큼 증가하거나 감소한다고 가정하고, 불변인 이유를 설명하시오.

**6** 다음과 같이 세 개의 샘플을 가진 단순한 상황에 대해 [예제 6-3]의 풀이 과정에 따라 주성분 분석을 적용하시오.

$X = \{(2,2), (6,6), (4,5)\}$

**7** 고유 얼굴을 영상 형태로 바꾸면 [그림 6-25]와 같이 얼굴 형태를 띠는 이유를 설명하시오. 고유값이 큰 고유 벡터일수록 얼굴 형태가 뚜렷한 이유도 설명하시오.

# Chapter 07
# 매칭

# Preview

매화꽃 피면
그대 오신다고 하기에
매화더러 피지 마라고 했지요
그냥, 지금처럼
피우려고만 하라구요

**_김용택** '그리움'

매칭이란 어떤 대상을 다른 것과 비교하여 그들이 같은 것인지 알아내는 과정을 일컫는다. 보통 둘 사이의 유사성 또는 거리를 측정해서 비교한다.

> 물체 모델　　> 혼잡스런 장면

(a) 물체 인식

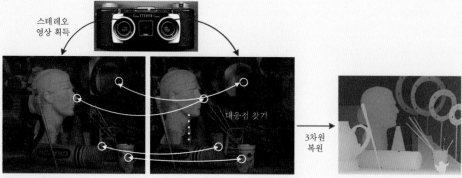

(b) 스테레오 비전

**그림 7-1 매칭을 이용한 응용 문제 해결**

[그림 7-1(a)]는 물체 모델과 혼잡스런 장면을 매칭하여 물체를 인식하는 것을 보여준다. 세 점 이상의 올바른 매칭 쌍을 찾으면 물체의 자세$^{pose}$(위치와 방향)를 알아낼 수 있다. [그림 7-1(b)]는 위치 차이가 약간 나는 두 대의 카메라로 찍은 영상을 이용해 물체까지 거리를 추정하는 스테레오 문제이다. 카메라의 위치 차이를 정확히 알고 있으므로, 매칭 점을 찾으면 그 점까지 거리를 삼각비로 쉽게 계산할 수 있다. 4장의 도입부에서 제시하였던 파노라마 영상의 경우에도 매칭 쌍을 찾은 후 영상의 이음선을 봉합하여 제작한 것이다. 이와 같이 서로 다른 둘 또는 그 이상의 영상을 매칭하여 대응점을 찾는 문제는 여러 가지 응용 문제를 해결하는 중요한 열쇠이다. 이때 이런 의문을 가질 수 있다. 무엇을 매칭할 것인가?

3~5장에서는 매칭에 쓸 특징을 검출하는 방법에 대해 공부하였다. 3장의 에지, 4장의 지역 특징, 5장의 영역이 매칭에 사용된다. 6장에서는 매칭에 쓸 풍부한 정보를 추출하고 그것을 특징 벡터(기술자)로 표현하는 방법을 다루었다. 이제는 특징 벡터를 비교하여 대응점을 찾아내면 된다. 이때 특징별로 매칭에 참여하는 방식에 차이가 있다. 7장에서 제시하는 매칭 방법은 4장에서 공부한 지역 특징을 대상으로 한다. 5장에서 공부한 영역 또는 전체 영상에서 추출한 특징 벡터는 그것이 속할 부류가 정해져 있는 상황이 대부분이다. 예를 들어 영역 또는 영상을 도로, 건물, 나무, 해변, 실내의 다섯 부류 중 하나로 분류하는 응용 문제이다. 이런 상황은 특징을 직접 비교하는 접근 방법 대신 8장에서 공부할 기계 학습이나 9장의 인식 알고리즘을 주로 사용한다.

매칭이라는 연산은 단순하다. 특징점 사이의 유사도를 계산한 후, 가장 큰 값을 갖는 쌍을 대응점으로 결정하면 된다. 또는 거리를 계산하고 가장 작은 값을 갖는 쌍을 찾는다. 이런 관점에서 바라보면, 매칭은 더 이상 기술적인 문제가 없는 듯이 보인다. 하지만 현실로 들어가면 그렇지 않다. 첫째, 서로 다른데 우연히 유사도가 높은 잘못된 매칭(거짓 긍정)이 발생할 수도 있고 반대로 서로 같은 특징점인데 유사도가 낮아 매칭이 이루어지지 않는 문제(거짓 부정)도 발생한다. 이러한 상황에서 [그림 7-1]과 같은 응용 문제를 어떻게 풀 것인가? 대부분 많은 매칭 쌍을 찾은 후 검증 과정에서 신뢰도가 높은 매칭 쌍 집합을 골라내는 접근 방법을 사용한다.

둘째는 속도이다. [그림 7-1]의 영상은 각각 수백~수천 개의 특징점을 가질 것이다. 두 영상의 특징점의 개수를 $m$과 $n$이라 하고 특징 벡터의 차원을 $d$라 하면, 두 영상을 매칭하는 데 걸리는 시간은 $\Theta(mnd)$이다. 파노라마 영상을 만들기 위해 몸을 돌려 10여 장의 사진을 찍는 수고를 감수했는데, 파노라마 제작에 수십 초가 걸리면 사용자는 짜증이 날 것이며 다음에는 다른 브랜드의 카메라를 구입할 것이다.

▶ 각 절에서 다루는 내용 - - - - - - - - - - - - - - - - - - - - - - - - - - - - - - - - - - - - - - - - - - -

**7.1절_**매칭에 사용하는 거리 척도와 매칭 전략, 성능을 분석하는 척도에 관해 살펴본다.

**7.2절_**매칭 속도를 올릴 수 있는 방법으로 $kd$ 트리와 해싱에 대해 살펴본다.

**7.3절_**신뢰도가 높은 매칭 쌍을 고르는 방법을 다룬다.

**7.4절_**매칭을 활용한 파노라마, 사진 관광 응용 사례를 살펴본다.

# 1
# 매칭의 기초

두 특징점을 매칭하려면 유사도 또는 거리를 측정하는 척도가 필요하다. 7.1.1절에서 이 주제를 다룬다. 응용에 따라 틀린 매칭을 좀더 허용하더라도 옳은 매칭을 많이 찾아야 하는 상황도 있을 수 있고, 반대로 틀린 매칭을 최소로 허용하면서 옳은 매칭 몇 개만 찾으면 되는 상황도 있을 수 있다. 따라서 매칭 알고리즘은 다양한 상황에 적응할 수 있는 매개변수를 가져야 한다. 7.1.2절에서는 이러한 매개변수를 조절하는 방법과 매칭 성능을 측정하는 방법을 다룬다.

## 1. 거리 척도

6장에서는 관심점이나 영역으로부터 특징 벡터(기술자) $\mathbf{x}$를 추출하였다. $\mathbf{x}$는 $d$차원 공간의 한 점이다. 예를 들어, SIFT 기술자의 경우 $\mathbf{x}$는 128차원 공간의 점이다. 이 공간에 있는 두 점 $\mathbf{a}$와 $\mathbf{b}$를 매칭하기 위해서는 이들이 얼마나 떨어져 있는지 측정하는 거리 척도를 마련해야 한다. 여기에서는 거리 척도가 잘 작동하도록 전처리 과정으로 수행하는 화이트닝 변환에 대해서도 공부할 것이다.

TIP 이들 특징 벡터는 상황에 따라 $\mathbf{x}$, $\mathbf{y}$ 또는 $\mathbf{a}$, $\mathbf{b}$, $\mathbf{c}$로 표기한다. 여러 개의 특징 벡터를 구별할 필요가 있을 때는 $\mathbf{x}_i$, $\mathbf{a}_j$와 같이 표기한다.

두 점을 $\mathbf{a}=(a_1, a_2, \cdots, a_d)$와 $\mathbf{b}=(b_1, b_2, \cdots, b_d)$로 표기할 때 이들 사이의 거리는 식 (7.1)로 측정할 수 있다. 유클리디안 거리euclidean distance라 부르는데, 가장 널리 사용하는 거리 척도이다.

$$d_E(\mathbf{a}, \mathbf{b}) = \|\mathbf{a} - \mathbf{b}\| = \sqrt{\sum_{i=1}^{d}(a_i - b_i)^2} \qquad (7.1)$$

하지만 상황이 [그림 7-2]와 같다면 이야기는 달라진다. 그림에서 $\mathbf{b}$와 $\mathbf{c}$ 중에 어느 것이 $\boldsymbol{\mu}$에 더 가까운가? 이들 점이 속하는 확률 분포를 고려하지 않으면 당연히 $\mathbf{b}$가 더 가깝다. 하지만 확률 분포에 따르면 $\mathbf{c}$는 $\mathbf{b}$에 비해 발생할 확률이 훨씬 크다. 평균 점인 $\boldsymbol{\mu}$까지 거리를 따진다면 $\mathbf{c}$가 $\mathbf{b}$보다 가깝다고 말해야 합리적이다.

그림 7-2 **확률 분포 속의 거리**

인도의 통계학자인 마할라노비스는 이러한 상황을 고려한 거리를 제안하였다. 점 $\mathbf{a}$에서 가우시안 분포 $N(\boldsymbol{\mu}, \boldsymbol{\Sigma})$까지를 이르는 마할라노비스 거리mahalanobis distance는 식 (7.2)와 같이 정의한다. 이때 $\boldsymbol{\mu}$는 평균 벡터이고 $\boldsymbol{\Sigma}$는 공분산 행렬이다. 식 (7.3)은 두 점 $\mathbf{a}$와 $\mathbf{b}$ 사이의 마할라노비스 거리이다.

$$\text{점 } \mathbf{a}\text{와 } N(\boldsymbol{\mu}, \boldsymbol{\Sigma})\text{ 사이의 마할라노비스 거리 } d_M(\mathbf{a}) = \sqrt{(\mathbf{a}-\boldsymbol{\mu})\boldsymbol{\Sigma}^{-1}(\mathbf{a}-\boldsymbol{\mu})^{\top}} \qquad (7.2)$$

$$\text{두 점 } \mathbf{a}\text{와 } \mathbf{b} \text{ 사이의 마할라노비스 거리 } d_M(\mathbf{a}, \mathbf{b}) = \sqrt{(\mathbf{a}-\mathbf{b})\boldsymbol{\Sigma}^{-1}(\mathbf{a}-\mathbf{b})^{\top}} \qquad (7.3)$$

[예제 7-1]을 살펴보며 마할라노비스 거리를 직관적으로 이해해보자.

[그림 7-3]은 네 개의 점 {(2,1), (1,3), (2,5), (3,3)}이 확률 분포를 이루는 간단한 상황이다. 먼저 이 분포를 무시하고 유클리디안 거리를 계산하면 $d_E(\mathbf{\mu},\mathbf{b})=2$, $d_E(\mathbf{\mu},\mathbf{c})=3$이므로 $\mathbf{b}$가 $\mathbf{c}$보다 $\mathbf{\mu}$에 더 가깝다.

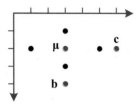

그림 7-3 **마할라노비스 거리 예제**

이제 확률 분포를 고려한 거리를 계산해 보자. 이 분포의 평균은 $\mathbf{\mu}=(2,3)$이고 공분산 행렬은 $\Sigma = \begin{pmatrix} 0.5 & 0 \\ 0 & 2 \end{pmatrix}$이다. $\Sigma$의 역행렬을 구하면, $\Sigma^{-1} = \begin{pmatrix} 2 & 0 \\ 0 & 0.5 \end{pmatrix}$이다. 이들을 이용하여 두 점 $\mathbf{b}$와 $\mathbf{c}$에서 이 가우시안 분포까지의 거리를 계산하면 다음과 같다. $\mathbf{b}$와 $\mathbf{c}$는 각각 분포까지의 거리가 2.8284와 2.1213이므로 $\mathbf{c}$가 $\mathbf{b}$보다 가우시안 분포에 더 가깝다.

$$\mathbf{b}와\ 가우시안\ 분포\ 사이의\ 마할라노비스\ 거리\ d_M(\mathbf{b}) = \sqrt{(4\text{-}2 \quad 3\text{-}3)\begin{pmatrix} 2 & 0 \\ 0 & 0.5 \end{pmatrix}\begin{pmatrix} 4\text{-}2 \\ 3\text{-}3 \end{pmatrix}} = 2.8284$$

$$\mathbf{c}와\ 가우시안\ 분포\ 사이의\ 마할라노비스\ 거리\ d_M(\mathbf{c}) = \sqrt{(2\text{-}2 \quad 6\text{-}3)\begin{pmatrix} 2 & 0 \\ 0 & 0.5 \end{pmatrix}\begin{pmatrix} 2\text{-}2 \\ 6\text{-}3 \end{pmatrix}} = 2.1213$$

이제 두 점 $\mathbf{b}$와 $\mathbf{c}$ 사이의 유클리디안 거리와 마할라노비스 거리를 계산해 보자.

$$\mathbf{b}와\ \mathbf{c}\ 사이의\ 유클리디안\ 거리\ d_E(\mathbf{b},\mathbf{c}) = \sqrt{(4\text{-}2)^2 + (3\text{-}6)^2} = 3.6056$$

$$\mathbf{b}와\ \mathbf{c}\ 사이의\ 마할라노비스\ 거리\ d_M(\mathbf{b},\mathbf{c}) = \sqrt{(4\text{-}2 \quad 3\text{-}6)\begin{pmatrix} 2 & 0 \\ 0 & 0.5 \end{pmatrix}\begin{pmatrix} 4\text{-}2 \\ 3\text{-}6 \end{pmatrix}} = 4.6368$$

공분산 행렬이 $\Sigma=\mathbf{I}$인 특수한 경우는 유클리디안 거리와 마할라노비스 거리가 같다. $\Sigma^{-1}=\mathbf{I}$이므로 식 (7.3)에서 $\Sigma^{-1}$을 생략해도 되기 때문이다. 하지만 실제 세계에서는 공분산 행렬이 단위 행렬 $\mathbf{I}$가 되는 경우는 많지 않은데, 전처리 단계에서 화이트닝 변환$^{\text{whitening transform}}$을 적용하면 공분산 행렬을 단위행렬로 만들 수 있다. 이런 변환을 추가한다면 마할라노비스 거리 대신 유클리디안 거리를 사용하면 된다. 화이트닝 변환은 식 (7.4)로 수행할 수 있다. $\mathbf{\Phi}$는 $d \times d$ 행렬로, 공분산 행렬에서 구한 고유 벡터를 담고 있다. $\mathbf{\Phi}$의 $i$번째 열의 값은 $i$번째 고유 벡터이다. $\mathbf{\Lambda}$는 $d \times d$ 크기의 대각선 행렬로서 $i$번째 대각선 요소는 $i$번째 고유값이다. [예제 7-2]는 화이트닝 변환을 예로 보여 준다.

$$\mathbf{y}^{\mathrm{T}} = \mathbf{\Lambda}^{-\frac{1}{2}}\mathbf{\Phi}^{\mathrm{T}}\mathbf{x}^{\mathrm{T}} \tag{7.4}$$

[예제 7-1]의 샘플을 재활용한다. 공분산 행렬 $\Sigma = \begin{pmatrix} 0.5 & 0 \\ 0 & 2 \end{pmatrix}$의 고유 벡터와 고유값을 계산하여, $\Phi$와 $\Lambda$를 구성하면 다음과 같다.

두 개의 고유값과 고유 벡터 : 0.5와 (1,0), 2.0과 (0,1)

$$\Phi = \begin{pmatrix} 1 & 0 \\ 0 & 1 \end{pmatrix}, \ \Lambda = \begin{pmatrix} 0.5 & 0 \\ 0 & 2.0 \end{pmatrix}, \ \Lambda^{-\frac{1}{2}} = \begin{pmatrix} 1.4142 & 0 \\ 0 & 0.7071 \end{pmatrix}$$

$$\Lambda^{-\frac{1}{2}}\Phi^{\top} = \begin{pmatrix} 1.4142 & 0 \\ 0 & 0.7071 \end{pmatrix}$$

네 개의 샘플을 식 (7.4)로 변환하면 다음과 같다. 새로 얻은 네 점을 가지고 공분산 행렬을 구해 보면 단위 행렬 I가 되어, 화이트닝 변환이 적용되었음을 확인할 수 있다.

$$\begin{pmatrix} 1.4142 & 0 \\ 0 & 0.7071 \end{pmatrix}\begin{pmatrix} 2 \\ 1 \end{pmatrix} = \begin{pmatrix} 2.8284 \\ 0.7071 \end{pmatrix}, \ \begin{pmatrix} 1.4142 & 0 \\ 0 & 0.7071 \end{pmatrix}\begin{pmatrix} 1 \\ 3 \end{pmatrix} = \begin{pmatrix} 1.4142 \\ 2.1213 \end{pmatrix},$$

$$\begin{pmatrix} 1.4142 & 0 \\ 0 & 0.7071 \end{pmatrix}\begin{pmatrix} 2 \\ 5 \end{pmatrix} = \begin{pmatrix} 2.8284 \\ 3.5355 \end{pmatrix}, \ \begin{pmatrix} 1.4142 & 0 \\ 0 & 0.7071 \end{pmatrix}\begin{pmatrix} 3 \\ 3 \end{pmatrix} = \begin{pmatrix} 4.2426 \\ 2.1213 \end{pmatrix}$$

## 2. 매칭 전략과 성능 분석

매칭을 사용하는 응용 상황은 다양하다. [그림 7-1(b)]의 스테레오 영상이나 여러 장의 영상을 이어서 붙이는 파노라마 영상을 제작하는 경우에는 두 장의 영상이 동등한 입장에서 매칭에 참여한다. 한 영상에서 추출한 특징의 수는 장면의 복잡도에 따라 다르지만 적게는 수백에서 많게는 수천에 이른다. 한편, 물체 인식이나 증강현실과 같은 응용에서는 [그림 7-1(a)]에서 볼 수 있듯이 모델 영상과 장면 영상이 구분된다. 모델은 대상 물체만 가지므로 수십에서 수백 개 정도의 비교적 적은 수의 특징 벡터를 갖지만, 장면 영상은 여러 가지 물체와 배경이 혼재되어 있으므로 수천 개를 가질 가능성이 높다. 한 장의 장면 영상에 의자, 책상, 화분, TV, 시계, 계단 등이 있는지 인식하고자 할 때는 여러 가지 물체의 모델 각각에 매칭을 수행해야 한다. 이와 같이 일대일 매칭이 아닌, 일대다 매칭이 벌어지는 경우에는 일대일 매칭을 여러 번 수행하면 된다. 지금부터는 두 장의 영상을 매칭하는 작업을 살펴본다.

두 영상을 매칭하는 경우, 서로 구분하기 위해 첫 번째 영상의 특징 벡터를 $\mathbf{a}_i(1 \leq i \leq m)$라 하고 두 번째 영상은 $\mathbf{b}_j(1 \leq j \leq n)$라 표기하자. 가장 단순한 매칭 전략은 고정 임계값을 사용하는 것이다. 서로 다른 두 영상에서 추출한 두 점 $\mathbf{a}_i$와 $\mathbf{b}_j$는 식 (7.5)를 만족하면 성공적으로 매칭이 되었다고 판단하고 매칭 쌍으로 저장한다. 이 식에서 거리 척도 $d(.)$는 7.1절에서 제시한 유클리디안 거리 $d_E(.)$ 또는 마할라노비스 거리 $d_M(.)$을 사용하면 된다. 이러한 매칭 전략을 쓰면 하나의 점에 여러 개의 점이 대응될 수 있다.

$$d(\mathbf{a}_i, \mathbf{b}_j) < T \qquad (7.5)$$

이 전략에서 가장 신경쓸 문제는 임계값 $T$를 정하는 것이다. $T$를 작게 하면 아주 가까운 쌍만 매칭이 성공하므로, 진짜 매칭 쌍인데 실패하는 경우가 발생할 수 있다. 즉, 거짓 부정FN(False Negative)이 많이 발생한다. 반대로 $T$를 크게 하면 거리가 먼 쌍도 매칭에 성공할 수 있으므로, 가짜 쌍인데 맺어지는 경우가 발생할 수 있다. 즉, 거짓 긍정FP(False Positive)이 많이 발생한다.

$T$를 조금씩 증가시키며 수집한 점 $(FPR, TPR)$을 이은 곡선을 ROC(Receiver Operating Characteristic) 곡선이라 부른다. [그림 7-4]는 ROC 곡선의 예이다. $T$를 아주 낮게 하면 $FP$가 줄어들어 거짓 긍정률은 0에 가깝게 된다. 또한 $FN$이 커지므로 참 긍정률도 0에 가까워진다. $T$를 조금씩 증가시키면 거짓 긍정률이 증가하는데, 참 긍정률도 함께 증가한다.

TIP 식 (7.6)은 참 긍정률과 거짓 긍정률이다. 1.3.4절에서 이미 제시하였는데, 편의상 여기에 다시 제시한다.

$$참\ 긍정률\ TPR = \frac{TP}{(TP + FN)}$$
$$거짓\ 긍정률\ FPR = \frac{FP}{(FP + TN)} \qquad (7.6)$$

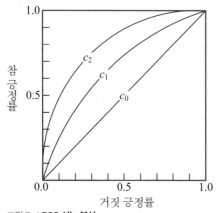

그림 7-4 **ROC 성능 분석**

[그림 7-4]의 ROC 곡선은 매개변수에 따라 거짓 긍정률과 참 긍정률이 어떻게 변하는지 한눈에 보여주므로 성능 분석에 자주 활용된다.[1] 두 종류의 특징이 있다고 가정해 보자. 이들이 각각 $c_1$과 $c_2$라는 그래프를 만들었다면, 어떤 특징이 더 훌륭할까? 당연히 $c_2$가 더 낫다. 같은 거짓 긍정률일 때 $c_2$가 $c_1$보다 참 긍정률이 높기 때문이다. 곡선이 왼쪽 위 구석에 가까울수록 더 좋다. 왼쪽 위 구석을 지나는 곡선은 이상적인 성능을 뜻한다. 대각선에 해당하는 곡선 $c_0$는 아무 특징 정보도 사용하지 않고 무턱대고 판단하는 임의 추정random guess에 해당한다.

어떤 상황에서는 곡선 자체 대신 수치 하나로 성능을 표현해야 한다. 이런 때는 곡선 아래에 있는 영역의 면적을 성능 지표로 사용하면 된다. 이 면적을 AUC(Area Under Curve)라 부르는데, AUC가 클수록 좋다. ROC에 대해 보다 상세하게 알고 싶은 독자는 [Fawcett2006]을 참고하기 바란다.

지금까지 고정 임계값을 사용하여 매칭하는 전략을 공부하였다. 또다른 전략은 최근접 이웃nearest neighbor을 찾는 것이다. 첫 번째 영상의 특징 벡터 $\mathbf{a}_i$의 대응점을 찾는다고 하자. 두 번째 영상에 있는 특징 벡터 중에 $\mathbf{a}_i$와 가장 가까운 것, 즉 최근접에 해당하는 $\mathbf{b}_j$를 찾는다. 둘 사이의 거리가 $T$ 이내이면 둘은 대응 쌍이 된다.

세 번째 전략으로 최근접 거리 비율이 있다. 이 전략은 가장 가까운 점 $\mathbf{b}_j$와 두 번째 가까운 점 $\mathbf{b}_k$를 구한다. 이때 두 점이 식 (7.7)을 만족하면 점 $\mathbf{a}_i$와 $\mathbf{b}_j$가 대응 쌍이 된다. 여러 연구자들의 실험 결과에 따르면 최근접 거리 비율 전략이 가장 높은 성능을 보인다[Mikolajczyk2005a]. SIFT도 이 전략을 사용한다[Lowe2004].

$$\frac{d(\mathbf{a}_i, \mathbf{b}_j)}{d(\mathbf{a}_i, \mathbf{b}_k)} < T \tag{7.7}$$

---

1 여기서는 어떤 특징의 매칭 성능 분석에 ROC를 사용하는데, 이진 분류기의 성능을 분석하는 데에도 많이 활용된다.

# 2
# 빠른 최근접 이웃 탐색

[알고리즘 7-1]은 첫 번째 영상의 특징 벡터 각각에 대해 두 번째 영상에서 최근접 이웃을 구한 후, 이들을 매칭 쌍으로 취하여 $mlist$에 저장한다. 7.1.2절에서 언급한 최근접 이웃 전략을 충실하게 수행해 주는 알고리즘이다. 시간이 별로 중요하지 않은 상황이라면 그대로 적용하면 되지만, 실시간 처리가 필요한 상황이라면 문제가 생긴다. 이 알고리즘의 매칭 시도 횟수는 $mn$번이다. 만일 각각의 영상에서 1,000개의 점이 추출되었다면, [알고리즘 7-1]은 매칭을 백만 번 시도한다. 따라서 이 순진한 알고리즘은 $m$과 $n$이 크고 실시간 처리가 필요한 응용에는 적절하지 않다.

### 알고리즘 7-1 순진한 매칭 알고리즘

**입력 :** 첫 번째 영상의 특징 벡터 $a_i$, $1 \leq i \leq m$, 두 번째 영상의 특징 벡터 $b_j$, $1 \leq j \leq n$, 거리 임계값 $T$
**출력 :** 매칭 쌍 리스트 $mlist$

```
1   mlist = Ø;
2   for(i =1 to m) {
3     shortest = ∞;
4     for(j =1 to n) {
5       dist = d(a_i, b_j);
6       if(dist < shortest) {match =j; shortest = dist;}
7     }
```

8      if(shortest <T) mlist =mlist ∪(**a**$_i$, **b**$_{match}$);

9      }

이 절의 주제는 최근접 이웃의 빠른 탐색이다. [알고리즘 7-1]의 3~7행이 수행하는 최근접 이웃 탐색을 어떻게 빨리 할지가 주된 관심사로, 적절한 자료구조를 설계하여 특징 벡터 집합을 미리 인덱싱 하면 훨씬 빠른 시간 안에 최근접 점을 찾을 수 있다. 이진검색 트리$^{binary\ search\ tree}$는 이럴 때 쓸 수 있는 자료구조 중 하나이다. 7.2.1절에서는 이진검색 트리를 개조한 $k$d 트리를 공부한다. 자료구조 과목에서 배운 또 다른 빠른 검색 방법은 해싱이다. 7.2.2절에서는 일반 해싱 방법을 개조한 위치의존 해싱을 다룬다. 이 두 기법은 [알고리즘 7-1]에 비해 수십~수백 배 빠르게 최근접 또는 최근접에 아주 가까운 근사 최근접 이웃을 찾는다. 이들은 다차원 벡터를 빠르게 찾는 일반적인 기법이므로 컴퓨터 비전뿐 아니라 데이터마이닝, 빅데이터, 정보 검색, 생물 정보학, 웹 마이닝, 계산 언어학 등 아주 다양한 분야에 활용된다.[2]

이제부터 공부할 두 가지 기법은 [알고리즘 7-2]의 틀에서 작동한다. [알고리즘 7-2]는 7.1.2절의 세 가지 매칭 전략 중 두 번째의 최근접 이웃을 채택하고 있는데, 세 번째의 최근접 거리 비율 전략을 쓸 수도 있다. 이 경우 3행에서 최근접을 찾은 후, 그것을 배제하고 다시 최근접을 찾아 두 번째 최근접을 구한다.

---

**알고리즘 7-2 빠른 매칭 알고리즘**

**입력** : 첫 번째 영상의 특징 벡터 **a**$_i$, 1≤$i$≤$m$, 두 번째 영상의 특징 벡터 **b**$_j$, 1≤$j$≤$n$, 거리 임계값 $T$
**출력** : 매칭쌍 리스트 $mlist$

1    $mlist$ =∅;

2    for($i$ =1 to $m$) {

3      $k$d트리나 해싱 알고리즘으로 **a**$_i$의 최근접 또는 근사 최근접 이웃 **b**$_{match}$를 탐색한다.

4      if($d$(**a**$_i$, **b**$_{match}$)<$T$) $mlist$ =$mlist$ ∪ (**a**$_i$, **b**$_{match}$);

5    }

---

**2**   다차원 공간 탐색을 가장 광범위하게 다룬 문헌을 원하면 [Samet2006]을 참고하라.

## 1. *kd* 트리

[그림 7-5]는 이진검색 트리의 사례이다. 이 트리에서는 어떤 노드를 기준으로 왼쪽에 있는 모든 노드는 기준 노드의 값보다 작고 오른쪽의 노드는 크다. 예를 들어 12를 갖는 루트 노드의 왼쪽 트리는 7, 3, 10을 가지고 오른쪽 트리는 17, 21을 가지므로 이 성질을 만족한다. 루트 노드의 자식 노드를 기준 노드로 할 때도 이 성질을 만족한다. 이제 트리가 주어졌으니, 검색하는 문제를 생각해 보자. 이 트리에서 10을 검색 키search key라 하자. 루트와 비교해 보니 작으므로 왼쪽 자식 노드로 이동한다. 그곳의 7보다 크므로 오른쪽 자식으로 이동한다. 그곳에서 10을 찾았다. 이와 같은 재귀 과정으로 검색 키를 빠른 속도로 찾아낼 수 있다. [알고리즘 7-3]은 이진검색 트리 $T$에서 키 $v$를 검색하는 과정을 보여준다.

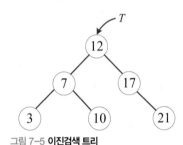

그림 7-5 **이진검색 트리**

---

**알고리즘 7-3 이진검색 트리의 검색**

**입력** : 이진검색 트리 $T$, 검색 키 $v$
**출력** : 검색 결과

```
1    t=search(T, v);
2    if(t=Nil) T 안에 v가 없음을 알린다.
3    else t를 검색 결과로 취한다.
4    function search(t,v) {
5      if(t=Nil or t.key=v) return t;
6      else {
7        if(v<t.key) return search(t.leftchild, v);
8        else return search(t.rightchild, v);
9      }
10   }
```

---

[알고리즘 7-3]은 $T$가 평형을 이룬다면 즉, 왼쪽과 오른쪽 트리의 크기가 대략 같다면 $O(\log(n))$ 시간에 검색을 마친다. $n$은 노드의 개수이다. 트리의 깊이는 대략 $\log(n)$이고 한 번 비교를 할 때마다 한 단계씩 트리 아래쪽으로 전진하기 때문이다.

## kd 트리 만들기

이 절의 주제인 빠른 최근접 탐색을 위해 이진검색 트리의 아이디어를 활용할 수 있다. 하지만 몇 가지 측면에서 이진검색 트리와 다른 점이 있다. 첫째, 검색 키 $v$가 하나의 값이 아니라 여러 개의 실수로 구성된 벡터이다. 둘째, $v$와 같은 값을 갖는 노드를 찾는 것이 아니라 $v$와 가장 가까운 최근접 이웃 노드를 찾아야 한다. 예를 들어, [그림 7-5]의 트리에서 6을 찾는다면 답은 7이다. 하지만 탐색 과정에서 7에서 바로 멈출 수는 없다. 그 밑에 7보다 더 가까운 것이 있을지도 모르기 때문이다.

$kd$ 트리는 이러한 문제들을 해결한 알고리즘으로, 벤트리가 1975년에 고안하였다[Bently75]. $n$개의 특징 벡터 $X=\{\mathbf{x}_1, \mathbf{x}_2, \cdots, \mathbf{x}_n\}$을 가지고 $kd$ 트리를 만든다고 하자. 하나의 특징 벡터는 $\mathbf{x}_i = (x_1, x_2, \cdots, x_d)$와 같이 표현되는 $d$차원 벡터이다. $kd$ 트리는 하나의 벡터가 하나의 노드가 된다. 루트 노드는 $X$를 두 개의 부분 집합 $X_{left}$와 $X_{right}$로 분할한다. 이때 분할의 기준을 선택하는 일이 중요하다.

두 가지 기준을 선택해야 하는데, 첫 번째로 $d$개의 차원(축) 중에 어느 것을 쓸 것인지 선택해야 한다. 이때 분할 효과를 극대화하기 위해 각 차원의 분산을 계산한 후 최대 분산을 갖는 축 $k$를 선택한다. 축을 선택한 이후에는 $n$개의 샘플 중 어느 것을 기준으로 $X$를 분할할 것인지 결정한다. 이때 $X_{left}$와 $X_{right}$의 크기를 같게 하여 균형 잡힌 트리를 만들기 위해 $X$를 차원 $k$로 정렬하고 그 결과의 중앙값median을 분할 기준으로 삼는다. 이렇게 $X$를 $X_{left}$와 $X_{right}$로 분할한 후 각각에 같은 과정을 재귀적으로 반복하면 $kd$ 트리가 완성된다.

지금까지 설명한 과정을 정리하면 [알고리즘 7-4]와 같다. 뒤이어 나오는 [예제 7-3]은 $d=2$이고 $n=10$인 간단한 상황으로 알고리즘의 동작을 보여준다.

**입력**: 특징 벡터 집합 $X = \{\mathbf{x}_i, i = 1, 2, \cdots, n\}$

**출력**: $kd$ 트리 $T$

```
1    T = make_kdtree(X);
2    function make_kdtree(X) {
3      if(X = ∅) return Nil;
4      else if(|X| = 1) {  // 단말 노드
5        트리 노드 node를 생성한다.
6        node.vector = xₘ;  // xₘ은 X에 있는 벡터
7        node.leftchild = node.rightchild = Nil;
8        return node;
9      }
10     else {
11       d개의 차원 각각에 대해 X의 분산을 구하고 최대 분산을 갖는 차원을 k라 하자.
12       X를 k차원을 기준으로 정렬하여 리스트 X_sorted를 만든다.
13       X_sorted에서 중앙값을 xₘ, 왼쪽 부분집합을 X_left, 오른쪽 부분집합을 X_right라 하자.
14       트리 노드 node를 생성한다.
15       node.dim = k;  // 어느 차원으로 분할하는지
16       node.vector = xₘ;  // 어떤 특징 벡터로 분할하는지
17       node.leftchild = make_kdtree(X_left);
18       node.rightchild = make_kdtree(X_right);
19       return node;
20     }
21   }
```

설명을 쉽게 하기 위해 $d=2$로 한정하고, $X=\{\mathbf{x}_1=(3,1),\ \mathbf{x}_2=(2,3),\ \mathbf{x}_3=(6,2),\ \mathbf{x}_4=(4,4),\ \mathbf{x}_5=(3,6),\ \mathbf{x}_6=(8,5),$ $\mathbf{x}_7=(7,6.5),\ \mathbf{x}_8=(5,8),\ \mathbf{x}_9=(6,10),\ \mathbf{x}_{10}=(6,11)\}$이라 하자. [그림 7-6(a)]는 주어진 특징 벡터의 집합을 보여준다.

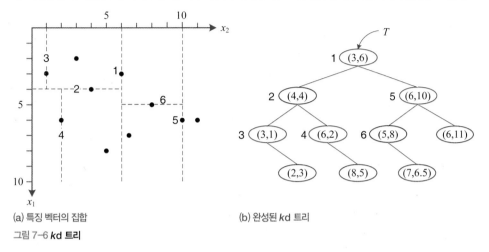

(a) 특징 벡터의 집합          (b) 완성된 *kd* 트리

그림 7-6 *kd* 트리

먼저, 루트 노드로 결정할 만한 분할 기준을 찾아보자. 두 개의 차원은 각각 3, 2, 6, 4, ⋯, 6과 1, 3, 2, 4, ⋯, 11의 값을 가진다. 이들의 분산을 구해 보면 두 번째가 더 크다. 따라서 [알고리즘 7-4]의 11행에서 $k$는 2가 된다. 두 번째 차원을 기준으로 $X$를 정렬하면 $X_{sorted}=\{\mathbf{x}_1, \mathbf{x}_3, \mathbf{x}_2, \mathbf{x}_4, \mathbf{x}_6, \mathbf{x}_5, \mathbf{x}_7, \mathbf{x}_8, \mathbf{x}_9, \mathbf{x}_{10}\}$이 된다. 이 리스트의 중앙값 $\mathbf{x}_5$를 기준으로 좌우를 분할하면, $X_{left}=\{\mathbf{x}_1, \mathbf{x}_3, \mathbf{x}_2, \mathbf{x}_4, \mathbf{x}_6\}$, $X_{right}=\{\mathbf{x}_7, \mathbf{x}_8, \mathbf{x}_9, \mathbf{x}_{10}\}$이 된다. 이제 14~16행에서 노드를 하나 할당받아 값을 채운다. 이렇게 만들어진 노드가 [그림 7-6]에서 $T$가 가리키는 루트 노드이다.

이 루트 노드의 물리적인 의미를 해석해 보자. [그림 7-6(a)]에서 1 옆의 빨간색 선이 이 노드의 역할을 보여준다. 이 노드는 $k=2$에 해당하는 $x_2$축을 기준으로 공간을 둘로 분할한다. 이때 왼쪽 영역에 있는 점들이 $X_{left}$가 되고 오른쪽 영역은 $X_{right}$가 된다. 이제 $X_{left}$와 $X_{right}$ 각각에 같은 과정을 재귀적으로 반복하면 [그림 7-6(b)]와 같은 *kd* 트리가 완성된다. 그림에서는 기준이 되는 축을 쉽게 구분할 수 있도록 각각 다른 색으로 표시하였다. $x_1$축이 기준이라면 파란색, $x_2$축이 기준이라면 빨간색이다.

## *kd* 트리를 이용한 최근접 이웃 탐색

지금까지 *kd* 트리를 만드는 알고리즘을 살펴보았다. 이제 이러한 트리가 주어질 때, 새로운 특징 벡터 $\mathbf{x}$를 입력하면 그것의 최근접 이웃을 어떻게 찾을지 생각해 보자. [그림 7-7]이 보여주는 바와 같이, 녹색으로 표시한 $\mathbf{x}=(7,5.5)$의 최근접 이웃을 찾는다고 하자. $T$의 루트 노드는 두 번째 차원($x_2$축)으로 분할하며, 분할 기준값은 6이다. 5.5가 6보다 작으므로 왼쪽 노드로 이동한다. 이 노드는 첫 번째 차원($x_1$축)으로 분할하는데, 기준값은 4이다. 7이 4보다 크므로 오른쪽으로 이동한다. 이런 과정을 단말 노드에 도착할 때까지 반복하면, [그림 7-7]에서 회색 표시된 칸에 도착한다. 이 칸에는 $\mathbf{x}_6=(8,5)$가 자리잡고 있다. 이 특징 벡터는 $\mathbf{x}$의 최근접일 가능성이 크다. 하지만 가능성이 큰 것이지 반드시 최근접이라는 보장은 없다. 분할 평면의 건너편에 더 가까운 점이 있을 수 있기 때문이다. [그림 7–7]은 1번 분할 평면의 건너편에 더 가까운 점 $\mathbf{x}_7$이 놓여있는 상황을 보여준다.

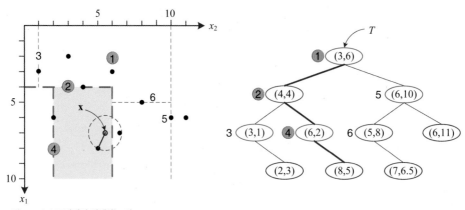

그림 7-7 *kd* 트리에서 검색하는 예

[알고리즘 7–5]는 이런 상황을 고려한 최근접 탐색 알고리즘으로, 거쳐온 노드들을 추가로 탐색한다. [그림 7–7]에서 주황색 원기호는 거쳐온 노드를 나타낸다. 이 알고리즘은 거쳐온 노드들을 스택에 저장한 후(7~10행), 백트래킹한다(13~21행). 이때 현재까지 찾은 가장 가까운 점을 저장해 놓고, 그것보다 먼 가지는 더 이상 탐색하지 않는 한정분기branch-and-bound 기법을 적용한다.

[그림 7–7]을 가지고 이 과정을 설명해 보자. 단말 노드에 도착하면, $\mathbf{x}$까지의 거리를 계산하여 *current_best*를 초기화한다. 그림에서 점선 원의 반지름이 이 값이 된다. 이제 백트래킹을 시작한다. 스택에서 노드 하나를 꺼내면 4번 노드가 나온다. $\mathbf{x}$에서 4번 노드의 분할 평면까지 거리가 *current_best*보다 크다. 따라서 4번 노드를 기준으로 왼쪽에 위치한 노드는 검사할 필요가 없다. 스택에서 하나를 또 꺼내면 2번 노드가 나오는데, 역시 마찬가지이다. 이제 스택에서 1번 노드가 나온다. $\mathbf{x}$에서 1번 노드의 분할 평면까지 거리는 *current_best*보다 작다. 따라서 건너편에 더 가까운 점이 존재할 가능성이 있으므로, 1번 노드의 오른쪽 건너편에 위치한 노드들을 추가로 검사해야 한다. 19행은 추가로 검사해야 하는 노드를 대상으로 *k*d 트리 탐색을 재귀적으로 반복한다.

## 알고리즘 7-5 *kd* 트리에서 최근접 찾기

**입력 :** *kd* 트리 *T*, 탐색할 특징 벡터 **x**
**출력 :** 최근접 이웃 *nearest*

```
1    stack s=∅;  // 백트래킹을 위해, 지나온 노드를 저장할 스택을 생성한다.
2    current_best=∞;
3    nearest=Nil;
4    search_kdtree(T,x);
5    function search_kdtree(T,x) {
6      t=T;
7      while(not is_leaf(t)) {  // 단말 노드를 찾는다.
8        if(x[t.dim]<t.vector[t.dim]) {s.push(t,"right"); t=t.leftchild;}
9        else {s.push(t,"left"); t=t.rightchild;}
10     }
11     d=dist(x,t.vector);
12     if(d<current_best) {current_best=d; nearest=t;}
13     while(s≠∅) {    // 거쳐온 노드 각각에 대해 최근접 가능성 여부를 확인(백트래킹)
14       (t₁,other_side)=s.pop();
15       d=dist(x,t₁.vector);
16       if(d<current_best) {current_best=d; nearest=t₁;}
17       if(x에서 t₁의 분할 평면까지 거리<current_best) {   // 건너편에 더 가까운 것 있을 수 있음
18         t₁의 other_side 자식 노드를 t_other라 하자.
19         search_kdtree(t_other,x);
20       }
21     }
22   }
```

　　지금까지 *kd* 트리에서 최근접 이웃을 찾는 알고리즘을 살펴보았다. 이 검색 알고리즘의 효율을 생각해 보자. 만일 백트래킹이 없다면 $\log(n)$보다 적은 시간에 검색이 완료된다. 노드의 개수를 의미하는 $n$의 값이 1,000,000이라 하더라도, $\log(n)=20$이므로 매우 빠른 알고리즘이다. 하지만 *kd* 트리에서는 단말 노드에 도달한 이후에 백트래킹으로 추가적인 탐색을 한다. 여러 실험 결과에 따르면 10차원 이상이 되면 모든 특징 벡터와 비교를 수행하는 [알고리즘 7-1]과 비슷해져서 낮은 효율을 보인다.

## kd 트리를 이용한 근사 최근접 이웃 탐색

이러한 비효율을 벗어나는 현실적인 길은 최근접 이웃 대신 '근사 최근접 이웃approximate nearest neighbor'을 찾는 것이다. 이러한 근사 최근접 이웃은 최근접 이웃과 같거나 아주 가까운 이웃이 되어 많은 응용에서 큰 성능 저하 없이 사용할 수 있다. [알고리즘 7-6]은 근사 최근접 이웃을 찾도록 개조한 버전이다[Beis97]. 이 알고리즘은 스택 대신 우선순위 큐priority queue인 힙heap을 사용한다. 이 힙은 **x**로부터의 거리를 우선순위로 사용하는데, 백트래킹할 때 거리가 가까운 노드부터 시도할 수 있게 한다. [그림 7-7]과 같은 상황을 다시 예로 들어보자. 스택을 사용하던 이전 버전은 4→2→1 순으로 처리하였는데, [알고리즘 7-6]은 1→4→2 순으로 조사한다. 거리가 가깝다는 말은 최근접 이웃이 놓여있을 가능성이 크다는 뜻이므로 그곳을 먼저 찾아보는 전략은 매우 효과적이다. 이러한 이유 때문에 최적 칸 우선 탐색best-bin-first search이라고 부른다. 또한 힙에 있는 모든 노드를 조사하는 대신, 매개변수 *try_allowed*를 사용하여 조사 횟수를 제한한다. *try_allowed* 번만 조사하여 그때까지 찾은 것을 답으로 취한다.

---

**알고리즘 7-6** *kd* **트리에서 근사 최근접 이웃 찾기**

**입력** : *kd* 트리 *T*, 탐색할 특징 벡터 **x**, 허용된 최대 조사 횟수 *try_allowed*
**출력** : 근사 최근접 이웃 *nearest*

```
1    heap s =∅;   // 백트래킹을 위해, 지나온 노드를 저장할 힙을 생성한다.
2    current_best =∞;
3    nearest =Nil;
4    try =0;   // 비교 횟수를 센다.
5    search_kdtree(T, x)
6    function search_kdtree(T, x) {
7      t =T;
8      while(not is_leaf(t)) {   // 단말 노드를 찾는다.
9        if(x[t.dim] < t.vector[t.dim]) {s.push(t,"right"); t =t.leftchild;}
10       else {s.push(t,"left"); t =t.rightchild;}
11     }
12     d =dist(x, t.vector);
13     if(d <current_best) {current_best =d; nearest =t;}
```

```
14    try++;
15    if(try>try_allowed) 알고리즘을 끝낸다.
16    while(s≠∅) { // 거쳐온 노드 각각에 대해 최근접 가능성 여부를 확인(백트래킹)
17      (t_1,other_side)=s.pop();
18      d=dist(**x**,t_1.vector);
19      if(d<current_best) {current_best=d;nearest=t_1;}
20      if(**x**에서 t_1의 분할 평면까지 거리<current_best) { // 건너편에 더 가까운 것 있을 수 있음
21        t_1의 other_side 노드를 t_{other}라 하자.
22        search_kdtree(t_{other},**x**);
23      }
24    }
25  }
```

[알고리즘 7-6]은 매칭을 빠르게 처리해야 하는 응용에 적합하다.[3] [알고리즘 7-6]의 여러 가지 변형이 개발되어 있다. Muja는 대표적인 알고리즘을 대상으로 벤치마킹한 결과를 발표하였다 [Muja2009].[4] 또한 주어진 데이터에 대해 가장 빠른 알고리즘을 자동으로 선정하고 매개변수를 자동으로 설정하는 방법도 제시하였다. 반드시 최근접 이웃이 필요한 응용에서는 [알고리즘 7-5]를 사용해야 하며 속도가 중요하다면 GPU를 이용하여 병렬 처리를 해야 한다.

## 2. 해싱

해싱hashing은 실제 필요한 용량보다 많은 메모리를 사용하는 대신 계산 시간이 짧게 걸리는 검색 기법이다. 적절한 해시 함수와 충돌 해결 방안을 사용한다면, $n$개의 요소가 담겨 있는 테이블에서 $n$과 무관하게 $\Theta(1)$이라는 상수 시간에 데이터를 삽입, 삭제, 검색할 수 있다. 해시 함수hash function는 검색 키의 값을 해시 테이블의 주소값으로 매핑해 준다.

---

3 근사 최근접 이웃을 사용한 유명한 예는 SIFT이다[Lowe2004]. 이 논문의 실험에 따르면, [알고리즘 7-6]에서 try_allowed=200으로 설정하였을 때, n=100,000, d=128인 상황에서 95%는 정확한 최근접 이웃을 찾았고 5%만 근사 최근접 이웃을 찾았다. 대신 속도는 100배 이상 빨랐다.
4 FLANNFast Library for Approximate Nearest Neighbors 홈페이지에서 공개 소프트웨어를 다운받을 수 있다.
http://www.cs.ubc.ca/research/flann/

## 해싱의 기본 원리

[그림 7-8]은 해시 기법을 설명한다. 이 예는 검색 키 $x$가 정수이고 해시 함수는 $h(x)=x \bmod 13$이라 가정한다. 어떤 검색 키 $x$가 들어오면 그것을 13으로 나눈 나머지를 해시 테이블의 주소로 취한다. 예를 들어 $x=23$이라면 $h(23)=23 \bmod 13=10$이므로 23은 10번지 통에 삽입된다. 검색도 같은 요령으로 한다. $x=19$를 검색하고 싶다면 $19 \bmod 13=6$이므로 주소 6을 조사한다. 찾으려는 19가 있으므로 그것을 반환하면 된다. 16을 검색하는 경우에는 $16 \bmod 13=3$인데 주소 3이 비어 있으므로 없다는 신호를 반환하면 된다. 이때 해시 함수를 한 번만 계산하면 되기 때문에 $\Theta(1)$이라는 상수 시간에 검색이 가능하다고 말할 수 있다.

해시 함수 $h(x)=x \bmod 13$

| | |
|---|---|
| 0 | |
| 1 | 27 |
| 2 | |
| 3 | |
| 4 | 147 |
| 5 | |
| 6 | 19 |
| 7 | |
| 8 | 8 |
| 9 | |
| 10 | 23 |
| 11 | 1311 |
| 12 | |

그림 7-8 **해싱의 원리**

해싱 과정에서 충돌collision이 발생할 수 있다. 예를 들어 [그림 7-8]의 해시 테이블에 14를 삽입한다면, $14 \bmod 13=1$이므로 주소 1에 넣어야 한다. 하지만 그곳에 이미 27이 들어 있으므로 충돌이 발생한다. 알고리즘 교과서를 보면 여러 가지 유용한 해시 함수와 충돌 해결 기법이 제시되어 있다[문병로2007]. 해시 함수는 데이터를 해시 공간에 골고루 배치해 준다. 해싱은 충돌을 피할 수 없지만 충돌 가능성을 줄이고 적절한 충돌 해결 기법을 쓰면 매우 효율적인 검색 기법이 된다.

## 매칭에 적용

이제 컴퓨터 비전 문제로 관심을 옮겨 보자. 앞에서 설명했듯이 처리해야 할 대상은 하나의 키 값이 아니라 실수 여러 개로 구성된 특징 벡터 $\mathbf{x}=(x_1, x_2, \cdots, x_d)$이다. 또한 동일한 것을 찾는 것이 아니라 최근접 이웃 또는 그것을 대신할 근사 최근접 이웃을 찾아야 한다. 가장 먼저 이해해야 할 것은 해시 함수의 특성이 앞에서와 반대라는 점이다. 이제는 골고루 퍼뜨리면 안 된다. 반대로 서로 가까운 특징 벡터들은 같은 통에 담길 확률이 높아야 하고 먼 벡터는 낮아야 한다. 다시 말해 가까운 벡터들이 충돌을 일으킬 확률을 일부러 높여야 한다. 그래야만 같은 통에서 최근접 이웃을 찾을 수 있기 때문이다.

이러한 성질을 만족하는 가장 널리 쓰이는 기법은 위치의존 해싱locality-sensitive hashing이다 [Andoni2008]. 일반 해싱은 골고루 배치하기만 하면 된다. 그 외에는 위치에 대한 어떤 조건도 없다. 하지만 위치의존 해싱에서는 서로 가까운 벡터는 같은 통에 담겨야 한다는 조건이 따라야 하므로 위치의존이라는 용어를 덧붙여 사용한다.

$H$를 해시 함수의 집합이라 하자. 위치의존 해싱은 하나의 해시 함수만 쓰지 않고 $H$에서 여러 개를 선택하여 결합해서 사용한다. $H$에서 뽑힌 해시 함수 $h$가 식 (7.8)에 있는 조건을 만족하면 $H$를 위치 의존적이라 말한다. 여기에서 $p(.)$는 확률을 뜻하고, $\|\mathbf{a} - \mathbf{b}\|$는 $\mathbf{a}$와 $\mathbf{b}$ 사이의 유클리디안 거리이다.

$$\text{임의의 두점 } \mathbf{a}\text{와 } \mathbf{b}\text{에 대해,}$$
$$\|\mathbf{a} - \mathbf{b}\| \leq R\text{이면, } p(h(\mathbf{a}) = h(\mathbf{b})) \geq p_1\text{이고}$$
$$\|\mathbf{a} - \mathbf{b}\| \geq cR\text{이면, } p(h(\mathbf{a}) = h(\mathbf{b})) \leq p_2\text{이다.} \tag{7.8}$$
$$\text{이때 } c > 1, \ p_1 > p_2$$

[그림 7-9]를 보면서 식 (7.8)이 어떤 의미를 갖는지 생각해 보자. $\|\mathbf{a} - \mathbf{b}\| \leq R$이란 두 벡터가 가깝다는 뜻이고, $\|\mathbf{a} - \mathbf{b}\| \geq cR$은 상대적으로 멀다는 뜻이다. 따라서 두 벡터가 가까우면 같은 통에 담길(즉, 해시 함수의 값이 같을) 확률이 크고, 반대로 멀면 같은 통일 확률이 작아야 한다는 의미이다. [그림 7-9]의 예에서 $\mathbf{a}$는 $\mathbf{b}_1$이나 $\mathbf{b}_2$와 같은 통에 담길 확률은 크고 $\mathbf{b}_4$와 같은 통일 확률은 작아야 한다. 위치의존 해싱의 기본 원리는 이 식을 토대로 한다. 그런데 단 하나의 해시 함수만 쓴다면 $p_1$은 1에 아주 가까운 값, $p_2$는 0에 가까운 값을 설정해야 한다. 하지만 이런 해시 함수를 설계하는 것은 어려울 뿐 아니라 합리적이지도 않다. 실제 구현에서는 $p_1$과 $p_2$의 격차를 적절한 정도로 설정해 둔다. 대신 $H$에서 임의로 여러 개의 해시 함수를 골라낸 후 그것들을 조합해 근사 최근접 이웃을 찾을 확률을 높게 유지한다.

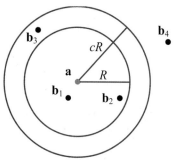

그림 7-9 **조건식 (7.8)의 의미**

이제 위치의존 해싱이 취하는 접근 방법과 알고리즘으로 구현하기 위해 고려해야 할 사항이 꽤 분명해졌다. 식 (7.8)을 만족하는 해시 함수 군을 어떻게 만들 것인가? 여러 가지 종류가 개발되어 있는데, 여기서는 널리 쓰이는 함수 하나를 소개한다. 함수의 정의는 식 (7.9)와 같다. 이 식에서 $\mathbf{r} \cdot \mathbf{x}$는 벡터 $\mathbf{r}$과 $\mathbf{x}$의 내적이고, 연산자 $\lfloor q \rfloor$는 실수 $q$를 넘지 않는 가장 큰 정수를 반환하는 연산자이다. 여기에서 $\mathbf{r}$과 $b$를 임의로 바꾸면 무수히 많은 해시 함수를 만들 수 있다. 이런 잠재적인 함수들이 집합 $H$를 형성한다. 벡터 $\mathbf{r}$은 특징 벡터와 마찬가지로 $d$차원인데, $d$개 요소의 값을 가우시안 함수로부터 임의로 생성한다. $b$는 $(0, w)$ 사이의 난수이다.

$$h(\mathbf{x}) = \left\lfloor \frac{\mathbf{r} \cdot \mathbf{x} + b}{w} \right\rfloor \tag{7.9}$$

[예제 7-4]를 살펴보면서 식 (7.8)과 (7.9)의 의미를 보다 구체적으로 생각해 보자.

---

예제 7-4 ▐▐▐ **위치의존 해시 함수** ─────────────────────────

특징 벡터는 $\mathbf{x} = (x_1, x_2)$로 표현되는 2차원이라 가정한다. $w$는 2로 설정되어 있고, 난수를 생성하여 $\mathbf{r} = (1, 2)$, $b = 0.6$을 얻었다고 하자. 식 (7.9)에 따른 해시 함수는 다음과 같다.

$$h(\mathbf{x}) = \left\lfloor \frac{x_1 + 2x_2 + 0.6}{2} \right\rfloor$$

몇 개의 점을 대상으로 이 해시 함수가 특징 벡터를 어떤 주소로 매핑해 주는지 살펴보자. 해시 함수는 2차원 공간을 띠 모양의 영역으로 분할하는데, 원점에서 오른쪽으로 진행하며 0, 1, 2, …라는 주소를 부여한다. [그림 7-10]은 네 개의 특징 벡터 $\mathbf{x}_1 = (2.5, 2)$, $\mathbf{x}_2 = (0.8, 3)$, $\mathbf{x}_3 = (2, 3)$, $\mathbf{x}_4 = (2.5, 3.2)$가 어떤 영역으로 매핑되는지 보여준다. [그림 7-10(a)]를 보면 결과적으로 이들은 각각 주소가 3, 3, 4, 4인 통에 담긴다.

$$h(2.5, 2) = \left\lfloor \frac{7.1}{2} \right\rfloor = 3, \ h(0.8, 3) = \left\lfloor \frac{7.4}{2} \right\rfloor = 3, \ h(2, 3) = \left\lfloor \frac{8.6}{2} \right\rfloor = 4, \ h(2.5, 3.2) = \left\lfloor \frac{9.5}{2} \right\rfloor = 4$$

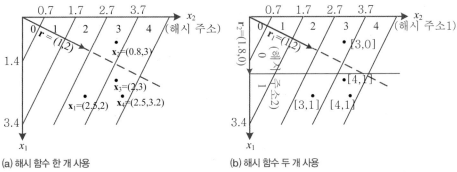

(a) 해시 함수 한 개 사용  (b) 해시 함수 두 개 사용

그림 7-10 **해시 함수의 공간 분할과 주소 매핑**

이제 두 개의 해시 함수 $h_1$과 $h_2$를 사용하는 [그림 7-10(b)]로 관심을 옮겨 보자. $h_1$은 이전과 같이 $r_1 = (1,2)$, $b = 0.6$으로 정의되고, $h_2$는 $r_2 = (1.8, 0)$, $b = 0$으로 정의한다고 하자. 이 상황에서는 값 두 개로 주소가 정해진다. 예를 들어 점 $x_1 = (2.5, 2)$는 주소 [3,1]을 가진다. 나머지 점의 주소도 계산해 보면, 그림에 표시된 주소를 갖는다. 이때 해시 함수를 두 개 사용한 효과를 관찰해 보자. 왼쪽 그림에서는 $x_1$과 $x_2$가 멀리 떨어져 있음에도 불구하고 주소3에 같이 담겨있다. 하지만 두 개의 해시 함수를 사용하는 오른쪽 그림에서는 이들이 각각 [3,1]과 [3,0]이라는 주소를 가져 다른 통에 담겨있는 것을 확인할 수 있다. 서로 가까운 $x_3$와 $x_4$는 여전히 같은 통 [4,1]에 들어 있다.

예제를 통해 기본 원리를 살펴봤는데, 몇 가지 부가적인 설명을 덧붙이기로 하자. [그림 7-10]에서 해시 함수는 2차원 공간을 벡터 **r**에 수직인 직선으로 나눈다. 3차원에서는 평면, 4차원 이상에서는 초평면hyperplane이 공간을 나눈다. 이때 $w$는 구간의 간격인데, 작으면 촘촘하게 나뉘고 크면 듬성듬성 나뉜다. 함수 $h$는 식 (7.8)의 위치 의존성을 만족할까? 직관적으로 생각해 보면, 가까운 벡터는 같은 구간에 놓일 확률이 크다. 하지만 경계 부근에서는 가까이 있더라도 다른 구간으로 나뉠 수 있다. 예를 들어 [그림 7-10]의 오른쪽 상황에서 $r_2 = (2.2, 0)$이라면, $x_3$와 $x_4$는 각각 [4,0]과 [4,1]로 매핑되어 다른 통에 담기게 된다. 하지만 가까운 두 점은 먼 두 점에 비해 같은 주소가 될 확률이 더 크다는 것이 입증되어 있다. 즉, 위치 의존성을 만족한다.

가까운 특징 벡터는 같은 통에 담길 확률이 충분히 높아야 하지만, 실제 구현에서 [그림 7-10(b)]와 같이 여러 개의 함수를 조합하여 해시 테이블을 구성하므로 그렇지 않은 경우가 발생한다. 어떻게 해야 확률을 올릴 수 있을까? 간단한 대책은 해시 테이블을 여러 개 구성하는 것이다. 어떤 해시 테이블에서는 가까운 점이 다른 통에 들어 있지만 다른 해시 테이블에서는 같은 통에 담겨 있다면 최근접 이웃을 찾는 데 문제가 되지 않는다. 이러한 방식을 사용하면 만족스러운 근사 최근접 이웃을 찾을 수 있다는 사실이 증명되어 있다[Datar2004].

지금까지 설명한 원리와 과정을 알고리즘으로 정리해 보자. [알고리즘 7-7]은 해시 테이블을 만드는 과정이다. [알고리즘 7-8]은 특징 벡터 $\mathbf{x}$가 주어졌을 때 해시 테이블에서 $\mathbf{x}$의 근사 최근접 이웃을 검색하는 알고리즘이다.

---

### 알고리즘 7-7 위치의존 해시 테이블의 구축

**입력** : 특징 벡터 집합 $X=\{\mathbf{x}_i, i=1, 2, \cdots, n\}$, 해시 테이블이 사용하는 해시 함수의 개수 $k$, 해시 테이블의 개수 $L$
**출력** : $L$개의 해시 테이블

| | |
|---|---|
| 1 | for($j$=1 to $L$) { |
| 2 |   for($i$=1 to $k$) { |
| 3 |     가우시안 분포에 따른 난수를 생성하여 $(\mathbf{r}_i, b_i)$를 설정한다. |
| 4 |     $(\mathbf{r}_i, b_i)$로 해시 함수 $h_i$를 만든다. |
| 5 |   } |
| 6 |   해시 함수 $g_j=(h_1, h_2, \cdots, h_k)$를 만든다. |
| 7 | } |
| 8 | for($i$=1 to $n$) |
| 9 |   for($j$=1 to $L$) $\mathbf{x}_i$를 $g_j$로 해싱하여 해당 주소의 통에 담는다. |

---

### 알고리즘 7-8 위치의존 해시 테이블에서 검색

**입력** : $L$개의 해시 테이블, 특징 벡터 $\mathbf{x}$, 매개변수 $R$과 $N$
**출력** : 근사 최근접 이웃 $\mathbf{x}_{nearest}$

| | |
|---|---|
| 1 | $Q=\varnothing$; // 근사 최근접 이웃을 저장 |
| 2 | for($j$=1 to $L$) { |
| 3 |   $j$번째 해시 테이블에서 주소 $g_j(\mathbf{x})$인 통을 조사한다. |
| 4 |   이 통에 있는 점들 중 $\mathbf{x}$와 거리가 $R$ 이내인 것을 $Q$에 추가한다. |
| 5 |   $Q$의 크기가 $N$을 넘으면 break; // 이 행을 제거하면 $R$ 이내인 모든 점을 $Q$에 저장 |
| 6 | } |
| 7 | $Q$에서 거리가 가장 짧은 것을 $\mathbf{x}_{nearest}$로 취한다. |

---

매개변수 $k$, $L$, $R$, $N$의 영향이나 식 (7.9)이외의 해시 함수 등에 관심이 있는 독자는 [Andoni 2008]을 참고하기 바란다. 이 논문의 저자 그룹이 정밀하게 코딩한 프로그램이 E2LSH라는 이름의 오픈 소스로 공개되어 있다[Andoni2005]. 이 프로그램은 [알고리즘 7-7]의 입력인 특징 벡터 집합 $X$를 분석하여 적절한 값으로 $k$와 $L$을 자동으로 설정해 준다. [Shakhnarovich2003]은 최적의 해시 함수 집합을 찾는 방법을 제안하였다.

# 3
# 기하 정렬과 변환 추정

앞 절에서 살펴본 매칭 기법은 지역 정보만 사용했다고 말할 수 있다. 첫 번째 영상에서 검출된 특징 벡터는 두 번째 영상의 특징 벡터들 중에서 오로지 자신과 가장 가까운 것을 찾아 대응 쌍을 이루기 때문이다. 이 대응 쌍은 어떤 2차원 기하 변환 관계를 가진다. 이때 특징 벡터가 검출된 물체가 강체rigid object라고 가정하자. 그러면 같은 물체에 속하는 다른 대응 쌍이 있을 때, 이 쌍의 기하 변환은 앞의 것과 비슷해야 한다. 같은 물체가 서로 다른 기하 변환을 일으킬 수 없기 때문이다. 하지만 앞 절의 매칭 알고리즘은 이런 기하 정렬geometrical alignment [5] 조건을 전혀 고려하지 않았다. 지역 정보만 사용한 매칭 알고리즘은 오류를 내포할 수 밖에 없다. 이러한 한계를 극복하기 위해, 광역 정보를 활용하는 기하 정렬을 수행해야 한다. 이 절은 잡음, 가림, 그리고 혼재에도 불구하고 강건하게 작동하는 기하 정렬 알고리즘을 소개한다.

TIP 사람과 같은 유연한 물체non rigid object는 팔과 다리 등의 부품이 서로 다른 기하 변환을 가질 수 있다.

7.2절에서 구한 대응 쌍은 정확도에 따라 여러 상황으로 구분할 수 있다. [그림 7-11(a)]는 모든 쌍이 옳은 상황으로, 사람이 개입하여 대응 쌍을 검증하는 경우에 가능하다. 즉, 거짓 긍정률이 0이다. 국토지리원에서 땅의 용도를 추적하는 데 항공사진을 활용하는 경우를 예로 들어보자. 새로 찍

---

[5] 컴퓨터 과학에서 정렬sorting이라는 용어는 요소들을 크기 순서로 재배열하는 작업을 뜻할 때 사용한다. 하지만 여기서는 여러 대응 쌍이 같은 기하 변환 관계를 공유함을 뜻한다.

은 영상과 이전 영상(또는 지도)을 비교하는 작업을 하는 데 지리학자가 대응 쌍을 일일이 지정하거나 시스템이 찾은 대응 쌍을 검증할 수 있다. 또 다른 응용은 의료 영상 처리이다. 몇 달 전에 찍은 영상과 현재 영상을 비교하기 위해서 사람이 개입하여 정확한 대응 쌍을 찾아내는 일은 병원에서 자주 벌어진다.

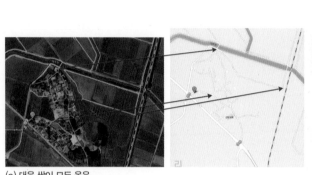

(a) 대응 쌍이 모두 옳음　　　　　　　　　　　　　　　　　(b) 거짓 긍정이 포함된 경우

그림 7-11 대응 쌍의 여러 가지 상황

두 번째 상황은 [그림 7-11(b)]와 같이 파노라마 영상을 제작하는 경우로, 이때는 완전 자동으로 수행해야 한다. 카메라가 파노라마 사진을 제작하는 데 사람의 도움을 요청할 수는 없다. 이런 경우 대응 쌍 중에는 거짓 긍정이 다수 포함될 수 있다. 다행스런 점은 이들 중 참 긍정이 여럿 있을 것이라는 사실이다. 그렇다면 어떻게 많은 대응 쌍 무리에서 참 긍정만을 골라낼 수 있을까? 상황에 따라서 참 긍정이 적어 꽤 어려운 문제가 되기도 한다. 예를 들어, [Lowe2004]의 실험에서 혼재와 가림이 심한 영상의 경우 참 긍정이 1% 가량에 불과하였다.

이 절에서 소개하는 여러 기법은 각자 고유한 특성을 지니므로, 상황에 맞게 적용해야 한다. 예를 들어 7.3.1절의 최소제곱법은 거짓 긍정이 없는 [그림 7-11(a)]에는 적절한데, 거짓 긍정이 다수인 [그림 7-11(b)]의 상황에는 적용할 수 없다. 후자의 경우에는 최소제곱법을 확장한 강인한 추정 기법 또는 7.3.2절의 RANSAC을 적용해야 한다.

## 1. 최소제곱법과 강인한 추정 기법

### 최소제곱법

최소제곱법least square method은 컴퓨터 비전이 등장하기 훨씬 이전부터 통계학자와 수학자가 연구해온 오래된 기법으로서 아주 다양한 분야에 활용된다. [그림 7-12(a)]는 간단한 상황으로 이 기법의 원리를 설명한다. 주어진 네 점의 집합 $X=\{\mathbf{x}_1,\mathbf{x}_2,\mathbf{x}_3,\mathbf{x}_4\}$를 가장 잘 대표하는 직선을 구하는 문제를 생각해 보자. 이때 $l_1$과 $l_2$ 중에 어느 것이 더 좋을까? 직관적으로 판단하면 $l_1$이 더 좋다. 왜일까? 그 이유를 수학으로 설명할 수 있을까?

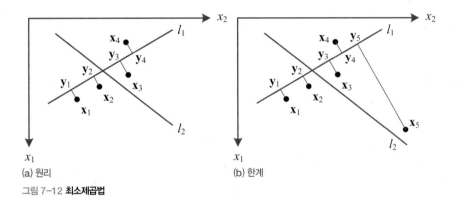

(a) 원리   (b) 한계

그림 7-12 **최소제곱법**

[그림 7-12(a)]는 네 개의 점 각각에 대해 $l_1$까지 거리를 보여준다. 식 (7.10)은 이 거리의 제곱합을 오류로 취한다. 그림에서 주어진 점 $\mathbf{x}_i$를 직선으로 근사한 점을 $\mathbf{y}_i$로 표기하였다. $\mathbf{x}_i$와 $\mathbf{y}_i$는 각각 관찰된 값과 모델이 예측한 값이라 말할 수 있다. 이때 직선이 모델 역할을 한다. 이 모델은 $x_1=ax_2+b$로 표현할 수 있으며, 두 개의 매개변수 $a$와 $b$를 갖는다. 이제 최소제곱법이 풀어야 하는 문제를 수학적으로 정의할 수 있다. 식 (7.10)의 오류 $E$를 최소로 하는 모델의 매개변수를 추정하는 문제이다. 이렇게 정의된 문제에서 보면, $l_1$은 $l_2$보다 최적해에 더 가깝다고 말할 수 있다.

$$E(l) = \sum_{i=1}^{n} r_i^2 = \sum_{i=1}^{n} d(\mathbf{x}_i, l)^2 = \sum_{i=1}^{n} \|\mathbf{x}_i - \mathbf{y}_i\|^2 \qquad (7.10)$$

지금까지 점 집합이 주어졌을 때 직선을 모델로 하는 시나리오를 가지고 최소제곱법을 설명하였다. 이제 컴퓨터 비전 문제로 관심을 돌려 보자. 주어진 데이터는 점의 집합이 아니라 대응 쌍의 집합이다. 즉 $X=\{(\mathbf{a}_1,\mathbf{b}_1), (\mathbf{a}_2,\mathbf{b}_2), \cdots, (\mathbf{a}_n,\mathbf{b}_n)\}$이다. 이 상황에서 무엇이 모델일까? 이들 대응 쌍이 같은 물체에서 발생했다면, 이들은 같은 기하 변환을 겪었을 것이다. 기하 변환은 식 (7.11)의 행렬 $\mathbf{T}$로 표현할 수 있다. 이 변환 행렬은 이동과 크기, 회전 변환을 모두 포함하므로 세 변환이 동시에 일어난 상황을 다룰 수 있다.

$$\mathbf{T} = \begin{pmatrix} t_{11} & t_{12} & 0 \\ t_{21} & t_{22} & 0 \\ t_{31} & t_{32} & 1 \end{pmatrix} \tag{7.11}$$

변환 행렬 $\mathbf{T}$는 식 (7.12)에 따라 점 $\mathbf{a}_i$를 $\mathbf{b}'_i$로 매핑한다. 이때 실제 측정된 주어진 점 $\mathbf{b}_i$와 $\mathbf{T}$로 매핑된 점 $\mathbf{b}'_i$ 사이에 차이가 발생할 수 있다. 이 차이가 오류이다. 식으로 표현하면 식 (7.13)이 된다.

$$\mathbf{b}'_i = \mathbf{a}_i \mathbf{T}, \text{ 풀어 쓰면 } (b'_{i1} \ b'_{i2} \ 1) = (a_{i1} \ a_{i2} \ 1) \begin{pmatrix} t_{11} & t_{12} & 0 \\ t_{21} & t_{22} & 0 \\ t_{31} & t_{32} & 1 \end{pmatrix} \tag{7.12}$$

$$
\begin{aligned}
E(\mathbf{T}) &= \sum_{i=1}^{n} \| \mathbf{b}_i - \mathbf{b}'_i \|^2 \\
&= \sum_{i=1}^{n} \left( (b_{i1} - (t_{11}a_{i1} + t_{21}a_{i2} + t_{31}))^2 + (b_{i2} - (t_{12}a_{i1} + t_{22}a_{i2} + t_{32}))^2 \right)
\end{aligned}
\tag{7.13}
$$

당면한 문제는 오류 $E$를 최소로 하는 $\mathbf{T}$를 찾는 것이다. 즉, $\mathbf{T}$가 가지고 있는 여섯 개의 매개변수를 알아내는 일이다. 이 목적을 달성하기 위해, 오류 $E$를 여섯 개의 매개변수 $t_{ij}$로 미분하여 얻은 도함수 $\frac{\partial E}{\partial t_{ij}}$를 0으로 놓으면 총 여섯 개의 식을 얻는데, 그것을 행렬 형태로 표현하면 식 (7.14)가 된다.

$$
\begin{pmatrix}
\sum_{i=1}^{n} a_{i1}^2 & \sum_{i=1}^{n} a_{i1}a_{i2} & \sum_{i=1}^{n} a_{i1} & 0 & 0 & 0 \\
\sum_{i=1}^{n} a_{i1}a_{i2} & \sum_{i=1}^{n} a_{i2}^2 & \sum_{i=1}^{n} a_{i2} & 0 & 0 & 0 \\
\sum_{i=1}^{n} a_{i1} & \sum_{i=1}^{n} a_{i2} & \sum 1 & 0 & 0 & 0 \\
0 & 0 & 0 & \sum_{i=1}^{n} a_{i1}^2 & \sum_{i=1}^{n} a_{i1}a_{i2} & \sum_{i=1}^{n} a_{i1} \\
0 & 0 & 0 & \sum_{i=1}^{n} a_{i1}a_{i2} & \sum_{i=1}^{n} a_{i2}^2 & \sum_{i=1}^{n} a_{i2} \\
0 & 0 & 0 & \sum_{i=1}^{n} a_{i1} & \sum_{i=1}^{n} a_{i2} & \sum_{i=1}^{n} 1
\end{pmatrix}
\begin{pmatrix} t_{11} \\ t_{21} \\ t_{31} \\ t_{12} \\ t_{22} \\ t_{32} \end{pmatrix}
=
\begin{pmatrix}
\sum_{i=1}^{n} a_{i1}b_{i1} \\
\sum_{i=1}^{n} a_{i2}b_{i1} \\
\sum_{i=1}^{n} b_{i1} \\
\sum_{i=1}^{n} a_{i1}b_{i2} \\
\sum_{i=1}^{n} a_{i2}b_{i2} \\
\sum_{i=1}^{n} b_{i2}
\end{pmatrix}
\tag{7.14}
$$

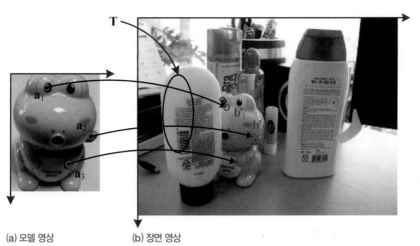

(a) 모델 영상                    (b) 장면 영상

그림 7-13 **최소제곱법으로 물체의 자세 T를 알아내는 사례**

[그림 7-13]은 세 개의 대응점 쌍이 주어졌을 때, 식 (7.14)를 풀어 T를 구한 예를 보여준다. 그림에서 빨간색 점은 관찰된(주어진) 점이고, 파란색 점은 추정한 T로 예측한 점들이다. 이 예에서는 세 개의 점을 가지고 변환 행렬을 추정하였는데, 현실적으로 대응 쌍이 약간씩 위치 오류를 포함하고 있으므로 $n$이 클수록 보다 정확한 T를 얻게 된다. 변환 행렬이 구해지면, $X$에 없는 다른 점에 대해서도 그것이 나타날 지점을 예측할 수 있다. 예를 들어, [그림 7-13]에서 개구리의 코나 발 등이 장면 영상의 어디에 나타날지 예측할 수 있다.

지금까지 설명한 최소제곱법은 위치 오류가 정규 분포(가우시안 분포)를 따르는 경우에 제대로 작동한다. 이제 [그림 7-12(b)]에 관심을 가져 보자. 이 그림은 점 $\mathbf{x}_5$가 추가되어 상황이 조금 바뀌었다. 이 상황에서 $\mathbf{x}_5$는 어떤 종류의 오류로 인해 발생한 아웃라이어outlier라 볼 수 있다. 이제 식 (7.10)의 오류 측정치에 따르면 $l_1$과 $l_2$ 중에 어느 것이 더 좋을까? 답은 $l_2$가 될 것이다. 이러한 현상이 뜻하는 바는 최소제곱법은 아웃라이어에 민감하다는 사실이다. 최소제곱법은 아웃라이어가 없다는 확신이 있는 상황에 한정해서 사용할 수 있다. 하지만 컴퓨터 비전에서 다루는 문제들은 아웃라이어를 피할 수 없다.

## 강인한 추정 기법 : M−추정과 최소제곱중앙값

다행히 아웃라이어에 대처할 수 있게 최소제곱법을 확장한 여러 변형이 있다. 여기서는 M−추정 M-estimator과 최소제곱중앙값LMedS(Least-median of Squares)을 소개한다.[6] 이미 살펴보았던 최소제 곱법을 다시 적어보자. 오류 $E$를 최소화하는 매개변수를 찾는 문제이니 식 (7.15)와 같이 쓸 수 있다.

$$\hat{\theta} = \underset{\theta}{\mathrm{argmin}} \sum_{i=1}^{n} r_i^2 \tag{7.15}$$

이렇게 전개된 식을 이용하여 최적값을 찾으면 $n$개의 점 전체가 동일한 자격으로 오류 항에 참 여하므로 아웃라이어의 영향이 클 수밖에 없다. 결국 아웃라이어에 민감해진다. 아웃라이어에 대 처하려면 그것들의 영향을 배제하거나 약화시키는 어떤 원리가 추가되어야 한다. 다음의 M−추정 식 (7.16)과 최소제곱중앙값 식 (7.17)은 그런 기능을 가진 방법이다.

$$\mathrm{M - 추정} : \hat{\theta} = \underset{\theta}{\mathrm{argmin}} \sum_{i=1}^{n} \rho(r_i) \tag{7.16}$$

$$\mathrm{최소제곱중앙값} : \hat{\theta} = \underset{\theta}{\mathrm{argmin}} \underset{i}{med}\, r_i^2 \tag{7.17}$$

M−추정의 기본 원리는 식 (7.16)의 함수 $\rho(r_i)$에 있다. 여기서 $\rho(r_i)=r_i^2$이면 최소제곱법이 된다. $\rho(r_i)$는 $r_i$가 어느 정도 이상이면 함수의 크기를 떨어뜨려 영향력을 줄인다. 식 (7.18)은 이런 특성 을 가진 여러 함수 중의 하나로서 Huber 함수라 부른다. 이 함수는 $r$의 값이 작을 때($|r| \le c$)는 2 차 곡선을 사용하지만, 클 때는 1차 곡선을 사용하여 영향력을 누그러뜨린다.

$$\rho(r) = \begin{cases} \frac{1}{2} r^2, & |r| \le c \\ \frac{1}{2} c(2|r| - c), & |r| > c \end{cases} \tag{7.18}$$

식 (7.17)이 설명하는 최소제곱중앙값은 $n$개의 값 중에 중앙값을 취하고 그것을 최소로 하는 매 개변수를 찾는다. 따라서 중앙값보다 큰 50%의 점들은 중앙값을 결정하는 단계까지만 개입하고 그 이후 오류를 계산하는 과정에서 아예 배제되는 셈이다. 여기서는 이 두 가지 강인한 추정 방법 에 대한 개략적인 아이디어만 제시하였다. 이들을 컴퓨터 비전 문제에 적용하는 데 필요한 세부적 인 사항은 [Stewart99, Meer91, Rousseeuw87]을 참고하기 바란다.

---

6 이들 두 기법은 각각 [Huber81]과 [Rousseeuw84]가 제안하였다.

지금까지 공부한 세 가지 기법을 붕괴점breakdown point과 계산 효율 측면에서 비교해 보자. 붕괴점이란 그 이상이 되면 추정 알고리즘이 더 이상 작동하지 않는 아웃라이어 비율을 뜻한다. 예를 들어 최소제곱법은 아웃라이어가 하나라도 포함되면 오작동을 할 수 있으므로 붕괴점은 0%이다. 최소제곱중앙값은 50%이고 M-추정은 (여러 가지 상황에 따라 다른데) 다른 두 기법 사이에 위치한다. 최소제곱중앙값은 중앙값을 찾는 연산 때문에 다른 두 기법에 비해 느리다.

## 2. RANSAC

이 기법은 3.5.3절에서 공부한 적이 있다. 그때는 에지 점들로부터 직선을 추정하는 데 RANSAC을 활용하였다. 기본 원리는 같지만, 매칭에서는 입력이 대응점 쌍이고 출력이 기하 변환 행렬이다. [알고리즘 7-9]는 기하 변환을 추정해 주는 RANSAC이다.

---

**알고리즘 7-9 기하 변환을 추정하기 위한 RANSAC**

**입력** : $X = \{(\mathbf{a}_i, \mathbf{b}_i), i = 1, 2, \cdots, n\}$ // 매칭 쌍 집합
　　　반복 횟수 $k$, 인라이어 판단 $t$, 인라이어 집합의 크기 $d$, 적합 오차 $e$
**출력** : 기하 변환 행렬 $\mathbf{T}$

```
1    Q = ∅;
2    for(j =1 to k) {
3        X에서 세 개 대응점 쌍을 임의로 선택한다.
4        이들 세 쌍을 입력으로 식 (7.14)를 풀어 Tⱼ를 추정한다.
5        이들 세 쌍으로 집합 inlier를 초기화한다.
6        for(이 세 쌍을 제외한 X의 요소 p 각각에 대해) {
7            if(p가 허용 오차 t 이내로 Tⱼ에 적합) p를 inlier에 넣는다.
8        }
9        if(|inlier|≥d)  // 집합 inlier가 d개 이상의 샘플을 가지면
10           inlier에 있는 모든 샘플을 가지고 새로운 Tⱼ를 계산한다.
11       if(Tⱼ의 적합 오류<e ) Tⱼ를 집합 Q에 넣는다.
12   }
13   Q에 있는 변환 행렬 중 가장 좋은 것을 T로 취한다.
```

---

알고리즘 작동 원리는 3.5.3절의 [알고리즘 3-8]과 같기 때문에, 그때 사용한 [그림 3-31]을 다시 살펴보기 바란다. [알고리즘 7-9]는 3행에서 임의로 세 개의 대응 쌍을 선택한다. 즉 $n$개의 대응 쌍을 동등하게 취급하는 셈이다. 하지만 매칭 과정을 잘 들여다보면 $n$개가 동등한 입장은 아니

다. 대응 쌍은 식 (7.5) 또는 식 (7.7)과 같은 척도에 따라 맺어진다. 이때 이들 값이 작을수록 두 특징 벡터는 더 가깝고, RANSAC 알고리즘 관점에서 볼 때 인라이어일 가능성이 높다. RANSAC을 개조한 PROSAC은 3행을 다음과 같이 수정하여 이런 점을 고려한다. 매칭 점수를 산정하고 그것을 확률로 바꾸는 구체적인 방법은 [Chum2005]를 참고하기 바란다.

3 | 매칭 점수가 높을수록 선택 확률이 높은 방식에 따라, $X$에서 세 쌍을 선택한다.

RANSAC은 동작 과정에서 난수를 생성하므로 수행할 때마다 다른 답을 만들어 주는 비결정적인 알고리즘이다. 게다가 시간을 더 주면 더 좋은 품질의 답을 생성하는 특성을 가진다. [알고리즘 7-9]는 $k$번 반복하는데, $k$에 따른 답의 품질을 따져보자. $q$를 $X$의 인라이어 비율($q$=인라이어 개수/$n$)이라 하자. 3행은 세 개의 대응 쌍을 선택하는데, 이들 셋이 모두 인라이어일 때만 옳은 답을 만들어낼 가능성이 생긴다. 이 경우를 성공 후보라 부르면 세 점이 성공 후보가 될 확률은 $q^3$이고, 실패 후보일 확률은 $1-q^3$이다. 따라서 $k$번 반복했을 때 모두 실패 후보일 확률, 즉 옳은 답을 전혀 기대할 수 없는 확률은 $(1-q^3)^k$이다. 예를 들어, $q$=0.5라면 $0.875^k$이다. 만일 열 번($k$=10) 반복했다면 0.263이다. 옳은 답을 기대할 수 없는 확률을 $p_{thres}$ 이하로 낮추고 싶다면 $k$를 식 (7.19)보다 크게 해야 한다.

$$(1 - q^3)^k < p_{thres}$$
$$\text{양변에 log를 취하면, } k \log(1 - q^3) < \log(p_{thres})$$
$$\text{따라서 } k > \frac{\log(p_{thres})}{\log(1 - q^3)} \tag{7.19}$$

계산 시간을 더 주면 더 좋은 품질의 해를 찾아주는 특성은 단점일 수도 있지만, 충분한 계산 시간을 확보할 수 있는 상황에서는 장점이 될 수 있다. [Choi2009]는 RANSAC의 여러 변형과 성능 평가 결과를 제시한다. RANSAC을 적용하여 응용 문제를 푼 사례로는 같은 관광 명소를 찍은 다수의 2차원 영상으로부터 3차원 장면을 구성하고 3차원 렌더링을 수행하는 사진 관광 [Snavely2006], 증강 현실[Wagner2010, Gordon2006], 파노라마 영상 제작[Brown2003] 등이 있다.

TIP 7.4절은 이들 응용을 다룬다.

# 4
# 웹과 모바일 응용

디지털 카메라는 1975년에 처음 발명된 후 급속도로 퍼져나가, 이제는 100만 화소 이상의 카메라가 장착된 모바일 기기도 흔해졌다. 장소에 상관 없이 인터넷에 접속하는 일도 보편화되면서 [그림 7-14]와 같이 디지털 카메라로 찍은 사진을 바로 인터넷에 올리는 것도 일상이 되었다. 2013년 3월에 나온 Flickr에 관한 보고서를 보면 하루에 Flickr에 올라오는 사진은 350만 장으로 알려져 있다.[7]

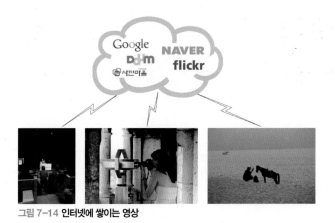

그림 7-14 **인터넷에 쌓이는 영상**

---

7 Flickr는 2004년에 개설된 영상 호스팅 서비스이다. http://www.flickr.com/

이러한 현상이 컴퓨터 비전과 무슨 관련이 있을까? '인터넷 비전'이라는 새로운 연구 주제가 만들어졌으며 2008년에는 최초로 인터넷 비전 학술대회가 개최되었다. 인터넷 비전은 크게 두 가지 길로 나누어볼 수 있다. 첫 번째는 새로운 응용 분야 창출이고, 두 번째는 인식과 같은 문제를 푸는 새로운 접근 방법의 개발이다[Avidan2010]. 이 절은 주로 웹 또는 모바일 플랫폼을 통해 제공되는 새로운 응용 분야 두 가지를 살펴본다.[8] 두 번째 길은 [Avidan2010]이 소개하는 논문을 참고하기 바란다.[9]

## 1. 파노라마 영상 제작

[그림 7-15]는 여러 장의 영상을 이어 붙여 만든 파노라마 영상이다.[10] 현재 파노라마 영상은 제작 기술이 보편화되어 디지털 카메라나 스마트폰 앱으로도 손쉽게 만들 수 있다.

그림 7-15 **파노라마 영상**

---

8  컴퓨터 비전을 모바일 환경에 적용하는 일에 관심이 있는 독자는 IEEE Workshop on Mobile Vision을 참고하기 바란다.
   1차(2010년) : http://www.cs.stevens.edu/~ghua/ghweb/IWMVProgram.htm
   2차(2011년) : http://www.cs.stevens.edu/~ghua/ghweb/IWMVProgram2011.htm
   3차(2013년) : http://www.cs.stevens.edu/~ghua/ghweb/IWMV/CFP_Third_IEEE_Mobile_Vision_Workshop.html
9  예를 들어, Stone은 현재 얼굴 인식 프로그램이 낮은 성능을 보이는 사례를 제시하고, 정확도를 개선할 목적으로 페이스북과 같은 사회관계망
   서비스(SNS)에서 발생하는 정보를 활용하는 기법을 제안하였다[Stone2010]. 이 기법에서는 영상을 찍은 사람, 찍은 GPS 위치, 친구 관계
   등의 정보를 인식 과정에 추가로 활용한다.
10  영상을 이어 붙이는 알고리즘을 가장 자세히 설명한 문헌으로 [Szeliski2006, Zitova2003]을 추천한다.

파노라마 영상을 제작하려는 사람은 [그림 7-16(a)]와 같이 방향을 조금씩 변화시키며 같은 장면을 겹치게 찍는다. 이렇게 찍은 영상을 $f_i$, $i=1,2,\cdots,k$라 하자. 이제 알고리즘은 이들의 이음선을 찾은 후 자국이 남지 않도록 정교하게 이어 붙여야 한다. 파노라마 영상을 만들어 주는 알고리즘은 다음과 같으며, [그림 7-16]은 [알고리즘 7-10]의 수행 과정을 보여준다.

---

**알고리즘 7-10 파노라마 영상 제작**

**입력** : 같은 장면을 찍은 영상 집합 $f_i$, $1 \leq i \leq k$  // 시점이 $i=1,2,\cdots,k$ 순서라고 가정
**출력** : 파노라마 영상 $p$

1  $k$개의 모든 영상에서 지역 특징을 추출한다.  // 예를 들어 SIFT
2  for($i=1$ to $k-1$) {  // $i$와 $i+1$번째 영상을 이어 붙인다.
3      $kd$ 트리 또는 위치의존 해싱을 이용하여 $f_i$와 $f_{i+1}$ 사이의 대응점을 찾는다.
4      [알고리즘 7-9(RANSAC)]를 이용하여 $f_i$와 $f_{i+1}$ 사이의 변환 행렬 $\mathbf{T}_i$를 추정한다.
5  }
6  번들 조정을 수행하여 $\mathbf{T}_i$, $i=1,2,\cdots,k-1$을 보다 정확한 값으로 조정한다.
7  $\mathbf{T}_i$ 정보를 이용하여 $k$개의 영상을 이어 붙인다.

---

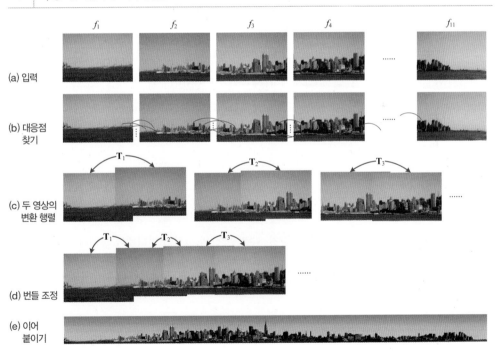

**그림 7-16 파노라마 제작 과정**

파노라마 제작에서 가장 중요한 점은 영상을 이어 붙였다는 사실을 보는 사람이 인지하지 못할 정도로 사실성을 확보하는 것이다. 그러기 위해서는 카메라에 대한 변환을 보다 정교하게 표현하고 더욱 정확하게 추정해야 한다. 카메라 변환은 카메라 위치를 나타내는 세 개의 매개변수, 회전을 나타내는 세 개의 매개변수, 초점 거리를 나타내는 하나의 매개변수로 표현된다.[11]

[알고리즘 7-10]의 4행은 이웃한 두 영상에 대해 RANSAC을 이용하여 일관성을 갖춘 대응점 집합을 찾아낸다. 즉, 아웃라이어에 해당하는 대응점을 제거한다. 이렇게 추정한 변환 행렬은 얼마 정도의 오류를 피할 수 없다. 6행은 $k-1$개의 변환 행렬을 동시에 살핌으로써 최적의 변환 행렬을 추정한다. 이 과정을 번들 조정$^{bundle\ adjustment}$이라 부른다.[12]

[그림 7-16]에서 번들 조정이 된 영상을 살펴보면 위치, 회전, 크기, 조명 등에서 변화가 발생하였다. 이제 이음선을 눈치채지 못하도록 정교하게 이어 붙이는 방법을 사용해야 한다. Brown은 영상의 중앙은 1, 가장자리는 0이라는 값을 주고 중앙에서 가장자리로 가면서 선형적으로 줄어드는 가중치 함수 $w(.)$를 사용해 두 영상을 선형 결합하였다[Brown2003]. 하지만 이런 단순한 결합은 에지 부근에서 블러링 현상을 일으키므로 Burt와 Adelson이 개발한 다중 밴드 결합 알고리즘을 추가로 사용한다[Burt83b].

스마트폰용 앱 스토어에 두 종류의 유명한 파노라마 제작 앱이 있다. 이들 앱은 SIFT를 창안한 Lowe 교수가 창업한 벤처 업체에서 제작한 AutoStitch와 마이크로소프트가 제작한 Photosynth이다.[13] 이들에 대해 좀더 자세히 공부하려는 독자에게 [Brown2003, Brown2007]과 [Snavely2010]을 추천한다.


## 2. 사진 관광

요즘 여행객들은 디지털 카메라와 스마트폰을 가지고 다니며 찍은 영상을 [그림 7-14]와 같이 인터넷에 올린다. 그 결과 유명한 장소는 수천~수백만 장의 사진이 인터넷에 쌓인다.

[그림 7-17]은 같은 건물을 서로 다른 여덟 개 지점에서 촬영한 상황을 보여준다. 이때 여덟 장

---

11 카메라 기하에 대해 보다 근본적인 공부를 원하는 사람에게 [Hartley2000, Moons2010]을 추천한다.
12 번들 조정에 대한 훌륭한 논문이 있다[Triggs99].
13 이들의 공식 홈페이지는 각각 http://www.cloudburstresearch.com/과 http://photosynth.net/이다. Autostitch는 아이폰과 안드로이드용이 있으며 유료이다. Photosynth는 아이폰용만 있으며 무료이다(2014년 5월 기준).

의 영상 $f_1, f_2, \cdots, f_8$이 얻어질 것이다. 이들 영상은 같은 장소를 찍었다는 공통점이 있지만, 카메라 시점(카메라의 위치와 방향)$^{camera\ viewpoint}$은 모두 다르다. 또한 카메라의 초점 거리와 노출도 다르고, 다양한 전경(대부분 사람)을 포함한다. 게다가 시간과 날씨 역시 변동이 크다.

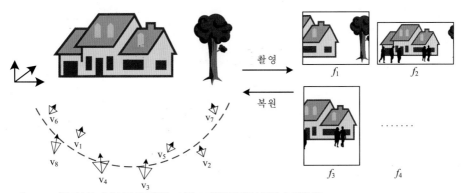

그림 7-17 **같은 장소를 여러 시점에서 촬영 – 시점과 3차원 장면을 복원할 수 있을까?**

인터넷에서 [그림 7-17] 오른쪽과 같은 영상을 $k$장 구했다고 하자. 이들 영상으로 카메라 시점 $^{viewpoint}$과 장면에 나타난 물체의 3차원 모양을 복원할 수 있을까? 이러한 복원 작업을 모션에서 구조 추정$^{structure\ from\ motion}$이라 부른다. 이러한 정보를 복원하면 어떤 일에 활용할 수 있을까?

카메라 시점과 3차원 정보가 복원되었다고 가정하고, 활용에 대해 먼저 살펴보자. [그림 7-17]에 있는 파란색 점선은 복원한 시점과 가깝게 지나는 궤적이다. 관찰자는 마우스로 궤적을 따라 원하는 곳을 돌아다닐 수 있다. 시스템은 현재 관찰자 시점에 가장 가까운 2~3개의 시점을 찾는다. 그런 다음 이들 시점에 해당하는 영상을 보간하여 현재 시점의 영상을 제작하고 화면에 보여준다. 시스템이 실시간으로 영상을 제작하거나 미리 제작해 둔 영상을 보여준다면 관찰자는 3차원 공간을 옮겨 다니며 가상 관광을 하는 느낌을 받게 된다. 이러한 응용을 사진 관광$^{photo\ tourism}$이라 부른다[Snavely2006, Snavely2010]. [그림 7-18]은 로마에 있는 판테온의 사진 관광이다. 녹색 점은 건물 바깥인데 궤적을 따라 건물 안에 있는 빨간색 점까지 이동할 수 있다. 파란색 선은 복원된 21개의 시점을 단순히 직선으로 이어놓은 것이다. 이 초기 궤적은 매끄럽지 못하므로, 경로 계획 알고리즘을 이용하여 부드럽게 움직이는 검은색 선 궤적을 생성한다. 검은색 선에 붙어있는 빨간색 선분은 시점이 바라보는 방향을 나타낸다.[14]

---

**14** 웹에서 사진 관광을 경험해보길 권한다. http://photosynth.net

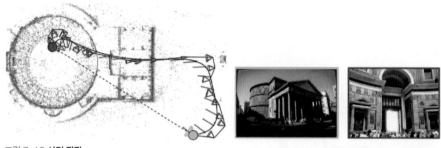

**그림 7-18 사진 관광**

[그림 7-19]는 또 다른 재미있는 응용 사례를 보여준다. 맨 왼쪽은 중요한 장면에 사람이 주석을 붙인 결과이다. 이렇게 한 장의 사진에 주석을 붙여 놓으면, 시스템은 다른 사진의 대응하는 지점에 자동으로 주석을 붙여 준다. 일종의 증강 현실이다. 이러한 기능이 어떻게 가능한지 이해하려면 [그림 7-17]에 주목해 보자.  TIP 증강 현실의 또 다른 예를 [그림 9-20]에서 볼 수 있다.

누군가가 $f_2$ 영상 속 굴뚝에 '100년 전 모양이 그대로 보존된 것으로 섬세한 무늬가 돋보인다'라는 주석을 붙였다고 하자. 시스템은 다른 영상이 $f_2$와 어떤 기하 변환 관계를 가지는지에 대한 정보를 정확히 알고 있으므로 다른 영상의 같은 지점에 동일한 주석을 자동으로 붙일 수 있다. 이외에도 여러 가지 흥미로운 작업에 응용이 가능한데 자세한 내용은 [Snavely2010]을 참고하기 바란다.

**그림 7-19 자동 주석 붙이기**

이제 카메라 시점과 3차원 물체 정보를 복원하는 방법에 대해 살펴보자. 전체 처리 과정 중 많은 부분이 앞 절의 파노라마 제작과 비슷하고, 몇 가지가 추가된다. 파노라마와 가장 큰 차이는 여러 사람이 다른 시간에 다른 관심을 가지고 찍었기 때문에 시점의 변화가 훨씬 크다는 것이다. 보통 파노라마를 제작하는 사람은 좋은 영상을 얻기 위해 일관성 있게 시점을 변화시킨다. 또한 사진 관광에서는 날씨 및 찍은 시간(낮/밤), 전경에 넣는 사람이나 물체 등에 따라 변화가 크게 발생한다. [알고리즘 7-11]은 사진 관광 시스템을 구축하는 처리 과정을 설명한다. 파노라마와 달리 겹치는 영상 집합을 찾아내기 위해 그래프를 사용한다.

---

**알고리즘 7-11 사진 관광에 필요한 정보 추정**

**입력** : 같은 장면을 찍은 영상 집합 $f_i$, $1 \le i \le k$, 임계값 $t$와 $c$
**출력** : 카메라 시점과 3차원 물체

```
1    모든 영상에서 지역 특징을 추출한다. // 예를 들어 SIFT
2    kd 트리 또는 위치의존 해싱을 이용하여 대응점을 찾는다.
3    for(i=1 to k)
4      for(j=1 to k)
5        if(i≠j이고 f_i와 f_j 사이에 대응점이 t개 이상이면) { // 겹침 조사
6          RANSAC을 적용하여 변환 행렬 T를 구한다.
7          T의 신뢰도가 c 이상이면 f_i와 f_j 사이에 에지를 부여한다.
8        }
9    for(그래프의 연결요소 각각에 대해)
10     번들 조정을 수행하여 카메라 시점과 3차원 점을 구한다.
```

---

이 알고리즘의 입력은 [그림 7-16]이 아니라 [그림 7-17] 또는 [그림 7-19]와 같은 상황이다. 3~8행은 모든 영상 쌍에 대해 둘 사이에 겹침이 있는지 조사하고, 그렇다면 두 영상에 해당하는 노드 사이에 에지를 부여하여 그래프를 구성한다. 9~10행은 그래프에 존재하는 연결요소 각각에 대해 번들 조정을 적용하여 카메라 시점과 장면의 3차원 점의 좌표를 계산한다. 이렇게 구한 정보는 [그림 7-18], [그림 7-19]와 같은 응용에 활용한다.

## 연습문제

**1** [예제 7-1]에서 점 (2,2)가 추가되어 다섯 개의 점이 확률 분포를 이룬다고 가정하자.

(1) [그림 7-3]과 같은 방식으로 새로운 분포를 그리시오.

(2) 새로운 분포에 대해 [예제 7-1]의 계산을 하시오.

**2** 문제 1의 새로운 분포에 대해 [예제 7-2]의 계산을 하시오.

**3** 같은 물체를 포함하는 두 장의 영상이 있는데, 첫 번째 영상에서 특징 벡터 $a_1 \sim a_3$, 두 번째 영상에서 $b_1 \sim b_4$를 추출하였다고 가정하자. 이들 특징 벡터는 다음 그림과 같은 값을 가진다. 이 상황에서 식 (7.5)와 식 (7.7)의 전략 각각에 대해, 매칭에 성공할 가능성 순서에 따라 $a_1$, $a_2$, $a_3$를 나열하시오.

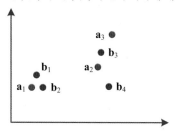

**4** 식 (7.7)을 사용하는 최근접 거리 비율 전략에 대해 생각해 보자. $T$를 크게 했을 때, 매칭 쌍의 개수, 거짓 긍정, 거짓 부정이 어떻게 변할지 설명하시오.

**5** [알고리즘 7-2]를 식 (7.7)의 최근접 거리 비율 전략을 사용하는 버전으로 바꾸어 쓰시오.

**6** [알고리즘 7-6]은 힙heap을 사용한다.

(1) 힙이 수행하는 두 종류의 연산이 무엇인지 쓰시오.

(2) 일반적인 1차원 배열 대신 힙을 사용할 때 얻는 이점을 두 종류의 연산과 연결지어 설명하시오.

**7** Chum은 RANSAC을 개선한 PROSAC을 제안하였다[Chum2005]. 핵심 아이디어는 7.3.2절에서 설명한 "매칭 점수가 높을수록 선택 확률이 높은 방식에 따라, $X$에서 세 쌍을 선택한다"에 있다. PROSAC이 이 아이디어를 어떻게 구현하는지 구체적으로 설명하시오.

**8** 파노라마를 제작할 때 인접한 두 영상을 표시가 나지 않게 붙여야 하는데, 이때 [Burt83b]의 다중 밴드 결합 알고리즘을 사용한다. 이 알고리즘의 원리를 조사하고 설명하시오.

**9** http://photosynth.net에 접속하면 Photosynth로 제작한 파노라마 영상을 감상할 수 있다. 파노라마 영상을 세심하게 살펴보면서 부자연스럽게 접합된 부분이 있는지 확인하시오. 만일 그런 곳을 발견하였다면, 화면을 캡처하여 제시하시오.

# Chapter 08
# 기계 학습

# Preview

불휘 기픈 남근 ㅂㄹ매 아니 뮐씨 곶 됴쿄 여름 하느니
ㅅ미 기픈 므른 ㄱㅁㄹ래 아니 그츨씨 내히 이러 바ㄹ래 가느니
_용비어천가 2장

인간의 가장 뛰어난 능력은 학습learning이다. 처음 운전을 하면 홀로 차지한 넓은 도로에서도 어려움을 겪지만 한참 지나면 혼잡한 도심에서도 유유히 운전한다. 수영도 그렇고 자전거 타기도 마찬가지이다. [그림 8-1]에 있는 아이의 두뇌 속에서는 자전거 타기 학습이 이루어지고 있을 것이다. 사람은 외부 환경과 조응하며 조금씩 자신의 내부 역량을 키워 나간다. 외부 환경이 사람을 지도한다supervise고 볼 수 있다.

그림 8-1 **사람의 학습 과정**

기계도 학습을 할 수 있을까? 할 수 있다면, 컴퓨터 비전은 학습을 어떤 목적에 활용할까? 컴퓨터 비전이 활용할 수 있는 학습 모델은 무엇이 있으며, 그것들은 어떻게 학습을 할까? 이 장은 이러한 주제를 다룬다.

기계 학습은 물체 인식(9장)이나 장면 해석(12장) 등과 같은 고급 비전에 주로 활용한다. 여기서는 저급 비전에 활용하는 사례를 개략적으로 소개한다. 고급 비전보다 활용도는 떨어지지만, 최근 활용 빈도가 늘어나고 있다. 입력 영상을 다른 형태의 영상으로 변환하는 응용 문제에서도 기계 학습을 사용한다[Freeman2000, Hertzmann2001, Jia2013]. 저해상도 영상을 고해상도로 복원하거나[Yang2010], 명암 영상에서 본질 영상intrinsic image을 추정하는 문제(11장)를 기계 학습으로 푸는 사례도 늘고 있다[Jia2013]. 저해상도 얼굴 영상을 고해상도로 변환하는 얼굴 환영face hallucination 문제에도 활용한다[Liu2007].

저급 비전에서 중요한 또 다른 응용 문제는 특징 추출이다. 6장에서 공부했듯이, 특징은 주로 사람이 설계한 알고리즘을 통해 추출된다. 이와 달리 기계 학습을 이용하여 특징 추출 알고리즘을 자동으로 설계하는 접근 방법을 연구하는 그룹이 있다[Bengio2013, LeCun98]. 이들은 특징을 학습으로 설계하기 때문에 특징 학습feature learning이나 깊은 학습deep learning이라는 용어를 사용한다. 깊은 학습은 최근 컴퓨터 비전의 중요한 이슈 중 하나로 이 책 8.2.3절에서 다룬다.

기계 학습이 현대 컴퓨터 비전에서 차지하는 비중은 나날이 커지고 있다. 컴퓨터 비전의 발전을 견인하는 중요한 축 중의 하나가 기계 학습이라고 할 수 있다. 기존의 알고리즘은 사람이 수작업으로 매개변수를 설정하거나 규칙을 개발하여 일일이 프로그램에 삽입해야 한다. 반면 기계 학습은 학습 집합을 보고 필요한 최적의 설정을 자동으로 수행해 준다. 시스템이 다루어야 할 환경이 바뀌면 새로운 환경에서 수집한 학습 집합으로 다시 학습하면 된다. 게다가 성능 실험에 따르면 이전에 주로 사용하던 수작업 방식에 비해 성능이 뛰어나다. 이 장에서 소개하는 기계 학습 방법은 모두 뛰어난 성능이 검증된 것들로서 많은 응용 문제에 널리 활용된다.

기계 학습은 어떤 형태를 띨까? 사람은 외부 환경의 지도를 받으면 성능을 개선하는 방향으로 자신의 기억을 조금씩 바꾸어 간다. 기계도 비슷한 원리를 따를까? 그렇다면 외부 환경은 무엇이고, 지도는 어떻게 이루어지며, 기억은 무엇이고, 성능이 개선되는 방향은 어느 쪽일까?

▶ 각 절에서 다루는 내용 - - - - - - - - - - - - - - - - - - - - - - - - - - - - - - - - - - - - - - - - - - - - - - - -

**8.1절**_기계 학습의 기초 원리에 대해 설명한다.

**8.2절**_퍼셉트론과 다층 퍼셉트론을 소개하고 최근 주목을 받는 깊은 학습도 설명한다.

**8.3절**_여백을 최대화하는 원리를 사용하는 SVM에 대해 설명한다.

**8.4절**_다수의 단순한 분류기를 결합하는 원리를 이용하는 에이더부스트와 임의 숲을 공부한다.

**8.5절**_비올라–존스 얼굴 검출기를 포함하여 기계 학습으로 응용 문제를 해결한 사례를 소개한다.

# 1

# 기계 학습의 기초

Mitchell은 기계 학습을 다음과 같이 정의하였다.

"A computer program is said to learn from experience $E$ with respect to some class of tasks $T$ and performance measure $P$, if its performance at tasks in $T$, as measured by $P$, improves with experience $E$. 어떤 컴퓨터 프로그램이 $T$라는 작업을 수행한다. 이 프로그램의 성능을 $P$라는 척도로 평가했을 때 경험 $E$를 통해 성능이 개선된다면 이 프로그램은 학습을 한다고 말할 수 있다[Mitchell97, 2쪽]."

이 정의에 컴퓨터 비전을 대입하면, $T$는 분류 문제, $E$는 학습 집합, $P$는 인식률이 될 것이다. 물론 기계 학습을 활용하는 응용이 다양하므로 조금씩 차이가 있다. 예를 들어 $T$는 영상 변환 문제일 수 있고, $P$는 거짓 긍정률과 같이 1.3.4절이 소개한 성능 척도가 될 수도 있다.

8.1.1절은 기계 학습과 관련한 용어와 개념, 기초 원리를 설명한다. 8.1.2절은 학습 집합이 충분히 크지 않을 때 활용할 수 있는 재 샘플링 기법을 소개한다.

## 1. 지도 학습과 비지도 학습

[그림 8-2]는 사람과 기계의 학습 과정을 개념적으로 설명한다. 둘 다 무엇인가를 새로 배우는 학습 단계와 배운 내용을 가지고 실제 상황에서 작업을 수행하는 테스트 단계로 구성된다. 사람은

외부 환경과 지도 교사로부터 가르침을 받아 그것을 기억에 쌓아 둔다. 어느 정도 이상의 성능이 확인되면, 그때부터 현장에서 작업을 수행한다. [그림 8-2(a)]는 운전이라는 작업을 예로 보여준다.

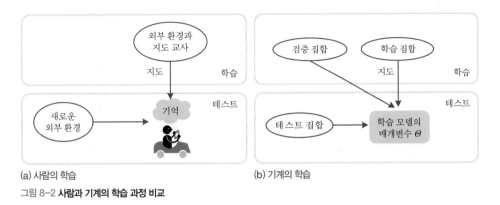

(a) 사람의 학습　　　　　　　　　　　　　　(b) 기계의 학습

**그림 8-2 사람과 기계의 학습 과정 비교**

## 지도 학습

　기계 학습은 개념적으로는 사람과 비슷하지만 세부 내용은 크게 다르다. [그림 8-3]은 영상을 인식하는 응용에서 학습을 활용하는 사례이다. 영상이 네 가지 부류$^{class}$ 중 하나에 속한다고 했을 때, 입력 영상이 어떤 부류에 속하는지 인식하는$^{recognition}$ 문제이다. 먼저 6장에서 공부한 알고리즘을 사용하여 적절한 특징 벡터를 추출한다. 이렇게 하면, 입력 영상이 특징 공간에서 한 점이 된다. 충분히 많은 특징 벡터를 수집하여 학습 집합$^{learning\ set(training\ set)}$을 구축한 후, 그것을 이용하여 분류기$^{classifier}$를 학습시킨다. 이때 분류기는 이 장에서 공부할 신경망, SVM, 에이더부스트$^{AdaBoost}$, 임의 숲$^{random\ forest}$ 중에서 하나를 쓰면 된다. 학습이 완료된 분류기는 특징 공간을 네 개의 영역으로 나눈다. 여기까지가 학습 단계이다.

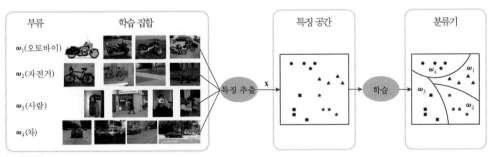

(a) 학습 단계

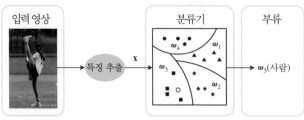

(b) 테스트(인식) 단계

**그림 8-3 컴퓨터 비전에서 기계 학습**

완성된 분류기는 인식 단계에 투입되어 활용된다. 학습 때와 똑같은 특징 추출 알고리즘으로 영상에서 특징 벡터를 추출한 후, 그것을 분류기에 입력하면 네 개의 영역 중 어디에 속하는지 판단하여 해당 부류를 출력한다.

[그림 8-3]은 영상 전체에서 특징을 추출하는 시나리오를 제시하였다. 하지만 응용에 따라 영역, 일정한 크기의 윈도우, 또는 지역 특징(관심점)이 인식 대상인 경우도 있다. 예를 들어 얼굴 검출의 경우, 고정 크기의 윈도우를 영상 곳곳으로 옮겨 특징을 추출하고 분류를 수행하여 얼굴이 있는 곳을 알아낸다.

(a) 영역　　　　　(b) 이동 윈도우sliding window　　(c) 관심점

**그림 8-4 기계 학습에 사용할 특징 벡터를 수집하는 여러 가지 시나리오**

기계가 학습하려면 학습 모델이 있어야 한다. 8.2절에서 배울 신경망이 학습 모델의 예이다. 이모델은 매개변수 집합 $\Theta$를 가진다. 또한 현재 설정된 매개변수 값이 얼마나 좋은지 측정하는 목적함수objective function가 정의되어 있다. 학습은 최적의 매개변수 값을 추정하는 단계라 볼 수 있다. 이때 최적에 접근하려면 어느 방향으로 매개변수를 조정할지 판단해야 하는데, 이 목적을 달성하는 데 쓰는 데이터가 학습 집합learning set이다. 학습 알고리즘은 이동 방향을 찾고 매개변수를 조정하는 과정을 수렴할 때까지 반복한다. 수렴에 도달하면 검증 집합validation set을 가지고 성능을 평가한다. 결과가 만족스러우면 학습을 마치고, 그렇지 않으면 모델의 내부 구조인 매개변수 집합을 변경하고 다시 학습한다. 예를 들어, 신경망의 경우 노드를 추가하거나 학습률 또는 초기 가중

치를 변경한다. 이를 모델 선택model selection이라 부른다. 이런 과정을 만족스런 성능을 얻을 때까지 또는 더 이상 성능 향상을 기대할 수 없다고 판단될 때까지 반복한다. 학습이 완성되면 테스트 단계에서 쓸 수 있도록 매개변수 값을 저장한다.

학습을 마친 분류기의 성능을 객관적으로 평가하는 일은 매우 중요하다. 테스트 단계가 평가 작업을 담당한다. 이때 학습 과정에서 썼던 학습 집합이나 검증 집합으로 성능을 측정하면 공평할까? 그렇지 않다. 이들 집합은 분류기가 학습 과정에서 이미 봤던 것이기 때문이다. 사람이 운전을 배우는 상황에 비유하면 배울 때 자주 주행했던 도로에서 주행 시험을 보는 꼴이다. 따라서 전혀 새로운 테스트 집합을 가지고 성능을 측정해야 타당하다. 이렇게 얻은 성능은 분류기의 일반화generalization 능력을 나타낸다. 다시 말해, 테스트 집합에 대한 성능이 훈련 집합의 성능과 비슷하면 일반화 능력이 뛰어나다고 말한다. [그림 8-5]의 왼쪽에 있는 분류기는 학습 집합에 대해서는 한 개 샘플을 오분류한다. 이 분류기는 샘플 하나를 어떤 요인에 의해 발생한 아웃라이어outlier로 판단한 것이다.[1] 반면, 오른쪽은 학습 집합에 대해 100%의 인식률을 가진다. 아웃라이어까지 인식하기 위해 과적합한 상태로 볼 수 있다. 오른쪽의 일반화 성능은 왼쪽보다 낮을 가능성이 크다. 낮은 일반화 능력은 대부분 과적합overfitting 때문에 발생한다. 이 장에서 공부할 신경망, SVM, 에이더부스트, 임의 숲은 모두 일반화 능력이 뛰어나다.

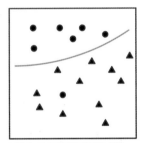 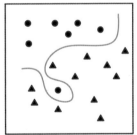

그림 8-5 오른쪽은 과적합 상황

## 비지도 학습과 준지도 학습

지금까지 설명한 학습은 지도 학습supervised learning이다. 즉 학습 집합에 있는 샘플은 $(\mathbf{x}, t)$라는 정보를 갖는다. $\mathbf{x}$는 특징 벡터이고, $t$는 그것이 속하는 부류이다. [그림 8-3(a)]는 이 상황을 설명

---

1 강한 잡음이 개입되었거나 부류 정보를 다는 사람이 착각했을 수도 있다.

한다. 하지만 경우에 따라 **x**만 있고 $t$ 정보가 없기도 하다. 이런 상황에서 이루어지는 학습을 비지도 학습unsupervised learning이라 부른다. 분류 정보가 없기 때문에 분류 작업을 수행할 수 없다. 대신 가까이 있는 샘플을 같은 군집으로 모으는 군집화를 수행하거나 이들 군집에서 유용한 정보를 찾아내는 작업을 수행한다.

두 가지 학습 방식의 중간에 속하는 경우를 준지도 학습semi-supervised learning이라 부른다. 최근 엄청난 양의 영상이 발생하는데, 이들 모두에게 분류 정보를 달아 주려면 많은 노동력이 필요하다. 게다가 새로운 영상이 끊임없이 발생하므로 분류 정보를 가지지 못한 영상이 항상 존재할 수 밖에 없다. 준지도 학습은 분류 정보를 가진 영상뿐 아니라 그렇지 않은 영상도 같이 사용하여 분류기의 성능을 높이는 것이 중요한 목표이다. 준지도 학습에 관심이 있는 독자는 [Zhu2008]을 참고하라.

## 2. 재 샘플링을 이용한 성능 평가

기계 학습은 학습 집합을 가지고 수행한다. 학습이 완료되면 테스트 집합으로 성능을 평가한다. 학습 과정에서 모델 선택model selection이 필요한 경우에는 별도의 검증 집합도 사용한다. 그런데 데이터 수집에 상당한 비용이 들기 때문에 데이터의 양이 충분치 않은 현실적인 문제가 생길 수 있다. 이런 상황에서 유용하게 사용할 수 있는 재 샘플링resampling 기법을 공부해 보자. 재 샘플링의 기본 아이디어는 같은 샘플을 여러 번 사용하는 것이다. 이렇게 하여 성능 측정의 통계적인 신뢰도를 높이려는 의도이다.

현장에서 $N$개의 샘플을 수집해 왔다고 하자. [알고리즘 8-1]이 설명하는 교차 검증은 이들 샘플을 $k$개의 부분 집합으로 등분한다.

---

**알고리즘 8-1 교차 검증**

**입력** : $k(2 \leq k \leq N)$, 훈련 집합 $X = \{(\mathbf{x}_1, t_1), (\mathbf{x}_2, t_2), \cdots, (\mathbf{x}_N, t_N)\}$
**출력** : 성능 $q$

| | |
|---|---|
| 1 | $X$를 $k$개의 부분 집합으로 등분하고 그들을 $X_1, X_2, \cdots, X_k$라 한다. |
| 2 | for($i$=1 to $k$) { |
| 3 | $X' = \cup_{j=1, j \neq i}^{k} X_j$로 분류기를 학습시킨다. |
| 4 | $X_i$로 분류기의 성능을 측정하여 $q_i$라 한다. |
| 5 | } |
| 6 | $q = (q_1 + \cdots + q_k)/k;$ |

---

[알고리즘 8-1]은 분류기를 $k-1$개의 부분 집합으로 학습시키고 나머지 한 개의 부분 집합으로 분류기의 성능을 측정한다. 이 과정을 서로 다른 부분 집합으로 $k$번 수행하여 얻은 성능의 평균값을 분류기의 성능으로 취한다. 이러한 방법을 $k$-겹 교차 검증$k$-fold cross validation이라 한다. 극단적으로 $k=N$이면 매번 한 개의 샘플로 성능 측정을 하는 셈이다. 이런 경우를 하나 남기기leave-one-out 또는 잭 나이프jackknife 기법이라고 한다.

교차 검증을 사용하는 상황은 두 가지로 나눌 수 있다. 하나는 모델 선택이 필요 없는 경우로, 하나뿐인 데이터베이스를 훈련과 테스트 집합으로 나누어 쓰는 상황이다. 두 번째는 훈련 집합과 테스트 집합이 별도로 준비되어 있는데 모델을 선택하기 위한 검증 집합이 필요한 때이다. 이때는 훈련 집합을 $k$겹 교차하여 훈련과 검증 목적으로 사용하면 된다. 교차 검증은 가지고 있는 샘플의 대부분을 학습에 쓸 수 있다는 면에서 매력적이다. 특히 $k$가 $N$에 가까워질수록 더욱 그렇다. 하지만 $k$가 커짐에 따라 계산 시간이 많아지는 부담을 감수해야 한다.

[알고리즘 8-2]의 붓스트랩bootstrap은 샘플의 중복 사용을 허용한다. $N$개의 샘플을 가진 집합 $X$에서 $pN$개의 샘플을 임의로 뽑는다. 이때 한번에 하나씩 샘플을 뽑는데 뽑은 것은 다시 집어 넣는다. 따라서 어떤 샘플은 두 번 이상 뽑히고 어떤 샘플은 한 번도 안 뽑힐 수도 있다. 이렇게 얻은 샘플 집합으로 성능을 측정한다. 이 과정을 독립적으로 $T$번 수행하고, 그 결과를 평균한 값을 최종 성능으로 취한다. 이렇게 구한 값은 통계적으로 신뢰도가 높다고 볼 수 있다.

---

**알고리즘 8-2 붓스트랩**

**입력** : 훈련 집합 $X = \{(\mathbf{x}_1, t_1), (\mathbf{x}_2, t_2), \cdots, (\mathbf{x}_N, t_N)\}$, 샘플링 비율 $p(0 < p \leq 1)$, 반복 횟수 $T$
**출력** : 성능 $q$

```
1    for(t=1 to T) {
2        X에서 임의로 pN개의 샘플을 뽑아 X_t라 한다. 이때 대치를 허용한다.
3        X_t로 분류기를 학습시킨다.
4        X-X_t로 분류기의 성능을 측정하여 q_t라 한다.
5    }
6    q=(q_1+⋯+q_T)/T;
```

---

붓스트랩 기법을 실제 활용하는 상황도 교차 검증과 마찬가지로 모델 선택이 필요한 경우와 그렇지 않은 경우의 두 가지 상황으로 나눌 수 있다. 붓스트랩은 분류기 성능 측정이라는 목적뿐 아니라, 함수 근사화(회귀)나 각종 통계치 추정 등에 널리 사용하는 일반적인 기법이다.

# 2
# 신경망

신경망은 기존의 폰 노이만 컴퓨터 구조를 뛰어 넘는 새로운 계산 모형을 찾으려는 목적으로 개발되었다. 뇌가 정보를 처리하는 과정을 컴퓨터로 모방하려는 발상으로, 단순한 연산을 수행하는 많은 연산기를 빽빽이 연결한 연결주의connectionism 계산 모형이다. 1950년대에 Rosenblatt이 제안한 퍼셉트론이라는 초기 신경망 모델이 큰 반향을 일으킨다[Rosenblatt62]. 하지만 퍼셉트론이 선형 분류기에 불과하다는 근본적인 한계가 분명해짐에 따라 신경망 연구는 한동안 소강 상태에 빠진다. 그러다 1980년대 중반에 퍼셉트론의 원리를 계승한 다층 퍼셉트론이 등장하면서 신경망 연구는 부활한다[Rumelhart86]. 신경망은 이러한 재미있는 역사를 가졌을 뿐 아니라 일반화 능력이 뛰어나 현재 실용적인 시스템 구축에 널리 쓰인다.

## 1. 구조와 작동 원리

### 퍼셉트론

[그림 8-6(a)]는 퍼셉트론perceptron의 구조architecture이다. 퍼셉트론은 입력층input layer과 출력층output layer으로 구성된다. 입력층은 $\mathbf{x}=(x_1, x_2, \cdots, x_d)$로 표현되는 특징 벡터를 받기 위해 $d+1$개의 노드node를 갖는다. 여분의 노드는 1을 갖는 바이어스bias에 해당한다. 출력층은 하나의 노드를

갖는다. 따라서 퍼셉트론은 두 개의 부류 $\omega_1$과 $\omega_2$로 분류하는 이진 분류기binary classifier이다. [그림 8-7(c)]가 예시하듯이 특징 공간을 $\omega_1$과 $\omega_2$에 해당하는 공간으로 나눈다. 실제 구현에서는 $\omega_1$과 $\omega_2$를 1과 -1로 표시한다. 입력 노드와 출력 노드는 에지로 연결되어 있고, 이 에지는 가중치weight를 가진다.

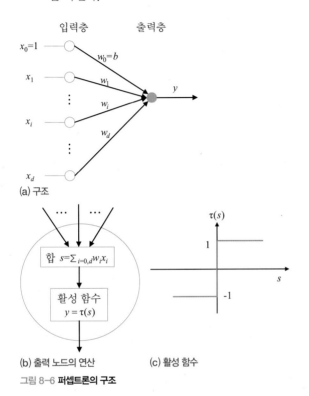

그림 8-6 **퍼셉트론의 구조**

입력층에 있는 속이 빈 노드는 왼쪽에서 받은 값을 단순히 오른쪽으로 전달하는 역할만 한다. 반면 출력층에 있는 회색 노드는 [그림 8-6(b)]에서 보는 바와 같이 합 계산과 활성 함수 계산이라는 두 가지 연산을 순차적으로 수행한다. 이들 연산을 수식으로 표현하면 식 (8.1)과 같다. 특징 벡터는 $\mathbf{x}=(x_1,x_2,\cdots,x_d)$, 가중치 벡터는 $\mathbf{w}=(w_1,w_2,\cdots,w_d)$로 표기한다. $\tau(.)$는 활성 함수activation function로서 [그림 8-6(c)]의 계단 함수step function를 사용한다.

$$y = \tau(s) = \tau(\sum_{i=1}^{d} w_i x_i + b) = \tau(\mathbf{w}\mathbf{x}^{\mathrm{T}} + b)$$
$$\text{이때 } \tau(s) = \begin{cases} +1, \ s \geq 0 \\ -1, \ s < 0 \end{cases} \tag{8.1}$$

2차원 공간 상에 [그림 8-7(a)]와 같이 네 개의 샘플 $\mathbf{x}_1$, $\mathbf{x}_2$, $\mathbf{x}_3$, $\mathbf{x}_4$가 존재하며 $\mathbf{x}_2$, $\mathbf{x}_3$, $\mathbf{x}_4$는 $\omega_1$에 속하고 $\mathbf{x}_1$은 $\omega_2$에 속한다고 가정하자. 샘플과 부류를 값으로 표현하면 $\mathbf{x}_1 = (0,0)$, $t_1 = -1$, $\mathbf{x}_2 = (1,0)$, $t_2 = 1$, $\mathbf{x}_3 = (0,1)$, $t_3 = 1$, $\mathbf{x}_4 = (1,1)$, $t_4 = 1$이다. 이때 $t_i$는 $\mathbf{x}_i$가 속하는 부류 정보로서, $\omega_1$에 속하면 1이고 $\omega_2$에 속하면 $-1$이다.

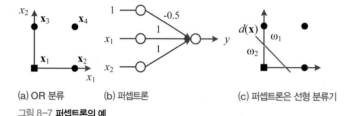

(a) OR 분류　　　(b) 퍼셉트론　　　　　(c) 퍼셉트론은 선형 분류기

그림 8-7 **퍼셉트론의 예**

이 예제는 OR 게이트의 동작을 분류 문제로 간주한다. [그림 8-7(b)]는 이 분류 문제를 해결하는 퍼셉트론을 보여준다. 이 퍼셉트론은 $\mathbf{w} = (1,1)$, $b = -0.5$를 가진다고 보면 된다. 네 개 샘플 중에 $\mathbf{x}_3 = (0,1)$을 입력해 보자.

$$y = \tau(\mathbf{w}\mathbf{x}_3^{\mathrm{T}} + b) = \tau\left( (1 \quad 1)\begin{pmatrix} 0 \\ 1 \end{pmatrix} - 0.5 \right) = \tau(0.5) = 1$$

출력으로 1을 얻었으므로 원하는 값 $t_3$와 같다. 따라서 샘플 $\mathbf{x}_3$를 옳게 인식했다고 말할 수 있다. 나머지 샘플 세 개도 연필을 들고 계산하여 제대로 인식하는지 확인해 보자. 이 퍼셉트론은 [그림 8-7(c)]의 결정 직선에 해당하며 수식으로 표현하면 다음과 같다.

$$d(\mathbf{x}) = w_1 x_1 + w_2 x_2 + b = x_1 + x_2 - 0.5 = 0$$

지금까지 [그림 8-7(b)]와 같은 퍼셉트론이 있다고 가정하고 동작을 살펴보았다. 하지만 처음에 주어지는 정보는 퍼셉트론이 아니라 [그림 8-7(a)]에 있는 네 개의 샘플과 같은 학습 집합이다. 학습 집합을 이용하여 [그림 8-7(b)]에 있는 퍼셉트론의 가중치 값을 어떻게 알아낼 것인가? Rosenblatt은 이 값을 알아내는 학습 알고리즘을 제시하였다. 퍼셉트론의 학습은 생략하고, 대신 다층 퍼셉트론의 학습을 8.2.2절에서 알아보기로 하자.

앞서 다룬 퍼셉트론을 다시 해석해 보면, 식 (8.2)의 선형 분류기$^{\text{linear classifier}}$에 해당한다. $d(.)=0$은 특징 공간을 둘로 나누는 경계이다. 이 경계는 [그림 8-7(c)]와 같이 2차원에서는 직선, 3차원에서는 평면이 되는데, 4차원 이상에서는 초평면$^{\text{hyperplane}}$이라 부른다. 이들은 부류를 결정하는 역할을 하므로 결정 직선 또는 결정 평면, 결정 초평면$^{\text{decision hyperplane}}$이라 불린다.

$$d(\mathbf{x}) = \mathbf{w}\mathbf{x}^{\mathrm{T}} + b \geq 0 이면 \ \mathbf{x} \in \omega_1$$
$$d(\mathbf{x}) = \mathbf{w}\mathbf{x}^{\mathrm{T}} + b < 0 이면 \ \mathbf{x} \in \omega_2$$

(8.2)

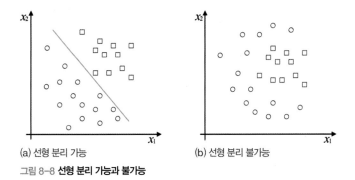

(a) 선형 분리 가능　　　　　　　　(b) 선형 분리 불가능

그림 8-8 **선형 분리 가능과 불가능**

　[그림 8-8]은 선형 분리 가능과 불가능한 두 상황을 대비해서 보여준다. 퍼셉트론은 초평면으로 특징 공간을 두 개의 영역으로 나누는 역할을 하는 것에 불과하므로 [그림 8-8(b)]의 선형 분리가 불가능한 상황에서는 한계를 드러낼 수밖에 없다. 이러한 한계를 극복하기 위해 퍼셉트론을 확장한 다층 퍼셉트론이 고안되었다[Rumelhart86]. 이 아이디어가 10여 년 이상 소강 상태에 빠진 신경망 연구를 되살렸다.

## 다층 퍼셉트론

　다층 퍼셉트론이 어떻게 퍼셉트론의 한계를 극복하는지 살펴보자. 아주 간단한 예제로 설명할 수 있다. [그림 8-9(a)]는 XOR 게이트의 동작을 분류 문제로 간주한다. 하나의 퍼셉트론은 네 개의 샘플 중에서 세 개만 맞출 수 있고, 따라서 75%의 정인식률이 퍼셉트론의 한계이다. 어떻게 하면 네 개 샘플을 모두 옳게 분류할 수 있을까? [그림 8-9(a)]는 두 개의 결정 직선으로 100% 옳게 분류하는 방법을 보여준다. 결정 직선 $d_1$의 +영역과 $d_2$의 +영역이 겹친 영역은 부류 $\omega_1$에 속하고 나머지 영역은 $\omega_2$에 속한다. 이때 $d_1(\mathbf{x})$와 $d_2(\mathbf{x})$를 각각 퍼셉트론으로 간주할 수 있는데, [그림 8-9(b)]의 앞 부분에 빨간색과 파란색으로 표시된 부분이다. 두 번째 단계에 있는 녹색 퍼셉트론은 +영역과 −영역을 구분하는 역할을 한다.[2]

---

2　첫 번째 단계에서 두 개의 퍼셉트론 $d_1$과 $d_2$를 이용하여 특징 벡터를 새로운 공간으로 매핑하였으며, 새로운 공간에서 하나의 퍼셉트론 $d_3$를 이용하여 최종 분류한 것으로 간주할 수 있다.

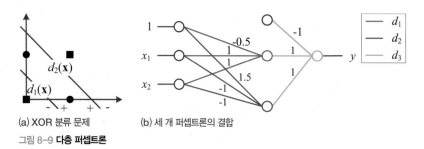

(a) XOR 분류 문제     (b) 세 개 퍼셉트론의 결합

그림 8-9 **다층 퍼셉트론**

[그림 8-9]는 입력층과 출력층 사이에 은닉층을 하나 가지는 다층 퍼셉트론$^{MLP(Multi-Layer}$ $^{Perceptron)}$이다. 연필을 들고 이 다층 퍼셉트론에 [그림 8-9(a)]에 있는 네 개의 샘플을 입력하여 출력을 확인해 보자. 연필의 힘은 강하다!

[그림 8-10]은 다층 퍼셉트론의 일반적인 구조와 표기를 보여준다. 다층 퍼셉트론은 입력층과 은닉층$^{hidden \ layer}$, 출력층을 갖는다. 입력층은 퍼셉트론과 마찬가지로 특별한 연산이 없고 단지 받은 값을 은닉층으로 전달하는 기능만 한다. 입력층은 특징 벡터 $\mathbf{x}=(x_1,x_2,\cdots,x_d)$를 받아야 하므로 $d$개의 노드가 있고, 바이어스에 해당하는 노드 하나가 추가되어 총 $d+1$개의 노드를 갖는다. 부류의 개수를 $m$이라 할 때, 부류마다 하나의 노드를 할당하므로 출력층은 총 $m$개의 노드를 갖는다. 은닉층의 노드 개수 $p$는 사용자가 지정해야 한다. 은닉층에도 하나의 바이어스 노드가 있어 총 $p+1$개의 노드가 있다. 바이어스 노드는 항상 1을 갖는다. [그림 8-10]의 오른쪽은 복잡한 연결을 블록으로 대치한 다이어그램을 보여준다.

TIP 입력층은 연산이 없으므로 이 신경망을 2층 신경망이라 부른다. $m$개의 부류는 $\omega_1, \omega_2, \cdots, \omega_m$으로 표기한다.

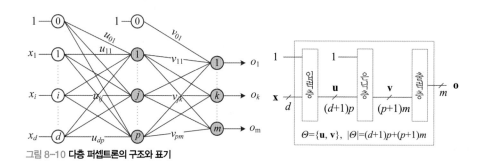

그림 8-10 **다층 퍼셉트론의 구조와 표기**

입력층과 은닉층 사이에는 총 $(d+1)p$개의 가중치가 있다. 이들을 편의상 $\mathbf{u}$로 표기하고 $i$번째 입력 노드에서 $j$번째 은닉 노드로 가는 에지의 가중치를 $u_{ij}$라 한다. 은닉층과 출력층 사이에는 총 $(p+1)m$개의 가중치가 있다. 이들은 $\mathbf{v}$로 표기하고 $j$번째 은닉 노드와 $k$번째 출력 노드의 가중치를 $v_{jk}$라 한다. 신경망의 출력은 출력 벡터 $\mathbf{o}=(o_1, o_2, \cdots, o_m)$으로 표기하자. 결국 다층 퍼셉트론은 $\mathbf{x}$를 입력으로 받아 $\mathbf{o}$를 출력하는 함수로 간주할 수 있다. 이 변환 과정을 정리하면 식 (8.3)과 같다. 이 함수를 두 단계로 나누어 쓰면 보다 명확해 진다. 함수 $p(.)$는 입력층에서 은닉층으로 매핑을 담당하고 은닉층에서 출력층으로의 매핑은 함수 $q(.)$가 담당한다. 이 식에서 은닉층의 출력을 $\mathbf{z}$로 표기하였다.

$$\mathbf{o} = f(\mathbf{x}) \text{ 또는 두 단계로 나누어 쓰면 } \mathbf{o} = q(\mathbf{z}),\ \mathbf{z} = p(\mathbf{x}) \tag{8.3}$$

이 연산을 수식으로 전개하면 식 (8.4)와 (8.5)가 된다. 이 연산은 왼쪽에서 출발하여 앞으로만 전진하므로 전방 계산$^{\text{forward computation}}$이라 부른다. $\tau(.)$는 활성 함수이다.

$$\text{은닉층의 } j\text{번째 노드}, 1 \leq j \leq p:$$
$$z\_sum_j = \sum_{i=1}^{d} x_i u_{ij} + u_{0j} \tag{8.4}$$
$$z_j = \tau(z\_sum_j)$$

$$\text{출력층의 } k\text{번째 노드}, 1 \leq k \leq m:$$
$$o\_sum_k = \sum_{j=1}^{p} z_j v_{jk} + v_{0k} \tag{8.5}$$
$$o_k = \tau(o\_sum_k)$$

다층 퍼셉트론은 활성 함수 $\tau(.)$를 위해 퍼셉트론이 사용했던 계단 함수 대신 시그모이드라는 비선형 함수를 사용한다. 식 (8.6)은 널리 사용되는 양극 시그모이드$^{\text{bipolar sigmoid}}$ 함수인데 $-1$에서 1 사이의 값을 갖는다. $\alpha$는 모양을 결정하는 매개변수인데 값이 클수록 계단에 가까워진다.

$$\text{양극 시그모이드 함수와 도함수}:$$
$$\tau(x) = \frac{2}{1 + e^{-\alpha x}} - 1 \tag{8.6}$$
$$\tau'(x) = \frac{\alpha}{2}(1 + \tau(x))(1 - \tau(x))$$

## 2. 학습

지금까지는 이미 완성되어 있는 신경망이 어떻게 작동하는지 공부하였다. 이제 이런 신경망을 어떻게 만들지 생각해야 한다. 물론 학습을 통해 만든다. 다층 퍼셉트론의 학습은 다음과 같이 정의할 수 있다.

> MLP 학습이란? 훈련 집합 $X=\{(\mathbf{x}_1,\mathbf{t}_1), (\mathbf{x}_2,\mathbf{t}_2), \cdots, (\mathbf{x}_N,\mathbf{t}_N)\}$이 주어졌을 때, 이들을 분류하는 다층 퍼셉트론(즉, $\Theta=\{\mathbf{u},\mathbf{v}\}$)을 찾아라. $(\mathbf{x}_i,\mathbf{t}_i)$에서 $\mathbf{x}_i$는 특징 벡터이고 $\mathbf{t}_i$는 목적 벡터$^{\text{target vector}}$로서 $\mathbf{x}_i \in \omega_j$이면 $\mathbf{t}_i=(-1,\cdots,1,\cdots,-1)$이다. 즉 $j$번째 요소만 1이고 나머지 요소는 모두 -1을 갖는다.

이제 현재 설정되어 있는 $\Theta=\{\mathbf{u},\mathbf{v}\}$의 품질을 측정할 수 있는 목적 함수를 정의해 보자. [그림 8-11]은 다층 퍼셉트론을 하나의 블랙박스로 표시한다. 훈련 샘플 $\mathbf{x}=(x_1,x_2,\cdots,x_d)$가 입력되었을 때 원하는 출력은 $\mathbf{t}=(t_1,t_2,\cdots,t_m)$이다. $\Theta$로 정의되는 다층 퍼셉트론이 $\mathbf{o}=(o_1,o_2,\cdots,o_m)$을 출력했다면 이때 오류를 식 (8.7)과 같이 정의할 수 있다. 다층 퍼셉트론은 이 오류 함수 $E(\Theta)$를 목적 함수로 사용한다. 학습이란 $E(\Theta)$를 최소로 하는 $\Theta$의 값을 찾는 과정이다.

$$E(\Theta) = \frac{1}{2}\sum_{i=1}^{m}(t_i - o_i)^2 \tag{8.7}$$

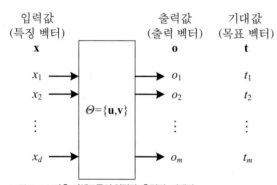

그림 8-11 **다층 퍼셉트론의 입력값, 출력값, 기댓값**

학습 알고리즘은 식 (8.7)의 오류 $E(\Theta)$를 줄이는 쪽으로 매개변수 $\Theta$를 수정해 나가야 한다. 이 작업은 내리막 경사법$^{\text{gradient descent}}$으로 이루어지는데 식으로 쓰면 (8.8)과 같다. $\frac{\partial E}{\partial \mathbf{v}}$와 $\frac{\partial E}{\partial \mathbf{u}}$는 $E$의 값이 커지는 방향이므로 이들을 빼주면 $E$가 작아진다. 작아지는 방향은 알지만 얼마만큼 이동해야 최저점에 도달할지 알 수 없으므로 적당한 값 $\rho$를 곱한다. $\rho$는 학습률$^{\text{learning rate}}$을 의미한다. 괄호 속의 $h$는 반복 횟수로서 $h$번째 반복의 $\mathbf{v}$ 값을 $\mathbf{v}(h)$로 표기한다. [알고리즘 8-3]은 지금까지 설명한 과정을 정리해 준다.

$$\mathbf{v}(h+1) = \mathbf{v}(h) + \Delta \mathbf{v} = \mathbf{v}(h) - \rho \frac{\partial E}{\partial \mathbf{v}}$$

$$\mathbf{u}(h+1) = \mathbf{u}(h) + \Delta \mathbf{u} = \mathbf{u}(h) - \rho \frac{\partial E}{\partial \mathbf{u}}$$

(8.8)

---

**알고리즘 8-3 다층 퍼셉트론(MLP) 학습 알고리즘**

**입력**: 훈련 집합 $X = \{(\mathbf{x}_1, \mathbf{t}_1), (\mathbf{x}_2, \mathbf{t}_2), \cdots, (\mathbf{x}_N, \mathbf{t}_N)\}$, 학습률 $\rho$
**출력**: 가중치 $\mathbf{u}$와 $\mathbf{v}$

```
1    u와 v를 초기화한다.
2    repeat {
3      for(X의 샘플 각각에 대해) {
4        식 (8.4)와 (8.5)로 전방 계산을 한다.
5        ∂E/∂v 와 ∂E/∂u 를 계산한다.
6        식 (8.8)로 새로운 u와 v를 계산한다.
7      }
8    } until(stop-condition);
```

[알고리즘 8-3]에서 구체적으로 알려지지 않은 것은 5행뿐이다. 식 (8.9)~(8.12)는 5행이 사용할 수식이다. 구체적인 유도 과정은 [오일석2008, 4장]을 참고하기 바란다.

$$\delta_k = (t_k - o_k) \tau'(o\_sum_k), \ 1 \le k \le m \tag{8.9}$$

$$\Delta v_{jk} = -\rho \frac{\partial E}{\partial v_{jk}} = \rho \delta_k z_j, \ 0 \le j \le p, \ 1 \le k \le m \tag{8.10}$$

$$\eta_j = \tau'(z\_sum_j) \sum_{k=1}^{m} \delta_k v_{jk}, \ 1 \le j \le p \tag{8.11}$$

$$\Delta u_{ij} = -\rho \frac{\partial E}{\partial u_{ij}} = \rho \eta_j x_i, \ 0 \le i \le d, \ 1 \le j \le p \tag{8.12}$$

이제 학습 알고리즘을 완성하기 위해 필요한 모든 수식이 준비된 셈이다. 이들 수식 (8.9)~(8.12)를 일반 델타 규칙generalized delta rule이라 부른다. 이 규칙을 [알고리즘 8-3]에 대입하여 완성된 [알고리즘 8-4]를 만들 수 있다. 이 알고리즘이 오류 $E$를 줄이는 원리는 아주 간단하다. 주어진 샘플에 대해 전방 계산으로 오류를 추정한 후(9~10행), 출력층에서 시작하여 은닉층과 입력층 방향으로 거꾸로 전진하며 이 오류를 전파한다(13~18행). 여기서 오류 전파란 오류를 줄이는 쪽으로 가중치를 갱신하는 것을 뜻한다. 따라서 이 알고리즘을 오류 역전파 알고리즘error back-propagation algorithm이라 부른다.

2~3행은 초기화 단계이다. 5~19행은 크게 9~10행의 전방 계산, 13~18행의 오류 역전파로 구성된다. 이들 각각은 앞에서 유도한 수식을 사용한다. 종료 조건을 만족할 때까지 반복하는데, 보통 더 이상 성능 향상이 없을 때 멈춘다. [알고리즘 8-4]를 구현하여 좋은 성능을 얻으려면 가중치 초기화, 학습률 설정, 종료 조건 설정, 샘플 처리 순서 등 여러 가지 사항을 면밀히 고려해야 한다. 자세한 내용은 [오일석2008, 4장]을 참고하라.

---

**알고리즘 8-4 다층 퍼셉트론(MLP) 학습을 위한 오류 역전파 알고리즘**

**입력** : 훈련 집합 $X = \{(\mathbf{x}_1, \mathbf{t}_1), (\mathbf{x}_2, \mathbf{t}_2), \cdots, (\mathbf{x}_N, \mathbf{t}_N)\}$, 학습률 $\rho$
**출력** : 가중치 $\mathbf{u}$와 $\mathbf{v}$

```
1    // 초기화
2    u와 v를 초기화한다.
3    x₀=z₀=1;  // 바이어스
4    repeat {
5      for(X의 샘플 각각에 대해) {
6        현재 샘플을 x=(x₁,x₂,…,x_d)와 t=(t₁,t₂,…,t_m)으로 표기한다.
7
8    // 전방 계산
9        for(j=1 to p) {z_sum_j = Σ x_i u_ij ; z_j = τ(z_sum_j); }   // 식 (8.4)
10       for(k=1 to m) {o_sum_k = Σ z_j v_jk ; o_k = τ(o_sum_k);}   // 식 (8.5)
11
12   // 오류 역전파
13       for(k=1 to m) δ_k = (t_k - o_k)τ'(o_sum_k);   // 식 (8.9)
14       for(모든 v_jk, 0 ≤ j ≤ p, 1 ≤ k ≤ m에 대해) Δv_jk = ρδ_k z_j ;   // 식 (8.10)
15       for(j=1 to p) η_j = τ'(z_sum_j) Σ δ_k v_jk ;   // 식 (8.11)
16       for(모든 u_ij, 0 ≤ i ≤ d, 1 ≤ j ≤ p에 대해) Δu_ij = ρη_j x_i ;   // 식 (8.12)
17       for(모든 v_jk, 0 ≤ j ≤ p, 1 ≤ k ≤ m에 대해) v_jk = v_jk + Δv_jk ;   // 식 (8.8)
18       for(모든 u_ij, 0 ≤ i ≤ d, 1 ≤ j ≤ p에 대해) u_ij = u_ij + Δu_ij ;   // 식 (8.8)
19     }
20   }until(stop-condition);
```

행 9: $\text{for}(j=1 \text{ to } p)\ \{z\_sum_j = \sum_{i=0}^{d} x_i u_{ij}\ ;\ z_j = \tau(z\_sum_j);\ \}$
행 10: $\text{for}(k=1 \text{ to } m)\ \{o\_sum_k = \sum_{j=0}^{p} z_j v_{jk}\ ;\ o_k = \tau(o\_sum_k);\}$
행 13: $\text{for}(k=1 \text{ to } m)\ \delta_k = (t_k - o_k)\tau'(o\_sum_k);$
행 14: $\Delta v_{jk} = \rho \delta_k z_j$
행 15: $\eta_j = \tau'(z\_sum_j)\sum_{k=1}^{m} \delta_k v_{jk}$
행 16: $\Delta u_{ij} = \rho \eta_j x_i$
행 17: $v_{jk} = v_{jk} + \Delta v_{jk}$
행 18: $u_{ij} = u_{ij} + \Delta u_{ij}$

---

이제 학습이 완료된 다층 퍼셉트론을 새로운 테스트 샘플을 인식하는 데 사용해 보자. 인식은 전방 계산 한번으로 끝난다. [알고리즘 8-5]는 인식 과정을 설명한다. 5행은 전방 계산으로 얻은 출력 벡터 $\mathbf{o} = (o_1, o_2, \cdots, o_m)$을 조사하여 가장 큰 값을 갖는 요소에 해당하는 부류를 분류 결과로 출력

한다. 신경망의 학습은 전방 계산과 오류 역전파 과정을 반복하므로 시간이 많이 걸린다. 하지만 인식은 전방 계산을 한번만 실행하면 되므로 빠르게 작동한다.

## 3. 깊은 학습

[그림 8-12(a)]는 컴퓨터 비전 전문가가 인식 프로그램을 제작할 때 거치는 전형적인 절차를 보여준다. 전문가는 자신의 경험 또는 여러 가지 실험을 통해 주어진 문제에 적합한 특징 추출 알고리즘을 설계한 후, 그것을 구현하여 특징 벡터 $\mathbf{x}$를 추출하는 프로그램을 확보한다. 그런 후 여러 가지 분류 알고리즘 중에 적합한 것을 선택하여 학습시킨다. 이렇게 확보한 특징 추출 프로그램과 분류 프로그램을 연결하여 인식 프로그램을 완성한다.

1990년대에 다른 생각을 하는 사람들이 생겨났다. 그들의 아이디어는 깊은 학습의 토대가 되는데, [그림 8-12(b)]와 같다. 새로운 접근 방식은 특징 추출기와 분류기를 같은 학습으로 동시에 제작한다. 특징 추출 알고리즘에 사람이 개입하지 않기 때문에 노동력을 아끼는 효과를 얻을 수 있다. 사실 가장 적합한 특징 알고리즘을 찾아내는 과정은 꽤 지루한 반복을 거쳐야 한다. 그런데 기계 학습이 사람이 만든 것보다 더 좋은 특징 추출기를 만들어낼 수 있을까?

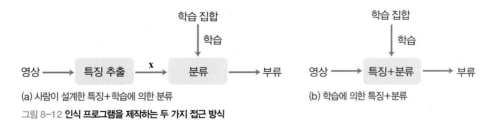

(a) 사람이 설계한 특징+학습에 의한 분류          (b) 학습에 의한 특징+분류

그림 8-12 **인식 프로그램을 제작하는 두 가지 접근 방식**

## 컨볼루션 신경망

어떤 특징 추출기는 적절한 마스크를 가지고 컨볼루션을 수행한다. 예를 들어 [그림 3-5]의 마스크는 에지라는 특징을 검출해 준다. 이런 특징 검출 기능을 가지면서 기계 학습도 가능한 학습 모델이 있을까? 이때 기계 학습의 역할은 마스크를 설계하는 일이라 볼 수 있다. 1980년에 Fukushima는 네오코그니트론Neocognitron이라는 이름의 신경망을 제안하고 필기된 숫자를 인식하는 문제에 적용하였다[Fukushima80, Fukushima2003]. LeCun은 네오코그니트론 아이디어를 발전시켜 [그림 8-13]이 보여주는 컨볼루션 신경망CNN(Convolutional Neural Network)을 제안하였다[LeCun98].[3]

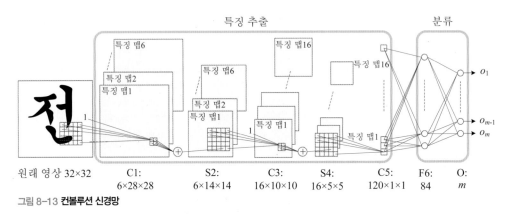

그림 8-13 **컨볼루션 신경망**

[그림 8-13]의 신경망은 일곱 개 층의 컨볼루션 신경망인데, 앞의 여섯 개는 은닉층이고 마지막은 출력층이다. 순서대로 C1-S2-C3-S4-C5-F6-O로 표기되어 있는데 숫자는 은닉층 번호를 뜻하고 C는 컨볼루션을 담당하는 층, S는 다운샘플링을 담당하는 층, 그리고 F는 [그림 8-10]의 은닉층과 같다. O는 출력층이다. 일곱 개 층은 역할에 따라 크게 두 부분으로 나눌 수 있는데, 앞쪽에 있는 다섯 층 C1-S2-C3-S4-C5는 특징 추출을 담당하고, 뒤에 있는 두 층 F6-O는 분류를 담당한다.

분류를 담당하는 뒤의 두 층 F6와 O는 [그림 8-10]의 MLP와 같은 구조이다. 즉, 인접한 C5-F6와 F6-O 사이가 완전 연결된다. 반면 앞의 다섯 층은 전혀 다른 구조를 갖는데 이들이 수행하는 연산이 컨볼루션과 비슷하여 컨볼루션 신경망이라고 부른다. 맨 왼쪽에 있는 C1층을 살펴

---

3  1989년에 발표한 [LeCun89]에서 발전한 신경망이다. [LeCun89]는 깊은 학습을 실용적인 문제에 적용하여 우수한 성능을 확인한 최초의 논문으로 간주된다.

보자. 이 층은 원래 영상에 5×5 윈도우로 컨볼루션을 적용하여 특징 맵을 만든다. 이때 입력층과 C1층을 연결하는 에지의 가중치가 마스크의 값이다. 컨볼루션한 결과에 바이어스를 더한 값을 특징 맵에 기록한다. 이렇게 컨볼루션을 수행하면 28×28 특징 맵이 만들어 진다. 윈도우가 영상 밖으로 벗어나는 화소를 제외하기 때문에, 32×32 입력 영상에서 28×28 특징 맵이 생성된다.

C1층은 이런 특징 맵을 여섯 장 생성한다. 이때 여섯 장의 특징 맵은 서로 다른 에지 가중치(마스크)를 가지는데, 각각의 특징 맵 내에서는 동일한 마스크를 적용한다. 이와 같이 하나의 특징 맵이 가중치를 공유하는 기법을 가중치 공유$^{weight \, sharing}$라 부른다. 또한 여섯 개의 특징 맵이 각자 가중치를 가지므로 자신의 고유한 특징을 추출하는 효과가 있다. 각각의 특징 맵이 사용하는 마스크가 5×5+1=26개의 가중치를 가지기 때문에, 입력층과 C1층은 총 26×6=156개의 가중치를 갖는다. 이들 가중치는 학습으로 알아내야 한다. 이와 같이 학습이 알아내야 하는 가중치는 매개변수 집합 $\Theta$를 구성하는데, [그림 8-13]은 이들을 빨간색으로 표시하였다.

두 번째 층인 S2는 역할이 다르다. 이 층은 다운샘플링을 하여 해상도를 줄여 준다. 단순히 2×2 윈도우 내에 있는 화소값을 더한 후, 그 값에 가중치를 곱하고(이 가중치가 학습이 알아내야 하는 매개변수), 그 결과에 활성 함수를 적용한다. 이렇게 얻은 값을 특징 맵에 기록한다. S층은 윈도우를 겹치지 않으므로, 28×28인 맵의 크기가 절반인 14×14로 줄어든다.

지금까지 C1과 S2층에 대해 설명했는데, 이어지는 C3와 S4도 같은 연산을 수행한다. 단 C3의 특징 맵을 만들 때는 S2의 여러 개 특징 맵에서 값을 취한다. 예를 들어 C3의 1번 맵은 S2의 1, 2, 3번 맵에서 값을 취하며, C3의 16번 맵은 S2의 여섯 개 맵 전체에서 값을 취한다. 보다 자세한 내용과 그 이유에 대해서는 [LeCun98]을 참고하라.

[그림 8-13]은 가중치를 갖는 에지를 빨간색 선으로 표시하였다. 이들은 학습이 알아내야 할 매개변수로, $\Theta$를 구성한다. 이 새로운 신경망은 은닉층이 하나인 [그림 8-10]의 2층 신경망에 비해 $\Theta$의 크기가 무척 크다. 신경망의 용량이 대폭 증가하였기 때문에 학습이 어려워진다. LeCun은 8.2.2절에서 공부한 오류 역전파 학습 알고리즘을 개선한 알고리즘으로 학습이 가능함을 보였다.

컨볼루션 신경망이 수행하는 연산의 의미를 따져보자. C층에서 일정한 크기의 윈도우를 가지고 특징을 추출하는 연산은 동물 눈의 동작과 유사하다. 동물의 눈도 수용장$^{receptive \, field}$이라 부르는 일정 크기의 지역에서 특징을 추출한다. 컨볼루션 신경망에서는 학습 과정에서 알고리즘이 적절한 마스크를 자동으로 제작하는데, 영상의 특성에 따라 에지, 코너, 텍스처 등을 추출하는 마스크가 생성된다. 하나의 특징 맵이 가중치를 공유하는 기법은 학습으로 조정해야 하는 매개변수 수를 줄여줌으로써 신경망의 용량을 적절히 유지하는 효과를 제공한다. S층의 다운샘플링은 패턴이 이동, 회전, 크기 변화 등을 겪는데 이런 변화에 불변성을 확보하기 위이다. 방금 설명한 수용장과 가중치 공유, 다운샘플링이라는 세 가지 개념이 컨볼루션 신경망의 핵심 아이디어이다.

## MLP를 확장한 깊은 신경망

Ciresan은 다른 생각을 하였다[Ciresan2010]. 그는 굳이 컨볼루션을 담당하는 복잡한 은닉층을 둘 필요가 있을까라는 의문을 제기하였다. 그의 발상은 [그림 8-14]와 같이 [그림 8-10]의 표준 구조에서 단순히 은닉층을 늘리는 것이다. 은닉층의 개수를 $k$라 하고 $l$번째 은닉층은 $p_l$개의 노드를 갖는다고 하자. 이제 매개변수 집합을 $\Theta=\{\mathbf{u}_1,\mathbf{u}_2,\cdots,\mathbf{u}_k,\mathbf{v}\}$와 같이 쓸 수 있고, 매개변수의 개수는 $|\Theta|=(d+1)p_1+(p_1+1)p_2+\cdots+(p_{k-1}+1)p_k+(p_k+1)m$이 된다. 그는 실험을 통해, 이런 방법이 필기 숫자 인식 문제에서 그동안 제안된 컨볼루션 신경망에 비해 우수한 성능을 보인다고 입증하였다.

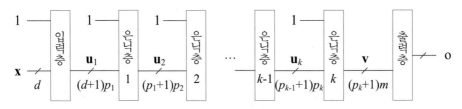

$\Theta=\{\mathbf{u}_1,\mathbf{u}_2,\cdots,\mathbf{u}_k,\mathbf{v}\}$, $|\Theta|=(d+1)p_1+(p_1+1)p_2+\cdots+(p_{k-1}+1)p_k+(p_k+1)m$

그림 8-14 MLP를 확장한 깊은 신경망

깊은 신경망의 또 다른 형태는 제한된 볼츠만 머신RBM(Restricted Boltzmann Machine)을 사용한다. MLP의 앞 쪽에 RBM을 두는데, RBM은 비지도 학습으로 만든다. 학습된 RBM을 뒤쪽의 MLP와 연결한 후 전체를 다시 학습한다. 자세한 내용은 [Hinton2006, Bengio2006]을 참고하라.

지금까지 공부한 [그림 8-13]의 컨볼루션 신경망과 [그림 8-14]에 있는 신경망은 은닉층이 두 개 이상이다. 이러한 신경망 구조를 깊은 신경망deep neural network이라 부르고, 이런 신경망을 학습시키는 일을 깊은 학습deep learning이라 부른다. 깊은 학습은 조정해야 하는 매개변수의 양이 방대하므로 학습이 더디게 이루어진다. 이러한 이유로 발전이 느렸는데, 최근에는 저렴해진 병렬처리 장치로 인해 획기적인 전기가 마련되었다. 값싼 GPU 보드는 CPU에 비해 수백 배 빠른 연산을 지원한다. 이전에 수개월 내지 수개 년이 걸리던 학습을 GPU 프로그래밍으로 며칠 또는 몇 주 만에 마칠 수 있게 되었다[Pharr2005, Sanders2010].

발전을 더디게 만든 또 다른 문제는 매개변수가 이루는 방대한 탐색 공간에 비해 사용 가능한 데이터베이스의 크기가 작다는 점이다. 이 문제를 해결하는 첫 번째 방안은 [그림 8-13]의 신경망이 사용하는 가중치 공유와 같은 기법을 적용하여 탐색 공간을 줄이는 것이다. 두 번째 방안은 가지고 있는 샘플을 일정한 규칙에 따라 변형(이동, 회전, 크기, 모양 왜곡)하여 인위적으로 데이터베이스의 크기를 늘리는 것이다. 보통 두 기법을 혼용한다.

## 신경망의 우열

대략 1980년대와 1990년대 중반까지 앞 절에서 공부한 MLP가 앞선 성능을 자랑하였다. 하지만 SVM이 전면에 등장한 1990년대 중반부터 2000년대 중반까지 SVM이 MLP를 누르고 가장 탁월한 성능을 보이는 분류기라는 평판을 유지한다. 특히 MNIST 필기 숫자 데이터베이스를 인식하는 문제에서는 이러한 성능의 차이가 뚜렷이 나타났다.[4] 하지만 2000년대 중반경에 깊은 신경망이 역전한다. 현재, MNIST 문제에 관한한 깊은 신경망이 챔피언 자리를 차지하고 있다.

문자 인식 분야뿐 아니라 자연 영상 인식 문제에서도 깊은 신경망이 성능을 주도하고 있다. 이미지넷ImageNet에는 천만 개 이상의 영상이 이만 개 이상의 부류로 분류되어 있다. 2012년 이미지넷 대회 ILSVRC는 이들의 일부인 1,000부류에 속한 1,281,167장의 영상을 가지고 성능 경합을 벌였다. [그림 8-15]는 이 대회가 사용한 영상의 일부를 보여준다. 물체의 모양, 크기, 놓인 자세, 배경의 혼잡성 측면에서 서로 크게 다르다는 사실을 알 수 있다.

그림 8-15 **이미지넷 데이터베이스의 '망치'와 '종' 부류에 속한 영상**[5]

---

4 http://yann.lecun.com/exdb/mnist/
5 http://www.image-net.org/challenges/LSVRC/2012/ilsvrc2012.pdf에서 발췌한 그림이다.

2012 대회는 토론토 대학 팀이 제출한 수퍼비전이라는 프로그램이 우승을 차지하였다. 이 프로그램은 [그림 8-13]과 비슷한 컨볼루션 신경망을 사용하였다.[6] 그들이 사용한 신경망은 65만 개의 뉴런(노드), 6천만 개의 매개변수를 갖는 엄청나게 큰 구조이다. 두 개의 NVIDIA GPU에서 병렬 프로그래밍으로 기계 학습을 수행하였는데, 학습에 1주일가량 걸렸다고 보고하였다. 구체적인 구조와 훈련 방법은 [Krizhevsky2012]를 참고하라.

현재 깊은 학습은 컴퓨터 비전 연구의 중요한 동력이다. 보다 폭넓고 깊은 공부를 원하는 사람은 [Bengio2009, Bengio2013]을 참고하기 바란다. 또한 깊은 학습 기술은 컴퓨터 비전, 음성 인식, 자연어 처리 등의 인공지능 영역에서 성능 도약을 가져왔다. 구글, 페이스북, IBM, 마이크로소프트와 같은 회사가 이 기술을 어떻게 바라보며 활용 전략을 짜는지 조망하고자 하는 독자에게 [Jones2014]를 추천한다.

---

6 http://www.image-net.org/challenges/LSVRC/2012/supervision.pdf를 참고하라.

# 3
# SVM

[그림 8-16]은 세 개의 분류기(결정 직선)를 보여준다. ①을 초깃값으로 삼아 신경망 학습 알고리즘을 적용하였다면 오류를 줄여 가는 과정을 반복하여 ② 또는 ③과 같은 결정 직선을 찾아갈 것이다. 이 상황에서 만일 ②에 도달하였다면 신경망 학습은 거기에서 멈춘다. 오류 함수가 0을 갖게 되므로 추가로 ③과 같은 분류기를 찾아갈 동력이 없기 때문이다.

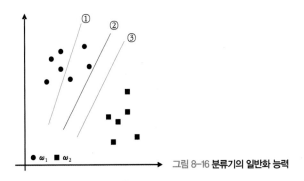

그림 8-16 **분류기의 일반화 능력**

학습 집합 입장에서 보면 ②와 ③은 둘 다 오류가 0이므로 같은 성능의 분류기이다. 하지만 미래에 발생할 미지의 영상을 얼마나 잘 분류하는가를 따지는 척도인 일반화 측면에서 보면 ②와 ③은 같지 않다. ②는 부류 $\omega_1$에서 발생하는 영상에서 약간의 변형이 발생하면 결정 직선을 넘어 $\omega_2$로 잘못 분류될 가능성이 크다. 하지만 결정 직선 ③은 두 부류 모두에 대해 여백margin이 커서 웬만큼 변형되더라도 잘못 분류되지 않는다. 즉 ②는 여유가 없고 ③은 넉넉한 여유를 가진다고 볼 수 있다. ③은 ②보다 일반화 능력이 뛰어나고 결국 분류기 품질 면에서 ③이 ②보다 좋다.

이와 같이 SVM은 오류율을 최소화하는 기존 분류기에서 한 발짝 더 나아가 두 부류 사이에 존재하는 여백margin을 최대화하여 일반화 능력을 극대화시키는 방법이다. 8.3.1절에서 선형 SVM에 대해 살펴보고 8.3.2절에서 비선형 SVM으로 확장한다. 이진 분류기인 SVM을 $M$ 부류로 확장하는 방법에 대해서도 공부한다.[7]

## 1. 선형 SVM

이진 분류를 처리하는 결정 초평면은 식 (8.13)으로 표현할 수 있다. $\mathbf{x}$는 샘플을 나타내는 특징 벡터로서 $\mathbf{x}=(x_1,\cdots,x_d)$이다. $\mathbf{w}$와 $b$는 결정 초평면의 방향과 위치를 정의하는 매개변수이다.

$$d(\mathbf{x}) = \mathbf{w}\mathbf{x}^{\mathrm{T}} + b = 0 \qquad (8.13)$$

### 선형 분리가 가능한 상황

[그림 8-17]은 선형 분리가 가능한 상황인데, 결정 직선의 방향을 나타내는 $\mathbf{w}$가 주어진 상황에서 $b$를 변화시키면 그에 따라 직선의 위치가 변한다.

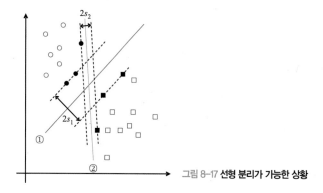

그림 8-17 **선형 분리가 가능한 상황**

이때 '두 부류에 대해 직선으로부터 가장 가까운 샘플까지의 거리가 같게 되는' $b$를 결정할 수 있다. 그림에서 두 개의 결정 직선 ①과 ②는 이렇게 얻은 것이다. 이때 결정 직선의 여백margin은 직

---

7  SVM을 다룬 책은 [Cristianini2000, Abe2005]를 권한다. SVM의 튜토리얼 논문으로 가장 널리 읽히는 것은 [Burges98]이다. 또한 [Ivanciuc2007]도 좋은 튜토리얼 논문이다.

선으로부터 가장 가까운 샘플까지 거리의 두 배로 정의한다. 따라서 ①은 $2s_1$, ②는 $2s_2$만큼의 여백을 가진다. 그림에서 점선으로 표시된 평행한 두 직선 사이의 영역을 분할 띠$^{separation\ band}$라 부르자. 이제 SVM 분류기를 얻기 위해 풀어야 하는 문제를 수식으로 쓸 수 있는 상황이다. 식 (8.14)가 바로 그것이다.

$$\text{여백을 가장 크게 하는 결정 초평면의 방향, 즉 } \mathbf{w}\text{를 찾아라.} \qquad (8.14)$$

식 (8.14)의 최적화 문제 입장에서 보면, [그림 8-17]에서 $s_1 > s_2$이므로 결정 직선 ①이 ②보다 최적에 더 가깝다. 눈대중으로 확인했을 때 ①보다 큰 여백을 갖는 방향은 없어 보이므로 ①이 최적일 것 같다. 그렇다면 진짜 최적일까? 이제부터 최적의 결정 직선을 찾기 위해 수학에 기대야 한다.

여백을 수식으로 표현해 보자. [그림 8-17]에서 속이 찬 샘플은 직선으로부터 가장 가까운 것들로, 여백의 크기를 결정하는 중요한 역할을 한다. 이들 샘플을 서포트 벡터$^{support\ vector}$라 부른다. 결정 직선에서 서포트 벡터 $\mathbf{x}$까지 거리가 1(즉, $|d(\mathbf{x})|=1$)이 되도록 적당히 크기 조절을 하면 여백을 식 (8.15)와 같이 쓸 수 있다.[8]

$$\text{여백} = \frac{2|d(\mathbf{x})|}{\|\mathbf{w}\|} \text{인데, 크기를 조절하면 여백} = \frac{2}{\|\mathbf{w}\|} \qquad (8.15)$$

학습 집합을 $X=\{(\mathbf{x}_1, t_1), (\mathbf{x}_2, t_2), \cdots, (\mathbf{x}_N, t_N)\}$으로 표시하자. $N$은 학습 집합에 있는 샘플의 개수이다. $t_i$는 부류를 표시하는데, $\mathbf{x}_i$가 $\omega_1$에 속하면 $t_i=1$이고 $\omega_2$에 속하면 $t_i=-1$이다. 이제 모든 샘플을 옳게 분류한다는 조건 하에 최대 여백을 갖는 결정 초평면을 찾으면 된다. 이 문제는 (8.16)의 조건부 최적화 문제$^{constrained\ optimization\ problem}$로 쓸 수 있다. 조건 식에서 등호가 성립하는 샘플이 바로 서포트 벡터이다. 식 (8.15)에서 여백 $\frac{2}{\|\mathbf{w}\|}$의 최대화는 $\|\mathbf{w}\|^2$의 최소화와 같다. 계수 $\frac{1}{2}$은 수식 전개의 편리를 위해 추가한다.

$$\text{아래 조건 하에,}$$
$$t_i(\mathbf{w}\mathbf{x}_i^T + b) - 1 \geq 0, \ 1 \leq i \leq N \qquad (8.16)$$
$$J(\mathbf{w}) = \frac{1}{2}\|\mathbf{w}\|^2\text{을 최소화하라.}$$

---

**8** 예를 들어, $d(\mathbf{x})=2x_1+4x_2-2=0$과 $d(\mathbf{x})=x_1+2x_2-1=0$은 같은 직선을 나타낸다. 이와 같이 모든 계수를 같은 값으로 나누면 같은 직선을 나타낸다는 성질을 이용하여 $|d(\mathbf{x})|=1$이 되도록 크기를 조절한다.

수학에서 이런 종류의 조건부 최적화 문제는 라그랑주 승수$^{\text{Lagrange multiplier}}$를 도입하여 해결한다. 이 방법에서는 조건식마다 라그랑주 승수 $\alpha_i$를 부여한다. 이들의 벡터를 $\boldsymbol{\alpha}=(\alpha_1,\alpha_2,\cdots,\alpha_N)$으로 표기하자. 이제 식 (8.16)에 해당하는 라그랑주 함수 $L(.)$을 식 (8.17)과 같이 정의할 수 있다.

$$L(\mathbf{w},b,\boldsymbol{\alpha}) = \frac{1}{2}\|\mathbf{w}\|^2 - \sum_{i=1}^{N}\alpha_i(t_i(\mathbf{w}\mathbf{x}_i^{\mathrm{T}} + b) - 1) \tag{8.17}$$

함수 $L(.)$을 매개변수 $\mathbf{w}$와 $b$로 미분한 후 그것을 0으로 놓고 Karush-Kuhn-Tucker(KKT) 조건식을 유도한다. 그 결과를 Wolfe 듀얼 문제로 변형하면 식 (8.18)을 얻게 된다.

아래 조건 하에,
$$\sum_{i=1}^{N}\alpha_i t_i = 0, \ \ \alpha_i \geq 0, \ 1 \leq i \leq N$$
$$\tilde{L}(\boldsymbol{\alpha}) = \sum_{i=1}^{N}\alpha_i - \frac{1}{2}\sum_{i=1}^{N}\sum_{j=1}^{N}\alpha_i\alpha_j t_i t_j \mathbf{x}_i \cdot \mathbf{x}_j \text{를 최대화하라.} \tag{8.18}$$

새로 얻은 조건부 최적화 문제인 식 (8.18)에서 몇 가지 주목할 점이 있다. $\mathbf{w}$와 $b$가 사라졌다. 이제 $\mathbf{w}$와 $b$를 구하는 문제가 아니라 라그랑주 승수 $\boldsymbol{\alpha}$를 구하는 문제가 되었다. 라그랑주 승수를 구하면 그것으로 $\mathbf{w}$를 구하고 이어서 $b$를 구하면 된다.[9] 특징 벡터 $\mathbf{x}_i$가 혼자 나타나지 않고 두 개의 특징 벡터의 내적인 $\mathbf{x}_i \cdot \mathbf{x}_j$로 나타난다. 이 사실은 선형 SVM을 비선형 SVM으로 확장하는 데 결정적인 역할을 한다. 비선형 SVM으로의 확장은 8.3.2절에서 다시 살펴보기로 하자.

## 선형 분리가 불가능한 상황

이제 [그림 8-18]과 같이 선형 분리가 불가능한 상황을 들여다 보자. 이 경우 분할 띠의 내부에 샘플이 존재하도록 허락하는 수밖에 없다. 샘플 $(\mathbf{x},t)$는 다음 세 가지 경우 중의 하나에 속한다.

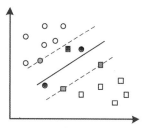

- 경우1 : 분할 띠의 바깥에 있다. 속이 비었거나 회색인 점들이다. 회색 점이 서포트 벡터이다. $1 \leq t(\mathbf{w}\mathbf{x}^{\mathrm{T}} + b)$를 만족한다.
- 경우2 : 분할 띠의 안쪽에 있는데 자기가 속한 부류의 영역에 있다. 속이 파란색 점이다. 분할 띠 바깥에 있어야 한다는 조건은 어겼지만 옳게 분류된다. $0 \leq t(\mathbf{w}\mathbf{x}^{\mathrm{T}} + b) < 1$을 만족한다.
- 경우3 : 결정 경계를 넘어 자신이 속하지 않은 부류의 영역에 놓여 있다. 빨간색 점으로서 틀리게 분류된다. $t(\mathbf{w}\mathbf{x}^{\mathrm{T}} + b) < 0$을 만족한다.

그림 8-18 선형 분리가 불가능한 상황의 SVM

---

9 KKT 조건 중에서 $\mathbf{w} = \sum_{i=1}^{N}\alpha_i t_i \mathbf{x}_i$와 $\alpha_i(t_i(\mathbf{w}\cdot\mathbf{x}_i + b)-1) = 0$을 사용한다.

새로운 변수 $\xi$를 도입하면 세 가지 경우를 하나의 식 (8.19)로 표현할 수 있다. 경우1은 $\xi=0$, 경우2는 $0<\xi\leq1$, 그리고 경우3은 $1<\xi$에 해당한다. $\xi$를 슬랙 변수$^{\text{slack variable}}$라 부른다.

$$t(\mathbf{w}\mathbf{x}^T + b) \geq 1 - \xi \tag{8.19}$$

이제 풀어야 하는 문제를 식 (8.20)과 같이 쓸 수 있다. 이 문제에서는 서로 다른 두 가지 목적을 동시에 달성해야 하는데 두 목적은 길항$^{\text{tradeoff}}$ 관계를 갖는다.

여백을 될 수 있는 한 크게 하며(목적1), 동시에 경우2 또는 경우3에 해당하는 $0<\xi$인

샘플의 수를 될 수 있는 한 적게 하는(목적2) 결정 초평면의 방향 $\mathbf{w}$를 찾아라. (8.20)

목적 함수 $J(.)$를 식 (8.21)과 같이 다시 써야 한다. 첫 번째 항은 목적1을 나타내고 두 번째 항은 목적2를 나타낸다. $C$는 두 가지 목적 중 어느 것에 비중을 둘지 결정하는 매개변수로, SVM 사용자가 결정한다. 두 극단을 생각해 보자. $C=0$인 경우는 목적2를 무시한다. 즉 틀리는 샘플 수에 개의치 않고 여백을 될 수 있는 대로 크게 한다. $C\to\infty$로 두면 목적2만 고려한다. 즉 여백의 크기는 전혀 고려하지 않고 분할 띠 내에 샘플이 존재하지 않는 것에만 집중한다. 따라서 $C$는 적절한 타협점을 갖도록 설정해야 한다.

$$J(\mathbf{w}, \boldsymbol{\xi}) = \frac{1}{2}\|\mathbf{w}\|^2 + C\sum_{i=1}^{N} \xi_i, \ \ C \geq 0 \tag{8.21}$$

선형 분리가 가능한 경우와 마찬가지로 식 (8.21)을 최소화하는 조건부 최적화 문제와 라그랑주 함수를 새로 정의하고, KKT 조건을 유도하고, Wolfe 듀얼 문제로 바꾸어서 풀기 쉬운 형태로 변형하면 식 (8.22)를 얻는다.[10]

아래 조건 하에,
$$\sum_{i=1}^{N}\alpha_i t_i = 0$$
$$0 \leq \alpha_i \leq C, \ 1 \leq i \leq N \tag{8.22}$$
$$\tilde{L}(\boldsymbol{\alpha}) = \sum_{i=1}^{N}\alpha_i - \frac{1}{2}\sum_{i=1}^{N}\sum_{j=1}^{N}\alpha_i\alpha_j t_i t_j \mathbf{x}_i \cdot \mathbf{x}_j \text{를 최대화하라.}$$

이 최적화 문제를 잘 살펴보면 매우 흥미로운 점을 발견하게 된다. 선형 분리가 가능한 경우(식 (8.18))와 다른 점은 라그랑주 승수의 범위에 관한 조건이 $0\leq\alpha_i$에서 $0\leq\alpha_i\leq C$로 바뀐 것뿐이다.

---

10 구체적인 유도 과정은 [오일석2008, 5장]을 참고하라.

즉, 라그랑주 승수가 $C$를 넘지 못한다는 조건 하나만 추가된 셈이다. 따라서 특징 벡터가 내적 형태로 나타난다는 특성을 포함하여 모든 특성을 그대로 이어 받는다.

## 2. 비선형 SVM

여기에서는 선형 SVM을 비선형 SVM으로 확장한다. 언뜻 매우 어려운 작업이라는 느낌이 들 것이다. 하지만 놀랍게도 쉽게 확장할 수 있다. 해답은 커널에 있다. 커널 사용이 가능한 이유는 앞 절에서 유도한 식 (8.18)과 (8.22)에 특징 벡터가 내적 형태, 즉 $\mathbf{x}_i \cdot \mathbf{x}_j$로 나타나기 때문이다.

원래 특징 공간에서 선형 분리가 가능하지 않은 특징 벡터들을 더 높은 차원의 새로운 공간으로 매핑하여 선형 분리가 가능하게 만들 수 있다. [그림 8–19]를 가지고 설명해 보자. 왼쪽은 원래 특징 벡터가 구성하는 2차원 공간이다. 이 상황에서 네 개의 점은 선형 분리가 불가능하다. 하지만 오른쪽 그림과 같이 매핑 함수 $\mathbf{\Phi}(\mathbf{x}) = (y_1, y_2, y_3) = (x_1^2, \sqrt{2}\, x_1 x_2, x_2^2)$을 사용하여 2차원을 3차원으로 확장하면, 새로운 공간에서 네 점은 선형 분리가 가능해진다.

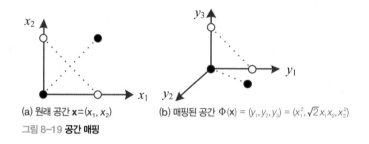

(a) 원래 공간 $\mathbf{x}=(x_1, x_2)$     (b) 매핑된 공간 $\Phi(\mathbf{x}) = (y_1, y_2, y_3) = (x_1^2, \sqrt{2}\, x_1, x_2, x_2^2)$

그림 8–19 **공간 매핑**

매핑 함수 $\mathbf{\Phi}(\mathbf{x})$를 이용하여 식 (8.22)의 목적 함수를 식 (8.23)으로 바꾸어 쓸 수 있다.

$$\tilde{L}(\boldsymbol{\alpha}) = \sum_{i=1}^{N} \alpha_i - \frac{1}{2} \sum_{i=1}^{N} \sum_{j=1}^{N} \alpha_i \alpha_j t_i t_j \mathbf{\Phi}(\mathbf{x}_i) \cdot \mathbf{\Phi}(\mathbf{x}_j) \qquad (8.23)$$

하지만 난관이 있다. 이들 매핑 함수는 아주 고차원이므로 현실에서 실제로 매핑을 수행할 수 없는 경우가 많다. 다행히 새로운 공간에서의 내적은 식 (8.24)가 보여주는 바와 같이 다른 함수로 대치해 계산할 수 있음이 밝혀져 있다. 이런 성질을 만족하는 함수 $K(.)$를 커널 함수kernel function 또는 커널이라 부른다.

$$\mathbf{\Phi}(\mathbf{x}_i) \cdot \mathbf{\Phi}(\mathbf{x}_j) = K(\mathbf{x}_i, \mathbf{x}_j) \qquad (8.24)$$

예를 들어 $K(\mathbf{x}_i, \mathbf{x}_j) = x_{i1}^2 x_{j1}^2 + 2x_{i1}x_{j1}x_{i2}x_{j2} + x_{i2}^2 x_{j2}^2$이라 정의하면, 이 함수는 [그림 8-19]의 매핑 함수를 위한 커널임을 쉽게 증명할 수 있다.[11] 선형 SVM을 비선형 SVM으로 확장하는 데 사용할 수 있는 커널 하나를 찾은 셈이다. 하지만 이 커널은 개념을 이해시키는 목적으론 훌륭하지만 실제 사용하기에는 부족하다. 실제로 많이 활용하는 커널은 식 (8.25)에 제시된 세 가지이다.

$$\begin{aligned} \text{다항식 커널} \quad & K(\mathbf{x}_i, \mathbf{x}_j) = (\mathbf{x}_i \cdot \mathbf{x}_j + 1)^p \\ \text{RBF(radial basis function) 커널} \quad & K(\mathbf{x}_i, \mathbf{x}_j) = e^{-\|\mathbf{x}_i - \mathbf{x}_j\|^2 / 2\sigma^2} \\ \text{하이퍼볼릭 탄젠트 커널} \quad & K(\mathbf{x}_i, \mathbf{x}_j) = \tanh(\alpha \mathbf{x}_i \cdot \mathbf{x}_j + \beta) \end{aligned} \qquad (8.25)$$

지금까지 설명한 기법을 커널 대치kernel substitution 또는 커널 트릭kernel trick이라 부른다. 어떤 수식이 벡터의 내적을 포함하고 있을 때 그 내적을 커널 함수로 대치하여 계산하는 기법이다. 커널 대치를 사용하면, 계산은 원래 공간에서 $K(.)$로 빠르게 수행하면서 $\mathbf{\Phi}(.)$로 매핑된 고차원 공간에서 작업을 하는 효과를 얻는다. SVM의 경우, 계산은 원래 공간에서 이루어지지만 분류 작업은 선형 분리에 보다 유리한 고차원 공간에서 수행되는 셈이다. 커널 대치는 일반적인 기법으로 컴퓨터 비전의 여러 곳에 응용된다. 보다 폭넓은 내용은 [Lampert2009]를 참고하라.

## 3. 학습과 인식

SVM의 학습과 인식 과정에 사용할 수식 유도가 모두 끝났다. 이제 이것을 가지고 어떻게 학습시킬 것인가, 그리고 학습된 SVM으로 어떻게 인식할 것인가라는 주제를 생각해 보자.

SVM 학습은 식 (8.22)의 조건부 최적화 문제를 풀어 라그랑주 승수 $\alpha_i$, $1 \le i \le N$를 찾아내는 과정이다. 비선형 SVM은 커널 대치한 식 (8.23)을 이용한다. 학습으로 찾아낸 $\alpha_i$ 중 0이 아닌 것이 서포트 벡터이다. 인식 단계에 사용하기 위해 서포트 벡터의 $\alpha_i$와 특징 벡터 $\mathbf{x}_i$를 저장한다.

이제 학습된 비선형 SVM을 이용하여 새로운 특징 벡터를 인식하는 방법을 알아보자. 비선형 SVM의 학습 과정에서 원래 특징 벡터 $\mathbf{x}$ 대신 $\mathbf{\Phi}(\mathbf{x})$를 사용하였다. 따라서 인식에서도 $\mathbf{x}$ 대신 $\mathbf{\Phi}(\mathbf{x})$를 사용해야 한다. 이 사실에 따라 분류기 식을 유도하면 식 (8.26)과 같다. 첫째 줄의 유도 과정에서 KKT 조건식(각주 9의 첫 번째 식)을 대입하였다. 이 식에서 $Y$는 학습을 마치고 저장했던 서포트 벡터 집합이다.

---

**11** $K(\mathbf{x}_i, \mathbf{x}_j) = x_{i1}^2 x_{j1}^2 + 2x_{i1}x_{j1}x_{i2}x_{j2} + x_{i2}^2 x_{j2}^2 = (x_{i1}^2, \sqrt{2} x_{i1}x_{i2}, x_{i2}^2) \cdot (x_{j1}^2, \sqrt{2} x_{j1}x_{j2}, x_{j2}^2) = \mathbf{\Phi}(\mathbf{x}_i) \cdot \mathbf{\Phi}(\mathbf{x}_j)$

$$d(\mathbf{x}) = \mathbf{w} \cdot \Phi(\mathbf{x}) + b = \sum_{\mathbf{x}_k \in Y} \alpha_k t_k \Phi(\mathbf{x}_k) \cdot \Phi(\mathbf{x}) + b$$
$$= \sum_{\mathbf{x}_k \in Y} \alpha_k t_k K(\mathbf{x}_k, \mathbf{x}) + b \tag{8.26}$$

분류 규칙은 식 (8.27)과 같이 쓸 수 있다.

비선형 SVM 분류기 :
$d(\mathbf{x}) \geq 0$이면 $\mathbf{x} \in \omega_1,$  $d(\mathbf{x}) < 0$이면 $\mathbf{x} \in \omega_2$로 분류하라. $\tag{8.27}$

식 (8.27)의 SVM은 이진 분류기이다. $M$개의 부류로 분류하는 SVM으로 확장하는 방법에는 1대 $M$-1과 1대 1이 있다. 1대 $M$-1 방법에서는 $M$개의 이진 분류기를 만들어 해결하는데, $j$번째 이진 분류기는 부류 $\omega_j$와 나머지 $M$-1개 부류를 분류하는 역할을 한다. $j$번째 이진 분류기의 결정 초평면을 $d_j(\mathbf{x})$라 표기하자. 분류기는 $M$개의 결정 초평면 함수 중에서 가장 큰 값을 갖는 부류로 분류한다. 이 의사 결정 방법을 수식으로 표현하면 (8.28)과 같다.

$M$ 부류 SVM 분류기 :
$k = \underset{j}{\mathrm{argmax}}\, d_j(\mathbf{x})$를 찾아, $\mathbf{x}$를 $\omega_k$로 분류하라. $\tag{8.28}$

1대 1 방법은 모든 부류 쌍에 대해 이진 분류기를 만들므로 총 $\frac{M(M-1)}{2}$개의 SVM이 생긴다. 부류 $\omega_i$와 $\omega_j$를 분류하는 이진 분류기의 결정 초평면을 $d_{ij}(\mathbf{x})$라 표기하자. 이제 투표 개념을 도입하여 분류한다. $d_{ij}(\mathbf{x})$가 $\mathbf{x}$를 $\omega_i$로 분류하면 부류 $\omega_i$가 한 표를 얻고 그 반대이면 $\omega_j$가 한 표를 얻게 된다. 이런 방식으로 $\frac{M(M-1)}{2}$개의 이진 분류기가 투표를 하고, 가장 많은 표를 얻은 부류로 분류하면 된다. 부류 수 $M$이 커지면 이진 분류기 수가 많아지고 결국 학습과 인식에 많은 시간이 걸리는 단점을 안고 있다. 실제로 널리 사용되는 기법은 1대 $M$-1 방법이다.

SVM의 학습 알고리즘은 구현이 까다롭다. 다행히도 많은 공개 소스 소프트웨어OSS(open source software)가 있다. 가장 널리 이용되는 대표적인 두 가지 소프트웨어를 소개한다.

- SVMLight(http://svmlight.joachims.org/) : T. Joachims이 개발한 소프트웨어이다. 학습은 Osuna 알고리즘을 사용하였다[Joachims99].

- LIBSVM(http://www.csie.ntu.edu.tw/~cjlin/libsvm) : Chih-Chung Chang과 Chih-Jen Lin이 개발한 소프트웨어이다. 학습은 개선된 SMO 알고리즘을 사용하였다[Fan2005, Chang2011]. 매개변수를 설정하는 실용적인 방법도 제시한다[Hsu2014].

SVM은 사용자가 설정해야 하는 매개변수가 적다는 장점을 가진다. 식 (8.21)의 $C$를 설정한 후, 식 (8.25)에서 커널을 고르고 선택한 커널과 관련된 매개변수를 설정하면 된다. 예를 들어 다항식 커널을 선택했다면, 몇 차 다항식을 쓸지 결정하는 $p$를 설정해야 한다.

주어진 문제에 대해 최적의 커널을 자동으로 선택하는 알고리즘은 없다. 보통의 경우 커널과 관련된 매개변수와 $C$값을 다양하게 설정하여 성능 실험을 하고, 그 중 가장 뛰어난 값을 선택하는 휴리스틱한 방법을 사용한다. 보다 체계적인 방법에 대해서는 참고 문헌 [Duan2003, Anguita2003, Hsu2014]를 살펴보기 바란다.

# 4

# 분류기 앙상블

사람들은 어려운 일을 달성하기 위해 협동할 때가 많다. 개인이 가진 서로 다른 능력을 하나로 모아 보다 나은 결과를 얻기 위해서이다. 서로 다른 여러 개의 분류기가 협동하여 분류 문제를 해결하는 분류기 앙상블classifier ensemble은 이러한 아이디어에서 창안한 것이다.[12] 이때 몇 가지 중요한 질문이 제기된다.

## 1. 중요한 질문

기초 분류기base classifier로 무엇을 사용할 것인가? 앞에서 공부한 신경망이나 SVM이 후보로 쉽게 떠오를 것이다. 이들은 '강한' 분류기이다. 앙상블에서는 강한 분류기를 적게 사용하는 대신, '약한' 분류기weak classifier를 많이 사용하는 전략을 주로 채택한다. 약한 분류기는 주어진 샘플을 무작위로 분류하는 임의 짐작보다 약간 나은 성능을 보인다. 예를 들어, $i$번째 특징 $x_i$만 사용하여 '만일 $x_i > T$이면 $\omega_1$, 그렇지 않으면 $\omega_2$로 분류'하는 이진 분류기는 $T$를 잘 설정하면 50%의 성공률을 가진 임의 짐작보다 약간 나은 성능을 보일 것이다. 만약 기초 분류기로 신경망을 택하였다면, 강한 다층 퍼셉트론 대신 은닉층이 없는 약한 퍼셉트론을 쓸 수 있다.

---

[12] 분류기 앙상블 기법 전체를 조망한 논문으로 [Polikar2006]을 추천한다.

여러 개의 분류기를 어떻게 결합할 것인가? 주로 식 (8.29)의 간단한 투표 방식을 사용한다. 분류기 별로 부류를 판정하여 가장 많이 득표한 부류가 최종적으로 선택된다. $K$는 분류기의 개수이다. 이때 $k$번째 분류기는 $\mathbf{L}_k=(l_{k1}, l_{k2}, \cdots, l_{kM})$이라는 출력을 낸다고 가정한다. $M$은 부류의 개수이다. 예를 들어 이 분류기는 주어진 특징 벡터가 세 번째 부류 $\omega_3$에 속한다고 판단하면, $\mathbf{L}_k=(0,0,1,0,\cdots,0)$이라는 출력을 낸다. $\alpha_k$는 $k$번째 분류기의 신뢰도로서 분류기에 가중치를 부여한다. 신뢰도 정보가 없는 경우에는 1로 설정한다. 예를 들어, 뒤에서 다룰 8.4.2절의 에이더부스트는 신뢰도 정보가 있지만, 8.4.3절의 임의 숲은 이 정보가 없다.

$$\omega_q = \underset{\omega_j}{\mathrm{argmax}} \sum_{k=1}^{K} \alpha_k l_{kj} \tag{8.29}$$

또 다른 중요한 질문이 있다. 이들 분류기는 어떻게 만들 것인가? 아주 많은 방법이 제안되었는데, [알고리즘 8-6]은 널리 활용되는 배깅이라는 기법이다[Breiman96]. 배깅<sup>bagging</sup>은 [알고리즘 8-2]의 붓스트랩을 다중 분류기를 만드는 기법으로 확장하였다고 보면 된다. 이름도 붓스트랩을 확장한 <u>bootstrap</u> <u>aggregating</u>에서 유래하였다. 3행에서 대치를 허용한다는 말은, 뽑은 것을 다시 집어 넣는다는 뜻이다. [알고리즘 8-6]은 $K$를 고정시켜 놓고 루프를 $K$번 반복하는데, 분류기 앙상블의 결합 성능이 더 이상 좋아지지 않는 수렴점에 도달할 때까지 반복하도록 수정할 수도 있다.

---

**알고리즘 8-6 배깅**

**입력** : 학습 집합 $X=\{(\mathbf{x}_1, t_1), (\mathbf{x}_2, t_2), \cdots, (\mathbf{x}_N, t_N)\}$, 샘플링 비율 $p(0<p\le1)$, 분류기 개수 $K$
**출력** : 분류기 앙상블 $C=\{c_k, \ 1\le k\le K\}$

1    $C=\varnothing$;
2    for($k=1$ to $K$) {
3        $X$에서 임의로 $pN$개의 샘플을 뽑아 $X_k$라 한다. 이때 대치를 허용한다.
4        $X_k$로 분류기 $c_k$를 학습시킨다.
5        $C=C\cup c_k$;
6    }

---

또 다른 기법은 원래 특징 공간에서 서로 다른 여러 개의 부분 공간을 선택하고 각 부분 공간에서 분류기를 제작하는 것이다[Ho98]. 예를 들어 특징 공간 $\mathbf{x}=(x_1, x_2, \cdots, x_d)$에서 임의로 두 개의 특징을 골라 $(x_3, x_5)$, $(x_2, x_7)$, $(x_3, x_6)$와 같은 부분 공간을 구축했다면, 각 부분 공간에서 분류기를 하나씩 만들어 분류기 앙상블을 구축할 수 있다. 이 기법을 부분 공간 방법<sup>subspace method</sup>이라 부른다.

이 절은 컴퓨터 비전에서 널리 활용되는 두 가지 분류기 앙상블 접근 방법인 에이더부스트와 임의 숲을 소개한다. 최근 컴퓨터 비전 연구 동향을 살펴보면, 이들의 활용 빈도가 점점 늘어나는 추세이다.

## 2. 에이더부스트

부스팅boosting은 배깅에 비해 보다 정교한 재 샘플링 연산을 사용한다. 배깅과 달리 부스팅에서는 $k$번째 분류기 $c_k$와 그 다음의 $c_{k+1}$이 서로 연관성을 가지도록 만들어진다. $X$에 있는 샘플은 분류기 $c_k$가 맞추는 것과 틀리는 것으로 나눌 수 있다. 맞춘 샘플은 이제 인식이 가능해졌으므로 샘플의 가중치를 낮추어도 된다. 하지만 틀린 샘플은 여전히 '까다로운' 상대이므로 가중치를 높여 준다.

TIP [알고리즘 8-6]의 배깅에서는 각각의 분류기가 독립적으로 만들어졌다.

이런 원리를 따르는 여러 버전의 부스팅 알고리즘이 있다. 여기에서는 그들 중 가장 널리 사용되는 에이더부스트AdaBoost를 [알고리즘 8-7]에서 제시한다[Freund96].[13] 2행은 모든 샘플에 같은 가중치를 주고 출발한다. 이후 루프를 반복하는데 핵심은 4행과 9~11행의 가중치 관리에 있다. 4행에서 '가중치 $w_1$, $w_2$, …, $w_N$을 감안하여' 분류기 $c_k$를 학습시키는데, 기본적으로 지켜야 하는 원칙은 가중치가 큰 샘플을 좀더 잘 맞추도록 학습시키는 것이다. 가중치가 큰 샘플을 보다 중요하게 취급하는 것이다. 이 조건을 구현하는 방법은 여러 가지가 있는데 구체적인 방법 두 가지를 뒤에서 설명한다. 6행은 틀린 샘플에 대해 오류의 합을 구한다. 이때 틀린 샘플의 가중치를 더함으로써 가중치가 큰 샘플을 틀리면 더 큰 오류가 발생한 효과를 준다. 7행에서는 오류가 0.5보다 크면 분류기로서 가치가 없으므로 버린다.

8행은 분류기 $c_k$의 신뢰도를 계산한다. 이때 사용하는 식은 오류가 작을수록 큰 신뢰도를 부여한다. 로그를 취하여 값의 범위가 너무 커지지 않게 조절한다. 신뢰도 $\alpha_k$는 알고리즘의 출력으로서 나중에 테스트 샘플을 인식하는 데(즉, 식 (8.29)에서 투표하는 데) 중요한 역할을 한다. 앞에서 말한 바와 같이 샘플의 가중치를 조정하는 9~11행은 4행과 함께 에이더부스트의 핵심을 이룬다. 맞춘 샘플은 가중치를 낮추어 주고 틀린 샘플은 높여 준다. 이렇게 함으로써 틀린 샘플이 다음 루프의 학습 과정(4행)에서 보다 중요하게 취급되도록 배려한다. 즉 틀린 것을 격려boost한다.

---

**13** Adaptive Boosting에서 유래한 조어이다. 논문의 저자들은 이 기법을 인정받아 2003년에 괴델 상을 수상하였다.

**입력** : 학습 집합 $X=\{(\mathbf{x}_1, t_1), (\mathbf{x}_2, t_2), \cdots, (\mathbf{x}_N, t_N)\}$, 분류기 개수 $K$
**출력** : 분류기 앙상블 $C=\{(c_k, \alpha_k),\ 1 \le k \le K\}$  // 신뢰도 $\alpha_k$를 갖는 분류기 $c_k$

```
1    C=∅;
2    for(j=1 to N) wⱼ=1/N;   // 처음에는 같은 가중치를 줌
3    for(k=1 to K) {
4        w₁, w₂, ⋯, wₙ을 감안하여 분류기 cₖ를 학습시킨다.   // 가중치가 큰 샘플을 좀더 중요시함
5        ε=0;
6        for(j=1 to N) if(cₖ(xⱼ)≠tⱼ) ε=ε+wⱼ;   // 오류(틀린 샘플의 가중치 합) 계산
7        if(ε<0.5) {   // 0.5보다 작은 경우만 분류기 cₖ를 취함
8            αₖ = ½log(1-ε/ε);   // 분류기 cₖ의 신뢰도
9            for(j=1 to N)
10               if(cₖ(xⱼ)≠tⱼ) wⱼ=wⱼ×eᵅ;   // 틀린 샘플의 가중치 높임
11               else wⱼ=wⱼ×e⁻ᵅ;   // 맞춘 샘플의 가중치 낮춤
12           w₁, w₂, ⋯, wₙ이 합이 1이 되도록 정규화한다.
13           C=C∪(cₖ, αₖ);
14       }
15       else {cₖ=Nil; C=C∪(cₖ, 0);}
16   }
```

[알고리즘 8-7]의 설명 중에 빠진 것은 4행의 학습 과정이다. 가장 중요한 부분이 남은 셈이다. 앞서 언급하였듯이 4행을 구현하는 두 가지 방법을 제시한다. 어떤 경우이든 가중치가 큰 샘플을 보다 잘 맞추도록 $c_k$를 학습시키는 원칙을 지켜야 한다. 다음 코드가 설명하는 첫 번째 방법은 재 샘플링 과정에서 이 원칙을 지킨다. $p$는 샘플링 비율로서 배깅과 마찬가지로 알고리즘의 입력으로 주어야 한다.

```
4.1   X에서 pN개의 샘플을 뽑아 X′라 한다. 이때 xⱼ가 뽑힐 확률이 wⱼ가 되도록 한다.
4.2   X′로 cₖ를 학습시킨다.
```

두 번째 학습 방법은 $X$ 전체를 사용하되 학습 알고리즘이 가중치를 고려하도록 배려하는 것이다. 즉, 다음 코드에서 보는 바와 같이 분류기 $c_k$가 틀리는 샘플의 가중치 합 $\varepsilon$을 비용 함수로 간주하고 이것을 최소화하는 학습 알고리즘을 사용한다.

```
4    ∑    wⱼ 가 최소가 되도록 cₖ를 학습시킨다.
  j=1, cₖ(xⱼ)≠tⱼ
```

에이더부스트는 분류기 앙상블 $C$와 분류기 앙상블을 구성하는 분류기 각각의 신뢰도 $\alpha_k$를 출력한다. 따라서 앙상블 결합은 식 (8.29)의 가중 다수 투표<sup>weighted majority voting</sup> 방식을 사용한다. 에이더부스트의 특징은 분류기들이 상호 보완적이라는 데에서 찾을 수 있다. $c_k$의 약점을 $c_{k+1}$이 보완해 주는 것이다. 다음 절에서 공부할 임의 숲은 반대로 상호 보완성을 배제하는 전략을 쓴다.

## 3. 임의 숲

앞에서 공부한 부스팅은 분류기들이 상호 보완적인 관계를 가지도록 제작하는 반면, 임의 숲 random forest은 가급적 분류기들이 서로 독립적이게 설계한다. 기초 분류기로는 [그림 8-20]의 트리 분류기<sup>tree classifier</sup>를 사용한다. 트리 분류기의 노드는 질문 $Q$를 가지고 있다. 이 예에서는 특징 하나를 임계값과 비교하여 어느 쪽으로 진행할지 결정한다. 잎(단말) 노드에 도착하면 부류를 결정하고 멈춘다. [알고리즘 8-8]은 이 과정을 가상 코드로 설명한다.

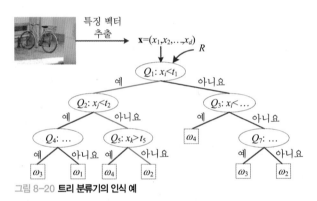

그림 8-20 **트리 분류기의 인식 예**

---

**알고리즘 8-8 트리 분류기를 통한 물체 인식**

**입력** : 트리 분류기 $R$, 특징 벡터 **x**
**출력** : **x**의 부류 $\omega$

```
1   T =R;
2   while(T ≠ Nil) {
3       x에 대한 T의 질문 Q의 결과를 r이라 한다.
4       if(r =예) T =T의 왼쪽 자식;
5       else T =T의 오른쪽 자식;
6       if(T가 단말 노드) {ω=T의 부류; T =Nil;}
7   }
```

트리 분류기를 학습시키려면 노드의 질문 $Q$를 만드는 방법과 잎 노드에 부류를 할당하는 방법을 결정해야 한다. 트리 분류기는 학습 집합 $X=\{(\mathbf{x}_1,t_1),(\mathbf{x}_2,t_2),\ \cdots,\ (\mathbf{x}_N,t_N)\}$을 가지고 학습해야 한다. 루트 노드의 질문 $Q_1$은 $X$를 두 개의 부분집합 $X_{left}$와 $X_{right}$로 나눈다. 이때 $X_{left}$와 $X_{right}$는 순도가 높을수록 좋다. 예를 들어, 두 부류 분류인 경우 $\omega_1$은 모두 $X_{left}$, $\omega_2$는 모두 $X_{right}$에 포함되면 이상적이다. 이 경우에는 두 개의 잎 노드를 만들고 각각 $\omega_1$과 $\omega_2$를 갖게 하고 학습을 종료하면 된다. 하지만 현실에서는 그런 이상적인 특징은 없다. 따라서 순도를 최대로 하는 최적의 '특징과 분할점(임계값)'을 찾아야 한다. 이 작업을 위한 구체적인 방법은 [오일석2008, 6.1절]을 참고하라.

이렇게 만든 질문을 루트 노드에 부여한 후, $X_{left}$와 $X_{right}$를 가지고 각각 왼쪽과 오른쪽에서 같은 과정을 재귀적으로 반복한다. 이제 언제 멈출지에 대해 고민해 보자. 극단적인 방법은 100% 순도가 될 때까지 반복하는 것인데, 이렇게 하면 학습 집합에 과적합되어<sup>overfitting</sup> 일반화 능력이 떨어지는 결과를 낳는다. 적절한 조건을 설정해 놓고, 조건을 만족하는 노드에서 멈추게 해야 한다. 이 노드가 잎 노드가 된다. 잎 노드의 값은 노드에 속한 샘플 집합에서 가장 빈도가 높은 부류로 결정한다. [알고리즘 8-9]는 트리 분류기 학습 과정이다.

---

**알고리즘 8-9 트리 분류기 학습**

**입력** : 학습 집합 $X=\{(\mathbf{x}_1,t_1),(\mathbf{x}_2,t_2),\ \cdots,\ (\mathbf{x}_N,t_N)\}$
**출력** : 트리 분류기 $R$    // 루트 노드를 가리키는 포인터

```
1    노드 하나를 생성하고 그것을 R이라 한다.
2    split(R,X);
3    function split(T,X) {
4      if(X가 멈춤 조건을 만족)
5        T를 잎 노드로 설정하고 부류를 결정한다.
6      else {
7        T에서 최적의 특징과 그것의 최적 분할점을 찾아 질문 Q를 만든다.
8        Q로 X를 X_left와 X_right로 나눈다.
9        새로운 노드 T_left와 T_right를 생성한다.
10       T.leftchild=T_left;
11       T.rightchild=T_right;
12       split(T_left,X_left);
13       split(T_right,X_right);
14     }
15   }
```

이제 [알고리즘 8-9]를 가지고 트리를 많이 만들어 숲을 조성해 보자. 임의 숲이라는 이름이 말해주듯, 이 숲을 만들 때 가장 중요한 요인은 분류기의 독립성이다. 극단적인 예로서, 같은 학습 집합을 가지고 [알고리즘 8-9]를 여러 번 수행하면 매번 같은 분류기가 만들어진다. 이들은 모두 같은 부류에 투표를 하므로 이들을 가지고 앙상블을 구성해봐야 아무 의미가 없다. 서로 다른 분류기는 나름의 독립적인 판단에 따라 투표를 해야 한다. 이를 달성하는 효과적인 전략은 학습 과정에 임의성을 주는 것이다. [알고리즘 8-10]은 이런 전략에 따라 설계되었다.

---

**알고리즘 8-10 임의 숲**

**입력**: 학습 집합 $X=\{(\mathbf{x}_1, t_1), (\mathbf{x}_2, t_2), \cdots, (\mathbf{x}_N, t_N)\}$, 샘플링 비율 $p(0<p\le1)$, 분류기 개수 $K$
**출력**: 분류기 앙상블 $C=\{c_k, \ 1\le k\le K\}$

1   $C=\varnothing$;
2   for($k=1$ to $K$) {
3     $X$에서 임의로 $pN$개의 샘플을 뽑아 $X'$라 한다. 이때 대치를 허용한다.
4     $X'$를 학습 집합으로 하고 [알고리즘 8-9]의 '수정된' 버전으로 트리 분류기 $c_k$를 만든다.
5     $C=C\cup c_k$;
6   }

---

[알고리즘 8-10]은 [알고리즘 8-6]의 배깅과 비슷하다. 다른 점은 4행에서 기초 분류기로 트리 분류기를 사용한다는 점뿐이다. 따라서 임의 숲은 배깅을 통해 임의성을 확보한다고 말할 수 있다. 또 주목할 점은 트리 분류기를 만들기 위해 [알고리즘 8-9]의 '수정된' 버전을 사용하는 것이다. 원래 [알고리즘 8-9]는 아무런 임의성이 없다. 따라서 [알고리즘 8-9]의 7행을 다음과 같이 변경한다. 이렇게 하여 [알고리즘 8-10]은 임의로 학습 집합을 뽑을 뿐 아니라 부분 공간도 임의로 선택함으로써 임의성을 이중으로 투입한 셈이다.

7.1   $d$개의 특징 중 임의로 하나의 특징 $x_i$를 뽑는다.
7.2   $T$에서 $x_i$의 최적 분할점을 찾아 질문 $Q$를 만든다.

지금까지 설명한 임의 숲은 Breiman이 제안하였다[Breiman2001].[14] 이 알고리즘은 $d$개 특징 각각의 중요성을 측정하는 기능도 가지고 있어, 특징의 성질을 파악하고 선택하는 데 활용할 수 있는 장점이 있다.

---

**14**   임의 숲을 보다 자세히 설명한 최근 튜토리얼 논문으로 [Criminisi2011]을 추천한다.

임의 숲은 메타 알고리즘이다. 즉, 임의성을 가진 트리 분류기 앙상블을 만드는 방식은 모두 임의 숲으로 볼 수 있다. 예를 들어 [알고리즘 8-10]의 4행에서 '수정된'을 빼면 학습 집합의 임의성은 남지만 부분 공간의 임의성은 제거된다. 그렇게 만든 분류기 앙상블도 임의 숲에 속한다. 또 다른 방식으로 두 측면 모두 임의성을 제거하고, 대신 노드의 질문을 만들 때 20개의 최적 질문을 생성한 후 그 중에서 임의로 하나를 선택하여 임의성을 투입하는 기법도 있다[Dietterich2000].

# 5

# 기계 학습을 이용한 얼굴 검출

현대 컴퓨터 비전 연구의 두드러진 경향 중 하나는 기계 학습을 활용해 문제를 푸는 비율이 크게 증가하고 있다는 점이다. 이 절은 기계 학습을 성공적으로 적용한 사례로서 얼굴 검출을 살펴본다.

[그림 8-21]은 얼굴 인식 시스템의 처리 과정을 보여준다. 두 단계로 나누어 처리되는데, 얼굴 검출은 얼굴을 인식하기 위한 전 단계로서 매우 중요하다. 검출 단계는 보통 직사각형 또는 타원으로 검출 결과를 표시한다.

그림 8-21 **얼굴 검출과 인식**

이 절은 얼굴 검출 분야에서 사실상 표준으로 자리잡은 비올라 존스 알고리즘을 주로 다루며, 그 외에 몇 가지 대표적인 알고리즘을 소개한다. 인식 단계는 검출로 알아낸 부분 영상에서 특징을 추출하고 분류를 수행하여 누구인지 알아낸다. 인식은 6.6절에서 고유 얼굴이라는 알고리즘을 공부한 적이 있으며, 좀 더 다양한 방법은 9.4절에서 소개할 것이다.

얼굴 검출 알고리즘의 서베이 논문으로 [Zhang2010]을 추천한다. 비올라 존스 알고리즘이 나오기 이전의 서베이 논문으로는 [Yang2002]가 많이 읽히고 있다. 비올라 존스 알고리즘 이전의 전통적인 접근 방법은 대체로 정교한 특징을 추출하고 정교한 학습 알고리즘을 사용하였다. 예를 들어, [Rowley98]은 신경망을 사용한 초창기 연구의 대표격으로, [그림 8-22]가 처리 과정을 설명한다. 먼저 입력 영상을 피라미드 영상으로 변환하여 다양한 크기의 얼굴에 대처할 수 있게 준비한다. 20×20 크기의 윈도우를 영상 위로 이동시키며 얼굴 여부를 알아내는데, 윈도우에 해당하는 부분 영상에 대해 전처리를 수행한 다음 그 결과를 신경망의 입력으로 준다. 이 연구가 발표된 이후, 얼굴 검출에 적합하게 변형된 신경망 알고리즘이 여럿 등장한다. 이들 중 [Garcia2004, Osadchy2005]는 8.2.3절에서 공부한 컨볼루션 신경망을 이용하였다. SVM을 이용한 연구 사례는 [Osuna97]을 참고하라.

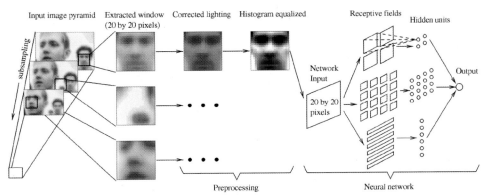

그림 8-22 **신경망을 이용한 얼굴 검출 알고리즘**

## 유사 하르 특징

앞에서 간단히 살펴본 전통적인 접근 방법은 복잡한 분류기를 사용하는데 반해, 비올라와 존스는 정반대의 접근 방법을 취하였다[Viola2001].[15] 이들이 제안한 방법은 특징으로 웨이블릿 중에서 가장 단순한 형태인 하르 웨이블릿Haar wavelet을 닮은 유사 하르 특징Haar-like feature을 사용하며, 분류기로는 깊이가 낮은 단순한 결정 트리를 여러 개 연결한 직렬 분류기cascade of classifiers를

---

**15** 관련된 논문 몇 개를 소개한다. Papageorgiou는 하르 특징을 사용하여 얼굴을 검출하는 아이디어를 제시하였다[Papageorgiou98]. 비올라 존스 알고리즘을 기술한 [Viola2001]은 Papageorgiou의 아이디어를 확장하여 보다 복잡한 영상에서 보다 빠르게 작동하는 알고리즘을 제안한 셈이다. 이 논문을 보강한 논문이 International Journal of Computer Vision에 발표되어 있다[Viola2004]. Lienhart는 수평과 수직 방향의 특징만 사용한 비올라 존스의 아이디어를 기울어져 있는 특징도 사용할 수 있게 확장하였다[Lienhart2002].

사용한다. 이 방법처럼 단순한 특징과 단순한 분류기를 가지고 어떻게 [그림 8-21]과 같은 영상에서 얼굴을 찾아낼까?

[그림 8-23]은 얼굴 검출기를 학습시키는 데 쓸 학습 데이터베이스를 보여준다. 이 데이터베이스는 수백~수만 장의 영상을 가지는데, 그 중 두 장씩만 제시한 것이다. 이 영상에서 특징을 추출하기 위해 [그림 8-23(a)]가 보여주는 네 종류의 유사 하르 연산자를 사용한다. 이 연산자는 검은 영역의 명암 합에서 흰 영역의 명암 합을 빼는 아주 단순한 연산을 수행한다. 네 종류의 이들 연산자를 크기와 위치를 바꾸어 가며 샘플 영상에 적용한다면, 아주 많은 수의 특징을 추출할 수 있다. [그림 8-23] (b)~(c)는 이들 중 세 가지 특징 $f_1$~$f_3$를 보여준다. 예를 들어 $f_2$는 대략 눈과 미간에 위치한다. 미간은 눈 영역에 비해 밝다는 성질이 있으므로, 얼굴 샘플에서 추출된 $f_2$는 일정한 경향을 띨 가능성이 높다. 반면 얼굴이 아닌 샘플에서는 무작위 값이 발생할 것이다. 다시 말해 $f_2$는 얼굴과 얼굴이 아닌 샘플을 구별하는 분별력을 지닌다. 단, 이 특징만으로 높은 정확도를 기대할 수 없으므로 '약한' 특징이라 볼 수 있다. $f_1$도 이마와 머리카락 경계 부분에 위치하므로 양수를 가질 경향이 있어 분별력을 지닌다. 반면 $f_3$는 볼 부분에 위치하므로 얼굴이나 얼굴이 아닌 샘플 모두 일정한 경향을 띨 가능성이 거의 없다. 즉, $f_3$는 특징으로서 가치가 없다.

(a) 유사 하르 연산자

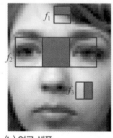

(b) 얼굴 샘플

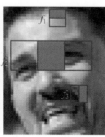

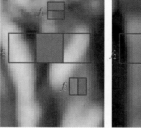

(c) 얼굴이 아닌 샘플

그림 8-23 유사 하르 연산자를 이용한 특징 추출

비올라와 존스는 24×24 얼굴 영상에 [그림 8-23(a)]의 네 종류 연산자를 위치와 크기를 변화시키며 적용했을 때, 무려 160,000가지의 서로 다른 특징을 추출할 수 있음을 보였다. 이때 중요한 점은 이렇게 많은 특징을 모두 사용할 필요가 없고, 분별력이 뛰어난 일부만 골라 쓰는 것이 좋다는 사실이다. 이들은 분별력이 높은 특징을 선택하는 동시에 분류기 앙상블도 제작하는 알고리즘을 설계하였다. 이 알고리즘은 기본 분류기로 '$f_i<\theta_i$'라는 형태의 질문을 단 하나만 가진, 즉 루트 노드만 가진 트리 그루터기를 사용한다.[16] 학습 알고리즘은 [알고리즘 8-7]을 조금 개조한 에이더 부스트를 이용한다. 구체적인 학습 알고리즘은 [Viola2004]를 참고하라. 실험 결과는 단지 200개의 특징으로 95%의 검출 성공률을 얻을 수 있음을 보여주었다.

## 적분 영상

비올라와 존스는 획기적으로 빠른 시간 안에 특징을 추출할 수 있는 적분 영상integral image이라는 아이디어를 제안하였다. 적분 영상은 컴퓨터 비전의 다른 문제에도 응용할 수 있으므로, 여기에서 자세히 설명한다. [그림 8-24(a)]는 원래 영상이고 (b)는 적분 영상이다. 적분 영상은 현재 화소까지의 합으로 식 (8.30)과 같이 정의된다. 예를 들어, 적분 영상의 화소 (1,2)의 값은 3+2+4+2+2+3=16이다.

$$ii(y,x) = \sum_{\acute{y} \le y, \acute{x} \le x} f(\acute{y},\acute{x}) \tag{8.30}$$

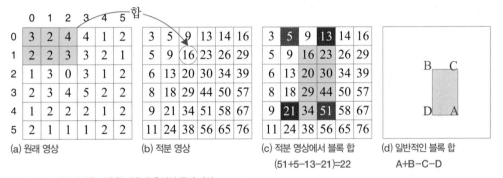

(a) 원래 영상  (b) 적분 영상  (c) 적분 영상에서 블록 합 (51+5-13-21)=22  (d) 일반적인 블록 합 A+B-C-D

그림 8-24 **적분 영상을 이용한 매우 효율적인 특징 계산**

적분 영상을 한번 구해 놓으면, 특징을 매우 빠르게 추출할 수 있다. [그림 8-23]의 모든 연산자는 적분 영상에서 2~4개의 블록 합으로 구한다. [그림 8-24]는 적분 영상을 이용하여 빠르게 블록 합을 구하는 예를 보여준다. 예를 들어, 회색으로 표시된 블록 (1,2)~(4,3)의 합을 적분 영상을 사용하지 않고 구한다면 여덟 개 화소의 값을 더해야 한다. 반면에 적분 영상을 사용하면

---

**16** 이와 같이 노드를 하나만 가진 분류기를 줄기가 밑동에서 잘린 모양을 떠올리기 위해 '트리 그루터기tree stump' 분류기라 부른다.

$ii(4,3)+ii(0,1)-ii(0,3)-ii(4,1)$을 계산하여 22를 얻는다. 일반적으로 [그림 8-24(d)]처럼 A+B-C-D를 계산하면 되므로 블록의 넓이와 무관하게 세 번의 덧셈만으로 블록 합을 구할 수 있다.

## 검출 알고리즘

지금까지 설명한 알고리즘은 [그림 8-23]과 같은 얼굴 샘플과 얼굴이 아닌 샘플을 분류하는 분류기 제작에 관한 일이었다. 하지만 보통 [그림 8-21]과 같이 어떤 크기의 얼굴이 어디에 나타날지 모르는 일반적인 영상에서 얼굴을 검출하는 문제가 주어진다. 이 문제를 해결하기 위해서는 두 가지 아이디어를 추가로 적용해야 한다. 첫째, 영상에 윈도우를 이동시키며 모든 곳을 조사한다. 이들 윈도우 각각에 앞에서 제작한 에이더부스트 분류기를 적용하여 얼굴 여부를 판정한다. 비올라와 존스는 24×24 크기의 윈도우를 단지 몇 개 화소 만큼만 이동시켜 촘촘하게 조사하였다. 둘째, 얼굴 크기가 영상에 따라 다르므로 24×24를 점점 키워가며 여러 크기의 윈도우를 적용한다. 실험을 통해 1.25배씩 키워나가는 것이 합리적임을 보여주었다.

비올라와 존스는 검출 성공률을 높임과 동시에 수행 속도를 개선할 목적으로 직렬 분류기 아이디어를 추가로 적용하였다. 또한 얼굴 근방에서 여러 개의 윈도우가 얼굴로 판정되는데, 이들을 결합하여 하나의 얼굴 영역을 결정하는 방법도 제시하였다. 이들에 대한 구체적인 방법은 [Viola2004]를 참고하라.

한편 얼굴 검출은 그 자체로도 많이 응용된다. 예를 들어, 디지털 카메라가 얼굴을 자동으로 검출하고 얼굴에 초점을 맞추는 기능은 이제 보편 기술이 되었다. 많은 디지털 카메라와 스마트폰에 장착된 카메라에 이 절에서 공부한 비올라 존스 얼굴 검출 프로그램이 내장되어 있다. 부록 A의 9절 [그림 A-18]은 지금까지 설명한 알고리즘을 구현한 OpenCV의 detectMultiScale( ) 함수로 검출한 얼굴을 보여준다. 이 함수의 매개변수를 바꾸면 얼굴뿐 아니라 신체의 다른 부분도 검출할 수 있다.

## 연습문제

**1** 오컴의 면도날$^{Occam's\ razor}$에 대해 조사한 후, 다음 질문에 답하시오.

(1) 오컴의 면도날이 무엇인지 기본 원리를 설명하시오.

(2) [그림 8-5]의 일반화 능력과 연결지어 설명하시오.

**2** Preview에서 기계 학습을 저급 비전에 활용하는 몇 가지 사례를 제시하였다.

(1) 두 가지 논문을 골라 어떤 원리에 따라 푸는지 설명하시오.

(2) 또 다른 응용 사례를 조사한 후, 관련 논문을 찾아 어떤 문제를 어떤 원리에 따라 푸는지 설명하시오.

**3** 식 (8.6)의 양극 시그모이드 함수 $\tau(.)$에 대해 $\alpha$=1, 2, 3일 때의 그래프를 개략적으로 그리시오. 퍼셉트론이 사용하던 계단 함수와 같아지려면 어떤 조건이 필요한가?

**4** [예제 8-1]에서 $\mathbf{x}_2$와 $\mathbf{x}_3$의 부류를 −1로 바꾸면 AND 분류 문제가 된다.

(1) 이 문제를 [그림 8-7(a)]와 같은 방식으로 그리시오.

(2) 이 문제를 해결하는 퍼셉트론을 제시하시오.

(3) (2)에서 구한 퍼셉트론을 [그림 8-7(c)]와 같은 방식으로 그리시오.

**5** 퍼셉트론은 선형분류기이므로, [그림 8-8(b)]와 같이 선형 분리 불가능한 경우에는 틀리는 샘플을 허용하는 대신 틀리는 비율을 최소화하는 전략을 사용해야 한다. 포켓 알고리즘$^{pocket\ algorithm}$은 이런 전략을 쓴다. 포켓 알고리즘을 조사하고 원리를 설명하시오.

**6** LIBSVM은 커널 함수를 선택하는 가이드라인을 제시한다. [Hsu2014]를 참고하여 이 가이드라인을 설명하시오.

**7** [예제 8-1]의 OR 문제와 문제 4의 AND 문제 각각에 대해 SVM이 찾아낼 결정 직선과 서포트 벡터를 그리시오.

**8** 트리 분류기를 만들 때 사용하는 여러가지 순도 측정 방법에 대해 조사한 후, 두 가지 방법을 설명하시오.

**9** 적분 영상을 구하는 가장 효율적인 알고리즘을 이 책의 알고리즘 기술 형식에 따라 기술하시오. 연산 횟수를 분석하여 제시하시오.

# Chapter 09
# 인식

# Preview

태곳적 북미 인디언들은 그들 세계에 물활론적 관념을 부여했다.
북미의 새벽길을 운전할 때면 그들과 공감한다.
희미하고 검게 보이는 호수, 방금 왼쪽으로 지나친 바위 덩어리,
차를 휘감고 몰려드는 안개, 차창으로 쏟아져 내릴 것 같은 별들.
그것들은 어둠에서 생명을 얻고 웅성거린다.

_조지수 '나스타샤' 중에서

인식recognition은 컴퓨터 비전의 핵심 주제이고 궁극의 목표이다. 인식이 해결되면, 컴퓨터 비전을 구성하는 모든 처리 단계가 해결되었음을 뜻하기 때문이다. 불행하게도 현재 기술 수준은 [그림 9-1]의 갓 돌이 지난 유아보다 못한 형편이다. 아이는 강아지를 보면 반가운 표정을 지으며 졸졸 따라다닌다. 강아지가 방향을 틀거나, 가까이 또는 멀리 이동하거나, 어두운 곳과 밝은 곳을 옮겨 다녀도 정확하게 인식하고 따라다닌다. 강아지가 옷을 바꿔 입거나 소파 뒤에 숨어 얼굴만 내비쳐도 같은 강아지로 인식한다. 놀랍게도 사람은 30,000개 정도의 서로 다른 부류를 구별할 수 있다는 실험 보고가 있다[Biederman95]. 현재 컴퓨터 비전 기술은 이러한 변환에 제한적으로만 대처하고 있다. Dickinson은 인식이라는 측면에서 사람과 기계의 입장을 비교 분석하였다[Dickinson2009].

**그림 9-1 아이의 인식 능력**

물체 인식은 대상이 '내 차'와 같이 특정한 부류인지 차, 사람, 비행기와 같이 범주를 나타내는 일반적인 부류인지에 따라 사례 인식instance recognition과 범주 인식category recognition으로 나눈다. [그림 9-2(a)]는 사례 인식의 예로, 특정한 자동차와 개구리를 인식한 것이다. 사례 인식에는 높은 성능을 보이는 여러 가지 알고리즘이 개발되어 있다. [그림 9-2(a)]는 상당히 심한 혼재와 가림이 있음에도 불구하고 자동차와 개구리를 잘 찾았다.

범주 인식은 사례 인식에 비해 무척 어렵다. 부류 내 변화intra-class variation가 무척 심한 데에서 그 이유를 찾을 수 있다. [그림 9-2(b)]는 ImageNet 데이터베이스에 포함되어 있는 영상 중 '국자' 부류에 속하는 영상의 일부를 보여준다. 같은 부류에 속하는 영상이 얼마나 다양한 변화를 겪는지 한눈에 확인할 수 있다.

(a) 사례 인식

(b) 범주 인식

그림 9-2 **사례 인식과 범주 인식**

컴퓨터 비전에서 가장 많은 연구를 수행하고 그 결과, 실용성에 가장 다가서 있는 인식 대상은 사람이다. 얼굴을 인식하여 수많은 사진을 서로 다른 폴더에 담아 주는 소프트웨어, 자동으로 얼굴에 초점을 맞추는 디지털 카메라, 자동차의 보행자 피하기, 운전자의 졸음 감지, 생체 인식에 의한 보안 등 현실 세계가 절실히 요구하는 응용 시스템을 구축하려면 사람을 인식하는 일이 선행되어야 하기 때문이다

▶ 각 절에서 다루는 내용 - - - - - - - - - - - - - - - - - - - - - - - - - - - - - - - - - - - - - - - - - - - - - - -

**9.1절**_인식 성능을 겨루는 대표적인 경쟁의 장으로 PASCAL VOC, ImageNet, 그리고 ICDAR RRC를 소개한다.

**9.2절**_사례 인식에 사용하는 기하 정렬과 단어 가방 기법의 원리와 장단점을 기술한다.

**9.3절**_범주 인식에 사용하는 단어 가방, 부품 모델, 그리고 컨볼루션 신경망 기법의 원리와 장단점을 기술한다.

**9.4절**_사람과 관련된 인식 문제인 얼굴 인식, 제스처 인식, 나이 인식과 같은 주제를 공부한다.

**9.5절**_스마트폰에서 작동하는 인식 기능을 가진 여러 가지 유용한 앱을 소개한다.

# 1

# 도전

컴퓨터 비전에서 가장 도전적인 연구 주제는 인식이다. 도전 의식을 북돋울 목적으로, 인식 방법론이나 인식 시스템을 객관적으로 비교하기 위한 표준 데이터베이스와 성능 측정 소프트웨어가 인터넷에 공개되어 있다. 이러한 토대를 기반으로 연구 개발자들이 상호 경쟁할 수 있는 여러 대회도 주기적으로 열린다. 이 절에서는 대표적인 세 가지 데이터베이스와 그에 연결된 대회를 소개한다.

### 세 가지 대회 : PASCAL VOC, ImageNet ILSVRC, ICDAR RRC

PASCAL VOC는 [그림 9-3]에 있는 다섯 종류의 문제를 가지고 성능을 겨룬다.[1] 객관적인 성능을 자동으로 평가하기 위해 영상에 주석이 붙어 있다. [그림 9-3(a)]는 분류 문제에 사용할 두 장의 예제 영상을 보여준다. 분류 문제는 부류의 개수를 20으로[2] 국한하며, 프로그램은 영상이 어떤 부류의 물체를 포함하는지 신뢰도와 함께 출력해야 한다. 예를 들어 [그림 9-3(a)] 왼쪽 영상의 경우 '버스', '사람', '자동차'가 포함되어 있으므로 이들 세 부류는 1에 가까운 값을 가지고, 나머지 17개 부류는 0에 가까운 값을 가진 벡터를 출력한다면 훌륭한 프로그램이다.

---

1  Pattern Analysis, Statistical Modeling and Computational Learning, Visual Object Classes의 약어이고, 홈페이지는 http://pascallin.ecs.soton.ac.uk/challenges/VOC이다.

2  {탈 것(승용차, 버스, 자전거, 오토바이, 비행기, 보트, 기차), 가구(의자, 소파, 식탁, 모니터, 병, 화분), 동물(고양이, 개, 소, 말, 양, 새), 사람(사람)}의 20부류이다. 의자나 식탁은 기능에 따라 정의되는 부류로, 아주 다양한 모양의 사례가 있다.

[그림 9-3(a)] 영상은 검출 문제에도 사용한다. 분류 프로그램이 부류 정보만 출력하면 되는 반면, 검출 프로그램은 물체의 부류 정보뿐 아니라 위치 정보까지 출력해야 한다. 그림과 같이 영상에 등장한 물체의 위치를 부류 정보와 함께 직사각형으로 표시한다. 이렇게 표시된 직사각형과 주석으로 붙어있는 직사각형의 겹친 정도를 비교하여 프로그램의 성능을 측정한다.

나머지 세 가지 문제는 보다 세밀한 묘사가 필요하다. [그림 9-3(b)]의 분할 문제는 화소 단위로 해당 부류를 표시해야 한다. 이 영상의 경우 '사람'과 '오토바이' 부류에 대한 분할 정보를 제공한다. [그림 9-3(c)]와 같이 신체 일부를 검출하는 문제는 사람이 포함된 영상에서 머리, 손, 그리고 발의 위치를 직사각형으로 표시해야 한다. [그림 9-3(d)]의 행위 인식 문제는 영상에서 사람을 찾아 {뛰기, 전화하기, 연주하기, 독서하기, 자전거 타기, 말 타기, 달리기, 사진 찍기, 컴퓨터 사용하기, 걷기, 그 외}의 11개 부류로 분류해야 한다. 예제 영상은 '뛰기' 부류에 속하는 영상이다.

(a) 분류와 검출

(b) 분할          (c) 사람의 신체 부위 검출          (d) 행위 인식

그림 9-3 **PASCAL VOC 대회의 다섯 가지 문제**

이 대회는 2005년부터 시작하여 매년 개최되는데 점점 성능이 향상되는 추세이다. 데이터베이스도 매년 갱신되며 크기도 점점 커진다. 하지만 아직 사람에 비하면 어림없다. 다섯 가지 문제 중에서 신체 부위를 검출하는 문제가 제일 낮은 성능에 머물러 있는데, 2007년 대회에 출품한 프로그램은 전혀 작동하지 않았고[Everingham2010], 2012년 대회에서도 의미 있는 성능을 보인 시

스템이 없었다. 두세 살짜리 아이에게 크레용을 쥐어 주고 [그림 9-3(c)] 영상에 머리와 손, 발을 표시하라면 정확하게 임무를 수행할 것이다.

PASCAL VOC는 부류가 20개에 불과하다. 이에 반해 ImageNet ILSVRC는 1,000가지 부류의 분류 문제를 다루어 확실한 차별성을 보인다.[3] [그림 9-4]는 이 대회가 사용하는 '화단용 화초'라는 부류에 속하는 영상들이다. 이 데이터베이스의 부류는 정보검색 분야에서 오랫동안 사용한 WordNet의 계층적 분류 체계를 따르며, 각 부류마다 수백에서 수천 개의 영상을 수집해 두었다.[4] 이 대회는 분류 문제뿐 아니라 PASCAL VOC와 비슷한 검출 문제도 있다. 자세한 내용은 홈페이지를 참고하라.

그림 9-4 ImageNet 대회에 사용되는 영상('화단용 화초' 부류)

TIP 또 다른 부류의 영상을 앞서 제시한 적이 있는데, [그림 9-2(b)]의 '국자'와 [그림 8-15]의 '망치'와 '종'이다.

---

3 ImageNet은 WordNet(http://wordnet.princeton.edu/)의 단어 분류 체계를 따르는 이미지 데이터베이스이다. ILSVRC는 ImageNet Large Scale Visual Recognition Challenge의 약어이고 홈페이지는 http://www.image-net.org/이다.
4 2010년 4월 통계에 따르면 21,841개의 부류에 대해 총 14,197,122개의 방대한 영상을 보유하고 있다. 이중 1,000개의 부류를 뽑아 대회에 사용한다. http://www.image-net.org/

이제 인식 대상을 텍스트(글자)라는 물체로 국한한 학술대회인 ICDAR가 개최하는 RRC(Robust Reading Contest)를 살펴보자.[5] [그림 9-5]는 이 대회가 사용하는 영상 데이터베이스의 일부이다. 프로그램은 영상에서 텍스트 영역을 찾아 직사각형으로 표시해야 한다. 글자는 사람이 만든 정형화된 모양임에도 불구하고 자연 영상에 나타나는 양상은 변화가 무척 심하다. 2011년 대회에서 최고의 성능은 재현율 62.47%와 정확률 82.98%이었다[Shahab2011, Koo2013].

그림 9-5 ICDAR 장면 영상에서 텍스트 검출

## 성능 평가 척도

지금까지 세 가지 데이터베이스와 그에 딸린 성능을 겨루는 대회에 대해 알아보았다. 이제 각 대회 별로 인식 소프트웨어의 성능을 평가하기 위해 어떤 척도를 사용하는지 공부해 보자. 이들은 척도를 객관화하기 위해 노력 중이며, 성능을 측정하는 소프트웨어를 공개하고 있다.

PASCAL VOC에 참가한 프로그램은 어떤 영상이 입력되면 20개 부류 각각에 속할 확률(신뢰도)을 출력해야 한다. 신뢰도가 있으면 임계값을 조절하여 ROC 곡선 또는 재현율-정확률 그래프를 그릴 수 있기 때문이다. 2006년에는 ROC 곡선의 AUC를 사용했지만 몇 가지 문제가 제기되어 그 이후부터는 평균 정확률AP(Average Precision)을 사용한다. 식 (9.1)은 평균 정확률을 정의한다[Everingham2010]. 이 척도는 재현율 $r$이 0, 0.1, 0.2, …, 1.0인 지점(총 열 한 군데)에서 정확률의 평균을 계산한다. $r$에서의 정확률은 그 지점 이후의 최댓값을 취함으로써 보다 안정적인 척도가 되도록 한다. 2010년도부터 모든 지점의 정확률을 계산하고 평균을 구하는 방식으로 수정하였다.

TIP ROC와 AUC에 대해서는 7.1.2절을 참고하라.

$$\text{평균 정확률} = \frac{1}{11} \sum_{r \in \{0, 0.1, 0.2, \cdots, 1\}} p_{interp}(r), \text{ 이때 } p_{interp}(r) = \max_{\tilde{r} \geq r} p(\tilde{r}) \tag{9.1}$$

---

5 문서 인식 학술대회인 ICDAR(International Conference on Document Analysis and Recognition)가 주관하는 RRC(Robust Reading Competition)이다. 세 가지 대회로 나뉘는데, 여기서는 자연 영상에 들어있는 텍스트 영역을 검출하는 대회를 설명한다. 공식 홈페이지는 http://robustreading.opendfki.de/이다.

검출 문제는 성능 척도가 좀더 복잡하다. 검출에 사용하는 주석은 [그림 9-3(a)]에서 보는 바와 같이 노란 직사각형 영역이다. 프로그램이 출력한 붉은 직사각형이 정답에 표시된 직사각형과 얼마나 겹치느냐에 따라 점수를 매겨야 합리적이다. PASCAL VOC는 식 (9.2)를 사용하여 겹치는 정도인 *overlap*을 계산한다. 결과값이 0.5를 넘으면 검출에 성공한 것으로 여기고 그렇지 않으면 실패로 간주한다. 이 식에서 $B_{ground\_truth}$와 $B_{output}$은 각각 [그림 9-6]의 예시처럼 주석으로 붙어 있는 그라운드 트루스와 프로그램의 출력을 뜻한다.

$$overlap = \frac{area(B_{output} \cap B_{ground\_truth})}{area(B_{output} \cup B_{ground\_truth})} \tag{9.2}$$

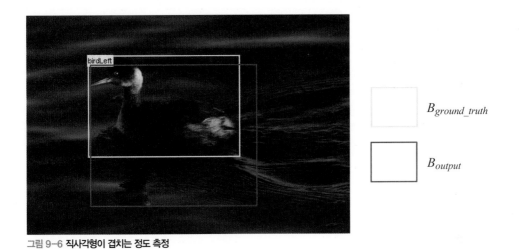

$B_{ground\_truth}$

$B_{output}$

그림 9-6 **직사각형이 겹치는 정도 측정**

ILSVRC의 경우, 한 영상은 하나의 부류에 속하도록 주석이 붙어 있다. 대회에 참가한 프로그램은 신뢰도에 따라 5순위까지 부류를 출력한다. 5순위 안에 해당 영상이 속하는 부류가 있으면 맞춘 것으로 여기고 그렇지 않으면 실패로 간주한다. 테스트 데이터베이스에 있는 전체 영상 대비 맞춘 영상의 비율을 성능 척도로 사용한다.

컴퓨터 비전을 공부하는 학생이나 새로운 알고리즘을 연구하는 연구자에게 데이터베이스는 매우 중요하다.[6] 이론을 이해한 뒤 실제로 구현하여 실험해 보는 것이 무척 중요한데, 실험을 하려면

---

6  비판적인 시각도 있다. '닫힌 세계를 강요하여 혁신을 가로막는다'는 이유 때문이다. [그림 9-1]에서 보는 바와 같이 사람은 '열린 세계'에서 살고 있다. 강아지의 행동은 열려 있으므로 수천 장의 사진으로 대변할 수는 없다. 아무리 많은 부류로 나누고 많은 양의 영상을 수집해도 세상의 극히 일부분만을 대표하는 것일 수밖에 없다.

주석이 붙어 있는 충분한 양의 영상이 필요하기 때문이다. 연구자도 마찬가지이다. 새로운 아이디어를 구상하면 프로그램으로 구현하여 성능을 실험해야 하는데, 표준 데이터베이스와 표준 성능 척도를 사용해야 기존 알고리즘과 객관적으로 우열을 따질 수 있기 때문이다. 이런 사정을 감안하여 컴퓨터 비전 커뮤니티는 아주 다양하고 많은 종류의 데이터베이스를 구축해 놓았고 지금도 구축하고 있다.

TIP 데이터베이스에 대한 자세한 정보는 부록 B를 참고한다.

# 2
# 사례 인식

사례<sup>instance</sup>란 특정한 물체를 뜻한다. 예를 들어 베이지 색의 소형이고, 뒷문에 긁힌 자국이 있는 차이거나 검은색 털에 노란 줄무늬가 있는 우리 집 고양이일 수도 있다. 이들 물체는 모양이 변하지 않는 자동차와 같은 강체<sup>rigid object</sup>, 고양이와 같은 연식 물체<sup>non-rigid object</sup>로 나눌 수 있다.

과거의 연구는 단순한 모양의 물체를 인식 대상으로 삼았고, 가림과 혼재가 없거나 조금만 발생하는 상황으로 국한하였다. 하지만 현재는 물체의 모양에 제한을 두지 않을 뿐더러 [그림 9-2(a)]에서 보는 바와 같이 심한 가림과 혼재를 허용한다. 실제 환경에서 종종 나타나는 조명 변화나 기하 변환도 제한하지 않는다. 이와 같이 문제가 복잡해졌음에도 불구하고, 문제를 푸는 실용성 있는 알고리즘이 여럿 개발되었다.[7] 때문에 9.1절에서 기술한 대회에서 사례 인식은 다루지 않는다.

## 1. 전통적인 방법

지금은 현대적인 방법론에 치여 묻혀버렸지만 한때 각광을 받았던 접근 방법을 간략히 살펴보자. 컴퓨터 비전 초창기의 물체 인식은 '기하학적' 접근 방법이 주류를 형성하였다[Mundy2006].

---

7  사례 인식은 이미 컴퓨터 비전이 사람을 능가하였다고 주장하는 연구자도 있다[Pinz2005, 1.1절]. 공장 자동화나 부품 검사와 같이 정형화된 환경에 대해서는 그 주장을 주저 없이 받아들일 수도 있지만, 일반적인 상황은 반드시 그렇지만은 않다.

이 방법은 물체 모델을 3차원 공간에 표현한다. 영상이 입력되면 물체 분할을 시도한 후, 그 결과를 3차원 모델과 매칭함으로써 인식을 수행하는 전략을 사용한다. 하지만 현실 세계에 들어가면 문제가 그리 단순하지 않다. 3차원 물체를 컴퓨터에 어떻게 표현할 것인가? 다양한 변화가 심하게 발생하는 영상을 어떻게 분할할 것인가?

Roberts는 혼재 없이 다면체만 나타나는 블록 세계block's world라는 강한 가정을 설정하고 알고리즘을 개발하였다. 블록 세계에서는 단순한 에지 검출을 수행한 후, 에지들의 연결 관계를 분석함으로써 세상을 해석한다. 하지만 그것은 블록 세계에 불과하다. 한편 Guzman은 곡면을 추가하고, 곡선이 만나는 형태를 몇 가지로 구분하였다. 영상에서 곡선을 검출하고 부품 단위로 분석하는 방법을 제안하였다. 하지만 여전히 현실에서는 불완전할 수 밖에 없는 에지 정보에 의존하고 있었다.

Binford는 세상에 존재하는 많은 물체가 실린더 모양을 가진다는 점에 착안하여 일반 실린더generalized cylinder라는 물체 표현 방법을 제안하였다. 깊이 영상depth image에서 실린더 모양의 부품을 검출하고 분석하는 방법을 제시하였다. 이 접근 방법은 미국의 국방과 정보 수집의 주요 기관인 DARPA와 CIA의 주목을 끌었고, 급기야 항공 사진을 분석하여 군 기지의 상황을 자동 분석하는 ACRONYM이라는 비전 시스템을 구축하는 비밀 프로젝트로 이어진다. 지금까지 살펴본 접근 방법은 물체−중심 표현이라 볼 수 있다. 빛과 카메라 조작에 의해 물체가 2차원 영상 공간에 어떻게 나타날지에 대한 충분한 고찰 없이 물체를 3차원 물체 공간에서 정의하고 표현하기 때문이다.

1970년대 중반에 Underwood는 양상 그래프aspect graph라는 표현 방법을 제안한다. 이 방법은 카메라 시점에 따라 물체가 영상 공간에 어떻게 나타나는지 표현한다. 시점을 조금씩 변화시키면 같은 형상을 유지하다가 어느 순간에 안보이던 면이 나타나 양상이 바뀌는 지점이 발생한다. 이때 새로운 그래프 노드를 생성하고 거기에 새로운 양상을 표현해 둔다. 그리고 이전 노드와 새로운 노드 사이에 에지를 설정한다. 이 방법은 복잡한 물체의 경우 노드의 개수가 기하급수적으로 늘어난다는 심각한 문제를 안고 있다.

일반 실린더나 양상 그래프는 [그림 9-7]에서 보는 바와 같이 물체 공간에서 물체를 표현하였다. 이들의 접근 방식은 CAD 시스템을 이용하여 완벽한 3차원 표현을 구성한다. 이 모델을 가지고 있다면, 입력 영상을 적절히 분석하여 어떤 물체가 있는지와 물체의 변환을 나타내는 행렬 **T**를 알아낼 수 있다고 믿었다. 일견 합리적으로 보이지만 곧 비관주의에 빠져든다. 왜냐하면 가림과 혼재를 허용하지 않은 단순한 문제조차도 잘 해결하지 못했기 때문이다.

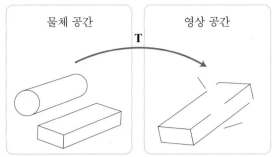

그림 9-7 **인식에서 물체 공간과 영상 공간**

이들이 추구했던 목표는 사례 인식보다는 9.3절에서 다룰 범주 인식에 가까웠다. 예를 들어 자동차라는 범주를 대표하는 모델 자동차를 일반 실린더나 양상 그래프로 표현해 두고, 영상에서 에지를 검출하고 매칭을 시도한 것이다. 하지만 자동차라는 범주를 하나의 모델 자동차로 표현하기란 쉽지 않다. 게다가 영상에서 에지를 검출하면 [그림 9-7]과 같이 실종된 에지와 거짓 긍정 에지가 발생하여 매칭을 방해한다.

이때 좀더 현실적인 새로운 연구 조류가 나타난다. 가림과 혼재를 허용하는 보다 현실에 가까운 상황을 다루되, 사례 인식 문제를 풀며 양상이 몇 개에 불과한 평면 모양의 물체로 국한한 것이다. 이들이 취한 또 다른 전략은 에지 토막 몇 개만 매칭하여 가정을 생성한 후, 다음 단계에서 검증을 하는 것이다. 하지만 이런 가정 검증hypothesis-and-verification 접근 방법도 한계에 부딪치는데, 인식 대상이 되는 물체의 모델을 구축할 때 사람이 개입해야 되기 때문이다. 물체가 복잡하고 종류가 많은 상황에서는 현실적으로 수작업이 불가능하다.

지금까지 설명한 물체 인식의 초창기 역사는 [Mundy2006]에 잘 정리되어 있다. 논문에서도 지적했듯이, 컴퓨터 비전에서는 역사에 묻혀있던 아이디어가 종종 부활하곤 한다. 역사를 돌아보는 일은 사치가 아니라 현실이다.

이어서 현대적인 방법론을 소개한다. 9.2.2절은 4장에서 공부한 관심점을 매칭 대상으로 삼는다. 9.2.3절은 정보 검색에서 사용하는 전략을 도입한 단어 가방 기법을 설명한다.

## 2. 기하 정렬

기하 정렬geometric alignment은 이미 7.3절에서 공부한 적이 있다. 그때는 하나의 물체에 대해 시점 일관성을 이루는 매칭 쌍 집합을 찾는 것이 목표였다. 그러나 여기서는 인식 문제를 풀어야 하므로 물체가 여러 종류인 셈이다. 따라서 7.3절의 알고리즘을 여러 부류를 다룰 수 있도록 확장해야 한다.

알고리즘은 크게 두 단계로 구성된다. 첫 번째는 모델 구축 단계로, 부류 별로 모델 영상에서 관심점을 검출하고 저장한다. [알고리즘 9-1]이 이 일을 담당한다. 2행에서 검출된 관심점은 필요에 따라 전처리를 적용한다. 예를 들어 모델 영상에서 다수의 관심점이 검출되면 어떤 기준에 따라 일부만 선택하거나, 물체 이외의 영역에서 검출된 관심점을 제거하는 등의 전처리가 필요할 수 있다. 이렇게 검출된 관심점 각각에 대해 특징 벡터를 추출하고 부류 정보와 함께 저장해 둔다. 이렇게 수집된 특징 집합 $P$는 인식 단계에서 빠르게 매칭할 수 있도록 인덱싱해 둔다. 이때 7.2절의 해싱이나 $kd$ 트리를 사용한다.

---

**알고리즘 9-1 사례 인식을 수행하기 위한 모델 구축**

**입력** : 물체 부류 별 모델 영상 $I_i$, $1 \le i \le m$   // $m$은 물체 부류 개수
**출력** : 인덱싱된 특징 벡터 집합 $P_i$, $1 \le i \le m$

```
1    for(i=1 to m) {  // 물체 부류 각각에 대해
2        I_i에서 관심점 집합을 검출한다.
3        각각의 관심점에 대해 특징 벡터를 추출한다.
4        2~3행에서 구한 관심점과 특징 벡터를 P_i에 저장한다.
5        P_i를 인덱싱한다.   // 해싱 또는 kd 트리로 인덱싱
6    }
```

---

모델 구축을 마치면 인식 단계에 들어갈 수 있다. [알고리즘 9-2]는 인식을 담당한다. 이 알고리즘은 영상 $f$가 입력되면, $f$에 어떤 물체가 있는지 알아내고 물체의 자세 정보인 기하 변환 행렬을 계산하여 출력한다. 1~3행은 $f$에서 관심점과 특징 벡터를 추출한다. 5~10행은 물체 부류 각각에 대해 인식을 시도한다. 7.3절에서 공부한 RANSAC과 같은 알고리즘을 사용하면 된다. 기하 정렬된 쌍의 집합이 발견되고 기하 변환 행렬의 품질이 임계값을 넘으면, 그 부류의 물체를 인식한 걸로 간주하고 결과를 저장한다.

이 절에서 공부한 알고리즘은 여러 응용 문제를 푸는 데 적용할 수 있다. [그림 9-2(a)]는 두 종류의 물체를 인식한 것이고, 부록에 있는 [그림 A-17]은 간판 인식에 응용한 예이다. 간판 영상을 수집한 후, [알고리즘 9-1]을 이용하여 특징 집합의 인덱스를 구축해 둔다. 새로운 영상이 들어오면 [알고리즘 9-2]를 사용하여 어느 간판인지 인식하는 작업을 수행한다.

## 3. 단어 가방

앞 절의 기하 정렬은 명확한 원리를 토대로 한 훌륭한 알고리즘이다. 하지만 계산 시간이 중요한 응용 분야에서는 한계를 보여준다. 비디오 검색이라는 응용을 예로 들면, 비디오는 초당 30장의 영상을 포함하므로 두 시간 분량의 비디오를 검색한다면 총 216,000장의 영상을 처리해야 하는 부담이 있다. 초당 10장의 영상을 처리한다면 여섯 시간을 기다려야만 한다.

이러한 상황을 타개하기 위해 컴퓨터 비전 연구자들이 생각한 아이디어는 기발하다. 알고리즘을 새로 개발하는 것이 아니라 기존의 정보 검색 이론에 기대는 것이다. 정보 검색 엔진은 인터넷에 떠있는 방대한 텍스트 문서 집합에서 1초도 걸리지 않는 시간에 질의어에 해당하는 문서를 검색해 준다. 이러한 고속성을 보장하는 정보 검색의 기본 원리는 무엇일까?

정보 검색의 핵심 원리는 문서를 빈도 벡터로 변환하여 간략화하는 것이다[Baeza-Yates2011]. 다시 말해, 단어 집합(사전)에 있는 단어 별로 문서에 등장하는 횟수를 벡터로 표현한다. [그림 9-8]은 세 개의 문서 $t_1 \sim t_3$에 나타나는 단어를 모아 사전을 구성하는 간단한 예를 제시한다. 총 10개의 단어가 나타났으므로 벡터는 10차원이 된다. 이제 문서에서 단어가 나타나는 빈도를 세어 벡터를 구성한다. 예를 들어, $t_1$은 '철수, 야구, 축구, 좋아하다'라는 단어가 한 번씩 등장하므로 이들에 해당하는 요소는 1이라는 값을 갖고 나머지 요소는 모두 0을 갖는 벡터 $\mathbf{f}_1$이 만들어진다. 나머지 두 개의 문서도 같은 과정을 거쳐 벡터를 생성한다. 정보 검색에서는 문서를 이와 같이 단어 벡터로 변환하여 표현하는 방식을 단어 가방$^{bag\ of\ words}$이라 부른다.[8]

| | 텍스트 문서 | 영상 |
|---|---|---|
| 문서 집합 | $t_1$: 철수는 야구와 축구를 좋아한다.<br>$t_2$: 야구 선수나 축구 선수가 되고 싶어하는 학생이 많다.<br>$t_3$: 학생이 학생에게 앱인벤터를 가르친다. | 영상 집합  |
| 사전 | [철수, 야구, 축구, 좋아하다, 선수, 되고 싶다, 학생, 많다, 앱인벤터, 가르치다] | 사전   ? |
| 벡터 | $\mathbf{f}_1 = (1, 1, 1, 1, 0, 0, 0, 0, 0, 0)$<br>$\mathbf{f}_2 = (0, 1, 1, 0, 2, 1, 1, 1, 0, 0)$<br>$\mathbf{f}_3 = (0, 0, 0, 0, 0, 0, 2, 0, 1, 1)$ | 벡터   ? |

그림 9-8 **텍스트 문서와 영상의 단어 빈도 벡터 표현**

[그림 9-8] 오른쪽에는 영상이 주어져 있다. 이 영상 집합에서 단어는 무엇이고 사전은 어떻게 구축할 것인가? 이런 질문에 답할 수 있다면 영상도 텍스트 문서와 마찬가지로 **빠른** 속도로 검색 또는 인식 처리가 가능하다. 질문에 대한 답은 잠시 미루어 두고, 우선 문서에서 추출한 단어 빈도 벡터를 가지고 무엇을 할 수 있는지 살펴보자.

## 정보 검색 알고리즘

정보 검색의 핵심 연산은 문서간의 유사성을 측정하는 것이다. [그림 9-8]의 예에서 '$t_1$과 $t_2$는 얼마나 유사한가'와 같은 질문에 답할 수 있다면 정보 검색의 많은 문제가 해결된다. 정보 검색에서는 $t_1$과 $t_2$를 직접 비교하는 대신 그들의 벡터 $\mathbf{f}_1$과 $\mathbf{f}_2$를 비교한다. 식 (9.3)은 $k$번째 문서 $t_k$의 벡터 $\mathbf{f}_k$이다. $d$는 사전의 크기로서 벡터의 차원을 의미하며, [그림 9-8]의 예에서 $d=10$이다. 이 벡터를 tf 벡터$^{term\ frequency\ vector}$, 즉 단어 빈도 벡터라 부른다.

---

[8] 정보 검색에서는 형태소 분석을 이용하여 '그들', '그리고'와 같이 다른 문서를 구별하는 능력이 없는 불용어$^{stop\ word}$를 제거거나, '되고 싶다'를 '되다'와 같은 동사 원형으로 바꾸거나, 같은 의미를 갖는 '전북'과 '전라북도'를 하나의 대표 단어로 합치는 등의 부가적인 작업을 수행한다.

$$\text{tf 벡터}: \mathbf{f}_k = (f_{1k}, f_{2k}, \cdots, f_{dk}) \tag{9.3}$$

정보 검색 커뮤니티에서는 tf 벡터 자체를 사용하는 대신 그것을 가공한 식 (9.4)의 벡터를 사용한다. 이 식에서 $f_{ik}$는 $k$번째 문서 $t_k$에 나타난 $i$번째 단어의 빈도수이고, $f_k$는 $t_k$에 나타난 전체 단어의 수이다. 따라서 $\frac{f_{ik}}{f_k}$ 항은 정규화한 단어 빈도수이다. 두 번째 항에 나타난 $N$은 데이터베이스가 가진 전체 문서의 수이고, $N_i$는 $i$번째 단어를 가진 문서의 수이다. 두 번째 항 $\log \frac{N}{N_i}$은 역문서 빈도 inverse document frequency라 한다.

$$\text{tf - idf 벡터}: \mathbf{v}_k = (v_{1k}, v_{2k}, \cdots, v_{dk}),$$
$$\text{이때 } v_{ik} = \frac{f_{ik}}{f_k} \log \frac{N}{N_i} \tag{9.4}$$

새로 정의한 벡터 $\mathbf{v}_k$를 tf-idf 벡터라 부른다. 이 벡터의 의미를 생각해 보자. $v_{ik}$의 첫 번째 tf 항은 많이 등장한 단어에 더 큰 가중치를 준다는 의미로 이해하면 된다. 두 번째 idf 항은 $i$번째 단어가 나타난 문서가 적다면 가중치를 높이겠다는 의도이다. 고루고루 등장하면 분별력이 약하다고 보고 가중치를 낮게 하고, 반대라면 분별력이 강하다고 보고 가중치를 높이는 것이다. 정보 검색 커뮤니티는 많은 실험을 통해 $\mathbf{f}$보다 $\mathbf{v}$가 성능이 높다는 사실을 입증하였다.

이제 두 문서 간의 유사도를 계산할 수 있다. 두 벡터 $\mathbf{v}_q$와 $\mathbf{v}_k$ 사이의 유사도는 식 (9.5)로 측정한다. 두 벡터가 이루는 각의 코사인 값과 같아서 코사인 유사도cosine similarity라고도 부른다. 여기서 인덱스 $q$와 $k$는 응용 상황에 따라, 데이터베이스에 포함된 $q$번째와 $k$번째 문서로 보아도 되고, $q$를 질의 문서로 간주하고 $k$는 데이터베이스의 $k$번째 문서로 간주해도 좋다.

$$\text{sim}(\mathbf{v}_q, \mathbf{v}_k) = \frac{\mathbf{v}_q \mathbf{v}_k^{\mathrm{T}}}{\|\mathbf{v}_q\| \|\mathbf{v}_k\|} \tag{9.5}$$

만일 데이터베이스에 있는 모든 벡터를 미리 단위 벡터로 정규화해 두고 질의 벡터도 정규화 한다면, 식 (9.6)을 사용하여 더 빨리 계산할 수 있다.

$$\text{sim}(\mathbf{v}_q, \mathbf{v}_k) = \mathbf{v}_q \mathbf{v}_k^{\mathrm{T}} = 1 - \frac{1}{2}\|\mathbf{v}_q - \mathbf{v}_k\|^2 \tag{9.6}$$

**예제 9-1** ❚ tf-idf 벡터와 그들의 유사도 계산 ────

[그림 9-8]의 세 개의 문서 중 $t_3$의 tf-idf 벡터 $\mathbf{v}_3$를 계산해 보자. 앞의 여섯 개 요소 $v_{13}$, $v_{23}$, $\cdots$, $v_{63}$은 $f_{13}$, $f_{23}$, $\cdots$, $f_{63}$이 0이 므로 0이 된다. $v_{73}$을 계산해 보자. $f_{73}=2$이고, $f_3=4$이다. 또한 $N=30$이고, $N_7=2$이다. 따라서 $v_{73}=\frac{2}{4}\log\frac{3}{2}=0.2027$이 된다. 나머지 요소도 계산해 보면 다음과 같은 벡터 $\mathbf{v}_3$를 얻는다. 원래 벡터 $\mathbf{f}_3$에서는 일곱 번째 요소가 2라는 값을 가져 1을 가진 아 홉 번째와 열 번째에 비해 더 컸는데, $\mathbf{v}_3$에서는 idf 항으로 인해 더 작아졌음에 주목하자.

$$\mathbf{v}_3=(0,\ 0,\ 0,\ 0,\ 0,\ 0,\ 0.2027,\ 0,\ 0.2747,\ 0.2747)$$

같은 요령으로 $t_1$과 $t_2$에 해당하는 벡터 $\mathbf{v}_1$과 $\mathbf{v}_2$를 계산하면 다음과 같다.

$$\mathbf{v}_1=(0.2747,\ 0.1014,\ 0.1014,\ 0.2747,\ 0,\ 0,\ 0,\ 0,\ 0,\ 0)$$
$$\mathbf{v}_2=(0,\ 0.0579,\ 0.0579,\ 0,\ 0.3139,\ 0.1569,\ 0.0579,\ 0.1569,\ 0,\ 0)$$

두 벡터 $\mathbf{v}_1$과 $\mathbf{v}_2$의 유사도를 계산하면 $\text{sim}(\mathbf{v}_1,\mathbf{v}_2)=\frac{0.0117}{0.1645}=0.0714$이다. 같은 방법으로 $\text{sim}(\mathbf{v}_1,\mathbf{v}_3)=0$, $\text{sim}(\mathbf{v}_2,\mathbf{v}_3)$ $=0.0674$이다. [그림 9-8]의 세 문서를 보면 $t_1$과 $t_2$가 유사함을 알 수 있는데, 이들 사이의 유사도는 다른 쌍에 비해 큰 값을 가진다.

─────────────────

### 영상 인식에 적용

이제 [그림 9-8] 오른쪽 영상으로 관심을 옮겨 보자. 영상 집합이 주어진 경우 지금까지 공부한 정보 검색 원리를 활용하려면 어떻게 해야 할까? 가장 먼저 할 일은 무엇을 단어로 삼을지 결정하 는 것이다. 에지, 영역, 관심점 등이 후보가 될 텐데, 불변성과 반복성을 감안하면 관심점이 훌륭한 후보가 된다. 따라서 영상에서 관심점을 검출하고 각각에 대해 적절한 기술자를 추출하여 특징으 로 삼는다. 하지만 특징 자체를 단어로 삼는다면, 많은 영상에서 검출된 특징 벡터들이 서로 달라 사전의 크기가 폭발적으로 커지는 문제가 생긴다.

이 문제를 해결하는 가장 효과적인 방법은 비슷한 특징들, 즉 특징 공간에 가까이 있는 특징 벡 터들을 하나로 모아 그들의 대표를 단어로 삼는 것이다. 특징 공간을 몇 개의 구간으로 나누는 작 업을 벡터 양자화$^{\text{vector quantization}}$라 부른다. 벡터 양자화를 적용하여 특징 공간을 $d$개의 구간으 로 나눈 후, 각 구간에 대해 대표 벡터를 선정하여 단어로 취한다. 이를 시각 단어$^{\text{visual word}}$라 부 른다. 결국 사전의 크기는 $d$가 된다.

이후 새로운 영상에서 특징이 검출되면 벡터 양자화를 적용하고 해당 구간의 단어로 매핑하 면, 관심점을 텍스트 문서의 단어와 동일한 방식으로 취급할 수 있게 된다. 벡터를 양자화하려면 군집화 알고리즘을 사용하면 되는데, 보통 간단한 $k$-means나 신경망의 일종인 SOM(Self-Organizing Map)을 사용한다.

영상에서 추출한 특징 벡터를 단어로 바꾸었으니 앞서 설명한 식 (9.4)의 tf-idf 벡터, 식 (9.5)의 유사도 측정을 그대로 이어받아 사용할 수 있다. [알고리즘 9-3]은 물체 부류 별로 주어진 모델 영상을 바탕으로 사전을 구축하는 방법이다. 앞서 설명한 바와 같이 모든 영상에서 특징 벡터를 추출한 후, 그들을 군집화하여 대표 벡터를 알아낸다. 대표 벡터가 사전을 구성하는 시각 단어가 되며, 필요할 경우 불용어$^{\text{stop word}}$를 제거하는 단계를 수행한다. 알고리즘 전체에 대한 구체적인 구현은 [Sivic2009]를 참고하기 바란다. 정보 검색과 마찬가지로 이러한 기법을 시각 단어 가방$^{\text{bag}}$ of visual words 또는 키포인트 가방$^{\text{bag of keypoints}}$이라 부른다.

---

**알고리즘 9-3 시각 단어 사전 구축과 tf-idf 벡터 계산**

**입력** : 물체 부류 별 모델 영상 $I_i$, $1 \le i \le m$, 사전 크기 $d$    // $m$은 물체 부류의 개수
**출력** : $d$개의 시각 단어를 갖는 사전 $D$, 부류 별 tf-idf 벡터 $\mathbf{v}_i$, $1 \le i \le m$

1    for($i$=1 to $m$)   // 부류 각각에 대해
2      $I_i$에서 특징 벡터를 추출하고 그들을 $X_i$에 저장한다.
3    $X = X_1 \cup X_2 \cup \cdots \cup X_m$을 $d$개의 군집으로 군집화한다.   // 벡터 양자화
4    각각의 군집에 대해 대표 벡터를 계산하고 그것을 사전 $D$에 추가한다.
5    (선택적) 불용어를 찾고 그것을 $D$에서 제거한다.
6    for($i$=1 to $m$) {   // 부류 각각에 대해
7      $X_i$의 특징 벡터를 시각 단어로 매핑하고 그것을 $V_i$에 저장한다.
8      $V_i$로부터 tf-idf 벡터 $\mathbf{v}_i$를 계산한다
9    }

---

[알고리즘 9-4]는 새로운 영상을 인식하는 알고리즘이다. [알고리즘 9-3]과 같은 과정을 거쳐 영상에서 tf-idf 벡터 $\mathbf{v}_q$를 추출한다. 그리고 데이터베이스에 있는 벡터 각각에 대해 식 (9.5)의 유사도를 계산하고 값이 임계값 이상인 벡터의 부류를 인식 결과로 취한다. 예를 들어, [그림 9-2(a)]의 경우 왼쪽은 자동차와 개구리라는 두 부류의 모델 영상 $I_1$과 $I_2$이고, 오른쪽은 [알고리즘 9-4]의 입력 영상 $I_q$이다. 이 입력 영상에서 벡터를 추출하면, 그 벡터는 자동차와 개구리 영상에서 추출한 벡터와 유사할 것이다. 하지만 추가로 사람이라는 부류가 있다고 가정해 보자. 그 영상에서 추출한 벡터는 $\mathbf{v}_q$와 유사성이 낮아, 결과적으로 사람은 없다라는 인식 결과를 얻게 될 것이다.

**입력** : 영상 $I_q$, tf-idf 벡터 $\mathbf{v}_i$, $1 \leq i \leq m$, 임계값 $t$
**출력** : 부류 집합 $C$

```
1    I_q에서 tf-idf 벡터 v_q를 계산한다.
2    for(i=1 to m) {
3        식 (9.5)를 이용하여 v_i와 v_q의 유사도 s를 측정한다.
4        if(s>t) i를 C에 추가한다.
5    }
```

Sivic은 [알고리즘 9-4]를 비디오 검색에 활용하였다[Sivic2009]. 100분 분량의 영화에서 추출한 5,640개의 키프레임을 대상으로 사용자가 지정한 물체를 검색하는 데 불과 0.36초가 걸렸다는 실험 보고를 하였다.

# 3
# 범주 인식

앞 절에서 공부한 사례 인식<sup>instance recognition</sup>은 내 차와 같이 어떤 범주에 속하는 특정 사례가 인식 대상이므로 부류 모델링이 쉬운 반면, 범주 인식<sup>category recognition</sup>은 해당 범주에 속하는 물체가 아주 다양하므로 부류를 모델링하기가 훨씬 어렵다. 예를 들어, [그림 9-9]에 있는 자동차 범주에 속하는 물체들을 어떻게 모델링할 것인가? 차와 같은 강체인 경우는 그나마 나은 편이지만 소와 같이 서있는 모양, 앉아있는 모양, 뛰는 모양 등 시시각각 바뀌는 연성 물체에 해당하는 범주는 다루기 훨씬 까다롭다. 한마디로 범주 인식은 부류 내 변화<sup>intra-class variation</sup>가 매우 심한 문제이다.

그림 9-9 **자동차 부류와 소 부류**

9장의 도입부에서 언급했듯이 범주 인식은 돌을 갓 지난 아이보다 훨씬 못하다. 아이에게 [그림 9-9]를 보여주면 자동차와 소를 서로 다른 것으로 인식한다. 그에 비하면 현재 컴퓨터 비전 기술은 매우 낮은 편이다. 9.1절에서 소개했듯이 이러한 상황을 뚫고 나가려는 목적으로 여러 연구 그룹이 노력하고 있다. PASCAL VOC와 ImageNet ILSVRC 대회에 참여하는 연구 그룹이 대표적인 선도 그룹이다.

사례 인식은 특정 물체가 인식 대상이므로 논란을 벌일 이유가 없지만, 범주 인식은 학습 집합의 지도 정도가 논란거리가 된다. 학습 집합을 만들 때, 배경을 모두 지우고 해당 물체 영역만 주는 강한 지도strong supervision도 있고, [그림 9-9]와 같은 영상에 어떤 범주의 물체가 존재하는지 알려주는 주석만 다는 약한 지도weak supervision도 있다. 범주 인식 연구의 초기에는 주로 강한 지도를 사용하였는데, 현재는 약한 지도를 추구하는 논문이 많다. 부류 수가 많고 부류마다 수십에서 수천 장의 영상을 포함하고 있어 강한 지도가 현실적으로 어렵기 때문이다. PASCAL VOC와 ImageNet ILSVRC도 약한 지도를 채택하고 있다.

이 절은 두 가지 인식 방법을 소개한다. 첫 번째는 9.2.3절의 단어 가방bag of words 모델을 범주 인식으로 확장한 방법이다. 이 방법은 영상에 나타나는 시각 단어의 빈도수를 세어 특징 벡터를 구성하여 학습과 인식을 수행하는 접근 방식이므로, 물체의 모양shape은 전혀 사용하지 못하고 단지 외관appearance만 사용하는 셈이다. 다시 말해, 물체를 구성하는 부품들 간의 상호 위치 정보를 전혀 고려하지 않는 방식이다. 컴퓨터 비전에서는 이런 종류의 방식을 통틀어 외관-기반appearance-based이라 부른다. 두 번째 방법은 물체를 구성하는 주요 부품을 정의하고 그것들의 상대적인 위치를 표현하는 부품 모델part model이다. 단어 가방과 부품 모델을 각각 9.3.1절과 9.3.2절에서 설명한다. 9.3.3절은 최근 각광을 받는 컨볼루션 신경망을 이용하는 인식 기법을 소개한다.

## 1. 단어 가방

사례 인식은 학습 집합에 부류당 단 하나의 물체만 주어지므로 '매칭' 연산을 사용하였다. 하지만 범주 인식은 서로 다른 모양을 갖는 많은 수의 물체가 한 부류에 속하므로 '분류' 연산을 사용해야 한다. 분류 연산은 8장에서 공부한 기계 학습을 활용하면 된다. 따라서 특징 벡터를 구성하는 단계는 9.2.3절의 기법과 같지만, 그 이후는 크게 다르다.

[그림 9-10]은 단어 가방을 이용한 범주 인식의 일반적인 처리 과정을 설명한다. 학습 집합에 속하는 영상이 주어지면 9.2.3절에서 공부한 절차에 따라 지역 특징 검출, 벡터 양자화, 그리고 tf-idf 벡터의 계산을 수행하여 특징 벡터를 추출한다. 이제부터 8장에서 배운 기계 학습을 적용해 볼 수 있다. 여러 종류의 분류 알고리즘 중에 하나를 선택하여 학습을 수행한다. 새로운 영상이 입력되면 같은 방법으로 특징 벡터를 구하고, 그 결과를 분류기에 입력하면 분류 과정을 거쳐 인식이 완료된다.

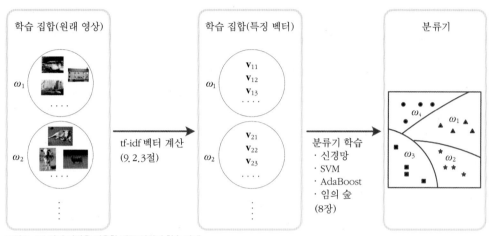

그림 9-10 **단어 가방을 이용한 범주 인식의 학습 단계**

Csurka는 단어 가방 모델을 범주 인식에 최초로 적용하였다[Csurka2004]. 4.4.2절에서 공부한 해리스 라플라스를 개선한 해리스 어파인 검출기[9]로 관심점을 검출하고, 6.2.1절의 SIFT 기술자를 추출하였다. $k$-means를 사용하여 벡터 양자화를 수행하였는데 군집 개수 $k$는 1,000으로 설정하였다. 분류기는 SVM을 이용하였다. 실험은 7부류(얼굴, 빌딩, 나무, 자동차, 전화기, 자전거, 책)를 대상으로 했으며, 오류율이 15%가량 되었다. Zhang은 여러 종류의 관심점과 기술자를 사용하였고 SVM에 대해서 여러 종류의 커널 함수를 사용하여 보다 폭넓은 성능 비교 실험을 수행하였다[Zhang2007]. Opelt는 분류기로 에이더부스트를 사용하였다[Opelt2006].

---

9 해리스 어파인에 대해서는 [Mikolajczyk2002a, Mikolajczyk2002b]를 참고하라.

외관만 사용하는 이 인식 모델의 한계를 극복하려는 여러 가지 시도가 있다. Savarese는 코렐로그램[10]을 활용하여 시각 단어의 외관뿐만 아니라 그들간의 상호 위치 관계도 표현하는 새로운 방법을 제안하였다[Savarese2006]. Lazebnik은 피라미드 구조에서 점점 세밀한 특징 벡터를 추출하는 방법을 제안하였다[Lazebnik2006].

단어 가방 모델은 분명한 한계가 있다. 물체 영역과 배경 영역을 구분하는 원리가 전혀 없으므로, 해당 부류의 물체를 포함하지 않은 영상의 벡터가 우연히 모델 벡터와 일치하면 오분류가 발생하는 경우를 피할 수 없다. 이러한 측면에서 볼 때, 다음 절에서 소개할 부품 모델은 한 단계 더 나아간 기법임에 틀림없다. 하지만 부품 모델은 단어 가방이 필요로 하지 않는 여러 가정을 전제로 해야 하는 다른 측면의 한계를 안고 있다. 두 가지 방법은 모두 진화하는 중이다.

## 2. 부품 모델

이 절에서 공부할 부품 모델part-based model은 앞 절과 달리 물체의 모양, 즉 물체를 구성하는 부품과 그들의 위치 관계를 고려한다. 이런 접근 방식은 컴퓨터 비전 초창기에 고안되었다. 가장 대표적인 기법은 사람 얼굴이 몇 개의 부품으로 구성된다고 간주하고 그들을 스프링으로 연결한 모델에서 찾아볼 수 있다[Fischler73, Felzenszwalb2005]. 스프링은 정해진 규칙에 따라 일정한 범위 안에서 부품의 위치가 변하는 것을 허용한다. 이렇게 하여 사람마다 조금씩 다른 얼굴 모양을 모델링하였다. 이 모델은 개념적으로는 훌륭하지만 실제 동작하는 계산 모델과 알고리즘을 개발하지는 못했다. 1990년대 후반부터 이 모델을 구현하기 위한 학습과 인식 알고리즘이 개발되기 시작하였다. 이 절은 여러 기법 중 가장 널리 알려져 있는 별자리 모델constellation model을 소개한다.

[그림 9-11]을 살펴보자. '사람 얼굴'이라는 범주에 속하는 영상인데, 아주 다양한 변화가 발생한다. 하지만 이러한 심한 변화에도 불구하고 부품이 영상에 어떤 명암이나 컬러 분포를 띠고 나타날지에 관한 '외관appearance'과 부품이 어떤 위치 관계를 갖는지에 관한 '모양shape'은 둘 다 일정한 범위 안에 존재한다. 예를 들어 눈은 색깔, 명암, 텍스처에서 큰 변화가 있지만 검은 눈동자를 밝은 흰자가 둘러싸고 있다라는 외관상 공통점이 있다. 또한 사람마다 얼굴 비율이 다르고 기울임으로 인한 변화가 존재하지만, 공통적으로 두 눈과 입이라는 세 개의 부품이 삼각형을 이룬다. 이

---

10 코렐로그램은 단순히 색상의 발생 빈도만 세는 히스토그램의 한계를 극복하기 위해, 색상의 위치 관계를 규정하고 그런 관계의 발생 빈도를 세는 확장된 히스토그램이다[Huang97].

러한 사실을 토대로, 부품 모델은 외관과 모양 두 측면에서 일정한 조건을 강제하면서도 어떤 범위 내의 변화를 허용하는 능력이 요구된다. 게다가 자동 학습과 인식이 가능해야 하므로, 매개변수를 가진 학습 모델이 필요하다. 학습 집합에 속한 영상에서 추출한 특징의 외관과 모양 정보를 이용하여 최적의 매개변수를 찾아내는 학습 알고리즘을 구상해야 한다.

그림 9-11 **부품의 예**

## 별자리 모델을 이용한 물체 인식

어떻게 이러한 별자리 모델을 설계할 수 있을까? 설계에 착수하기 전에, 이미 학습된 모델이 있다고 가정하고 이것을 이용하여 어떻게 물체를 인식하는지 살펴보도록 하자. [그림 9-12]는 새로 입력된 영상인데, '사람 얼굴'을 포함하고 있는지 알아내야 한다고 하자. 특징 검출기가 빨간색 동그라미로 표시된 12개의 특징을 검출하였다고 가정한다. 이 상황에서 별자리 모델은 여러 가정을 생성한다. 그림에서는 네 개의 가정이 표시되어 있다. 이때 $h_2$라는 가정은 세 부품의 외관도 잘 들어맞고, 모양도 잘 맞는다. 외관과 모양이 모두 높은 확률을 가진다. 결국 이들의 결합 확률이 임계값을 넘어 $h_2$는 검증을 통과한다.

반면 $h_3$는 눈에 해당하는 부품의 외관은 높은 확률을 가지는데, 입 부품의 외관과 세 부품이 이루는 모양은 낮은 확률을 가진다. 결국 임계값을 넘지 못해 이 가정은 기각된다. 별자리 모델은 가림도 처리할 수 있다. 가정 $h_1$에서 두 눈의 부품은 검출되었는데 입 부품은 실종되었다. 이러한 상황은 세 부품을 모두 가진 $h_2$보다는 낮은 확률을 가지겠지만, 두 부품으로 높은 확률을 확보했다면 전체 확률이 임계값을 넘어 검증을 통과할 수 있다. 나머지 가정 $h_4$는 아주 낮은 확률을 보여 기각될 것이다.

**그림 9-12 가정 생성과 확률 계산**

[알고리즘 9-5]는 지금까지 설명한 별자리 모델을 가지고 물체 인식을 수행하는 절차를 보여준다. 별자리 모델 $\Theta$는 학습을 거쳐 이미 구축되었다고 가정한다. 이 알고리즘은 [그림 9-12]와 같은 입력 영상 $I$로부터 특징을 검출한다. 그런 다음 이들 특징을 조합하여 가능한 모든 가정을 생성한다. 영상에서 추출된 특징의 수를 $n$, 가정을 구성하는 부품(특징)의 수를 $k$라 하면, 총 $_{n+1}P_k$개의 가정이 만들어진다. 가림을 처리하기 위해 부품의 실종을 허용하므로 $n+1$개에서 뽑는 순열이 된다. [그림 9-12]에서는 총 $_{13}P_3=1716$개의 가정 중에 네 가지만 예시하고 있다. 별자리 모델은 $n$과 $k$가 큰 경우 계산량이 폭발적으로 증가하기 때문에 대략 $n$은 30 이하, $k$는 6 이하로 제한한다.

TIP $n$개의 특징을 별로 간주하면 이들 조합이 별자리를 형성하므로 별자리 모델이라는 이름이 붙었다.

이렇게 생성된 가정 각각에 대해 별자리 모델 $\Theta$에서 가정 $h_i$가 발생할 확률, 즉 우도likelihood[11] $P(h_i|\Theta)$를 계산한다. 이 우도가 임계값을 넘으면 검증을 통과한 것으로 간주하고 $h_i$의 위치를 계산하여 저장한다.

[알고리즘 9-5]는 한 가지 물체 범주만 인식하는 버전이다. 여러 개 범주로 확장하는 것도 간단하다. 물체 범주 각각에 대한 별자리 모델 $\Theta_i$가 주어졌다면, 이들 각각에 대해 독립적으로 [알고리즘 9-5]를 수행하면 된다.

---

**11** 우도를 어떻게 공식화하고 계산하는지에 대해서는 [Fergus2007]을 참고하라.

**입력** : 별자리 모델 $\Theta$, 부품의 개수 $k$, 영상 $I$, 임계값 $t$

**출력** : 물체의 위치 집합 $L$

1  $I$에서 특징을 검출한다. 검출된 특징 집합을 $F$, 특징의 개수를 $n$이라 한다.

2  $F$에서 $k$개의 특징을 뽑아 특징 조합(가정)을 만드는데, 이렇게 만든 모든 가정을 $H$에 저장한다.

3  for($H$에 있는 가정 $h_i$ 각각에 대해) {

4    우도 $P(h_i|\Theta)$를 계산한다.

5    if($P(h_i|\Theta)>t$) $h_i$로부터 물체 위치를 계산하여 $L$에 삽입한다.  // 검증 통과

6  }

## 별자리 모델 학습

지금까지 학습이 완료된 별자리 모델 $\Theta$가 있다고 가정하고, 물체를 인식하는 알고리즘에 대해 공부하였다. 이런 똑똑한 별자리 모델을 어떻게 학습할 것인가? 이 주제는 크게 부품을 표현하는 방법과 학습 방법으로 나누어 생각해야 한다.

부품으로는 주로 4장에서 공부한 관심점이 활용된다. 예를 들어 Fergus는 Kadir가 제안한 관심점[12]을 사용하였다[Fergus2003]. 특징 벡터를 구성하기 위해 관심점을 중심으로 일정 크기(11×11 정도)의 부분 영상을 떼어낸 후, 그것을 대상으로 PCA를 수행하여 20~30차원으로 줄인다. [그림 9-13(a)]는 이렇게 생성한 특징을 외관 공간에 예시한 것으로, 20~30차원을 2차원으로 축소해 보여준다. 각각의 부품에서 추출한 특징은 변화도 발생하지만 그림에서처럼 군집을 형성할 것이다. 이들 군집의 분포는 가우시안으로 표현하는 데 가우시안의 평균과 공분산 행렬이 모델의 매개변수 $\Theta_{appearance}$를 형성한다.

모양을 표현하기 위한 학습 모델은 어떻게 구성할 것인가? [그림 9-13(b)]는 모양 공간을 설명한다. $k$개의 부품(이 경우 $k$=3)은 일정한 위치 관계를 형성해야 하는데, 위치의 변화도 가우시안 분포로 표현한다. 외관과 마찬가지로 이들 가우시안의 평균과 공분산 행렬이 모델의 매개변수 $\Theta_{shape}$를 형성한다. 결국 별자리 모델을 표현하는 매개변수 $\Theta$는 $\Theta_{appearance}$와 $\Theta_{shape}$로 구성된다.

---

12 Kadir 관심점은 4장에 빠져있는데, 자세한 내용은 [Kadir2001]을 참고한다.
  더불어 Matlab 프로그램도 http://www.robots.ox.ac.uk/~timork/salscale.html에 공개되어 있다.

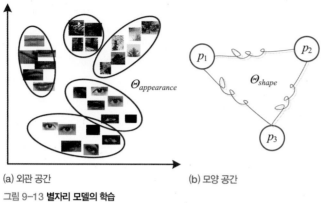

(a) 외관 공간　　　　　　　　　　(b) 모양 공간

그림 9-13 **별자리 모델의 학습**

　이제 학습이 할 일이 분명해졌다. 학습이란 주어진 학습 집합을 생성해낼 가능성이 가장 큰(우도를 최대로 하는) 매개변수 값을 찾는 일이다. 학습 집합을 $S$라 표기했을 때 식 (9.7)은 학습이 할 일을 수식으로 표현한다.

$$\hat{\Theta} = \underset{\Theta}{\mathrm{argmax}}\, P(S \mid \Theta) \tag{9.7}$$

　그런데 큰 난관이 있다. 학습에 활용할 수 있는 정보는 [그림 9-11]이 예시하는 학습 집합의 영상이 전부이다. 그림에서처럼 만일 사람이 일일이 특징을 검출하여 주석을 달아 준다면 강한 학습에 속할 것이다. 별자리 모델의 초기에는 이런 방식을 주로 사용하였다[Burl98]. 하지만 강한 학습은 학습 집합이 작고 범주의 개수가 얼마 안되면 가능하지만 그렇지 않은 경우에는 현실적으로 불가능하다. 이러한 한계를 극복할 목적으로 Weber는 외관을 나타내는 매개변수 $\Theta_{appearance}$는 욕심 알고리즘으로 추정하고 모양을 나타내는 매개변수 $\Theta_{shape}$는 EM 알고리즘으로 추정하는 학습 알고리즘을 제안하였다[Weber2000a, Weber2000b]. Fergus는 한 걸음 더 나아가 $\Theta_{appearance}$와 $\Theta_{shape}$를 EM 알고리즘으로 동시에 추정하는 학습 알고리즘을 발표하였다[Fergus2003, Fergus2007]. 이후 Fei-Fei는 한 장 또는 소수의 영상만을 이용하여 학습하는 한방 학습one-shot learning을 제시했는데[FeiFei2006], 보다 구체적인 학습 알고리즘은 이들 문헌을 참고하기 바란다.

　별자리 모델은 몇 가지 난관을 안고 있다. 첫 번째는 앞서 설명한 바와 같이 영상에서 검출된 특징 개수가 $n$이고 모델이 가진 부품의 개수가 $k$라면 $\Theta(n^k)$의 계산 복잡도를 가진다는 점이다. 복잡한 영상의 경우 $n$이 수백에서 수천이 될 수 있는데, 이런 상황에서는 계산량이 과다하여 현실성이 사라진다. 그렇다고 $k$를 적정 수준인 5~6 정도로 유지하면 복잡한 물체를 제대로 표현할 수 없다.

Carneiro는 이러한 문제점을 해결할 목적으로 복잡도가 훨씬 낮은 희소 모델sparse model을 제안하였다[Carneiro2006]. 두 번째 난관은 특징으로 무엇을 사용할지 결정하는 일이다. 앞서 소개한 논문들이 사용한 지역 특징과 특징 기술자가 과연 여러 범주의 물체에 두루두루 잘 작동할지 의문이다. '꽃'이라는 부류와 '사람 얼굴'이라는 부류가 같은 특징을 사용하여 둘 다 높은 인식 성능을 거둘 수 있을까? 다음 절에서 공부할 컨볼루션 신경망은 특징 추출부터 인식까지 학습으로 이루어지는 인식 모델이다.

## 3. 컨볼루션 신경망

8.2.3절에서 깊은 학습deep learning을 공부할 때, LeCun이 문자를 인식할 목적으로 개발한 컨볼루션 신경망을 다루었다[LeCun98]. 이 신경망을 수정하면 대규모 범주 인식 문제를 풀 수 있다.

현재 컴퓨터 비전이 다루는 가장 규모가 크고 어려운 범주 인식 문제는 9.1절에서 살펴보았던 ILSVRC이다. 이 대회가 제시하는 문제는 1,000부류 분류 문제인데, [그림 8-15]는 '망치'와 '종'이라는 부류, [그림 9-2(b)]는 '국자'라는 부류, [그림 9-4]는 '화단용 화초'라는 부류를 예로 보여준다. 이 문제는 부류의 수가 방대할 뿐 아니라 부류 내 변화intra-class variation도 무척 심하다. 예를 들어 [그림 9-2(b)]의 '국자' 부류의 경우 영상에 나타난 국자의 크기, 모양, 개수, 그리고 배경의 혼재라는 측면에서 변화가 무척 크게 나타난다.

현재 연구자들은 여러 가지 접근 방법을 동원하여 인식 성능을 높이려는 시도를 하고 있는데, 컨볼루션 신경망CNN(Convolutional Neural Network)이 선두를 차지하고 있다. 2012년에 열린 ILSVRC-2012 대회에서 토론토 대학의 Krizhevsky가 이끈 슈퍼비전SuperVision 팀이 우승을 차지하였다. [그림 9-14]는 그가 제안한 컨볼루션 신경망의 구조로[Krizhevsky2012], [그림 8-13]의 신경망과 구조가 비슷하다. 앞에 배치된 다섯 개의 컨볼루션층은 특징 추출을 담당하고, 각 층을 구성하는 가중치는 학습을 통해 알아낸다. 이 가중치는 컨볼루션 마스크의 화소값에 해당하므로 특징 추출기를 학습으로 자동 설계하는 셈이다. 뒤에 배치된 세 개의 층은 [그림 8-10]의 다층 퍼셉트론과 같은 구조를 가지는데, 앞의 컨볼루션층이 추출해 준 특징을 가지고 분류를 수행한다.

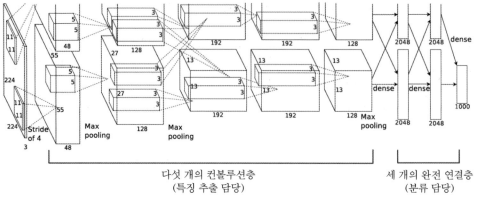

다섯 개의 컨볼루션층
(특징 추출 담당)

세 개의 완전 연결층
(분류 담당)

그림 9-14 **1,000부류 분류 문제를 풀기 위한 컨볼루션 신경망 구조**

　[그림 9-14]의 신경망은 이전의 컨볼루션 신경망에 비해 여러 측면에서 개선이 이루어졌다. 예를 들어 그림에서 보는 바와 같이 위와 아래에 배치된 두 개의 부분 신경망이 독립적으로 작동하는데, 두 번째에서 세 번째 층으로 넘어갈 때 둘 사이에서 정보 교류가 부분적으로 일어난다. 그리고 맨 오른쪽에 있는 출력층에서 두 신경망의 값을 결합하여 최종 출력값을 생성한다. 이 구조는 두 대의 GPU를 사용하여 학습 시간을 줄여 줄 뿐 아니라 인식 성공률도 높여 준다. 이외에도 과적합을 피하기 위한 목적으로 여러 가지 기법이 동원되었다. 예를 들어, 영상 샘플을 다양하게 변환하여 학습 데이터베이스의 크기를 확대하였다. 또한 Hinton이 제안한 드롭아웃dropout 기법을 적용하였다.[13] 이외에도 여러 가지 기법이 추가로 적용되었는데, 보다 구체적인 내용은 [Krizhevsky2012]를 참고하라.

　2013년도에 열린 ILSVRC-2013에서는 인식을 전문으로 연구하는 벤처 업체 Clarifai가 우승을 차지하였다.[14] 이들은 [Krizhevsky2012]와 마찬가지로, 5+3=8층의 신경망 구조와 과적합을 피하기 위해 데이터베이스 확장 및 드롭아웃 기법을 사용하였다[Zeiler2013a]. 하지만 이전에 비해 보다 과학적인 방법을 적용하였다.

---

**13** 드롭아웃은 학습 과정을 반복하는 과정에서 50%의 은닉 노드를 임의로 선택한 후 그들을 제외하고 학습하는 기법이다[Hinton2012]. Hinton은 단순한 이 기법으로 컨볼루션 신경망의 성능을 크게 개선할 수 있음을 입증하였다.

**14** ILSVRC 대회는 크게 200부류 검출, 1000부류 분류, 1,000부류 분류+검출의 세 가지 부문으로 나뉜다. 이 절 내용은 1,000부류 분류 문제에 관한 것이다. ILSVRC-2012는 16.4%의 오류율로 토론토 대학의 슈퍼비전 팀이 우승했으며, 이 팀은 나중에 구글에 합병되었다. C++로 작성된 프로그램을 공개했는데, https://code.google.com/p/cuda-convnet/에서 다운로드 할 수 있다. ILSVRC-2013은 11.74%의 오류율로 Clarifai사가 우승을 차지하였다.

컨볼루션 신경망은 크기가 방대하다. 예를 들어, [Zeiler2013a]가 사용한 신경망은 6,500만 개의 매개변수(신경망 에지 가중치)를 가진다. 때문에 '왜' 대규모 범주 인식 문제에 잘 작동하는지, '어떻게' 하면 성능을 개선할 수 있는지에 대한 직관을 가지기 어렵다. 이전에는 컨볼루션 신경망 구조를 이리저리 바꾸어가며 실제 성능을 측정하여 우수한 구조를 찾아내는 주먹구구 방식을 썼다. Zeiler는 컨볼루션 신경망을 시각화하여, 학습 과정에서 어떤 층이 어떤 역할을 하는지 이해할 수 있는 방법을 고안하였다[Zeiler2013b]. 그는 컨볼루션 신경망의 동작을 이해한 후, 그것을 바탕으로 구조를 최적화하는 과학적인 방법을 적용하였다. 그가 ILSVRC-2013에서 우승을 차지한 비결이다.

# 4
# 사람 인식

사람 인식은 컴퓨터 비전에서 가장 공을 들이는 연구 주제 중 하나이다. 그 이유는 사람 인식 시스템의 응용 가능성에서 찾아볼 수 있다. 감시, 보안, 범죄 수사, 엔터테인먼트, 의학, 재활, 광고, 방송과 같은 아주 많은 응용 분야에서 사람 인식 기술이 필요하다. 이 절은 사람 인식을 생체·얼굴·나이·성별·인종·표정 인식으로 나누어 간략히 살펴본다. 구체적인 알고리즘보다는 개략적인 방법론과 대표적인 논문, 서베이 논문을 중심으로 소개할 것이다.

(a) 지문　　　(b) 홍채　　　(c) 손 모양

그림 9-15 **생체 인식**

생체 인식biometrics은 사람의 특성을 이용하여 누구인지 알아내는 문제이다. 목소리나 DNA와 같은 특성을 이용하는 시스템도 있지만, 우리는 카메라 또는 스캐너로 입력한 영상을 분석하는 상황으로 국한한다. [그림 9-15]는 지문과 홍채, 손 모양hand geometry을 이용하는 세 가지 경우를 보여준다. 이런 인식 문제는 이미 높은 성능을 갖춘 상용 시스템이 나와 있어 건물 출입 통제, 국경 통과, 범죄자 색출 등에 널리 활용된다. 실제 현장에서는 여러 종류의 생체 인식을 수행하고 결과를 결합한 다중 모드 방식을 주로 사용한다. 생체 인식 전체를 자세히 소개한 책으로 [Jain2008]을 추천한다.

얼굴 인식face recognition은 사람 인식 중에서 가장 많은 연구가 이루어진 분야이다.[15] 앞서 6.6 절에서 고유 얼굴을 이용한 얼굴 인식 기법, 8.5절에서 기계 학습을 이용한 얼굴 검출 기법을 소개하였다. 얼굴 인식을 다루는 서베이 논문으로 [Zhao2003, Jafri2009]를 추천한다. Zhao는 영상 전체에서 특징을 추출하고 분류하는 통째holistic 접근 방법, 영상의 특정 부분에서 특징을 추출하고 분류하는 특징 기반 접근 방법, 두 방법을 결합하는 혼합 접근 방법으로 나누었다. 6.6절의 고유 얼굴은 얼굴 영상을 구성하는 모든 화소를 PCA로 변환한 특징 벡터를 사용하므로 통째 방법에 속한다. 얼굴 인식 연구는 대략 1970년대 초에 시작되었다. 그 당시 연구는 대부분 눈, 코, 입 등에 해당하는 특징을 추출한 후, 그 정보를 이용하여 분류하는 특징 기반 방법을 사용하였다 [Kelly70, Kanade73][16]. 컨볼루션 신경망을 이용한 방법도 있는데, 이것도 특징 기반 방식에 속한다[Lawrence97]. 최근에는 2.5차원의 깊이 영상을 이용한 얼굴 인식이 활발히 시도되고 있다 [Queirolo2010]. 얼굴 인식에서는 조명 변화와 머리 포즈의 변화(정면/측면, 기울음 정도 등)를 어떻게 다룰지가 매우 중요한데 [Zhao2003]은 이러한 문제에 대처하는 알고리즘을 소개하고 있다.

그림 9-16 **나이 추정**

[그림 9-16]은 나이 인식 문제를 보여준다. '저 할머니 90세 정도로 보이는 데 어떻게 보면 100 세 넘은 것 같기도 하고…'라는 말에서 나이 인식age recognition의 어려움이 드러난다. 얼굴에 나타

---

**15** http://www.face-rec.org는 얼굴 인식을 다루는 포털 사이트이다. 관련 문헌, 데이터베이스, 알고리즘, 소스 코드, 학술대회와 저널, 회사 정보를 제공한다.
**16** 이 두 논문은 얼굴 영상을 자동으로 인식하는 최초의 논문으로 간주된다.

나는 나이는 건강 상태나 직업, 유전 등의 요인에 따라 개인차가 크기 때문에 나이 인식은 까다로운 문제이다. 알고리즘 개발에 쓸 데이터베이스 수집도 단순한 얼굴 인식보다 힘든 편이다. 나이 인식은 분류 문제로 간주할 수도 있지만 0, 1, 2, 3, …, 40, 41, …과 같이 시간축 상의 연속성 개념을 가지기 때문에 회귀regression 문제로 볼 수도 있다. 따라서 분류 문제로 보고 푸는 방법과 회귀 문제로 보고 푸는 방법론으로 나눌 수 있고, 이들을 결합하는 혼합 방법도 있다. 나이 인식은 매장을 돌아다니는 고객을 분석하여 상품 진열에 활용하는 고객 관계 관리CRM(Customer Relationship Management)나 키오스크를 들여다보는 사람에 맞는 광고 내용을 자동 선별하는 표적 광고target advertisement 등에 응용할 수 있다. 나이 인식을 다룬 서베이 논문으로 [Fu2010]을 추천한다.

성별 인식gender recognition이나 인종 인식ethnicity recognition 또는 race recognition도 고객 관계 관리나 표적 광고에 활용할 수 있다. 키오스크를 여성이 들여다보고 있는데 면도기 광고를 내보낸다면 광고 효과가 그리 크지 않을 것이다. 성별 인식을 다룬 서베이 논문으로 [Ng2012]를 추천한다. 인종 인식은 [Muhammad2012, Lu2004]를 참고하기 바란다. 성별 인식과 인종 인식은 얼굴 영상을 분석하는 방법과 걸음걸이를 분석하는 방법으로 나눌 수 있고 이 둘을 결합하는 방법도 있다.

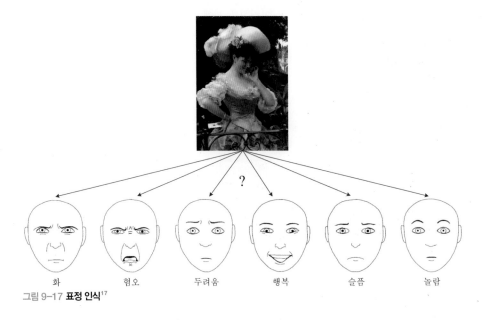

그림 9-17 **표정 인식**[17]

---

**17** Barry Langdon Lassagne가 스케치한 155가지 표정 중에서 여섯 가지를 뽑았다. http://commons.wikimedia.org/wiki/Category:Line_drawings_of_facial_expressions

[그림 9-17]은 표정 인식expression recognition 문제를 보여준다. 많은 연구들이 여섯 종류의 표정으로 분류하는 문제를 다룬다. 예를 들어 [Shan2009]는 입력 영상에서 6.4절에서 공부한 LBP 텍스처 특징을 추출하고 SVM으로 여섯 부류의 표정으로 분류를 시도하였다. 서베이 논문으로 [Fasel2003, Bettadapura2012]를 추천한다.

# 5

# 모바일 기기에 적용된 인식 기술

현대인의 생활 방식에 큰 변화를 몰고 온 요인 중 한 가지를 고르라면 모바일을 꼽을 것이다. 스마트폰, 태블릿 PC, 구글 글래스<sup>Google glass</sup> 등이 변화의 중심에 있다. 이들 장치는 고해상도 디스플레이 장치, 카메라나 마이크로폰뿐 아니라 자이로 센서, 가속도 센서, 자기 센서, GPS 같은 센서 장치, 고성능 CPU와 GPU를 갖추고 있다. 게다가 초고속 통신 장치가 내장되어 있어 언제 어디서나 인터넷에 접속할 수 있는 기능을 갖추고 있다. 이런 장치를 소지하게 된 일이 컴퓨터 비전과 무슨 관련이 있을까?

새롭게 나타난 가장 중요한 현상은 이전에 생각하지 못한 새로운 응용 분야의 창출이다. 예를 들어 등산을 하다 발견한 나무의 잎을 스마트폰 카메라로 찍어 수종을 알아내거나, 쇼핑 매장에서 관심을 끄는 상품에 대한 정보를 현장에서 쉽게 검색하는 등으로 컴퓨터 비전 기술을 응용할 수 있다. 이는 모바일 단말기의 이동성과 각종 센서 덕분에 가능해졌다. 데스크탑 PC를 등에 메고 다니며 이런 일을 할 수는 없는 노릇이다.

매우 적극적으로 컴퓨터 비전 기술을 상품에 적용하는 회사는 구글이다. 구글이 2011년 10월에 공개한 안드로이드 4.0(아이스크림 샌드위치)은 'Face Unlock'이라는 기능을 선보였다. 카메라로 자신의 얼굴을 찍어 스마트폰에 등록해 두면, 이후에는 비밀번호를 입력하거나 손가락 움직임 패턴을 입력하는 대신 얼굴을 카메라에 비춤으로써 자신의 스마트폰에 로그인하는 기능이다. 이 기능은 얼굴 인식 프로그램을 사용한다. 고글Goggles 앱은 관광지에서 유명한 랜드마크 건물을 찍으면 자동으로 인식하여 건물 정보를 알려준다거나, 와인 병 또는 책 표지 등을 찍으면 이를 인식하여 관련 사이트로 연결해 주는 서비스를 제공한다[Girod2011]. 또한 뉴욕 메트로폴리탄 박물관 소장 작품을 찍으면 어떤 작품인지 인식하여 감상에 도움이 되는 정보를 보여준다. 구글 글래스는 앞에 나타난 사람의 얼굴을 인식하여 누구인지 주인에게 알려준다[Ackerman2013]. 이제 친구를 알아보지 못해 곤란을 겪는 상황이 크게 줄어들 것이다.

 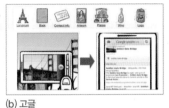 

(a) face unlock       (b) 고글       (c) 구글 글래스

그림 9-18 **컴퓨터 비전을 이용한 구글의 서비스**

Leafsnap은 나뭇잎 모양을 인식하여 나무 종을 알아내는 스마트폰 앱으로, 스미소니언 박물관과 콜롬비아 대학이 공동으로 개발하였다.[18] 미국 북동부 지역에 서식하는 184종의 식물을 인식할 수 있는데, 매칭 점수에 따라 순위를 정해 사용자에게 보여주면 사용자가 최종적으로 종을 결정하는 방식을 사용한다. 사용자는 이파리를 따 하얀 종이 위에 놓고 찍어야 한다. 찍은 영상은 인터넷을 통해 서버로 전달되며 서버가 인식을 수행한 후 결과를 다시 사용자의 스마트폰으로 전달하는 클라이언트 서버 방식으로 동작한다.

그림 9-19 **Leafsnap을 사용하고 있는 어린이**

---

**18** 생물 종을 인식하는 또 다른 연구로 꽃 인식은 [Nilsback2008], 새 인식은 [Branson2010] 등이 있다.

이 프로그램은 이파리 여부 판단, 분할, 특징 추출, 분류의 네 단계를 거쳐 나뭇잎 영상을 인식한다[Kumar2012]. 이파리 여부는 지스트$^{\text{gist}}$[19] 특징과 SVM 분류기로 이진 분류를 수행하여 판단한다. 이 과정에서 나무에 붙은 채로 찍힌 이파리나 이파리가 아닌 영상을 입력한 경우는 배제된다. 이파리가 하얀 종이 위에 있기 때문에 영역 분할은 얼핏 쉬운 문제라고 생각할 수 있다. 하지만 그림자 효과와 같은 여러 요인으로 인해 그리 단순하지 않다. Leafsnap은 컬러 영상을 HSV 공간으로 변환한 후, H(색상)를 제외하고 S와 V채널만 사용한 2차원 공간에서 가우시안 혼합$^{\text{Gaussian}}$ $^{\text{mixture}}$ 군집화를 이용하여 분할을 수행한다. 특징 추출 단계는 경계선의 모든 점에서 곡률을 계산하고, 곡률 분포를 히스토그램으로 표현하여 특징 벡터를 생성한다. 분류는 최근접 이웃 매칭을 이용하여 해결한다.

증강 현실은 컴퓨터 비전 기술을 사용하는 또다른 모바일 응용 분야이다. [그림 9-20]은 증강 현실 앱을 사용하는 몇 가지 장면을 보여준다. [그림 9-20(a)]는 사람 손을 인식하여 적당한 위치에 게임 캐릭터를 올려놓는 기능을 통해 게임의 몰입도를 높인 응용 사례이다. (b)는 교육 분야에 응용한 예로, 책 내용을 찍으면 자동으로 내용을 검색하여 해당 물체를 3차원으로 보여준다. (c)는 관광 분야에 응용한 것으로, 길을 찍으면 그곳에 해당하는 지도를 덧씌워서 목적지까지 쉽게 찾아가게 한다. 이러한 응용 모두 영상이 입력되면 실시간으로 장면에 나타난 물체의 종류와 자세를 알아내어 그에 맞는 합성 영상을 덧씌운다. 이때 물체 정보를 알아내기 위해 실시간으로 인식하는 컴퓨터 비전 프로그램이 필요하다.[20]

(a) 게임

(b) 교육

(c) 길 찾기

그림 9-20 **증강 현실의 예**

---

19 지스트에 대해서는 [Oliva2006]을 참고하라.
20 어떤 증강 현실 시스템은 인식 문제를 쉽게 해결하기 위해 QR 코드나 증강 현실용으로 설계된 ARTag를 미리 부착해 놓기도 한다. 책은 이러한 마커 방식이 가능하지만 건물 같은 물체는 부착이 불가능하기 때문에 비마커$^{\text{markerless}}$ 방식을 사용해야 한다.

증강 현실을 구현하려면 입력된 영상을 분석하여 어떤 물체가 나타났는지 인식한 후, 물체가 카메라 좌표계 위에 어떻게 놓여져 있는지를 나타내는 자세를 알아야 한다. 대부분 시스템은 4장에서 공부한 지역 특징을 사용하는데, [Gordon2006]은 SIFT를 이용한 초창기 시스템이다. 이후 계산 시간을 줄여 실시간 동작을 추구하였는데, SIFT를 단순화하여 속도 향상을 꾀한 방법[Wagner2010], SURF를 활용한 방법[Takacs2008], 이진 지역 특징을 사용하여 고속성을 확보한 방법[Xia2013] 등을 들 수 있다.

## 연습문제

**1** 구글에서 좋아하는 배우 이름으로 영상 검색을 수행하시오.

(1) 검색된 영상을 1순위부터 100순위까지 조사하여 인식률을 계산하시오.

(2) 구글의 영상 검색 엔진은 어떤 방법을 사용하여 영상을 검색하는지 조사하시오.

(3) (1)에서 틀린 영상이 있다면, 한 영상을 뽑아 어떤 이유로 실패했는지 설명하시오.

**2** 구글에서 좋아하는 꽃 이름으로 영상 검색을 수행하시오. 검색된 영상을 1순위부터 20순위까지 자세히 살펴보고 이들의 다양성에 대해 설명하시오.

**3** 식 (9.2)의 성능 척도에 대해 답하시오.

(1) 몇 가지 상황을 예시하여 이 척도의 타당성을 설명하시오.

(2) 몇 가지 상황을 예시하여 이 척도의 문제점을 설명하시오.

**4** 텍스트 검출을 다루는 ICDAR RRC에 대해 답하시오.

(1) 3번 문제를 텍스트 검출에 적용하여 답하시오.

(2) RRC에서 사용하는 척도를 조사하여 제시하시오.

**5** [그림 9-8]에서 다음과 같은 문서가 추가되었을 때 [예제 9-1]의 계산을 수행하시오.

$t_4$ : 앱인벤터를 좋아하는 학생이 많다.

**6** 구글 글래스의 영상 인식 기능을 조사하여 제시하시오.

**7** Leafsnap이 잎 영상을 인식하는 데 사용하는 특징과 인식 알고리즘을 설명하시오. [Kumar2012]를 참고하시오.

# Chapter 10
# 모션

# Preview

바람 불어 거스러진
샛대 지붕은
고요한 달밤에
박 하나 낳았다.

_장서언 '밤'

세상은 움직인다. 물체가 움직이고, 그것을 비추는 조명이 움직이고, 관찰자인 카메라도 움직인다. 이들 움직임이 동시에 나타나는 일도 자주 벌어진다. 지금까지 공부한 내용은 이러한 움직임을 모두 무시하고 어느 순간에 획득한 한 장의 정지된 영상을 처리하였다. 이 장에서는 움직이는 세상에서 획득한 여러 장의 연속된 영상을 대상으로 정보를 알아내는 동적 비전dynamic vision에 대해 공부한다. 동적 비전은 [그림 10-1]이 보여주는 바와 같이 감시용 카메라, 스포츠 중계, 자율 주행 차량뿐 아니라 차량용 블랙박스, 로봇 항해, 비디오 검색, 게임 등 응용할 수 있는 분야가 넓다.

(a) 감시           (b) 스포츠 중계           (c) 자율 주행

그림 10-1 동적 비전이 필요한 다양한 응용

동적 비전 기능을 갖춘 가장 친숙한 제품은 게임용 기기이다. [그림 10-2]는 현재 출시된 두 종류의 제품을 보여준다. 이들은 초당 30프레임의 영상을 획득할 수 있으며, 연속 영상을 실시간으로 분석하여 사용자의 움직임을 인식하는 능력을 보유하고 있다. 사용자는 몸에 아무 장치도 부착하지 않은 채 동작을 연출하며 게임을 즐긴다. 키넥트는 출시 60일 동안에 800만 대를 팔아 기네스북에 올랐다.

(a) 마이크로소프트의 키넥트Kinect

(b) 소니의 아이토이Eyetoy

그림 10-2 동작을 인식하는 게임용 기기

이와 같이 일부 동적 비전 기술은 이미 가전제품 형태로 우리 거실에 들어와 있다. 그렇다면 어떻게 움직이는 물체를 검출하고 움직이는 방향과 속도, 몸짓 등의 정보를 빠르고 정확하게 알아낼 수 있을까? 10장에서는 이러한 기술을 공부한다.

▶ 각 절에서 다루는 내용 - - - - - - - - - - - - - - - - - - - - - - - - - - - - - - - - - - - - - - - - - - - - - - - -

**10.1절**_동적 비전의 응용 분야와 기초적인 처리 과정을 소개한다.

**10.2절**_광류를 추정하는 두 가지 대표적인 알고리즘인 Lucas-Kanade 알고리즘과 Horn-Schunck 알고리즘을 설명한다.

**10.3절**_물체를 추적하는 알고리즘을 소개한다.

# 1
# 움직이는 상황

동적 비전이 처리하는 영상은 식 (10.1)과 같이 표현할 수 있다. 2차원 영상 공간에 시간축이 더해진 꼴이다. 즉 $f(y,x,t)$는 $t$라는 순간의 $(y,x)$ 화소의 명암값이다. [그림 10-3]은 식 (10.1)을 그림으로 나타낸 것으로, 연속 영상$^{image sequence}$ 또는 동영상$^{video}$이라 부른다. 연속 영상을 구성하는 각각의 영상을 프레임$^{frame}$이라고 한다.

$$f(y,x,t), t = 1 \leq t \leq T \tag{10.1}$$

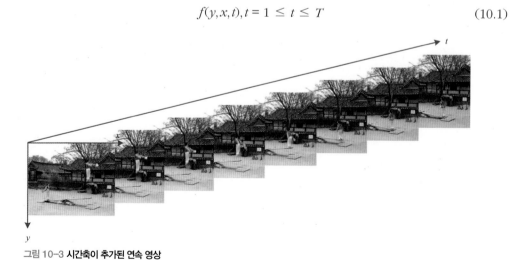

그림 10-3 **시간축이 추가된 연속 영상**

시간축의 샘플링 비율은 응용에 따라 다르다. 웹캠이나 감시용 카메라와 같은 일반적인 장치는 대략 초당 10~30장의 영상을 획득한다. 예를 들어, [그림 10-2]의 키넥트는 480×640 해상도의 영상을 초당 30장씩 얻는다. 응용 상황에 따라 더욱 느리게 또는 빠르게 샘플링할 수도 있다. 예를 들어, 농장에서 식물의 성장을 관찰할 때 분당 한 장의 영상을 획득하여 며칠에 걸쳐 연속 영상을 확보할 수 있다. 반대로 벌새의 날개 움직임을 연구하는 생물학자는 초당 수천 장의 영상을 획득하는 특수 카메라를 활용할 것이다.[1]

[그림 10-1]의 (b)와 (c)는 카메라도 움직이고 장면도 움직이는 가장 복잡한 상황이다. 하지만 컴퓨터 비전이 풀어야 하는 문제가 모두 이런 것은 아니고, 보다 단순한 경우도 많다. 실제 마주칠 수 있는 상황을 다음과 같이 네 가지로 구분할 수 있다.

- 정지 카메라와 정지 장면 : 정지 영상 한 장이 주어진 상황으로서 앞 장에서 공부한 내용이다. 10장은 여기에 해당하지 않는다.
- 정지 카메라와 동적 장면 : 동적 비전에서 다루는 문제 중 가장 단순한 경우로, 많은 연구를 수행하여 성공적인 알고리즘이 가장 많은 편이다. 과속 단속 또는 주차 관리용 카메라나 감시용 카메라 등은 대부분 고정되어 있으므로 이 상황에 해당한다.
- 동적 카메라와 정적 장면 : 불법 주차되어 있는 차량을 찍고 다니는 단속용 차량이 이 경우에 해당한다.
- 동적 카메라와 동적 장면 : 가장 복잡한 경우이다. 항해하는 로봇, 자율 주행 자동차, 스포츠 중계 등이 여기에 해당한다. 스스로 방향과 줌을 조절할 수 있는 능동 비전active vision 기능을 가진 감시용 카메라도 포함된다.

동적 비전은 무엇을 알아내야 하는가? 바로, 장면에 담긴 물체에 대한 정보이다. 이 정보는 물체의 부류, 움직이는 속도와 방향을 포함한다. 나아가서 물체가 하는 일에 관한 행위 인식까지 알아내야 할 것이다. 사람은 인식한 행위 정보를 통해 의도까지 추론한다. 언제쯤 컴퓨터 비전 기술이 거기에 도달할 수 있을까?

컴퓨터 비전이 2차원을 넘어 3차원 움직임 정보를 알아낼 수 있다면 응용 영역은 폭발적으로 늘어날 것이다. [그림 10-4]는 3차원 동적 비전의 사례를 보여준다.[2] 축구 경기장에 설치된 여러 대

---

**1** 벌새humming bird는 초당 12~80번 날개를 펄럭인다.

**2** 일본 쭈쿠바 대학의 연구 사례이다. 축구 경기장에 카메라 아홉 대를 설치해 놓고, 실시간으로 3차원 장면을 재구성해 시청자에게 전달하는 시범 시스템이다[Ohta2007]. 물론 이 시스템은 여러 가지 강한 제약 조건을 만족하는 상황에서만 작동한다. 언젠가 이런 제약이 없어지고 값싼 가전제품이 될 수 있을까?

의 카메라는 서버 컴퓨터에 실시간으로 영상을 보낸다. 서버 컴퓨터는 여러 장의 영상을 분석하여 3차원으로 장면을 재구성한 후, 고속 통신망을 통해 실시간으로 시청자의 TV로 전달한다. TV에는 시청자의 위치를 감지하는 센서가 달려 있고 시청자의 위치에 맞게 3차원 장면을 렌더링하는 컴퓨터가 연결되어 있다. TIP 이런 시스템을 구현하려면, 이 장에서 공부하는 동적 비전, 11장에서 공부할 3차원 비전, 그리고 컴퓨터 그래픽스의 렌더링 기술을 동원해야 한다.

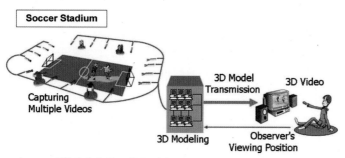

그림 10-4 **3차원 동적 비전을 보여주는 사례**

동적 비전에 관한 연구는 아직 좀더 낮은 목표에 머물러 있는 형편이다. 대략 난이도가 낮은 것부터 높은 순으로 나열해 보면 다음과 같다.

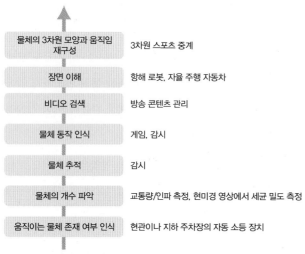

그림 10-5 **동적 비전의 기술 난이도**

지금까지 동적 비전에 관련된 여러 가지 상황을 살펴보았으니, '식 (10.1)의 연속 영상이 주어졌을 때 어떻게 유용한 정보를 알아낼 것인가?'라는 질문에 대해 생각해 보자. [알고리즘 10-1]은 쉽게 생각할 수 있는 접근 방식을 개념적으로 설명한다.

[알고리즘 10-1]은 개별 프레임을 독립적으로 처리하므로 이전에 공부한 알고리즘을 적용할 수 있다. 이 접근 방법은 얼핏 합리적인 듯 보이지만 실상은 그렇지 않다. 연속 영상은 한 장의 영상과 달리 시간도 고려해야 하기 때문이다.

영상은 공간 일관성spatial coherence을 갖는다. 공간 일관성은 어떤 화소가 빨간색을 가졌다면 주변 화소도 유사한 빨간색을 띨 가능성이 높다는 성질이다. 지금까지 공부한 에지 추출, 영상 분할, 지역 특징 추출 등은 대부분 공간 일관성을 적절하게 활용한다. 시간축이 추가된 연속 영상은 공간 일관성뿐 아니라 시간 일관성temporal coherence도 갖는다. 즉 어떤 화소 $(y,x)$ 입장에서 보면, $t$라는 순간의 값 $f(y,x,t)$는 다음 순간 $t+1$의 값 $f(y,x,t+1)$과 비슷할 가능성이 높다. 동적 비전 알고리즘은 공간 일관성과 시간 일관성 특성을 잘 활용해야 한다. 10장에서 공부할 알고리즘은 이 두 특성을 충실하게 활용한다.

## 1. 차 영상

이 절은 가장 단순한 방법인, 차 영상difference image을 이용하는 알고리즘을 소개한다[Jain81]. 식 (10.2)는 $r$이라는 순간과 $t$라는 순간의 차 영상을 정의한다. 응용과 상황에 따라 $r$은 $t-1$ 또는 $t-\delta$와 같은 이전 프레임일 수도 있고, 특정 목적에 따라 설정된 기준 프레임일 수도 있다. 후자의 경우, 종종 물체가 없는 배경 영상을 $r$프레임으로 사용하기도 한다.

$$d_{tr}(y,x) = \begin{cases} 1, & |f(y,x,t) - f(y,x,r)| > \tau \\ 0, & \text{그렇지 않으면} \end{cases} \tag{10.2}$$

[알고리즘 10-2]는 차 영상을 사용하여 움직임 정보를 알아낸다. 앞에서 설명한 바와 같이 기준 프레임 $r$은 응용 상황에 맞게 설정한다. 5행은 연결요소를 해석하여 움직임 정보를 추출하는데, 응용 상황에 따라 처리 방식이 달라진다. 예를 들어 CCTV와 같이 감시가 목적인 경우, 일정 크기 이상의 연결요소가 발견되면 침입자가 있다고 간주하여 경고 메시지를 출력할 수 있다.

---

**알고리즘 10-2 차 영상에서 움직임 추출**

**입력** : 두 장의 영상 $f(\mathbf{x}, r)$, $f(\mathbf{x}, t)$   // $r$은 기준 프레임, $t$는 현재 프레임
**출력** : 움직임 정보

| | |
|---|---|
| 1 | 식 (10.2) 또는 식 (10.3)을 이용하여 차 영상 $d$를 구한다. |
| 2 | $d$의 연결요소를 구한다. |
| 3 | 크기가 작은 연결요소를 제거한다.   // 잡음으로 간주 |
| 4 | 적절한 모폴로지 연산을 수행한다(선택적).   // 예를 들어 열기 연산(식 (2.24)) |
| 5 | 연결요소를 해석하여 움직임 정보를 추출한다. |

---

식 (10.3)은 차 영상을 구하는 또 다른 수식인데, 각 화소의 주위를 살펴보고 변화가 있는지 여부를 판단하므로 식 (10.2)보다 강건하게 작동한다. 이 식에서 $\mu_t$와 $\sigma_t$는 영상 $t$의 $(y, x)$ 화소에 씌운 $m \times n$ 크기 윈도우 내의 화소 평균과 분산이다. $\mu_r$과 $\sigma_r$도 같은 방법으로 영상 $r$에서 계산한다.[3] 차 영상은 화소를 개별적으로 처리하므로 잡음에 민감할 수밖에 없다. [알고리즘 10-2]의 3행과 4행에서 잡음을 줄여 주지만 상황에 따라 충분하지 않을 가능성이 있다.

$$d_{t_r}(y, x) = \begin{cases} 1, & \dfrac{1}{\sigma_t \times \sigma_r}\left(\dfrac{\sigma_t + \sigma_r}{2} + \left(\dfrac{\mu_t - \mu_r}{2}\right)^2\right)^2 > \tau \\ 0, & \text{그렇지 않으면} \end{cases} \tag{10.3}$$

[그림 10-6]은 [그림 10-3]의 연속 영상에서 11번째 영상을 기준 프레임 $f_r$, 12번째 영상을 현재 프레임 $f_t$로 설정하고 차 영상을 구한 결과이다. 이 연속 영상은 카메라가 고정된 상황이므로 배경은 0에 가까운 값을 가진다. 색동옷을 입은 오른쪽 아이는 아래쪽으로 이동하고 노란색 저고리를 입은 왼쪽 아이는 위로 올라가고 있다. 따라서 아이들에 해당하는 영역은 큰 값을 가진다. 맨 오른쪽 영상은 차 영상을 임계값 50으로 이진화한 결과이다.

---

3  식 (10.3)에 관한 자세한 설명은 [Jain79]를 참고하라.

> $f_{11}$        > $f_{12}$        > 차 영상        > 차 영상의 이진화

그림 10-6 **차 영상**

[알고리즘 10-2]는 단순하다는 장점을 가진다. 하지만 배경과 물체의 색상이나 명암에 큰 변화가 없는 상황에서만 동작한다. 예를 들어, 공장의 벨트 컨베이어라든가 조명이 고정된 실내가 이 상황에 해당한다. 이러한 강한 조건을 만족하지 못하는 실제 상황에서는 10.2절부터 살펴볼 보다 정교한 알고리즘을 사용해야 한다.

## 2. 모션 필드

[그림 10-7]은 3차원 공간에서 일어나는 물체의 움직임이 2차원 영상 공간에 투영되는 과정을 보여준다. 컴퓨터 비전은 연속된 여러 장의 2차원 영상을 분석하여 3차원 공간의 모션 벡터 $\mathbf{v}_3$를 알아낼 수 있을까? 불행히도 원천적으로 불가능한 일이다. 왜냐하면 그림에서 또 다른 두 개의 3차원 벡터가 보여주듯이, 3차원 공간의 무수히 많은 벡터가 2차원 영상 공간 상의 같은 벡터 $\mathbf{v}$로 투영될 수 있기 때문이다. 10장에서는 2차원 연속 영상에서 움직이는 물체를 알아내고, 물체의 '2차원' 모션 벡터 $\mathbf{v}$를 구하는 방법을 다룬다.

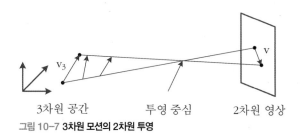

       3차원 공간        투영 중심        2차원 영상

그림 10-7 **3차원 모션의 2차원 투영**

이제, 연속된 두 장의 영상 $f_t$와 $f_{t+1}$로부터 2차원 상의 모션 벡터motion vector 또는 속도 벡터velocity vector라고 부르는 $\mathbf{v}$를 알아내는 방법에 대해 살펴보자. 움직임이 발생한 모든 점의 모션 벡터를 알아내면 2차원 모션 맵이 얻어지는데, 이 맵을 모션 필드motion field라 부른다. [그림 10-8]은 이동하는 삼각형을 찍은 연속된 두 장의 영상과 이들 영상에서 추정한 모션 필드를 보여준다.

이와 같이 모션 필드를 정확히 추정해낼 수 있다면 로봇 항해, 목표물 추적, 제스처 인식 등 컴퓨터 비전이 다루는 많은 응용 문제를 해결할 수 있다. [그림 10-8]은 삼각형이라는 물체를 대상으로 인위적으로 모션 벡터를 그려 넣은 것이다. 실제로는 [그림 10-3]과 같은 영상이 주어지므로 모션 벡터를 추정하는 일은 그리 단순하지 않다.

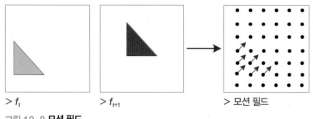

> $f_t$ 　　　　　> $f_{t+1}$ 　　　　　> 모션 필드

그림 10-8 **모션 필드**

근본적으로 어려움을 야기하는 상황도 있다[Horn86, 12.1절]. [그림 10-9]의 왼쪽 그림은 구가 회전하는 상황이다. 모션 벡터가 발생한다. 하지만 영상에 아무 변화가 발생하지 않으므로, 모션 벡터를 추정할 아무런 정보가 주어지지 않은 셈이다. 반대로 오른쪽 그림은 구는 움직이지 않는데, 해가 왼쪽에서 오른쪽으로 이동한 상황이다. 이 경우는 모션 벡터가 **0**이어야 하는데, 영상에 변화가 발생하므로 알고리즘은 **0**이 아닌 모션 벡터를 추정할 것이다.

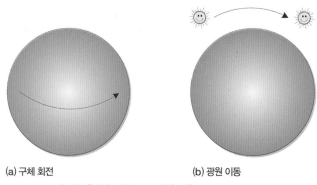

(a) 구체 회전 　　　　　　　　　(b) 광원 이동

그림 10-9 **모션 필드 추정이 근본적으로 어려운 상황**

# 2
# 광류

동적 비전의 입력은 [그림 10-3]과 같은 연속 영상이므로 인접한 영상을 분석하여 [그림 10-8]과 같은 모션 필드를 추정해야 한다. 이 절에서 공부할 광류optical flow는 인접한 두 장의 영상에 나타나는 '명암 변화'만 고려한다. 다시 말해 광류 추정은 물체를 검출하고, 검출한 물체의 움직임을 반영하려는 시도를 전혀 하지 않기 때문에 물체에 독립적인 방식이다. 광류는 계산 과정에서 개별 물체의 움직임을 명시적으로 반영하지 않는다. 하지만 물체가 움직이면 그에 따른 명암 변화가 발생하므로 암시적으로 물체의 움직임, 즉 모션 필드를 표현한다고 말할 수 있다. 다만, [그림 10-9]와 같은 특별한 상황에서는 광류가 모션 필드를 제대로 반영하지 못하는 한계를 안고 있다.

광류는 인접한 두 영상의 명암 변화를 분석하여 움직임 정보를 추정한다. $t$라는 순간의 영상 $f(y,x,t)$와 짧은 시간이 흐른 후의 인접 영상 $f(y,x,t+1)$이 주어졌다고 하자. [그림 10-10]은 광류 알고리즘이 추정해야 할 모션 벡터 $\mathbf{v}=(v,u)$를 보여준다. 여기에서 $v$와 $u$는 각각 $y$와 $x$방향의 이동량에 해당한다. [그림 10-10(a)]는 물체 이동에 따른 모션 벡터를 개념적으로 보여준다. 하지만 실제 영상은 (b)와 같은 숫자로 이뤄진 배열이다. $t$ 순간의 영상에 동그라미로 표시한 화소는 $t+1$ 순간의 영상에서 어떤 화소에 해당할까? 이것이 바로 광류 추정 알고리즘이 풀어야 할 문제이다.

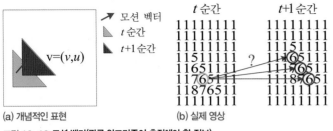

**그림 10-10 모션 벡터(광류 알고리즘이 추정해야 할 정보)**

곧이어 공부할 광류 추정 알고리즘은 카메라가 굳이 고정되지 않아도 10.1절의 네 가지 상황 모두에 적용할 수 있다. 만약, 특정한 상황에 대한 정보를 알고 있다면 광류를 계산하는 과정이 아니라 계산된 광류를 해석하는 단계에서 활용할 수 있다. 카메라가 고정되어 있는 상황이라면 광류에 등장하는 움직임은 모두 장면 속 물체의 움직임으로 봐야 하지만, 물체가 고정된 상황이라면 광류를 카메라 움직임으로 해석해야 한다.

## 1. 광류 추정의 원리

[그림 10-10(b)]에 제시된 예제 영상은 8×8로 작을 뿐더러 삼각형 모양의 물체가 명암값을 그대로 간직한 채 이동하였다. 하지만 실제로 다루는 영상의 크기는 512×512 또는 그 이상이며 명암도 보통 256단계로 아주 복잡하다. 이동과 동시에 회전 변환, 투영 변환, 조명 변환, 잡음 등도 개입한다. 따라서 실제 상황에서 모션 벡터를 구하기 위해서는 현실을 적절히 표현하는 모델이 필요하다.

이 모델은 실제 세계를 훼손하지 않는 범위 내에서 적절하게 가정을 세운다. 밝기 항상성 brightness constancy은 광류 알고리즘의 가장 중요한 가정이다. 연속한 두 영상에 나타난 물체의 같은 점은 명암값이 같거나 비슷하다는 것이다. [그림 10-10]을 예로 들면, $t$ 순간의 영상에서 동그라미로 표시된 화소는 6이라는 명암을 가지므로 $t+1$ 순간의 영상에서도 이 화소는 6을 가져야 한다는 조건이다(실제로는 6에 가까운 값을 가진다고 가정한다). 밝기 항상성에는 조명의 변화가 없어야 한다는 요구가 내포되어 있다. 또한 물체 표면과 광원이 이루는 각에 따라 변하는 명암 차이를 무시한다는 사실도 포함한다.

사실, 밝기 항상성은 실제 세계에 정확히 들어맞지 않는다. 외부 환경도 변할 뿐 아니라 물체의 법선 벡터와 광원이 이루는 각에 따라 명암값이 변한다. 하지만 이 가정이 없이는 알고리즘을 설계하기 매우 어려울 뿐 아니라, 실제 실험 결과를 살펴보면 이 가정이 받아들일 수 있는 정도의 오차 이내에서 들어맞는다는 사실을 확인할 수 있다.

인접한 두 영상의 시간 차이 $dt$가 충분히 작다면, 테일러 급수에 따라 식(10.4)가 성립한다. 식 (10.1)은 편의상 정수 인수를 사용하여 연속 영상을 $f(y,x,1)$, $f(y,x,2)$, …와 같이 표현하였다. 초당 30프레임을 획득하는 비디오 영상의 경우 $dt=1/30$초가 된다. $dt$가 충분히 작다는 말은 절대 시간이 짧아야 한다는 것이 아니라 물체 이동 거리를 몇 개 화소 정도로 작게 유지할 수 있는 시간을 뜻한다.

$$f(y+dy,x+dx,t+dt) = f(y,x,t) + \frac{\partial f}{\partial y}dy + \frac{\partial f}{\partial x}dx + \frac{\partial f}{\partial t}dt + \text{2차 이상의 항} \quad (10.4)$$

$dt$가 작다는 가정에 따라, 물체의 움직임을 나타내는 $dy$와 $dx$도 작으므로 2차 이상의 항을 무시해도 큰 오차가 발생하지 않는다. 밝기 항상성 가정에 따르면, $dt$라는 시간 동안 $(dy,dx)$만큼 움직여 형성된 새로운 점의 $f(y+dy,x+dx,t+dt)$는 원래 점의 $f(y,x,t)$와 같다. 따라서 식 (10.4)는 $\frac{\partial f}{\partial y}dy + \frac{\partial f}{\partial x}dx + \frac{\partial f}{\partial t}dt = 0$으로 바꾸어 쓸 수 있고, 양변을 $dt$로 나누면 식 (10.5)를 얻는다.

$$\frac{\partial f}{\partial y}\frac{dy}{dt} + \frac{\partial f}{\partial x}\frac{dx}{dt} + \frac{\partial f}{\partial t} = 0 \quad\quad (10.5)$$

위 식에서 $\frac{\partial f}{\partial y}, \frac{\partial f}{\partial x}, \frac{\partial f}{\partial t}$가 무엇을 의미하는지 생각해 보자. 이것들은 영상 $f(y,x,t)$를 각각 매개변수 $y$, $x$, $t$로 미분한 편도함수이다. 따라서 그레이디언트 $\left(\frac{\partial f}{\partial y}, \frac{\partial f}{\partial x}\right)$는 3장의 에지 검출에 사용한 식 (3.5)와 같다. 이제 관심을 $\frac{dy}{dt}$와 $\frac{dx}{dt}$로 옮겨 보자. 시간 $dt$ 동안 $y$와 $x$방향으로 이동량을 뜻하므로 [그림 10-10]의 모션 벡터에 해당한다. 즉 $\frac{dy}{dt} = v$이고 $\frac{dx}{dt} = u$이다. 이에 따라 식 (10.6)을 유도할 수 있다.

$$\frac{\partial f}{\partial y}v + \frac{\partial f}{\partial x}u + \frac{\partial f}{\partial t} = 0 \quad\quad (10.6)$$

이 식은 미분 방정식으로, 광류 조건식optical flow constraint equation 또는 그레이디언트 조건식 gradient constraint equation이라 부른다. 미분을 이용하는 대부분의 광류 추정 알고리즘은 이 방정식을 풀어 모션 벡터를 구한다. 10.2.2절에서 공부할 Lucas-Kanade 알고리즘과 Horn-Schunck 알고리즘이 식 (10.6)을 사용한다. 이 식을 가만히 살펴보면 그레이디언트를 구성하는 세 개의 값 $\frac{\partial f}{\partial y}, \frac{\partial f}{\partial x}, \frac{\partial f}{\partial t}$를 모두 구했다 하더라도 $v$와 $u$를 유일한 값으로 결정할 수 없음을 알 수 있다. 방정식은 하나인데 구해야 할 값은 $v$와 $u$, 두 개이기 때문이다. 이 문제는 다음 절로 넘기기로 하고, 지금까지 공부한 내용을 예제를 통해 보다 명확히 이해하기로 하자.

---

**예제 10-1** **광류 조건식** —————————————————————————

이 예제는 [그림 10-10]의 영상을 활용한다. 편도함수 값은 다음과 같이 이웃한 점과의 차이로 구한다고 하자.

$$\frac{\partial f}{\partial y} = f(y+1,x,t) - f(y,x,t), \quad \frac{\partial f}{\partial x} = f(y,x+1,t) - f(y,x,t), \quad \frac{\partial f}{\partial t} = f(y,x,t+1) - f(y,x,t)$$

그림에서 동그라미로 표시한 화소 $(5,3,t)$에 대해 편도함수 값을 계산해 보면 다음과 같다.

$$\frac{\partial f}{\partial y} = f(6,3,t) - f(5,3,t) = 7 - 6 = 1, \frac{\partial f}{\partial x} = f(5,4,t) - f(5,3,t) = 5 - 6 = -1, \frac{\partial f}{\partial t} = f(5,3,t+1) - f(5,3,t) = 8 - 6 = 2$$

계산 값을 식 (10.6)에 대입하면 다음과 같은 방정식을 얻는다.

$$v - u + 2 = 0$$

그래프에 표시하면 [그림 10-11]과 같다. 이 식을 해석해 보자. 구하려는 모션 벡터 $(v,u)$는 이 직선 상에 놓여야 하는데 유일한 한 점으로 결정할 수는 없다. 이어서 광류 추정 알고리즘에서는 밝기 항상성 이외에 또 다른 가정을 추가하여 유일한 해를 찾는 방법을 다룬다.

TIP [그림 10-10]의 상황에서는 (-1,1)이 해이다.

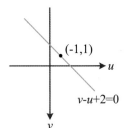

그림 10-11 **모션 벡터를 위한 광류 조건식**

---

## 2. 광류 추정 알고리즘

식 (10.6)은 광류를 계산하는 중요한 기본 식이 분명하지만, [예제 10-1]이 보여주는 바와 같이 모션 벡터를 확정해 주지는 못한다. 따라서 유일한 해를 찾으려면 가정을 추가해야 한다. 이 절에서는 현재 가장 널리 쓰이는 Lucas-Kanade 알고리즘과 Horn-Schunck 알고리즘을 설명한다. 두 알고리즘은 각각 지역적 연산과 전역적 연산을 사용하므로, 지역적 방법과 전역적 방법으로 구별한다.

## Lucas-Kanade 알고리즘

먼저 지역적 방법인 Lucas-Kanade 알고리즘[Lucas81, Lucas84]을 공부하자. 이 알고리즘은 '화소 $(y,x)$를 중심으로 하는 윈도우 영역 $N(y,x)$의 광류는 같다'고 가정한다. 그림으로 예시하면 [그림 10-12]와 같다.

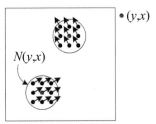

**그림 10-12 Lucas-Kanade의 가정(이웃 화소는 같은 모션 벡터를 가짐)**

다시 말해 이웃 영역에 속하는 모든 화소 $(y_i,x_i)$, $i=1,2,\cdots,n$은 같은 모션 벡터 $\mathbf{v}=(v,u)$를 가져야 한다. 여기서 $n$은 영역 $N(.)$에 속하는 화소의 개수로, [그림 10-12]의 경우 $n=9$이다. 물론 이들 화소는 모두 식 (10.6)에 있는 광류 조건식을 만족해야 한다. 이러한 사실에 따르면 식 (10.7)이 성립한다. $(v,u)$는 화소 $(y,x)$의 모션 벡터이다.

$$\frac{\partial f(y_i,x_i)}{\partial y}v + \frac{\partial f(y_i,x_i)}{\partial x}u + \frac{\partial f(y_i,x_i)}{\partial t} = 0, \quad (y_i,x_i) \in N(y,x) \tag{10.7}$$

식 (10.7)을 행렬 형태로 바꾸어 쓰면 식 (10.8)이 된다. 식 (10.8)의 미지수는 $v$와 $u$ 두 개이지만 식은 $n$개로, 식이 더 많은 상황이다. 따라서 최소제곱$^{\text{least square}}$ 기법으로 미지수 $v$와 $u$를 구한다.

$$\mathbf{A}\mathbf{v}^{\mathrm{T}} = \mathbf{b}$$

$$\text{이때 } \mathbf{A} = \begin{pmatrix} \dfrac{\partial f(y_1,x_1)}{\partial y} & \dfrac{\partial f(y_1,x_1)}{\partial x} \\ \vdots & \vdots \\ \dfrac{\partial f(y_n,x_n)}{\partial y} & \dfrac{\partial f(y_n,x_n)}{\partial x} \end{pmatrix}, \ \mathbf{v} = (v \quad u), \ \mathbf{b} = \begin{pmatrix} -\dfrac{\partial f(y_1,x_1)}{\partial t} \\ \vdots \\ -\dfrac{\partial f(y_n,x_n)}{\partial t} \end{pmatrix} \tag{10.8}$$

식 (10.8)을 $\mathbf{A}^{\mathrm{T}}\mathbf{A}\mathbf{v}^{\mathrm{T}} = \mathbf{A}^{\mathrm{T}}\mathbf{b}$와 같이 바꿔 쓴 후, $\mathbf{v}$로 정리하면 식 (10.9)를 얻는다.

$$\mathbf{v}^{\mathrm{T}} = (\mathbf{A}^{\mathrm{T}}\mathbf{A})^{-1}\mathbf{A}^{\mathrm{T}}\mathbf{b} \tag{10.9}$$

식 (10.9)를 행렬의 원소가 나타나도록 풀어 쓰면 다음과 같다. 우변의 첫 번째 항은 $(\mathbf{A}^T\mathbf{A})^{-1}$에 해당하는 2×2 행렬이고, 두 번째 항은 $\mathbf{A}^T\mathbf{b}$에 해당하는 2×1 행렬이다. 첫 번째 항은 $\partial t$를 포함하지 않으므로, $t$ 순간의 영상만 있으면 모든 계산이 가능하다. 두 번째 항은 $t$ 순간과 $t+1$ 순간의 영상을 둘 다 사용한다. 이제 이 식을 풀어 모션 벡터 $\mathbf{v}$를 얻을 수 있다.

$$\mathbf{v}^T = \begin{pmatrix} v \\ u \end{pmatrix} = \begin{pmatrix} \sum_{i=1}^{n}\left(\dfrac{\partial f(y_i,x_i)}{\partial y}\right)^2 & \sum_{i=1}^{n}\dfrac{\partial f(y_i,x_i)}{\partial y}\dfrac{\partial f(y_i,x_i)}{\partial x} \\ \sum_{i=1}^{n}\dfrac{\partial f(y_i,x_i)}{\partial y}\dfrac{\partial f(y_i,x_i)}{\partial x} & \sum_{i=1}^{n}\left(\dfrac{\partial f(y_i,x_i)}{\partial x}\right)^2 \end{pmatrix}^{-1} \begin{pmatrix} -\sum_{i=1}^{n}\dfrac{\partial f(y_i,x_i)}{\partial y}\dfrac{\partial f(y_i,x_i)}{\partial t} \\ -\sum_{i=1}^{n}\dfrac{\partial f(y_i,x_i)}{\partial x}\dfrac{\partial f(y_i,x_i)}{\partial t} \end{pmatrix}$$

지금까지 유도한 식은 윈도우 영역 $N(.)$에 속한 모든 화소를 같은 비중으로 취급하였다. 그런데 중앙 화소 $(y,x)$에 가까울수록 큰 비중을 두는 식으로 바꾸면 보다 나은 품질의 모션 벡터를 구할 수 있다. 식 (10.10)은 가중치 $\mathbf{W}$를 적용한 식이다. $\mathbf{W}$로는 보통 가우시안을 사용한다.

$$\mathbf{A}^T\mathbf{W}\mathbf{A}\mathbf{v}^T = \mathbf{A}^T\mathbf{W}\mathbf{b}, \text{이 식을 풀면 } \mathbf{v}^T = (\mathbf{A}^T\mathbf{W}\mathbf{A})^{-1}\mathbf{A}^T\mathbf{W}\mathbf{b} \qquad (10.10)$$

앞에서와 마찬가지로 식 (10.10)을 풀어 쓰면 다음과 같다.

$$\begin{pmatrix} v \\ u \end{pmatrix} = \begin{pmatrix} \sum_{i=1}^{n}w_i\left(\dfrac{\partial f(y_i,x_i)}{\partial y}\right)^2 & \sum_{i=1}^{n}w_i\dfrac{\partial f(y_i,x_i)}{\partial y}\dfrac{\partial f(y_i,x_i)}{\partial x} \\ \sum_{i=1}^{n}w_i\dfrac{\partial f(y_i,x_i)}{\partial y}\dfrac{\partial f(y_i,x_i)}{\partial x} & \sum_{i=1}^{n}w_i\left(\dfrac{\partial f(y_i,x_i)}{\partial x}\right)^2 \end{pmatrix}^{-1} \begin{pmatrix} -\sum_{i=1}^{n}w_i\dfrac{\partial f(y_i,x_i)}{\partial y}\dfrac{\partial f(y_i,x_i)}{\partial t} \\ -\sum_{i=1}^{n}w_i\dfrac{\partial f(y_i,x_i)}{\partial x}\dfrac{\partial f(y_i,x_i)}{\partial t} \end{pmatrix}$$

[알고리즘 10-3]은 식 (10.10)을 이용하여 광류를 추정하는 Lucas-Kanade 알고리즘이다. 7~10행은 식 (10.10)을 반복해 적용한다. 반복하는 도중에 새로 계산한 $(v,u)$의 크기가 임계값보다 작으면 수렴했다고 간주하고 반복을 멈춘다. 이 과정에서 $(v,u)$는 실수인데, 모든 화소의 좌표는 정수이므로 문제가 발생한다. 따라서 보간을 적용하여 얻은 화소값을 사용한다. 보간은 2.4.3절에서 소개한 선형 보간 또는 3차 보간을 사용하면 된다.

이 알고리즘은 각 화소에서 계산한 도함수 값을 바탕으로 광류를 구한다. 만약 어떤 물체의 표면에 명암 변화가 나타나지 않는다면 도함수 값은 0이 되므로, 해당 영역의 광류가 0이 되는 문제를 안고 있다. [그림 10-13]은 직육면체 모양의 물체가 이동하여 발생한 광류를 예로 들어 이런 상황을 보여준다.

**입력** : 인접한 두 장의 영상 $f(y,x,t)$와 $f(y,x,t+1)$, $0{\le}y{\le}M{-}1$, $0{\le}x{\le}N{-}1$, 임계값 $\varepsilon$
**출력** : 광류 맵 $\mathbf{v}(y,x)$, $0{\le}y{\le}M{-}1$, $0{\le}x{\le}N{-}1$

```
1    for(y=0 to M-1)
2     for(x=0 to N-1)
3       v(y,x)=velocity_vector(y, x, f_t, f_{t+1});  // f_t와 f_{t+1}은 두 장의 입력 영상
4    function velocity_vector(y, x, f_t, f_{t+1}) {
5      if((y,x)에 씌운 윈도우가 영상을 벗어나지 않으면) {  // 영상의 경계 부근은 제외
6        cy=y; cx=x;
7        repeat {
8          식 (10.10)을 이용하여 화소 (cy,cx)의 모션 벡터 (v,u)를 계산한다.
9          cy=cy+v; cx=cx+u;
10       } until(‖(v,u)‖<ε);
11       return((cy-y, cx-x));  // (cy-y, cx-x)는 추정된 모션 벡터
12     }
13     else return(Nil);  // (y,x)는 광류 계산 불가
14   }
```

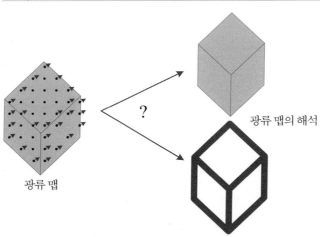

**그림 10-13 Lucas-Kanade로 구한 광류 맵을 해석할 때 애매함이 생기는 경우**

광류를 해석하여 물체 모양을 추정하는 문제를 생각해 보자. [알고리즘 10-3]을 사용하였다면 광류는 왼쪽 그림과 같을 것이다. 물체의 표면이 평면이므로 표면 내부의 명암 변화가 매우 적게 나타나면서, 결국 내부 광류는 0이고 표면의 경계 부분에만 광류가 발생할 것이다. 이 광류를 가지

고 분할을 수행하면 경계 부근만 같은 모션 벡터를 가지므로 오른쪽 아래에 있는 그림과 같이 두꺼운 철사로 만들어진 속이 빈 직육면체로 해석할 가능성이 높다.

지금까지 공부한 Lucas-Kanade 알고리즘은 이웃한 영역만 보는 지역적 알고리즘이다. 따라서 [그림 10-12]에서 이웃 $N(.)$을 정해 주는 윈도우 크기가 중요하다. 큰 윈도우를 사용하면 큰 움직임까지 알아낼 수 있는 반면, 넓은 영역을 스무딩하는 효과로 인해 모션 벡터의 정확도가 떨어진다.

이러한 문제를 해결하기 위해 Bouguet는 피라미드를 사용하는 기법을 제안하였다[Bouguet 2000]. 이 알고리즘은 입력 영상의 피라미드를 구한 후, 해상도가 가장 작은 영상에서 광류 정보를 계산한 다음 그것을 이웃층의 영상으로 파급시키는 접근 방법을 사용한다. 이 알고리즘은 큰 움직임을 낮은 해상도에서 알아냄으로써, 광류의 정확도를 희생하지 않고 큰 움직임도 알아내는 효과를 거둔다.

## Horn-Schunck 알고리즘

이제 영상 전체를 한꺼번에 고려하는 전역적 방식인 Horn-Schunck 알고리즘을 살펴보자 [Horn81, Horn86]. 이 알고리즘은 [그림 10-14]에서 보는 바와 같이 '광류는 부드러워야 한다'는 가정을 토대로 한다. 이 가정에 따르면 알고리즘은 (b)보다 (a)와 같은 광류 맵을 선호한다.

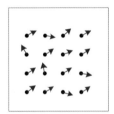

(a) 광류가 균일한 경우    (b) 광류가 균일하지 않은 경우

그림 10-14 **Horn-Schunck 가정**

광류 맵의 부드러운 정도는 식 (10.11)을 사용해 측정한다. $\nabla v = \left(\dfrac{\partial v}{\partial y}, \dfrac{\partial v}{\partial x}\right)$로, $v$를 $y$와 $x$방향으로 미분한 그레이디언트이다. $\nabla u$도 비슷하게 정의된다. 이들 그레이디언트가 작다는 말은 이웃한 화소의 $v$와 $u$가 비슷하다는 뜻이다. [그림 10-14(a)]는 이들 그레이디언트가 작을 것이며, (b)는 벡터의 방향이 크게 변하는 지점에서 그레이디언트 값이 클 것이다.

$$\|\nabla v\|^2 + \|\nabla u\|^2 = \left(\frac{\partial v}{\partial y}\right)^2 + \left(\frac{\partial v}{\partial x}\right)^2 + \left(\frac{\partial u}{\partial y}\right)^2 + \left(\frac{\partial u}{\partial x}\right)^2 \tag{10.11}$$

더불어 Horn-Schunck 알고리즘은 식 (10.6)의 광류 조건식도 만족해야 한다. 따라서 식 (10.6)을 0에 가깝게 하는 동시에 식 (10.11)의 값을 될 수 있는 한 작게 만드는 해를 찾아야 한다. Horn-Schunck 알고리즘은 영상 전체에 대해 이들 값을 최소로 하는 해를 찾는 전략을 취한다. 이러한 전략을 반영한 것이 식 (10.12)이다. 적분 식 속에 있는 첫 번째 항은 식 (10.6)이고 두 번째 항은 식 (10.11)이다. $\alpha$는 어느 것에 더 큰 비중을 둘 것인지 결정해 주는 가중치이다. $\alpha$를 크게 할수록 보다 부드러운 광류 맵을 얻는다.[4]

$$E = \iint \left( \left( \frac{\partial f}{\partial y} v + \frac{\partial f}{\partial x} u + \frac{\partial f}{\partial t} \right)^2 + \alpha^2 \left( \| \nabla v \|^2 + \| \nabla u \|^2 \right) \right) dy\,dx \qquad (10.12)$$

TIP 식 (10.12)에서 도함수 $\frac{\partial f}{\partial y}, \frac{\partial f}{\partial x}, \frac{\partial f}{\partial t}$와 모션 벡터를 구성하는 $v, u$가 $(y,x)$의 함수이다. 때문에 적분 기호 안을 다음과 같이 표기해야 하는데 식을 간편하게 하기 위해 $(y,x)$를 생략하였다.
$$\left( \frac{\partial f(y,x)}{\partial y} v(y,x) \cdots \right)^2 + \alpha^2 \left( \| \nabla v(y,x) \|^2 + \cdots \right)$$

이제 식 (10.12)를 최소로 하는 광류 맵, 즉 모든 화소 $(y,x)$에 대한 $\mathbf{v}(y,x) = (v(y,x), u(y,x))$를 구해야 한다. 이 값은 식 (10.13)에 있는 반복식을 이용하여 계산한다. 식 (10.13)에서 $v^{k+1}$은 $k+1$번 반복하여 얻은 값이며, 초깃값 $v^0$는 0으로 설정한다. $\bar{v}^k$는 현재 화소를 중심으로 하는 윈도우의 평균을 뜻한다. $u$에 대해서도 똑같이 정의한다. 수식 유도 과정, 도함수를 계산하는 방법, $\bar{v}^k$와 $\bar{u}^k$를 계산하는 방법, $\alpha$ 값 설정 등 구체적인 구현에 대해서는 [Horn81]을 참고하라.

$$v^{k+1} = \bar{v}^k - \frac{\frac{\partial f}{\partial y} \left( \frac{\partial f}{\partial y} \bar{v}^k + \frac{\partial f}{\partial x} \bar{u}^k + \frac{\partial f}{\partial t} \right)}{\alpha^2 + \left( \frac{\partial f}{\partial y} \right)^2 + \left( \frac{\partial f}{\partial x} \right)^2}$$

$$u^{k+1} = \bar{u}^k - \frac{\frac{\partial f}{\partial x} \left( \frac{\partial f}{\partial y} \bar{v}^k + \frac{\partial f}{\partial x} \bar{u}^k + \frac{\partial f}{\partial t} \right)}{\alpha^2 + \left( \frac{\partial f}{\partial y} \right)^2 + \left( \frac{\partial f}{\partial x} \right)^2}$$

$$\qquad (10.13)$$

[알고리즘 10-4]는 지금까지 설명한 Horn-Schunck 알고리즘을 정리한 것이다.

---

4 두 번째 항을 정규화 항regularization term이라고 한다. 이와 같이 정규화 항을 이용하여 부드러운(또는 상황에 따라 정의된 성질을 만족하는) 해를 구하는 방법을 정규화 기법이라 부른다. 정규화 기법을 자세히 공부하고 싶은 독자는 [Terzopoulos86, Engl96]을 참고하라.

```
1    for(모든 화소 (y,x)) v⁰(y,x)=0;  // v⁰=(v⁰,u⁰)를 0으로 초기화
2    k=0;
3    repeat {
4       식 (10.13)을 이용하여 v^{k+1}를 구한다.  // 모든 화소에 대해 적용함
5       식 (10.12)를 이용하여 오류 E를 계산한다.
6       k++;
7    } until(E<ε);  // 오류가 충분히 작으면 수렴했다고 간주하고 멈춤
```

**기타 광류 추정 알고리즘**

앞에서 설명한 바와 같이 Lucas-Kanade(LK) 알고리즘은 지역적이고, Horn-Schunck(HS) 알고리즘은 전역적이다. 이러한 특성 때문에 LK는 광류값이 정해지지 않는 영역이 군데군데 발생할 수 있는데, 특히 명암 변화가 적은 곳에서 심하다. 반대로 HS는 반복하는 과정에서 명암 변화가 적은 영역에도 정보가 파급되므로 모든 화소가 모션 벡터를 가지는 밀집된 광류 맵을 생성해 준다 (파급은 일종의 보간 효과로 볼 수 있다). 정확도 측면에서는 LK가 뛰어나다는 평가를 받고 있다. Bruhn은 두 알고리즘의 장점을 결합한 새로운 광류 추정 알고리즘을 제시하였다[Bruhn2005].

HS 알고리즘은 제곱 항으로 정의되는 식 (10.12)를 사용하기 때문에 물체 경계에 해당하는 불연속점이 불분명해지는 단점이 있다. 이러한 사실을 인지한 Zach는 제곱 항 대신 절댓값 항을 사용하여 성능 향상을 꾀하였다[Zach2007]. [그림 10-15]는 [그림 10-6]의 인접한 두 영상에서 계산된 광류 맵을 보여준다. 이때 사용한 알고리즘은 [알고리즘 10-4]를 개선한 [Zach2007]이다.[5] 카메라가 고정된 상황에서 획득한 영상이므로 배경은 0에 가까운 벡터를 갖는다. 색동옷을 입은 오른쪽 아이는 아래쪽으로 이동하고 노란색 저고리를 입은 왼쪽 아이는 위로 올라가고 있다. 광류 맵의 화소가 가지는 모션 벡터는 [그림 10-15]에서 색깔로 표시된다. 노란색은 아래쪽 방향, 보라색은 위쪽 방향의 벡터를 나타낸다.

---

[5] OpenCV의 createOptFlow_DualTVL1( ) 함수를 이용하여 계산하였다.

$f_{11}$        $f_{12}$        광류 맵

그림 10-15 **광류 맵의 예**

지금까지 소개한 알고리즘은 모두 미분으로 얻은 도함수를 토대로 작동하므로 미분 기반 방법이라 부른다. 미분 방법에 속하는 다양한 알고리즘과 그들의 특성과 성능을 비교 분석한 논문으로 [Fleet2005]를 추천한다. 미분 방법 이외에 다양한 접근 방법을 공부하려면 [Barron94]를 참고하라. Barron은 광류 추정 알고리즘을 크게 미분 방법과 블록 매칭 방법, 에너지 방법, 위상 방법으로 나누었다. 또한 아홉 개의 대표적인 알고리즘을 선정하여 성능을 비교 분석하였는데, 미분을 사용하는 Lucas-Kanade 알고리즘이 가장 우수하다는 결론을 이끌어 내었다.

또 다른 접근 방법도 있다. MRF(Markov Random Field)를 사용하는 방법[Li2009(3.5절), Glocker 2008, Heitz93], 여러 알고리즘으로 얻은 광류를 그래프 절단 알고리즘으로 결합하는 방법 [Lempitsky2008], 광류 추정 과정에서 사용하는 필터를 학습을 통해 설계하는 학습 기반 방법 [Sun2008] 등을 들 수 있다. Baker는 성능 실험에 사용할 데이터베이스를 보강한 후, 2000년 이후에 발표된 방법까지 포함하여 성능 비교 실험을 수행하였다[Baker2007]. 실험 결과는 Lucas-Kanade와 Horn-Schunck를 결합한 알고리즘인 [Bruhn2005]가 가장 우수하다는 결론을 도출하였다.

## 3. 광류의 활용

지금까지 광류를 계산하는 과정을 살펴보았다. 이 과정을 적용하여 얻은 [그림 10-15]와 같은 광류 맵은 물체 추적이나 인식 또는 제스처 인식과 같은 고급 비전 처리에 필요한 중간 표현이다. 고급 비전이 목적을 달성하기 위해서는 광류 맵으로부터 움직임을 나타내는 고급 특징 또는 패턴을 추출해야 한다. [그림 10-16]은 광류 맵에 주로 나타나는 몇 가지 움직임 패턴을 보여준다. A는 물체가 오른쪽으로 이동함과 동시에 카메라에 가까워지는 상황이다. 이때 모션 벡터가 모이는 한 점을 확장 중심점FOE(Focus of Expansion)이라 부른다. B는 카메라와 일정한 거리를 유지하면서 오른쪽 위로 이동하는 물체를 예시한다. C는 물체가 광축 방향을 따라 카메라에 다가오는 상황이고, D는 제자리에서 회전하는 물체이다.

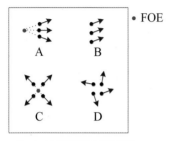

그림 10-16 **광류로부터 모션 추정**

이 그림은 움직임 패턴을 개념적으로 분석한 예를 보여준 것에 불과하다. 실제 광류 맵은 알고리즘의 한계와 영상 잡음 등으로 인해 많은 오차를 포함하고 있다. 따라서 [그림 10-15]와 같은 광류 맵으로부터 [그림 10-16]과 같은 움직임 패턴을 검출하기 위해서는 오차에 강건한 알고리즘이 필요하다. 예를 들어, FOE를 구하려면 이론적으로는 두 개의 모션 벡터만 있으면 된다. 둘을 연장한 선이 만나는 지점이 바로 FOE이기 때문이다. 하지만 실제 세계에서는 다양한 오차가 발생하므로 강건한 기법이 필요한데, Tistarelli는 최소제곱법을 이용한 FOE 추정 알고리즘을 제안하였다 [Tistarelli91].

광류는 다양한 응용 문제를 푸는 데 유용하게 활용된다[O'Donovan2005]. 로봇 항해를 예로 들어 보자. 장면이 고정되어 있다고 가정한다면 에고 모션egomotion [6]을 추정하는 문제가 발생한다. 에고 모션을 정확하게 알아야만 어느 순간에 주위 물체와 충돌할지 예측할 수 있다. 광류는 이러한 정보를 알아내는 데 유용하게 쓰인다. 로봇 항해 문제에 관심이 있는 독자는 [Tistarelli91, Hummel93, Tian96, Shakernia2003]을 참고하기 바란다.

광류를 이용하여 인식을 수행하는 사례에 대해서는 [Cedras95]를 살펴보면 된다. 예를 들어, 독화술lip reading은 입술의 움직임을 분석하여 무슨 말을 하는지 인식하는 문제이다. Shaikh는 입술 영상에서 광류를 추정한 후, 광류 맵에서 특징 벡터를 추출하여 SVM으로 분류를 시도하였다 [Shaikh2010]. 이들은 광류를 학습 기반 방법인 [Sun2008]로 추출하였다.

---

6  로봇은 자신이 어느 방향으로 어떤 속도로 움직이는지 알아야 한다. 이러한 정보를 에고 모션이라 한다. 예전에는 정교한 바퀴로 만든 기계적인 오도메트리odometry 장치를 사용하였다. 컴퓨터 비전은 연속 영상을 분석하여 이 정보를 알아내는데, 이런 방식을 시각 오도메트리visual odometry라 부른다.

# 3

# 물체 추적

[그림 10-15]와 같은 광류 맵은 물체의 움직임을 나타내는 궤적에 관한 정보를 지니고 있지만, 명시적이지 않고 암시적이다. 따라서 물체의 움직임을 추적하려면 광류 맵에서 궤적을 나타내는 특징을 추출하고 그것을 궤적 정보로 변환하는 별도의 과정을 거쳐야 한다. 이 절은 강건하게 물체를 추적하는object tracking 문제를 다룬다.

이 문제를 해결하기 위해 풀어야 할 몇 가지 세부 문제가 있다. 먼저 첫 프레임에서 관심 있는 물체를 검출해야 한다. 이후, 연속 영상에서 움직임 궤적 추적하기, 가림이 발생하거나 장면에서 사라졌다 다시 나타나는 상황에 대처하기, 여러 개의 물체를 동시에 추적하기 등을 적절히 처리해야 한다. 그래야만 감시, 보안, 스포츠 중계, 군중 움직임 분석 등의 응용에 활용할 수 있다. Yilmaz는 이러한 문제를 해결하는 그 동안의 연구를 조사한 서베이 논문을 발표하였다[Yilmaz2006].

## 1. KLT 추적 알고리즘

광류를 계산하는 Lucas-Kanade 알고리즘([알고리즘 10-3])을 개발한 카네기 멜론 대학의 연구팀은 이 알고리즘을 기반으로 물체를 추적하는 알고리즘을 새로 제안하였다[Tomasi91, Shi94]. 개발에 참여한 Kanade, Lucas, Tomasi 세 사람 이름의 앞 글자를 따서 KLT 추적 알고리즘KLT tracker(Kanade-Lucas-Tomasi tracker)이라 부르고 이를 구현한 프로그램을 KLT 추적기라고

한다. KLT 추적을 이해하려면 [알고리즘 10-3] 외에 두 가지 사항을 추가로 공부해야 한다.

첫째는 추적에 유리한 특징점을 골라내는 일이다. Tomasi는 모션 벡터를 계산하는 식 (10.9)의 첫 번째 항 $\mathbf{A}^{\mathrm{T}}\mathbf{A}$ 행렬에 주목하였다[Tomasi91]. 편의상 이 행렬을 식 (10.14)로 여기에 다시 적는다. 이 행렬은 $\frac{\partial f}{\partial y}$와 $\frac{\partial f}{\partial x}$만 가지고 있으므로, 다음 프레임과 무관하게 현재 프레임 $f(y,x,t)$에서 모든 요소를 계산할 수 있다.

$$\mathbf{H} = \mathbf{A}^{\mathrm{T}}\mathbf{A} = \begin{pmatrix} \sum\limits_{i=1}^{n} \left( \dfrac{\partial f(y_i, x_i)}{\partial y} \right)^2 & \sum\limits_{i=1}^{n} \dfrac{\partial f(y_i, x_i)}{\partial y} \dfrac{\partial f(y_i, x_i)}{\partial x} \\ \sum\limits_{i=1}^{n} \dfrac{\partial f(y_i, x_i)}{\partial y} \dfrac{\partial f(y_i, x_i)}{\partial x} & \sum\limits_{i=1}^{n} \left( \dfrac{\partial f(y_i, x_i)}{\partial x} \right)^2 \end{pmatrix} \qquad (10.14)$$

이 행렬에서 $y$방향과 $x$방향 모두 변화가 없는 지점은 $\mathbf{H} = \begin{pmatrix} 0 & 0 \\ 0 & 0 \end{pmatrix}$이 되므로 모션 벡터가 $\mathbf{0}$이 된다. 변화가 있더라도 약한 지점은 작은 잡음에 큰 영향을 받기 때문에 믿을만한 모션 벡터가 생성되지 못한다. 따라서 이러한 지점을 배제하고, 추적에 유리한 안정적인 특징점을 찾아내는 적절한 규칙이 필요하다. Tomasi는 $\mathbf{H}$ 행렬의 고유값을 이용하여 안정적인 특징점을 골라내는 규칙으로 식 (10.15)를 제시하였다. 이 규칙은 $\mathbf{H}$의 두 고유값 중 작은 것의 크기가 임계값 $\lambda$보다 크면 그 점을 추적에 적절한 특징점으로 취한다. 즉 두 개의 고유값이 모두 큰 점을 선호한다.

$$\min(\lambda_1, \lambda_2) > \lambda \qquad (10.15)$$

식 (10.15)의 물리적인 의미를 해석해 보자. 두 고유값이 모두 작은 지점은 명암 변화가 거의 없는 곳이다. 하나는 큰데 다른 것이 작은 경우는 한 방향으로만 변화가 있는 곳이다. 즉 에지 근처일 가능성이 높다. 둘 다 큰 경우(식 (10.15)를 만족하는 경우)는 여러 방향으로 변화가 있는 지점으로 다음 프레임에서도 이 점을 찾기가 쉬워 추적에 유리하다. 이 해석은 이전에 공부한 적이 있다. 검출 규칙과 의미가 4.2.2절에서 다룬 해리스 코너와 매우 흡사하다.

[알고리즘 10-5]는 식 (10.15)에 기반을 둔 KLT 추적 알고리즘이다. 이 알고리즘의 1행은 첫 프레임 $f_1$에서 추적 대상이 되는 특징점을 검출한다. 이때 식 (10.15)를 만족하는 점은 특정한 영역에 밀집되어 나타날 수 있으므로, 적절하게 골라내는 과정이 필요하다. 한 가지 방법은 4.3절에서 공부한 비최대 억제이다. 논문 [Tomasi91]에서는 비최대 억제 대신, 특징점을 $\min(\lambda_1, \lambda_2)$로 정렬한 후 큰 값을 갖는 점부터 취하는데 이미 취한 점과 일정한 거리 안에 있는 것들은 배제하는 전략을 사용하였다.

추적 대상이 되는 특징점을 검출한 후에는, 두 번째 영상부터 그들을 추적한다. 이때 [알고리즘 10-3]에서 사용했던 함수 velocity_vector( )를 활용한다(4행).

---

**알고리즘 10-5 KLT 추적 알고리즘**

**입력** : 연속 영상 $f_t(y,x)$, $0 \le y \le M-1$, $0 \le x \le N-1$, $1 \le t \le T$
**출력** : 궤적 $\mathbf{p}_t(i)$, $1 \le i \le n, 1 \le t \le T$

1  $f_1$에서 식 (10.15)를 만족하는 점을 찾고, 그들 중 특징점을 골라내 $\mathbf{p}_1(i)$, $i=1, 2, \cdots, n$에 저장한다.
2  for($t$=1 to $T$-1)
3    for($i$=1 to $n$) {
4      $\mathbf{p}_{t+1}(i)$ =velocity_vector($\mathbf{p}_t(i).v$, $\mathbf{p}_t(i).u$, $f_t$, $f_{t+1}$);
5      $\mathbf{p}_{t+1}(i)$의 실종 여부를 판정하고, 실종되었다면 $\mathbf{p}_{t+1}(i)$ =Nil로 설정하여 추적을 포기한다.
6    }

---

앞에서 광류를 물체 추적에 활용하기 위해서 두 가지 중요한 사항이 있다고 했다. 첫 번째는 최초 프레임에서 추적 대상이 되는 특징점을 골라내는 일인데 이미 설명하였고, [알고리즘 10-5]의 1행에 해당한다. 두 번째는 추적 도중에 특징점이 영상 밖으로 벗어나거나 다른 물체에 가리거나 너무 멀어져 실종되는 상황을 처리하는 절차이다. [알고리즘 10-5]는 5행에서 이 일을 처리한다. 실종 여부를 판단하는 기준으로 식 (10.15)를 사용하는 방안을 고려할 수 있다. Shi는 [그림 10-10]과 같이 물체의 변환을 모션 벡터 $\mathbf{v}=(v,u)$만으로 표현하는 모델의 한계를 지적하였다. 그가 제시한 대안은 어파인 변환에 필요한 여섯 개의 매개변수와 이동을 표현하는 데 필요한 두 개의 매개변수를 포함한 모델이다[Shi94]. 5행은 이 모델을 이용하여 실종 여부를 판정하고, 실종된 특징점을 삭제하는 일을 담당한다. 보다 자세한 내용은 [Shi94]를 참고하라.

## 2. 큰 이동 추적

[그림 10-17]의 왼쪽 영상은 사람이 손을 크게 흔들면서 앞으로 나오는 상황인데, 몸은 작은 양만 이동하는 반면 팔은 크게 이동한다. 오른쪽 영상은 연속된 두 장의 영상에서 추출한 광류 맵이다. 몸에 해당하는 곳은 모션 벡터를 제대로 추정한 반면 손과 팔 영역은 0에 가까운 모션 벡터를 추정하였다. 10.2절의 광류 맵 추정 알고리즘은 이와 같이 큰 이동large displacement이 일어나는 영역에서 모션 벡터를 제대로 추정하지 못하는 문제를 안고 있다. 이 문제를 해결하는 많은 알고리즘이 제시되었는데, 여기서는 대표적인 두 가지 방법을 간략히 소개한다.

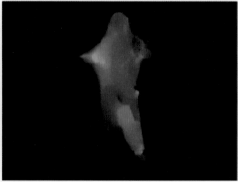

그림 10-17 큰 이동이 발생하는 상황에서 모션 벡터를 제대로 추정하지 못하는 경우

어떻게 하면 이 문제를 해결할 수 있을까? [그림 4-1]이 해결의 단초를 제공한다. [그림 4-1]에 서는 파노라마를 제작하기 위해 시점을 조금씩 달리하며 찍은 영상이 입력된다. 반면 물체 추적에 서는 연속 영상 중 인접한 두 영상이 입력된다. [알고리즘 7-2]로 대응점을 찾은 후, 대응점을 잇 는 벡터를 모션 벡터로 취하면 된다.

하지만 대응점은 희소하므로 보간을 통해 밀집된 광류 맵으로 변환해야 하는데, 이 변환 과정에 서 큰 오류가 발생한다. 또한 대응점 리스트에 아웃라이어가 포함될 가능성이 있으므로 오류 문제 는 더욱 심각해진다. Brox는 첫 단계에서 대응점 찾기를 통해 희소한 모션 벡터를 생성한 후, 두 번째 단계에서 Horn-Schunck 알고리즘을 적용하는 접근 방법을 제안하여 이 문제를 해결하였 다[Brox2009, Brox2011]. Horn-Schunck 알고리즘은 광류 조건식에 관련된 항과 정규화 항 의 합으로 정의되는 식 (10.12)를 사용하는데, Brox는 첫 단계에서 구한 대응점 정보를 표현하는 항을 추가로 고려하였다. 이 접근 방법의 핵심 아이디어는 큰 이동을 찾아내는 대응점 찾기 알고리 즘과 밀집된 광류 맵을 알아내는 Horn-Schunck 알고리즘이 상호 보완적으로 작동하도록 하는 것이다.

Weinzaepfel도 비슷한 접근 방법을 사용하였다[Weinzaepfel2013]. 하지만 [그림 10-18] 이 보여주는 바와 같이 유연한 기술자를 사용해 대응점의 품질을 크게 향상시킨다. SIFT 기술자는 [그림 10-18(b)]와 같이 16개의 블록이 서로 경계를 맞대고 4×4 격자를 형성한다. 기존 대응점 찾기 알고리즘은 $f_t$와 $f_{t+1}$ 사이에서 이러한 경직된 SIFT 기술자를 매칭하여 대응점을 찾는다. 그 런데 그림에서 보듯 16개의 블록 모두가 잘 매칭되지는 못한다. 예를 들어 (a)와 (b)의 맨 위 오른 쪽 블록을 자세히 살펴보면 서로 다르다는 사실을 알 수 있다. Weinzaepfel은 이런 관찰에 따라

[그림 10-18(c)]와 같은 유연한 SIFT를 사용하였다. 4×4 격자를 2×2짜리 네 개로 나누고 이들 네 개가 일정한 거리 내에서 분리될 수 있게 허용해 대응점을 보다 정확하게 알아낸다. 이렇게 하여 정확도는 높였는데, 네 개의 부분 격자가 이동할 수 있으므로 최적 매칭을 탐색하는 일이 훨씬 복잡해진다. 그는 이 문제를 해결하기 위해 깊은 신경망을 사용하였다. 그가 제안한 깊은 신경망의 구체적인 구조와 동작은 [Weinzaepfel2013]을 참고하라.

TIP 깊은 신경망에 대해서는 8.2.3절에서 공부하였다.

(a) $f_t$　　　　　　　　　　(b) $f_{t+1}$ : 경직된 SIFT　　　　　　　　　　(c) $f_{t+1}$ : 유연한 SIFT

그림 10-18 기존 SIFT(b)와 깊은 신경망이 사용하는 SIFT(c)

## 연습문제

**1** [그림 10-3]의 연속 영상에서 오른쪽 아이는 첫 프레임에서 꼭대기를 출발하여 마지막 프레임에서 바닥까지 내려온다. 이때 걸린 시간은 대략 얼마인가? 30fps라고 가정하라.

**2** 10.1절 429쪽에 제시된 네 가지 상황 중에 첫 번째를 제외한 세 가지 각각에 대해 구체적인 응용 사례를 두 가지씩 제시하시오.

**3** 복도나 실내에 설치된 전등 중에는 사람을 감지하여 자동으로 켜지고 꺼지는 것이 있다.

   (1) 센서가 어떤 원리에 따라 작동하는지 설명하시오.

   (2) 센서를 속이는 방도를 찾아보시오.

**4** [예제 10-1]에 대해 답하시오.

   (1) [그림 10-10]의 상황에서 답은 (−1,1)이다. 왜 그런지 설명하시오.

   (2) 삼각형이 이동할 때 약간의 조명 변화에 의해, $t$에서 8이었던 화소값이 $t+1$에서 7로 바뀌었다면 [예제 10-1]의 계산이 어떻게 달라지는지 설명하시오.

# Chapter 11
# 3차원 비전

# Preview

시시각각 변하는 파도를 볼 것이 아니라
바람을 보아야 하는 것을…
결국 파도를 만드는 것은 바람인데…

_영화 '**관상**'에서 송강호의 독백 중에서

세상은 3차원이다. 모든 동물은 3차원 공간에서 인지하고 활동한다. [그림 11-1]은 컴퓨터 그래픽스 애니메이션을 이용하여 시차parallax 효과를 보여준다. 이 애니메이션은 오른쪽으로 이동하는 관찰자의 눈에 비친 연속 영상이다. 멀리 있는 물체가 가까운 물체에 비해 더 천천히 움직이는 시차 효과가 명확히 나타난다. 더불어 가까운 물체는 크게 보이고 먼 것은 작게 보이는 투영 효과, 보는 방향에 따라 명암이 달라지는 음영shading 효과, 물체 표면의 법선 벡터가 광원 방향과 일치할 때 발생하는 하이라이트 효과 등을 관찰할 수 있다. 사람은 타고난 능력과 후천적으로 학습한 지식을 통해 한 장의 영상만 주어지더라도 3차원 정보를 상당히 정확하게 추론할 수 있다. 게다가 시점 이동에 따른 장면 예측도 가능하다. 컴퓨터도 이러한 능력을 갖출 수 있을까? 이 장이 관심을 기울이는 주제이다.

**그림 11-1 시차 효과**

로봇이 3차원 공간을 안전하게 항해하려면 3차원 비전 처리 기술이 뒷받침되어야 한다. 이 책의 10장까지는 단지 앞에 어떤 물체가 있다라는 정보를 알아내는 방법만 다루었다. 이 상태라면 위험 천만한 항해가 될 것이다. 사람도 한쪽 눈만 사용하여 걸어가다 보면 기둥에 부딪치거나 돌부리에 걸려 넘어지기 일쑤이다. 다행히 두 눈으로 물체까지의 대략적인 거리를 추정하여 취할 행위를 미리 결정할 수 있다. 로봇도 카메라를 두 개 설치하여 스테레오 비전을 제공하거나 또는 적절한 방법을 사용하여 거리를 계산할 수 있게 해야 한다.

3차원 컴퓨터 비전은 [그림 11-1]과 같은 진짜 3차원 표현을 사용하는 대신 주로 깊이 영상depth image을 사용한다. 단, 의료와 같이 한정된 분야에서 진짜 3차원 비전을 이용한다. 깊이 영상은 명암 영상처럼 표현되는데, 명암 영상은 화소값이 물체 표면의 명암을 나타내는 반면 깊이 영상은 카메라에서 물체 표면까지의 거리를 표현한다. 때로 깊이 영상을 레인지 영상range image 또는 2.5차원 영상이라 부르기도 한다. [그림 11-2]는 키넥트로 찍은 컬러 영상과 깊이 영상을 보여준다. 이 깊이 영상에서는 어두울수록 가까운 점이며, 완전 검은색은 측정에 실패하여 거리값이 정의되지 않은 점을 나타낸다.

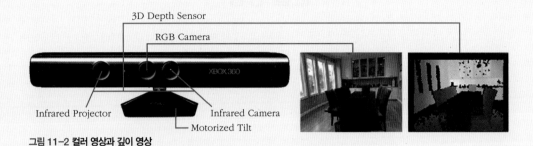

**그림 11-2 컬러 영상과 깊이 영상**

3차원 비전의 연구 주제는 크게 깊이 영상을 획득하는 장치를 개발하는 일과 깊이 영상을 가지고 물체를 분할, 추적, 인식하는 일로 나눌 수 있다. 주로 군사 또는 특정 산업 분야에 국한되어 연구 및 제품 개발이 활발하게 이뤄졌는데, 영상 획득 장치는 제작하기도 어렵고 값도 비싼 반면에 성능은 낮았던 탓이 크다.

하지만 2010년을 기점으로 상황이 급변한다. 게임기 시장의 치열한 경쟁은 사람의 움직임을 자동으로 분석함으로써 특수한 장치를 소지하지 않고도 게임을 즐길 수 있는 인터페이스로 초점을 옮긴다. 그리고 2010년에 마이크로소프트가 자사 게임기인 Xbox 360에 붙여 사용할 수 있는 200달러 가량의 키넥트를 출시한다. 이로써 3차원 비전 처리 기술은 가전제품 속으로 들어가게 된다.

▶ 각 절에서 다루는 내용 --------------------------------------------------------

**11.1절**_영상을 획득할 때 화소의 명암값 결정에 개입하는 여러 가지 요인과 조명이 바뀌더라도 변하지 않는 본질 요인만 추출해내는 주제를 다룬다.

**11.2절**_스테레오로 깊이 영상을 획득하는 방법에 대해 공부한다.

**11.3절**_능동 센서로 깊이 영상을 획득하는 방법에 대해 공부한다.

**11.4절**_깊이 영상을 분석하고 인식하는 알고리즘을 설명한다.

# 1

# 본질 영상

사람은 [그림 11-3]을 보고 외관<sup>appearance</sup>과 본질<sup>intrinsic</sup>을 구별할 능력을 지니고 있다. 그림에 표시된 세 곳은 같은 바닥이지만 외관은 크게 다르다. A는 성당 내부에 있는 조명만 받은 곳이고 B는 바깥에서 들어오는 조명(햇빛)까지 받은 곳이다. C는 그림자가 드리운 곳이다. 이들의 외관, 즉 명암은 크게 다를 수밖에 없다. 하지만 표면의 본질적인 성질인 반사율<sup>reflectance</sup>은 동일하기 때문에 본질은 같다. 게다가 세 곳 사이에는 급격한 깊이 차이가 발생하는 깊이 에지<sup>depth edge</sup>도 없다.

하지만 컴퓨터 비전 프로그램에는 본질 영상이 아니라 외관을 보여주는 명암 또는 컬러 영상이 입력된다. [그림 11-3]의 오른쪽은 민시프트 알고리즘을 적용하여 컬러 영상을 영역 분할한 결과이다. 외관 정보를 가지고 분할하는 수밖에 없으므로 A, B, C 세 곳은 각기 다른 영역으로 나뉜다. 심지어 A는 바닥에 해당함에도 불구하고 바로 옆의 벽과 같은 영역으로 구분되었다. 하지만 사람은 분명 세 곳이 같은 영역에 속하도록 분할할 것이다. 조명과 그림자 효과를 분별하고 '본질'을 보는 능력을 갖추고 있는 것이다. 컴퓨터 비전도 본질을 보는 능력을 갖출 수 있을까?

그림 11-3 **외관과 본질**

아주 오래 전부터 이러한 아이디어에 주목한 사람들이 있다. Barrow는 [그림 11-4]와 같은 유명한 그림을 남겼다[Barrow78]. [그림 11-4(a)]와 같은 명암 영상이 입력되면, 그것을 네 종류의 본질 영상intrinsic image으로 변환한 그림이다. 본질 영상에서 실선은 불연속점을 나타내고 점선은 한번 미분한 영상의 불연속점을 나타낸다. [그림 11-4(b)~(e)]는 각각 관찰자 시점으로부터의 거리를 나타내는 깊이depth 영상, 표면의 반사율을 나타내는 반사율reflectance 영상, 표면의 수직 방향을 나타내는 법선 벡터normal vector 영상, 그리고 조명 효과를 나타내는 조명illumination 영상이다. 아쉽게도 Barrow는 그림을 사용하여 본질 영상의 개념을 제시하고 본질 영상의 중요성은 역설하였지만, 명암 영상에서 본질 영상을 추출하는 방법에 대한 어떠한 해답도 제시하지 못하였다.

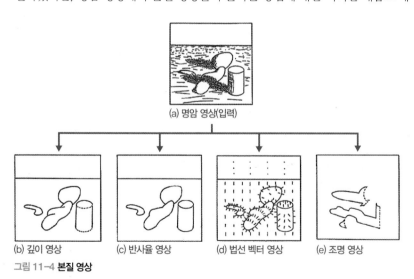

그림 11-4 **본질 영상**

## 본질 영상 복원

[그림 11-5]는 그가 해답을 제시하지 못한 이유를 설명해 준다. 엎질러져 흙과 섞인 물은 다시 주워 담을 수 없는 노릇이다. 마찬가지로 조명과 섞여버린 본질을 복원하는 일은 현재로서는 불가능하다. 조금 뒤에 복원을 시도한 연구 사례를 소개하는데, 그들은 모두 강한 제약 조건에서 여러 가정을 전제로 했을 때만 동작하는 방법일 뿐이다. 그런데 사람은 물을 주워 담지는 못하지만, 명암 영상에서 본질 영상은 거의 완벽하게 복원한다. 어떻게 할까?

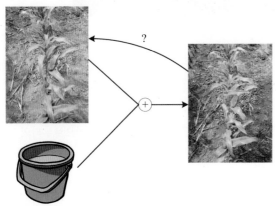

그림 11-5 엎질러진 물은 다시 주워 담지 못한다.

자연 영상을 구성하는 화소의 컬러는 다양한 요인으로 결정된다. 물체 표면의 모양, 물체 표면의 반사 특성, 광원의 종류와 위치, 관찰자의 위치 등이 모두 개입하여 화소의 컬러값이 결정되는 것이다. 식 (11.1)은 이런 복잡한 과정을 크게 단순화한 상황을 표현한다. 이 식은 다른 요소는 모두 무시하고, 화소의 컬러값(또는 명암값) $f(y,x)$를 조명illumination값 $s(y,x)$와 반사율reflectance 또는 albedo $r(y,x)$의 곱으로 표현한다[Horn86].

$$f(y,x) = s(y,x)\, r(y,x) \tag{11.1}$$

[그림 11-6]은 원래 영상을 두 개의 본질 영상으로 분해한 사례를 보여준다. 조명 영상 $s(y,x)$는 물체 표면 전체가 같은 반사율을 가졌다고 간주했을 때 얻을 수 있다. 반사율 영상 $r(y,x)$는 물체 표면의 모양이나 조명을 배제한 반사율 정보만 지닌다.

TIP [그림 11-6]은 본질 영상 알고리즘의 성능을 객관적으로 측정하기 위해 구축된 데이터베이스에서 뽑은 것이다[Grosse2009]. 이들 영상은 특수한 필터를 적용한다거나 물체 표면에 같은 색의 페인트를 칠하는 등의 작업을 통해 인공적으로 만들었다.

$f(y,x)$         $s(y,x)$         $r(y,x)$

**그림 11-6 원래 영상으로부터 본질 영상 복원(조명 영상과 반사율 영상)**

식 (11.1)은 광원이 일정하고 관찰자 위치가 명암에 영향을 미치지 않는다는 것뿐만 아니라 세상을 매우 단순화한 여러 가지 가정이 추가된다. 따라서 [그림 11-3]과 같은 자연 영상을 표현하는 데에는 한계가 있다. 기껏해야 [그림 11-6]과 같은 인조 영상만 표현할 수 있다. 이러한 단순함에도 불구하고, [그림 11-5]에서 흙과 물이 섞여버렸듯이 $s$와 $r$이 섞여 만들어진 $f$로부터 $s$와 $r$을 다시 복원해 내는 일은 매우 어렵다.

Horn은 세상을 식 (11.1)로 단순화했음에도 불구하고, 가정을 추가하지 않으면 $f$로부터 $s$와 $r$을 복원할 수 없음을 증명하였다. 그는 본질 영상을 복원하기 위해 조명 영상 $s$는 서서히 변할 뿐 급격한 변화는 없다는 가정을 추가하였는데, 그림자는 예외로 취급하였다. [그림 11-6]의 가운데 영상을 보면 이 가정이 얼추 들어맞음을 알 수 있다. 그림자가 시작되는 얼굴과 어깨 부근을 빼고는 대략 들어맞는 가정이다.

반면에 반사율 영상 $r$에는 변화가 많이 나타난다. Horn은 이러한 가정을 토대로, 입력 영상 $f$에서 변화를 나타내는 라플라시안 $\nabla^2 = \frac{\partial^2 f}{\partial y^2} + \frac{\partial^2 f}{\partial x^2}$를 이용하여 $s$와 $r$을 복원하는 알고리즘을 제안하였다[Horn86]. 이후에 이루어진 대부분의 연구는 Horn과 같은 원리를 사용하되, 입력 영상에서 변화를 측정하는 방법과 변화로부터 본질 영상을 복원하는 방법에서 차이가 날 뿐이다.

Tappen은 $f$에서 변화를 검출하여 $s$에서 발생한 것과 $r$에서 발생한 것으로 분류했다. 라플라시안이라는 고정된 필터를 사용하는 Horn과 달리, 에이더부스트를 이용하여 변화를 검출하는 필터를 설계한다.[1] 그리고 두 종류로 구분된 변화 정보에 MRF(Markov Random Field) 알고리즘을 적용하여 $s$와 $r$을 복원한다[Tappen2005]. Grosse는 이러한 일련의 연구 활동으로 만든 프로그램의 성능을 객관적으로 평가하는 데 사용할 데이터베이스를 구축하였다[Grosse2009].

---

1  8.5절에서 얼굴을 검출하기 위해 에이더부스트를 이용하여 자동으로 필터를 설계하는 비올라 존스 알고리즘과 비슷하다[Viola2004].

## 그림자 제거

앞서 살펴본 연구는 현실을 크게 벗어난 강한 가정을 한 탓에 실용성이 떨어진다. Finlayson은 이러한 가정을 크게 완화하는 대신, 그림자를 제거하는 문제로 단순화시키고 해결책을 모색했다 [Finlayson2004]. 그는 카메라를 고정시킨 채 조명만 서서히 변화시키면서 여러 장의 컬러 영상을 획득하였다. 이들 연속 영상을 구성하는 화소의 $(R,G,B)$ 값으로부터 $(\log(B/R),\log(G/R))$을 계산한다. 이렇게 변환된 화소를 [그림 11-7]과 같이 2차원 공간에 그려보면 화소들이 일정한 방향의 직선 상에 분포함을 관찰할 수 있다. 그림에서는 이 직선을 점선으로 표시하였다. 이때 중요한 사실은 여러 장의 영상에서 본질(반사율)이 같은 화소들은 같은 점선 상에 분포한다는 점이다.

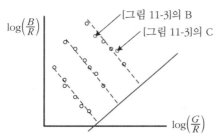

그림 11-7 **조명이 바뀌면 같은 반사율을 가진 점은 점선을 따라 움직인다.**

이러한 사실이 그림자 제거에 어떤 힌트를 줄까? [그림 11-3]에서 C로 표시된 곳은 B와 같은 반사율을 가지는데 단지 그림자가 드리워져 어둡게 보일 따름이다. 따라서 Finlayson의 이론에 따르면 B와 C는 [그림 11-7]의 2차원 공간에서 같은 점선 상에 놓인다. 이들을 점선 방향으로 투영하여 점선에 수직인 파란색으로 표시한 축의 좌표를 구하면 둘은 비슷한 값을 가지게 된다. 다시 말해 이 값은 그림자가 제거된 결과에 해당한다. Finlayson은 이 값을 원래 컬러 공간인 RGB로 복원하는 알고리즘도 제시함으로써 그림자가 제거된 컬러 영상을 얻었다[Finlayson2006]. [그림 11-8]은 그림자 제거에 성공한 자연 영상을 예로 보여준다.

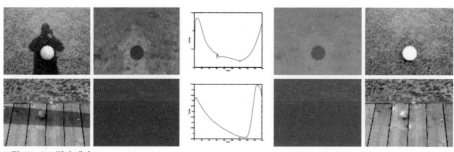

그림 11-8 **그림자 제거**

**본질 카메라**

앞에서 살펴본 바와 같이 본질 영상을 복원하는 문제는 아직 제대로 풀리지 않았다. 단지 그림자 제거와 같이 문제를 단순화하거나 식 (11.1)과 같이 세상을 단순화한 상황에서만 문제가 풀리고 있다. 하지만 세월이 흐르면 본질 영상을 자동으로 획득해주는 '본질 카메라'가 나올까?

희망이 없는 것은 아니다. [그림 11-4]의 여러 가지 본질 영상 중에 깊이 영상을 획득하는 값싸고 성능이 좋은 깊이 카메라가 시장에 나와 있다. [그림 11-2]에 제시된 키넥트는 480×640 크기의 깊이 영상을 초당 30프레임 정도 획득할 수 있다. 왼쪽에 있는 컬러 영상에서 마루 바닥을 살펴보면, 의자가 있어 그림자가 진 곳은 명암값이 크게 차이가 난다. 하지만 깊이 영상에서는 그림자와 무관하게 비슷한 값을 가지는 현상을 확인할 수 있다. 11.4절에서는 이러한 성질을 활용하여 인식 성능을 높이는 방법을 공부할 것이다.

깊이 영상을 획득하는 방법은 크게 수동적 방법과 능동적 방법으로 나눌 수 있다. 수동적 방법은 두 대 또는 그 이상의 카메라를 사용하여 여러 영상을 획득한 후 그들을 분석하여 깊이 정보를 알아내는 접근 방식을 사용한다. 11.2절의 스테레오가 여기에 속한다. 능동 방법은 장면에 어떤 무늬 또는 파를 쏜 후 그것을 분석하여 깊이를 알아낸다. 11.3절에서 능동 방법을 살펴본다.

# 2
# 스테레오

스테레오 비전은 사람의 눈과 같은 원리를 사용해 깊이를 알아낸다. 왼쪽과 오른쪽 눈을 번갈아 가린 채 장면을 바라보고 그 차이를 주의 깊게 따져보자. 눈에 들어오는 화각field of view도 다르고 두 영상 사이에 시차parallax가 발생함을 알 수 있다. [그림 11-1]의 인접한 두 영상과 비슷하다. 사람은 각각의 눈으로 입력된 두 영상에서 대응점을 찾는 문제를 아무 어려움 없이 해결하지만 컴퓨터 비전은 알고리즘을 사용하여 찾아내야 한다. 대응점만 알아내면 간단한 기하 공식을 사용하여 깊이를 측정할 수 있다. 스테레오 카메라는 시선을 일부러 맞추어 놓아 대응점 찾는 문제를 좀더 쉽게 만들어 준다. 이러한 원리를 11.2.1절에서 공부한다.

## 1. 깊이 측정

### 스테레오 기하

[그림 11-9(a)]는 3차원 장면이 2차원 영상 평면으로 투영되는 투영 기하projective geometry 과정을 설명한다. 영상 평면image plane은 카메라의 필름, 광학 중심optical center은 렌즈의 중심에 해당한다. 각각 사람의 눈에서 망막, 수정체의 중심에 대응된다. 장면을 구성하는 3차원 점 $\mathbf{p_w}=(y_w, x_w, z_w)$는 광학 중심을 지나 영상 평면의 점 $\mathbf{p_i}=(y_i, x_i)$에 맺힌다. 이때 $\mathbf{p_i}$의 좌표값은 초점

거리focal length $f$에 따라 달라진다. $f$가 크면 좌표값 $y_i$와 $x_i$가 커지고, 작으면 작아진다. 초점 거리는 영상을 획득하는 순간의 카메라 특성을 나타내는 매개변수이다.

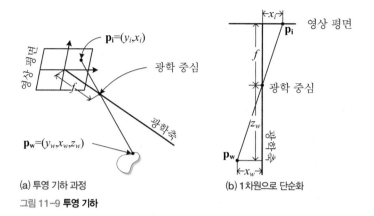

(a) 투영 기하 과정　　　　　(b) 1차원으로 단순화

그림 11-9 **투영 기하**

[그림 11-9(b)]는 수식을 간편하게 유도하기 위해 영상 평면에서 $y$축을 제외하고 $x$축만 남긴 것이다. 이 그림에 나타난 두 개의 삼각형의 닮음비를 이용하면 식 (11.2)가 유도된다. 여기에서 $z_w$는 물체까지의 거리(깊이)로서 스테레오 알고리즘이 알아내야 하는 값이다.

$$z_w = \frac{fx_w}{x_i} \tag{11.2}$$

식 (11.2)에 따르면 $x_i$, $x_w$, $f$를 알면 물체까지의 거리 $z_w$를 구할 수 있다. $x_i$는 영상 위의 점이고, $f$는 카메라의 초점 거리이므로 알려진 값이다. 하지만 $x_w$는 3차원 상의 좌표값으로서 알 수 없다. 또한 파란색 선 위에 있는 모든 점은 2차원 영상의 같은 점 $\mathbf{p_i}$로 투영된다. 따라서 식 (11.2)만 가지고는 거리 $z_w$를 확정할 수 없고, 단지 $\mathbf{p_i}$가 직선 위 어딘가에 놓여야 한다는 조건식만 주어진 셈이다.

지금까지 상황은 한쪽 눈으로 사물을 보는 경우에 해당하며, 원천적으로 거리를 결정할 수 없다. 이제 두 눈으로 사물을 보는 경우를 생각해 보자. [그림 11-10]은 눈이 두 개, 즉 카메라 두 대를 사용하는 스테레오 비전의 원리를 설명한다. (a)는 카메라 두 대가 같은 장면을 바라보는 상황이다. 수식 유도를 쉽게 하기 위해 카메라 두 대의 $x$축은 같은 선 위에 있다고 가정하자. 따라서 두 개의 광학축은 평행하다. 상용 스테레오 카메라는 이러한 가정을 만족한다. 평행한 광학축 사이의 거리 $b$에 주목하자. 이 거리는 사람 눈에 비유하면 두 눈 사이의 거리에 해당한다.

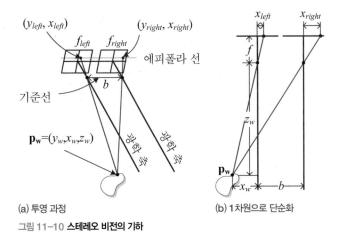

(a) 투영 과정　　　　　(b) 1차원으로 단순화

그림 11-10 **스테레오 비전의 기하**

　카메라가 한 대뿐인 [그림 11-9]와 비교하여 무엇을 얻게 되었나? 카메라가 한 대뿐이면 식 (11.2)를 통해 3차원 점이 놓일 수 있는 직선을 정할 수 있다. 하지만 한 점으로 확정하기 어렵다. 반면에 카메라가 두 대인 상황이 되면 각각의 카메라에서 유도된 두 직선이 만나는 한 점으로 결정할 수 있다. 이제 $x$축만 가진 단순화된 [그림 11-10(b)]를 이용해 수식을 유도해 보자. 왼쪽과 오른쪽 카메라로 들어오는 각각의 영상에 대해 삼각형 닮음비를 적용하면 식 (11.3)의 두 식을 얻는다.

$$\text{왼쪽 영상에서 } \frac{x_{left}}{f} = \frac{x_w}{z_w}$$
$$\text{오른쪽 영상에서 } \frac{x_{right}}{f} = \frac{b + x_w}{z_w} \qquad (11.3)$$

　위의 식을 정리하면 식 (11.4)와 같다. 여기서 $b$와 $f$는 카메라의 특성으로서 고정된 값이다. $x_{right}$와 $x_{left}$는 두 영상에서 대응하는 점의 좌표로서 적절한 대응점 찾기 알고리즘으로 알아내야 한다. 다시 말해 두 영상에서 서로 대응하는 점을 찾기만 하면 식 (11.4)를 이용하여 간단하게 그 점까지의 거리를 알 수 있다. 이 식에서 $x_{right}$와 $x_{left}$의 차이를 $d$로 두었는데, $d$를 변위$^{\text{disparity}}$라 부른다.

$$z_w = \frac{bf}{x_{right} - x_{left}} = \frac{bf}{d} \qquad (11.4)$$

　이제 대응점만 찾으면 식 (11.4)를 이용하여 간단히 깊이 정보를 알아낼 수 있음을 알게 되었다. 그런데 대응점을 어떻게 찾을 것인가? 이 문제는 이미 7장에서 공부한 적이 있다. 그렇다면 모든 문제가 해결된 셈인가? 그렇지 않다. 첫째, 잘못된 매칭인 거짓 긍정이 발생한다. 물체 인식에서는 인식 대상이 되는 물체 모델이 주어져 있으므로 그것으로 거짓 긍정과 참 긍정을 구별해낼 방도가 있었는데, 스테레오에서는 그런 사전 지식이 없다. 둘째, 매칭이 발생한 점에서만 깊이 정보를 알아낼 수 있으므로 희소한 깊이 영상이 생성된다. 많은 응용에서 요구하는 것은 모든 화소가 깊이 정보를 갖는 밀집된 깊이 영상이다. 시점 기반 렌더링view-based rendering과 같이 깊이 영상을 이용하여 시점에 따라 달라지는 장면을 보여주는 응용을 예로 들 수 있다.

이어서 첫 번째 문제를 푸는 데 크게 도움이 되는 에피폴라 기하에 대해 공부해 보자. 다음 절에서는 두 가지 문제를 적절히 해결하는 여러 기법에 대해 설명한다.

## 대응점 탐색 : 에피폴라 기하

[그림 11-10]은 에피폴라 기하epipolar geometry를 설명한다. [그림 11-10(a)]의 $f_{left}$에 나타난 점의 좌표는 분명 $f_{right}$의 좌표와 다르다. 그런데 $x$축이 일치하고 광학축이 평행하다는 조건 때문에 녹색으로 표시된 에피폴라 선 위에 나타날 수밖에 없다. 에피폴라 선은 $x$축과 평행하다. 따라서 대응점을 찾는 알고리즘은 2차원 영상 공간을 모두 찾아볼 필요 없이 단지 에피폴라 선 근처만 찾아보면 된다. 식 (11.5)는 이 상황을 수식으로 정의한다. 에피폴라 기하 조건에 따라 $y$좌표는 같다. 왼쪽 영상의 $x$좌표를 $x_{left}$라 하고, 오른쪽 영상에서 대응하는 점은 $d$만큼 이동한 $x_{right}$라 표기한다. 이제 대응점 찾기 문제가 $d$를 구하는 문제로 단순화되었다. 11.2.2절에서는 모든 화소의 $d$를 구하는 방법을 공부한다.

$$y_{right} = y_{left}$$
$$x_{right} = x_{left} + d \tag{11.5}$$

지금까지는 $x$축이 일치하고 광학축이 평행하다는 조건을 만족하는 두 대의 카메라를 가정하였다. 이제 이러한 가정을 하지 않는 일반적인 상황을 생각해 보자. 이 경우, 에피폴라 선분이 임의의 방향을 가진다. 대응점을 찾는 하나의 방법은 임의 방향을 가진 에피폴라 선을 따라 탐색을 시도하는 것이다. 하지만 그렇게 하기보다는 에피폴라 선이 $x$축에 평행하도록 입력 영상을 모핑 변환하여 대응점을 탐색하는 전략을 주로 사용한다. 이 모핑 과정을 조정rectification이라 부른다. 보다 구체적인 조정 방법은 [Loop99]를 참고하기 바란다. 또한 조정의 대안으로 쓰이는 평면 훑기plane sweep라는 방법도 있다[Szeliski2011, 11.1절].

## 2. 밀집된 깊이 영상

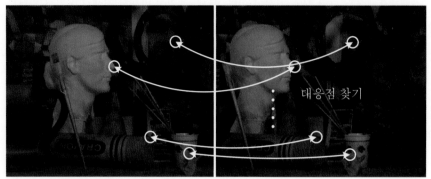

그림 11-11 **대응점 찾기 문제**

[그림 11-11]은 [그림 7-1]에서 봤던 대응점 찾기 문제를 보여준다. 이 문제를 해결하는 한 가지 접근 방법은 7장에서 공부한 매칭 알고리즘을 활용하는 것으로, 검출된 특징을 매칭하기 때문에 특징 기반 방법feature-based method이라 부른다. 앞 절에서도 언급했듯이 이 기법을 사용하면 희소한 깊이 맵이 생성되는 한계가 있다. 따라서 매칭된 대응점을 씨앗으로 삼아 주위로 파급시키는 방법[Lhuillier2002] 또는 알아내지 못한 곳의 깊이를 알아낸 곳의 정보를 이용하여 보간하는 방법 등을 사용한다.[2] 이렇게 하더라도 완벽하게 밀집된 영상을 얻으리라는 보장은 없다.

모든 화소가 깊이 정보를 갖는 밀집된 깊이 영상을 얻기 위해서는 접근 방법이 달라야 한다 [Scharstein2002]. 먼저 [알고리즘 11-1]을 살펴보자. 이 접근 방법에 속하는 가장 단순한 버전으로, 모든 화소에 대해 에피폴라 선을 조사하여 대응점을 찾는다. 그리고 식 (11.4)를 적용하여 깊이를 계산하여 저장한다. 이 절에서 다루는 모든 알고리즘은 두 영상의 $x$축이 일치한다는 [그림 11-10(a)]의 가정을 따른다.

[그림 11-10]을 가정하면 에피폴라 선 $l$은 $y_{left}$를 지나는 수평선이므로 아주 쉽게 결정된다. 5행은 매칭에 해당한다. 두 점이 얼마나 다른지 측정해 주는 여러 가지 척도가 있는데,[3] 가장 단순한 것은 두 점에 씌운 윈도우의 제곱차의 합SSD(Sum of Squared Difference)이다. 이 제곱차의 합이 최소인 점을 $(y_{right}, x_{right})$로 취하면 된다.

---

2  이러한 기법은 기준선이 넓은wide-baseline 상황에 주로 적용된다. 기준선이 넓다는 말은 [그림 11-10(a)]에서 $b$가 비교적 크고 광학축이 평행하지 않고, 조명도 바뀌는 상황을 뜻한다.

3  여러 척도에 대해서는 [Scharstein2002, 3.1절]을 참고하기 바란다.

**입력** : 두 장의 영상 $f_{left}(y, x)$와 $f_{right}(y, x)$, $0 \le y \le M-1$, $0 \le x \le N-1$  // [그림 11-10(a)] 상황을 가정
**출력** : 깊이 영상 $z(y, x)$, $0 \le y \le M-1$, $0 \le x \le N-1$

```
1    for(y=0 to M-1)
2      for(x=0 to N-1) {  // 모든 화소에 대해
3        y_left=y; x_left=x;
4        (y_left, x_left)에 해당하는 에피폴라 선 l을 계산한다.
5        f_left의 (y_left, x_left)에 대응하는 f_right의 (y_right, x_right)를 l 상에서 찾는다.
6        식 (11.4)로 깊이 z_w를 계산하여 z(y, x)에 저장한다.
7      }
```

두 점 $\mathbf{x}_l$과 $\mathbf{x}_r$ 사이의 SSD는 식(11.6)과 같이 정의할 수 있다. 여기서 $\mathbf{p}$와 $\mathbf{q}$는 각각 $\mathbf{x}_l$과 $\mathbf{x}_r$에 씌운 윈도우 안에서 서로 대응되는 화소이다. 단순한 것이 장점이지만, 물체 내부와 물체 간의 경계를 구분하는 능력이 전혀 없다는 문제도 있다.

$$SSD(\mathbf{x}_l, \mathbf{x}_r) = \sum_{\mathbf{p} \in N(\mathbf{x}_l), \mathbf{q} \in N(\mathbf{x}_r)} (f_{left}(\mathbf{p}) - f_{right}(\mathbf{q}))^2 \tag{11.6}$$

이러한 문제점을 누그러뜨리기 위해 윤국진과 권인소는 대안으로 식(11.7)을 제시하였다 [Yoon2006]. $SSD_{adaptive}$는 왼쪽 영상과 오른쪽 영상 각각에 대해 독립적으로 가중치를 결정하는데, 식에서 $w(.)$가 그 역할을 한다. $w$는 컬러 차이와 공간적인 거리에 따라 적응적으로 결정된다. $e(.)$는 왼쪽 영상과 오른쪽 영상의 화소값의 차이를 반영한다.

$$SSD_{adaptive}(\mathbf{x}_l, \mathbf{x}_r) = \frac{\sum_{\mathbf{p} \in N(\mathbf{x}_l), \mathbf{q} \in N(\mathbf{x}_r)} w(\mathbf{x}_l, \mathbf{p}) w(\mathbf{x}_r, \mathbf{q}) e(\mathbf{p}, \mathbf{q})}{\sum_{\mathbf{p} \in N(\mathbf{x}_l), \mathbf{q} \in N(\mathbf{x}_r)} w(\mathbf{x}_l, \mathbf{p}) w(\mathbf{x}_r, \mathbf{q})} \tag{11.7}$$

### 변위 공간

그런데 [알고리즘 11-1]의 이름에 '순진한'이 붙은 이유는 무엇일까? 만약 5행이 모든 점에 대해 올바른 대응점을 찾아주면 완벽한 알고리즘이 된다. 하지만 모든 화소가 개별적으로 대응점을 결정하므로 적지 않은 수의 화소가 틀린 점과 맺어질 가능성이 높다. 어떤 화소의 깊이는 이웃 화소의 깊이와 비슷할 가능성이 높다는 공간 일관성spatial coherence 특성을 전혀 사용하지 않기 때문에 이런 문제가 발생한다.[4]

---

4  컴퓨터 비전에서 공간 일관성을 이용하는 사례는 많다. 10.2절의 광류 알고리즘도 이런 특성을 사용한다.

공간 일관성을 적용하려면 준비 작업이 필요하다. 가장 중요한 일은 변위 공간 영상<sup>disparity</sup>space image을 만드는 것으로 [알고리즘 11-2]를 사용하면 된다. 변위 공간 영상은 $i(y,x,q)$와 같이 3차원으로 표현할 수 있는데, 가능한 모든 $q$값에 대해 두 영상이 얼마나 잘 대응하는지를 표현한다. 예를 들어 $i(y,x,3)$은 왼쪽 영상 $f_{left}$의 $(y,x)$ 점과 $f_{right}$의 $(y,x+3)$ 점의 대응 정도를 나타낸다. [그림 11-10(a)]의 상황을 가정했기 때문에 $y$좌표는 같고 $x$만 $q$만큼 변위를 가진다. 이 대응 정도는 제곱차의 합으로 측정할 수 있다. [알고리즘 11-2]에 관한 보다 자세한 내용은 [Bobick99]를 참고하라.

---

**알고리즘 11-2 변위 공간 영상 계산**

**입력**: 두 장의 영상 $f_{left}(y,x)$와 $f_{right}(y,x)$, $0 \le y \le M-1$, $0 \le x \le N-1$  // [그림 11-10(a)] 상황을 가정
**출력**: 변위 공간 영상 $i(y,x,q)$, $0 \le y \le M-1$, $0 \le x \le N-1$, $-(N-1) \le q \le N-1$

1   for($y=0$ to $M-1$)
2    for($x=0$ to $N-1$)  // 모든 화소에 대해
3     for($q=-(N-1)$ to $N-1$)  // 모든 변위값에 대해
4      if($0 \le x+q \le N-1$) $f_{left}(y,x)$와 $f_{right}(y,x+q)$의 SSD를 계산하여 $i(y,x,q)$에 저장한다.
5      else $i(y,x,q)$=Nil;  // 영상 밖으로 벗어난 경우

---

## 지역 탐색 방법

[알고리즘 11-3]은 [알고리즘 11-2]로 구한 변위 공간 영상을 이용하여 깊이 영상을 계산하는 알고리즘이다. 이 알고리즘은 순진한 [알고리즘 11-1]보다 나을까?

---

**알고리즘 11-3 지역 탐색 방법**

**입력**: 두 장의 영상 $f_{left}(y,x)$와 $f_{right}(y,x)$, $0 \le y \le M-1$, $0 \le x \le N-1$  // [그림 11-10(a)] 상황을 가정
**출력**: 깊이 영상 $z(y,x)$, $0 \le y \le M-1$, $0 \le x \le N-1$

1   $f_{left}$와 $f_{right}$를 [알고리즘 11-2]의 입력으로 주어 변위 공간 영상 $i$를 구한다.
2   for($y=0$ to $M-1$)
3   for($x=0$ to $N-1$) {  // 모든 화소에 대해
4    $y_{left}=y$; $x_{left}=x$;
5    $d=\text{argmin}_q i(y_{left}, x_{left}, q)$;  // 최솟값을 갖는 변위를 찾는다.
6    $y_{right}=y_{left}$; $x_{right}=x_{left}+d$;
7    식 (11.4)로 깊이 $z_w$를 계산하여 $z(y,x)$에 저장한다.
8   }

---

[알고리즘 11-3]을 자세히 살펴보면, 표현하는 방식의 차이가 있을 뿐 [알고리즘 11-1]과 같다. [알고리즘 11-3]의 5행은 [알고리즘 11-1]의 4~5행과 같은 일을 한다. [알고리즘 11-3]의 5행은 여전히 화소들이 개별적으로 의사 결정을 하고 있다.

### 전역 탐색 방법

식 (11.8)을 쓰면 지역 탐색의 한계를 극복할 수 있다. 여기서 $d$는 변위 영상, 즉 $d(y,x)$, $0 \le y \le M-1$, $0 \le x \le N-1$이다. [알고리즘 11-3]의 5행에 있는 $d$는 하나의 값이었는데 이제는 영상이다. 변위를 알면 식 (11.4)로 깊이를 쉽게 계산할 수 있으므로 변위 영상을 구한다는 말은 깊이 영상을 구한다고 간주해도 된다.

$$E(d) = E_{data}(d) + \lambda E_{smooth}(d) \tag{11.8}$$

식 (11.8)을 구성하는 첫 번째 항 $E_{data}$는 개별 화소가 좋은 대응점을 가지도록 해준다. 다시 말해, 개별 화소의 SSD 값이 작을수록 $E_{data}$는 낮은 값을 가진다. 식 (11.9)는 이러한 조건을 공식화해 준다. 만일 $\lambda$를 0으로 설정하여 $E_{smooth}$의 영향력을 없애면 [알고리즘 11-3]이 된다.

$$E_{data}(d) = \sum_{(y,x)} i(y,x,d(y,x)) \tag{11.9}$$

$E_{smooth}$는 물체의 표면을 구성하는 이웃 화소가 비슷한 값을 가지도록 해줌으로써 매끄러운 깊이 영상을 생성해 준다. 식 (11.10)은 $E_{smooth}$를 정의한다. 컴퓨터 비전에서 이러한 역할을 하는 항을 정규화 항regularization term이라 부른다.

$$E_{smooth}(d) = \sum_{(y,x)} (\rho(|d(y,x+1) - d(y,x)|) + \rho(|d(y+1,x) - d(y,x)|)) \tag{11.10}$$

이 식에서 $\rho(a)$는 $a$가 클수록 큰 값을 갖는 함수로서, 가장 간단한 형태는 $\rho(a)=a$ 또는 $\rho(a)=a^2$이다. 따라서 식 (11.10)은 이웃한 점의 변위의 차이가 크면 $E_{smooth}$를 커지게 하여 최적해로 취해질 가능성을 낮추겠다는 의도로 이해하면 된다. 물체의 표면은 매끄럽게 해주면서 물체의 경계는 불연속 값을 가지도록 해주는 보다 정교한 함수도 있다[Scharstein97].

TIP 정규화 이론은 10.2.2절의 Horn-Schunck 알고리즘에서 사용한 적이 있다. 정규화 이론에 대한 보다 자세한 내용은 [Terzopoulos86, Engl96]을 참고하라.

이제 식 (11.8)을 에너지로 간주하고 에너지를 최소화하는 변위 영상 $d$를 구하면 된다. 이 접근 방법은 식 (11.11)과 같이 표현할 수 있으며, 전형적인 최적화 문제이다. 어떻게 하면 이 최적화 문제를 풀 수 있을까? MRF, 그래프 절단, 동적 프로그래밍, 협동 알고리즘 등 최적화를 푸는 알고리즘을 동원해 해결한다. 이들에 대한 보다 구체적인 내용과 참고 문헌은 [Scharstein2002, 3.3절]을 참고하기 바란다. 여러 알고리즘의 성능을 비교한 논문으로 [Gong2007]을 추천한다.

$$\hat{d} = \underset{d}{\mathrm{argmin}}\, E(d) \tag{11.11}$$

지금까지 공부한 내용을 알고리즘으로 정리하고 이 절을 마치기로 하자. [알고리즘 11-4]는 어떤 화소 입장에서 보면 주위를 살피며 자신의 변위를 계산하므로 전역 방법이라 부를 수 있다. [알고리즘 11-3]은 화소 각각이 독립적인 판단을 하므로 지역 방법이다.

---

**알고리즘 11-4 전역 탐색 방법**

**입력** : 두 장의 영상 $f_{left}(y,x)$와 $f_{right}(y,x)$, $0 \le y \le M-1$, $0 \le x \le N-1$   // [그림 11-10(a)] 상황을 가정
**출력** : 깊이 영상 $z(y,x)$, $0 \le y \le M-1$, $0 \le x \le N-1$

1   $f_{left}(y,x)$와 $f_{right}(y,x)$를 [알고리즘 11-2]의 입력으로 주어 변위 공간 영상 $i$를 구한다.
2   식 (11.11)을 풀어 최적 변위 영상 $\hat{d}$을 구한다.
3   for($y=0$ to $M-1$)
4     for($x=0$ to $N-1$) { // 모든 화소에 대해
5       $y_{left}=y$; $x_{left}=x$;
6       $y_{right}=y_{left}$; $x_{right}=x_{left}+\hat{d}(y,x)$;
7       식 (11.4)로 깊이 $z_w$를 계산하여 $z(y,x)$에 저장한다.
8     }

---

# 3
# 능동 센서

앞 절에서 공부한 스테레오 비전은 수동적이다. 왜냐하면 카메라에 들어오는 빛 정보를 수동적으로 받아들이는 역할만 하기 때문이다. 이 절에서는 장면에 능동적으로 무엇인가를 투사하여, 되돌아오는 신호로부터 거리를 알아내는 능동 센서<sup>active sensor</sup>에 대해 공부한다.

[그림 11-12]는 능동 센서가 사용하는 대표적인 두 가지 기법을 개념적으로 설명한다. 먼저, 구조 광<sup>structured light</sup>은 앞 절의 스테레오([그림 11-10])와 비슷한 점이 많다. 스테레오가 사용하는 두 대의 카메라 중 하나를 프로젝터로 교체하면 구조 광 기법이 된다. [그림 11-12(a)]는 컬러 무늬를 투사하는 예를 보여준다. 프로젝터는 미리 정교하게 설계된 무늬를 3차원 장면에 투사하고, 카메라는 무늬가 투사된 구조 광 영상을 획득한다. 이제 영상에 맺힌 무늬의 점이 프로젝터의 어느 점과 대응하는지만 파악하면 간단한 삼각비 공식을 이용하여 거리를 계산할 수 있다.

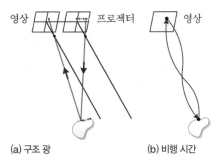

(a) 구조 광      (b) 비행 시간      그림 11-12 **능동 센서의 원리**

(a) SwissRanger　　　(b) Fotonic　　　(c) CamCube

그림 11-13 **비행 시간 카메라**

비행 시간<sup>time of flight</sup> 기법은 적외선 레이저<sup>infrared laser</sup>와 같은 파를 쏜 뒤, 되돌아오는 파를 잡아 비행에 걸린 시간 또는 위상 차이를 측정한다. 이렇게 측정된 값은 간단한 계산으로 깊이 정보로 변환된다. [그림 11-13]은 상품화되어 있는 몇 종류의 비행 시간 카메라를 보여준다.

두 가지 기법은 직관적으로 이해할 수 있는 간단한 원리에 따라 작동하는데, 실제로 제품을 제작하려면 여러 가지 정교한 방법을 동원해야 한다. 이러한 점을 더 공부해 보자. 이 절은 구조 광 기법에 대해서만 추가로 설명한다. 비행 시간 방식에 관심이 있는 독자는 [Hansard2012]와 [Grzegorzek2013]을 참고하기 바란다. 11.3.1절은 구조 광 기법의 기본 원리를 설명하고, 11.3.2절은 구조 광 기술로 제작된 키넥트라는 제품에 대해 살펴본다.

## 1. 구조 광

[그림 11-14]는 [그림 11-12(a)]에서 한 점만 남겨 간단히 만든 것이다.

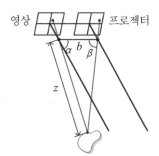

그림 11-14 **구조 광 기법의 기하**

프로젝터 중심과 카메라의 중심을 잇는 선, 즉 기준선<sup>baseline</sup>의 길이를 $b$라 하자. 또한 카메라 중심과 물체 상의 점을 잇는 선이 기준선과 이루는 각을 $\alpha$, 프로젝터 중심과 물체 상의 점을 잇는 선이 기준선과 이루는 각을 $\beta$라 한다. 그러면 거리(깊이) $z$는 식 (11.12)로 구할 수 있다.

$$z = \frac{b\sin(\beta)}{\sin(\alpha+\beta)} \tag{11.12}$$

사실 구조 광 기법의 원리는 식 (11.12)처럼 단순하다. 하지만 실제로 구현하려면 여러 가지 까다로운 기술적인 문제를 검토해야 하는데, 여기서는 가장 중요한 두 가지를 설명한다. 첫째는 11.2절의 스테레오와 마찬가지로 대응점 찾기 문제를 풀어야 한다. 스테레오 대신 구조 광을 사용하는 목적은 대응점 찾기 문제를 쉽게 만들기 위해서이다. 즉, 투사하는 무늬를 잘 설계하여 문제를 단순하게 하려는 의도이다.

[그림 11-15]는 몇 가지 2차원 격자 무늬를 보여준다. 예를 들어 왼쪽의 흑백 무늬를 살펴보자. 이 무늬가 드리워진 영상에서 가로 선과 세로 선들을 추출하고 그것들이 만나는 교차점을 찾을 수 있다. 그리고 교차점에 작은 원이 있는지 여부를 알아낸다. 이제 자신과 이웃 몇 개에 대해 원이 있는지 여부를 살펴보면 자신이 어느 점에 해당하는지 정확하게 파악할 수 있다. [그림 11-15(a)]에 제시된 $2\times5$ 마스크는 열 개의 화소를 포함하므로, 생성 가능한 서로 다른 패턴의 종류는 $2^{10}=1{,}024$ 가지이다. [그림 11-15(a)]의 $31\times33$ 영상은 모든 화소의 패턴이 다르게 설계되어 있다. [그림 11-15(b)]에 제시된 격자는 세 가지 색이므로 $3\times3$ 마스크를 사용한다면, $3^9=19{,}683$ 가지의 서로 다른 패턴을 만들어낼 수 있다.

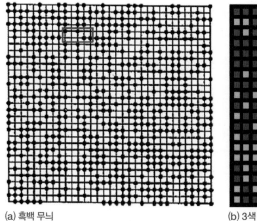

(a) 흑백 무늬

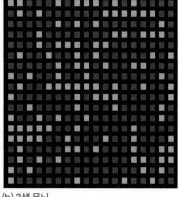

(b) 3색 무늬

그림 11-15 **구조 광이 사용하는 무늬의 예**

이와 같이 격자 무늬를 설계할 때 화소마다 서로 다른 패턴을 부여함으로써 대응점을 찾기가 쉬워진다. 무늬에는 이와 같은 2차원 격자만 있는 것이 아니고 줄무늬도 있다. 이 경우는 서로 다른 여러 장의 선을 여러 번 투과하는 방식을 사용하므로 시간이 더 걸리는 문제가 있다. Geng은 다양한 무늬를 설명하고 각각의 장단점을 분석하였다[Geng2011].

두 번째 문제는 캘리브레이션calibration이다. [그림 11-14]와 식 (11.12)는 기준선의 길이 $b$와 대응점을 찾았을 때 두 개의 각도 $\alpha$와 $\beta$를 알아낼 수 있다는 가정이 깔려있다. 하지만 그냥 되는 것이 아니라 캘리브레이션이라는 작업을 미리 수행해 두어야 가능하다. 캘리브레이션은 프로젝터와 카메라 사이의 기하학적 관계를 표현하는 매개변수를 알아내는 것을 말한다. 자세한 캘리브레이션 작업은 [Geng2011]을 참고하기 바란다.

어떤 제품은 프로젝터에서 가시광선이 아니라 적외선IR(Infrared)을 쏘고 일반 카메라 대신 적외선 카메라를 사용하여 영상을 획득한다. 적외선의 장점은 사람 눈에 안보이고 다른 일반 카메라에도 안보인다는 것이다. 키넥트가 이런 방식을 사용한다.

## 2. 키넥트

구조 광을 사용하는 제품으로 키넥트Kinect의 구조와 성능을 간략하게 살펴보기로 하자. 키넥트의 외관은 [그림 11-16]과 같다. 컬러 영상과 깊이 영상을 동시에 획득하며 영상의 크기는 480×640, 속도는 초당 30프레임이다. 즉, 30fps(frame per second) 속도로 연속 영상을 획득한다. 깊이 영상은 구조 광 기법을 써서 얻는데, 이를 위해 적외선 프로젝터와 적외선 카메라가 장착되어 있다. 장면에 적외선을 투사하므로 구조 광 무늬가 사람의 눈과 RGB 카메라에 보이지 않는 것이 장점이다. 깊이 센서는 대략 0.8~3.0미터 범위를 측정할 수 있다. 때문에 실외와 같이 깊이가 큰 환경에서는 제대로 작동하지 않는다. 수평 57°와 수직 43°가량의 시야각field of view을 가지는데, 상하로 27°가량 기울일 수 있다.

적외선 프로젝터  RGB 카메라          적외선 카메라

상하 기울음

그림 11-16 **키넥트의 구조**

## 키넥트로 획득한 영상 분석

키넥트가 구조 광 기법을 이용하여 깊이 영상을 획득한다는 사실은 알려져 있지만, 어떤 방식의 구조 광 무늬를 사용하고 어떤 알고리즘으로 대응점 문제를 해결하는지에 대한 구체적인 내용은 알려져 있지 않다. 따라서 키넥트의 내부에 관심 있는 사람들은 역공학을 통해 방법론을 가늠하고 있다.

[그림 11-17(a)]는 적외선 카메라가 획득한 영상이다. 적외선 영상에서 대응점을 찾아 깊이를 복원하면 (b)와 같은 깊이 영상을 얻는다. 적외선 영상을 잘 살펴보면, 영상 전체에 걸쳐 작은 반점 speckle dot 무늬가 씌워져 있는 것을 확인할 수 있다. 이 반점 무늬는 [그림 11-15]에서 그랬듯이, 주위 화소를 들여다 보면 자신이 어디에 해당하는지 쉽게 결정할 수 있도록 화소마다 고유한 패턴 을 가지게 설계되어 있다.

(a) 적외선 영상

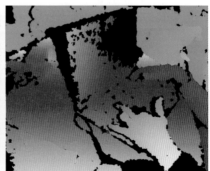

(b) 깊이 영상

그림 11-17 **키넥트로 획득한 적외선 영상과 깊이 영상**

[그림 11-17(b)]에 제시된 깊이 영상은 반점 무늬가 드리운 영상을 분석하여 알아낸 깊이 정보를 담고 있다.[5] 깊이를 구별할 수 있도록 가까운(깊이 값이 작은) 화소는 붉은색, 먼 화소는 녹색으로 표시된다. 최근에 키넥트에 대한 관심이 높아지고 있는데 그 이유를 바로 이 깊이 영상에서 찾아볼 수 있다. 특히 30fps의 속도로 컬러 영상과 깊이 영상을 동시에 얻으므로, 이 둘을 분석하여 손이나 몸의 제스처를 인식할 수 있을 뿐 아니라 실내의 3차원 지도를 제작하는 데 활용하기도 한다. 이러한 다양한 잠재적인 응용 때문에 키넥트는 컴퓨터 비전에 새로운 연구 개발 흐름을 형성하고 있다. Zhang은 아바타의 얼굴 표정까지 섬세하게 표현되는 원거리 화상 회의 시스템을 포함하여 재미있는 여러 응용을 제시하였다[Zhang2012].

깊이 영상을 잘 살펴보면 한 가지 문제점을 발견할 수 있다. 검은색으로 표시된 화소는 깊이값을 알아내지 못한 곳이다. 노트북 컴퓨터의 화면 중 오른쪽 부분이 특히 심하다. 이와 같이 밝은 빛이 발광되는 곳이라든가, 영상의 아래 부근에 있는 전선이나 사람 머리카락처럼 가느다란 물체 또는 물체의 경계 부근 등에서 기술적인 어려움으로 인해 깊이 정보를 알아내지 못하는 경우가 자주 발생한다.

이러한 결점은 게임을 하는 사람의 제스처를 인식하는 응용에서는 큰 문제를 일으키지 않지만 실내의 3차원 지도를 제작하거나 로봇 항해와 같은 응용에서는 문제를 야기할 가능성이 높다. 따라서 이러한 응용 문제에서는 원래 깊이 영상에 적절한 전처리를 적용한 후 사용해야 한다. 가장 쉽게 생각할 수 있는 방법은 2장에서 명암 영상에 적용했던 것처럼 가우시안이나 메디안 필터를 적용하는 것이다. 하지만 깊이 영상의 독특한 성질로 인해 이런 단순한 방법으로 원하는 정도의 효과를 얻을 수 없다. 깊이 영상에 적용하는 전처리에 대해 보다 깊이 공부하고자 하는 독자는 [Han2013, III.B절]을 참고하기 바란다.[6]

키넥트는 컴퓨터 비전 커뮤니티에서 주목받고 있다. 예를 들어, IEEE Transactions on Cybernetics라는 저널은 2013년 10월에 키넥트 특집호를 발간하였다. 총 12편의 논문이 실렸는데 그 중 [Han2013]의 서베이 논문은 키넥트를 사람 자세 추정과 사람 행위 인식, 손 제스처 인

---

5 구조 광을 사용하는 키넥트를 다른 장치와 비교하는 연구가 여럿 있다. 예를 들어 [Smisek2011]은 키넥트를 스테레오 장치와 비행 시간 기법을 쓰는 장치와 비교한 성능을 제시한다.

6 키넥트는 깊이 영상과 컬러 영상을 동시에 제공한다. 따라서 컬러 영상 정보를 활용하여 깊이 영상을 전처리하거나 분할하는 전략은 좋은 아이디어이다. 반대로 깊이 영상을 활용하여 컬러 영상을 분할할 수도 있다. 예를 들어 [Camplani2012]는 양방향 필터bilateral filter로 깊이 영상을 전처리한다. 이 논문은 컬러 영상을 활용하기 위한 결합 양방향 필터joint bilateral filter를 제안하였다.

식, 실내 3차원 지도 제작 등에 응용한 사례를 제시하였다. 앞으로 컬러 영상과 깊이 영상을 동시에 획득해 주는 이러한 유형의 센서가 연구 개발의 한 축을 형성할 것으로 예측된다.

키넥트가 주목 받는 또 다른 이유는 컬러 영상과 깊이 영상을 해석하여 손, 몸, 얼굴을 추적할 수 있는 고급 인터페이스(함수)를 SDK(Software Development Kit) 형태로 제공하기 때문이다. 마이크로소프트가 공식적으로 제공하는 Kinect SDK를 사용할 수 있다[Han2013, II.B절].

# 4

# 깊이 영상의 인식

컬러 영상만 사용하는 경우, 배경을 미리 지정해 놓거나 자세$^{pose}$를 몇 종류로 제한해 놓은 상황에서만 사람의 자세 추정이 가능하다. 하지만 깊이 영상을 사용하면 이런 강한 제한을 제거한 자연스런 상황에서도 높은 성능을 달성할 수 있다. 11.4.1절은 컬러 영상과 깊이 영상의 특성과 장단점을 비교한 후, 그들을 결합하여 높은 성능을 달성하는 방안에 대해 소개한다. 11.4.2절은 사람의 자세를 추정하는 기술에서 혁신을 이루었다고 평가 받는 [Shotton2011]의 알고리즘을 공부한다.

## 1. 컬러 영상과 깊이 영상의 특성

[그림 11-18]은 '컬러 영상'에서 사람의 자세$^{human\ pose}$를 추정한 결과이다. 명암 또는 컬러 영상으로부터 자세를 추정하여, 특정 인물을 추적하거나 제스처를 인식하는 등의 연구가 많이 진행되어 왔다[Moeslund2006, Poppe2007].

현재 컴퓨터 비전 기술로 자세를 얼마나 강건하게 추정할 수 있을까? 실용성 측면에서 본다면 현재 기술 수준은 매우 낮다고 말할 수 있다. 그 이유는 [그림 11-18]을 보고 조금만 생각해 보면 알 수 있을 것이다. 카메라 앞에 나타나는 사람의 모양과 외관의 변화는 무지 심하다. 체형, 옷, 방향 등에서 변화가 시시각각 발생하며 외부적으로는 조명도 변한다. 문제를 더욱 어렵게 만드는 요인은 신체는 강체$^{rigid\ body}$가 아니라는 점이다. 관절을 중심으로 각 부분의 연결 관계가 변할 수 있으므로 변화의 폭이 훨씬 넓다. 이러한 변화에 강건하게 대처할 수 있는 알고리즘은 아직 개발되지 않았다.

**그림 11-18 컬러 영상에서 사람 자세 추정**

TIP 컴퓨터 프로그램이 찾아낸 것이 아니라 저자가 그려 넣었다.

앞 절에서 공부한 깊이 영상은 무엇보다 옷과 조명에 불변한 영상을 제공해주기 때문에 이러한 문제를 크게 완화시켜준다. 게다가 화소가 가진 값은 3차원 정보이다. 따라서 손을 앞으로 뻗었는지 아니면 뒤쪽을 향하는지 쉽게 구별할 수 있다. 최근 들어 해상도가 좋으면서도 가격이 저렴한 깊이 카메라가 보편화됨에 따라, 컬러 영상만 사용하던 접근 방법에서 깊이 영상을 사용하는 방법으로 연구의 흐름이 바뀌고 있다.

사람과 컴퓨터의 인식 능력 차이에 대해 생각해 보자. 사람은 [그림 11-2]의 컬러 영상과 깊이 영상 중에서 컬러 영상을 훨씬 잘 이해한다. 사람은 컬러, 텍스처, 그림자 등이 섞여있는 영상을 본질 영상으로 분리해내고 그것을 순간적으로 인식하는 뛰어난 분별력을 지니고 있다. 반면 깊이 영상을 보면 이해력이 크게 떨어진다. 컴퓨터는 반대이다. 여러 효과가 섞여있는 컬러 영상을 보면 혼란을 겪는다. 예를 들어, 그림자와 물체를 구별해내지 못할 뿐 아니라 명암 변화가 본질과 조명 중 무엇의 변화 때문에 발생했는지 구별하지 못한다. 반면 깊이 영상을 보면 컬러에 비해 훨씬 강건하게 정보를 추출해 낸다. 하지만 컴퓨터 비전에 대한 이러한 평가는 현재 기술에 국한된다. 미래에는 컴퓨터 비전도 사람과 마찬가지로 깊이 영상보다 컬러 영상을 선호할지 모른다. 언제쯤일까?

지금까지 예제 영상을 보면서 컬러 영상과 깊이 영상의 특성 차이에 대해 생각해 보았다. 이제 알고리즘 측면에서 두 유형의 영상을 비교해 보자. 먼저 배경과 전경을 분리해내는 문제에 대해 생각해 보자. 문제를 단순화하기 위해 카메라가 고정되어 있고 연속 영상이 입력된다고 가정한다. 가장 단순한 방법은 10.1.1절에서 사용하였던 차 영상difference image이다. 식 (11.13)은 차 영상을 다시 적은 것이다. $f(y,x,t)$는 현재 순간 $t$의 화소 $(y,x)$에서 명암(컬러) 또는 깊이값이다. 순간 $r$은 응용에 따라 사람이(또는 어떤 물체가) 장면에 진입하기 전의 어떤 순간일 수도 있고, 바로 이전 순간 $t-1$일 수도 있다.

$$D_{tr}(y,x) = \begin{cases} 1, & |f(y,x,t) - f(y,x,r)| > \tau \\ 0, & \text{그렇지 않으면} \end{cases} \tag{11.13}$$

먼저 명암(또는 컬러) 영상의 차 영상을 가지고 움직이는 물체를 검출하는 문제에 대해 생각해 보자. [그림 11-18]의 무용수 영상과 1/30초가 지난 다음 순간의 영상 사이의 차 영상을 구했다고 상상해본다. 차 영상에서 무용수를 제대로 검출해 낼 수 있을까? 미세한 조명 변화와 잡음 등으로 강건한 검출이 불가능함을 10.1.1절에서 이미 관찰한 적이 있다.

그렇다면 깊이 영상에서 구한 차 영상은 어떨까? 깊이 영상은 조명에 영향을 덜 받는다. 게다가 물체와 배경이 비슷한 색을 갖는다 하더라도 그들의 깊이는 분명히 다르다. 이러한 특성으로 인해 깊이 영상의 차 영상을 이용하면 움직이는 물체를 훨씬 강건하게 검출할 수 있다. Han은 깊이 영상의 차 영상을 이용하여 강건하게 사람을 검출하는 실험 결과를 제시하였다[Han2012].

컬러(명암) 영상에 사용하기 위해 개발한 여러 가지 특징(기술자)을 깊이 영상에 적용하는 연구도 많이 수행되었다. Shen은 명암 영상에서 사람을 검출하는 데 사용하던 HOG(Histogram of Gradients), LBP(Local Binary Pattern), LTP(Local Ternary Pattern) 특징을 깊이 영상에 적용하고, 그들의 성능을 비교하였다[Shen2012]. 실험 결과에 따르면 LTP가 가장 우수한 것으로 나타났다. Tang은 깊이 영상으로부터 표면 법선 벡터를 계산하고 그들의 방향 분포를 나타내는 HONV(Histogram of Oriented Normal Vectors)라는 특징을 추출하였다[Tang2012]. 실험 결과 컬러 영상에서 추출한 HOG와 깊이 영상에서 추출한 HOG보다 HONV가 우수함을 입증하였다.

앞에서 살펴본 바와 같이 컬러 영상과 깊이 영상은 각각 장단점을 지닌다. 따라서 둘을 결합하는 접근 방법도 많이 사용된다. 예를 들어 Han은 깊이 영상을 이용하여 사람을 검출한 후, 추적은 컬러 영상을 사용하였다[Han2012]. 추적할 때는 옷 색깔이라든지 피부색 등에서 추출한 특징을 이용하는 것이 훨씬 유리하다. 깊이 영상은 이런 분별력이 강한 정보를 잃어버린다.

표준 노릇을 하는 컬러 영상 데이터베이스가 여럿 나와 있듯이 깊이 영상에도 표준 데이터베이스가 제작되어 있다. 대표적인 데이터베이스로 [Lai2011]과 [Silberman2012]를 들 수 있다. [그림 11-19]는 [Silberman2012]의 NYU Depth V2 데이터베이스에 있는 샘플 영상을 보여준다. (a)는 컬러 영상이고 (b)는 깊이 영상, (c)는 깊이 영상을 분할한 결과이다. 분할된 영상에 나타나 있지 않지만, 영역 별로 부류 정보가 부여되어 있고 이웃 영역과 관계에 대한 정보도 붙어 있다. 게다가 실내에 나타나는 물체를 벽이나 바닥과 같은 영구적인 구조물, 식탁이나 책상과 같은 가구, 그리고 컵이나 책과 같이 이동성이 좋은 부류로 구분하고 있다. Silberman의 목적은 실내 장면을 '이해'하는 컴퓨터 비전 시스템의 구축인데 구체적인 내용은 12.2.3절에서 설명한다.

(a) 컬러 영상      (b) 깊이 영상      (c) 깊이 영상 분할

그림 11-19 **컬러 영상과 깊이 영상을 분할한 데이터베이스**

## 2. 사람의 자세 추정

사람의 자세를 추정하고 추정 결과를 행위 인식에 이용하는 연구는 오랫동안 수행되어 왔다. 이절은 깊이 영상을 이용하여 사람 자세를 추정하는 방법에 대해 다룬다.[7] 뛰어난 성능을 제공하며 키넥트의 SDK로 제공되고 있는 Shotton이 제안한 알고리즘을 살펴보자[Shotton2011]. [그림 11-20]은 이 알고리즘의 전체적인 처리 과정을 설명한다.

---

7  깊이 영상을 이용해 사람의 자세를 추정하는 기법에 대한 서베이 논문으로는 [Helten2013]을 추천한다. 명암이나 컬러 영상을 이용하여 사람 자세를 추정하는 방법을 함께 살펴보고 싶은 독자에게는 서베이 논문으로 [Moeslund2006]과 [Poppe2007]을 권한다.

## Shotton의 방법

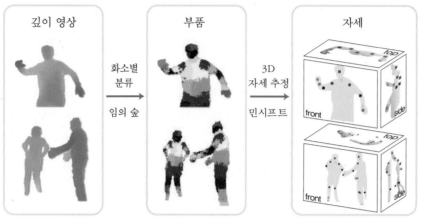

그림 11-20 **사람 자세 추정의 처리 절차**

입력된 깊이 영상은 임의 숲 분류기를 사용하여 신체를 구성하는 31개의 구성요소 정보로 변환된다.[8] 이때 화소 각각에 대해 독립적으로 분류를 수행한다. 임의 숲을 학습시킬 때 어떤 특징을 사용하고 학습 집합을 어떻게 만드는지에 대해서는 뒤에서 자세히 설명한다. [그림 11-20]의 가운데 그림은 이렇게 분류된 구성요소를 서로 다른 색깔로 표시하고 있다. 이제 같은 구성요소에 속하는(같은 색깔로 표시된) 화소를 군집화하고 군집의 대표를 골격의 연결점으로 취하면 된다. 군집화 작업을 수행하기 위해 민시프트를 활용하며, 연결점은 3차원 좌표로 표현한다. [그림 11-20]의 오른쪽 그림은 앞, 옆, 위에서 바라본 골격을 보여준다. 이렇게 얻은 자세 정보는 다음 단계인 제스처 인식의 입력으로 사용된다.[9]　TIP 임의 숲은 8.4.3절, 민시프트는 5.4절에서 다루었다.

이제 화소를 신체의 구성요소로 분류하는 작업으로 돌아가, 임의 숲을 학습하는 방법에 대해 자세히 살펴보자. Shotton은 임의 숲이 사용할 특징을 식 (11.14)를 이용하여 추출하였다. 이 식에서 $d(\mathbf{x})$는 화소 $\mathbf{x}$의 깊이를 나타내는 깊이 영상이다. $a_\theta(\mathbf{x})$는 화소 $\mathbf{x}$에서 $\theta=(\mathbf{u},\mathbf{v})$를 들여다보고 측정한 특징값이다.

$$a_\theta(\mathbf{x}) = d\left(\mathbf{x} + \frac{\mathbf{u}}{d(\mathbf{x})}\right) - d\left(\mathbf{x} + \frac{\mathbf{v}}{d(\mathbf{x})}\right) \qquad (11.14)$$

---

8 좌상/좌하/우상/우하 머리, 목, 좌/우 어깨, 좌상/좌하/우상/우하 팔, 좌/우 팔꿈치, 좌/우 손목, 좌/우 손, 좌상/좌하/우상/우하 몸통, 좌상/좌하/우상/우하 다리, 좌/우 무릎, 좌/우 발목, 좌/우 발의 31개 구성요소이다.

9 제스처 인식에 대해서는 [Mitra2007]과 [Suarez2012]를 참고하라.

[그림 11-21]은 특징 추출 과정을 설명해준다. 빨간색 점은 특징을 추출하는 화소 x를 뜻한다. 이 화소에서 u와 v만큼 떨어진 두 지점(파란색 점)의 깊이 차이를 계산하여 그 결과를 특징값으로 취한다. 이때 u와 v 자체를 사용하는 대신 $d(\mathbf{x})$로 나누어 정규화된 위치를 사용한다. 멀리 있는(즉 $d(\mathbf{x})$가 큰) 곳일수록 영상에 작게 나타나므로 u와 v를 $d(\mathbf{x})$로 나누어 보다 근접한 두 점을 사용하려는 의도이다.

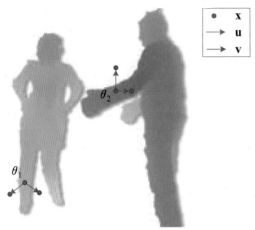

그림 11-21 **깊이 영상에서 특징 추출**

이 특징은 매우 단순하다. 예를 들어 오른쪽에 있는 사람의 팔에 $\theta_2$로 표시된 특징은 위쪽 지점의 깊이에서 오른쪽 지점의 깊이를 뺀다. 이때 위쪽은 배경에 해당하고 오른쪽은 팔에 해당하므로 양수를 가지게 된다. 이 특징은 나눗셈 두 번과 덧셈 세 번으로 매우 빠르게 계산할 수 있다. 같은 지점 x에서 $\theta$를 변화시키면 아주 많은 특징을 추출할 수 있다. 단순하기 때문에 특징 몇 개만 사용한다면 높은 분류 성공률을 기대할 수 없다. 하지만 결정 트리가 아주 많은 수의 특징을 사용한다면 높은 분류 성공률을 기대할 수 있다.

기본 분류기로 결정 트리를 사용하는데, 여러 개의 트리를 학습한 후 그들의 투표 결과를 최종 분류 결과로 취하기 때문에 임의 숲 분류기를 사용하는 셈이다. Shotton은 $\theta$와 $a_\theta(\mathbf{x})$의 임계값을 다수 생성한 후, 그들의 양호도에 따라 트리의 노드에 배치하는 방식으로 결정 트리를 학습시켰다. 그러면 임의의 결정 트리가 만들어지는데, 이런 트리를 여러 개 만들어 그들의 투표 결과에 따라 분류를 결정한다. 트리의 깊이는 20 정도로 설정하므로 꽤 큰 트리가 만들어진다.

임의 숲을 학습시키려면 훈련 집합을 수집해야 한다. 얼핏, 3차원이므로 2차원보다 수집이 더욱 어려울 것으로 보인다. 하지만 모션 캡처 장비와 컴퓨터 그래픽스의 렌더링 기술을 이용하여, 훨씬 쉬우면서도 자동으로 수집하는 방법이 있다. 사람이 몸 곳곳에 마커를 부착한 채 다양한 동작을 취하면 모션 캡처 장비가 3차원 좌표를 추적하여 저장해 둔다. 이 자료를 사용해 렌더링한 결과로 얻은 합성 영상은 화소 각각에 대해 신체의 어느 구성요소에 속하는지 알고 있으므로, 이 영상에서 훈련 샘플을 자동으로 수집할 수 있다.

[그림 11-20]의 가운데 그림은 임의 숲을 사용하여 개별 화소를 부품으로 분류한 결과이다. 이제 이 부품 정보로부터 오른쪽 그림에 있는 3차원 자세 정보를 추출해야 한다. 한가지 단순한 방법은 같은 부품에 속하는 화소의 위치를 평균한 중앙 지점을 그 부품의 대표 점으로 취하는 것이다. 하지만 이러한 방법은 아웃라이어에 민감한 단점이 있다. 따라서 Shotton은 민시프트 방법을 사용하여 대표 벡터를 찾았다. 구체적인 민시프트 적용 방법과 임의 숲의 학습 방법에 대해서는 [Shotton2011]을 참고하라.

Shotton이 제시한 알고리즘은 현재 최고 수준의 성능을 보인다. 추정된 자세의 정확도는 게임기에 장착하여 사용할 수 있을 정도이다. 수행 속도도 실험 결과 프레임당 5밀리초(200fps)로, 실시간 처리에서 요구하는 조건보다 빠르다. 이러한 속도는 특징이 단순하고 결정 트리의 빠른 분류 속도뿐 아니라 Xbox360에 내장되어 있는 GPU를 활용한 탓이다.

## 연구 동향

지금까지 살펴본 방법은 몇 가지 측면에서 단순성을 지니고 있다. 첫째, 모든 화소를 독립적으로 분류하므로 공간 일관성을 전혀 사용하지 않고 있는 셈이다. 영상 분할이나 광류 추정과 같은 많은 알고리즘은 공간 일관성을 활용하여 성능을 극대화한다. 자세 추정에서도 어떤 화소가 무릎에 속하면 이웃 화소도 무릎에 속할 가능성이 높다. 따라서 이러한 공간 일관성을 추가로 활용하여 성능을 높일 수 있는 여지가 남아 있다. 둘째, 현재 알고리즘은 30fps로 들어오는 프레임을 독립적으로 처리한다. 하지만 이웃 프레임은 단지 1/30초 차이만 있으므로 상호간에 큰 차이가 없다는 시간 일관성이 있다. 이 절의 알고리즘이 이 성질을 활용한다면 성능을 추가로 개선할 수 있다. 마지막으로 운동학적 일관성을 고려할 수 있다. 예를 들어 서있는 자세에서 팔꿈치가 머리 근방에 있는데 손이 발 옆에 있을 수는 없는 노릇이다. 이러한 세 가지 일관성을 추가로 활용하여 성능을 높이는 연구가 진행되고 있다. 이러한 연구에 관한 자세한 내용은 [Han2013]을 참고하라.

또 다른 접근 방법은 깊이 영상과 컬러 영상을 같이 사용하는 것이다. 사람의 자세를 추정하는 것에 관한 한 컬러 영상보다 깊이 영상이 보다 강건하므로 기초 정보는 깊이 영상에서 추출한 후, 컬러 영상을 보조적으로 활용하여 자세 정보의 품질을 높이는 방식이 주로 사용된다[Han2012].

연습문제

**1** 의료 분야에서는 깊이 영상이 아닌 실제 3차원 그래픽 영상을 사용한다. 구체적인 응용 사례 하나를 제시하시오.

**2** [그림 11-4(b)]의 깊이 영상에 있는 원기둥에는 점선으로 표시한 부분이 있다. 왜 점선으로 그렸는지 설명하시오.

**3** 키넥트의 사양을 신중하게 고려하여 새로운 응용을 구상하고 구체적으로 기술하시오.

**4** 컬러 영상을 사용하던 기존 화상회의 시스템에 비해, 깊이 영상을 같이 사용하는 시스템에 추가할 수 있는 새로운 기능을 구상하시오.

**5** 식 (11.8)에서 $\lambda$를 0으로 설정하면 [알고리즘 11-3]이 된다. 왜 그런지 설명하시오.

**6** [그림 11-13]에 있는 세 가지 카메라의 깊이 범위를 조사하시오. 수 킬로미터 떨어져 있는 물체까지 거리를 측정하는 장치를 조사하여 구체적인 사양을 제시하시오.

**7** 식 (11.12)를 증명하시오.

# Chapter 12
# 장면 이해

# Preview

저게 저절로 붉어질 리 없다.
저 안에 태풍 몇 개
저 안에 천둥 몇 개
저 안에 벼락 몇 개
저 안에 번개 몇 개가 들어서서 붉게 익히는 것일 게다.
...

_장석주 '대추 한 알' 중에서

[그림 12-1]에 있는 영상을 묘사하라면, 대부분 '축구 경기에서 골을 넣은 후 즐겁게 세레모니를 하는 장면'이라는 비슷한 이야기를 풀어낼 것이다. 이후 벌어질 일을 말해달라면 '자막의 스코어가 바뀌고 곧이어 중앙선에 양팀이 모여 킥오프를 할 것'이라는 정확한 예측을 내놓는다. 사람은 분명 영상을 이해한다.

그런데 어떻게 농구나 야구가 아닌 축구라는 사실을 알아차릴까? 잔디밭을 보나? 하지만 잔디밭에서 이루어지는 경기는 럭비도 있고 야구도 있다. 반바지와 반팔 차림의 유니폼을 보나? 관중석의 모양이 힌트를 주나? 골을 넣었다는 사실은 어떻게 유추해낼까? 이후 벌어질 장면은 어떻게 추론해 낼까?

그림 12-1 사람은 영상을 이해한다. 이해란 무엇이고 어떻게 이루어지나?

사람들은 아주 오래 전부터 이러한 의문을 품어왔으며 의학, 심리학, 신경생리학$^{neurophysiology}$, 뇌과학$^{brain\ science}$의 발전으로 말미암아 의문에 대한 답을 부분적으로 알게 되었다. 하지만 현재까지 밝혀진 것은 빙산의 일각이라고 말할 수 있다.

컴퓨터 비전에서 이해를 처리하는 기술 수준이 사람 정도까지 올라가려면 어떤 처리 과정과 방법론을 사용해야 하는지에 대해 생각해 보자. 물론 지금까지 공부한 2장의 영상 처리, 3장의 에지 검출, 4장의 지역 특징 검출, 5장의 영상 분할, 6장의 기술, 7장의 매칭, 8장의 기계 학습, 9장의 물체 인식, 10장의 모션, 11장의 3차원 비전의 요소 기술을 조화롭게 결합하여 사용해야 한다. 하지만 이들 기술로 충분할까? 조금만 생각해 보면 그렇지 않다는 것을 알 수 있다.

예를 들어, 같은 모양의 물체라도 주위 배경에 따라 다르게 해석해야 하는 경우가 있다. 즉, 문맥$^{context}$을 사용해야 영상을 제대로 이해할 수 있다. 이런 문맥 정보는 어떻게 표현해야 하며, 인식 과정에 어떤 작용을 할까? 사람은 이런 고급 정보를 자연스럽게 활용하는데, 사람의 시각 기능에 대한 이해를 바탕으로 개발된 몇 가지 접근 방법이 있다.

▶ 각 절에서 다루는 내용 - - - - - - - - - - - - - - - - - - - - - - - - - - - - - - - - - - - - - - - - - - - - - - - - -

**12.1절**_아주 간략하게 동물의 시각에 대해 설명한다.

**12.2절**_사람의 시각 기능을 모방하는 여러 접근 방법 중에서 선택적 주의 집중, 문맥, 영상 파싱을 간략히 다룬다.

# 1

# 동물은 어떻게 보나?

1981년 노벨 의학상은 Hubel과 Wiesel이 차지하였다. 이들이 공헌한 바는 동물의 시각 시스템이 어떻게 정보 처리를 수행하는지에 관해 새롭게 발견한 것이다[Nobel-prize81]. 1959년에 이들은 마취된 고양이의 1차 시각 피질primary visual cortex에 마이크로 전극을 삽입하였다. 고양이에게 여러 방향의 에지를 보여주고 자세히 관찰한 결과, 에지 방향에 따라 반응하는 뉴런이 정해져 있다는 놀라운 사실을 발견하였다. 또한 같은 방향에 반응하는 뉴런은 같은 열에 배치되어 있다는 사실도 알아내었다[Hubel59]. 둘은 고양이 두뇌 깊숙한 곳에서 에지 특징을 추출하는 뉴런을 발견한 것이다.[1]

또 다른 재미있는 동물 실험이 있다. [그림 12-2(a)]의 깡충 거미jumping spider가 그 주인공으로, 네 쌍의 눈으로 360° 시야를 볼 수 있다. 깡충 거미는 거미줄이 아니라 사냥으로 먹이를 잡는데, 조용히 적에게 접근한 후 깡충 뛰어 먹이를 낚아챈다. 과학자들의 호기심은 깡충 거미가 어떻게 구애 대상인 암컷과 먹이가 될 적을 구별하는지에 집중되었다. 실험 결과에 따르면 [그림 12-2(b)]를 보여주면 동료로 보는 비율이 높았다. 하지만 [그림 12-2(c)]의 패턴에 대해서는 먹이로 보고 공격한다. 과학자들은 이 관찰 결과를 바탕으로 거미의 다리에 해당하는 직선을 특징으로 검출하

---

1 두 사람의 연구는 공동 연구의 모범으로 평가된다. 둘의 연구 과정에 관심 있는 독자는 [Hubel2005]를 참고하라.

는 기능이 깡충 거미의 시각 시스템에 배치되어 있을 것이라고 추론한다. 이러한 특징 추출 기능이 어떻게 이루어지는지에 관심 있는 독자는 [Frisby2010, 3장]을 참고하기 바란다.

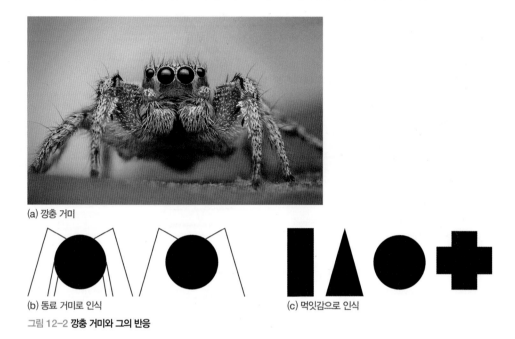

(a) 깡충 거미

(b) 동료 거미로 인식　　　　　　　　　　　　　　　　　(c) 먹잇감으로 인식

그림 12-2 **깡충 거미와 그의 반응**

## 사람의 시각 정보 처리

　사람은 어떻게 보나? [그림 12-3]은 사람의 시각 기관을 신경생리학적 관점에서 바라본 것이다. 빛은 렌즈에 해당하는 수정체를 통해 눈으로 들어간다. 빛을 감지하는 얇은 막으로 되어있는 망막은 빛 패턴을 신경 신호로 변환해준다. 이 신호는 오른쪽 그림이 보여주는 바와 같이 시신경optic nerve을 타고 뇌의 여러 곳으로 전달된다. 뇌의 여러 부분은 자신이 담당하는 고유의 기능이 있다. 예를 들어 위둔덕superior colliculus은 12.2.1절에서 공부할 선택적 주의 집중에 필요한 단속성 운동saccade과 고착fixation을 위한 눈 운동을 담당한다고 알려져 있다. 또한 물체 인식을 담당하는 후두엽occipital lobe의 시각 피질visual cortex이 손상되더라도, 위둔덕이 온전하면 움직이는 물체 쪽으로 몸을 틀고 쫓아갈 수 있는 기이한 현상이 나타난다.

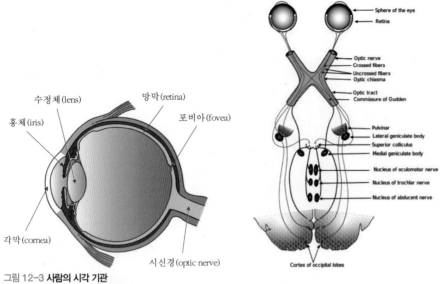

그림 12-3 **사람의 시각 기관**

[그림 12-4]는 사람의 두뇌인데, 오른쪽이 후두엽이다. 맨 오른쪽의 V1은 1차 시각 피질primary visual cortex(striate cortex)이라 부르며, [그림 12-3]의 오른쪽 그림에서 맨 밑의 회색 표시된 영역에 해당한다. 여기에 도착한 신호는 [그림 12-4]에서 위쪽으로 신호를 보내는 등쪽 경로dorsal pathway, 아래쪽으로 신호를 보내는 배쪽 경로ventral pathway로 나뉘어 전달된다. 이 둘은 담당하는 기능이 다른데, 등쪽 경로는 주로 물체의 위치와 움직임을 파악하며 배쪽 경로는 주로 어떤 물체인지를 인식한다. 때문에 등쪽 경로를 '어디로 경로' 또는 '어떻게 경로', 배쪽 경로를 '무엇 경로'라 부르기도 한다. 이러한 신기한 사실은 1982년에 Ungerleider와 Mishkin의 논문으로 알려졌는데, 30여 년 전이니 그리 오래된 발견은 아니다[Ungerleider82].

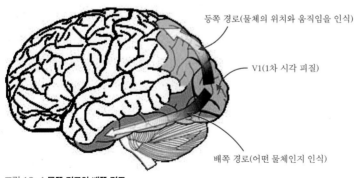

그림 12-4 **등쪽 경로와 배쪽 경로**

## 컴퓨터 비전에 적용

사람이 시각 정보를 처리하는 방법에 관해 지금까지 밝혀진 사실이 컴퓨터 비전 연구에 어떤 의미를 가질까? 사실 컴퓨터 비전 연구는 사람의 시각을 그리 심각하게 고려하지 않고 진행되어 왔다고 말할 수 있다. 이러한 결함을 지적하고 활용 방안을 제시한 논문이 최근 발표되었다 [Kruger2013].

[그림 12-5(a)]는 사람의 두뇌에서 시각 정보가 처리되는 과정을 도식화해서 보여준다. V1 영역은 [그림 12-4]에서 설명했던 1차 시각 피질이다. V2, V3, V4 영역도 보여주는데, 글자의 크기는 두뇌에서 이들 영역이 차지하는 실제 부피를 뜻한다. 이 그림에서 오른쪽의 붉은 부분으로 흐르는 신호가 무엇 경로이며, 왼쪽은 어떻게 경로에 해당한다. 이와 같이 시각 신호는 계층적으로 나뉘어 여러 영역으로 전달되며, 각 영역은 담당하는 고유한 인식 기능이 있다. 이러한 계층 처리 구조를 도식화하면 [그림 12-5(b)]에서 왼쪽에 위치한 '깊은 계층deep hierarchy'과 같다.

현재 컴퓨터 비전 알고리즘 또는 시스템이 이런 구조와 일치할까? 그렇지 않다. 바로 옆에 있는 '단순 처리flat processing'라고 표시된 구조에 불과하다. Kruger는 사람의 깊은 계층 처리를 자세히 분석한 후, 분석 결과를 토대로 컴퓨터 비전 시스템이 받아들여야 할 것들을 정리했다. 계층 구조와 여러 정보(컬러, 모션, 모양 등) 채널의 분리 처리, 처리 과정이 정보를 주고 받는 피드백, 고정된 처리와 학습의 균형이라는 네 가지 원칙을 제시하였다. 보다 자세한 내용은 [Kruger2013]을 참고하라.

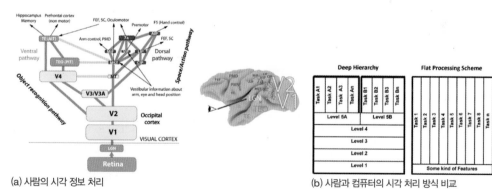

(a) 사람의 시각 정보 처리

(b) 사람과 컴퓨터의 시각 처리 방식 비교

그림 12-5 **사람의 계층적 시각 정보 처리와 컴퓨터 비전의 단순 정보 처리**

## 계산 시각

사람의 시각은 외부에서 자극(입력)을 주면 그에 따라 반응(출력)하는 하나의 시스템이다. 따라서 자극-반응 실험을 통해 두뇌가 어떤 방식으로 장면을 이해하는지 추적이 가능하다. 예전부터 심리학자, 신경과학자, 의학자들은 수많은 실험을 통해 사람의 인지 기능을 밝혀내고 있다. 예를 들어 [Frisby2010]은 이러한 실험 결과를 계산 시각computational vision 관점에서 종합적으로 설명하는 책이다.[2] 여기서는 단지 몇 가지 연구 결과만 간략히 소개한다.

Biederman은 사람이 미리 정해진 수십 종류의 부품을 인식하고, 부품 간 결합 관계를 파악함으로써 장면을 이해한다고 주장하고 이를 입증할 실험 결과를 제시하였다[Biederman85, Biederman87]. 이들 부품은 [그림 12-6]이 보여주는 실린더 형태로 표현되는데, 지온geon(geometrical ions)이라 부른다. 그는 36가지 종류의 지온으로 거의 모든 물체를 인식할 수 있다고 주장하였다. 이 인지 가설을 부품에 의한 인식RBC(Recognition by Components)이라 부른다.

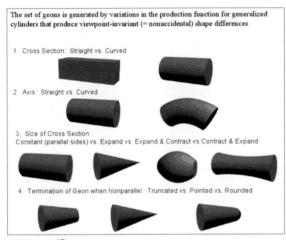

그림 12-6 **지온**

계산 시각의 선구자는 David Marr(1945~1980)이다.[3] 그는 사람의 시각은 2차원 영상을 입력받아 에지나 영역과 같은 2차원 원시 스케치primal sketch를 생성한다고 보았다. 그리고 이 스케치는 2.5차원의 스케치로 변환된 후, 결국 3차원 모델이 구성된다고 생각하였다. 따라서 컴퓨터 비

---

2 계산 시각이란 사람의 시각 기능을 정보 처리 관점으로 바라보는 학문이다. 의학, 신경생리학, 심리학 분야의 연구 결과를 컴퓨터 공학과 접목한다.
3 Marr는 35세의 젊은 나이에 세상을 떠났다. 그의 연구 결과를 모은 〈Vision〉이라는 제목의 책이 사후에 발간되었는데 컴퓨터 비전 분야의 명저로 꼽힌다[Marr82]. Marr 상은 컴퓨터 비전에서 가장 권위 있는 상이다. http://www.computer.org/portal/web/tcpami/ICCV-Best-Papers

전 시스템도 동일한 처리 과정을 밟아야 한다고 주장하였다.

Torralba는 장면을 통째로 해석하는 가설을 제안하였다. 이 방법은 RBC와 대조된다. RBC가 나무를 통해 숲을 보고자 한다면, Torralba의 가설은 숲을 통해 나무를 보는 전략을 취한다[Torralba2010]. 이런 새로운 생각은 사람이 장면을 분석할 때, 물체부터 보는 것이 아니라 장면 전체를 먼저 본다는 심리학 연구 결과에 근거를 두고 있다[Navon77]. 이 접근 방법은 주로 지스트gist라는 전역 특징을 사용해 구현한다[Oliva2006].

# 2
# 이해로 가는 길

장면을 이해하는 컴퓨터 비전 시스템을 만들려면 1~11장에서 소개한 기법이 필요하다. 하지만 이들만 가지고는 불가능하다. 7장의 매칭 또는 8장의 기계 학습을 이용하여 장면 속에 있는 물체를 성공적으로 인식했더라도, 장면에 나타난 하나의 물체만 본 것이지 장면 전체를 이해한 것은 아니다. 현재는 여러 제약 조건을 가정한 채 장면 이해scene understanding에 도움이 되는 여러 가지 접근 방법을 활발히 시도하고 있다.[4] 컴퓨터가 장면을 이해하는 기술은 아주 먼 미래에나 달성될 것으로 보인다. 이 절은 이들 방법 중 대표적인 몇 가지를 소개한다. 대체로 사람의 시각 기능을 모방하여 정보를 처리한다.

## 1. 선택적 주의 집중

[그림 12-7]은 사람에게 임무를 지시함과 동시에 좌측 상단의 그림을 보여주고 시선의 움직임을 추적한 결과이다[Yarbus67]. 예를 들어, 임무3은 '등장 인물의 나이를 말해보라'인데, 이때 시선은 주로 얼굴에 머무는 것을 알 수 있다. '옷을 기억하라'고 지시한 임무5의 경우, 사람 전체를 위아래로 훑어보는 현상이 나타난다. 이와 같이 사람은 장면을 볼 때, 모든 곳을 중요하게 보는 것이

---

4 앞서 공부한 알고리즘들이 다 그렇듯이, 이 절의 접근 방법도 사람에 필적하는 장면 이해 능력을 달성하려는 '과학적' 연구도 있지만 실용적인 응용 문제에 당장 활용하려는 '공학적' 연구도 있다.

아니라 주어진 임무에 따라 선택적 주의 집중selective attention[5]을 한다.

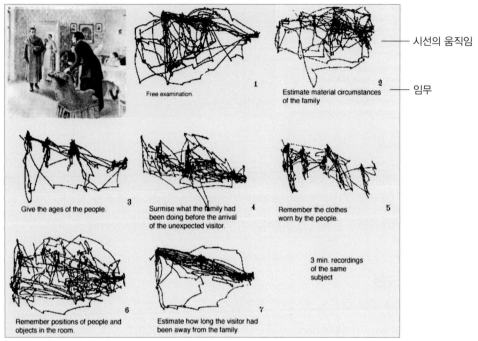

Free examination. 1

Estimate material circumstances of the family 2

— 시선의 움직임

— 임무

Give the ages of the people. 3

Surmise what the family had been doing before the arrival of the unexpected visitor. 4

Remember the clothes worn by the people. 5

3 min. recordings of the same subject

Remember positions of people and objects in the room. 6

Estimate how long the visitor had been away from the family 7

그림 12-7 **시선 추적**

　선택적 주의 집중은 단속성 운동saccade과 고착fixation 현상으로 나타나며, 각각 재빠른 안구의 움직임과 눈이 한곳에 머물러 응시하는 현상을 뜻한다. [그림 12-8]은 단속성 운동과 고착 현상을 설명한다. 왼쪽 그림은 책을 읽을 때 단속성 운동 현상이 어떻게 나타나는지 보여주는데, 동그라미는 눈이 머무는 곳이고 동그라미의 크기는 머무는 시간을 뜻한다.[6] 이제 오른쪽 그림으로 관심을 옮겨보자. 그리고 2~3초간 응시해보자. 어떤 현상이 나타나는가? 눈이 자연스럽게 오른쪽의 초점이 맞은 큰 비석으로 옮겨간 후 그곳에 머물 것이다.

---

5　시각뿐 아니라 청각에도 같은 현상이 나타난다. 시끄러운 칵테일 파티에서 누군가 자신의 이름을 부르면 놓치지 않고 알아 듣는다. 이러한 현상을 칵테일 파티 효과cocktail party effect라 부른다. 이와 같은 사람의 지각 기능을 통틀어 선택적 주의 집중이라 일컫는다[Driver2001].

6　눈 추적기eye tracker라는 장치가 있어 단속성 운동을 정확하게 측정할 수 있다.

(a) 단속성 운동

(b) 고착

그림 12-8 **단속성 운동과 고착**

컴퓨터 비전 시스템이 사람과 마찬가지로 선택적 주의 집중 기능을 가지면 여러모로 도움이 될 것이다. 예를 들어, 배경을 무시하고 관심 물체만 분할 또는 추적하는 데 응용할 수 있다. 또는 관심 물체 방향으로 카메라를 능동적으로 움직이는 감시 응용에 매우 유용할 것이다.

## 현저성 맵을 이용한 구현

선택적 주의 집중은 주로 현저성 맵saliency map을 사용해 구현하며, 이런 시도를 최초로 수행한 사람은 Koch와 Ullman이다[Koch85]. 이후 여러 연구 결과가 발표되었는데, 주로 인용되는 연구는 Itti의 논문이다[Itti98]. [그림 12-9]는 Itti의 처리 과정으로, 이후에 나온 대부분의 알고리즘이 비슷한 방식을 사용한다.

TIP 현저성이란 주위와 구별되어 관심을 끄는 시각 특성을 말한다.

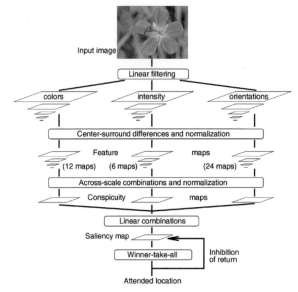

그림 12-9 **선택적 주의 집중을 위한 처리 과정**

먼저 입력 영상으로부터 피라미드 영상을 구축하여 다중 스케일 특징 추출이 가능하도록 준비한다. 첫 단계는 여러 연산자를 동원하여 에지, 컬러, 텍스처 등과 같은 특징을 추출한다. 이들 특징에 중앙-주변center-surround 또는 DOG(Difference of Gaussian)와 같은 연산자를 적용하여 특징 맵을 생성한다. 두 번째 단계는 여러 스케일의 특징 맵을 결합하고, 그 결과를 정규화하는 과정이다. 이렇게 생성된 결과를 두드러짐 맵conspicuity map이라 부른다. 세 번째 단계에서는 여러 두드러짐 맵을 결합하여 하나의 현저성 맵saliency map을 생성한다. 응용에 따라 이 맵을 최종 출력으로 취하거나 현저성 맵을 분석하여 단속성 운동 정보를 출력한다. 단속성 운동 정보를 추출할 때는 약한 값을 가진 주위 화소를 계속 제거함으로써 최종 승자만 남기는 승자 독식winner-takes-all 방식을 주로 사용한다.

TIP DOG는 4.4.3절을 참고하라. 중앙-주변 연산자는 원형의 중앙 영역과 그것을 감싸는 주변 영역의 평균 명암값 차이를 구한다.

지금까지 설명한 방법의 원리에 대해 생각해 보자. 사람은 영상을 보았을 때 주변과 두드러지게 다른 곳에 주의를 기울인다. [그림 12-9]의 입력 영상의 경우라면 꽃이나 꽃 위에 있는 거미에 주의를 기울인다. [그림 12-9]의 처리 과정이 사용하는 중앙-주변 연산자는 중앙 영역이 주변 영역과 얼마나 다른지 측정해 준다. 이러한 연산자를 여러 특징과 여러 스케일에 적용하고 그 결과를 결합하면 두드러진 곳에 높은 값이 부여될 것이다.

이런 원리를 따르는 또 다른 기법으로 정보 이론을 활용하는 방식이 있다[Bruce2009]. 정보 이론은 영상의 어떤 곳에 대해 '정보량'을 측정해 주는데, 이 정보량을 현저성 값으로 간주한다. 또 다른 연구 집단은 학습을 사용한다. [그림 12-9]를 구현하려면 연산자를 몇 개 사용할지, 어떤 마스크를 사용할지, 결합 방식은 어떻게 할지 등을 결정해야 하는데, 이 결정을 학습을 통해 수행하는 방식이다. 예를 들어 Judd는 특징의 가중치를 SVM으로 결정하여 성능 향상을 꾀하였다[Judd2009].

지금까지 공부한 방법은 모두 상향식bottom up 방식이다. 즉 [그림 12-7]의 임무1과 같이, 임무가 주어지지 않은 상황을 전제로 하였다. 하지만 [그림 12-7]에서 보는 바와 같이 주어진 임무에 따라 주의 집중의 결과는 크게 달라진다. Henderson은 주의 집중을 시각 현저성 가정과 인지 제어 가정으로 구분하였다. 시각 현저성은 [그림 12-9]와 같이 영상에서 추출한 특징을 토대로 현저성을 측정하는 접근 방법인 반면, 인지 제어는 사람이 가진 지식과 주어진 임무에 따라 주의 집중이 이루어진다는 가정이다.

그는 면밀한 실험을 바탕으로 시각 현저성은 근거가 희박하며, 대부분 인지 제어에 의해 주의 집중이 이루어진다는 결론을 제시하였다[Henderson2007]. 이러한 결론에도 불구하고 인지 제어 가정을 제대로 구현한 연구 결과는 없다. 어떻게 임무를 컴퓨터 비전 시스템에게 알려줄 수 있나? [그림 12-7]을 예로 들면, '사람들이 입은 옷을 기억하라'와 같은 임무를 어떻게 표현할까? 현재는 간단한 문맥을 표현하여 하향식과 상향식을 결합하여 사용하는 아주 간단한 모델만 나와 있는 실정이다[Judd2012, 2.2.1절].

## 2. 문맥

[그림 12-10(a)]에 제시된 문장을 읽어보자. 위에 있는 문장의 첫 두 글자는 모양이 똑같다. 하지만 그것을 '지지' 또는 '거거'로 읽는 사람은 없을 것이다. 사람은 문맥을 보기 때문에 두 글자를 '거지'로 읽고, 아래에 있는 문장은 '꺼지지'로 읽는다.

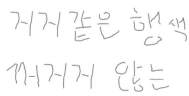

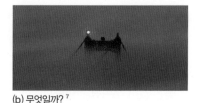

(a) 읽어 보자.

(b) 무엇일까? [7]

그림 12-10 **인식에서 문맥의 역할**

이렇듯 사람은 문맥을 많이 사용한다. 사람은 주위에 다른 물체가 있으면 더욱 빠르고 정확하게 인식하고 장면을 이해한다. [그림 12-10(b)]를 살펴보자. 각주 7에 [그림 12-10(b)]의 조각 그림을 포함하는 전체 영상이 있다. 이 전체 영상을 보면 순식간에 교각이라고 알아차린다. 게다가 여행에 관심이 많은 사람은 샌프란시스코 만에 걸쳐있는 금문교라고 추론해낼 것이다. 어떻게 이런 일이 가능할까? 이런 궁금증이 증폭되는 독자는 인지 과학을 추가로 공부해야 한다. 이런 독자에게는 [Frisby2010]을 추천한다.

---

7 구름 속에 갇힌 금문교 교각이다.

## 지식 표현

컴퓨터 비전은 어떠할까? 컴퓨터 비전 시스템이 각주 7의 영상을 분석하여 빨간색 기둥에 비스듬히 걸쳐있는 줄을 보고 교각이라고 추론해낼 수 있을까? 앞쪽에 있는 커다란 산은 이런 추론 과정에 도움이 될까 아니면 방해가 될까? 사람은 산을 보고 사진을 찍은 위치까지 추론해낼 것이다.

지금까지 이 책에서 공부한 컴퓨터 비전 알고리즘 중에 문맥 정보를 활용한 것이 있었는지 되짚어 보자. 문맥을 활용하려면 먼저 지식 체계를 갖추어야 한다. 이런 지식을 어떻게 표현할 것인가? "수직으로 뻗은 길다란 기둥에 줄이 매달려 있으면 교각이다"와 같은 문장 형태의 규칙을 컴퓨터 프로그램에 심어 놓으면 될까? 분명 가능한 방법이 아니다. 그런 모양을 갖춘 것이 모두 교각일 리가 없기 때문이다. 또한 교각의 모양도 무수히 많아 모두 표현할 방도가 없다. 게다가 지식 베이스에서 주어진 영상에 해당하는 규칙을 찾아내는 일도 만만찮다.

이런 이유로 인해 컴퓨터 비전에서 문맥이 중요하다는 사실은 모두 인정하지만, 문맥을 사용하는 연구는 아직 걸음마 단계이다. 문맥 활용을 잘 정리한 논문으로 [Oliva2007]을 들 수 있다. 이 논문은 문맥을 세 가지로 구분하였는데, 종류별로 예문을 들어 정리하면 다음과 같다.

- 의미 문맥 : 책상과 의자는 같은 영상에 있을 가능성이 높지만 코끼리와 침대가 같은 영상에 있을 가능성은 매우 낮다.
- 공간 문맥 : 키보드는 모니터 아래에 위치한다.
- 자세 문맥 : 의자는 책상 쪽을 향할 가능성이 높다.

[그림 12-11(a)]는 공간 문맥의 예를 보여준다. 인터넷에서 수집한 아주 많은 영상 중 집을 포함하는 것을 골라내고 집을 빨간색 영역에 대략 맞춘 다음, 각 영상에서 굴뚝이 차지하는 영역을 노란색으로 표시한 것이다. 집과 굴뚝이 일반적으로 떠올리는 구조로 배치되어 있음을 알 수 있다. 문맥 활용을 시도하는 알고리즘 대부분은 이런 종류의 문맥 정보를 확률적으로 표현한 후, 확률 분포를 토대로 영상 분할이나 물체 인식 단계에서 추론을 수행한다. 이런 접근 방법은 한계를 드러낼 수밖에 없다. 일례로 [그림 12-11(a)]의 확률적 공간 문맥을 사용하는 시스템은 [그림 12-11(b)]의 영상은 제대로 해석하지 못할 것이다. 좀더 자세히 알고 싶다면 서베이 논문으로 [Galleguilos2010, Marques2011]을 추천한다.

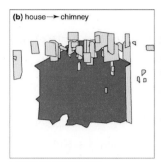

(a) 확률적 공간 문맥 표현                    (b) (a)의 문맥 표현에 어긋나는 사례

그림 12-11 **공간 문맥**

현재는 물체 사이의 출현 관계 또는 공간 문맥만 사용하는 연구가 대부분이다. 하지만 [그림 12-7]과 같이 임무가 주어진다면 임무 자체도 문맥이 된다. Divvala는 문맥 정보를 확장하여 크게 지역 화소, 2차원 지스트, 3차원 기하, 의미, 광학, 조명, 날씨, 지리, 시간, 문화의 10가지 문맥을 나열하였다[Divvala2009]. 하지만 실제 구현은 여전히 물체 간의 관계에 국한하였으며 단지 사진을 찍은 위치를 GPS로 측정한 지리 정보를 추가로 활용하였다.

문맥을 제대로 활용하려면 지식 표현knowledge representation과 추론inference이라는 인공 지능 문제가 풀려야 한다. 현재 지식 표현과 추론이 가능한 가장 뛰어난 시스템은 IBM이 제작한 '왓슨Watson'일 것이다.[8] 왓슨은 미국 NBC의 인기 프로그램인 제퍼디에 출연하여 퀴즈 쇼 달인인 Brad Rutter와 Ken Jennings를 꺾었다. 미래 어느 때쯤 인공 지능 기술이 성숙하면 자연스럽게 컴퓨터 비전도 크게 성장해 있을 것이다.


## 3. 영상 파싱

파싱이란 언어 처리에서 주로 사용하는 용어이다. [그림 12-12]는 "컴퓨터 비전은 꽃을 피운다"라는 문장을 파싱하여 얻은 파스 트리이다. 문장을 구성요소로 나눈 뒤, 그들의 의미와 요소 간 관계를 표현한다.

---

8  관심 있는 독자에게 [이창희2011]을 읽어볼 것을 권한다.

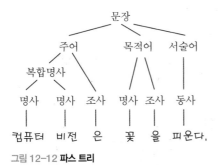

그림 12-12 **파스 트리**

    사람은 아주 쉽게 영상을 파싱한다. 주어진 임무에 따라 얼굴을 눈, 코, 입 등으로 더 세밀하게 나눌 수도 있고 반대로 거칠게 사람과 배경으로 나눌 수도 있다. 컴퓨터 비전이 이러한 기능을 흉내 낼 수 있을까? 물론 앞 절의 문맥 활용과 마찬가지로 현재는 원시적인 형태의 파싱만 가능하다.

    [그림 12-13]은 영상을 파싱parsing한 결과로 (a)는 2003년 Marr 상을 받은 [Tu2003, Tu2005], (b)는 [Shotton2009]에서 따온 것이다. 영상 파싱은 영상을 구성요소로 나누어 각 요소에 부류 정보를 부여하고, 요소 간의 위치 관계와 소속 관계를 계층적으로 표현한다. (b)는 트리 형태를 취하지 않지만 한 단계만 가진 파스 트리로 간주할 수 있다.

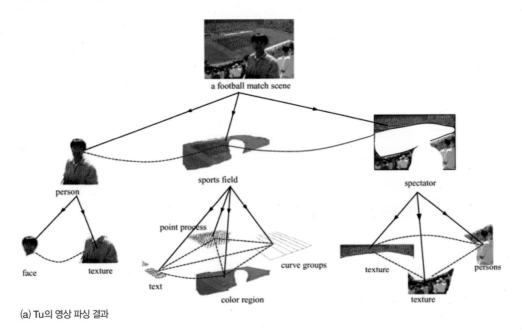

(a) Tu의 영상 파싱 결과

(b) Shotton의 영상 파싱 결과

그림 12-13 **영상 파싱**

영상을 파싱하기 위해서는 구성요소로 분할하고 요소에 의미(부류)를 부여한 뒤 요소 간의 관계를 설정해야 한다. 각각 별개로 작업한다면 필연적으로 실패할 수밖에 없다. 따라서 대부분의 파싱 알고리즘은 이들 작업을 동시에 수행한다.

[그림 12-14]는 MRF(Markov Random Field) 모델을 사용하여 파싱하는 사례를 개념적으로 설명한다. 먼저 적절한 영상 분할 알고리즘(예를 들어 5.4절의 민시프트)으로 네 개의 영역으로 분할하였다고 가정해 보자. 분할 결과는 오른쪽 위에 있는 그래프로 표현할 수 있다. 이제 노드에 의미를 부여하고 에지에 관계 정보를 부여해야 한다. [그림 12-14] 아래에 두 가지 해석이 제시되어 있다. 어떤 해석이 합리적일까? 물론 $H_2$가 $H_1$보다 합리적이고, 이 경우 $H_2$는 최적의 파싱 결과이다.

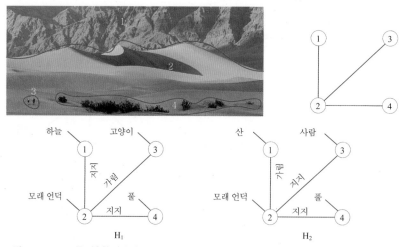

그림 12-14 **MRF를 이용한 영상 파싱 사례**

MRF는 [그림 12-14]와 같이 문제를 무방향 그래프로 모델링하는데, 그래프는 노드에 대한 해석과 노드 간의 관계를 표현한다. 식 (12.1)은 알고리즘이 찾아야 하는 최적해를 수식으로 표현한 것이다. 입력 영상 $I$가 주어지면 최적의, 즉 가장 높은 확률을 갖는 파싱 결과(해석) $\hat{H}$을 찾는 문제이다. [그림 12-14]의 경우 $H_2$가 $\hat{H}$이 된다.

$$\hat{H} = \underset{H}{\operatorname{argmax}} P(H \mid I) = \underset{H}{\operatorname{argmax}} \left( \sum_i P(h(n_i) \mid I) + \sum_i \sum_j P(h(n_i, n_j) \mid I) \right) \qquad (12.1)$$

이 식은 두 개의 항으로 나눌 수 있는데, 첫 번째 항의 $h(n_i)$는 $i$번째 노드의 가정이다. 예를 들어 $h(③='고양이')$라는 가정과 $h(③='사람')$이라는 가정이 있을 때, MRF는 $P(h(③='고양이') \mid I)$ $< P(h(③='사람') \mid I)$라는 확률 분포를 가져야만 한다. 두 번째 항은 두 노드 간의 관계를 규정하는데, ②가 ①을 가리고 있으므로 $P(h(①② = '지지') \mid I) < P(h(①② = '가림') \mid I)$라는 확률 분포를 가져야 한다. 이러한 확률 분포는 학습 집합을 가지고 미리 학습해 두어야 한다. 이 책은 MRF의 학습 과정과 학습된 MRF가 식 (12.1)을 풀어 최적해를 구하는 추론 과정에 대해 더 이상 설명하지 않는다.[9] [그림 12-14]는 설명을 쉽게 하기 위해 분할을 미리 수행한다고 가정하였다. 하지만 앞서 말했듯이 대부분의 알고리즘이 분할, 인식, 관계 부여를 동시에 수행한다. MRF를 사용한 논문으로 [Shotton2009, Tu2005]가 있다.

또 다른 접근 방법을 사용하는 연구 그룹도 있다. Socher는 신경망과 깊은 학습을 이용하여 영상 파싱을 수행하였다[Socher2011]. Gould는 민시프트를 사용하여 자잘한 영역으로 과분할한 후, 이들 영역을 수퍼 화소로 간주하고 수퍼 화소를 결합하는 과정을 반복함으로써 최적해를 찾는다[Gould2009]. Liu는 색다른 방법을 제안하였는데, 이 방법은 대규모 학습 데이터베이스에서 입력 영상과 비슷한 영상을 찾아낸다[Liu2011a]. 찾는 과정은 지스트 특징[Oliva2006]과 SIFT 흐름이라는 특징[Liu2011b]을 사용한다. 이렇게 찾아낸 영상의 파싱 결과를 참고하여 입력 영상을 파싱한다.

Ren, Silberman, Kaehler는 컬러 영상과 깊이 영상을 지칭하는 RGBD 영상에 대한 파싱을 시도하였다. 깊이 영상은 11.4.1절에서 이미 살펴본 바와 같이 여러모로 분할과 인식에 도움이 된다. 최근에는 값싸게 RGBD 영상을 얻을 수 있으므로 이에 대한 연구가 가속화될 것으로 예상된다[Ren2012] [Silberman2012] [Kaehler2013].

---

9 MRF는 컴퓨터 비전의 여러 분야에 두루두루 활용된다. 잡음 제거나 영상 정합과 같은 저급 단계에도 활용되고 영상 인식이나 영상 파싱과 같은 고급 비전에도 활용된다. 관심 있는 독자를 위해 두 권의 책 [Li2009, Blake2011]과 서베이 논문 [Wang2013]을 추천한다.

영상을 문장 기술로 변환하려는 시도도 있다. [그림 12-15]는 [Yao2010]에서 발췌한 것인데, 영상을 파싱한 후 '남자가 배낭을 메고 물가에 서있는 광경…'이라는 문장을 추출한 사례를 보여준다. Rahurkar는 위키피디아에 있는 지식을 온톨로지<sup>ontology</sup>로 활용하여 영상 해석을 시도하였다 [Rahurkar2010].

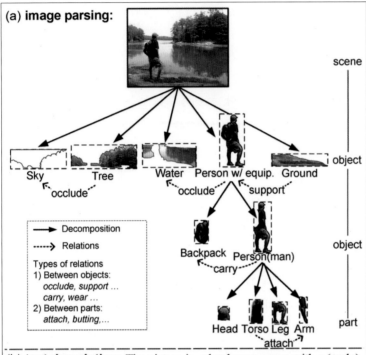

그림 12-15 **영상을 문장으로 변환**

**1** 산책 중에 인상적인 장면을 만나면 재빨리 카메라를 꺼내서 찍는다. 그런데 찍은 사진을 보면 아주 평범하여 실망한 적이 있을 것이다. 이러한 현상이 나타나는 이유를 선택적 주의 집중과 연관 지어 설명하시오.

**2** 다음 글자를 보고 답하시오.

안넣번저에들개서세히가어개서붉다익깃게일는

(1) 각각에 대해 어떤 글자인지 쓰고 인식률을 계산하시오(12장 도입부 시구의 세 번째 줄에 있는 글자 위치를 섞어 놓은 것이다).

(2) 이 인식 실험 결과를 가지고 문맥의 중요성을 설명하시오.

**3** 다음 영상을 보고 답하시오.

(1) [그림 12–13(a)]와 같이 파싱하시오.

(2) [그림 12–13(b)]와 같이 파싱하시오.

(3) [그림 12–15]와 같은 문장 묘사를 제시하시오.

# Preview

### 어느 길로 갈까?

컴퓨터 비전의 실습은 처리 결과를 눈으로 즉시 확인할 수 있기 때문에 어느 분야보다 흥미롭다. 지금부터 프로그래밍 실습을 통해 흥미로운 세상을 눈 앞에 펼쳐보자. 이 세상으로 들어가는 길은 여러 갈래이다.

한 갈래는 아무 것도 없이 떠나는 가장 어려운 길이다. 영상을 표현하기 위한 기초 자료구조를 설계하고, 압축된 영상을 풀어 배열에 저장한 뒤, 주기억 장치의 그래픽 영역에 접근하여 화면에 그림을 그리는 일을 스스로 해야 한다. '바퀴를 다시 발명reinventing the wheel'하는 이런 방식은 귀중한 자신의 시간을 낭비하는 꼴이다. 바퀴는 아무리 골똘히 생각해도 결국 둥글다. 현대 컴퓨터 공학은 고급 프로그래밍 지원 환경을 적절히 활용함으로써 시간을 절약하고, 그 시간을 새로운 아이디어 창안에 쓸 것을 권고한다. 현재 최고의 권위를 확보한 프로그래밍 환경은 C++와 같은 범용 고급 언어를 사용하는 OpenCV와 Matlab을 사용하는 Image Processing Toolbox이다. 이 책은 OpenCV라는 길로 안내한다.

OpenCV는 본문에서 소개한 알고리즘 대부분을 구현하여 함수로 제공하고 있다. 따라서 앞으로 해볼 실습은 알고리즘을 함수라는 형태의 블랙박스로 간주한다. 블랙박스의 동작은 함수의 매개변수를 통해 조정한다. OpenCV는 오픈 소스 소프트웨어이므로 알고리즘을 C++로 어떻게 구현하였는지 살펴볼 수 있을 뿐 아니라 자신의 목적에 맞게 개조할 수도 있다.

이 책은 함수를 나열하고 API(Application Programming Interface)를 자세히 설명하는 방식을 쓰지 않는다. 대신 훌륭한 문헌을 여러 가지 소개하고, 함수 API를 보는 방법을 설명한다. 이들 문헌은 인터넷에서 손쉽게 구할 수 있다.

부록 A에서는 흥미로운 과제를 제시한 후 OpenCV를 이용하여 점진적으로 해결해 나가는 프로그래밍 실습 세상을 펼친다. 이들 과제는 영상에 글자나 도형을 그려 넣는 단순한 일(과제1)에서 출발하여, 영상 처리(과제2), 디졸브 효과(과제3), 비디오와 카메라 다루기(과제4), 에지 검출(과제5), 수채화와 같은 스타일링 효과(과제6), SIFT를 이용한 물체 인식(과제7), 얼굴 검출(과제8)이라는 점점 복잡한 일로 진행한다. OpenCV의 GUI 기능인 트랙바와 마우스를 프로그래밍하는 실습도 곁들인다.

# 1

# 소개

먼저 OpenCV의 특성과 간략한 역사, 옆에 두고 참고할 만한 여러 가지 문헌을 소개한다.

## 1. OpenCV란?

OpenCV는 인텔이 주도하여 개발한 컴퓨터 비전용 라이브러리이다. 연구 개발자들이 각자 자신의 바퀴를 다시 발명하던 상황을 벗어나게 하려는 분명한 목적을 가지고 출발하였다. 현재 학계와 산업 현장에서 공고한 권위를 확보하여 큰 규모의 사용자 집단을 형성하고 있다. OpenCV는 오픈 소스 소프트웨어로 제공되며, 학술 목적과 상업용 목적을 불문하고 무료로 사용할 수 있는 BSD 라이선스를 채택하고 있다. 공식 웹 사이트는 http://opencv.org/이다.

역설적으로 하드웨어 대표 기업인 인텔이 OpenCV의 자궁 역할을 하였다. 인텔은 자신의 대표 상품인 마이크로 프로세서의 성능 향상에 초미의 관심을 기울인다. 컴퓨터 비전은 수백~수천 만 개의 화소를 갖는 영상을 실시간으로 처리해야 하므로 프로세서의 성능을 측정하고 성능 향상을 꾀하는 데 더없이 좋은 분야이다. 더불어 인텔은 자사의 마이크로 프로세서가 데이터 중심 연산을 최적의 성능으로 처리할 수 있도록 도와주는 IPP(Integrated Performance Primitives)라는 소프트웨어 라이브러리를 제공한다. OpenCV는 자신이 수행되는 컴퓨터에 IPP가 설치되어 있는지 확인한 후, 있으면 IPP를 활용하고 그렇지 않으면 일반 모드로 작동한다.

TIP IPP 라이브러리는 유료로 제공되며, 당장 현장에 투입할 목적의 프로그램 개발이 아니면 굳이 IPP를 신경쓸 필요는 없다.

[그림 A-1]은 OpenCV가 어떻게 진화해 왔는지 설명하는 간략한 역사를 보여준다. 첫 삽은 1999년에 떴으며, 이듬해인 2000년 CVPR 학술대회에서 대중에 공개되었다. 2006년 정식 버전인 1.0이 나오기 전까지 여러 번의 베타 버전이 발표되었다. 버전 1.0은 C 언어의 함수 인터페이스를 제공하는데, 영상을 표현하는 기본 자료형은 IplImage이었다. 따라서 1.0으로 프로그래밍된 예전 프로그램은 IplImage f;와 같은 선언이 자주 등장한다. 버전 2.0은 C++ 인터페이스를 제공한다. Mat라는 클래스로 영상을 표현하며 IplImage에 비해 훨씬 사용하기가 쉽다. 예를 들어 생성자와 파괴자 함수가 메모리 할당과 해제를 자동으로 수행해주며, C++의 템플릿 기능은 하나의 함수가 여러 형의 영상을 다룰 수 있게 해준다. 이 책을 집필한 2014년 6월 현재 가장 최신 버전은 2.4.9이다. 대략 6개월마다 새로운 버전이 웹 사이트를 통해 공개된다.

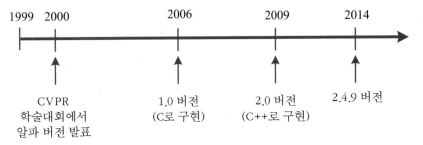

그림 A-1 OpenCV의 간략한 역사

OpenCV는 수백 개의 함수를 제공한다. 이 책에서 다룬 대부분의 알고리즘이 구현되어 함수 형태로 제공된다고 보면 된다. 최근에는 기계 학습 부분이 보강되어 8장에서 공부한 신경망, SVM, 에이더부스트, 임의 숲을 모두 지원한다. 새로 추가된 기능으로는 GPU 관련 함수를 들 수 있는데, 이들 함수는 NVIDIA의 Cuda API 토대 위에서 작동한다.

사용 가능한 운영체제 플랫폼과 프로그래밍 언어도 확장되고 있다. 운영체제는 윈도우, OS X, 리눅스 뿐 아니라 모바일 운영체제인 안드로이드와 iOS도 지원한다. 프로그래밍 언어도 C++를 기본으로 Java, Python, C#, Ruby, Matlab도 지원한다.

OpenCV는 진화 중이다. 가끔 공식 홈페이지에 들러 무엇이 추가되고 무엇이 달라졌는지, 어떤 문서가 새로 올라와 있고 어떤 책이 출간되었는지 살펴보기 바란다.

## 2. 설치와 주요 파일

OpenCV를 사용하려면 귀찮지만 두 가지 소프트웨어를 설치해야 한다.[1] 구체적인 설치 및 설정 과정은 각 프로그램의 도움말이나 이 책의 예제 소스로 제공하는 'IDE 설정하기.pdf'를 참고한다. 여기에서는 구체적인 설치 과정 대신, 설치 이전에 선택할 사항과 설치한 후 살펴둘 가치가 있는 것을 소개한다.

첫 번째로 설치할 소프트웨어는 OpenCV 자체이다. http://opencv.org/에서 최신 버전을 다운로드 받아 안내에 따라 설치한다. 소프트웨어를 설치한 후, 해당 폴더에 가서 어떤 폴더에 어떤 파일이 담겨있는지 대략 살펴볼 것을 권한다. 중요한 몇 가지 폴더는 다음과 같다. 버전 별로 조금씩 달라질 수 있으며, 이 책에서는 2.4.9를 기준으로 설명한다.

- ··· /modules : 함수의 소스 프로그램(예 sift.cpp)
- ··· /samples : 예제 프로그램(예 inpaint.cpp)
- ···/lib : OpenCV 라이브러리 파일(예 opencv_features2d249.lib)
- ···/include : 헤더 파일(예 features2d.hpp)

modules 폴더에는 OpenCV 함수의 C++ 프로그램이 담겨 있다. 컴퓨터 비전 알고리즘이 어떻게 구현되었는지 살펴볼 수 있는 귀중한 문서이다. 관심 있는 몇 가지 알고리즘 프로그램을 프린트하여 소스 코드를 꼼꼼히 분석해보길 권고한다. 소스 프로그램 자체는 더없이 좋은 문서 역할을 한다. samples 폴더에는 예제 프로그램이 있으며, OpenCV 활용법을 설명하는 문서 역할을 한다.

수백 종의 OpenCV 함수는 편의상 몇 가지 모듈로 나뉜다. 위의 폴더들을 조사해 보면 다음과 같은 하위 폴더로 구분되어 있음을 알 수 있다. 괄호 속은 각 모듈이 대략 이 책의 어느 장과 관련되는지 알려준다.

TIP 앞에서 말한 바와 같이 OpenCV는 진화 중이므로 폴더의 종류는 버전에 따라 조금씩 다를 수 있다.

- core : Mat 클래스를 포함한 기본 자료구조와 여러 함수가 공유하는 클래스(2장)
- highgui : 윈도우 화면과 마우스 등을 제어하는 사용자 인터페이스 함수
- imgproc : 영상 처리 함수(2장, 5장)
- features2d : 특징 검출, 기술자, 매칭 함수(3장, 4장, 6장, 7장)
- objdetect : 얼굴과 사람을 포함한 다양한 물체 검출 함수(9장)

---

1 OpenCV의 공식 문서 창고인 http://docs.opencv.org/를 방문하면 설치와 관련된 도움말을 구할 수 있다.

- video : 연속 영상과 모션 추정 함수(10장)

- calib3d : 카메라 캘리브레이션과 3차원 복원 함수(11장)

- ml : 기계 학습(8장)

- flann : 군집화와 다차원 공간 탐색(7장)

- gpu : GPU 프로그래밍

두 번째로 설치할 소프트웨어는 통합 개발 환경IDE(Integrated Development Environment)이다. 보통 Visual Studio, Eclipse, Qt 중에 하나를 선택하여 사용한다. Eclipse와 Qt는 세계적으로 권위를 확보한 소프트웨어로서 무료이다. Visual Studio를 사용하지 않는 독자에게 권장한다.

## 3. 유용한 문헌들

OpenCV를 공부하기 위해서는 좋은 문헌을 확보하는 일이 무엇보다 중요하다. 이 절은 크게 네 종류의 문헌을 소개한다.

무엇보다 중요한 문헌은 소스 코드 자체이다. 다음 예는 SIFT를 구현한 클래스 선언의 일부를 보여준다. 키포인트의 자료구조를 어떻게 구현하고 있는지, 제공하는 모든 멤버 변수와 멤버 함수는 무엇인지 알 수 있다. 또한 멤버 함수의 소스 코드도 얼마든지 열어볼 수 있고, 목적에 맞게 수정도 가능하다.

```
class Sift
{
   public :
   /** A SIFT keypoint is characterized by a location x,y and a scale sigma.
      ** …
      **/
   struct Keypoint
   {
     int o ;   ///< Keypoint octave index

     int ix ;   ///< Keypoint integer X coordinate (unnormalized)
     int iy ;   ///< Keypoint integer Y coordinate (unnormalized)
     int is ;   ///< Keypoint integer scale indiex

     float_t x ;   ///< Keypoint fractional X coordinate
     float_t y ;   ///< Keypoint fractional Y coordinate
     float_t s ;   ///< Keypoint fractional scale index
```

```
        float_t sigma ;  ///< Keypoint scale
    } ;

typedef std::vector<Keypoint> Keypoints;  //<Keypoint list datatype
typedef Keypoints::iterator KeypointsIter; //<Keypoint list iter datatype
...

void detectKeypoints(VL::float_t threshold, VL::float_t edgeThreshold);
int computeKeypointOrientations(VL::float_t angles[4], Keypoint keypoint);
...
```

두 번째는 OpenCV가 제공하는 문서들이다. http://docs.opencv.org에 접속하면 다음과 같은 세 가지 중요한 문서를 만나게 된다. pdf와 html 형식으로 제공되므로 본인에게 편리한 방식으로 활용한다. pdf 파일을 다운받으려면 항목 위의 사이트 링크로 접속한다.

표 A-1 OpenCV가 제공하는 문서

| 문서 | 다운로드 링크 및 설명 |
| --- | --- |
| 레퍼런스 매뉴얼 | http://docs.opencv.org/opencv2refman.pdf<br>함수에 대한 기본 내용, API, 매개변수의 의미와 설정 방법을 다룬다. 함수를 사용할 때 꼼꼼하게 살펴볼 필요가 있다. |
| 튜토리얼 | http://docs.opencv.org/opencv_tutorials.pdf<br>OpenCV 설치 방법부터 **Mat**를 비롯한 기본 자료구조 사용법, 각종 예제 프로그램을 보여주는 교과서같은 문헌이다. |
| 사용자 가이드 | http://docs.opencv.org/opencv_user.pdf<br>프로그래밍하는 요령을 설명한다. 현재 버전에서는 다른 두 문헌에 비해 빈약한 편이다. |

세 번째는 커뮤니티이다. 대한민국 커뮤니티는 http://opencv.co.kr/인데, 다행히 매우 활발한 편이므로 큰 도움을 받을 수 있다. Q&A뿐 아니라 공부방, 산학연 정보 교환, 프로젝트 소모임 등의 다양한 콘텐츠를 제공한다. 세계적인 Q&A 커뮤니티 사이트는 http://answers.opencv.org/이다.

마지막 네 번째는 책으로, 대표 도서를 살펴보면 다음과 같다.

- [Bradski2008] Gary Rost Bradski and Adrian Kaehler, *Learning OpenCV*, O'Reilly, 2008.
- [Kaehler2012] Adrian Kaehler and Gary Rost Bradski, *Learning OpenCV*, 2nd Edition, O'Reilly, 2012.
- [황선규2009] 황선규 역, *OpenCV 제대로 배우기*, 한빛미디어, 2009.
- [Laganiere2011] Robert Laganiere, *OpenCV 2 Computer Vision Application Programming Cookbook*, PACKT, 2011.
- [Baggio2012] Daniel Lélis Baggio, Shervin Emami, David Millán Escrivá, and Khvedchenia Ievgen,

*Mastering OpenCV with Practical Computer Vision Projects*, PACKT, 2012.

- [Howse2013] Joseph Howse, *Android Application Programming with OpenCV*, PACKT, 2013.
- [Kornyakov2013] Kirill Kornyakov and Alexander Shishkov, *Instant OpenCV for iOS*, PACKT, 2013.

[Bradski2008]은 OpenCV 개발에 참여한 Bradski가 집필한 책으로 가장 권위 있는 책이다. 버전 1.0인 C를 기준으로 서술했다. [Kaehler2012]는 [Bradski2008]의 2판으로서, 버전 2.0의 C++로 기술되어 있다. [황선규2009]는 [Bradski2008]의 번역서이다. 이 세 권은 OpenCV를 가장 세세하게 기술한 책으로 완벽하게 공부하고 싶은 사람에게 적당하다. [Laganiere2011]은 이들보다는 가볍게 쓰여 있어 짧은 시간 안에 공부하려는 사람에게 적절하다. [Laganiere2011]의 번역서도 나와 있다. [Baggio2012]는 프로젝트 위주로 쓰인 실용적인 책이다. [Howse2013]과 [Kornyakov2013]은 모바일 운영체제인 안드로이드와 iOS 버전을 설명한다.

# 2

# hello!

프로그래밍을 배우는 가장 효과적인 방법은 예제를 통해 학습하는<sup>learn-by-example</sup>것이다. C나 C++ 프로그래밍을 배울 때 맨 먼저 "Hello, World"를 출력하곤 한다. 컴파일러와 라이브러리가 제대로 설치되었다는 것을 확인할 수 있고, 프로그래밍 언어를 본격적으로 시작한다는 의미를 갖는 예제이다. OpenCV도 같은 방식으로 접근해 보자.

[프로그램 A-1]은 영상을 읽어 들이고, 영상에 "Hello, bird!"라는 문구와 직사각형을 그려 넣은 후, 결과 영상을 윈도우에 표시해 주는 간단한 기능을 수행한다. 프로그램의 실행 결과는 [그림 A-2]와 같다. 불과 13행의 프로그램으로 멋진 그림을 내가 지정한 윈도우 화면에 그려 넣은 것이다. 이제부터 한 줄씩 살펴보며 OpenCV 프로그래밍 세계로 풍덩 빠져보자.

**프로그램 A-1 Hello, bird!**

```
#include "opencv2/highgui/highgui.hpp"  ❶
using namespace cv;  ❷

int main()
{
  Mat img;  ❸
    img=imread("C:/opnecv/image/humming_bird.jpg");  ❹
    putText(img,"Hello, bird!",Point(60,50),FONT_HERSHEY_SIMPLEX,1,
            Scalar(255,0,0),1,CV_AA,false);  ❺
```

```
        rectangle(img, Rect(30,25,350,30), Scalar(0,0,255)); ❻
        namedWindow("Hello"); ❼
        imshow("Hello", img); ❽

        waitKey(5000); ❾

        return 0;
    }
```

(25,30)

(50,60)

그림 A-2 **[프로그램 A-1]의 출력**

OpenCV도 여느 C++ 프로그래밍과 마찬가지로, 어떤 함수를 사용하기 위해서는 해당하는 헤더 파일을 포함시켜야 한다. ❶은 highgui.hpp를 포함시키는데, 영상을 읽어 들이는 imread(), 윈도우를 지정하는 namedWindow(), 영상을 디스플레이하는 imshow() 함수가 정의된 헤더 파일이다. OpenCV는 cv라는 네임스페이스를 가진다. ❷는 cv라는 네임스페이스를 사용하겠다는 선언으로, 만일 ❷가 없다면 OpenCV와 관련된 형과 함수 모두 cv::Mat, cv::imread()와 같이 써야 한다.

TIP 어떤 프로그래머는 OpenCV와 관련된 함수를 다른 것과 구별하기 위해 일부러 cv::imread()와 같이 사용하기도 한다. 프로그래머의 취향이다.

❸에 등장한 Mat는 영상을 표현하고 저장하는 데 사용하는 클래스로서, Mat 형의 변수 img를 선언한다. Mat는 OpenCV의 가장 중요한 자료구조로 앞으로 자주 사용한다. Mat에 대해서는 A.2.2절에서 자세히 살펴보자. ❹의 imread()함수는 매개변수로 주어진 영상 파일을 읽어 들이고, Mat 형을 반환한다. 따라서 ❹가 성공적으로 수행되면, img는 humming_bird.jpg라는 영상을 갖게 된다.

TIP ❹에는 실제 이미지가 저장된 경로를 입력한다.

❺와 ❻은 각각 img에 글씨를 써넣고 직사각형을 그려 넣는다. putText()의 첫 번째와 두 번째 매개변수는 각각 영상과 그 영상에 써넣을 문자열이다. 세 번째는 문자를 쓸 위치를 지정하며, Point 형으로 입력하면 된다. Point 형은 x좌표와 y좌표 값으로 구성되는데, [그림 A-2]에서 파란색으로 표시된 곳(문자열이 시작하는 곳)을 지정한다. 이 그림에서 좌표가 프로그램의 좌표와 뒤바뀌어 표시되어 있는 이유는 영상의 좌표계는 [그림 2-5]와 같이 y를 먼저 표기하기 때문이다. 나머지는 글자의 속성을 지정하는 매개변수이며 이들에 대해서는 함수 API를 살펴보기 바란다.

❻에 등장한 rectangle() 함수의 두 번째 매개변수 Rectangle(30,25,350,30)은 직사각형의 위치와 크기를 지정한다. (30,25)는 직사각형의 왼쪽 위 구석의 x와 y좌표이며 (350,30)은 각각 길이와 높이이다.

TIP API를 보는 방법은 A.2.1절에서 언급한다.

❼은 Hello라는 이름의 윈도우를 생성한다. [그림 A-2]에 있는 윈도우의 상단 타이틀 막대에서 이 이름을 확인할 수 있다. ❽의 imshow("Hello",img)는 Hello라는 윈도우에 img 영상을 표시해준다.

❾의 waitKey(5000)는 5000밀리초(5초)를 기다린다. 만일 이 코드가 없으면 창에 영상을 표시하자마자 순식간에 프로그램이 종료되므로 결과를 확인할 수 없다. 만일 매개변수를 생략한 채 waitKey()와 같이 호출하면 키보드의 키가 눌릴 때까지 대기한다.


## 1. 함수 API 보기

[프로그램 A-1]은 imread(), putText(), rectangle(), namedWindow(), imshow()라는 다섯 함수의 사용 예를 보여준다. OpenCV 함수 대부분은 C++의 템플릿 기능을 활용하여 오버로드되어 있다. 즉, 매개변수의 개수와 형이 여러 가지 형태를 띨 수 있다. 따라서 A.1.3절에서 소개한 레퍼런스 매뉴얼을 자주 참조하면서 자신의 목적과 상황에 적합하게 매개변수를 설정하는 습관을 기르자. 다음 예는 레퍼런스 매뉴얼에 나와 있는 imread() 함수에 대한 설명이다.

**imread**

파일에서 영상을 로드한다. ❶

C++ : Mat imread(const string& filename, int flags=1 ) ❷
C : IplImage* cvLoadImage(const char* filename, … )
…

매개변수
filename - 로드할 파일 이름 ❸
flags - 영상의 컬러 유형을 지정하는 플래그 ❹
- CV_LOAD_IMAGE_ANYDEPTH : 입력 영상의 깊이(비트 수)에 따라 16-비트 / 32-비트 영상을 반환한다. 설정되어
  있지 않으면 8-비트로 변환한다.
- CV_LOAD_IMAGE_COLOR : 설정되면 컬러로 변환한다.
- CV_LOAD_IMAGE_GRAYSCALE : 설정되면 명암으로 변환한다.
- >0 3-채널 컬러 영상을 반환한다.
- = 0 명암 영상을 반환한다.
- < 0 (알파 채널과 함께) 있는 그대로 영상을 반환한다.

이 함수는 지정된 파일에서 영상을 로드하고 반환한다. 지정된 파일이 없거나 접근 권한이 없거나 지원되지 않는
포맷 등의 이유로 영상을 읽어 들일 수 없으면 빈 행렬, 즉 Mat::data==NULL을 반환한다. 현재 아래에 나열된
영상 포맷이 지원된다 : ❺

- 윈도우 비트맵 - *.bmp, *.dib
- JPEG 파일 - *.jpeg, *.jpg, *.jpe
…
주의 : 컬러 영상은 B G R 순으로 채널이 배정된다. ❻

❶은 함수의 기능을 한 줄로 설명한다. 보다 자세한 설명이 ❺에 다시 나타난다. ❷는 함수의 API
로서 이에 맞추어 함수를 호출해야 한다. 여기에서는 생략되었지만 C와 Python을 위한 API도 제
시된다. ❸과 ❹는 매개변수에 대한 설명이다.

❸에서 첫 번째 매개변수 filename은 const string& 형이다. 따라서 읽어 들일 파일을 지정하는
문자열이 주어져야 한다. 두 번째 매개변수 flags는 int 형으로서 영상의 표현 형식을 지정한다.
이 매개변수 값으로 1이 설정되어 있으므로 생략할 수 있으며, 생략하면 기본값$^{\text{default value}}$으로 1이
설정된다. ❹에 따르면 기본값 1은 >0에 해당하므로 3-채널 컬러 형식으로 읽어 들인다.

❻은 사용 시 주의 사항인데, 컬러 영상이 RGB가 아니라 BGR 순으로 저장된다는 사실을 기술
하고 있다. 따라서 OpenCV는 컬러 영상의 채널 0, 1, 2가 각각 B, G, R에 해당한다.

이제 putText()라는 함수로 관심을 돌려보자. 이 함수는 아홉 개의 매개변수를 갖는다.

```
putText

문자열을 써넣는다.
C++ : void putText(Mat& img❶, const string& text❷, Point org❸, int fontFace
❹, double fontScale❺, Scalar color❻, int thickness=1❼, int lineType=8❽, bool
bottomLeftOrigin=false❾)
…
```

❶은 영상이고, ❷는 영상에 써넣을 문자열이다. ❶에서 img의 형이 Mat가 아니라 Mat&임에 주목할 필요가 있다. C++는 매개변수를 값으로 전달<sup>call-by-value</sup>하므로, Mat를 사용하면 메모리 복사가 일어난다. Mat 형은 여러 가지 멤버 변수와 멤버 함수를 가지기 때문에 복사하는 데 일정한 양의 시간이 필요하다. 따라서 처리 속도를 올리기 위해 Mat&를 사용한다. C++가 제공하는(C는 제공하지 않음) 레퍼런스를 이용한 매개변수 전달 방법을 적용하는 것이다.[2]

❸은 문자열의 시작 지점인 왼쪽 아래 좌표를 지정한다. [프로그램 A-1]에서 설명한 바와 같이, 영상 좌표계는 (y,x)인데, Point는 (x,y)이므로 주의를 기울여야 한다. ❹는 폰트의 종류이다. 지원되는 폰트에 대해서는 레퍼런스 매뉴얼을 참고하라.

❺는 폰트의 크기를 나타내며 double 형이다. 1이 기본 크기인데, 값을 변화시키면서 글씨의 크기가 어떻게 달라지는지 확인해 보기 바란다. ❻은 글자의 색이다. 예를 들어 Scalar(255,0,0)을 입력하면, 파란색(B) 255, 녹색(G) 0, 빨간색(R) 0이므로 파란색 글자가 찍힌다.

❼은 글자 획의 두께이고, ❽은 선분의 종류이다. ❾는 false로 설정되면 [그림 A-2]와 같이 정상적인 글씨가 쓰이고, true이면 상하 반전된 글자가 찍힌다. ❼❽❾는 기본값이 지정되어 있으므로 생략할 수 있다.


## 2. Mat 클래스

Mat 클래스는 영상을 표현하고 저장하는 가장 기본적인 자료구조이다. 따라서 Mat가 어떻게 구현되어 있는지 이해하면 앞으로 두고두고 도움이 될 것이다. Mat는 2장에 있는 [그림 2-5]의 명암 영상과 [그림 2-44]의 컬러 영상에 해당한다.

---

2 이런 작은 차이가 전체 프로그램 속도의 큰 차이를 만들어낸다. OpenCV 프로그래밍을 할 때 항상 효율에 신경써야 한다.

```
class CV_EXPORTS Mat{
    public:
    Mat(…);      // constructors(생성자)
    ~Mat(…);     // destructor(파괴자)
    Mat clone() const;
    void copyTo(Mat& m) const;
    void locateROI(Size& wholeSize, Point& ofs) const;
    template<typename_Tp> _Tp& at(int i0, int i1);
    …
    int dims;        // 영상의 차원수(보통 2이며, 2보다 큰 특수한 경우도 있음)
    int rows, cols;      // 행과 열의 개수
    uchar *data;         // 영상을 저장하는 메모리 포인터
    int *refcount;       // 참조 회수
    …
```

Mat는 C++의 생성자 Mat()와 파괴자 ~Mat() 함수를 활용하여 메모리 할당과 해제를 자동으로 해주며, 함수 오버로딩을 이용하여 다양한 생성자를 제공한다. 이것이 버전 1.0의 C 언어로 쓰인 IplImage 형과 다른 점이다. 영상을 정의하는 여러 가지 예는 다음과 같다.

- Mat f, h;  // f와 h는 아무 것도 정해지지 않은 빈 영상이다.
- Mat g(512, 480, CV_8U, Scalar(64));
  // 512×480 크기의 unsigned 8비트 영상 g를 생성하고 64라는 값으로 초기화한다.
- Mat img(Size(480,512), CV_8UC3, Scalar(0,0,255));
  // 512×480 크기의 세 채널을 가지는 unsigned 8비트 영상 img를 생성하고 빨간색으로 초기화한다. Size(x,y) 순서이므로 영상의 크기는 512×480이다.
- Mat g1=g;
  // g1은 g를 가리키게 된다. 같은 영상을 두 변수가 가리키는 상황으로, g의 멤버 변수 refcount는 2가 된다.
- img.copyTo(f);  // img의 복사본이 새로 생성되며 복사본을 f에 대입한다.
- h=img.clone( );  // img의 복사본이 새로 생성되며 복사본을 h에 대입한다.

위의 예에 등장하는 CV_8U와 CV_8UC3는 OpenCV에서 가장 많이 사용하는 형이다. U는 부호가 없음을, 8은 8비트를, C3는 채널이 세 개임을 뜻한다. 따라서 CV_8U는 명암 영상, CV_8UC3는 RGB 컬러 영상을 선언할 때 사용한다. 마지막 두 가지 예는 copyTo()와 clone()이라는 멤버 함수를 사용한다. 두 경우 모두 하는 일은 같지만 copyTo()는 두 번째 매개변수에 마스크를 설정하여 복사할 화소를 고를 수도 있다. Mat는 ROI(Region of Interest)를 지정하는 locateROI(), 화소에 접근하여 값을 읽기도 하고 쓰기도 하는 at(), 그리고 그 외에 많은 유용한 멤버 함수를 제공한다.

TIP copyTo()의 사용 예는 A.7절에서 다룬다.

멤버 변수 rows와 cols는 영상의 해상도 정보를 나타낸다. data는 영상을 저장하는 주기억 장치를 가리키는 포인터이고, refcount는 자신을 참조하는 변수의 개수이다. 파괴자는 refcount가 0이 될 때만 메모리를 해제한다. 그렇지 않으면 여전히 참조하는 변수가 존재하는 셈이므로 메모리를 해제하지 않는다.

Mat는 일반 행렬을 표현하는 데에도 사용할 수 있게 설계되어 있다. 행렬은 주로 실수를 다루므로 이 경우는 CV_32FC1, CV_32FC3, CV_32FC4를 사용한다. 행렬 연산에 관련된 함수는 역행렬을 구하는 inv(), 전치 행렬을 위한 t() 등이 있다.

TIP Mat를 일반 행렬로 사용하는 예는 A.8.1에서 다룬다.

# 3

# 영상 처리

    [프로그램 A-1]에서는 아주 단순한 기능을 가진 프로그램을 실행해보았다. 이 절은 그것보다 약간 복잡하지만 여전히 단순한 기능을 갖는 과제를 수행해보자. 이 과제의 주제는 2장에서 공부한 히스토그램과 영상 변환이다.

    A.3.1절에서 화소값을 일일이 읽어 히스토그램을 구하는 프로그램을 작성해 본 후, A.3.2절에서 OpenCV가 제공하는 calcHist(), equalizeHist(), threshold() 함수를 사용하는 방법을 익힌다. A.3.3절에서는 openCV가 제공하는 그래픽 사용자 인터페이스$^{GUI}$ 기능 중 트랙바를 사용하는 방법을 공부한다. GUI 프로그래밍이 처음인 독자에게는 무척 신나는 새로운 세상이 펼쳐질 것이다.

## 1. 내가 짠 히스토그램 함수

    [프로그램 A-2]는 히스토그램을 구하는 calc_histogram_gray()와 히스토그램을 그리는 draw_histogram_gray()를 사용한다. [그림 A-3]은 명암 영상으로 변환한 입력 영상과 [프로그램 A-2]로 그린 히스토그램이다.

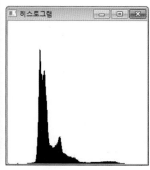

그림 A-3 **입력 영상과 [프로그램 A-2]로 그린 히스토그램**

프로그램 A-2 **히스토그램 구하기**

```cpp
#include <opencv2/highgui/highgui.hpp>
#include <opencv2/core/core.hpp>           ❶ 3
#include <opencv2/imgproc/imgproc.hpp>
#include <iostream>

using namespace std;
using namespace cv;

void calc_histogram_gray(Mat&, double[]);
Mat draw_histogram_gray(double[]);

int main()
{
    double hist[256];
    Mat gray;

    Mat img=imread("C:/opencv/image/humming_bird.jpg");
    cvtColor(img,gray,CV_BGR2GRAY); ❷
    namedWindow("입력 영상");
    imshow("입력 영상", gray);

    calc_histogram_gray(gray, hist);
    Mat bar=draw_histogram_gray(hist);
    namedWindow("히스토그램");
```

---

3 IDE의 프로젝트 설정 시 '추가 종속성' 항목에 opencv_core249d.lib와 opencv_highgui249d.lib뿐 아니라 opencv_imgproc249d.lib 를 추가로 입력해야 한다.

```
        imshow("히스토그램",bar);
        waitKey();
        return 0;
    }


    void calc_histogram_gray(Mat& src, double hist[])  ❸
    {
        int i, j, bin, ihist[256];

        for(i=0; i<256; i++) ihist[i]=0;    // 0으로 초기화

        if(src.channels()!=1) cout<<"ERR: 명암 영상을 입력하세요.";  ❹
        else {
            for(j=0; j<src.rows; j++)  ❺
                for(i=0; i<src.cols; i++) {  ❻
                    bin=src.at<uchar>(j,i);  ❼
                    ihist[bin]++;
                }
            for(i=0; i<256; i++)   // 정규화
                hist[i]=ihist[i]/(double)(src.rows*src.cols);  ❽
        }
    }


    Mat draw_histogram_gray(double hist[])
    {
        double vmax=-1.0;
        Mat himg(256,256,CV_8U,Scalar(255));  ❾

        for(int i=0; i<256; i++) vmax=(vmax>hist[i])? vmax: hist[i];  ❿

        for(int i=0; i<256; i++) {
            Point p1(i,256), p2(i,256-(int)((hist[i]/vmax)*(0.8*256)));  ⓫
            line(himg, p1,p2,Scalar(0));  ⓬
        }

        return himg;  ⓭
    }
```

❶에서 헤더 파일 세 개를 포함시킨다. ❷에 등장한 cvtColor() 때문에 imgproc.hpp가 추가되었다. cvtColor()는 컬러 공간을 변환해주는 함수이다. [프로그램 A-2]에서는 함수의 마지막 인수로 CV_BGR2GRAY를 설정했으므로 컬러 영상 img를 명암 영상 gray로 변환해준다. ❸은 영상 src의 형을 Mat&로 지정하여 효율을 꾀한 점에 주목하기 바란다. ❹에 나타난 src.channels()는 src의 채널 수를 알려주는데 명암인 경우는 1, RGB 컬러는 3이다. 따라서 ❹는 명암 영상에 국한하여 히스토그

램을 구하겠다는 의도이다. ⑤와 ⑥은 src의 행과 열의 개수를 나타내는 rows와 cols라는 멤버 변수를 사용한다.

⑦의 at() 함수로 각 화소에 접근하는데, 다음 코드는 at()의 몇 가지 활용 사례이다. 첫 번째와 두 번째 사례가 보여주듯이 at()을 이용하여 화소값을 읽어낼 수도 있고 화소에 값을 쓸 수도 있다. 마지막은 세 개의 채널을 가진 컬러 영상의 화소에 접근하는 방법을 보여준다. 템플릿 형을 Vec3b로 지정해야 하며, [ ] 연산자를 이용하여 채널을 지정한다. A.2.1절에서 imread() 함수를 설명할 때 이미 언급했듯이 RGB 순이 아니라 BGR 순임에 주의하자.

- bin=src.at⟨uchar⟩(j,i) ;
  // (j,i) 위치의 화소값을 읽어 bin에 대입한다. src는 부호 없는 1바이트의 uchar 형(즉 명암 영상)이다.
- src.at⟨uchar⟩(j,i)=56 ;   // (j,i) 위치의 화소에 56을 대입한다.
- v=f.at⟨Vec3b⟩(j,i)[c] ;
  // f는 세 개의 채널을 가진 RGB 컬러 영상이다. (j,i) 화소의 c번째 채널의 값을 v에 대입한다. c가 0이면 B, 1이면 G, 2면 R 채널이다.

⑧은 ihist[ ]를 행과 열의 개수를 나타내는 rows와 cols의 곱으로 나눔으로써 정규화를 수행한다. ⑨의 himg는 히스토그램을 그리기 위한 영상이다. 히스토그램의 칸이 256개이므로 $256 \times 256$ 크기의 영상을 사용하기로 하자. 또한 CV_8U로 설정하여 명암 영상에 그려 넣고, 255로 초기화하여 바탕을 하얗게 만든다. ⑩에서 구한 최댓값 vmax는 가장 긴 막대의 길이에 해당한다. ⑪은 256개의 칸 각각에 대해, 막대 두 끝점의 좌표를 계산한다. 두 번째 점 p2는 0.8을 곱함으로써 가장 긴 막대가 영상 높이의 80%를 차지하도록 처리한다. ⑫의 line(himg,p1,p2,Scalar(0))은 himg라는 영상에 0이라는 값(검은 색)을 갖는 선분을 p1에서 p2까지 그려 넣는다.

⑬에 주의를 기울여 OpenCV의 메모리 관리 정책을 알아보자. himg라는 영상은 draw_histogram_gray() 함수 안에 선언된 '지역' 변수이다. 따라서 return문을 실행하여 함수를 빠져나갈 때 Mat의 파괴자 함수가 호출되어 메모리 해제가 일어날 수 있다고 생각할 수 있다. 하지만 결론부터 말하면 himg는 안전하게 호출한 함수로 전달된다. 왜냐하면 Mat의 파괴자는 멤버 변수 refcount를 보고, 멤버 변수 값이 0일 때만 메모리를 해제하기 때문이다.

TIP refcount에 대해서는 A.2.2절에서 설명한 Mat 클래스를 참고하라.

## 2. OpenCV 함수 사용하기

앞 절의 [프로그램 A-2]에서는 히스토그램을 그리기 위해 함수를 직접 작성했다. 이 절에서는 OpenCV가 제공하는 calcHist() 함수를 사용하는 방법을 공부한다. 또한 히스토그램 평활화를 해주는 equalizeHist(), 이진화를 해주는 threshold()를 이용하여 영상을 변환하는 프로그램을 작성해 보자. [그림 A-4]는 이들 함수를 이용하여 변환한 영상과 히스토그램을 보여준다. 프로그램을 실행한 후 e, b, h 중 하나를 누르면 그림과 같은 결과를 확인할 수 있다.

(a) 명암 영상

(b) 평활화된 영상(choice=='e')

(c) 이진 영상(choice=='b')

(d) 히스토그램(choice=='h')

그림 A-4 **[프로그램 A-3]이 생성한 영상**

프로그램 A-3 **히스토그램 구하기, 평활화, 이진화**

```cpp
#include <opencv2/highgui/highgui.hpp>
#include <opencv2/core/core.hpp>
#include <opencv2/imgproc/imgproc.hpp>
#include <iostream>
using namespace std;
using namespace cv;

int main()
```

```
{
    Mat img=imread("C:/opencv/image/humming_bird.jpg"); ❶
    Mat gray, res;
    cvtColor(img,gray,CV_BGR2GRAY);
    namedWindow("명암 영상"); imshow("명암 영상", gray);

    char choice=(char)waitKey(); ❷

    if(choice=='e') {
        equalizeHist(gray,res); ❸ // 메뉴 히스토그램 평활화
        namedWindow("평활화된 영상"); imshow("평활화된 영상", res);
    }
    else if(choice=='b') {
        threshold(gray,res,100,255,THRESH_BINARY); ❹
        namedWindow("이진 영상"); imshow("이진 영상", res);
    }
    else if(choice=='h') {
        int channels[1]={0};
        MatND histo;
        int histsize[1]={256};
        float hranges[2]={0.0,255.0};
        const float* ranges[1];
        ranges[0]=hranges;

        calcHist(&gray, 1, channels, Mat(), histo, 1, histsize, ranges); ❺

        double vmax, vmin;   // 그리는 부분
        minMaxLoc(histo,&vmin,&vmax,0,0); ❻
        res=Mat::ones(256,256,CV_8U)*255; ❼
        for(int i=0; i<histsize[0]; i++) {
            line(res,Point(i,256),Point(i,256-(int)((histo.at<float>(i)/vmax)*(0.8*256))),Scalar(0)); ❽
        }
        namedWindow("히스토그램"); imshow("히스토그램",res);
    }
    else { cout<<"오류:"; exit(0);}

    vector<int> qlevel;
    qlevel.push_back(CV_IMWRITE_JPEG_QUALITY);
    qlevel.push_back(95);
    imwrite("result.jpg",res,qlevel); ❾

    waitKey();
    return 0;
}
```

❶은 Mat 형 변수를 선언함과 동시에 영상을 파일에서 읽어 들일 수 있음을 보여준다. ❷의 waitKey() 함수는 사용자가 누른 키의 문자값을 반환하는데, if문은 이 기능을 이용하여 사용자가 입력한 키에 따라 세 종류의 서로 다른 연산을 수행한다. ❸은 첫 번째 매개변수 gray에 히스토그램 평활화를 적용한 후 결과를 res에 저장해준다. ❹는 세 번째 매개변수 100을 임계값으로 쓰는데, 이 값보다 큰 화소는 네 번째 매개변수의 값인 255를 갖고 그렇지 않으면 0을 갖는 이진 영상 res 를 생성한다. ❺에 등장한 calcHist()함수는 여러 장의 영상을 한 번에 처리할 수 있게 설계되어 조금 복잡하다. 첫 번째 매개변수는 Mat* 형이다. 두 번째 매개변수는 영상의 개수를 의미한다. 다섯 번째 매개변수는 구한 히스토그램을 저장하는 배열인데 MatND 형이다.

❻의 minMaxLoc()는 배열에서 최소와 최댓값 그리고 그들의 위치를 구해준다. ❼에 나타난 ones()라는 함수는 모든 화소가 1을 갖는 영상을 생성해주는데, 255를 곱했기 때문에 res는 255 (하얀색)를 갖는 영상이 된다. [프로그램 A-2]의 ❾와 같은 역할이다. ❽은 [프로그램 A-2]의 ⓫과 ⓬를 한 줄로 표현한 것이다. ❾의 imwrite("result.jpg",res,qlevel)는 영상 res를 result.jpg라는 이름으로 디스크에 저장해준다. 만약 이 예제처럼 경로를 지정하지 않으면, 소스 프로그램이 저장 되어 있는 폴더에 저장한다. 이때 확장자에 따라 영상 포맷이 정해진다. 세 번째 매개변수 qlevel 은 압축에 따른 영상 품질을 조정해준다. Jpeg 압축의 경우 0~100 사이 값을 줄 수 있는데 값이 클수록 품질이 좋은 대신 압축률이 낮다. qlevel을 생략하면 기본값으로 작동한다.

## 3. GUI 프로그래밍 : 트랙바

A.1.2절에서 OpenCV의 열 가지 모듈을 살펴보았다. 이 중 highgui 모듈은 사용자 인터 페이스와 관련된 여러 가지 기능을 제공한다. 앞에서 자주 사용했던 namedWindow(), imshow(), waitKey()함수는 이 모듈에 속한다. highgui는 이러한 기본적인 인터페이스뿐 아니라, 트랙바나 마우스 기능과 같이 유용한 그래픽 사용자 인터페이스GUI를 제공한다. 이 절은 트랙바를 프로그래 밍하는 방법을 소개한다. [그림 A-5]의 윈도우는 위에 트랙바가 붙어있다. 마우스로 막대를 좌우 로 옮기면 임계값이 따라 바뀌며 이진화된 영상이 실시간으로 윈도우에 표시된다.

TIP 마우스에 대해서는 A.6.2절에서 공부한다.

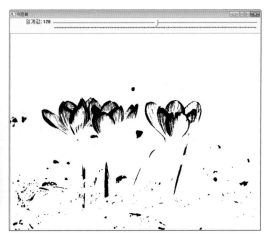

그림 A-5 **트랙바로 이진화한 영상**

## 프로그램 A-4 **이진화 : 트랙바를 이용한 임계값 조절**

```cpp
#include <opencv2/core/core.hpp>
#include <opencv2/highgui/highgui.hpp>
#include <opencv2/imgproc/imgproc.hpp>
#include <iostream>

using namespace cv;
using namespace std;

void thresholdByTrackbar(int,void*);
int pos=128;  ❶

int main()
{
    Mat f=imread("C:/opencv/image/flower.jpg");
    if(f.empty()) {cout<<"ERR:"<<endl; getchar(); exit(0);}

    cvtColor(f,f,CV_BGR2GRAY);

    namedWindow("이진화");  ❷
    createTrackbar("임계값","이진화",&pos,255,thresholdByTrackbar,(void*)&f);  ❸
    imshow("이진화", f);  ❹

    waitKey();  ❺
    return 0;
}
void thresholdByTrackbar(int thresh, void* f)  ❻
```

```
{
    Mat* i=(Mat*) f;  ⑦
    Mat bw;
    threshold(*i,bw,thresh,255,THRESH_BINARY_INV);  ⑧
    imshow("이진화", bw);
}
```

[프로그램 A-4]는 트랙바로 이진화를 제어하는 프로그램이다. ❶에 있는 int 형 변수 pos는 트랙바를 생성하는 명령문 ❸에 쓸 변수로서, 초깃값 128은 트랙바의 초기 위치에 해당한다. ❸의 createTrackbar() 함수는 트랙바를 특정한 윈도우에 설치한다. 이 경우, 앞에 있는 두 개의 매개변수에 따라 [그림 A-5]와 같이 "이진화" 윈도우에 "임계값"이라는 이름의 트랙바를 붙여준다. 또한 세 번째와 네 번째 매개변수에 따라 막대의 초기 위치는 128이며 이동할 수 있는 범위는 0~255이다. 범위의 상위값만 지정하며 하위값은 자동으로 0으로 설정된다. 다섯 번째 매개변수는 콜백 callback 함수로, 사용자가 트랙바를 조정할 때마다 '자동으로 호출되는' 특수한 함수이다.[4] 여섯 번째 매개변수는 콜백 함수에게 전달할 데이터이다. 전역 변수를 이용하여 데이터를 주고받는 경우에는 이 매개변수를 NULL로 설정하면 된다.

콜백 함수를 처음 접하는 독자를 위해 메인 함수의 ❷~❺의 동작을 자세히 살펴보자. ❷는 윈도우를 생성한다. ❸은 윈도우에 트랙바를 설치하고 thresholdByTrackbar()라는 콜백 함수를 활성화해 둔다. ❹는 윈도우에 영상을 표시한다. ❺는 키가 입력되기를 기다린다. 이때 만일 키보드를 눌러 키를 입력하면 아무 일도 일어나지 않은 채로 프로그램이 종료된다. 기다리는 도중에 트랙바의 조작이 발생하면, 콜백 함수가 호출되고 막대의 위치가 콜백 함수 thresholdByTrackbar()의 첫 번째 매개변수로 전달된다. 또한 ❸의 createTrackbar()의 여섯 번째 매개변수가 두 번째 매개변수로 전달된다. 이제 콜백 함수는 이 두 매개변수가 제공하는 정보를 가지고 자신의 임무를 수행해야 한다.

콜백 함수의 임무에 대해 생각해보자. 이 함수는 첫 번째 매개변수인 트랙바의 위치를 임계값으로 삼아 두 번째 매개변수인 영상을 이진화한 다음, 지정된 윈도우에 이진 영상을 표시해주면 된다. 이제 콜백 함수 thresholdByTrackbar()가 이 임무를 제대로 수행하는지 확인해보자. 함수의

---

4 트랙바나 마우스와 같은 GUI 장치를 사용하려면, 콜백 함수가 왜 필요한지와 어떻게 작동하는지를 이해해야 한다. 보통 명령문은 정해진 순서에 따라 실행되는데, 이들 입력 장치는 그렇지 않다. 사용자가 언제 트랙바나 마우스를 조작할지 미리 알 수 없기 때문이다. 따라서 createTrackbar() 함수(마우스는 setMouseCallback() 함수)는 콜백 함수를 바로 호출하여 실행하는 것이 아니라, 깨어있는 활성화 상태로 만들어 두기만 한다. 시스템은 입력 장치를 계속 감시하다가, 조작이 일어나면 그때마다 콜백 함수를 호출한다. 여기서 조작이란 트랙바의 막대를 움직이거나 마우스 커서 이동, 마우스 버튼 클릭과 같은 이벤트를 말한다.

머리인 ❻을 살펴보면, 트랙바의 위치를 thresh라는 매개변수로 받고 있다. 두 번째 매개변수는 void* 형인데 실제로는 Mat 형의 영상이다.[5] 따라서 ❼에서 형 변환을 수행한다. ❽은 이진화를 수행한다. 여기서 THRESH_BINARY_INV로 설정한 이유는 배경은 희고 물체는 검게 하여 보기 좋게 하려는 의도이다.

---

5 콜백 함수로 전달되는 데이터는 상황에 따라 다르므로 void* 형으로 전달한다. 따라서 콜백 함수는 필요에 따라 적절히 형 변환을 수행해야 한다.

# 4
# 디졸브

[프로그램 A-5]는 다음과 같이 두 개의 영상을 디졸브하는 프로그램이다.

그림 A-6 디졸브 영상

```
#include <opencv2/core/core.hpp>
#include <opencv2/highgui/highgui.hpp>
#include <opencv2/imgproc/imgproc.hpp>

using namespace cv;

#define DissolveLevel 100
#define Duration 10000

int main()
{
    Mat f1=imread("C:/opencv/image/girl.jpg");
    Mat f2=imread("C:/opencv/image/buddha.jpg");

    assert(!f1.empty() && !f2.empty() && f1.size()==f2.size()); ❶

    namedWindow("디졸브");
    for(double alpha=0.0; alpha<=1.0; alpha+=1.0/DissolveLevel) { ❷
        Mat blend = (1-alpha)*f1 + alpha*f2; ❸
        imshow("디졸브", blend); ❹
        waitKey(Duration/DissolveLevel); ❺
    }

    waitKey();
    return 0;
}
```

이 프로그램에서 ❶의 역할은 중요하다. 디졸브를 수행하려면 두 개 영상을 모두 성공적으로 읽어야 하고, 두 영상의 크기도 같아야 하기 때문이다. 만일 크기가 다르면 ❸에서 두 영상을 합칠 때 오류가 발생하는데 ❶에서 먼저 점검하여 오류가 발생하지 않도록 방지해준다. ❷는 겹치는 정도를 조절하는 혼합 계수 alpha를 점점 증가시켜주며, ❸은 두 영상 f1과 f2를 alpha에 따라 혼합한다. 이때 혼합하는 연산을 모든 화소에 일일이 적용하지 않고 연산자 *과 +를 영상에 직접 적용한 점에 주목할 필요가 있다. OpenCV는 C++의 연산자 오버로딩 기능을 이용하여 여러 가지 연산자를 영상에 직접 적용할 수 있도록 정의해 두었다. ❹는 혼합된 영상을 표시해주는데, 바로 다음 루프로 진행하면 화면 전환이 너무 빨라 사용자가 확인할 수 없으므로 ❺는 잠시 멈추는 역할을 해준다. 이때 디졸브가 일어나는 전체 시간이 Duration이 되도록 Duration/DissolveLevel 밀리초만큼 멈춘다.

이제 [프로그램 A-5]를 몇 가지 측면에서 개선해보자. 먼저 두 영상의 크기가 다른 경우에도 디졸브할 수 있게 하자. 이 기능은 OpenCV가 제공하는 ROI(Region of Interest)를 이용하여 구현할 수 있다. 또한 디졸브가 일어나는 시간과 순서를 미리 고정하지 말고, 사용자가 트랙바로 디졸브 진행을 앞뒤로 자유롭게 조절할 수 있게 해보자. [프로그램 A-6]은 이런 기능을 추가한 프로그램이고, [그림 A-7]은 이 프로그램이 생성한 윈도우이다.

그림 A-7 **트랙바를 이용한 디졸브**

프로그램 A-6 **트랙바를 이용한 디졸브**

```cpp
#include <opencv2/core/core.hpp>
#include <opencv2/highgui/highgui.hpp>
#include <opencv2/imgproc/imgproc.hpp>

using namespace cv;

#define DissolveLevel 100

int pos=0;   // 트랙바 초기 위치
Mat f1, f2;
Mat roi1, roi2;   // f1과 f2를 위한 ROI(Region of Interest)
void dissolveOnTrackbar(int, void*);
```

```
int main()
{
    Mat f1=imread("C:/opencv/image/bike.jpg");
    Mat f2=imread("C:/opencv/image/horse.jpg");
    assert(!f1.empty() && !f2.empty());

    Size s1=f1.size(), s2=f2.size(); ❶
    Size s((s1.width<s2.width)? s1.width:s2.width, (s1.height<s2.height)? s1.height:s2.height); ❷

    Rect rect1, rect2; ❸
    rect1.x=(s1.width<s.width)? 0:(s1.width-s.width)/2;
    rect1.y=(s1.height<s.height)? 0:(s1.height-s.height)/2;
    rect2.x=(s2.width<s.width)? 0:(s2.width-s.width)/2;
    rect2.y=(s2.height<s.height)? 0:(s2.height-s.height)/2;
    rect1.width=rect2.width=s.width;
    rect1.height=rect2.height=s.height;

    roi1=f1(rect1); ❹
    roi2=f2(rect2);

    namedWindow("디졸브");
    createTrackbar("혼합계수","디졸브",&pos,DissolveLevel,dissolveOnTrackbar); ❺
    imshow("디졸브", roi1); ❻

    waitKey();
    return 0;
}

void dissolveOnTrackbar(int pos, void*) ❼
{
    double alpha=((double)pos/DissolveLevel); ❽
    Mat blend=(1-alpha)*roi1+alpha*roi2; ❾
    imshow("디졸브", blend);
}
```

[프로그램 A-6]의 ❶과 ❷는 두 영상의 크기가 다른 경우, 작은 것의 크기를 Size 형의 변수 s에 저장한다. ❸과 ❹는 s 크기의 ROI를 두 영상에 지정한다. OpenCV는 [그림 A-8]이 설명하는 방식으로 ROI 기능을 제공한다. Mat 형의 원래 영상 f1은 멤버 변수 data가 영상을 저장하는 메모리를 가리킨다(A.2.2절의 Mat 클래스 참고). ❹는 f1의 rect1 부분을 roi1에 대입하는데, 이때 해당 메모리를 복사하지 않고 roi1은 단지 해당 메모리를 가리키기만 한다. 즉, f1과 roi1은 해당 영역의 메모리를 공유한다. 이런 관계를 [그림 A-8]이 보여준다. 두 번째 영상 f2와 roi2의 관계도 마찬가지이다.

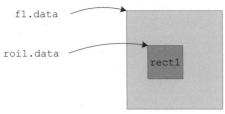

그림 A-8 **ROI의 작동 원리**

❺는 윈도우에 트랙바를 설치해주며, 콜백 함수 dissolveOnTrackbar()를 활성화시킨다. ❻은 윈도우의 초기 화면으로 첫 번째 영상 f1의 ROI를 표시한다. A.3.3절에서 설명한 바와 같이 콜백 함수는 사용자가 트랙바를 조작할 때마다 호출되어 작동한다. 함수의 머리인 ❼을 보면 두 번째 매개변수가 생략되어 있다. 메인 함수와 콜백 함수 사이에 주고받아야 할 데이터는 두 영상의 ROI를 지정하는 roi1과 roi2라는 두 개의 Mat 형 변수인데, 매개변수 하나로 이들 둘을 전달할 수 없다. struct를 이용하여 하나로 묶어 전달할 수도 있지만 굳이 그럴 필요가 없다. 따라서 roi1과 roi2를 전역 변수로 정의하여 데이터를 주고받는다. ❽은 트랙바의 위치 pos가 정수 형이므로 0~1 사이의 실수로 변환한다. ❾는 두 영상의 ROI를 혼합한다.

# 5

# 비디오와 카메라

지금까지 정지 영상을 처리하는 예제 프로그램을 작성해보았다. 이 절에서는 연속 영상, 즉 비디오 영상을 다루는 프로그램을 공부해보자. OpenCV에서 비디오 영상을 처리하는 방법은 정지 영상만큼이나 쉽다. [프로그램 A-7]은 비디오 파일을 열어 윈도우에서 재생시킨다. [그림 A-9]는 그 중 세 장면을 캡처한 것이다.

 ...  ...

그림 A-9 비디오 재생 화면

## 프로그램 A-7 비디오 재생

```cpp
#include <opencv2/core/core.hpp>
#include <opencv2/highgui/highgui.hpp>

using namespace cv;

int main( )
{
```

```
VideoCapture v("C:/opencv/image/Wildlife.wmv");  ❶
assert(v.isOpened());  ❷

int delay=(int) (1000/v.get(CV_CAP_PROP_FPS));  ❸
namedWindow("video play");

Mat frame;  ❹

while(true) {
    v.read(frame);  ❺
    if(frame.empty()) break;  ❻

    imshow("video play", frame);  ❼

    char c=waitKey(delay);  ❽
    if(c==27) break;  ❾   // [Esc] 키의 ASCII 값은 27
}

    return 0;
}
```

[프로그램 A-7]의 ❶에 VideoCapture가 등장하는데, 비디오 영상을 저장하는 변수가 가져야 할 클래스 자료형이다. 비디오 파일의 경로를 매개변수로 주면 생성자 함수가 해당 파일을 읽어 변수에 저장한다. OpenCV는 확장자가 wmv, avi, mov, mpg인 비디오 파일을 지원한다. ❷는 비디오 파일을 성공적으로 읽었는지 여부를 확인하는 명령문이다. ❸은 비디오 재생 과정에서 인접한 두 영상 사이의 지연 시간을 계산한다. v.get()은 v의 속성을 알아내는 멤버 함수인데, 매개변수로 CV_CAP_PROP_FPS를 주면 초당 프레임 수를 알 수 있다. 1000밀리초를 이 값으로 나누면 프레임 당 지연 시간이 된다. ❹의 frame은 비디오에서 추출한 영상(프레임) 하나를 저장하는데 사용하는 Mat 형 변수이다.

이제 while 루프를 시작한다. 먼저 ❺에서 read() 함수로 현재 프레임을 추출하여 frame에 저장한다. read() 함수를 호출할 때마다 자동으로 다음 프레임으로 이동한다. ❻에서 조건문이 참이 되면 마지막 프레임을 지났다는 의미이므로 while문을 빠져나간다. ❼에서 프레임을 윈도우에 표시한 다음, ❽에서 ❸이 계산해 둔 지연 시간만큼 기다린 다음 루프를 반복한다. ❾는 비디오 재생 도중에 중단할 수 있는 기능을 제공한다. 중단하길 원하면 Esc 를 누르면 되는데, 이때 break문으로 while문을 빠져나간다.

비디오가 꽤 복잡한 데이터임에도 간단한 프로그램으로 재생할 수 있음을 살펴보았다. 이제 몇 가지를 개선해보자. 먼저 ➕ 와 ➖ 의 두 개 키를 사용하여 재생 속도를 조절할 수 있게 확장해 보자. ➖ 를 누르면 일정한 양만큼 느려지고 ➕ 를 누르면 반대로 빨라지게 만드는 것이다. 이 기능을 구현하려면 [프로그램 A-7]의 ❸에 있는 delay 변수값을 조절하면 된다. 이 일을 처리할 수 있는 가장 적당한 곳은 [프로그램 A-7]의 ❾이다. ❾를 다음과 같이 수정해 보자.

```
if(c==27) break; ❾
```

```
→ if(c==27) break;
  else if(c=='-') delay=slower((int)(1.1*delay));
  else if(c=='+') delay=faster((int)(0.9*delay));
```

이때 사용된 faster()와 slower()는 매크로 함수로, 다음과 같이 정의한다. 이들은 각각 delay가 너무 작은 값과 너무 큰 값이 되는 것을 방지하는 역할을 한다. 이 두 코드는 main() 함수 이전에 둔다.

TIP 예제 소스의 [Program A-7-1]은 이 부분이 반영된 프로그램이다.

```
#define faster(a) ((a)<5)? 5:(a)   // 빠르게
#define slower(a) ((a)>1000)? 1000:(a)   // 느리게
```

이제 카메라에서 실시간으로 들어오는 영상을 재생하는 방법에 대해 알아보자. 이 일은 [프로그램 A-7]에서 ❶을 다음과 같이 수정하면 된다. VideoCapture 클래스의 생성자는 매개변수로 정수가 들어오면 그 값에 해당하는 번호의 카메라를 연결해 준다. 이후 과정은 [프로그램 A-7]과 똑같다. 카메라의 경우, ❺는 카메라가 입력해주는 프레임을 읽어온다.

```
VideoCapture v("C:/opencv/image/Wildlife.wmv"); ❶
```

```
→ VideoCapture v(0);
```

# 6

# 에지 검출

이 절에서는 에지를 검출하는 프로그램을 작성해보자. 마우스를 이용한 GUI 프로그래밍 예제로서, 마우스로 ROI를 지정하면 그 영역 내에서만 에지를 검출하는 프로그램도 작성한다.

## 1. 소벨과 캐니

[그림 A-10]은 원래 영상, 캐니 알고리즘으로 검출한 에지, 소벨 마스크로 검출한 에지 강도 맵을 보여준다. 이러한 에지 영상은 [프로그램 A-8]로 얻을 수 있다.

(a) 원래 영상

 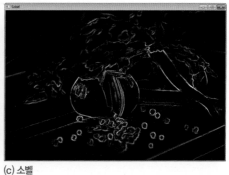

(b) 캐니 에지　　　　　　　　　　　　　　　(c) 소벨

그림 A-10 에지 검출

**프로그램 A-8 소벨과 캐니 에지 검출**

```cpp
#include <opencv2/core/core.hpp>
#include <opencv2/highgui/highgui.hpp>
#include <opencv2/imgproc/imgproc.hpp>

using namespace cv;

int main()
{
    Mat f=imread("C:/opencv/image/food.jpg");
    assert(!f.empty());

    Mat gray, edge;
    cvtColor(f,gray,CV_BGR2GRAY);        ❶
    blur(gray,gray,Size(3,3));           ❷

    Canny(gray, edge, 30, 30*2.5, 3);    ❸

    Mat gradx, grady, grad;
    Sobel(gray,gradx,CV_16S,1,0,3);      ❹
    Sobel(gray,grady,CV_16S,0,1,3);
    convertScaleAbs(gradx,gradx);        ❺
    convertScaleAbs(grady,grady);
    addWeighted(gradx,0.5,grady,0.5,0,grad);  ❻

    namedWindow("original"); namedWindow("Canny"); namedWindow("Sobel");
    imshow("Original", f); imshow("Canny", edge); imshow("Sobel", grad);

    waitKey();
    return 0;
}
```

❶과 ❷는 에지 연산자를 적용하기 전에 전처리로 수행하는 변환 연산이다. 에지는 채널이 하나인 명암 영상에서 검출해야 하므로 ❶에 있는 cvtColor() 함수를 이용하여 컬러 영상 f를 명암 영상 gray로 변환한다. ❷는 잡음을 줄이기 위해 사전에 블러링을 수행한다. blur() 함수는 첫 번째 매개변수에 블러링을 적용하여 결과를 두 번째 매개변수에 저장한다. 이 함수는 2.4.2절에서 공부한 컨볼루션 연산을 이용한다. ❷의 경우 입력과 출력 영상이 같다. 컨볼루션은 제자리in-place 연산이 아니므로 별도의 임시 배열 없이는 수행할 수 없는데, blur()는 임시 배열을 사용하여 문제가 없도록 처리하니 안심해도 된다.

❸은 캐니 에지를 검출하는 함수인데, 첫 번째 매개변수는 명암 영상이어야 한다. 이 영상에서 캐니 에지를 검출하여 결과를 두 번째 매개변수에 해당하는 영상에 저장해준다. 세 번째와 네 번째 매개변수는 두 개의 이력 임계값이다. ❸에서는 높은 임계값을 낮은 것의 2.5배로 설정하였다. 다섯 번째 매개변수는 미분 연산자의 크기이다. ❹부터 시작하는 소벨 연산자는 좀더 복잡하다. Sobel() 함수는 네 번째와 다섯 번째 매개변수 값에 따라 x방향 또는 y방향의 미분 연산자를 적용한다. 세 번째 매개변수는 CV_16S로 설정했는데, 그 이유를 이해하는 것이 중요하다. 미분 연산자를 적용하면 양수뿐 아니라 음수도 발생하며 8비트만 사용하면 오버플로우가 발생할 수 있다. 따라서 CV_16S로 설정하여 부호를 가진 16비트 데이터를 사용하라고 지시한다. ❺의 convertScaleAbs()는 입력 데이터를 스케일링하여 8비트 양수로 변환해준다. ❻의 addWeighted()는 두 개의 가중치 0.5와 0.5를 사용하여 gradx와 grady의 가중치 합을 구하고 여섯 번째 매개변수 grad에 저장해준다.

## 2. GUI 프로그래밍 : 마우스

이 절에서는 OpenCV가 제공하는 GUI 프로그래밍을 해보자. A.3.3절에서 트랙바 설치를 공부했는데, 이번에는 마우스를 다룬다. 마우스 프로그래밍 예제로서, 영상의 일부를 마우스로 지정하면 그 부분에 대해서만 에지 연산을 적용하는 프로그램을 작성해 보자. [그림 A-11]의 왼쪽은 마우스로 영역을 지정하고 있는 그림이고 오른쪽은 그 영역에 대해서만 캐니 에지를 검출한 결과이다.

**그림 A-11 에지를 검출할 영역을 마우스로 지정**

마우스 프로그래밍은 A.3.3절에서 해보았던 트랙바 프로그래밍과 비슷하다. 지금부터 [프로그램 A-9]에 대해 살펴보자.

**프로그램 A-9 마우스를 이용한 에지 검출 영역 지정**

```cpp
#include <opencv2/core/core.hpp>
#include <opencv2/highgui/highgui.hpp>
#include <opencv2/imgproc/imgproc.hpp>

using namespace cv;

Rect box;  ❶
bool do_draw=false, finish=false;  ❷
void onMouse(int, int, int, int, void*);
#define RED Scalar(0,0,255)  ❸
#define GREEN Scalar(0,255,0)
#define BLUE Scalar(255,0,0)

int main()
{
    Mat f=imread("C:/opencv/image/flower.jpg");
    assert(!f.empty());

    namedWindow("에지 검출");
    setMouseCallback("에지 검출", onMouse, (void*) &f);  ❹

    while(!finish) {  ❺
        Mat tmp=f.clone();  ❻
        if(do_draw) rectangle(tmp, box, RED,2);  ❼
        imshow("에지 검출", tmp);
        if(waitKey(20)==27) break;  ❽
    }
```

```
        Mat gray;
        cvtColor(f,gray,CV_BGR2GRAY); ⑨

        Mat patch=gray(box); ⑩
        Canny(patch,patch,30, 30*2.5, 3); ⑪
        patch=255-patch; ⑫
        imshow("에지 검출", gray); ⑬

        waitKey();
        return 0;
    }

void onMouse(int event, int x, int y, int, void*) ⑭
{
        if(event==CV_EVENT_MOUSEMOVE && !finish) { ⑮
            box.width=x-box.x;
            box.height=y-box.y;
        }
        else if(event==CV_EVENT_LBUTTONDOWN && !finish) { ⑯
            do_draw=true;
            box=Rect(x,y,0,0);
        }
        else if(event==CV_EVENT_LBUTTONUP && !finish) { ⑰
            do_draw=false;
            if(box.width<0) { box.x+=box.width; box.width*=-1;} ⑱
            if(box.height<0) { box.y+=box.height; box.height*=-1;}
            finish=true;
        }
    }
```

❶은 마우스로 지정한 영역을 저장할 직사각형을 정의한다. Rect 형은 네 개의 멤버 변수를 가진다. x와 y는 왼쪽 위 구석의 좌표이고, width와 height는 너비와 높이이다. ❷에 있는 do_draw라는 부울 형 변수는 영상 안에 직사각형을 그릴지 여부를 나타내며, finish는 마우스로 영역 지정이 끝났는지 여부를 표시한다. ❸은 직사각형의 경계를 그릴 색을 정의한다.

❹의 setMouseCallback() 함수는 지정된 윈도우에 대해 마우스 콜백 함수를 활성화해 준다. 이 순간부터 지정된 윈도우에서 마우스 조작이 발생하면 콜백 함수 onMouse()가 자동으로 호출된다. ❺는 while 반복문이다. finish가 참이 되면 즉, 사용자가 마우스의 왼쪽 버튼을 놓아 CV_EVENT_LBUTTONUP이 참이 되면 반복을 멈춘다. 사용자가 마우스로 영역 지정을 하고 있는 상황에서는 finish가 거짓이므로 루프 속으로 들어간다. ❻은 원래 영상을 임시 영상 tmp에 복사한다. 원래 영

상에 직사각형을 그리면 다음에 그릴 직사각형과 겹치므로 임시 영상을 사용하는 것이다. ❼은 do_draw가 참이면 즉, 사용자가 마우스의 왼쪽 버튼을 눌러 영역 지정을 시작한 상태이면 rectangle() 함수를 호출하여 tmp 영상에 직사각형을 그려 넣는다. 이제 imshow()로 영상을 디스플레이하고, ❽ 에서 waitKey()로 짧은 순간 지연시킨다.[6] 이때 Esc 를 누르면 루프를 빠져나오므로, 마우스의 왼쪽 버튼을 놓는 이벤트가 발생하지 않은 채로 영역 지정이 끝난다.

영역 지정을 마치면, ❾는 입력 영상 f를 명암 영상으로 변환한다. ❿은 Mat 영상 gray에서 마우스로 지정해둔 box에 해당하는 영역을 patch가 가리키게 한다. ⓫은 Canny() 함수로 캐니 에지 검출을 수행하는데, 이때 patch에 대해 적용한 점에 주목해야 한다. gray에 적용하면 이전과 같이 영상 전체에 대해 에지 검출을 수행한다. 이 경우 patch는 A.4절에서 공부한 ROI 구실을 한다. ⓬는 명암 영상을 반전시키는 연산이다. 연산자 -를 영상에 적용하면 모든 화소에 적용됨에 주목하자. 배경은 희고 에지는 검게 표시하려는 의도이다. ⓭에서 gray를 디스플레이하면 [그림 A-11]의 오른쪽 그림이 된다.

이제 콜백 함수 onMouse()에 대해 알아보자. 앞서 설명한 바와 같이 이 함수는 마우스 조작이 일어날 때마다 자동으로 호출된다. ⓮에 있는 함수 머리를 보면, 다섯 개의 매개변수가 있다. 처음 것은 마우스 이벤트로서 끌기dragging, 버튼 누르기와 놓기 등의 여러 종류가 있다. 이 프로그램은 끌기(CV_EVENT_MOUSEMOVE), 왼쪽 버튼 누르기(CV_EVENT_LBUTTONDOWN), 그리고 왼쪽 버튼 놓기(CV_EVENT_LBUTTONUP)를 처리한다. 두 번째와 세 번째에 있는 x와 y는 마우스를 조작한 순간의 커서 위치를 나타낸다.

⓯는 마우스를 끌기 했을 때 이벤트 처리이다. 이때는 직사각형(박스)의 width와 height를 조정해놓으면 된다. ⓰은 마우스 왼쪽 버튼을 누른 이벤트인데, 버튼을 누름과 동시에 박스 그리기가 시작되어야 하므로 do_draw를 참으로 설정한다. 또한 박스의 위치를 x와 y, width와 height를 0으로 두어 초기 박스를 설정한다. ⓱은 버튼을 놓은 경우이므로 박스 그리기가 완성된다. 따라서 do_draw를 거짓으로 설정하여 더 이상 박스가 그려지지 않게 하며, finish를 참으로 설정하여 메인 함수에게 박스가 완성되었음을 알린다. finish 변수가 참이 되면 ❺의 while이 끝난다. 주의할 점이 하나 있는데, 사용자가 마우스를 위쪽 또는 왼쪽으로 끌어 height 또는 width가 음수가 되었을 때이다. ⓲과 그 다음에 있는 코드가 이 경우를 처리한다.

---

6 이 지연이 없으면 영상을 디스플레이하는 사이클이 너무 빨라 윈도우에 영상이 보이지 않는 현상이 발생한다.

# 7

# 스타일링

[그림 A-12]는 여러 가지 연산을 적용하여 특징을 강조하거나 원래 영상과는 다른 느낌이 들도록 처리한 영상이다. 세 가지 스타일링 효과를 보여주는데, (a)는 엠보싱, (b)는 수채화, (c)와 (d)는 컬러 스케치이다. (d)는 윈도우에 설치된 트랙바로 임계값을 조절해 스케치 밀도를 조절할 수 있다.

(a) 엠보싱

(b) 수채화

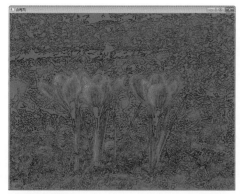

(c) 컬러 스케칭　　　　　　　　　　　　(d) 트랙바를 이용한 컬러 스케칭 농도 조절

그림 A-12 **영상 스타일링**

[프로그램 A-10]은 이들 스타일링 효과를 수행해주는 프로그램이다. 프로그램 실행 후 ①을 누르면 엠보싱, ②를 누르면 수채화, ③을 누르면 컬러 스케칭, ④를 누르면 트랙바가 있는 컬러 스케치 화면을 보여주고, ⑨를 누르면 종료된다. ❶은 이러한 다섯 가지 메뉴를 알려주는 메시지이다.[7] ❷의 switch문은 사용자의 선택에 따라 해당 함수를 호출한다.

프로그램 A-10 **영상 스타일링 : 엠보싱, 수채화, 컬러 스케칭**

```
#include <opencv2/core/core.hpp>
#include <opencv2/highgui/highgui.hpp>
#include <opencv2/imgproc/imgproc.hpp>
#include <iostream>

using namespace cv;
using namespace std;

void emboss(Mat&), sketch(Mat&), sketchByTrackbar(Mat&), waterColor(Mat&);

Mat f;  // 입력 영상

int main()
{
    f=imread("C:/Users/isoh/Desktop/images/flower.jpg");
    assert(!f.empty());
```

---

7　OpenCV는 GUI로서 트랙바와 마우스를 제공하는데, 버튼이나 체크 박스 등의 기능은 제공하지 않는다. 따라서 버튼으로 메뉴를 선택하는 프로그램을 작성하기 위해서는 비주얼 스튜디오 또는 Qt의 GUI 프로그래밍 기능을 써야 한다.

```
    namedWindow("원래 영상"); imshow("원래 영상", f);

    cout<< "엠보싱(1)\n수채화(2)\n스케칭(3)\n스케치 농도 조절(4)\n끝내기(q)"<<endl;  ❶
    char menu=(char) waitKey();

    switch(menu) {  ❷
        case '1': emboss(f); break;
        case '2': waterColor(f); break;
        case '3': sketch(f); break;
        case '4': sketchByTrackbar(f); break;
        case 'q': exit(0); break;
        default:;
    }

    waitKey();
    return 0;
}

void emboss(Mat& f)
{
    Mat mask(3,3,CV_32F,Scalar(0)), res;  ❸
    mask.at<float>(0,0)=-1.0;
    mask.at<float>(2,2)=1.0;
    filter2D(f,res,CV_16S,mask);  ❹
    res.convertTo(res,CV_8U,1,128);  ❺

    namedWindow("엠보싱"); imshow("엠보싱", res);
}

void waterColor(Mat& f)
{
    #define dsize 7
    #define sigma 32
    int iterate=20;
    Mat t1=f.clone(), t2;  ❻
    for(int i=0; i<iterate; i++)
        if(i%2==0) bilateralFilter(t1, t2, dsize, sigma,sigma);  ❼
        else bilateralFilter(t2, t1, dsize, sigma,sigma);

    namedWindow("수채화");
    if(iterate%2==0) imshow("수채화", t1);  ❽
    else imshow("수채화", t2);
}
```

엠보싱

수채화

```
void sketch(Mat& f)
{
    Mat gray, edge, display;
    int thres=5;

    cvtColor(f,gray,CV_BGR2GRAY); ❾
    blur(gray,gray,Size(3,3));
    Canny(gray, edge,thres,thres*2.5,3);

    display.create(f.size(),f.type()); ❿
    display=Scalar::all(128); ⓫
    f.copyTo(display,edge); ⓬

    namedWindow("스케치"); imshow("스케치", display);
}

void onTrackbar(int thres, void* g)
{
    Mat* i=(Mat*) g;
    Mat edge, display;

    Canny(*i, edge, thres,thres*2.5,3);
    display.create(f.size(),f.type());
    display=Scalar::all(128);
    f.copyTo(display,edge);

    imshow("스케치 농도",display);
}

void sketchByTrackbar(Mat& f) ⓭
{
    int pos=0;
    Mat gray;
    cvtColor(f,gray,CV_BGR2GRAY);
    blur(gray,gray,Size(3,3));

    namedWindow("스케치 농도");
    createTrackbar("임계값","스케치 농도",&pos,200,onTrackbar, (void*)&gray);
    onTrackbar(pos,&f);
    waitKey();
}
```

스케치

기능별로 쪼개서 각각 어떻게 구현하는지 살펴보자.

## 엠보싱

엠보싱 효과는 3×3 크기의 마스크로 컨볼루션을 수행함으로써 쉽게 얻을 수 있다. 다음은 엠보싱 효과에 해당하는 코드이다.

```
void emboss(Mat& f)
{
    Mat mask(3,3,CV_32F,Scalar(0)), res;  ❸
    mask.at<float>(0,0)=-1.0;
    mask.at<float>(2,2)=1.0;

    filter2D(f,res,CV_16S,mask);  ❹
    res.convertTo(res,CV_8U,1,128);  ❺

    namedWindow("엠보싱"); imshow("엠보싱", res);
}
```

엠보싱을 구현하기 위해 ❸에서 사용하는 마스크는 다음과 같다.

| -1 | 0 | 0 |
|----|---|---|
| 0  | 0 | 0 |
| 0  | 0 | 1 |

❹는 첫 번째 매개변수에 있는 영상 f에 네 번째 매개변수의 mask로 컨볼루션 연산을 적용하고 결과를 두 번째 매개변수에 있는 영상 res에 저장한다. 세 번째 매개변수 CV_16S는 결과 영상의 깊이(비트 수)인데 부호 있는 16비트라는 의미이다. 이 경우 8비트만 사용하면 오버플로우가 발생할 위험이 있다. ❺는 CV_16S 영상을 다시 부호 없는 8비트, 즉 CV_8U로 변환해준다. 이때 네 번째 매개변수를 128로 줌으로써 엠보싱된 영상을 밝게 유지한다.

## 수채화

2.4.2절에서 에지 보존 필터로서 양방향 필터$^{bilateral\ filter}$를 언급한 적이 있다. 이 필터를 여러 번 반복 적용하면 수채화 효과를 얻을 수 있다. 코드로 구현하면 다음과 같다.

```
void waterColor(Mat& f)
{
    #define dsize 7
    #define sigma 32
    int iterate=20;
    Mat t1=f.clone(), t2;  ❻
    for(int i=0; i<iterate; i++)
```

```
        if(i%2==0) bilateralFilter(t1, t2, dsize, sigma,sigma); ❼
        else bilateralFilter(t2, t1, dsize, sigma,sigma);

    namedWindow("수채화");
    if(iterate%2==0) imshow("수채화", t1); ❽
    else imshow("수채화", t2);
}
```

❻은 반복 적용하는데 필요한 두 장의 임시 영상을 정의한다. ❼은 두 장의 영상을 번갈아 사용하는데, 한번은 t1에 적용하여 t2에 저장하고 다음 번에는 t2에 적용하여 t1에 저장하는 식으로 처리한다. bilateralFilter()함수는 첫 번째 매개변수에 양방향 필터를 적용하여 두 번째 매개변수에 있는 영상에 저장해준다. 나머지 세 개의 매개변수는 필터의 영향력에 관련된 값인데, 세 번째는 필터의 크기로서 클수록 시간이 많이 걸린다. OpenCV 매뉴얼은 실시간 동작을 원할 경우 5 이하로 설정할 것을 권고한다. 음수로 두면 다섯 번째 매개변수 값을 이용하여 자동으로 계산해준다. 네 번째 매개변수는 컬러 공간에서 영향력 범위를 나타내는데, 클수록 먼 컬러값까지 영향을 주고받는 효과가 난다. 다섯 번째는 2차원 영상 공간의 영향력 범위를 나타내는데, 클수록 먼 곳에 있는 화소까지 영향을 주고받게 된다. ❽은 최종 결과가 두 임시 영상 중 어디에 있는지 판단하여 결과를 표시해준다.


## 컬러 스케칭

[그림 A-12]의 컬러 스케치 효과는 캐니 에지 검출을 이용하여 얻은 것이다. A.6.1절에서 봤던 [그림 A-10(b)]에 비해 보다 생생한 느낌을 받는 이유는 에지에 컬러를 덧씌운 탓이다. 프로그램으로 어떻게 구현하는지 코드를 하나하나 살펴보자.

```
void sketch(Mat& f)
{
    Mat gray, edge, display;
    int thres=5;

    cvtColor(f,gray,CV_BGR2GRAY); ❾
    blur(gray,gray,Size(3,3));
    Canny(gray, edge,thres,thres*2.5,3);

    display.create(f.size(),f.type()); ❿
    display=Scalar::all(128); ⓫
    f.copyTo(display,edge); ⓬
```

```
        namedWindow("스케치"); imshow("스케치", display);
    }

    void onTrackbar(int thres, void* g)
    {
        Mat* i=(Mat*) g;
        Mat edge, display;

        Canny(*i, edge, thres,thres*2.5,3);
        display.create(f.size(),f.type());
        display=Scalar::all(128);
        f.copyTo(display,edge);

        imshow("스케치 농도",display);
    }

    void sketchByTrackbar(Mat& f) ⑬
    {
        int pos=0;
        Mat gray;
        cvtColor(f,gray,CV_BGR2GRAY);
        blur(gray,gray,Size(3,3));

        namedWindow("스케치 농도");
        createTrackbar("임계값","스케치 농도",&pos,200,onTrackbar, (void*)&gray);
        onTrackbar(pos,&f);
        waitKey();
    }
```

⑨는 A.6.1절에서 했던 바와 같이 컬러 영상을 명암으로 변환한 후, 블러링을 적용하고 캐니 에지를 검출한다. ⑩은 원래 영상 f와 크기와 형이 같은 영상 display를 생성한다. ⑪은 display의 배경을 128로 설정하여 회색으로 만들어준다. ⑫는 Mat 클래스의 멤버 함수 copyTo()를 사용하고 있다. 이 함수는 매개변수가 하나이면 단순히 복사를 하는데, 두 개이면 두 번째 매개변수를 마스크로 사용하여 마스크 값이 0이 아닌 화소만 복사를 수행한다. ⑫의 경우 두 번째 매개변수가 edge이므로 에지 화소만 원래 영상 f로부터 display로 복사가 일어나며 나머지 화소는 미리 설정해 놓은 회색으로 남아있게 된다.

⑬에 있는 sketchByTrackbar() 함수는 메인 함수에서 4번 메뉴를 선택한 경우를 처리해 준다. 3번 메뉴와 다른 점은 트랙바를 설치해줌으로써 사용자가 막대를 움직여 스케치의 밀도(에지 밀도)를 조절할 수 있게 해주는 기능이다. 트랙바는 A.3.3절과 A.4절에서 이미 공부했으므로 여기서는 설명을 생략한다.

# 8

# 물체 인식

이 절에서는 물체를 인식하는 프로그램을 작성해본다. [그림 A-13]의 (a)는 모델 물체이고 (b)는 이들 물체가 배경과 어지럽게 섞여있는 장면 영상이다. 이 절에서는 SIFT를 이용하여 물체를 인식하는 프로그램을 작성한다.

(a) 모델 영상
(b) 장면 영상

그림 A-13 모델 물체와 장면 영상

A.8절에서는 SIFT 키포인트를 검출하고, 기술자(특징 벡터)를 추출하고, 기술자를 매칭한다. 나아가 RANSAC 기법을 적용하여 물체 인식까지 시도한다. 앞의 두 과정과 전체 뼈대가 되는 프로그램은 A.8.1절에서 다룬다. A.8.2절은 세 번째 단계인 매칭, A.8.3절은 마지막 단계인 RANSAC을 이용한 변환 행렬 추정을 다룬다

# 1. SIFT 키포인트 검출과 기술자 추출

[그림 A-14]는 영상에서 SIFT 키포인트를 검출하고 기술자를 추출한 결과이다. 원의 중점이 키포인트의 위치이고, 원의 크기는 스케일, 원 안에 있는 선분은 지배적인 방향을 나타낸다. 이를 구현하는 프로그램 코드는 다음과 같다. 자세히 살펴보자.

그림 A-14 **SIFT 검출 결과**

프로그램 A-11 **SIFT를 이용한 물체 인식**

```
#include <opencv2/core/core.hpp>
#include <opencv2/highgui/highgui.hpp>
#include <opencv2/features2d/features2d.hpp>
#include <opencv2/nonfree/features2d.hpp>        ❶8
#include <opencv2/calib3d/calib3d.hpp>
#include <opencv2/flann/flann.hpp>

using namespace cv;
#define RED Scalar(0,0,255)
```

---

8  초기 프로젝트 설정 시 '추가 종속성' 항목에 opencv_features2d249d.lib, opencv_nonfree249d.lib, opencv_calib3d249d.lib, opencv_flann249d.lib를 추가로 입력해야 한다.

```
int main()
{
    Mat img1=imread("C:/opencv/image/model2.jpg",CV_LOAD_IMAGE_GRAYSCALE); ❷
    Mat img2=imread("C:/opencv/image/scene.jpg",CV_LOAD_IMAGE_GRAYSCALE);
    assert(img1.data && img2.data);

    SiftFeatureDetector detector(0.3); ❸
    std::vector<KeyPoint> keypoint1, keypoint2; ❹

    detector.detect(img1,keypoint1); ❺
    detector.detect(img2,keypoint2);

    Mat disp;
    drawKeypoints(img1,keypoint1,disp,RED,DrawMatchesFlags::DRAW_RICH_KEYPOINTS); ❻
    namedWindow("키포인트"); imshow("키포인트",disp);

    SiftDescriptorExtractor extractor; ❼
    Mat descriptor1, descriptor2; ❽
    extractor.compute(img1,keypoint1,descriptor1); ❾
    extractor.compute(img2,keypoint2,descriptor2);
        매칭을 처리하는 코드 (A.8.2절)

        변환 행렬을 추정하는 코드 (A.8.3절)
    waitKey();
    return 0;
}
```

❶은 특징 추출과 매칭에 필요한 헤더 파일이다. SIFT 알고리즘은 명암 영상에서 작동하므로 ❷
에서는 두 번째 매개변수를 CV_LOAD_IMAGE_GRAYSCALE로 설정하여 영상을 읽어 들일 때 자동으로
명암 영상으로 변환한다. ❸에 있는 SiftFeatureDetector는 SIFT를 검출할 때 사용하는 클래스이
다. SURF를 사용하고 싶다면 이곳을 SurfFeatureDetector로 수정하면 된다. 생성자 함수에 준 매
개변수는 특징 검출 과정이 사용하는 임계값이다. ❹의 vector 클래스는 C++의 표준 클래스이다.
vector는 데이터 집합을 저장하는 데 사용하며, 여기서는 KeyPoint 형의 데이터를 저장한다. ❺의
멤버 함수 detect()는 첫 번째 매개변수에 있는 영상에서 키포인트를 검출하여 두 번째 매개변수
인 vector 형 변수에 저장해준다. ❻의 drawKeypoints() 함수는 첫 번째 매개변수에 있는 Mat 영상
에 두 번째 매개변수의 키포인트를 그려 세 번째 매개변수의 영상에 저장해준다.

❼~❾는 기술자 추출을 담당한다. ❼은 SiftDescriptorExtractor 클래스 형의 변수를 선언한다.
SURF 기술자를 사용하려면 단순히 이곳을 SurfDescriptorExtractor로 바꾸면 된다. ❽이 사용하

는 Mat 형을 주의 깊게 살필 필요가 있다. SIFT 기술자는 128차원의 실수 벡터이므로 OpenCV는
이 데이터를 저장하기 위해 Mat 형 변수를 사용한다. 만일 검출된 키포인트가 $n$개라면, Mat 형 변
수는 $n \times 128$ 크기를 갖게 된다. ❾의 멤버 함수 compute()는 첫 번째 매개변수에 있는 영상에 대해
두 번째 매개변수의 키포인트 위치에서 기술자를 추출하여 세 번째 매개변수에 저장해준다.


## 2. 빠른 매칭

  아래 코드를 [프로그램 A-11]의 빈 칸에 넣으면 키포인트 매칭이 수행된다. 실행 결과는 [그림
A-15]와 같다.

> **프로그램 A-12 빠른 매칭**

```
// [프로그램 A-11]의 표시된 위치에 다음 코드를 삽입한다.
FlannBasedMatcher matcher; ❿
std::vector<DMatch> match; ⓫
matcher.match(descriptor1, descriptor2, match); ⓬

double maxd=0; double mind=100; ⓭
for(int i=0; i<descriptor1.rows; i++) {
    double dist=match[i].distance;
    if(dist<mind) mind=dist;
    if(dist>maxd) maxd=dist;
}

std::vector<DMatch> good_match; ⓮
for(int i=0; i<descriptor1.rows; i++)
    if(match[i].distance<=max(2*mind,0.02)) good_match.push_back(match[i]);

Mat img_match;
drawMatches(img1,keypoint1,img2,keypoint2,good_match,img_match,Scalar::all(-1),Scalar::all(-1),
            vector<char>(),DrawMatchesFlags::NOT_DRAW_SINGLE_POINTS); ⓯

namedWindow("매칭 결과"); imshow("매칭 결과", img_match);

for(int i=0; i<(int)good_match.size(); i++) ⓰
    printf("키포인트 %d~%d\n",good_match[i].queryIdx,good_match[i].trainIdx);
```

  ❿은 FlannBasedMatcher 클래스 형의 변수를 정의한다. 이 클래스는 $kd$ 트리를 사용하여 매칭을 빠
르게 수행한다. 만약 BFBasedMatcher 클래스를 사용하면 모든 쌍의 거리를 일일이 계산하므로 비효율
적이다. ⓫은 매칭 결과를 저장할 vector 형 변수를 정의한다. ⓬는 멤버 함수 match()를 이용하여 첫

번째와 두 번째 매개변수에 있는 기술자를 매칭하여 결과를 세 번째 매개변수에 저장해준다.

여기까지 수행하면 기본적인 매칭은 끝나는데, ⑬ 이후의 나머지 코드는 앞에서 구한 매칭 쌍 중에서 좋은 쌍만 골라내는 역할을 한다. ⑬ 바로 뒤에 있는 for문은 매칭 점수의 최소와 최대를 구해준다. 여기서 매칭 점수는 거리를 뜻한다. ⑭에서는 매칭 점수가 최소값의 두 배(만약 이 값이 0.02보다 작으면 0.02) 이내인 매칭 쌍만 골라낸다. ⑮는 매칭 결과를 두 영상에 그려 넣어 [그림 A-15]와 같은 그림을 만들어준다. ⑯은 매칭 쌍의 첨자를 출력하는데, 이와 같이 멤버 변수 queryIdx와 trainIdx를 보면 어떤 키포인트들이 서로 쌍을 이루는지 확인할 수 있다.

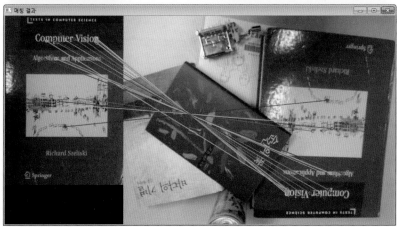

그림 A-15 **매칭 결과**

## 3. 변환 행렬 추정

다음은 앞 절에서 구해 놓은 매칭 쌍에 RANSAC 기법을 적용하여 모델 물체의 투영 변환 행렬을 구하는 코드이다. 그 결과 [그림 A-16]과 같이 물체를 인식할 수 있다.

**프로그램 A-13  변환 행렬을 이용한 물체 인식**

```
// [프로그램 A-11]의 표시된 위치에 다음 코드를 삽입한다.
std::vector<Point2f> model_pt;  ⑰
std::vector<Point2f> scene_pt;
for(int i=0; i<good_match.size(); i++) {
    model_pt.push_back(keypoint1[good_match[i].queryIdx].pt);
    scene_pt.push_back(keypoint2[good_match[i].trainIdx].pt);
}

Mat H=findHomography(model_pt,scene_pt,CV_RANSAC);  ⑱

std::vector<Point2f> model_corner(4);  ⑲
model_corner[0]=cvPoint(0,0);
model_corner[1]=cvPoint(img1.cols,0);
model_corner[2]=cvPoint(img1.cols,img1.rows);
model_corner[3]=cvPoint(0,img1.rows);

std::vector<Point2f> scene_corner(4);
perspectiveTransform(model_corner,scene_corner,H);  ⑳

Point2f p(img1.cols,0);
line(img_match,scene_corner[0]+p,scene_corner[1]+p,RED,3);  ㉑
line(img_match,scene_corner[1]+p,scene_corner[2]+p,RED,3);
line(img_match,scene_corner[2]+p,scene_corner[3]+p,RED,3);
line(img_match,scene_corner[3]+p,scene_corner[0]+p,RED,3);

namedWindow("인식 결과"); imshow("인식 결과", img_match);
```

투영 변환 행렬을 구하는 데 필요한 정보는 앞에서 구해놓은 키포인트(변수 keypoint1과 keypoint2)와 그들의 매칭 관계를 표현하는 변수 good_match가 모두 가지고 있다. 하지만 이 데이터는 변환 행렬을 구해주는 ⑱의 findHomography() 함수의 매개변수 형태와 다르다. 따라서 ⑰은 데이터를 이 함수가 요구하는 Point2f 형으로 변환해준다. ⑱은 RANSAC 기법을 이용하여 첫 번째 매개변수인 model_pt와 두 번째 매개변수인 scene_pt 사이의 3×3 크기의 투영 변환 행렬 H를 구한다. 이때, 세 번째 매개변수를 CV_LMEDS로 바꾸어 설정하면 최소 제곱중앙값$^{\text{Least-median of Squares}}$ 기법으로 변환 행렬을 계산한다.

⑲는 모델 물체의 네 구석점 좌표를 생성한다. ⑳은 이 좌표에 투영 변환 H를 적용하여 장면 영상에 나타날 좌표 scene_corner를 계산한다. ㉑은 장면 영상에 네 개의 선분을 그려 넣음으로써 인식 결과를 표시한다. [그림 A-16]에서 보는 바와 같이 하나의 윈도우에 모델 영상과 장면 영상을 같이 그려 넣었기 때문에, 모델 영상의 너비만큼 이동시켜 그리기 위해 Point2f 형의 p를 더해주었다.

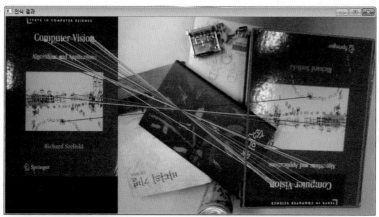

그림 A-16 **인식 결과**

지금까지 책을 인식하는 프로그램을 작성해 보았다면, 추가로 간판 인식도 시도해보자. [그림 A-17]은 네 가지 모델 간판 영상과 두 장면 영상에 대해 인식 결과를 보여준다.

(a) 물체 모델

(b) 간판 인식 결과

그림 A-17 **간판 인식**

# 9

# 얼굴 검출과 추적

OpenCV는 비올라 존스 얼굴 검출 알고리즘을 구현한 함수를 제공하는데, 꽤 높은 성능을 지녀 인기가 높은 편이다. 이 알고리즘은 결정 트리를 기본 분류기로 사용하고 에이더부스트를 학습시켜 얼굴을 검출한다. OpenCV는 얼굴 데이터베이스로 학습한 결과를 xml 파일에 담아 제공한다. 따라서 얼굴 검출을 하려면 이 파일을 읽어 들이는 일부터 시작해야 한다.

## 1. 얼굴 검출

[프로그램 A-14]는 입력 영상에서 얼굴을 검출하는 프로그램으로, 실행 결과는 [그림 A-18]과 같다. 어떻게 구현하는지 살펴보자.

그림 A-18 **얼굴 검출 결과**

```
#include <opencv2/core/core.hpp>
#include <opencv2/objdetect/objdetect.hpp> ❶⁹
#include <opencv2/highgui/highgui.hpp>
#include <opencv2/imgproc/imgproc.hpp>

using namespace cv;

String face_cascade="c:/opencv/sources/data/haarcascades/haarcascade_frontalface_alt.xml"; ❷
String eye_cascade="c:/opencv/sources/data/haarcascades/haarcascade_eye.xml"; ❸
CascadeClassifier face; ❹
CascadeClassifier eye; ❺

void FaceAndEyeDetect(Mat);

int main( )
{
    Mat f=imread("C:/opencv/image/unitedstate.jpg");
    assert(f.data);

    bool b1=face.load(face_cascade); ❻
    bool b2=eye.load(eye_cascade); ❼
    assert(b1 && b2);
    FaceAndEyeDetect(f); ❽

    waitKey();
    return 0;
}

void FaceAndEyeDetect(Mat img)
{
    Mat gray;
    cvtColor(img,gray,CV_BGR2GRAY); ❾

    vector<Rect> face_pos;   // 얼굴 검출 결과를 표시하는 직사각형
    face.detectMultiScale(gray,face_pos,1.1,2,0|CV_HAAR_SCALE_IMAGE,Size(10,10)); ❿

    for(int i=0; i<face_pos.size(); i++) ⓫
        rectangle(img,face_pos[i],Scalar(255,0,0),2);

        눈을 검출하는 코드 (A.9.2절)
    namedWindow("얼굴 검출"); imshow("얼굴 검출", img);
}
```

9 프로젝트 설정 시 '추가 종속성' 항목에 opencv_objdetect249d.lib를 추가로 입력해야 한다.

❶에서 objdetect.hpp 파일을 포함시킨다. ❷와 ❸은 각각 얼굴 검출과 눈 검출에 사용하는 xml 파일인데, 에이더부스트를 학습시킨 결과가 담겨 있다. 이들 이외에도 옆 얼굴을 검출하는 haarcascade_profileface, 입을 검출하는 haarcascade_mcs_mouth 등이 있으니 필요한대로 지정하여 쓰면 된다.

TIP 폴더의 위치는 OpenCV의 버전과 설치할 때 지정한 폴더에 따라 다를 수 있으므로 자신의 PC를 확인하여 올바른 경로를 지정해야 한다.

❹와 ❺는 각각 얼굴과 눈을 검출하기 위한 CascadeClassifier 클래스 형의 변수를 선언한다. ❻과 ❼은 각각 xml 파일을 읽어 들여 검출할 준비를 해둔다. ❽에서 함수를 호출함에 따라 ❾가 실행된다. 비올라 존스 알고리즘은 명암 영상을 바탕으로 작동하기 때문에 ❾에서 컬러 영상을 명암으로 변환한다. ❿은 face의 멤버 함수 detectMultiScale()로 얼굴 검출을 수행한다. 이 함수는 첫 번째 매개변수에 있는 영상에서 얼굴을 검출하여 두 번째 매개변수인 Rect 형의 vector에 저장해준다. ⓫은 rectangle() 함수를 이용하여 검출한 얼굴을 원래 컬러 영상에 직사각형으로 표시해준다.

[그림 A-19]는 다른 영상에서 얼굴을 검출한 결과이다. [그림 A-18]에서는 하나만 빼고 얼굴을 다 찾아냈지만, [그림 A-19]에서는 세 개의 얼굴을 찾지 못했다. 모두 기운 얼굴인데, 이와 같이 기운 정도가 심하면 검출에 실패할 가능성이 높다.

그림 A-19 기울어진 얼굴은 검출하기 어렵다.

## 2. 눈 검출

[프로그램 A-14]의 빈 곳에 다음 코드를 채우면 검출한 얼굴에 해당하는 직사각형 안에서 눈을 검출한다. 실행 결과는 [그림 A-20]과 같다.

그림 A-20 **눈 검출 결과**

프로그램 A-15 **얼굴과 눈 검출**

```
// [프로그램 A-14]에 다음 코드를 삽입한다.
for(int i=0; i<face_pos.size(); i++) { ⑫    // 눈 검출
    vector<Rect> eye_pos; ⑬
    Mat roi=gray(face_pos[i]); ⑭

    eye.detectMultiScale(roi,eye_pos,1.1,2,0|CV_HAAR_SCALE_IMAGE,Size(10,10)); ⑮

    for(int j=0; j<eye_pos.size(); j++) { ⑯
        Point center(face_pos[i].x+eye_pos[j].x+eye_pos[j].width*0.5,face_pos[i].y+eye_pos[j].y+eye_
                pos[j].height*0.5);
        int radius=cvRound((eye_pos[j].width+eye_pos[j].height)*0.25);
        circle(img,center,radius,Scalar(0,0,255),2,8,0);
    }
}
// 더불어 윈도우의 이름도 '얼굴과 눈 검출'로 변경한다.
```

⑫는 앞에서 검출한 얼굴 각각을 처리하는 for문이다. ⑬은 검출한 눈 영역을 저장하는 Rect 형의 vector이다. ⑭는 얼굴 영역을 ROI로 지정한다. ⑮는 eye의 멤버 함수 detectMultiScale()로 눈 검출을 수행한다. 첫 번째 매개변수에 있는 영상에서 검출하여 두 번째 매개변수의 Rect 형의 vector에 저장해준다. 세 번째 이후의 매개변수는 앞의 ⑩의 설명과 같다. ⑯은 검출된 눈의 중심인 center와 반지름 radius를 계산한 후, circle() 함수를 이용하여 눈을 그려준다.

[그림 A-20]의 왼쪽 영상에서 안경을 쓴 사람의 눈은 양쪽 모두 찾지 못했다. ❸에서 haarcascade_eye_tree_eyeglasses.xml를 사용하여 실험해보기 바란다.

## 3. 얼굴 추적

[그림 A-21]은 카메라에서 실시간으로 입력되는 연속 영상에서 얼굴과 눈을 검출한 결과이다. 이 영상은 크기가 480×640인데, 이 크기의 연속 영상에서 실시간에 얼굴과 눈을 추적할 수 있을 정도로 빠르게 검출한다.

**그림 A-21 카메라에서 입력되는 연속 영상에서 얼굴과 눈 추적**

다음은 실시간으로 얼굴과 눈을 추적하는 프로그램이다. [프로그램 A-15]에서 main() 함수만 바꾸어주면 된다.

**프로그램 A-16 얼굴 추적**

```
// [프로그램 A-15]에서 main() 함수만 다음과 같이 수정
int main()
{
    VideoCapture v(0); ❶
    assert(v.isOpened());

    bool b1=face.load(face_cascade); ❷
    bool b2=eye.load(eye_cascade); ❸
    assert(b1 && b2);

    Mat frame;

    while(true) {
        v.read(frame); ❹
```

```
        FaceAndEyeDetect(frame); ❺

        if((char)waitKey(20)==27) break;
    }
    return 0;
}
```

❶은 기본값인 0번 카메라를 열어 변수 v에 배정한다. ❷와 ❸으로 얼굴과 눈을 검출하는 데 필요한 xml 파일을 로드한다. ❹는 카메라에서 입력되는 영상을 추출하여 변수 frame에 저장한다. ❺는 앞에서 정의한 FaceAndEyeDetect() 함수를 호출하여 얼굴과 눈을 검출하고 결과 영상을 윈도우에 표시한다.

# 학습을 위한 추가 자원

# 1
# 학습을 위한 추가 자원

컴퓨터 비전을 효과적으로 공부하려면 관련 논문이나 책, 데이터베이스, 소프트웨어 등이 필요하다. 이러한 자료는 인터넷에서 풍부하게 제공하고 있어 손쉽게 구할 수 있다. 여기서는 1.5절에서 소개했던 포털 사이트 중 자료가 풍부하고 자료 갱신도 충실하게 이루어지는 두 개 포털 사이트를 보다 자세하게 소개한다.

## 1. CVOnline 포털

CVOnline 포털(http://homepages.inf.ed.ac.uk/rbf/CVonline/)은 에딘버러 대학University of Edinburgh의 Robert Bob Fisher 교수가 운영하고 있다. 이 포털의 가장 중요한 기능은 컴퓨터 비전의 주제어를 계층적으로 분류하고 세부 주제어를 위키피디아에 연결하여 설명하는 것으로, 결과물은 다음 링크로 접속하면 확인할 수 있다.

http://homepages.inf.ed.ac.uk/rbf/CVonline/#wikihierarchy

또한 다음과 같은 여러 가지 자료를 추가로 제공한다.

**표 B-1 CVOnline 포털에서 제공하는 추가 자료**

| 제공하는 기능 | 링크 및 설명 |
|---|---|
| 컴퓨터 비전의 응용 | http://homepages.inf.ac.uk/rbf/CVonline/applic.htm<br>응용 분야를 크게 29가지로 분류한 다음 각각에 대해 세부 분류를 한다. 각각의 세부 분류에 대해 대표적인 문헌 또는 사이트를 연결해준다. |
| 도서 | http://homepages.inf.ac.uk/rbf/CVonline/books.htm<br>무료로 다운받을 수 있는 책, 가입비를 지불하고 다운받을 수 있는 책, 온라인으로 제공되지 않는 종이 책으로 구분하여 알려준다. |
| 데이터베이스 | http://homepages.inf.ac.uk/rbf/CVonline/Imagedbase.htm<br>데이터베이스를 15종류로 구분한다. 예를 들어, 15종 중의 하나인 얼굴 데이터베이스의 경우 34개의 데이터베이스에 대한 정보를 제공한다. |
| 소프트웨어 | http://homepages.inf.ac.uk/rbf/CVonline/SWEnvironments.htm<br>소프트웨어를 15종류로 구분하여 제시한다. |

## 2. VisionBib 포털

VisionBib 포털(http://visionbib.com)은 남가주 대학University of Southern California의 Keith Price 교수가 운영하고 있다. 이 포털에서 제공하는 주요 정보는 다음 두 가지이다.

**표 B-2 VisionBib 포털에서 제공하는 주요 자료**

| 제공하는 기능 | 링크 및 설명 |
|---|---|
| 논문 | http://www.visionbib.com/bibliography/contents.html<br>컴퓨터 비전에 관련된 논문을 망라하여 제공한다. 저자, 키워드, 연도, 저널, 학술대회 별로 검색할 수 있다. 총 논문 수는 무려 15만 건에 이른다. |
| 학술대회 | http://conferences.visionbib.com/Iris-Conferences.html<br>컴퓨터 비전에 관련된 거의 모든 학술대회에 대한 정보를 제공한다. 특히 논문 모집 마감일을 한눈에 확인할 수 있어 자신의 연구 논문을 어디에 제출할지 결정하는 데 큰 도움이 된다. |

또한 다음과 같은 여러 가지 추가적인 자료도 제공한다.

**표 B-3 VisionBib 포털에서 제공하는 추가 자료**

| 제공하는 기능 | 링크 및 설명 |
|---|---|
| 저널,<br>학술대회 목록 | http://www.visionbib.com/bibliography/contentsjournal-list.html#Journal Name List, Conference Name List, Research Groups<br>가장 권위 있는 저널과 학술대회 목록을 별도 메뉴로 제시한다. 또한 컴퓨터 비전에 관련된 거의 모든 저널과 학술대회를 망라한 정보를 제공한다. |

| 연구그룹 (북미) | http://www.visionbib.com/bibliography/journal-listus.html#Computer Vision Research Groups and Technical Report Series Information |
| --- | --- |
| | 미국과 캐나다에 소재한 대학과 회사의 연구 그룹에 대한 정보를 제공한다. |
| 연구그룹 | http://resources.visionbib.com/researchgroup.html |
| | 국가별로 구분하여 주요 연구 그룹에 대한 정보를 제공한다. |
| 학술 단체 | http://societies.visionbib.com/index.html |
| | 세계적인 학술 단체뿐 아니라 국가별로 구분한 학술 단체에 대한 정보도 제공한다. |
| 책 | http://www.visionbib.com/bibliography/book28.html#Computer Vision Books |
| | 1970년대부터 지금까지 출간된 컴퓨터 비전 관련 책을 열거한다. |
| 서베이 논문 | http://surveys.visionbib.com/index.html |
| | 주제별로 구분하여 서베이 논문에 대한 정보를 제공한다. |
| 데이터베이스 | http://datasets.visionbib.com/index.html |
| | 주제별로 구분하여 데이터베이스에 대한 정보를 제공한다. |
| 소프트웨어 | http://vendors.visionbib.com/codelist.html |
| | 주제별로 구분하여 소프트웨어에 대한 정보를 제공한다. |
| 회사 | http://vendors.visionbib.com/index.html |
| | 주요 생산품에 따라 구분하여 회사에 대한 정보를 제공한다. |

# 참고문헌

[문병로2007] 문병로, 쉽게 배우는 알고리즘, 한빛미디어.

[오일석2008] 오일석, 패턴 인식, 교보문고.

[이창희2011] 이창희 (번역), 왓슨: 인간의 사고를 시작하다, 세종서적.

[Aanes2012] Henrik Aanes, Andres Lindbjerg Dahl, and Kim Steenstrup Pedersen, "Interesting interest points," *International Journal of Computer Vision*, Vol.97, pp.18-35

[Abe2005] Shigeo Abe, *Support Vector Machines for Pattern Classification*, Springer.

[Ackerman2013] Elise Ackerman, "Google gets in your face," *IEEE Spectrum*, Vol.50, No.1, pp.26-29.

[Ahonen2006] Timo Ahonen, Abdenour Hadid, and Matti Pietikainen, "Face description with local binary patterns: application to face recognition," *IEEE Transactions on Pattern Analysis and Machine Intelligence*, Vol.28, No.12, pp.2037-2041.

[Ahuja93] Ravindra K. Ahuja, Thomas L. Magnanti, and James B. Orlin, *Network Flows: Theory, Algorithms, and Applications*, Prentice Hall.

[Alpert2007] S. Alpert, M. Garun, R. Basri, and A. Brandt, "Image segmentation by probabilistic bottom-up aggregation and cue integration," *IEEE Conference on Computer Vision and Pattern Recognition*, pp.1-8.

[Amini88] A. A. Amini, S. Tehreni, and T. E. Weymouth, "Using dynamic programming for minimizing the energy of active contours in the presence of hard constraints," *International Conference on Computer Vision*, pp.95-99.

[Andoni2005] Alexandr Andoni and Piotr Indyk, *E2lsh 0.1 User Manual*, http://www.mit.edu/~andoni/LSH/manual.pdf.

[Andoni2008] Alexandr Andoni and Piotr Indyk, "Near-optimal hashing algorithms for approximate nearest neighbor in high dimensions," *Communications of the ACM*, Vol.51, No.1, pp.117-122.

[Anguita2003] D. Anguita, S. Ridella, F. Rivieccio, and R. Zunino, "Hyperparameter design criteria for support vector classifiers," *Neurocomputing*, Vol.55, pp.109-134.

[Arbelaez2011] Pablo Arbelaez, Michael Maire, Charless Fowlkes, and Jitendra Malik, "Contour detection and hierarchical image segmentation," *IEEE Transactions on Pattern Analysis and Machine Intelligence*, Vol.33, No.5, pp.898-916.

[Avidan2010] Shai Avidan, Simon Baker, and Ying Shan, "Internet vision," *Proceedings of The IEEE*(Special issue on Internet vision), Vol.98, No.8, pp.1367-1369.

[Baeza-Yates2011] Ricardo Baeza-Yates and Berthier Ribeiro-Neto, *Modern Information Retrieval: The Concepts and Technology behind Search*, 2nd Edition, ACM Press.

[Baker2007] Simon Baker, Daniel Scharstein, J. P. Lewis, Stefan Roth, Michael J. Black, and Richard Szeliski, "A database and evaluation methodology for optical flow," *International Conference on Computer Vision*, pp.1-8.

[Ballard82] Dana H. Ballard and Christopher M. Brown, *Computer Vision*, Prentice-Hall.

[Barron94] J. L. Barron, D. J. Fleet, and S. S. Beauchemin, "Performance of optical flow techniques," *International Journal of Computer Vision*, Vol.12, No.1, pp.43-77.

[Barrow78] H. G. Barrow and J. M. Tenenbaum, "Recovering intrinsic scene characteristics from images," in *Computer Vision Systems* (Edited by A. Hanson and E. Riseman), Academic Press, pp.3-26.

[Bay2006] Herbert Bay, Tinne Tuytelaars, and Luc Van Gool, "SURF: speeded up robust features," *European Conference on Computer Vision*, pp.404-417.

[Bay2008] Herbert Bay, Andreas Ess, Tinne Tuytelaars, and Luc Van Gool, "SURF: speeded up robust features," *Computer Vision and Image Understanding*, Vol.110, No.3, pp.346-359.

[Beis97] Jeffrey S. Beis and David G. Lowe, "Shape indexing using approximate nearest-neighbor search in high-dimensional spaces," *IEEE Conference on Computer Vision and Pattern Recognition*, pp.1000-1006.

[Belongie2002] Serge Belongie, Jitendra Malik, and Jan Puzicha, "Shape matching and object recognition using shape contexts," *IEEE Transactions on Pattern Analysis and Machine Intelligence*, Vol.24, No.4, pp.509-522.

[Bengio2006] Yoshua Bengio, Pascal Lamblin, Dan Popovici, and Hugo Larochelle, "Greedy layer-wise training of deep networks," *Neural Information Processing Systems*.

[Bengio2009] Yoshua Bengio, "Learning deep architectures for AI," *Foundations and Trends in Machine Learning*, Vol.2, No.1, pp.1-127.

[Bengio2013] Yoshua Bengio, Aaron Courville, and Pascal Vincent, "Representation learning: a review and new perspective," *IEEE Transactions on Pattern Analysis and Machine Intelligence*, Vol.35, No.8, pp.1798-1828.

[Bentley75] Jon Louis Bentley, "Multidimensional binary search trees used for associative searching," *Communications of the ACM*, Vol.18, No.9, pp.509-517.

[Bettadapura2012] Vinay Bettadapura, "Face expression recognition and analysis: the state of the art," http://arxiv.org/ftp/arxiv/papers/1203/1203.6722.pdf.

[Beucher79] S. Beucher and C. Lantuejoul, "Use of watersheds in contour detection," *International Workshop on Image Processing: Real-time Edge and Motion Detection/Estimation*.

[Biederman85] Irving Biederman, "Human image understanding: recent research and a theory," *Computer Vision*, Graphics, *and Image Understanding*, Vol.32, pp.29-73.

[Biederman87] Irving Biederman, "Recognition-by-component: a theory of human image understanding," *Psychological Review*, Vol.94, No.2, pp.115-147.

[Biederman95] Irving Biederman, "Visual object recognition," in *An Invitation to Cognitive Science* (Volume 2): *Visual Cognition*, 2nd Edition, (Edited by S. F. Kosslyn and D. N. Osherson). MIT Press. Chapter 4, pp.121-165.

[Bishop2006] Christopher M. Bishop, *Pattern Recognition and Machine Learning*, Springer.

[Blake2011] Andrew Blake, Pushmmet Kohli, and Carsten Rother (Edited), *Markov Random Fields for Vision and Image Processing*, MIT Press.

[Bobick99] Aaron F. Bobick and Stephen S. Intille, "Large occlusion stereo," *International Journal of*

*Computer Vision*, Vol.33, No.3, pp.181–200.

[Bouguet2000] Jean–Yves Bouguet, "Pyramidal implementation of the Lukas Kanade feature tracker: description of the algorithm," Technical Report, OpenCV document, Intel Microprocessor Research Labs.

[Boykov2004] Yuri Boykov and Vladimir Kolmogorov, "An experimental comparison of min–cut/max–flow algorithms for energy minimization in vision," *IEEE Transactions on Pattern Analysis and Machine Intelligence*, Vol.26, No.9, pp.1124–1137.

[Boykov2006a] Yuri Boykov and O. Veksler, "Graph cuts in vision and graphics: theories and applications," in *Handbook of Mathematical Models in Computer Vision* (Edited by N. Papagios et al.), Springer–Verlag, pp.79–96.

[Boykov2006b] Yuri Boykov and Gareth Funka–lea, "Graph cuts and efficient N–D image segmentation," *International Journal of Computer Vision*, Vol.70, No.2, pp.109–131.

[Branson2010] S. Branson, C. Wah, F. Schroff, B. Babenko, P. Welinder, Pietro Perona, and S. Belongie, "Visual recognition with humans in the loop," *European Conference on Computer Vision*, pp.438–451.

[Breiman96] Leo Breiman, "Bagging predictors," Technical Report, No.421, University of California, Berkeley.

[Breiman2001] Leo Breiman, "Random forests," *Machine Learning*, Vol.45, pp.5–32.

[Brown2003] Matthew Brown and David G. Lowe, "Recognizing panoramas," *International Conference on Computer Vision*, pp.1218–1225.

[Brown2005] Matthew Brown, Richard Szeliski, and Simon Winder, "Multi–image matching using multi–scale oriented patches," *IEEE Conference on Computer Vision and Pattern Recognition*, pp.510–517.

[Brown2007] Matthew Brown and David G. Lowe, "Automatic panoramic image stitching using invariant features," *International Journal of Computer Vision*, Vol.74, No.1, pp.59–73.

[Brox2009] Thomas Brox, Christoph Bregler, and Jitendra Malik, "Large displacement optical flow," *IEEE Conference on Computer Vision and Pattern Recognition*, pp.41–48.

[Brox2011] Thomas Brox and Jitendra Malik, "Large displacement optical flow: descriptor matching in variational motion estimation," *IEEE Transactions on Pattern Analysis and Machine Intelligence*, Vol.33, No.3, pp.500–513.

[Bruce2009] Neil D. B. Bruce and John K. Tsotsos, "Saliency, attention, and visual search: an information theoretic approach," *Journal of Vision*, Vol.9, No.3, pp.1–24.

[Bruhn2005] Andres Bruhn, Joachim Weickert, and Christoph Schnorr, "Lucas/Kanade meets Horn/Schunck: combining local and global optic flow methods," *International Journal of Computer Vision*, Vol.61, No.3, pp.211–231.

[Burges98] Christopher J. C. Burges, "A tutorial on support vector machines for pattern recognition," *Data Mining and Knowledge Discovery*, Vol.2, pp.121–167.

[Burl98] Michael C. Burl, Markus Weber, and Pietro Perona, "A probabilistic approach to object recognition using local photometry and global geometry," *European Conference on Computer Vision*, pp.628–641.

[Burt83a] Peter J. Burt and Edward H. Adelson, "The Laplacian pyramid as a compact image code," *IEEE*

*Transactions on Communications*, Vol.31, No.4, pp.532–540.

[Burt83b] Peter J. Burt and Edward H. Adelson, "A multiresolution spline with application to image mosaics," *ACM Transactions on Graphics*, Vol.2, No.4, pp.217–236.

[Calonder2010] Michael Calonder, Vincent Lepetit, Christoph Strecha, and Pascal Fua, "BRIEF: binary robust independent elementary features," *European Conference on Computer Vision*, pp.778–792.

[Camplani2012] Massimo Camplani and Luis Salgado, "Efficient spatio-temporal hole filling strategy for Kinect depth maps," *SPIE International Conference on 3D Image Processing*, Vol.8290, pp.1–10.

[Canny86] John Canny, "A computational approach to edge detection," *IEEE Transactions on Pattern Analysis and Machine Intelligence*, Vol.8, No.6, pp.679–698.

[Carneiro2006] Gustavo Carneiro and David G. Lowe, "Sparse flexible models of local features," *European Conference on Computer Vision*, pp.29–43.

[Cedras95] Claudette Cedras and Mubarak Shah, "Motion-based recognition: a survey," *Image and Vision Computing*, Vol.13, No.2, pp.129–155.

[Chang2011] Chih-Chung Chang and Chih-Jen Lin, "LIBSVM: a library for support vector machines," *ACM Transactions on Intelligent Systems and Technology*, Vol.2, No.3, pp.1–27.

[Choi2009] Sunglok Choi, Taemin Kim, and Wonpil Yu, "Performance evaluation of RANSAC family," *British Machine Vision Conference*.

[Christensen2002] Henrik I. Christensen and P. Jonathon Phillips, *Empirical Evaluation Methods in Computer Vision*, World Scientific.

[Christoudias2002] Christopher M. Christoudias, Bogdan Georgescu, and Peter Meer, "Synergism in low level vision," *International Conference on Pattern Recognition*, pp.150–155.

[Chuang2001] Yung-Yu Chuang, Brian Curless, David H. Salesin, and Richard Szeliski, "A Bayesian approach to digital matting," *IEEE Conference on Computer Vision and Pattern Recognition*, pp.264–271.

[Chum2005] Ondrej Chum and Jiri Matas, "Matching with PROSAC-progressive sample consensus," *IEEE Conference on Computer Vision and Pattern Recognition*, pp.220–226.

[Ciresan2010] Dan Claudiu Ciresan, Ueli Meier, Luca Maria Gambardella, and Jurgen Schmidhuber, "Deep, big, simple neural nets for handwritten digit recognition," *Neural Computation*, Vol.22, No.12, pp.3207–3220.

[Comaniciu2002] D. Comaniciu and P. Meer, "Mean shift: a robust approach toward feature space analysis," *IEEE Transactions on Pattern Analysis and Machine Intelligence*, Vol.24, No.5, pp.603–619.

[Cousty2009] Jean Cousty, Gilles Bertrand, Laurent Najman, and Michel Couprie, "Watershed cuts: minimum spanning forests and the drop of water principle," *IEEE Transactions on Pattern Analysis and Machine Intelligence*, Vol.31, No.8, pp.1362–1374.

[Cousty2010] Jean Cousty, Gilles Bertrand, Laurent Najman, and Michel Couprie, "Watershed cuts: thinnings, shortest path forests, and topological watersheds," *IEEE Transactions on Pattern Analysis and Machine Intelligence*, Vol.32, No.5, pp.925–939.

[Cremers2007] Daniel Cremers, Mikael Rousson, and Rachid Deriche, "A review of statistical approaches to level set segmentation: integrating color, texture, motion and shape," *International Journal of Computer Vision*, Vol.72, No.2, pp.195–215.

[Criminisi2011] Antonio Criminisi, Jamie Shotton, and Ender Konukoglu, "Decision forests: a unified framework for classification, regression, density estimation, manifold learning, and semi-supervised learning," *Foundations and Trends in Computer Graphics and Vision*, Vol.7, No.2–3, pp.81–227.

[Cristianini2000] Nello Cristianini and John Shawe-Taylor, *An Introduction to Support Vector Machines and Other Kernel-based Learning Methods*, Cambridge University Press.

[Csurka2004] Garbriella Csurka, Christopher R. Dance, Lixin Fan, Jutta Willamowski, and Cedric Bray, "Visual categorization with bags of keypoints," *International Workshop on Statistical Learning in Computer Vision (European Conference on Computer Vision)*.

[Datar2004] Mayur Datar, Nicole Immorlica, Piotr Indyk, and Vahab S. Mirrokni, "Locality-sensitive hashing scheme based on p-stable distributions," *ACM Symposium on Computational Geometry*, pp.253–262.

[Dickinson2009] Sven J. Dickinson, Aleš Leonardis, Bernt Schiele, and Michael J. Tarr, *Object Categorization: Computer and Human Vision Perspectives*, Cambridge University Press.

[Dietterich2000] Thomas G. Dietterich, "An empirical comparison of three methods for constructing ensembles of decision trees: bagging, boosting, and randomization," *Machine Learning*, Vol.40, pp.139–157.

[Divvala2009] Santosh K. Divvala, Derek Hoiem, James H. Hays, Alexei A. Efros, and Martial Hebert, "An empirical study of context in object detection," *IEEE Conference on Computer Vision and Pattern Recognition*, pp.1271–1278.

[Di Zenzo86] S. Di Zenzo, "A note on the gradient of a multi-image," *Computer Vision, Graphics, and Image Processing*, Vol.33, pp.116–125.

[Driver2001] Jon Driver, "A selective review of selective attention research from the past century," *British Journal of Psychology*, Vol.92, pp.53–78.

[Duan2003] K. Duan, S. S. Keerthi, and A. N. Poo, "Evaluation of simple performance measures for tuning SVM hyperparameters," *Neurocomputing*, Vol.51, pp.41–59.

[Engl96] Heinz Werner Engl, Martin Hanke, and Andreas Neubauer, *Regularization of Inverse Problems*, Kluwer Academic Publishers.

[Estrada2005] Francisco J. Estrada, *Advances in Computational Image Segmentation and Perceptual Grouping*, PhD Dissertation, University of Toronto.

[Estrada2009] Francisco J. Estrada and Allan D. Jepson, "Benchmarking image segmentation algorithms," *International Journal of Computer Vision*, Vol.85, pp.167–181.

[Everingham2010] Mark Everingham, Luc Van Gool, Christopher K. I. Williams, John Winn, and Andrew Zisserman, "The Pascal visual object classes (VOC) Challenge," *International Journal of Computer Vision*, Vol.88, pp.303–338.

[Fan2005] R. E. Fan, P. H. Chen, and C. J. Lin, "Working set selection using second order information for training SVM," *Journal of Machine Learning Research*, Vol.6, pp.1889–1918.

[Farid2004] Hany Farid and Eero Simoncelli, "Differenciation of discrete multi-dimensional signals," *IEEE Transactions on Image Processing*, Vol.13, No.4, pp.496–508.

[Fasel2003] B. Fasel and Juergen Luettin, "Automatic facial expression analysis: a survey," *Pattern Recognition*, Vol.36, No.1, pp.259-275.

[Fawcett2006] Tom Fawcett, "An introduction to ROC analysis," *Pattern Recognition Letters*, Vol.27, pp.861-874.

[Fei-Fei2006] Li Fei-Fei, Rob Fergus, and Pietro Perona, "One-shot learning of object categories," *IEEE Transactions on Pattern Analysis and Machine Intelligence*, Vol.28, No.4, pp.594-611.

[Felzenszwalb98] Pedro F. Felzenszwalb and Daniel P. Huttenlocher, "Image segmentation using local variation," *International Conference on Computer Vision*, pp.98-104.

[Felzenszwalb2004] Pedro F. Felzenszwalb and Daniel P. Huttenlocher, "Efficient graph-based image segmentation," *International Journal of Computer Vision*, Vol.59, No.2, pp.167-181.

[Felzenszwalb2005] Pedro F. Felzenszwalb and Daniel P. Huttenlocher, "Pictorial structures for object recognition," *International Journal of Computer Vision*, Vol.61, No.1, pp.55-79.

[Fergus2003] Rob Fergus, Pietro Perona, and Andrew Zisserman, "Object class recognition by unsupervised scale-invariant learning," *IEEE Conference on Computer Vision and Pattern Recognition*, pp.264-271.

[Fergus2007] Rob Fergus, Pietro Perona, and Andrew Zisserman, "Weakly supervised scale-invariant learning of models for visual recognition," *International Journal of Computer Vision*, Vol.71, No.3, pp.273-303.

[Finlayson2004] Graham D. Finlayson, Mark S. Drew, and Cheng Lu, "Intrinsic images by entropy minimization," *European Conference on Computer Vision* (LNCS 3023), pp.582-595.

[Finlayson2006] Graham D. Finlayson, Steven D. Hordley, Cheng Lu, and Mark S. Drew, "On the removal of shadows from images," *IEEE Transactions on Pattern Analysis and Machine Intelligence*, Vol.28, No.1, pp.59-68.

[Fischler73] Martin A. Fischler and R. A. Elschlager, "The representation and matching of pictorial structures," *IEEE Transactions on Computers*, Vol.22, No.1, pp.67-92.

[Fischler81] Martin A. Fischler and Robert C. Bolles, "Random sample consensus: a paradigm for model fitting with applications to image analysis and automated cartography," *Communications of the ACM*, Vol.24, No.6, pp.381-395.

[Fleet2005] David J. Fleet and Yair Weiss, "Optical flow estimation," in *Mathematical Models in Computer Vision: The Handbook* (Edited by N. Papagios, Y. Chen, and O Faugeras), Springer, pp.239-258.

[Flusser2000] Jan Flusser, "On the independence of rotation moment invariants," *Pattern Recognition*, Vol.33, pp.1405-1410.

[Ford62] L. Ford and D. Fulkerson, *Flows in Networks*, Princeton University Press.

[Freeman61] H. Freeman, "On the encoding of arbitrary geometric configuration," *IRE Transactions on Electronic Computers*, Vol.10, No.2, pp.260-268.

[Freeman2000] William T. Freeman, Egon C. Rasztor, and Owen T. Carmichael, "Learning low-level vision," *International Journal of Computer Vision*, Vol.40, No.1, pp.25-47.

[Freund96] Yoav Freund and Robert E. Schapire, "Experiments with a new boosting algorithm," *International Conference on Machine Learning*, pp.148-156.

[Frisby2010] John P. Frisby and James V. Stone, *Seeing: The Computational Approach to Biological Vision*, MIT Press.

[Fu2010] Yun Fu, Guodong Guo, and Thomas S. Huang, "Age synthesis and estimation via faces: a survey," *IEEE Transactions on Pattern Analysis and Machine Intelligence*, Vol.32, No.11, pp.1955–1976.

[Fukushima80] Kunihiko Fukushima, "Neocognitron: a self-organizing neural network model for a mechanism of pattern recognition unaffected by shift in position," *Biological Cybernetics*, Vol.36, No.4, pp.193–202.

[Fukushima2003] Kunihiko Fukushima, "Neocognitron for handwritten digit recognition," *Neurocomputing*, Vol.51, pp.161–180.

[Galleguilos2010] Carolina Galleguilos and Serge Belongie, "Context based object categorization: a critical survey," *Computer Vision and Image Understanding*, Vol.114, No.6, pp.712–722.

[Garcia2004] Christophe Garcia and Manolis Delakis, "Convolutional face finder: a neural architecture for fast and robust face detection," *IEEE Transactions on Pattern Analysis and Machine Intelligence*, Vol.26, No.11, pp.1408–1423.

[Geng2011] Jason Geng, "Structured-light 3D surface imaging: a tutorial," *Advances in Optics and Photonics*, Vol.3, pp.128–160.

[Gervers2012] Theo Gevers, Arjan Gijsenij, Joost van de Weijer, and Jan-Mark Geusebroek, *Color in Computer Vision: Fundamentals and Applications*, Wiley.

[Girod2011] Bernd Girod, Vijay Chandrasekhar, Radek Grzeszczuk, and Yuriy A. Reznik, "Mobile visual search: architectures, technologies, and the emerging MPEG standard," *IEEE Multimedia*, Vol.18, No.3, pp.86–94.

[Glocker2008] Ben Glocker, Nikos Paragios, Nikos Komodakis, Georgios Tziritas, and Nassir Navab, "Optical flow estimation with uncertainties through dynamic MRFs," *IEEE Conference on Computer Vision and Pattern Recognition*, pp.1–8.

[Gong2007] Minglun Gong, Ruigang Yang, Liang Wang, and Mingwei Gong, "A performance study on different cost aggregation approaches used in real-time stereo matching," *International Journal of Computer Vision*, Vol.75, No.2, pp.283–296.

[Gonzalez2010] Rafael C. Gonzalez and Richard E. Woods, *Digital Image Processing*, 3rd Edition, Pearson.

[Gonzalez2011] Rafael C. Gonzalez, Richard E. Woods, and Steve L. Eddins, *Digital Image Processing using Matlab*, 2nd Edition, McGraw Hill.

[Gordon2006] Iryna Gordon and David G. Lowe, "What and where: 3D object recognition with accurate pose," in *Toward Category-Level Object Recognition*, Springer-Verlag, pp.67–82.

[Gould2009] Stephen Gould, Richard Fulton, and Daphne Koller, "Decomposing a scene into geometric and semantically consistent regions," *International Conference on Computer Vision*, pp.1–8.

[Greig89] D. Greig, B. Porteous, and A. Seheult, "Exact maximum a posteriori estimation for binary images," *Journal of the Royal Statistical Society*, Vol.51, No.2, pp.271–279.

[Grosse2009] Roger Grosse, Micah K. Johnson, Edward H. Adelson, and William T. Freeman, "Ground truth dataset and baseline evaluation for intrinsic image algorithms," *International Conference on Computer*

*Vision*, pp.2335–2342.

[Grzegorzek2013] Marcin Grzegorzek, Christian Theobalt, Reinhard Koch, and Andreas Kolb (Editors), *Time of Flight and Depth Imaging* (LNCS 8200), Springer.

[Han2012] Jungong Han, Eric J. Pauwels, Paul M. de Zeeuw, and Peter H. N. de With, "Employing a RGB–D sensor for real–time tracking of humans across multiple re–entries in a smart environment," *IEEE Transactions on Consumer Electronics*, Vol.58, No.2, pp.255–263.

[Han2013] Jungong Han, Ling Shao, Dong Xu, and Jamie Shotton, "Enhanced computer vision with Microsoft Kinect sensor: a review," *IEEE Transactions on Cybernetics*, Vol.43, No.5, pp.1318–1334.

[Hanbury2008] Allan Hanbury, "How do superpixels affect image segmentation?" *Progress in Pattern Recognition, Image Analysis and Applications* (LNCS 5197), pp.178–186.

[Hansard2012] Miles Hansard, Seungkyu Lee, Ouk Choi, and Radu Horaud, "Time–of–flight cameras: principles, methods and applications," *Springer Briefs in Computer Science*.

[Harris88] Chris Harris and Mike Stephens, "A combined corner and edge detector," *Alvey Vision Conference*, pp.147–151.

[Hartley2000] Richard Hartley and Andrew Zisserman, *Multiple View Geometry in Computer Vision*, Cambridge University Press.

[Heinley2012] Jared Heinly, Enrique Dunn, and Jan–Michael Frahm, "Comparative evaluation of binary features," *European Conference on Computer Vision*, pp.759–773.

[Heitz93] Fabrixe Heitz and Patrick Bouthemy, "Multimodal estimation of discontinuous optical flow using Markov random fields," *IEEE Transactions on Pattern Analysis and Machine Intelligence*, Vol.15, No.12, pp.1217–1232.

[Helten2013] Thomas Helten, Andreas Baak, Meinard Muller, and Christian Theobalt, "Full–body human motion capture from monocular depth images," in *Time of Flight and Depth Imaging* (Edited by Marcin Grzegorzek et al., LNCS 8200), Springer.

[Henderson2007] John M. Henderson, James R. Brockmole, Monica S. Castelhano, and Michael Mack, "Visual saliency does not account for eye movements during visual search in real–world scenes," in *Eye Movement Research: A Window on Mind and Brain* (Edited by R.P.G. Van Gompel et al.), Elsevier.

[Hertzmann2001] Aaron Hertzmann, Charles E. Jacobs, Nuria Oliver, Brian Curless, and David H. Salesin, "Image analogies," *ACM SIGGRAPH*, pp.327–340.

[Hess2010] Rob Hess, "An Open–source SIFT library," *ACM International Conference on Multimedia*, pp.1493–1496.

[Hinton2006] Geoffrey E. Hinton, Simon Osindero, and Yee–Whye Teh, "A fast learning algorithm for deep belief nets," *Neural Computation*, Vol.18, No.7, pp.1527–1554.

[Hinton2012] G. E. Hinton, N. Srivastava, A. Krizhevsky, I. Sutskever, and R. R. Salakhutdinov, "Improving neural networks by preventing co–adaptation of feature detectors," http://arxiv.org/pdf/1207.0580.pdf.

[Ho98] Tin Kam Ho, "The random subspace method for constructing decision forests," *IEEE Transactions on Pattern Analysis and Machine Intelligence*, Vol.20, No.8, pp.832–844.

[Horn81] Berthold Klaus Paul Horn, "Determining optical flow," *Artificial Intelligence*, Vol.17, pp.185–203.

[Horn86] Berthold Klaus Paul Horn, *Robot Vision*, The MIT Press.

[Hough62] Paul V. C. Hough, "Methods and means for recognizing complex patterns," US Patent 3069654.

[Howarth2004] Peter Howarth and Stefan Ruger, "Evaluation of texture features for content-based image retrieval," *International Conference on Image and Video Retrieval* (LNCS 3115), pp.326–334.

[Hsu2014] C. W. Hsu, C. C. Chang, and C. J. Lin. "A practical guide to support vector classification," http://www.csie.ntu.edu.tw/~cjlin/libsvm/.

[Hu62] Ming-Kuei Hu, "Visual pattern recognition by moment invariants," *IRE Transactions on Information Theory*, Vol.8, pp.179–187.

[Huang97] Jing Huang, S. Ravi Kumar, Mandar Mitra, Wei-Jing Zhu, and Ramin Zabih, "Image indexing using color correlograms," *IEEE Conference on Computer Vision and Pattern Recognition*, pp.762–768.

[Hubel59] David H. Hubel and Torsten N. Wiesel, "Receptive fields of single neurons in the cat's striate cortex," *Journal of Physiology*, Vol.148, pp.574–591.

[Hubel2005] David H. Hubel and Torsten N. Wiesel, *Brain and Visual Perception: The Story of a 25-Year Collaboration*, Oxford University Press.

[Huber81] Peter J. Huber, *Robust Statistics*, John Wiley.

[Huertas86] Andres Huertas and Gerard Medioni, "Detection of intensity changes with subpixel accuracy using Laplacian-Gaussian masks," *IEEE Transactions on Pattern Analysis and Machine Intelligence*, Vol.8, No.5, pp.651–664.

[Hummel93] Robert Hummel and V. Sundareswaran, "Motion parameter estimation from global flow field data," *IEEE Transactions on Pattern Analysis and Machine Intelligence*, Vol.15, No.5, pp.459–476.

[Hupkens95] T. M. Hupkens and J. de Clippeleir, "Noise and intensity invariant moments," *Pattern Recognition*, Vol.16, pp.371–376.

[Itti98] Laurent Itti, Christof Koch, and Ernst Niebur, "A model of saliency-based visual attention for rapid scene analysis," *IEEE Transactions on Pattern Analysis and Machine Intelligence*, Vol.20, No.11, pp.1254–1259.

[Ivanciuc2007] Ovidiu Ivanciuc, "Applications of support vector machines in chemistry," *Reviews in Computational Chemistry*, Vol.23, pp.291–400.

[Jafri2009] Rabia Jafri and Hamid R. Arabnia, "A survey of face recognition techniques," *Journal of Information Processing Systems*, Vol.5, No.2, pp.41–68.

[Jain79] Ramesh Jain and H. H. Nagel, "On the analysis of accumulative difference pictures from image sequences of real world scenes," *IEEE Transactions on Pattern Analysis and Machine Intelligence*, Vol.1, No.2, pp.206–214.

[Jain81] Ramesh Jain, "Dynamic scene analysis using pixel-based processes," *IEEE Computer*, Vol.14, No.8, pp.12–18.

[Jain90] Anil. K. Jain and Farshid Farrokhnia, "Unsupervised texture segmentation using Gabor filters," *IEEE International Conference on Systems, Man, and Cybernetics*, pp.14–19.

[Jain2008] Anil K. Jain, Patrick Flynn, and Arun A. Ross(Editors), *Handbook of Biometrics*, Springer.

[Jia2013] Kui Jia, Xiaogang Wang, and Xiaoou Tang, "Image transformation based on learning dictionaries across image spaces," *IEEE Transactions on Pattern Analysis and Machine Intelligence*, Vol.35, No.2, pp.367-380.

[Joachims99] Thorsten Joachims, "Making large-scale SVM learning practical," in *Advances in Kernel Methods-Support Vector Learning* (Edited by B. Scholkopf, C. J. C. Burges, and A. J. Smola), MIT Press, pp.41-56.

[Jones2014] Nicola Jones, "The learning machines," *Nature*, Vol.505, pp.146-148.

[Judd2009] Tilke Judd, Krista Ehinger, Fredo Durand, and Antonio Torralba, "Learning to predict where humans look," *International Conference on Computer Vision*, pp.2106-2113.

[Judd2012] Tilke Judd, Fredo Durand, and Antonio Torralba, "A benchmark of computational models of saliency to predict human fixations," MIT Technical Report.

[Kadir2001] Timor Kadir and Michael Brady, "Saliency, scale and image description," *International Journal of Computer Vision*, Vol.45, No.2, pp.83-105.

[Kaehler2013] O. Kaehler and I. D. Reid, "Efficient scene labeling using fields of trees," *International Conference on Computer Vision*, pp.3064-3071.

[Kanade73] Takeo Kanade, *Computer Recognition of Human Faces*, Birkhauser.

[Kass87] Michael Kass, Andrew Witkin, and Demetri Terzopoulos, "Snakes: active contour models," *International Conference on Computer Vision*, pp.259-269.

[Kass88] Michael Kass, Andrew Witkin, and Demetri Terzopoulos, "Snakes: active contour models," *International Journal of Computer Vision*, Vol.1, No.4, pp.321-331.

[Ke2004] Yan Ke and Rahul Sukthankar, "PCA-SIFT: a more distinctive representation for local image descriptors," *IEEE Conference on Computer Vision and Pattern Recognition*, Vol.2, pp.506-513.

[Kelly70] M. D. Kelly, "Visual identification of people by computer," Technical Report AI-130, Stanford University.

[Koch85] C. Koch and S. Ullman, "Shifts in selective visual attention: towards the underlying neural circuitry," *Human Neurobiology*, Vol.4, pp.219-227.

[Koo2013] Hyung Il Koo and Duck Hoon Kim, "Scene text detection via connected component clustering and nontext filtering," *IEEE Transactions on Image Processing*, Vol.22, No.6, pp.2296-2305.

[Krizhevsky2012] Alex Krizhevsky, Ilya Sutskever, and Geoffrey E. Hinton, "ImageNet classification with deep convolutional neural networks," *Neural Information Processing Systems*, pp.1106-1114.

[Kruger2013] Norbert Kruger, Peter Janssen, Sinan Kalkan, Markus Lappe, Ales Leonardis, Justus Piater, Antonio J. Rodriguez-Sanchez, and Laurenz Wiskott, "Deep hierarchies in the primate visual cortex: what can we learn for computer vision?," *IEEE Transactions on Pattern Analysis and Machine Intelligence*, Vol.35, No.8, pp.1847-1871.

[Kumar2012] Neeraj Kumar, Peter N. Belhumeur, Arijit Biswas, David W. Jacobs, W. John Kress, Ida C. Lopez, and Joaa V. B. Soares, "Leafsnap: a computer vision system for automatic plant species identification,"

*European Conference on Computer Vision*, pp.502–516.

[Lai2011] Kebin Lai, Liefeng Bo, Xiaofeng Ren, and Dieter Fox, "A large–scale hierarchical multi–view RGB–D object dataset," *IEEE International Conference on Robotics and Automation*, pp.1817–1824.

[Lam92] Louisa Lam, Seong–Whan Lee, and Ching Y. Suen, "Thinning methodologies: a comprehensive survey," *IEEE Transactions on Pattern Analysis and Machine Intelligence*, Vol.14, No.9, pp.869–885.

[Lampert2009] Christoph H. Lampert, "Kernel methods in computer vision," *Foundations and Trends in Computer Graphics and Vision*, Vol.4, No.3, pp.193–285.

[Lawrence97] Steve Lawrence, C. Lee Giles, Ah Chung Tsoi, and Andrew D. Back, "Face recognition: a convolutional neural–network approach," *IEEE Transactions on Neural Networks*, Vol.8, No.1, pp.98–113.

[Lazebnik2006] Svetlana Lazebnik, Cordelia Schmid, and Jean Ponce, "Beyond bags of features: spatial pyramid matching for recognizing natural scene categories," *IEEE Conference on Computer Vision and Pattern Recognition*, pp.2169–2178.

[LeCun89] Yann LeCun, B. Boser, J. S. Denker, D. Henderson, R. E. Howard, W. Hubbard, and L. D. Jeckel, "Backpropagation applied to handwritten zip code recognition," *Neural Computation*, Vol.1, pp.541–551.

[LeCun98] Yann LeCun, Leon Bottou, Yoshua Bengio, and Patrick Haffner, "Gradient–based learning applied to document recognition," *Proceedings of the IEEE*, Vol.86, No.11, pp.2278–2324.

[Leibe2008] Bastian Leibe, Ales Leonardis, and Bernt Schiele, "Robust object detection with interleaved categorization and segmentation," *International Journal of Computer Vision*, Vol.77, pp.259–289.

[Lempitsky2008] Victor Lempitsky, Stefan Roth, and Carsten Rother, "FusionFlow: discrete–continuous optimization for optical flow estimation," *IEEE Conference on Computer Vision and Pattern Recognition*, pp.1–8.

[Leutenegger2011] Stefan Leutenegger, Margarita Chli, and Roland Y. Siegwart, "BRISK: binary robust invariant scalable keypoints," *International Conference on Computer Vision*, pp.2548–2555.

[Lhuillier2002] Maxime Lhuillier and Long Quan, "Match propagation for image–based modeling and rendering," *IEEE Transactions on Pattern Analysis and Machine Intelligence*, Vol.24, No.8, pp.1140–1146.

[Li2009] Stan Z. Li, *Markov Random Field Modeling in Image Analysis*, 3rd Edition, Springer.

[Lienhart2002] Rainer Lienhart abd Jochen Maydt, "An extended set of Haar–like features for rapid object detection," *International Conference on Image Processing*, pp.900–903.

[Lindeberg90] Tony Lindeberg, "Scale–space for discrete signals," *IEEE Transactions on Pattern Analysis and Machine Intelligence*, Vol.12, No.3, pp.234–254.

[Lindeberg98] Tony Lindeberg, "Feature detection with automatic scale selection," *International Journal of Computer Vision*, Vol.30, No.2, pp.79–116.

[Lindeberg2008] Tony Lindeberg, "Scale–space," in *Encyclopedia of Computer Science and Engineering* (Vol. IV), John Wiley and Sons, pp.2495–2504.

[Liu2007] Ce Liu, Heung–Yeung Shum, and William T. Freeman, "Face hallucination: theory and practice," *International Journal of Computer Vision*, Vol.75, No.1, pp.115–134.

[Liu2011a] Ce Liu, Jenny Yuen, and Antonio Torralba, "Nonparametric scene parsing: label transfer via dense scene alignment," *IEEE Conference on Computer Vision and Pattern Recognition*, pp.1972-1979.

[Liu2011b] Ce Liu, Jenny Yuen, and Antonio Torralba, "SIFT flow: dense correspondence across scenes and its applications," *IEEE Transactions on Pattern Analysis and Machine Intelligence*, Vol.33, No.5, pp.978-994.

[Loop99] Charles Loop and Zhengyou Zhang, "Computing rectifying homographies for stereo vision," *IEEE Conference on Computer Vision and Pattern Recognition*, pp.125-131.

[Lowe99] David G. Lowe, "Object recognition from local scale-invariant features," *International Conference on Computer Vision*, pp.1150-1157.

[Lowe2004] David G. Lowe, "Distinctive image features from scale-invariant keypoints," *International Journal of Computer Vision*, Vol.60, No.2, pp.91-110.

[Lu2004] Xiaoguang Lu, Xiaoguang Lu, and Anil K. Jain, "Ethnicity identification from face images," *SPIE International Symposium on Defense and Security: Biometric Technology for Human Identification*, pp.114-123.

[Lucas81] Bruce D. Lucas and Takeo Kanade, "An iterative image registration technique with an application to stereo vision," *International Joint Conference on Artificial Intelligence*, pp.674-679.

[Lucas84] Bruce D. Lucas, *Generalized Image Matching by the Method of Differences*, PhD Dissertation, Carnegie Melon University.

[Luxburg2007] Ulrike Luxburg, "A tutorial on spectral clustering," *Statistics and Computing*, Vol.17, No.4, pp.395-416.

[Mair2010] Elmar Mair, Gregory D. Hager, Darius Burschka1, Michael Suppa, and Gerhard Hirzinger, "Adaptive and generic corner detection based on the accelerated segment test," *European Conference on Computer Vision*, pp.183-196.

[Marr80] David Marr and E. Hildreth, "Theory of edge detection," *Proceedings of the Royal Society of London* (B), Vol.207, pp.187-217.

[Marr82] David Marr, *Vision: A Computational Investigation into the Human Representation and Processing of Visual Information*, Freeman (Republished by The MIT Press, 2010).

[Marques2011] Oge Marques, Elan Barenholtz, and Vincent Charvillat, "Context modeling in computer vision: techniques, implications, and applications," *Multimedia Tools and Applications*, Vol.51, No.1, pp.303-339.

[Martin2001] D. Martin, C. Fowlkes, D. Tal, and Jitendra Malik, "A database of human segmented natural images and its application to evaluating segmentation algorithms and measuring ecological statistics," *International Conference on Computer Vision*, pp.416-423.

[McFarlane72] Maynard D. McFarlane, "Digital pictures fifty years ago," *Proceedings of The IEEE*, Vol.60, No.7, pp.768-770.

[Meer91] Peter Meer, Doron Mintz, Azriel Rosenfeld, and Dong Yoon Kim, "Robust regression methods for computer vision: a review," *International Journal of Computer Vision*, Vol.6, No.1, pp.59-70.

[Meyer93] F. Meyer, "Topographic distance and watershed lines," *Signal Processing*, Vol.38, No.1, pp.113-125.

[Mikolajczyk2002a] Krystian Mikolajczyk and Cordelia Schmid, "An affine invariant interest point detector," *European Conference on Computer Vision*, pp.128–142.

[Mikolajczyk2002b] Krystian Mikolajczyk, *Detection of Local Features Invariant to Affine Transformations*, PhD Dissertation, Institut National Polytechnique de Grenoble, France.

[Mikolajczyk2004] Krystian Mikolajczyk and Cordelia Schmid, "Scale & affine invariant interest point detectors," *International Journal of Computer Vision*, Vol.60, No.1, pp.63–86.

[Mikolajczyk2005a] Krystian Mikolajczyk and Cordelia Schmid, "A performance evaluation of local descriptors," *IEEE Transactions on Pattern Analysis and Machine Intelligence*, Vol.27, No.10, pp.1615–1630.

[Mikolajczyk2005b] Krystian Mikolajczyk, T. Tuytelaars, Cordelia Schmid, A. Zisserman, J. Matas, F. Schaffalitzjy, T. Kadir, and Luc Van Gool, "A Comparison of affine region detectors," *International Journal of Computer Vision*, Vol.65, No.1–2, pp.43–72.

[Miksik2012] Ondrej Miksik and Krystian Mikolajczyk, "Evaluation of local detectors and descriptors for fast feature matching," *International Conference on Pattern Recognition*, pp.2681–2684.

[Mitchell97] Tom M. Mitchell, *Machine Learning*, McGraw Hill.

[Mitra2007] Sushmita Mitra and Tinku Acharya, "Gesture recognition: a survey," *IEEE Transactions on Systems, Man, and Cybernetics–Part C: Applications and Reviews*, Vol.37, No.3, pp.311–324.

[Moeslund2006] Thomas B. Moeslund, Adrian Hilton, and Volker Kruger, "A survey of advances in vision-based human motion capture and analysis," *Computer Vision and Image Understanding*, Vol.104, pp.90–126.

[Moons2010] Theo Moons, Luc Van Gool, and Maarten Vergauwen, "3D reconstruction from multiple images: part 1: principles," *Foundations and Trends in Computer Graphics and Vision*, Vol.4, No.4, pp.287–404.

[Moravec80] H. Moravec, "Obstacle avoidance and navigation in the real world by a seeing robot rover," Technical Report CMU–RI–TR–3, Carnegie–Mellon University, Robotics Institute.

[Mortensen95] Eric N. Mortensen and William A. Barrett, "Intelligent scissors for image composition," *ACM SIGGRAPH*, pp.191–198.

[Mortensen98] Eric N. Mortensen and William A. Barrett, "Interactive segmentation with intelligent scissors," *Graphical Models and Image Processing*, Vol.60, No.5, pp.349–384.

[Muhammad2012] Ghulam Muhammad, Muhammad Hussain, Fatmah Alenezy, Anwar M. Mirza1, George Bebis, and Hatim Aboalsamh, "Race recognition using local descriptors," *IEEE International Conference on Acoustics, Speech and Signal Processing*, pp.1525–1528.

[Muja2009] Marius Muja and David G. Lowe, "Fast approximate nearest neighbors with automatic algorithm configuration," *International Conference on Computer Vision Theory and Applications*, pp.331–340.

[Mundy2006] Joseph L. Mundy, "Object recognition in the geometric era: a retrospective," *Toward Category–Level Object Recognition* (LNCS 4170), pp.3–29.

[Naccache84] Nabil Jean Naccache and Rajjan Shinghal, "SPTA: a proposed algorithm for thinning binary patterns," *IEEE Transactions on Systems, Man, and Cybernetics*, Vol.SMC–14, No.3, pp.409–418.

[Najman2010] Laurent Najman and Hugues Talbot (Edited), *Mathematical Morphology: from Theory to Applications*, Wiley.

[Navon77] David Navon, "Forest before trees: the precedence of global features in visual perception," *Cognitive Psychology*, Vol.9, No.3, pp.353−383.

[Ng2012] Choon Boon Ng, Yong Haur Tay, and Bok Min Goi, "Vision−based human gender recognition: a survey," http://arxiv.org/abs/1204.1611.

[Nilsback2008] M. Nilsback and Andrew Zisserman, "Automated flower classification over a large number of classes," *Indian Conference on Computer Vision, Graphics, and Image Processing*, pp.722−729.

[Nobel−prize81] "The Nobel prize in physiology or medicine 1981," http://www.nobelprize.org/nobel_prizes/medicine/laureates/1981/.

[O'Donovan2005] Peter O'Donovan, "Optical flow: techniques and applications," Technical Report 502425, The University of Saskatchewan.

[Ohta2007] Yuichi Ohta, Itaru Kitahara, Yoshinari Kameda, Hiroyuki Ishikawa, and Takayoshi Koyama, "Live 3D video in soccer stadium," *International Journal of Computer Vision*, Vol.75, No.1, pp.173−187.

[Ojala96] Timo Ojala, Matti Pietikainen, and David Harwood, "A comparative study of texture measures with classification based on feature distributions," *Pattern Recognition*, Vol.29, No.1, pp.51−59.

[Ojala2002] Timo Ojala, Matti Pietikainen, and Topi Maenpaa, "Multiresolution gray−scale and rotation invariant texture classification with local binary patterns," *IEEE Transactions on Pattern Analysis and Machine Intelligence*, Vol.24, No.7, pp.971−987.

[Oliva2006] Aude Oliva and Antonio Torralba, "Building the gist of a scene: the role of global image features in recognition," in *Progress in Brain Research*, Chapter 2, pp.23−36.

[Oliva2007] Aude Oliva and Antonio Torralba, "The role of context in object recognition," *Trends in Cognitive Science*, Vol.11, No.12, pp.529−527.

[Opelt2006] Andreas Opelt, Axel Pinz, Michael Fussenegger, and Peter Auer, "Generic object recognition with boosting," *IEEE Transactions on Pattern Analysis and Machine Intelligence*, Vol.28, No.3, pp.416−431.

[Osadchy2005] Margarita Osadchy, Yann LeCun, Matthew L. Miller, and Pietro Perona, "Synergistic face detection and pose estimation with energy−based model," *Neural Information Processing Systems*, pp.1017−1024.

[Osher88] Stanley Osher and James A. Sethian, "Fronts propagating with curvature−dependent speed: algorithms based on Hamilton−Jacobi formulations," *Journal of Computational Physics*, Vol.79, No.1, pp.12−49.

[Osher2003] Stanley Osher and N. Paragios, *Geometric Level Set Methods in Imaging Vision and Graphics*, Springer Verlag.

[Osuna97] Edgar Osuna, Robert Freund, and Federico Girosi, "Training support vector machines: an application to face detection," *IEEE Conference on Computer Vision and Pattern Recognition*, pp.130−136.

[Otsu79] Nobuyuki Otsu, "A threshold selection method from gray−level histograms," *IEEE Transactions on Systems, Man, and Cybernetics*, Vol.9, No.1, pp.62‑66.

[Papageorgiou98] Constantine P. Papageorgiou, Michael Oren, and Tomaso Poggio, "A general framework for object detection," *International Conference on Computer Vision*, pp.555–562.

[Paris2007] Sylvain Paris and Fredo Durand, "A topological approach to hierarchical segmentation using mean shift," *IEEE Conference on Computer Vision and Pattern Recognition*, pp.1–8.

[Park2013] Chiwoo Park, J. Z. Huang, J. X. Ji, and Ding Yu, "Segmentation, inference and classification of partially overlapping nanoparticles," *IEEE Transactions on Pattern Analysis and Machine Intelligence*, Vol.35, No.3, pp.669–681.

[Pharr2005] Matt Pharr, Randima Fernando, and Tim Sweeney, *GPU Gems 2: Programming Techniques for High-Performance Graphics and General-Purpose Computation*, Addison-Wesley.

[Pinz2005] Axel Pinz, "Object categorization," *Foundations and Trends in Computer Graphics and Computer Vision*, Vol.1, No.4, pp.255–353.

[Polikar2006] Robi Polikar, "Ensemble based systems in decision making," *IEEE Circuits and Systems*, Vol.6, No.3, pp.21–45.

[Poppe2007] Ronald Poppe, "Vision-based human motion analysis: an overview," *Computer Vision and Image Understanding*, Vol.108, pp.4–18.

[Prewitt70] Judith M. S. Prewitt, "Object enhancement and extraction," in *Picture Processing and Psychopictorics* (Edited by B. S. Lipkin and Azriel Rosenfeld), Academic Press.

[Queirolo2010] Chaua Queirolo, Luciano Silva, Olga R. P. Bellon, and Mauricio Pamplona Segundo, "3D face recognition using simulated annealing and the surface interpenetration measure," *IEEE Transactions on Pattern Analysis and Machine Intelligence*, Vol.32, No.2, pp.206–219.

[Rahurkar2010] Mandar Rahurkar, Shen-Fu Tsai, Charlie Dagli, and Thomas S. Huang, "Image interpretation using large corpus: Wikipedia," *Proceedings of the IEEE*, Vol.98, No.8, pp.1509–1525.

[Ren2012] Xiaofeng Ren, Liefeng Bo, and Dieter Fox, "RGB-(D) scene labeling: features and algorithms," *IEEE Conference on Computer Vision and Pattern Recognition*, pp.2759–2766.

[Roberts65] Lawrence Gilman Roberts, "Machine perception of three-dimensional solids," in *Optical and Electro-Optical Information Processing* (Edited by J. T. Tippet et al.), MIT Press, pp.159–197.

[Rosenblatt62] Frank Rosenblatt, *Principles of Neurodynamics: Perceptron and the Theory of Brain Mechanisms*, Spartan Books.

[Rosten2010] Edward Rosten, Reid Porter, and Tom Drummond, "Faster and better: a machine learning approach to corner detection," *IEEE Transactions on Pattern Analysis and Machine Intelligence*, Vol.32, No.1, pp.105–119.

[Rother2004] Carsten Rother, Vladimir Kolmogorov, and Andrew Blake, "GrabCut: interactive foreground extraction using iterated graph cuts," *ACM Transactions on Graphics*, Vol.23, pp.309–314.

[Rousseeuw84] P. J. Rousseeuw, "Least median of squares regression," *Journal of the American Statistical Association*, Vol.79, pp.871–880.

[Rousseeuw87] P. J. Rousseeuw and A. M. Leroy, *Robust Regression and Outlier Detection*, John Wiley.

[Rowley98] Henry A. Rowley, Shumeet Baluja, and Takeo Kanade, "Neural network-based face detection,"

*IEEE Transactions on Pattern Analysis and Machine Intelligence*, Vol.20, No.1, pp.23–38.

[Rublee2011] Ethan Rublee, Vincent Rabaud, Kurt Konolige, and Gary Bradski, "ORB: an efficient alternative to SIFT or SURF," *International Conference on Computer Vision*, pp.2564–2571.

[Rumelhart86] David E. Rumelhart, G. E. Hinton, and R. J. Williams, "Learning internal representations by error propagation," in *Parallel Distributed Processing: Explorations in the Microstructure of Cognition*, (Volume 1: Foundations), (Edited by David E. Rumelhart, James L. McClelland, and PDP Research Group), pp.318–362.

[Sahoo88] P. K. Sahoo, S. Soltani, and A. K. C. Wong, "A survey of thresholding techniques," *Computer Vision, Graphics, and Image Processing*, Vol.41, No.2, pp.233–260.

[Samet2006] Hanan Samet, *Foundations of Multidimensional and Metric Data Structures*, Morgan Kaufmann.

[Sanders2010] Jason Sanders, *Cuda by Example: an Introduction to General-Purpose GPU Programming*, Addison-Wesley.

[Savarese2006] S. Savarese, J. Winn, and A. Criminisi, "Discriminative object class models of appearance and shape by correlations," *IEEE Conference on Computer Vision and Pattern Recognition*, pp.2033–2040.

[Scharstein97] Daniel Scharstein and Richard Szeliski, "Stereo matching with nonlinear diffusion," *International Journal of Computer Vision*, Vol.28, No.2, pp.155–174.

[Scharstein2002] Daniel Scharstein and Richard Szeliski, "A taxonomy and evaluation of dense two-frame stereo correspondence algorithms," *International Journal of Computer Vision*, Vol.47, No.1, pp.7–42.

[Schmid2000] Cordelia Schmid, Roger Mohr, and Christian Bauckhage, "Evaluation of interest point detectors," *International Journal of Computer Vision*, Vol.37, No.2, pp.151–172.

[Shahab2011] Asif Shahab, Faisal Shafait, and Andreas Dengel, "ICDAR 2011 robust reading competition challenge 2: reading text in scene images," *International Conference on Document Analysis and Recognition*, pp.1491–1496.

[Shaikh2010] Ayaz A. Shaikh, Dinesh K. Kumar, Wai C. Yau, M. Z. Che Azemin, and Jayavardhana Gubbi, "Lip reading using optical flow and support vector machines," *International Congress on Image and Signal Processing*, pp.327–330.

[Shakernia2003] Omid Shakernia, Rene Vidal, and Shankar Sastry, "Omnidirectional egomotion estimation from back-projection flow," *International Conference on Computer Vision and Pattern Recognition Workshop*, pp.82–87.

[Shakhnarovich2003] Gregory Shakhnarovich, Paul Viola, and Trevor Darrell, "Fast pose estimation with parameter sensitive hashing," *International Conference on Computer Vision*, pp.750–757.

[Shan2009] Caifeng Shan, Shaogang Gong, and Peter W. McOwan, "Facial expression recognition based on local binary patterns: a comprehensive study," *Image and Vision Computing*, Vol.27, No.6, pp.803–816.

[Shapiro2001] Linda G. Shapiro and George C. Stockman, *Computer Vision*, Prentice Hall.

[Shen2012] Y. Shen, P. Wang, and S. Ma, "Performance study of feature descriptors for human detection on depth map," *International Conference on System Simulation and Scientific Computing*.

[Shi94] Jianbo Shi and Carlo Tomasi, "Good features to track," *IEEE Conference on Computer Vision and Pattern Recognition*, pp.593–600.

[Shi97] Jianbo Shi and Jitendra Malik, "Normalized cuts and image segmentation," *IEEE Conference on Computer Vision and Pattern Recognition*, pp.731–737.

[Shi2000] Jianbo Shi and Jitendra Malik, "Normalized cuts and image segmentation," *IEEE Transactions on Pattern Analysis and Machine Intelligence*, Vol.22, No.8, pp.888–905.

[Shlens2005] Jonathon Shlens, "A tutorial on principal component analysis," Technical Report, Systems Neurobiology Laboratory, University of California at San Diego.

[Shotton2009] Jamie Shotton, John Winn, Carsten Rother, and Antonio Criminisi, "TextonBoost for image understanding: multi-class object recognition and segmentation by jointly modeling texture, layout, and context," *International Journal of Computer Vision*, Vol.81, pp.2–23.

[Shotton2011] Jamie Shotton, Andrew Fitzgibbon, Mat Cook, Toby Sharp, Mark Finocchio, Richard Moore, Alex Kipman, and Andrew Blake, "Real-time human pose recognition in parts from single depth images," *IEEE Conference on Computer Vision and Pattern Recognition*, pp.1297–1304.

[Silberman2012] Nathan Silberman, Derek Hoiem, Pushmeet Kohli, and Rob Fergus, "Indoor segmentation and support inference from RGBD images," *European Conference on Computer Vision*, pp.746–760.

[Sirovich87] L. Sirovich and M. Kirby, "Low-dimensional procedure for the characterization of human faces," *Journal of the Optical Society of America* (A), Vol.4, pp.519–524.

[Sivic2009] Josef Sivic and Andrew Zisserman, "Efficient visual search of videos cast as text retrieval," *IEEE Transactions on Pattern Analysis and Machine Intelligence*, Vol.31, No.4, pp.591–606.

[Smisek2011] Jan Smisek, Michal Jancosek, and Tomas Pajdla, "3D with Kinect," *International Conference on Computer Vision Workshops*, pp.1154–1160.

[Smith95] S. M. Smith and J. M. Brady, "SUSAN – a new approach to low-level image processing," *International Journal of Computer Vision*, Vol.23, No.1, pp.45–78.

[Smith2002] Lindsay I. Smith, "A tutorial on principal component analysis," Cornell University.

[Snavely2006] Noah Snavely, Steven M. Seit, and Richard Szeliski, "Photo tourism: exploring photo collections in 3D," *ACM SIGGRAPH*, pp.835–846.

[Snavely2010] Noah Snavely, Ian Simon, Michael Goesele, Richard Szeliski, and Steven M. Seitz, "Scene reconstruction and visualization from community photo collections," *Proceedings of the IEEE*, Vol.98, No.8, pp.1370–1390.

[Sobel70] Irwin Edward Sobel, *Camera Models and Machine Perception*, PhD Dissertation, Stanford University.

[Socher2011] Richard Socher, Cliff Chiung-Yu Lin, Andrew Y. Ng, and Christopher D. Manning, "Parsing natural scenes and natural languages with recursive neural networks," *International Conference on Machine Learning*.

[Soille2003] Pierre Soille, *Morphological Image Analysis: Principles and Applications*, 2nd Edition, Springer.

[Sonka2008] Milan Sonka, Vaclav Hlavac, and Roger Boyle, *Image Processing, Analysis, and Machine*

*Vision*, 3rd Edition, Thomson.

[Stewart99] Charles V. Stewart, "Robust parameter estimation in computer vision," *SIAM Review*, Vol.41, No.3, pp.513–537.

[Stone2010] Zak Stone, Todd Zickler, and Trevor Darrell, "Toward large–scale face recognition using social network context," *Proceedings of the IEEE*, Vol.98, No.8, pp.1408–1415.

[Suarez2012] Jesus Suarez and Robin R. Murphy, "Hand gesture recognition with depth images: a review," *IEEE International Symposium on Robot and Human Interactive Communication*, pp.411–417.

[Sun2008] Deqing Sun, Stefan Roth, J. P. Lewis, and Michael J. Black, "Learning optical flow," *European Conference on Computer Vision*, pp.83–97.

[Svoboda2008] Tomas Svoboda, Jan Kybic, and Vaclav Hlavac, *Image Processing, Analysis, and Machine Vision: A MATLAB Companion*, 3rd Edition, Thomson Engineering.

[Swain91] Michael J. Swain and Dana H. Ballard, "Color indexing," *International Journal of Computer Vision*, Vol.7, No.1, pp.11–32.

[Szeliski2006] Richard Szeliski, "Image alignment and stitching: a tutorial," *Foundations and Trends in Computer Graphics and Computer Vision*, Vol.2, No.1, pp.1–104.

[Szeliski2011] Richard Szeliski, *Computer Vision: Algorithms and Applications*, Springer.

[Takacs2008] Garbriel Takacs, Vijay Chandrasekhar, Natasha Gelfand, Yingen Xiong, Wei–Chao Chen, Thanos Bismpigiannis, Radek Grzeszczuk, Kari Pulli, and Bernd Girod, "Outdoors augmented reality on mobile phone using loxel–based visual feature organization," *ACM International Conference on Multimedia Information Retrieval*, pp.427–434.

[Tan2010] Xiaoyang Tan and Bill Triggs, "Enhanced local texture feature sets for face recognition under difficult lighting conditions," *IEEE Transactions on Image Processing*, Vol.19, No.6, pp.1635–1650.

[Tang2012] Shuai Tang, Xiaoyu Wang, Xutao Lv, Tony X. Han, James Keller, Zhihai He, Marjorie Skubic, and Shihong Lao, "Histogram of oriented normal vectors for object recognition with a depth sensor," *Asian Conference on Computer Vision* (LNCS 7715), pp.525–538.

[Tappen2005] Marshall F. Tappen, William T. Freeman, and Edward H. Adelson, "Recovering intrinsic images from a single image," *IEEE Transactions on Pattern Analysis and Machine Intelligence*, Vol.27, No.9, pp.1459–1472.

[Terzopoulos86] Demetri Terzopoulos, "Regularization of inverse visual problems involving discontinuities," *IEEE Transactions on Pattern Analysis and Machine Intelligence*, Vol.8, No.4, pp.413–424.

[Theodoridis2009] Sergios Theodoridis and Konstantinos Koutroumbas, *Pattern Recognition*, 4th Edition, Academic Press.

[Theodoridis2010] Sergios Theodoridis, Aggelos Pikrakis, Konstantinos Koutroumbas, and Dionisis Cavouras, *Introduction to Pattern Recognition: A MATLAB Approach*, Academic Press.

[Tian96] Tina Y. Tian, Carlo Tomasi, and David J. Heeger, "Comparison of approaches to egomotion computation," *IEEE Conference on Computer Vision and Pattern Recognition*, pp.315–320.

[Tistarelli91] M. Tistarelli, E. Grosso, and G. Sandini, "Dynamic stereo in visual navigation," *IEEE Conference* on *Computer Vision and Pattern Recognition*, pp.186–193.

[Tomasi91] Carlo Tomasi and Takeo Kanade, "Detection and tracking of point features," Technical Report, CMU–CS–91–132, Carnegie Melon University.

[Torralba2010] Antonio Torralba, Keven Murphy, and William T. Freeman, "Using the forest to see the trees: exploiting context for visual object detection and localization," *Communications of the ACM*, Vol.53, No.3, pp.107–114.

[Trier95] Oivind Due Trier and Anil K. Jain, "Goal–directed evaluation of binarization methods," *IEEE Transactions on Pattern Analysis and Machine Intelligence*, Vol.17, No.12, pp.1191–1201.

[Triggs99] Bill Triggs, Philip F. McLauchlan, Richard I. Hartley, and Andrew W. Fitzgibbon, "Bundle adjustment – a modern synthesis," *Vision Algorithms: Theory and Practice*(LNCS 1883), pp.298–372.

[Tu2003] Zhuowen Tu, Xiangrong Chen, Alan L. Yuille, and Song–Chun Zhu, "Image parsing: unifying segmentation, detection, and recognition," *International Conference on Computer Vision*, pp.18–25.

[Tu2005] Zhuowen Tu, Xiangrong Chen, Alan L. Yuille, and Song–Chun Zhu, "Image parsing: unifying segmentation, detection, and recognition," *International Journal of Computer Vision*, Vol.63, No.2, pp.113–140.

[Turk91a] Matthew A. Turk and Alex P. Pentland, "Face recognition using eignfaces," *IEEE Conference on Computer Vision and Pattern Recognition*, pp.586–591.

[Turk91b] Matthew A. Turk and Alex P. Pentland, "Eigenfaces for recognition," *Journal of Cognitive Neuroscience*, Vol.3, No.1, pp.71–86.

[Tuytelaars2007] Tinne Tuytelaars and Krystian Mikolajczyk, "Local invariant feature detectors: a survey," *Foundations and Trends of Computer Graphics and Vision*, Vol.3, No.3, pp.177–280.

[Ungerleider82] L. G. Ungerleider and M. Mishkin, "Two cortical visual systems," *Analysis of Visual Behavior*, MIT Press, pp.549–586.

[Unnikrishnan2007] R. Unnikrishnan, C. Pantofaru, and M. Hebert, "Toward objective evaluation of image segmentation algorithms," *IEEE Transactions on Pattern Analysis and Machine Intelligence*, Vol.29, No.6, pp.828–944.

[Vedaldi2010] Andrea Vedaldi and Brian Fulkerson, "VLFEAT– an open and portable library of computer vision algorithms," *ACM International Conference on Multimedia*, pp.1469–1472.

[Viola2001] Paul Viola and Michael J. Jones, "Rapid object detection using a boosted cascade of simple features," *IEEE Conference on Computer Vision and Pattern Recognition*, pp.511–518.

[Viola2004] Paul Viola and Michael J. Jones, "Robust real–time face detection," *International Journal of Computer Vision*, Vol.57, No.2, pp.137–154.

[Wagner2010] Daniel Wagner, Gerhard Reitmayr, Allesandro Mulloni, Tom Drummond, and Dieter Schmalstieg, "Real–time detection and tracking for augmented reality on mobile phones," *IEEE Transactions on Visualization and Computer Graphics*, Vol.16, No.3, pp.355–368.

[Wang2009] Xiaoyu Wang, Tony X. Han, and Shuicheng Yan, "An HOG–LBP human detector with partial occlusion handling," *International Conference on Computer Vision*, pp.32–39.

[Wang2013] Chaohui Wang, Nikos Komodakis, and Nikos Paragios, "Markov Random Field modeling, inference and learning in computer vision and image understanding: a survey," *Computer Vision and Image Understanding*, Vol.117, pp.1610–1627.

[Weber2000a] Markus Weber, M. Welling, and Pietro Perona, "Unsupervised learning of models for recognition," *European Conference on Computer Vision*, pp.18–32.

[Weber2000b] Markus Weber, *Unsupervised Learning of Models for Object Recognition*, PhD Dissertation, California Institute of Technology, Pasadena, CA.

[Weinzaepfel2013] Philippe Weinzaepfel, Jerome Revaud, Zaid Harchaoui, and Cordelia Schmid, "Deepflow: large displacement optical flow with deep matching," *International Conference on Computer Vision*, pp.1385–1392.

[Williams92] Donna J. Williams and Mubarak Shah, "A fast algorithm for active contours and curvature estimation," *Computer Vision, Graphics, and Image Processing*, Vol.55, No.1, pp.14–26.

[Wu93] Z. Wu and R. Leahy, "An optimal graph theoretic approach to data clustering: theory and its application to image segmentation," *IEEE Transactions on Pattern Analysis and Machine Intelligence*, Vol.15, No.11, pp.1101–1113.

[Xia2013] Ying Xia and Wenjing Zhou, "A tracking and registration method based on ORB and KLT for augmented reality system," *Wireless and Optical Communication Conference*, pp.344–348.

[Yang2002] Ming-Hsuan Yang, David J. Kriegman, and Narendra Ahuja, "Detecting faces in images: a survey," *IEEE Transactions on Pattern Analysis and Machine Intelligence*, Vol.24, No.1, pp.34–58.

[Yang2010] Jianchao Yang, John Wright, Thomas S. Huang, and Yi Ma, "Image super-resolution via sparse representation," *IEEE Transactions on Image Processing*, Vol.19, No.11, pp.2861–2873.

[Yao2010] Benjamin Yao, Xiong Yang, Liang Lin, Mun Wai Lee, and Song-Chun Zhu, "I2T: image parsing to text description," *Proceedings of the IEEE*, Vol.98, No.8, pp.1485–1508.

[Yarbus67] A. L. Yarbus, *Eye Movements and Vision*, Plenum.

[Yilmaz2006] Alper Yilmaz, Omar Javed, and Mubarak Shah, "Object tracking: a survey," *ACM Computing Surveys*, Vol.38, No.4, pp.1–45.

[Yoon2006] Kuk-Jin Yoon and In So Kweon, "Adaptive support-weight approach for correspondence search," *IEEE Transactions on Pattern Analysis and Machine Intelligence*, Vol.28, No.4, pp.650–656.

[Zach2007] C. Zach, T. Pock, and H. Bishop, "A duality based approach for real-time TV-L1 optical flow," *DAGM Conference on Pattern Recognition*, pp.213–223.

[Zeiler2013a] Matthew D. Zeiler, *Hierarchical Convolutional Deep Learning in Computer Vision*, PhD Dissertation, New York University.

[Zeiler2013b] Matthew D. Zeiler and Rob Fergus, "Visualizing and understanding convolutional networks," http://arxiv.org/abs/1311.2901.

[Zhang97] Jun Zhang, Yong Yan, and Martin Lades, "Face recognition: eigenface, elastic matching, and neural nets," *Proceedings of the IEEE*, Vol.85, No.9, pp.1423–1435.

[Zhang2007] J. Zhang, M. Marszalek, S. Lazebnik, and Cordelia Schmid, "Local features and kernels for classification of texture and object categories: a comprehensive study," *International Journal of Computer Vision*, Vol.73, No.2, pp.213-238.

[Zhang2010] Cha Zhang and Zhengyou Zhang, "A survey of recent advances in face detection," Technical Report, MSR-TR-2010-66, Microsoft Research.

[Zhang2012] Zhengyou Zhang, "Microsoft Kinect sensor and its effect," *IEEE Multimedia*, Vol.19, No.2, pp.4-10.

[Zhao2003] W. Zhao, R. Chellappa, P. J. Phillips, and Azriel Rosenfeld, "Face recognition: a literature survey," *ACM Computing Surveys*, Vol.35, No.4, pp.399-458.

[Zhu2008] Xiaojin Zhu, "Semi-supervised learning literature survey," Computer Science Technical Report-1530, University of Wisconsin, Madison.

[Zitova2003] Barbara Zitova and Jan Flusser, "Image registration methods: a survey," *Image and Vision Computing*, Vol.21, pp.977-1000.

[Zucker80] Steven W. Zucker and Demetri Terzopoulos, "Finding structure in co-occurrence matrices for texture analysis," *Computer Graphics and Image Processing*, Vol.12, pp.286-308.

| 그림번호 | 저작권 표시 | 저작권자 |
|---------|-----------|---------|
| 그림 1–1(c) | ⓒ① | RLLberkeley |
| 그림 1–1(d) | ⓒ | 영화 AI |
| 그림 1–2(a) | ⓒ | Google |
| 그림 1–2(b) | ⓒ | Microsoft |
| 그림 1–3(a) | ⓒ① | Mariordo |
| 그림 1–3(b) | ⓒ①◎ | Nimur |
| 그림 1–3(d) | ⓒ | strawberryplants.org |
| 그림 1–4(a)–1 | ⓒ① | Marie–Lan Nguyen |
| 그림 1–4(a)–2 | ⓒ①◎ | Katsuhiko Tokunaga |
| 그림 1–4(a)–3 | ⓒ①◎ | Petar Miloševi |
| 그림 1–9(a) | ⓒ | PASCAL VOC |
| 그림 1–9(c) | ⓒ | UC Berkeley DB (The Berkeley Segmentation Dataset and Benchmark) |
| 그림 2–1 | ⓒ①◎ | Jerzy Strzeleck |
| 그림 2–2 | ⓒ | [McFarlane72] |
| 그림 2–3(a) | ⓒ① | Holly Fischer |
| 그림 2–3(b) | ⓒ①◎ | Jean François WITZ |
| 그림 2–6 | ⓒ①◎ | Pierre Dalous |
| 그림 2–8 | ⓒ | UC Berkeley DB |
| 그림 2–10 | ⓒ | UC Berkeley DB |
| 그림 2–11 | ⓒ①◎ | Pierre Dalous |
| 그림 2–12 | ⓒ | UC Berkeley DB |
| 그림 2–13 | ⓒ | UC Berkeley DB |
| 그림 2–15 | ⓒ | UC Berkeley DB |
| 그림 2–21 | ⓒ | UC Berkeley DB |
| 그림 2–24 | ⓒ①◎ | Carlos Delgado |
| 그림 2–25 | ⓒ①◎ | Carlos Delgado |
| 그림 2–31 | ⓒ① | Łukasz Golowanow, Konflikty.pl |
| 그림 2–32 | ⓒ① | Jon Bodsworth |
| 그림 2–35 | ⓒ①◎ | Katsuhiko Tokunaga |

| 그림번호 | 저작권 표시 | 저작권자 |
|---------|-----------|---------|
| 그림 2–43(a) | ⓒ①◎ | en:User:Bb3cxv |
| 그림 2–44 | ⓒ①◎ | PierreSelim |
| 그림 2–46 | ⓒ①◎ | PierreSelim |
| 그림 3–1 | ⓒ① | Marie–Lan Nguyen |
| 그림 3–8(a) | ⓒ① | Marie–Lan Nguyen |
| 그림 3–20 | ⓒ① | Marie–Lan Nguyen |
| 그림 4–1 | ⓒ①◎ | Jnn13 |
| 그림 4–2 | ⓒ①◎ | Jnn13 |
| 그림 4–4 | ⓒ①◎ | Lviatour |
| 그림 4–6 | ⓒ①◎ | Lviatour |
| 그림 4–13 | ⓒ①◎ | Dr.Haus |
| 그림 4–14 | ⓒ①◎ | Dr.Haus |
| 그림 4–16 | ⓒ①◎ | Dr.Haus |
| 그림 4–18 | ⓒ | [Bay2008] |
| 그림 4–19 | ⓒ | [Bay2008] |
| 그림 5–1 | ⓒ | UC Berkeley DB |
| 그림 5–2 | ⓒ①◎ | Cephas |
| 그림 5–3 | ⓒ | UC Berkeley DB |
| 그림 5–4 | ⓒ①◎ | Merje Toome |
| 그림 5–5 | ⓒ①◎ | Poco a poco |
| 그림 5–6 | ⓒ①◎ | Poco a poco |
| 그림 5–10(a) | ⓒ | Pedro Felipe Felzenszwalb |
| 그림 5–10(b) | ⓒ | Pedro Felipe Felzenszwalb |
| 그림 5–12 | ⓒ | jshi |
| 그림 5–15–1 | ⓒ①◎ | Cephas |
| 그림 5–15–2 | ⓒ①◎ | Keith Allison |
| 그림 5–17 | ⓒ | [Chuang2001] |
| 그림 5–19 | ⓒ | [Mortensen98] |

| 그림번호 | 저작권 표시 | 저작권자 |
|---|---|---|
| 그림 5-21 | ©①◎ | Bernard Gagnon |
| 그림 5-23 | ©①◎ | Bernard Gagnon |
| 그림 5-24(a) | © | UC Berkeley DB |
| 그림 5-45(b) | © | Weizmann 연구소 |
| 그림 6-1(a) | ©①◎ | Jnn13 |
| 그림 6-1(b) | © | UC Berkeley DB |
| 그림 6-1(c) | ©①◎ | Jeevan Jose, Kerala |
| 그림 6-3 | ©①◎ | Jnn13 |
| 그림 6-4 | ©①◎ | Jnn13 |
| 그림 6-5 | ©①◎ | Jnn13 |
| 그림 6-7 | © | [Heinly2012] |
| 그림 6-14-1 | ©①◎ | Richard Bartz |
| 그림 6-14-2 | ©①◎ | Maurice van Bruggen |
| 그림 6-20 | ©①◎ | SpooSpa |
| 그림 6-24 | © | Yale DB |
| 그림 6-25 | © | Yale DB |
| 그림 6-26 | © | Yale DB |
| 그림 6-27 | © | Yale DB |
| 그림 7-1(b) 카메라 | ©①◎ | John Alan Elson |
| 그림 7-11 | © | [Chum2005] |
| 그림 7-14-1 | © | jonsson |
| 그림 7-14-2 | ©① | Florian Plag |
| 그림 7-15-2 | ©①◎ | Sanjay Acharya |
| 그림 7-15-3 | ©①◎ | Lynsdeyblack14 |
| 그림 7-16 | ©①◎ | Jnn13 |
| 그림 7-18 | © | [Snavely2006], [Snavely2010] |
| 그림 7-19 | © | [Snavely2010] |
| 그림 8-1 | ©① | Kamyar Adl |
| 그림 8-4(a) | © | UC Berkeley DB |
| 그림 8-4(b) | ©①◎ | Keith Allison |
| 그림 8-4(c) | ©①◎ | Lviatour |

| 그림번호 | 저작권 표시 | 저작권자 |
|---|---|---|
| 그림 8-15 | © | Imagenet |
| 그림 8-20 | © | Imagenet |
| 그림 8-22 | © | [Rowley98] |
| 그림 8-23 | © | [Viola2004] |
| 그림 9-1 | © | misshallmark |
| 그림 9-2(a) | © | [Lowe2004] |
| 그림 9-2(b) | © | Imagenet |
| 그림 9-3 | © | PASCAL VOC |
| 그림 9-4 | © | Imagenet |
| 그림 9-5 | © | ICDAR |
| 그림 9-6 | © | PASCAL VOC |
| 그림 9-8-1 | ©①◎ | A.Savin |
| 그림 9-8-2 | ©①◎ | Quartl |
| 그림 9-8-3 | ©①◎ | Tuxyso |
| 그림 9-9 | © | Imagenet |
| 그림 9-11-1 | ©①◎ | Jeffrey Avellanosa |
| 그림 9-11-2 | ©①◎ | Fabio Gismondi |
| 그림 9-11-5 | ©① | Udacha |
| 그림 9-11-6 | ©①◎ | Ferdinand Reus |
| 그림 9-12 | ©①◎ | Nils Fretwurst |
| 그림 9-15(b) | ©①◎ | Matthew Goldthwaite |
| 그림 9-15(c) | ©①◎ | Z22 |
| 그림 9-16 | ©①◎ | Michael Mandiberg |
| 그림 9-19 | © | ianvorsterphotography.com |
| 그림 9-20-1 | ©①◎ | Okseduard |
| 그림 9-20-2 | ©①◎ | Hagustin |
| 그림 9-20-3 | ©①◎ | Glogger |
| 그림 10-1(a) | ©①◎ | Frances76 |
| 그림 10-1(b) | ©①◎ | Nick Wiebe |
| 그림 10-1(c) | ©① | Mariordo |
| 그림 10-2(b) | ©①◎ | AlphathonTM |
| 주석1 | ©① | Scott Robinson |
| 그림 10-4 | © | [Ohta2007] |

| 그림번호 | 저작권 표시 | 저작권자 |
|---|---|---|
| 그림 10–17 | ⓒ | [Brox2009] |
| 그림 11–1 | ⓒⓘ | Natejunk2004 |
| 그림 11–2 | ⓒ | [Han2013] |
| 그림 11–3 | ⓒⓘⓞ | Diego Delso |
| 그림 11–4 | ⓒ | [Barrow78] |
| 그림 11–6 | ⓒ | [Grosse2009] |
| 그림 11–8 | ⓒ | [Finlayson2006] |
| 그림 11–13(a) | ⓒⓘⓞ | Captaindistance |
| 그림 11–13(b) | ⓒⓘⓞ | Dadesign |
| 그림 11–13(c) | ⓒⓘⓞ | ToFExpert |
| 그림 11–15 | ⓒ | [Geng2011] |
| 그림 11–17(a) | ⓒⓘⓞ | Kolossos |
| 그림 11–17(b) | ⓒⓘⓞ | Kolossos |
| 그림 11–18 | ⓒⓘ | Barry Goyette |
| 그림 11–19 | ⓒ | [Silberman2012] |
| 그림 11–20 | ⓒ | [Shotton2011] |
| 그림 11–21 | ⓒ | [Shotton2011] |
| 그림 12–1 | ⓒⓘⓞ | Carlos Delgado |
| 그림 12–2(a) | ⓒⓘ | Thomas Shahan |
| 그림 12–3–1 | ⓒⓘ | Holly Fischer |
| 그림 12–4 | ⓒⓘⓞ | Lokal Profil |
| 그림 12–5 | ⓒ | [Kruger2013] |
| 그림 12–6 | ⓒ | Irving Biederman |

| 그림번호 | 저작권 표시 | 저작권자 |
|---|---|---|
| 그림 12–9 | ⓒ | [Itti98] |
| 그림 12–10(b) | ⓒⓘⓞ | Frank Schulenburg |
| 주석 7 | ⓒⓘⓞ | Frank Schulenburg |
| 그림 12–11(a) | ⓒ | [Oliva2007] |
| 그림 12–11(b) | ⓒ | 김정봉 |
| 그림 12–13(a) | ⓒ | [Tu2005] |
| 그림 12–13(b) | ⓒ | [Shotton2009] |
| 그림 12–14 | ⓒⓘⓞ | Tuxyso |
| 그림 12–15 | ⓒ | [Yao2010] |
| 연습문제 3번 | ⓒⓘⓞ | AngMoKio |
| 그림 A–2 | ⓒⓘⓞ | User:Mdf |
| 그림 A–3 | ⓒⓘⓞ | User:Mdf |
| 그림 A–4 | ⓒⓘⓞ | User:Mdf |
| 그림 A–5 | ⓒ | 박병언 |
| 그림 A–6 | ⓒⓘ | Pedro França/MinC |
| | ⓒⓘⓞ | Béria Lima |
| 그림 A–7 | ⓒⓘⓞ | Carlos Delgado |
| | ⓒⓘⓞ | Pieter Geerts |
| 그림 A–10 | ⓒ | Webvilla |
| 그림 A–11 | ⓒ | 박병언 |
| 그림 A–12 | ⓒ | 박병언 |
| 그림 A–19 | ⓒⓘ | LG 전자 |
| 그림 A–20 | ⓒⓘⓞ | Holger Motzkau |
| | ⓒⓘ | Pedro França/MinC |

# INDEX